国庠浙江
理学之光

浙江大学理科发展史
（1897—1936）

浙江大学理学部主持编纂

范今朝 编著

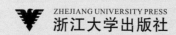

ZHEJIANG UNIVERSITY PRESS
浙江大学出版社

"浙江大学理科发展史"编纂领导小组

组　　长：麻生明（浙江大学理学部　主任）

副 组 长：翟国庆（浙江大学理学部　副主任）

成　　员：李浩然（浙江大学理学部　常务副主任）

　　　　　陈汉林（浙江大学理学部　副主任）

"浙江大学理科发展史"编委会

主　　编：翟国庆

副 主 编：范今朝　吴　剑

成　　员：张　云　陈　芳　宋姗姗　叶　榕　张春阳　潘锦瑞

　　　　　胡乘坚　许培臻　许　群　龚　珏　郑巧倩　卢　奂

本卷执笔：范今朝

致　谢：

　　本成果部分得到浙江大学校史研究会2016年度立项委托研究课题"浙江大学理学学科发展史研究（编号：xsyj2016-03）"支持，谨此致谢。

谨以本书庆祝浙江大学 123 周年校庆!

谨以本书纪念国立浙江大学文理学院（1928—1939）正式建立 92 周年，国立浙江大学理学院（1939—1952）正式建立 81 周年!

谨以本书献给百余年来为浙江大学理学发展做出贡献的师生员工! 献给一代代的浙大理学人!

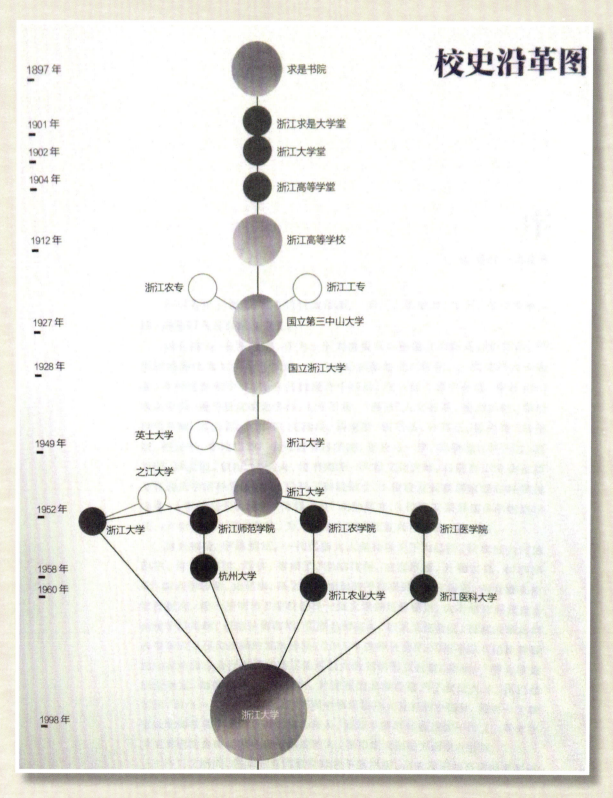

图1 浙江大学沿革图

（引自：金德水、吴朝晖主编：《浙江大学图史》，杭州：浙江大学出版社，2017年）

图2　求是书院
（原普慈寺大殿）

图3　求是书院
（浙江高等学堂、浙江高等学校）教室

图4　求是书院外景

图5 求是书院界碑
（现存浙江大学玉泉校区）

图6 求是书院创办人林启
（1839—1900）

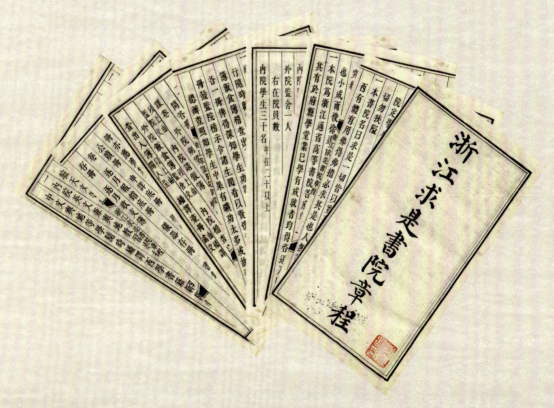

图7 《浙江求是书院章程》

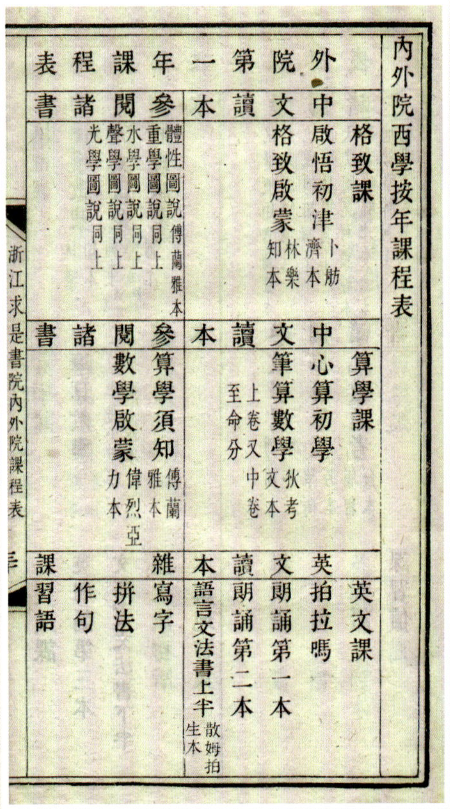

內外院西學按年課程表

外院第一年課程表

格致課

中文讀本

啟悟初津 卜舫濟本

格致啟蒙 林樂知本

參閱諸書

體性圖說 傅蘭雅本

重學圖說 同上

水學圖說 同上

聲學圖說 同上

光學圖說 同上

算學課

中文讀本

心算初學

筆算數學 狄考文本 上卷又中卷至命分

參閱諸書

算學須知 傅蘭雅本

數學啟蒙 偉烈亞力本

英文課

英文讀本

拍拉嗎

朗誦第一本

朗誦第二本

語言文法書上半 散姆拍生本

雜課

寫字

拼法

作句

習語

浙江求是書院內外院課程表

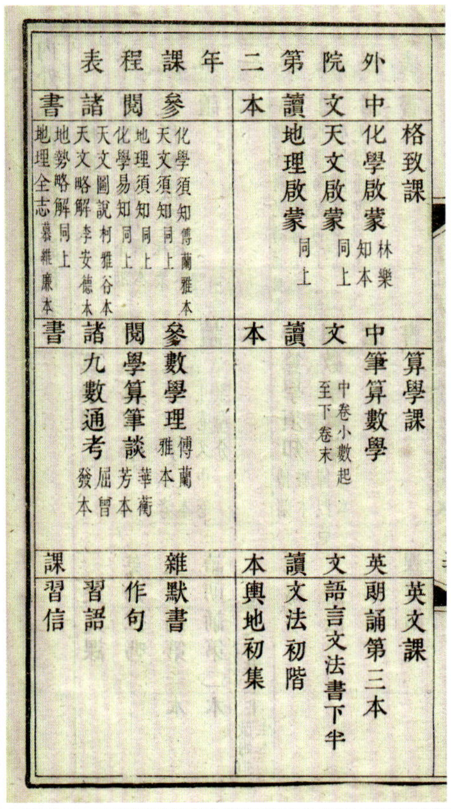

外院第二年課程表

格致課

中文讀本

化學啟蒙 林樂知本

天文啟蒙 同上

地理啟蒙 同上

參閱諸書

化學須知 傅蘭雅本

天文須知 同上

地理須知 同上

化學易知 同上

天文圖說 柯雅谷本

天文略解 李安德本

地勢略解 同上

地理全志 慕維廉本

算學課

中文讀本

筆算數學 中卷小數起至下卷末

參閱諸書

數學理 傅蘭雅本

學算筆談 華蘅芳本

九數通考 屈曾發本

英文課

英文讀本

朗誦第三本

語言文法書下半

文法初階

輿地初集

雜課

默書

作句

習語

習信

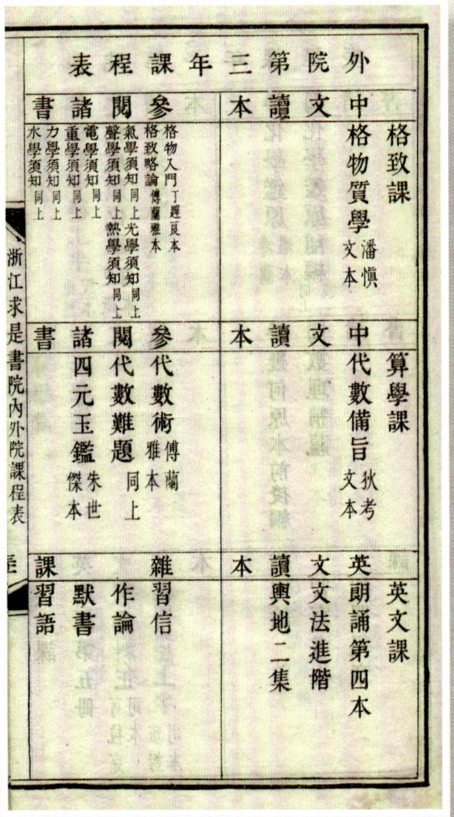

外院第三年課程表

格致課

中文讀本

格物質學 潘慎文本

參閱諸書

格物入門 丁韙良本

格致略論 傅蘭雅本

氣學須知 同上 光學須知 同上

聲學須知 同上 熱學須知 同上

電學須知 同上

重學須知 同上

力學須知 同上

水學須知 同上

算學課

中文讀本

代數備旨 狄考文本

參閱諸書

代數術 傅蘭雅本

代數難題 同上

四元玉鑑 朱世傑本

英文課

英文讀本

朗誦第四本

文法進階

輿地二集

雜課

習信

作論

默書

習語

浙江求是書院內外院課程表

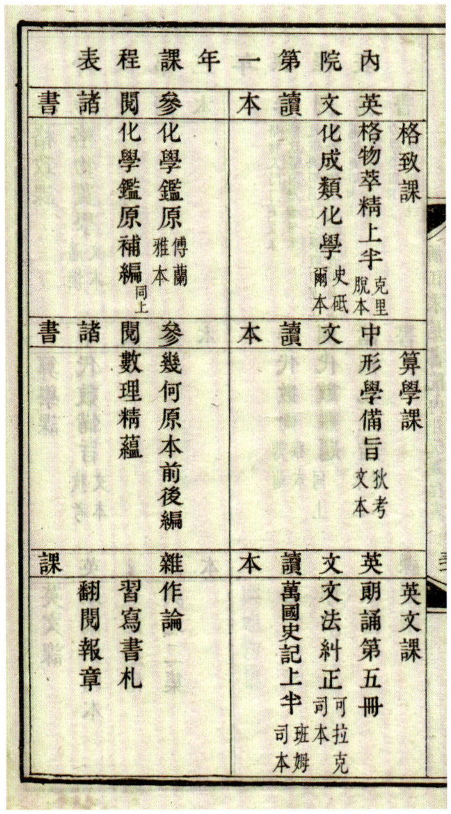

內院第一年課程表

格致課

英文讀本

格物萃精上半 克里脫本

化成類化學 史砥爾本

參閱諸書

化學鑑原 傅蘭雅本

化學鑑原補編 同上

算學課

中文讀本

形學備旨 狄考文本

參閱諸書

幾何原本前後編

數理精蘊

英文課

英文讀本

朗誦第五冊

文法糾正 可拉克司本

萬國史記上半 班姆司本

雜課

作論

習寫書札

翻閱報章

图 8　求是书院内院、外院西学按年课程表一

内院第二年课程表

课	读本	参阅	诸书
格致课	英格物萃精下半（而来姆本）／文生物质化学（山本）	参化学鉴原续编（傅蘭雅本）	诸书
算学课	中圆锥曲线求德生本／文八线备旨（潘慎本）	参三角数理（傅蘭雅本）	阅数理精蕴／诸梅氏丛书
英文课	英文选本／文万国史记下半（汤孙应本）／地势学	雜作论／选译书札	翻阅报章

内院第三年课程表

课	读本	参阅	诸书
格致课	英格致统编（干拿本）／文化学考质（扫拍及末雨合本）	参声学揭要（动力合论摄力学水学气学声学）本赫士／化学辨质（雅本东蘭本會）	声学同上
算学课	英中代形合参（丁题艮本）／文格物测算（卷一至卷二潘慎本）	参梅氏丛书	阅数理精蕴／诸书
英文课	英文选本／文辨学本（地哷本）	雜作论／选译文件	翻阅报章

内院第四年课程表

课	读本	参阅	诸书
格致课	英格致统编／文身理学上本（辣康本）／地质学（史砥本）／光学（尔史本）	参光学揭要（热学光学）本赫士／光学理（金本）博恒本	诸省身指掌／地学浅释（玛高温本）
算学课	英中代微积拾级（伟烈亚力本）／文格物测算（卷三至卷五）	参微积溯原（傅蘭雅本）／积较术（华蘅芳本）	阅历象考成前编／诸书
英文课	英英国史记（夫本乌里拍）／文英富国策（第服本）／英文史	雜作文／选译文件	翻阅报章

内院第五年课程表

课	读本	参阅	诸书
格致课	英格致统编／文地质学下半／天学（陆克实本）	参谈天（伟烈亚力本傅蘭，金楷本）／电学（磁学乾电学涩电学气候学）	诸测候丛谈（理金本）
算学课	英中天文揭要（全本赫士）／文格物测算	参历象考成后编／决疑数学（华蘅芳本）	阅诸书
英文课	英泰西各国律例（本末开）／文泰西新史揽要式本／英文史	雜作文／选译文件	翻阅报章

图9　求是书院内院、外院西学按年课程表二

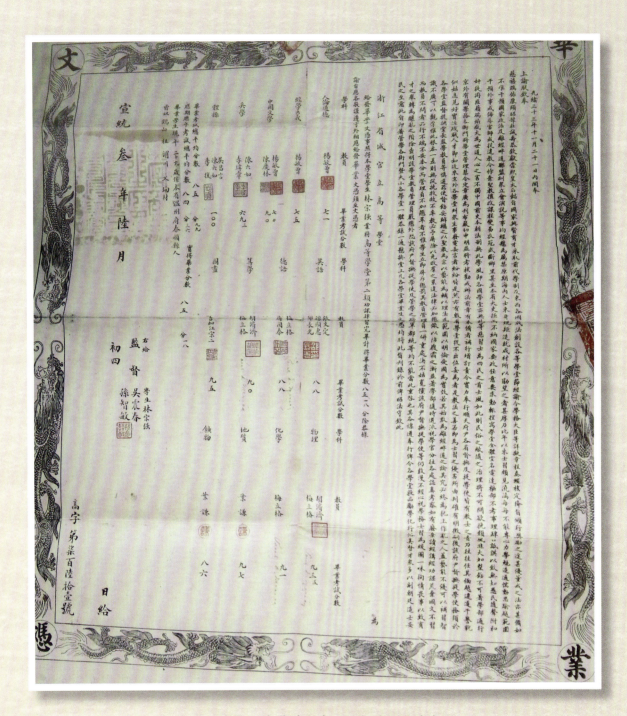

图 10　浙江高等学堂毕业证书（1911 年）

图 11　育英书院校长和之江大学首任校长
裘德生（前排中）与王令赓（后排中）等
之江大学教员合影（队克勋摄）

图 12　1908 年育英书院全体师生合影

图 13　1912 年 12 月，孙中山访问之江大学

图 14　报国寺旧址
（原为铜元局，继为中等工业学堂校舍，后为浙大工学院校舍，摄于 1934 年）

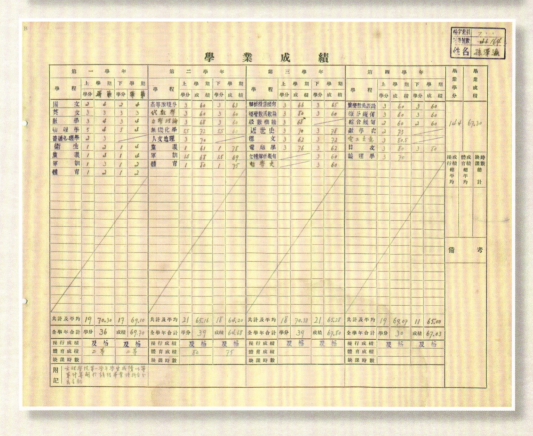

图 15　文理学院数学系 1928 级学生孙泽瀛的学籍表

图 16　第三中山大学（浙江大学）校园鸟瞰

图 17　文理学院大门 1

图 18　文理学院大门 2

图 19　工学院大门 (1934 年)

图 20　笕桥的农学院校舍
（1934 年之前)

图 21　华家池的农学院校舍
（1934 年之后)

图 22　文理学院学生宿舍

图 23　文理学院 1934 年新建大教室
（说明：1935 年建成，俗称"绿洋房"，1947 年 8 月 21 日校务会议命名为"阳明馆"）

图 24　国立浙江大学文理学院全体教职员、学生合影（1932 年 5 月）（1）
（说明：此为截至 1932 年 5 月之前的文理学院教职员和 1928—1931 年入学的四届在读学生的合影）

图 25　数学系师生合影（1937 年 4 月）

图 24　国立浙江大学文理学院全体教职员、学生合影（1932 年 5 月）（2）
（说明：此为截至 1932 年 5 月之前的文理学院教职员和 1928—1931 年入学的四届在读学生的合影）

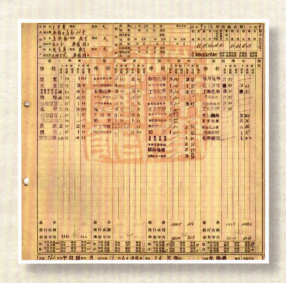

图 26　文理学院化学系 1934 级学生于同隐的学籍卡（学号：982）

图 27　竺可桢校长于 1936 年 5 月签发的施
尔宜（施平）的毕业证书（学号：548）
（说明：此为竺可桢先生出任浙江大学校长后
签发的第一张毕业证书）

《文理》第一期封面（1930 年 7 月出版）　　　《文理》第二期封面（1931 年 6 月出版）

《文理》第三期封面（1933 年 6 月出版）　　　《文理》第四期封面（1933 年 6 月出版）

图 28　《文理》第一至第四期封面

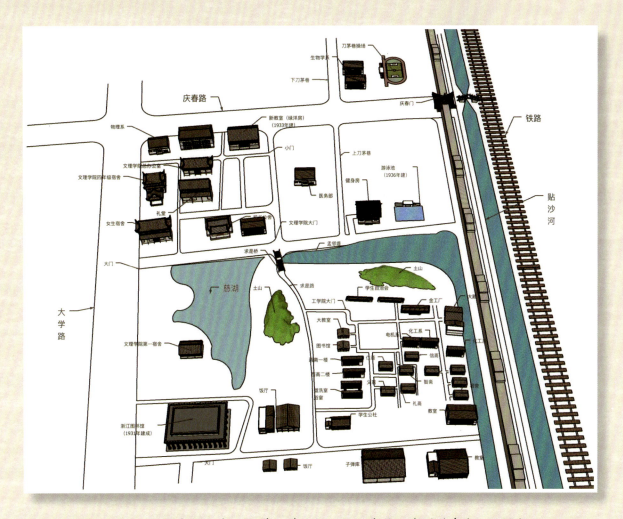

图 29　1936 年国立浙江大学大学路校址校园布局示意图（卢奂　编绘）

图片来源说明及致谢：

　　各图有明确作者或出处的，已经在图名后的文字说明中注出；未单独注明出处或作者的，主要来自浙江大学档案馆，个别来自网络。特此说明。

　　谨此对浙江大学档案馆及有关图、照的作者、编者等表示感谢。

"浙江大学理科发展史"编纂说明

一

"百廿年求是之路，九十载理学之光。"

有着百余年历史的浙江大学理学系、科，大师名流荟萃，学子英才辈出，不仅取得了一项又一项重要学术成果，培养了一代又一代优秀人才，而且在这一历程中，形成了"悟物穷理，求是创新"的追求、"坚韧求实，理性包容"的学风和"穷且益坚，挫而愈奋"的精神。学科发展几经磨难，又几度奋起、复兴，弦歌不辍，薪火相传，学脉在代代理科学人手中得以传承。不同时期的理科建制虽有不同，但作为整体的"文理学院""理学院""理学部"既能兼容并包，相互促进，理学的诸多系、科、所、室又能相对独立，和而不同。浙大理科形成了鲜明的办学特色和特有的学术风格，各学科也均获得了国内外学界的广泛认可。

因此，对浙江大学理科的发展历程加以总结、记述，包括对相关学术组织建立、变化的过程的细致梳理，对不同时期教师、学生的学术活动的钩稽、还原，对所取得的学术成就的认知、弘扬等，对浙大理科的自身发展和学术传承，都非常必要。

同时，浙江大学理学学科的百年发展史，与浙江大学自身的发展，与浙江省乃至全国高等教育事业的发展，亦息息相关；浙江大学及其前身（以及相关学校）既是浙江省理学高等教育的开拓者、奠基者，一定意义上也折射出中华民族理学高等教育的百年沧桑。所以，对浙江大学理科发展历史的研究和撰述，也是对浙江大学校史研究的细化，是对浙江省高等教育事业，乃至全国高等教育事业（尤其是理学高等教育）发展历史的丰富和深化。

总之，编纂浙江大学理科（即相关院、部以及所包含的学系、研究所等）发展史，以保存历史，总结经验，传承学脉，弘扬"求是创新"精神，是我们编纂"浙江大学理科发展史"的初衷，也是新时代浙大理学人义不容辞的责任。

二

浙江大学理学、理科的发展历史悠久，学科、院系变迁繁复，需要记述的内容很多，而相关资料相对匮乏、零散，多数未经系统整理；同时，理科及相关学科在建制、组织和运作方面独立性不强（相对于自成一体、完全独立运作的学校而言），与学校及相关行政机构等在事权方面多有重叠，内容多，牵涉面广，哪些应予记述、哪些应忽略，较难把握；加之浙江大学理科各院系至今未完整修撰院、系史志，很多问题尚无统一论述。因此，编纂中需要对诸多问题先予思考和解决。

鉴于此，编委会研究认为，应先明确"浙江大学理科发展史"（以下简称"全书"）所要记述的对象、重点和范围。经前期调研、文献梳理和综合考量，在对客观史实和相关概念进行整理和界定的基础上，编写组确定了全书的编纂原则。

（一）相关用语、概念的说明

全书记述的内容是浙江大学理科发展的历史，其中有两组分别与"大学"和"理科"有关的概念，需要先加以明确。

1. "高等教育机构"（higher education institution）与"大学"（university）

无论从形式上还是内容上看，中国近现代意义上的"大学"制度都是晚清时期从西方移植而来的，并按照西方"分科设学"的原则逐渐建立起来；而制度化的高等教育体制，是在1902年颁布的新学制（即"壬寅学制"，甚至晚至1904年正式实施的"癸卯学制"）基础上才得以初步确立。包括浙江大学在内的众多大学（尤其是1949年之前的国立大学），尽管可以将校史追溯到较早时期，但客观而言，当时只是具有了"高等教育机构"的性质，而非完全意义上的"大学"。

因此，全书将"高等教育机构"与"大学"加以区分。"高等教育机构"的主体、核心是"大学"，但还包括其他类型的学校。尤其在早期，许多学校仅具大学雏形（类似大学预科）；在不同时期的学制下，包括实业学校、师范学校、大学预科等在内的学校，也属于"高等教育机构"，但并不是严格意义上的"大学"，或不属于"大学"。

同时，全书也将"官办"的高等教育机构和大学（如"国立大学"）与"非官办"的高等教育机构和大学（如"教会大学"）进行了区分。

2. "理学"（science）、"理科"（discipline of science）与"课程"（curriculum）

（1）"科学"与"理学"

"科学"一词，按照现在的理解，"是关于自然界、社会和思维的知识体系"，包括自然科学、社会科学和思维科学。但其狭义的理解，多指其中的"自然科学"。按照一般的理解，"自然科学"即"研究自然界物质形态、结构、性质和运动规律的科学。包括数学、物理学、化学、天文学、气象学、海洋学、地质学、生物学等基础学科，以及材料科学、能源科学、空间科学、农业科学、医学科学等应用技术学科"。其核心常指基础性自然科学。全书的"理学"与此意义上的"科学"基本同义，特指"自然科学"中的"基础学科"。

对科学还有一种更广义的理解，就是把科学看成一种对待事物的基本态度与方法，与迷信、盲从相对立，即科学精神与科学态度。目前教育界普遍认为，"科学"的定义应包括三个重要组成部分：科学态度、科学探究的过程及方法、科学探究的成果（科学知识体系）。全书的"理学"也具此涵义。

因此，全书中，"理学"特指目前通常认为的数、理、化、天、地、生等学科的总体（当然，不同时期由于对理科的理解不同，所包含的学科会有所不同）。相对"理科"这一概念，全书中的"理学"是一"虚"的概念，是泛称；不同时期，其所包含的学科有所不同，需要通过不同时期的"学科""理科"的体制来明确（可理解为"理学"即归属"理科"的学科的总体）。另一方面，也将之理解为理科所构成的研究整体以及所体现的所谓"科学"的治学精神。

（2）"学科"与"理科"

"学科"特指近现代高等教育体系（包括"大学"）中因追求"因科设教，专精一门"或"分科设教，学有专门"所划分的学科界定，并有正式的学术组织，即有建制化、体制化的保障。

"理科"即"理学学科"，在大学等高等教育机构中，不同时期，其建制、名称等有所不同，具体的学科门类也有差别；如或称"格致科"（1902 年"壬寅学制"的"格致科"中，包括"天文学""地质学""高等算学""化学""物理学""动植物学"；1904 年"癸卯学制"的"格致科"中，包括"算学门""星学门""物理学门""化学门""动植物学门""地质学门"），或称"理科"（1913 年"大学规程"的"理科"，包括"数学门""星学门""理论物理学门""实验物理学门""化学门""动物学门""植物学门""地质学门""矿物学门"），或称"理学院"（1929 年的"大学组织法"和"大学规程"中规定：大学"理学院"或独立学院"理科"，分为数学、物理学、化学、生物学、生理学、心理学、地理学、地质学等"学系"）。

因此，全书将"理科"作为一个"实"的概念，即通过国家或政治力量，经由体制化、建制化而构成的一个"实体"，也就有其孕育、形成、发展、解体、重构等演变的历程。

（3）"课程"与"理学课程""理科课程"

"课程"即教学科目，也称为"学程"，即"指一定学科有目的、有计划的教学进程"。

"理学课程""理科课程"即理学学科的课程体系，也即高等教育机构（高等学校，包括大学）中的理科所安排的课程；既指狭义的理学类课程（可用"理学课程"概括，即所谓专业课程），也包括理科（即理科的院、系等）的必修课、选修课等所构成的课程体系（可用"理科课程"表达）。

在全书所记述的时段中，大体上，院、系未明确划分之前，即"前大学"阶段，叙述重点为理学课程的设置状况；大学成立之后，叙述重点为理科院系的课程体系状况，即理科课程。

（二）编纂原则

在厘清前述基本概念的基础上，全书的编纂原则确定如下。

1. "学科"为核心，"建制"为主线；瞻前顾后，不遗不漏（记述范围）

浙江大学理学系科的发展历史悠久，不同时期建制或分或合，内容多，涉及面广，因此，全书的记述范围需要明确。

如前所述，全书认为，"学科"（包括"理科"）是通过国家或政治力量，经由体制化、建制化而构成的"实体"，并有其孕育、形成、发展、解体、重构等演变的历程，因此，以"学科"为核心，围绕学科不同时期的构成和相关机构的变迁，以及与之有关的教学、科研等活动来展开论述，就可以比较清晰地确定记述范围。

基于以上考虑，全书以理科机构（如文理学院、理学院、理学部等）建制的确立和变化为核心，以理学的课程设置、系科形成、学院设立、院系撤调等建制变化为主线；换言之，理学院（部）有独立建制时，以其所辖的系、所、室等为记述范围；无独立建制时，以当时所界定的理学系科、学科为记述对象，并考虑学科其后是否纳入理学院（部），若纳入，详细记述，未纳入，则简略记述。这样，纵向以理科建制变化确定历史分期，横向以各时期理科所包含的具体学科确定记述范围。

具体而言，1897—1952 年，数学、物理、化学、生物、药学、地理 6 学系在 1952 年院系调整前为浙江大学理学院最后的系科构成，则此前相关系科的发展情况全部记述（即使史地学系1939—1949 年属于文学院，但该系情况，尤其是"地学组"情况，应纳入记述范围）；此外，因心理学类的系科（即浙江大学"心理与行为科学系"）现属于理学部，为追溯渊源，1929—1931年短暂存在的心理学系，以及后来的教育学系"教育心理组"的发展情况，亦应适当记述。1952

年以后，应以现理学部所辖的数学科学学院、物理学系、化学系、地球科学学院和心理与行为科学系等院、系为主，进行全面记述。

此外，考虑到 1949 年 8 月国立英士大学撤销后其文理学院的数学、物理等系并入浙江大学理学相关系科，以及 1952 年 1 月之江大学撤销后部分理学系科并入原浙江师范学院（1958 年后为杭州大学），再经 1998 年的"四校合并"进入新的浙江大学，实际上英士大学、之江大学的历史已经成为浙江大学历史的一部分，所以英士大学、之江大学的理科发展情况，也应适当记述。

2."学术"为纲，兼及"日常"；纵横交织，客观全面（记述内容）

考虑到理科发展史的学科主体性，也为与校史有所区别，全书以理学学科发展为主线，以记载学术性内容为主，重点记述学术组织、学术活动和学术人物，揭示学术生态，多客观记述，少是非评价，淡化政治色彩。通过客观、全面的记述，反映浙大理科的形成与发展历程、人才培养状况和学术成就，以及理科学人的治学精神和风貌。

在材料的组织过程中，考虑到理科在大学中的独立性不强，其学术组织、教学科研等学术活动均受国家、地方、大学等更高层面的典章制度的制约，因此，在记述理科发展史时，诸如学术组织的建立、课程体系的设置以及教学活动的组织等，均会涉及国家、地方、大学层面的法律规章等；为了客观反映当时学校生活的全貌，除记述教学、科研活动外，还适当还原了彼时师生的日常生活场景，使学术组织、学术活动、学术人物（教师、学生）与典章制度（国家、地方、大学、院系等各个层级的法规）、教学科研、日常生活等相互结合，以期全面、完整地反映不同时代浙大理科的各个侧面。

3.史志并用，资料留存；述而少论，言必有据（编纂方式）

在具体编纂过程中，全书采取"史""传""志"三结合体例，以"史"为主，"传""志"补充。

"史"：理学的学科、院系的发展史，以时间为序，以若干重大的学校层面体制或人事方面的变化，或理科自身的建制变化等为分期依据。

"传"：相关人物的生平记述，按照校、院、系、所等不同层面归类，以人物为纲加以编排；也即该时段在校、院以及理科各系、所等任职、任教、求学、工作的师生员工，尽可能完整地加以收集，整理人物名录，并在可能的情况下，以"小传"的形式，概括记述人物生平，并着重记述其在校期间的情况。

"志"：相关原始资料的汇总，把一些重要的法规制度、原始档案及报刊、书籍的原始记载内容加以整理、汇编。

撰写中，尽可能使用原始资料、第一手资料和当事人的记述等，真实地记录当时的教学、科研和日常生活全貌。所用资料尽可能注明出处，尽量采用原始文献，使全书兼具资料性，既可作为今后进一步深入研究浙大理科发展史的基础，也可为有关方面查询史料等提供便利。

三

纵观浙江大学的理科发展历史，明显可以划分为两大阶段，也正好构成了两个轮回，即：
（1）1897—1952 年：理学课程—文理学院及理学系科—理学院—院系调整（各理学系科调出）；
（2）1952 年至今：理学课程—重建理学系科（原浙师院和原浙大、原杭大）—理学院（四校合并）—理学部（各院系分立）。

此两阶段差异显著，在学校和理科建制上，以及其他诸多方面，均发生了巨大变化。基于此，根据浙大理科发展的客观历史状况，编纂工作也分两个阶段进行。

第一阶段，重点编写 1897—1952 年的理科发展史。该阶段资料相对完整，发展过程、历史人物也基本有了定评，有关成果也较为丰富。

第二阶段，即 1952 年至今的理科发展史。此阶段既有学校的分合调整，又有四校的各自发展及再次归并，情况较复杂，资料分散且未经系统整理。因此，编写中拟更多地采用"志"的形式，将相关材料汇集收录，为今后本阶段理科史的进一步研究和撰写提供基础资料。

初步计划，"浙江大学理科发展史"的研究和撰写工作按照前述两个阶段进行，各个阶段分别编纂，分次成稿。根据目前编写进展和掌握材料情况，初定第一阶段的成果分两卷，第二阶段的成果视编纂情况，分一或两卷，共计三卷或四卷的规模；全部完稿后，最终形成"浙江大学理科发展史"编纂系列成果。

本卷说明

　　本卷是"浙江大学理科发展史"的研究和撰写工作第一阶段的初步成果。按照编委会的计划，本阶段重点撰述1897—1952年的理科发展史。编稿初步完成后，因该阶段成稿内容较多、篇幅较长，考虑到编辑和阅读的便利，特将其分为两卷，分别为"浙江大学理科发展史（1897—1936）"和"浙江大学理科发展史（1936—1952）"，依次印行。本次先将较为成熟的"浙江大学理科发展史（1897—1936）"定稿、付梓，定名为《国庠浙江　理学之光——浙江大学理科发展史（1897—1936）》。

　　这里，我们对本卷的标题、内容和编写体例等先做一简要说明。

一、标题和内容

　　全书中，我们选择"理科"作为核心词，以组织化、建制化的浙江大学理科学术机构等的发展为主线，以其学术组织、学术活动和学术人物为记述重点。标题"国庠浙江　理学之光"，体现浙江大学的理学成就和精神，副标题中的"浙江大学理科发展史"，则表明记述的核心和主要内容，即浙江大学理学高等教育和学术研究的机构变迁以及与之有关的师生员工和各类学术活动的情况。

　　"庠"即中国古代的"学校"之意，如《孟子·滕文公上》："设为庠、序、学、校以教之；庠者养也，校者教也，序者射也；夏曰校，殷曰序，周曰庠，学则三代共之：皆所以明人伦也。"《礼记》郑玄注则有"上庠，右学，大（太）学也，在西郊。下庠，左学，小学也，在国中王官之东"的说法，明确把"上庠"与"大（太）学"对应起来。

　　至于"国庠"二字，即"国家开设的学校"，如《旧唐书·文宗纪下》："皇太子方从师傅传授六经，一二年后，当令齿胄国庠，以兴坠典。"宋代王谠《唐语林·补遗二》："吴君不附国庠，名第在于榜末。"

　　本书的"国庠"取"国之上庠"的意义，即"国家的高等学府"，也可约略理解为相当于民国时期的"国立大学"。

　　本卷所记述的这一时期，在多数时间内，浙江大学的正式名称就是"国立浙江大学"，也即"国庠浙江"。全书记述的重点是"国立浙江大学"正式成立后的理科发展情况。理学、理科，作为科学精神的主要载体，在近代具有一般性的重要的启蒙意义。具体到浙江大学，从1928年文理学院建立、理学主要系科正式设立开始，浙大理学就凝聚起一批名师，稳定地展开理学高等教育活动，尤其是在其后西迁遵义、湄潭时期，浙大理学无论在人才培养还是科学研究方面，又均取得了若干具有国际性影响的辉煌成就。凡此种种，均堪为"理学之光"。

内容上，按照学校层面和理科自身在发展中的如体制上、人事上等的若干重大变化所发生的时间节点，本卷正文分为两大部分：（1）"前大学"阶段理学课程引入高等教育机构的情况（1897—1927）；（2）大学正式成立后的理科初步发展情况（1927—1936）；分别定题为"光之源""光之聚"。第一部分"光之源"中，将浙江大学前身如"求是书院"等各校发展及理学课程的情况分别介绍；第二部分"光之聚"中，则集中于国立浙江大学，分别从学校、学院、学系和教学科研、师生活动及日常生活等不同层面和侧面，对此期理科发展情况予以详细记述。

此外，为完整说明浙大理科从初创到现今（截至2018年9月底）的发展状况，在本卷卷首，撰有《概述》一篇，以理科自身发展脉络为主线，将浙大理科120余年来整体发展状况简略叙述，以明不同历史时期浙江大学理科机构的设置和演变概貌。

二、编写体例

本书为史学类著述，正文的章节编排和行文方式，以及图表、注释等，均依照史学类著述的表达习惯展开。因为全书内容较多，其中叙述性、说明性、论述性等正常行文和史料、注释、按语等其他性质的文字相互穿插，文、图、表等合编，所以，为便于阅读，兹将编写体例说明如下。

（一）全书结构

1、本卷包括三大部分，即正文前的插图、编纂说明、本卷说明和概述等总括性、背景性内容，本卷主体的正文，以及资料性的附录。

2、正文之前的总括性、背景性内容，具体包括：（1）插图——将若干重要照片编入；（2）全书的编纂说明——将全书编纂原则、编纂方式等予以说明；（3）本卷说明——具体说明本卷主要内容及编写体例；（4）概述——将浙江大学理科发展120余年来的全过程概括说明。

3、正文的内容，在写作上，主要按照章节体展开，依次分为"部分""章""节"，以下再依序分为各级层次。

（1）本卷分为两大"部分"，即"光之源"和"光之聚"；每"部分"题后有个"总序"，将该阶段学校和理科总体情况略予概括。

（2）各"部分"包括数"章"，本卷第一部分包括3章，第二部分包括8章，依次编排，共计11章；每章标题之下、第一节之前，有该章的"节前小序"。

（3）每"章"分数"节"，同章内各节依次编排，另章则各节重新编排。每"节"中，视内容情况确定划分层次与否；内容较少的即不再划分层次，笼统叙述；内容较多时，则采用分述方式，按照行文需要，再分若干层次，各层次内容以小标题形式，依数序排列。大体上，本书每节内，标题层次最多至5级，即："一、"，"（一）"，"1."，"（1）"，"1）"。

4、附录部分，包括：（1）浙江大学理科发展大事记（1897—1936）；（2）浙江大学理科人物名录（1927—1936）。

（二）正文中的引文类型

1、本书叙述与史料并重，所以"引文"较多，且有较长、大段的引用。为便利读者阅读和理解，减少歧义，兹将全书引文分为两类，即摘引的学校"规章制度"归为一类，其他如回忆性和报道性等材料归为一类。

2、"规章制度"类引文，在全文或部分引用时，标明该"规章制度"的具体名称、制定或颁行的时间，以下录入相关条文，在引文末以脚注形式注明出处。

3、"其他"类引文，即根据行文需要确定全文或部分引用，亦在文末以脚注形式注明出处。

4、引文上下各空一行，字体与正文不同。本书正文部分为宋体，引文部分为楷体；涉及到引文中包含标题的，视需要，酌以不同字体、字号等标出，以示区别。

（三）引文中原文讹误或怀疑有误的处理方式

1、本书引用史料较多，情况复杂。因各种文献来源不一，写作时代不同，表述习惯不同，还涉及到不同时期的简化字、异体字或其他种类的不规范用字等，也有直接的排版、印刷方面的所谓"植字"的错误，因此，应该区别情况，慎重处理。

总体而言，全书引文把握如下原则：第一，尊重原作者表述，第二，可能的情况下，便利今人阅读，即：文字部分，除非明显有误或存在不规范用字的，其他均不做改动；标点符号的使用上，为便利阅读，则大致依照现有规范和习惯做适当调整；并依文意，适当细分段落。

2、确实因各种原因可能存在错误的，针对不同情况，本卷大致按照以下方式处理：

（1）因字形相近等原因出现的较明显的排版、印刷错误，即"植字"的错误，尤其是描述性的用词，均直接改正，不另说明。个别情况下，为慎重起见，正文直接修改，后括注"（编者注：原文为某，恐误）"。

（2）一些不同时期的简化字、异体字或其他种类的不规范用字等，在不涉及人名、地名等专有名词的情况下，均按照规范的用字直接改正，不另说明。个别情况下，为慎重起见，正文直接修改，后括注"（编者注：原文为某，恐误）"。

（3）涉及到人名、地名等专有名词的字词时，则慎重处理。

1）怀疑有误的，或如人名等有多种写法的，一般原文照录，在其后括注"（编者注：又做某某）"，说明可能是什么，或另一说是什么；

2）明显有误的，引文直接改正，在其后括注"（编者注：原文为某，恐误）"，说明原文是什么，但存在错误的可能性较大，故予以修改；

3）极个别非常明显的印刷错误（或不当简化字等），则直接改正，不另说明。

（四）图、表问题

1、图片

（1）本书中图片较多，有人物、建筑物等照片，也有史料原始状态的照片，或出版物数字化后电子版截图等。图片的位置，在可能的情况下，插入正文文字中直接涉及该图的该段文字之下。在可能碰到该页空间不够而可能跨页或缩小图片后影响阅读及版面效果等情况下，为版面不致出现过多空白或保持版面美观，一般是将该图适当后移，即后面的文字酌情提前。当然，在极个别情况下，也可能出现图片适当前置的情况。

（2）各图片均图下标注图名。为便于查找，在"节"内按照顺序编号，例如：图1-1-1，即为第一章第一节内的第一张图片，图3-2-4，即为第三章第二节内的第四张图片。

（3）各图出处统一以脚注形式标注于图名末。顺序上，与该页其他脚注统一编号。脚注中，出处的文字前统一加"引自……"二字，以与其他类型脚注区别。

（4）个别未注明出处的图片，均来自浙江大学档案馆，文中不再单独说明。

2、表格

（1）本书中表格较多，大致可分为两类：一类为作者据相关材料编制的表格，一类为不同时期史料中所附表格的重新整理。表格的位置，均插入正文或引文的文字中直接涉及该表格的该段文字之下。若跨页，则下页表格标明"续表"。

（2）作者绘制的表格，基本依照现规范编制。

（3）不同时期史料中所附表格的重新整理，因其实际上为史料（即引文）的一部分，故整理中多数依照原表格式。个别情况下，为适应版面需要或今天的阅读习惯，整理中也会适当变通，不强求与原表完全一致，也不强求与现规范一致，以表达清楚、明晰，且准确体现原意为原则。例如：若干表格中的空白处，均为原始文献中所留的空白处（即该项内容未填写），则整理表中仍保持空白，不另说明。

（4）各表格均在表上标注表名。为便于查找，在"节"内按照顺序编号，例如：表1-1-1，即为第一章第一节内的第一个表格，表3-2-4，即为第三章第二节内的第四个表格。

（5）各表出处统一以脚注形式标注于表名末。顺序上，与该页其他脚注统一编号。脚注中，出处文字前统一为"资料来源：……"，以与其他类型脚注区别。

（6）个别未单独注明出处的表格，或为某引文的一部分（即其出处可由该引文出处一起标明），或由作者据上文内容直接编制，文中不再单独说明。

（五）注释方式

1、本书论述与史料并重，正文中摘引史料较多，所以说明史料出处的"注释"较多。为便利查检和阅读，本卷采用页下脚注形式，每页各脚注依正文中出现顺序依次编排，各页单独编号。卷末附有"参考文献"，将主要引文出处和资料来源汇总。各页脚注采用文史类的注释和标注方式。

2、本书注释中，除了一般性的标明引文来源的注释（以"脚注"形式）外，还有较多说明性、解释性、辨析性（即"按语"类）注释，以及如大段引文中的原有注释等。所以，视内容需要，或在正文中随文附上相关说明，或将引文中的原有注释附于其后；或以脚注形式附在该页之下，脚注中，也或仅注明文献来源，或增加说明性、解释性、辨析性文字。

3、为便于区分以上不同性质的注释，本书大体上采用以下用语予以区别：

（1）"原注""原按"与"编者注""编者按"

1）"原注"和"原按"：原引文中的各类注解或按语，视文意需要确定保留与否；若保留，则将其括注于引文正文中，以"（原注：……）"或"（原按：……）"形式，予以说明。这样做的主要理由：一是引文文意更为完整；二是本卷体例上可较清晰，即全书的脚注，均为作者表述，按照规范、统一的方式编排，而引文的原注、原按则可能有各种格式，均直接括注于引文正文里，可免混淆；三是标明"原注：……""原按：……"，说明即为引文的一部分，原文如此，其正确与否，不再核对，也不再依现规范调整格式、补充内容（有些也无法补充）等。

2）"编者注"和"编者按"：均为本书编者根据需要所加。"编者注：……"为正文中的说明性、解释性、辨析性文字，直接放在正文相应位置后，对有关问题予以说明；"编者按：……"则为脚注中的说明性、解释性、辨析性文字，放在脚注中，对有关问题予以说明。

（2）"引自……"与"资料来源：……"

如前所述，对于图片、表格的出处或资料来源等，也统一为脚注形式，均放在图名、表名后，该页所有脚注按先后顺序编号，脚注顺序与编号对应。同时，为表示差别，图的出处前均用"引自……"，表的出处或资料来源前均用"资料来源：……"。

4、全书主要史料和引文绝大多数来自出版物或纸质文本，脚注和文末的参考文献格式，均按照中文著作通用格式著录。此外，稿中还有极个别引文来自网络，因无法找到对应的纸质本，故标注网络出处。

（六）若干文献的全称与简称的使用

1、关于《国立浙江大学校刊》《国立浙江大学日刊》的标注

（1）本卷中较多摘引《国立浙江大学校刊》《国立浙江大学日刊》的相关内容，为表述简省，正文除第一次出现或特定语境下使用全称外，均简称为"《校刊》"或"《日刊》"。

但在图名、表名中，为使各图、表具有自明性，均用全称。脚注中，为使各条脚注完整呈现出处信息，亦用全称。

（2）脚注中，《国立浙江大学校刊》《国立浙江大学日刊》因每期篇幅有限，正文中也多会提及或呈现相关引文的具体篇目，因此，某具体引文的篇目名称，全部予以详细标注似无必要。故本卷中，多数仅标注期次及出刊时间，具体篇目名称等从略。个别情况下，出于强调或特别说明等原因，亦有较详尽的标注。

2、其他文中多次出现或引用的文献，一般也在其第一次出现时称引全名，后文在直接承接前文，不致引起歧义的情况下，适当使用"简称"。如几份不同年份出版的《国立浙江大学一览（1932年度）》《国立浙江大学要览（1935年度）》等，视行文需要，或用全名，或简称为《一览（1932年度）》《要览（1935年度）》等。在图名、表名或脚注中，则仍使用全称。

概　述

　　浙江大学历史悠久，源远流长，一百多年来与时代同呼吸，与民族共命运，致力人才培养，矢志科技创新，服务社会进步，传承学术文化。在浙江大学一百多年的发展历程中，经历多次重大调整，学校建制、院系组织多有分合，最后多元归一，同根归源。浙大理科，也在此过程中，逐步从引入、萌生到发展、繁荣，名人辈出，群星灿烂。如竺可桢、胡刚复、王琎、张其昀、张绍忠、苏步青、陈建功、钱宝琮、王淦昌、束星北、卢鹤绂、周厚复、卢嘉锡、王葆仁、贝时璋、谈家桢、罗宗洛、叶良辅、涂长望、黄秉维、郭任远、黄翼、陈立、孙宗彭、吴定良等国际知名科学家都曾执教于斯；更培养出一代代理学人才，如李政道、叶笃正、谷超豪、程开甲等诺贝尔奖、国家最高科学技术奖获得者等均曾受教于此。

一

　　1897 年 5 月，浙江大学的直接前身"求是书院"正式创立。她是继天津中西学堂（1895 年成立，今天津大学前身）和南洋公学（1896 年成立，今上海交通大学前身）之后，在清末维新浪潮中由中国人自办并得到官方正式批准的最早的新式高等学堂之一，也是浙江省内最早的官办新式高等教育机构。书院既继承传统又吸收西学，既着眼民族国家复兴又立足人才培养，开启了教育救国、人才兴国的探索历程。"求是"虽名为书院，实际上具有新式高等学校之雏形。后因学制变更，"求是书院"改为"浙江求是大学堂""浙江大学堂""浙江高等学堂"等。1908 年夏，浙江高等学堂开始设"正科"，相当于大学预科，已初具文理学院初级阶段的性质。1912 年中华民国成立，学校改称"浙江高等学校"，随即因学制变化而停止招生，至 1914 年完全停办。

　　"求是书院"创办之初即开设有算学、舆地、格致、化学等理学课程，并设有物理仪器室、化学实验室等；之后在不同时期，理学课程更加多样。这是近代理学课程初步引入浙江省高等教育机构的最早实践之一，也是浙江省在正式的学校体系中开设初具高等教育内涵的理学课程的最早实践，对全省理学各科在正式教育体系中的确立和理学发展有重大影响。

　　浙江大学的另一个前身为"育英书院"。"育英书院"由美国基督教北长老会差会在中国建立，其渊源一直可追溯到 1845 年创办于宁波的"崇信义塾"。"崇信义塾"1867 年迁至杭州，改名"育英义塾"，1897 年正式更名为"育英书院"（Hangchow Presbyterian College），分设"正科""预科"。正科相当于大学（类似于英美文理学院的初级阶段），设置英文、化学 2 个专科。"育英书院"是由西方人士在中国创办的最早的新式高等学校之一，也是浙江省第一所新式高等学校；其组织形式、管理体制、课程设置、教科书的编制与选用及学业评价标准等均对当时由中国人自办的如"求是书院"等高等教育机构有重大影响，具有示范作用。随着学校的发展和学制的变化，1911 年"育英书院"更名为"之江学堂"，1914 年定名为"之江大学"（Hangchow Christian College）。1920 年 11 月，之江大学获准在美国哥伦比亚特区立案，正式具备完整的大学体制；此后，之江大学实行新学制，分文、理两科，计划设立的 15 个系中，属于理学的有天文、生物、化学、数学、地理、生理、心理等（但有些系仅是设想，未正式设立）。1922 年 6 月 17 日，学校首次授予学士学位。后因种种原因，之江大学延至 1928 年暂时停办。

"育英书院"早在"育英义塾"时期，即 1880 年后，就按照美国的高中标准，开设了算术、代数、几何、地理、生理学、化学等理学课程，并从美国进口了先进的实验室设备；1897 年年初，育英书院在原有高中课程之外，增设英文、化学两专科，其中的"化学科"可被认为是浙江省最早的高等教育中的理学系科。因此，"育英书院"所开设的理学课程及其所设立的理学系科（化学科），是浙江省在学校体系中最早开设的初具高等教育内涵的理学课程及最早设立的具有高等教育性质的理学系科，对理学在浙江省教育体系中的确立具有重要的借鉴和样本意义。1920 年后的"之江大学"，已正式设有生物、化学、数学、地理、生理、心理等理学系科；客观来看，这些系科应该是浙江省的"大学"（即严格意义上的"大学"）中最早的、正式的理学系科，但尚未纳入官方体系。

二

1927 年 7 月，"第三中山大学"成立（8 月初正式称为"国立第三中山大学"），随即开始筹建文理学院。1928 年 4 月，"国立第三中山大学"又称"浙江大学"，7 月，正式定名为"国立浙江大学"（1928 年 7 月—1950 年 9 月，学校名称为"国立浙江大学"，下文统称"浙江大学"）。1936 年 4 月之前，蒋梦麟（1927—1930）、邵裴子（1930—1932）、程天放（1932—1933）、郭任远（1933—1936）等相继出任校长。

1928 年 8 月，浙江大学文理学院正式成立，邵裴子任院长。此即为浙江大学理学院（部）的前身。1928 年 8 月文理学院成立之初，正式设立的理学类学科组织（当时称为"学门"）有数学门、物理学门、化学门，并设有医药预备科；这些学门的设立标志着浙江省官方的高等教育体系中以及省内国立大学中理学各主要系科正式形成。1929 年 8 月起，将数学、物理、化学三主科"学门"改称"学系"，并陆续增设心理学系（1929 年 8 月起）和生物学系（1930 年 8 月起）。至 1931 年 7 月，心理学系、医药预备科停办。1934 年 2 月，邵裴子请辞文理学院院长职务，由郭任远校长兼文理学院院长一职。1936 年 1 月底，蔡堡出任文理学院院长。至 1936 年 4 月，文理学院设有外国语文（英文组）、教育（含教育组及教育心理学组）、数学、物理、化学、生物等 6 个学系，以理科的 4 个学系为主。

1936 年 4 月，著名气象学家、地理学家，时任中央研究院气象研究所所长竺可桢就任浙江大学校长。此前，浙大理科已拥有一批著名学者，如苏步青、陈建功、钱宝琮、张绍忠、束星北、何增禄、周厚复、蔡堡、贝时璋等；竺可桢就任校长后，5 月初，聘请物理学家胡刚复为文理学院院长（10 月起梅光迪任文理学院副院长）；又先后聘请地理学家张其昀、物理学家王淦昌、化学家王琎、生物学家谈家桢等加盟浙大，至此浙大理科人才济济，呈现出强劲的发展势头。1936 年 8 月，文理学院增设史地学系（包括史学组和地学组）。至 1937 年 7 月底，文理学院设有外国语文、教育、史地、数学、物理、化学、生物等 7 个学系，其中理科学系占 4 个半多（即数学、物理、化学、生物等 4 个学系，以及史地学系的地学组、教育学系的教育心理组等）。

1937 年 7 月，抗日战争全面爆发。11 月，包括文理学院在内的浙江大学全校师生在竺可桢校长率领下，正式开始西迁征程，一迁天目、建德，二迁吉安、泰和，三迁宜山，四迁遵义、湄潭，度过了9年艰苦卓绝的峥嵘岁月（至1946年6月）。在此期间，浙江大学师生和洽，勠力同心，弦歌不辍，坚持办学，各方面都得到进一步的发展，逐渐跻身国内大学前列，并具有一定的国际影响。

1938年8月，浙江大学增设师范学院，设教育、国文、史地、英语、数学、理化等6学系。至1938年年底，文理学院设有中国文学、外国语文、教育、史地、数学、物理、化学、生物等8个学系。

1939年1月20日，浙江大学校务会议议决，文理学院改组为文学院与理学院，自秋季学期开始。8月，文理学院正式分为文学院、理学院，梅光迪任文学院院长，胡刚复任理学院院长，浙江大学理学院正式设立。至此，浙江大学理学独立的建制完全形成。当时的理学院设有数学、物理、化学、生物等4系，1944年8月，理学院增设药学系。此外，包括地学组在内的史地学系属于文学院，包括教育心理组在内的教育学系属于师范学院。前述各系、组在师范学院相应系科中也有设置（即师范学院的数学、理化2系和史地学系的地学组）。

1939年7月，浙江大学龙泉分校（初称"浙东分校"，1940年年初改称"国立浙江大学龙泉分校"）成立，后陆续设立中文、外文（属于文学院）、数理（属于理学院）、机电、化工、土木（属于工学院）、农艺、农经（属于农学院）等8系，另有师范学院的国文系（五年制）、外语系（五年制）、国文专修科（三年制）、数学专修科（三年制）等。

在前述文理学院（以及后继的理学院、文学院）、师范学院、龙泉分校中，理学系科均为各院（分校）的重要组成部分。

1939年7月24日，浙江大学奉教育部令，正式设立文科研究所史地学部、理科研究所数学部，并于同年9月开始招收研究生（首批研究生于1940年年初入学），开始了浙江大学以及理学正式的研究生教育。浙江大学也是浙江省大学中最早开展研究生教育的学校。1942年7月，成立浙江大学研究院，各研究所及学部均归其统辖。1942年8月，再增设理科研究所生物学部。

1939年8月，浙江大学受教育部委托，设立浙江大学史地教育研究室。

1937—1946年的9年间，以理学院为主，包括有关各院（分校）的理学系科的师生，在十分简陋的条件下坚持教学、科研，在此前已有研究的基础上，继续深化和开拓，涌现出一批突出的科研成果，如苏步青的微分几何，陈建功的三角函数，王淦昌的中微子研究，束星北的相对论，周厚复的原子理论研究，贝时璋的性因子、性遗传研究，谈家桢的"镶嵌显性"现象研究，陈立的智力测验与人格测验的研究等；同期，浙大理学的院、系、所培养了如李政道、叶笃正、谷超豪、程开甲等一大批杰出人才。浙大理科声誉日隆。1944年，英国皇家学会会员、剑桥大学生物化学学家李约瑟博士（Joseph Needham）先后两次访问浙大，尤其是访问了设在贵州湄潭的浙大理学院等后，称誉浙江大学是"中国四个最好的大学之一"，又称"浙江大学是与在昆明的著名国立西南联合大学齐名的学术机构，可能在中国的大学中排名最高"，与西南联大一起，"不啻牛津、剑桥、哈佛"。由此，浙江大学逐渐获得"东方剑桥"的美誉。

1945年8月抗日战争胜利，11月，龙泉分校迁回杭州。1946年5月起，浙江大学复员东归，校本部回到杭州；8月起，原龙泉分校各系归并于总校各系，龙泉分校结束。

1947年1月，浙江大学研究院撤销，已有的各研究学部改为研究所；此期，属于理科的研究所有：史地研究所（地学部分）、数学研究所、生物研究所。

1947年8月起，师范学院的国文、英语、史地3系分别归并于文学院有关各系，数学、理化2系分别归并于理学院有关各系，师范学院仅保留教育系（含部分心理学内容）。

1947 年 8 月，文学院增设人类学系。

1947 年 8 月，浙江大学增设物理研究所、化学研究所；1948 年 2 月，增设教育研究所（含部分心理学内容）；1949 年 1 月，增设人类学研究所。

截至 1949 年 4 月，浙江大学共有文、理、工、农、师范、法、医等 7 个学院，24 个学系 [另有说法为 30 个学系，该说法是含原师范学院 1947 年 8 月后归并到文、理两院的国文、英语、史地、数学和理化 5 个学系，以及 1947 年 7 月前属于文学院的教育学系（即教育学系的非师范生）；即 1947 年 7 月前入学的师范学院学生仍属师范学院，故此时师范学院 5 个系名义上仍存在，1947 年 7 月前入学的文学院教育学系学生仍属文学院该系，故文学院教育学系名义上仍存在]，10 个研究所和 1 个研究室。属于理学类的教学和研究机构包括：理学院的数学、物理、化学、生物、药学等 5 个学系，数学、物理、化学、生物 4 个研究所；文学院的史地学系、史地研究所和史地教育研究室（均为其地学部分）；师范学院的教育学系和教育研究所（均为其心理学部分）等。此外，文学院的人类学系和人类学研究所，也具有部分理科的性质。

三

1927 年 4 月南京国民政府成立后，规定私立学校（包括教会大学）必须向政府登记。1928 年 6 月，美国南北长老会托事部复电予以拒绝，之江大学校董会乃于 7 月 5 日举行会议，决定之江大学暂时停办。后经校友及有关人士努力，之江大学于 1929 年 9 月复校，校董会在 12 月召开的会议上，通过向政府申请立案的决议。但是，申请立案事并未被立即批准。

1930 年起，遵照教育部颁布的《私立学校规程》，之江大学校董会制订了新的学校组织大纲，设文、理 2 科。文科分为：国文学系、外国文学系、历史学系、政治学系、经济学系、社会学系、教育学系、哲学系等；理科分为：数学系、生物学系、化学系、物理学系、天文气象学系、土木工程学系等。因为按当时颁布的"大学组织条例"，包含 3 个学院以上才可以称为大学，所以改定校名为"私立之江文理学院"（Hangchow Christian College）。经过重新申报，于 1931 年 7 月被教育部核准立案，但由于受办学条件的限制，许多学系未能设立。至 1937 年，"私立之江文理学院"的理科仅设有化学系、土木工程学系 2 个主系和生物学系、数理学系 2 个副系；即 1930—1940 年，化学系、生物学系、数理学系为此时期学校理学的系科建制，从更严格的意义上来讲，仅化学系是完全的学系建制。

1937 年抗日战争全面爆发后，11 月 15 日学校奉命疏散，后于 12 月 6 日该学期提前结束，师生遣散。1938 年 2 月 17 日，之江大学在上海租界复校开学。其后，校董会鉴于学校系科设备日渐完善，决定调整院系组织，恢复之江大学名称，并向教育部申请。学校亦从 1940 年起，将原来的文、理学院改组为文、商、工三学院：文学院设中国文学、英国文学、政治、教育等系；商学院设工商管理、国际贸易、银行、会计等系；工学院设土木工程、建筑工程、化学工程、机械工程等系。1941 年 12 月 8 日太平洋战争爆发，日军侵入租界，校董会决定学校暂时停办并内迁；后先后在浙江金华、福建邵武、贵州贵阳以及重庆等地坚持办学或联合其他学校办学，至 1946 年春复员东归，之江大学在杭州再次复校。

1948 年 7 月，国民政府教育部正式核准之江大学为包括文、工、商 3 个学院的综合性大学，系科设置有：国文、外语、教育、政治、土木工程、建筑工程、机械工程、工商管理、会计、银行、国际贸易等。

1940—1949 年，"之江大学" 无独立的理学系科的建制。

四

国立英士大学初名为 "浙江省立战时大学"，1938 年 11 月，在时任浙江省主席黄绍竑领导下筹办，1939 年 2 月，"浙江省立战时大学" 正式开办。1939 年 5 月，为纪念浙江籍辛亥革命先驱陈英士，改称 "浙江省立英士大学"。1939 年 10 月 26 日，英士大学在丽水正式开学，有工、农、医 3 个学院。1942 年，日军发动浙赣战役，自金华沿线南进，逼近丽水，英士大学被迫迁移，1942 年 5 月内迁云和、泰顺。1942 年 12 月，经国民政府行政院议决，东南联大的部分院系并入英士大学，并改为 "国立英士大学"；1945 年 11 月迁至永嘉，1946 年 3 月奉令移址金华。

英士大学在 1943—1949 年的国立大学时期，一度曾将工学院划出，增设法学院，后将医学院迁到杭州，工学院回归，1947 年又增设文理学院。至 1948 年，共设法、农、工、文理等 4 个学院，设有法律、政治、经济、中国文学、哲学、外国语文学、史学、数学、物理、化学、森林、机械工程和电机工程等学系，行政、财政、会计 3 个专修科，附设公路管理、农业等专修科，成为系科齐全的综合性大学。

1947—1949 年，国立英士大学文理学院的数学、物理、化学等学系，即为该校相对独立的理科建制。

五

1949 年 5 月 3 日，杭州解放；6 月 6 日，杭州市军管会正式接管浙江大学。其后，浙江大学的院、系设置发生了较大变化。6 月，师范学院撤销，将教育学系并入文学院；8 月，停办法学院。至 1951 年 12 月，浙江大学共有文学院、理学院、工学院、农学院和医学院 5 个学院。

1949 年 8 月，国立英士大学被金华市军管会接管，并随即被解散；其工学院、农学院和文理学院的数理系、中国文学系等并入浙江大学；其中，数、理等系并入理学院相关系科。

1949 年 8 月，浙江大学将文学院史地学系中的历史组和地理组分离，以原地理组为基础设立地理学系，隶属理学院；史地研究所亦改为地理研究所。

1949 年 8 月，数学、物理、化学、生物、地理、人类学、化学工程等研究所继续招收 2 年制研究生。

1950 年 9 月，教育部通知，各级学校校名概不加 "国立" 等字样。此后，学校正式名称即为 "浙江大学"，"国立浙江大学" 之名至此成为历史。

1951 年 7 月，浙江大学与浙江省文教厅合办 "师范专科学校"（正式名称为 "浙江省文教厅、浙江大学合办师范专科学校"，一般称为 "浙江师范专科学校"），设数学、物理、化学、历史、地理、生物等 6 个专修科（二年制）。

1950 年 12 月 29 日，政务院第 65 次政务会议通过《关于处理接受美国津贴的文化、教育、救济机关及宗教团体的方针的决定》。1951 年 1 月 11 日，教育部根据政务院的决定，发布《关于处理接受美国津贴的教会学校及其他教育机关的指示》。随后，浙江省政府办理了之江大学接收手续。在此期间，之江大学对校系机构进行了改革和调整：将文学院改为文理学院，商学院改为财经学院，工学院不变。至 1951 年年底，之江大学文理学院有中国文学、外国文学、教育学、政治学、数理学 5 个系。

1952 年前后，全国高等院校进行院系调整。1951 年 11 月，全国工业学院院长会议提出院系调整的设想，"将浙江大学改成多科性的工业高等学校，校名不变；将之江大学的土木、机械 2 系并入浙江大学，浙江大学的文学院并入之江大学"。紧接着，教育部根据政务院提出的"以培养工业建设人才和师资为重点，发展专门学院，整顿和加强综合性大学"的方针，在全国范围实行较大规模的院系调整。

1951 年 12 月，浙江省高等学校院系调整委员会成立。1952 年 1 月 2 日，决定撤销之江大学；以浙江大学文学院与之江大学文理学院为基础，成立"浙江师范学院"，院址设在杭州市六和塔西秦望山上的原之江大学校址；1951 年秋开办的"浙江师范专科学校"，以及在同期开办的"浙江俄文专科学校"（全称为"中苏友好协会浙江分会俄文专科学校"）并入浙江师范学院，作为专修科；之江大学工学院的土木、机械等系并入浙江大学，财经学院改建为"浙江财政经济学院"（同年 8 月并入"上海财政经济学院"）。1952 年 2 月 5 日，"浙江师范学院"正式成立。

1952 年 2 月，浙江大学医学院及附属医院调出，与浙江省立医学院合并成立"浙江医学院"（后于 1960 年 4 月发展为"浙江医科大学"）。

1952 年 5 月，教育部公布《关于全国高等学校 1952 年的调整设置方案》，根据该方案，浙江省高校再作相应调整。8 月，浙江大学理学院的数学、物理、化学、生物、药学、地理和文学院的人类学等学系及研究所调出，各系、所大部分并入复旦大学（数学系、物理学系、化学系、生物学系、人类学系）、华东师范大学（地理学系）和上海第一医学院（药学系）等。

1952 年 8 月，浙江大学农学院分出，设立"浙江农学院"（后于 1960 年发展为"浙江农业大学"）。

1952 年 9 月后，院系调整后的浙江大学成为多科性的工业大学，设机械工程、电机工程、化学工程、土木工程等 4 个系，下设 10 个四年制本科专业，10 个二年制专修科专业。

浙江大学理学院独立的建制被撤销，理学系科被分解、调出，就浙江大学而言，理学发展受到极大冲击，理科发展处于低谷；但浙大理科对中国现代理学相关学科的发展，对新中国成立后有关国家级研究机构的建立和若干兄弟院校相应学科的发展，均做出了突出和独特的贡献，其影响至今犹存。

六

1952 年后，理学系科相继在浙江师范学院（1958 年后为杭州大学）、浙江大学和有关高校重建并继续发展。经过近半个世纪的发展，源出一脉的浙大理科在浙江大学、杭州大学等学校取得了长足的进步。

1952 年年初，浙江师范学院筹备委员会一方面进行并校和接收工作，一方面着手组织行政机构，创立以文理为主的综合性师院的教学体制。2 月学院正式成立，先设教育、中文、外文（设英文、俄文 2 个组，即专业）3 个系，历史、地理、数学、物理、化学、生物和体育 7 个专修科；学制本科 4 年，以培养高中师资为主；专修科 2 年，以培养初中师资为主。8 月，又将历史、数学、化学、生物 4 个专修科扩建为系。到 1952 年年底，全院共有中文、外文、教育、历史、数学、化学、生物 7 个系，中文、教育、俄文、历史、地理、数学、物理、化学、生物、体育、政治等 11 个专修科。1953 年 8 月，物理专修科扩建为系；1954 年 8 月，地理专修科扩建为系。

经过几年的努力，至 1958 年 11 月与新建的杭州大学合并前，浙江师范学院设有中文、外语、历史、教育、数学、物理、化学、生物、地理等 9 个系和政治教育 1 个专修科，有在校研究生、本科生、专科生、函授生和进修学员等共计 5638 人（其中研究生 5 人，本科 3024 人，专科生 60 人，进修班学员 26 人，函授生 2523 人）。

七

1956 年 12 月 14 日，浙江大学第四届校务委员会召开第 14 次会议，对增设理科进行讨论，并于 12 月 25 日向当时的高等教育部提出"拟自 1957 学年起逐步增设理科专业报请审批"的报告；1957 年 4 月 2 日，高等教育部发文"同意浙江大学增设理科专业"，并决定"1957 年起先设数学、物理 2 个专业"。1957 年 9 月起，浙江大学正式恢复理科，重建数学、物理 2 系，并开始招收"数学""物理" 2 个专业的学生（1958 年 8 月后，专业改称"应用数学""工程物理"）。1958 年 8 月，改数学系为"数学力学系"，增设工程力学专业。

1958 年 9 月起，浙江大学正式设立化学系、矿冶工程学系（简称"矿冶系"）；在化学系设化学专业，矿冶系设地质勘探、采矿、钢铁冶金和金属压力加工 4 个专业。1960 年 2 月，正式成立地质工程学系（简称"地质系"）。1960 年 7 月，地质系等调出，划属拟设立的建德矿冶学院（筹）；9 月又划属新成立的杭州工学院。1961 年 8 月，杭州工学院与浙江大学合并，地质系一并回归。此时，浙江大学共设有 13 个系 44 个专业，理学系科包括数力系、物理系、化学系和地质系等。

1962 年 9 月，学校决定撤销地质系及相关专业（新生不再招生，原有学生培养至 1965 年 7 月结束；教师于 1965 年 8 月前也先后离校）。截至 1965 年年底，浙江大学理学系科包括数学力学系、物理学系、化学系等 3 个系。数学力学系下设应用数学、应用力学、高等数学、工科力学 4 个教研组，物理学系下设理论物理、核物理、普通物理 3 个教研组，化学系下设化学、有机化学、物理化学、分析化学、普通化学 5 个教研组。

早在 1950 年 8 月，浙大就经教育部批准，继续在数学、物理、化学、生物、地理、化学工程等研究所招收研究生。1952 年 9 月院系调整后，5 个理科研究所被调走，化工研究所撤销，研究生招生一度停止。至 1957 年 8 月，学校决定恢复招收研究生，后由于受"反右运动"的影响而中止，未能实现。直到 1961 年 3 月 8 日，校务委员会讨论决定当年恢复招收研究生，并于 9 月起研究生入学，修业年限为三年。在 1961—1965 学年期间逐年招生，直至 1966 年由于"文革"爆发而停止（由于当时国家尚未实行学位制度，所以当年毕业的研究生均未授予学位）。其中，理科招生专业和导师为：数学（微分方程专业），董光昌；物理（理论物理专业），王谟显；固体力学，王仁东；物理化学，严文兴；有机化学，杨士林、苏企洵等。

1966 年 6 月后，"文化大革命"运动席卷全国，各级各类学校基本停课；正常的大学招生也停止进行。1970 年 6 月 27 日，中共中央批转《北京大学、清华大学关于招生（试点）的请示报告》，决定废除考试制度，"实行群众推荐、领导批准、学校复审相结合的办法"，招收工农兵学员。浙江省于 1970 年 10 月后统一组织了省内的高校招生；浙江大学该年招收工农兵学员 476 名（即浙江大学第一届工农兵大学生，三年制）。此后，该类三年制的工农兵大学生在 1972—1976 年期间逐年招生，培养至 1980 年年初结束，共计 6 届。

1970 年年底，学校决定在土木系重建地质专业（全称为"矿产地质普查及勘探专业"），1972 年 4 月，正式招收该专业第一届工农兵学员，亦至 1976 年逐年招生，共计 5 届学生。

1971 年，浙江大学进行体制改革，设立"7 系 6 厂 35 专业"。理学系科中，物理学系、化学系均并入其他系，仅余数学力学系。1972 年 3 月，浙江大学建立基础课教学部，高等数学、普通物理等课教师、工作人员和设备全部划归基础课教学部。1973 年 4 月，浙江大学撤销基础课教学部，应用数学系、流体力学、高分子专业和普通化学、普通物理教研组与基础课教学部合并成立浙大理科部，后又有多次调整。至 1976 年年底，学校有 7 个系，32 个专业，55 个教研组，64 个实验室，6 个校办工厂。

1977 年 8 月后，浙江大学逐渐恢复"文革"前的组织机构。至 1978 年 2 月，浙江大学设有数学、物理、化学、力学 4 个理科系；5 月，学校决定设立地质系，并筹建生物系。

1978 年 9 月，浙江大学再次恢复招收研究生。1979 年 8 月，建立研究生部；1983 年 8 月，教育部批准浙大试办研究生院。

1984 年 7 月，数学系改称应用数学系。1986 年 8 月，学校正式成立生物科学与技术系。1988 年，地质系更名为地球科学系。

截至 1996 年，浙江大学理科相关系、所包括：

——应用数学系：下设函数论教研室、微分方程教研室、代数几何教研室、概率统计教研室、计算数学教研室、高等数学教研室和高等数学研究所；

——物理学系：下设浙江近代物理中心、理论物理研究室、凝聚态物理研究所、应用技术研究所、大学物理教研室、实验物理中心；

——化学系：下设环境与资源研究所、物理化学研究所、应用化学研究所、热力学和热化学研究所、有机化学研究所、基础化学实验室、中级化学实验室、综合基础化学实验室、物理化学专业实验室、应用化学专业实验室；

——力学系：下设固体力学研究所、流体工程研究所、材料力学教研室、理论力学教研室、力学教材研究室、材料力学实验室、固体力学实验室、流体力学实验室；

——地球科学系：下设应用地质研究所、宝（玉）石工业矿物研究中心、区域地质教研室、岩石矿物教研室、地球化学教研室、遥感地质教研室、古地磁研究室、板块构造研究室、遥感地质实验室、岩石矿物实验室、地质标本陈列室；

——生物科学与技术系：下设生物科学与技术研究所、生物医学信息研究所、生物化学与分子生物学研究室、生物物理研究室、细胞生物学研究室、生物技术研究室、普通生物学实验室、生物化学实验室、细胞生物学实验室、遗传学实验室、微生物学实验室、生理学实验室。

八

1958 年上半年，中共浙江省委决定筹办综合性的杭州大学。当时确定暂设中文、新闻、历史、数学、物理、化学、生物 7 个系；11 月，又决定将浙江师范学院与新建的杭州大学合并，定名"杭州大学"。两校合并后的杭州大学，设中文、历史、政治、新闻、外语、教育、数学、物理、化学、生物、地理 11 个系。

1960 年 7 月 9 日，浙江省委决定"杭州大学与省委党校合并（对外仍挂 2 块牌子），成为社会科学的大学"，"该校数学、物理、化学 3 个系划给杭州工学院，生物系划给浙江农业大学，地理系分别并入杭州师范学院及建德矿冶学院"。9 月 9 日，省委作出决定："杭州大学原拟划出的数学、物理、化学、生物、地理等 5 个系决定仍留杭州大学。"

杭州大学与省委党校合并后，全校共有政治、经济、中文、外语、历史、教育、新闻、数学、物理、化学、生物、地理 12 个系，包括政教、政法、政经、哲学、工管、财贸、中文、俄语、英语、日语、德语、历史、教育、新闻、数学、物理、化学、生物、地理、自然地理、经济地理、气象、水文 23 个专业。后有关专业多有变化（如 1961 年 4 月，地理系自然地理专业改为海洋地质地貌专业），至 1962 年下半年，确定设中文、外语、数学、物理、化学、生物、政治、历史、教育、地理 10 个系共 14 个专业。

此期，研究生招生专业也不断增加，除中文系的古汉语、古典文学继续招生外，增加了理学有关专业的研究生培养：1961 年逼近论（导师陈建功），1962 年工业心理学（导师陈立），1964 年黎曼几何学（导师白正国）、有机化学（导师周洵钧）、物理化学（导师金松寿），1965 年动物生理（导师江希明）、植物生理（导师陈士怡）。

至"文革"前夕（1966 年上半年），杭州大学设有政治、中文、外语、历史、教育、地理、数学、物理、化学、生物、体育等 11 个系，包括政教、中文、英语、俄语、历史、教育、地理、气象、数学、物理、化学、生物、体育等 13 个专业。全校有 56 个教研组、49 个实验室，以及 2 个研究室，即语言文学研究室、动物研究室，并设有印刷厂、物理工厂、生物系实验农场，还代管中国科学院华东海洋研究所浙江工作站。招收研究生的专业有：函数论、微分几何、物理化学、动物生理学、遗传学、心理学、古典文学等。

1966—1976 年的"文革"期间，学校受到很大冲击，教学、科研活动受到很大影响，但基本的系科体系没有大的变化。1970 年 10 月，学校开始以推荐和考试相结合的办法招收工农兵学员，该年有 1100 多人入学，学制为 2 年（后改为 3 年）。

1977 年后，杭州大学被浙江省委明确为"综合性大学"，"全省重点高等学校"，此后，杭州大学系科和专业设置有较大调整。理科方面，于 1980 年设立心理学系。至 1982 年年底，全校由原来的 11 个系 15 个专业发展到 14 个系 29 个专业。

1978 年 10 月，杭州大学恢复了招收研究生制度。

1993 年后，杭州大学理学各系多有更名及变化，如化学系更名为化学科学与技术系，数学系更名为数学与信息科学系，生物系更名为生物科学与技术系等。1993 年 12 月，杭州大学生命科学学院成立。1996 年 4 月，地理系更名为资源与海洋工程系。

截至 1996 年年底，杭州大学有 13 个学院，28 系，1 个分校，4 个基础教学部，58 个本科专业，4 个专科专业；有 61 个硕士学位学科，13 个博士学位学科，1 个博士后流动站；1 个国家重点学科，1 个国家重点专业实验室，5 个国家基础科学研究和人才培养基地（其中自然科学学科 3 个，人文社会科学学科 2 个），6 个省级重点学科，5 个省级重点扶植学科，3 个省级重点实验室。

截至 1996 年年底，杭州大学理科相关院、系、所包括：

——数学与信息科学系：包括数学、统计学、保险学、计算数学及其应用软件 4 个专业；

——物理系：包括物理学、电机与电器及其控制 2 个专业；

——化学科学与技术系：包括化学 1 个专业；

——生命科学学院：包括生物学系（生物学专业）、生物工程学系（生物技术专业）、生物医药学系（生物化学）3 个系（专业）；

——资源与海洋工程系：包括气象学、水文与水资源利用、资源环境区划与管理 3 个专业；

——心理学系：包括应用心理学、心理学 2 个专业。

九

1998 年 9 月，在教育部和浙江省人民政府的领导和推动下，浙江大学、杭州大学、浙江农业大学、浙江医科大学合并组建了新的浙江大学。1999 年 7 月，在原浙江大学应用数学系、物理学系、化学系、地球科学系，原杭州大学数学与信息科学系、物理系、化学科学与技术系、资源与海洋工程系（部分）和心理学系，原浙江农业大学基础课程部（部分），原浙江医科大学基础医学院（部分）的基础上，成立了浙江大学理学院，下设 5 个系：数学系、物理学系、化学系、地球科学系、心理与行为科学系。我国著名理论物理学家、中科院院士贺贤土担任院长，并提出"重振浙大理学雄风"的口号。新浙江大学理学院的设立，标志着新时期浙大理学独立的学院建制再次形成。

新浙大理学院成立之初（截至 2000 年 8 月），设有 5 个系及 12 个本科专业、23 个研究所、2 个国家重点（专业）实验室等。主要包括：

——本科专业：数学系 3 个专业（数学与应用数学、信息与计算科学、统计学），物理学系 1 个专业（物理学），化学系 2 个专业（化学、应用化学），地球科学系 4 个专业 [地质学、资源环境与城乡规划管理、地理信息系统（GIS）、大气科学]，心理与行为科学系 2 个专业（心理学、应用心理学）。

——研究生学科：8 个一级学科，25 个二级学科（以下带 ** 者为博士学位授权学科和博士后科研流动站覆盖学科；带 * 者为博士学位授权学科；其他为硕士学位授权学科）。数学（基础数学 **、计算数学 **、概率论与数理统计 **、应用数学 **、运筹学与控制论 **）；物理学（理论物理 **、凝聚态物理 **、光学 **）；化学（无机化学 **、分析化学 **、有机化学 **、物理化学 **、高分子化学与物理 **）；地理学（地图学与遥感、自然地理、人文地理）；大气科学（天气动力学）；地质学（矿物学岩石学矿床学、地球化学、地球探测与信息技术、环境科学 *、构造地质学 *）；心理学（基础心理学 *、发展与教育心理学、应用心理学 *）；科学技术史（不分二级学科）。还与人文学院共同拥有历史学（历史地理）硕士学位授予权。

——研究所：数学系（高等数学研究所、科学与工程计算研究所、计算机图像图形研究所、统计研究所、运筹与控制科学研究所、系统优化技术研究所）；物理学系（浙江近代物理中心、凝聚态物理研究所、光学研究所）；化学系（催化研究所、分子设计与热力学研究所、有机化学与药物化学研究所、物理化学研究所、分析化学与应用化学研究所、无机与材料化学研究所）；地球科学系（应用地质研究所、城市与区域发展研究所、地理信息科学研究所、气象信息与灾害预测研究所、环境生物地球化学研究所、空间信息技术研究所）；心理与行为科学系（应用心理学研究所、认知与发展心理研究所）。

——国家重点专业实验室：计算机辅助设计与图形学国家重点实验室，工业心理学国家专业实验室。

十

2008 年，浙江大学推行学部制改革，2009 年 6 月，在原浙江大学理学院的基础上成立了"浙江大学理学部"，下辖数学系、物理系、化学系、地球科学系、心理与行为科学系。2015 年 5 月，数学系改为数学科学学院，地球科学系改为地球科学学院。

截至 2018 年 9 月底，理学部设有学术委员会、学位委员会等 2 个委员会，下辖数学科学学院、物理学系、化学系、地球科学学院、心理与行为科学系等 5 个院系，涵盖数学、统计学、物理学、化学、地质学、地质资源与地质工程、大气科学、地理学、心理学等 9 个一级学科。具体如下：

——本科层面：有数学科学学院、物理学系、化学系、地球科学学院、心理与行为科学系等 5 个院系，12 个本科专业。包括：

数学科学学院 3 个专业：数学与应用数学、信息与计算科学、统计学；物理学系 1 个专业：物理学；化学系 1 个专业：化学；地球科学学院 5 个专业：地质学、地球信息科学与技术、人文地理与城乡规划、地理信息科学、大气科学；心理与行为科学系 2 个专业：心理学、应用心理学。

——重点学科：数学、化学等 2 个一级国家重点学科，理论物理、凝聚态物理、应用心理学等 3 个二级国家重点学科，计算数学、凝聚态物理、理论物理、光学、有机化学、物理化学、构造地质学、等离子体、地球探测与信息技术等 9 个省级重点学科。

——研究生层面：有数学、物理学、化学、地质学、心理学等 5 个博士后流动站；数学、物理学、化学、地质学、心理学等 5 个一级学科博士学位授权点；大气科学 1 个一级学科硕士学位授权点；地质工程、应用心理学 2 个专业硕士学位授权点。

——教学方面：有数学、物理学、化学、心理学等 4 个国家理科人才培养基地，物理、化学等 2 个国家工科课程基地，数学建模方法与实践、化学基础课程等 2 个国家级教学团队，数学、物理学 2 个国家级特色专业。化学实验中心 1 个国家级实验教学示范中心，物理实验中心、地科实验中心、心理实验中心等 3 个省级实验教学示范中心。

——交叉学科研究中心：有数学高等研究院（筹）、聚变理论与模拟中心、生物物质与信息调控研究中心、量子物质国际合作中心、关联物质研究中心、量子信息交叉研究中心、心理科学研究中心等 7 个校级交叉学科研究中心。

——研究所：有 24 个研究所。具体包括：

数学科学学院：高等数学研究所，统计研究所，信息数学研究所，应用数学研究所，科学与工程计算数学研究所，运筹与控制科学研究所；

物理学系：浙江近代物理中心，电子与无线电物理研究所，凝聚态物理研究所，光学研究所；

化学系：物理化学研究所，催化研究所，有机与药物化学研究所，分析化学研究所，高新材料化学研究所；

地球科学学院：地质与地球物理研究所，环境与生物地球化学研究所，气象信息与预测研究所，空间信息技术研究所，城市与区域发展研究所，地理信息科学研究所，海底科学研究所；

心理与行为科学系：应用心理学研究所，认知和发展心理研究所。

——重点实验室：工业心理学国家专业实验室、教育部含油气盆地构造研究中心、磁约束核聚变教育部研究中心（联合），共建计算机辅助设计与图形学（CAD&CG）国家重点实验室（核心部分）；应用化学、资源与环境信息系统等 2 个浙江省重点实验室。

截至 2018 年 9 月，学部有教职工 658 人，其中专任教师 423 人，正高职教师 233 人，副高职教师 150 人。学部有中国科学院院士 10 人，千人计划专家 6 人，杰出青年基金获得者 18 人，长江特聘教授 11 人，浙江省特级专家 3 人。学部各院、系和研究所计有本科生 1632 人，研究生 1839 人，其中博士生 881 人。

十一

　　浙江大学理学部秉承百年"求是"学风,以培养具有独立思考能力,抱负远大,视野开阔,知识、能力、素质俱佳,能在教育、科技、文化等领域发挥重要作用,具有"求是创新"精神和国际竞争力的高层次理科人才为己任。近年来,学部在人才培养、科学研究、学科建设等方面取得长足的进步,正朝着"振兴浙大理学"的目标不断前行。

目 录

第一部分 光之源 （1897—1927）

第二部分　光之聚 （1927—1936）

本卷附录

第一部分

光之源

（1897—1927）

——理学课程、系科在"求是书院""育英书院"等浙江省高等教育机构的引入和设置

1840年鸦片战争以后，浙江省沿海城市宁波、温州相继开埠，浙江成为中西文化交会之要冲。外国传教士凭借不平等条约在各地建立教会，开办教会学校和书馆，传播宗教教义，同时也引进了西方新式教育。以后汇入浙江大学的"之江大学"，其前身"育英书院"以及更早的"养正书塾"，就是这类新式的教育机构。1897年，育英书院（Hangchow Presbyterian College）成立，分设正科、预科；正科即相当于西方的初级学院（Junior College，即大学的初级阶段）；并分设英文、化学2个专科。育英书院的设立，标志着浙江省第一所新式高等学校的出现；其组织形式、管理体制、课程设置、教科书的编制与选用及学业评价标准等均对当时由中国人自办的如"求是书院"等高等教育机构有重要借鉴作用并对其产生重大影响。1911年"育英书院"更名为"之江学堂"，1914年定名为"之江大学"（Hangchow Christian College），1920年11月，获准在美国哥伦比亚特区立案，之江大学正式具备完整的大学体制。此后，正式分为文、理两科，设立生物、化学、数学、地理、生理、心理等理学专业，开设相关课程。

　　面对严重的社会危机和难以应对的顽固势力，浙江的有识之士秉承实学教育的传统，倡导经世致用的为学宗旨，并把救亡图存与向西方学习紧密地结合起来。浙江近代教育的正式起步始于甲午战争以后。1897年，杭州知府林启在省城杭州开始兴学活动，创办了浙江大学的直接前身——"求是书院"。"求是"虽名为书院，实际上具有新式高等学校之雏形。后因学制变更,"求是书院"改为"浙江求是大学堂""浙江大学堂""浙江高等学堂"等。1908年夏,浙江高等学堂开始设"正科",具有了大学预科的性质。1912年中华民国成立,学校改称"浙江高等学校",随即因学制变化而停止招生,至1914年完全停办。

与此同时,专科性的实业学堂、专门学校等也于清末和民国初年在浙江省陆续出现。1910年11月筹建浙江中等工业学堂,后升格为浙江公立工业专门学校(简称"工专");1911年10月后,由农业教员讲习所改组的浙江中等农业学堂成立,后升格为浙江公立农业专门学校(简称"农专")。借此,浙江的官办高等教育得以在高等专科教育层面延续;且随着二者于1927年改组为新设立的第三中山大学的一部分,而成为浙江大学的又一源头。

在这一过程中,浙江近代高等教育机构分别在教会所办学校和官方的书院改革、兴办新式学堂的实践中,开始了艰难的孕育、萌生和形成,以求是书院及其后续者为主线,包括育英书院(及其后继的之江大学)和工专、农专等学校在内,共同汇成浙江大学的源头。初步的理学课程、理学系科等也相继出现在前述各类高等教育机构之中。

第一章

从"求是书院"到"浙江高等学校"

——浙江省近代正式高等教育机构的出现及理学教育的发展

甲午战争爆发3年后的1897年，浙江一批具有革新思想的有识之士创办了以"讲求实学"为途径，以"育才、图治"为宗旨的"求是书院"。求是书院在中国传统教育内容之外，传授西学，不以科举功名为目的，是一所以培养新式人才为己任的新式学堂，在近现代中国高等教育史上具有较高的地位和影响。1912年，中华民国政府制订新学制，取消各省高等学校。当时，求是书院已经更名为浙江高等学校，因学制不符，被迫撤销。1914年，随着最后一届学生毕业，浙江高等学校停止办学。但各界公认，"前清光绪二十三年，求是书院成立，是为浙江创设高等教育机关之始"[①]；亦为各届浙大师生、校友所公认，求是书院为浙江大学的直接前身。

第一节 "求是书院"的创立及其演变

甲午战后，人们普遍认为整顿书院已刻不容缓，并在朝野上下形成了改书院为学堂、设置新型实学书院和变通章程整顿书院3种不同的方案。朝廷对3种方案一并通行，任由各省督抚学政参酌办理。事实上，在戊戌变法前，书院改学堂方案处于无人响应状态，各省普遍采取设置新型实学书院或变通章程整顿书院这2种比较稳妥的方案来变革书院。"求是书院"也是在这种背景下应运而生的。稍后，在戊戌变法中，书院改学堂方案被正式纳入朝廷的实施计划，但未及推广即夭折。再后，清末"新政"时，朝廷下诏改制，杭州书院最终被改为大、中、小三级学堂，在匆忙中走向现代。"求是书院"亦随之而发生变动，经历了"大学堂""高等学堂"等演变过程。

一、"求是书院"阶段（1897—1902）

甲午战败后，学习西方，改革传统教育的呼声不断高涨。光绪二十二年（1896），林启（字迪臣）出任杭州知府。到任后，他深感杭州的旧式书院已不能满足社会变迁对新式人才的需求，与当地士绅会商，决定在蒲场巷（编者注：也称"菖蒲巷"等，即后来的"大学路"）普慈寺（也称"普济寺"）筹建专课中西实学的新式书院，此举得到了浙江巡抚廖寿丰（字谷士）的大力支持。

---

① 教育部教育年鉴编辑委员会编：《第二次中国教育年鉴·第五编·高等教育》，上海：商务印书馆，1948年，第123页。

（一）准备阶段及"育英书院"的借鉴意义

为筹建书院，杭州地方的一些官员及士绅多次到杭州的一所教会学校——育英义塾（即后来的育英书院）考察。有理由相信，这其中，可能就有浙江巡抚廖寿丰、杭州知府林启等主持兴办"求是书院"的人士。

育英义塾的前身是道光二十五年（1845）美国长老会传教士麦嘉缔等在宁波创办的崇信义塾，亦名宁波男塾。同治六年（1867），迁至杭州，改名育英义塾，初设皮市巷，后移大塔儿巷，教育程度也由小学向中学程度发展。育英义塾在课程设置上是一种"孔子加耶稣"或"儒学加圣经"的模式，除开设四书五经、圣经、教义问答等传统课程之外，还按照美国的高中标准，开设了算术、代数、几何、历史、地理、生理等课程。此外，育英义塾十分重视实验教学，有专门的车间教学和实验室，还开办了手工课程，让学生掌握木匠等实用技艺。

据育英义塾校长裴德生回忆，他曾从美国设法弄到了一台有两匹马力的希普曼牌蒸汽发动机、一台旋转车床和大量木匠和铜匠工具，用其制作教育用的实验装置，他的实验设备让书院的学生和前去参观的杭城士绅十分震惊：

我在美国待的时间不长，1886年2月就回到了杭州。回美国探亲期间，我设法弄到了一台有两匹马力的希普曼牌蒸汽发动机、一台旋转车床和大量的木匠和铜匠的工具。我之所以把这些东西带回中国，是为了让学校的男孩子们和外来的参观者能够见识这些东西，并且还想用它们来制作一些在教室里用的实验装置。我发现这两个设想都得到了很好的回报。

那个小小的蒸汽机是杭州城里的第一个蒸汽机，它吸引了很多人的目光，使不少士绅赶到学校里来观看它的神奇表现。我必须在这儿讲述一两件在学校发展过程中曾经帮助我们赢得当地文人学者信任的事情。有一次，有几位"文人学士"慕名专门前来观看从"洋鬼子国家"带回来的蒸汽机。那是7月份一个炎热的日子，他们身上都穿着绸长衫，手里摇着漂亮的绸扇子。蒸汽机的火点着之后，蒸汽开始冉冉升起，压力表也随之一度度地上升。气缸顶部的一个安全阀在压力达到70度以后就会自动跳掉放汽。我事先没有跟他们说明。当压力达到70度时，那安全阀"砰"地一声跳了起来，发出了极为可怕的嘶嘶声，浓雾般的蒸汽一下子就冒了出来，在房间里弥漫。我们的客人们一个个都吓破了胆，四下逃散，有的从前门夺门而出，有的是从后门，还有的是从窗户跳出去的。我转动了节流阀，蒸汽机的嘶嘶声消失了，小马达开始以每分钟250转的速度转动起来，它转动得如此平稳，以至于肉眼几乎看不出它是在高速运转。我的那些文人骚客经过劝说好不容易才回到了房间里。我向他们解释了安全阀的原理，并用皮带轮把马达与上面的那根轴和切削螺丝杆的车床连接了起来。客人们看着车床轻而易举和准确无误地将一根铁棍切削成为一定规格带螺纹的螺丝杆，一个个都惊讶得瞠目结舌。这些士绅从此成为了育英义塾坚定的朋友，后来还帮助学校教授了一些跟科举考试有关的中文科目。

另外还有一件事情值得一提，尽管它是后来才发生的。我们得到了一台静电机器，它能够放出三四英寸长的电弧。有三四个官员应邀到学校来参观放电的过程，并体验电的一些效果。有一位客人被请求坐在一张绝缘的凳子上，他身上通电以后，我就用手指触碰他的耳朵、鼻子和身体的其他部位，每碰一下就会跳出电火花，他会惊跳起来。我用调羹盛上酒精，请他来碰一下。他一碰调羹，便产生电火花，后者一下子就点燃了酒精。这个实验对于这位文人出身的官员来说有点太过分了，他马上摆脱了电线，并从凳子上站起身来，嘴里喃喃自语："稀奇得很。"做这种实验的目的是为了让他们了解这个学校在教授一些什么样的课程，并且消除他们的偏见。在这一点上，我们并没有感到失望，因为这几位文官经常访问我们的学校，并且在后来开办他们自己的学校时，也以我们的学校作为原型。

在追述我们这所学校的发展时，无法在每个事件上都讲述如上的细节。没过几年，学校增加了众多的课程和教学内容，以至于原来那座中式的古老建筑已经不能够适应新的课堂教学活动。学校又建造了另一座房子，以用作一个车间、课堂教学和实验室。建造这座房子的钱是由我姐姐，即卢公明夫人所提供的。我们还得到了一台小发电机，这使得我们能够在特殊的节日或庆祝活动中用点灯来照明。这也是杭州的第一台发电机。纽约市春街教堂的一位朋友给我们寄来了一整套电报装置，于是在学校建筑和我的住宅之间架设了一条电报线，这也是杭州的第一条电报线。在学校的院子里架设了一个小型的天文望远镜，它吸引了许多访问者来观看土星的圆环和木星的月亮。学校还得到了一个六分仪，所以在以后的好多年里，人们测量到了精确的杭州时间。学校还购买了一个很好的显微镜，它在招待来访者这方面起了很大的作用。我记得有一次在展示用显微镜进行观测的幻灯片时，其中有一张幻灯片是有关虱子的。有一位客人建议，用显微镜来观察一只活的虱子也许会更为有趣。还没有等他说完，就有人抓了一只活的，肚子滚圆的虱子，它成为了一个精彩的观察对象。[1]

光绪二十三年（1897），育英义塾更名育英书院，开始设英文、化学 2 专科，学制正科 6 年，预科 5 年，相当于高等专科程度。率先开办的育英书院为求是书院的创办树立了一个客观参照物，如上引裘德生所回忆的，"在这一点上，我们并没有感到失望，因为这几位文官经常访问我们的学校，并且在后来开办他们自己的学校时，也以我们的学校作为原型"；同时，育英书院的王令赓教士还被廖寿丰和林启请至求是书院担任总教习，为求是书院创建了最初的西学课程。因此，之江大学与浙江大学之间有直接而密切的关系：首先，率先开办的育英书院为后来的求是书院树立了一个客观参照物；其次，育英书院的王令赓教士长期亲自担任求是书院、浙江大学堂和浙江高等学堂的总教习或正教习，为其创建最初的西学课程作出了不可磨灭的贡献；最后，其后，育英书院（及其后继者）在不同时期，均有教师参与求是书院（及其后继者）的教学活动。[2]

（二）"求是书院"的开办

光绪二十二年（1896），来浙江任巡抚的廖寿丰，"颇重储才崇实"。同年，林启也由衢州调任杭州知府。当时杭州尚有诂经、紫阳、崇文等 6 所书院，但林启认为这些书院只学八股，不习策论，"只空谈义理，溺志词章"，已不能适应革新和建设的需要。他认为国家要策励图强，应该着力振

---

[1] 《裘德生回忆录》，转引自沈弘：《"求是"岂能忘"育英"？——兼论杭州育英书院的文化遗址保护》，《文化艺术研究》2011 年第 2 期，第 118-131 页。

[2] 编者按：郑晓沧先生回忆自己在浙江高等学堂的"高等正科时期（1909—1912）"求学的经历时，记及"当时校里也邀请了一位老牧师 Judson 来教我们作文和改作文，听说他是有学问的"，该处的"老牧师 Judson"，应该即为 1880—1911 年作为育英书院（及其后继者）校长的裘德生。参见郑晓沧：《清末民初本人所受学校教育的回忆（1897—1914）》，王承绪、赵端瑛编：《郑晓沧教育论著选》，北京：人民教育出版社，1993 年，第 292 页。

兴实学，创办新学，开发民智，提高国民的文化素质。林启一面改革时弊，以促进地方经济的发展；一面着手筹办学堂。当时，他受命查办杭州蒲场巷内普慈寺僧人的不法案件，籍没了寺产。于是，他和杭州一些士绅商议，呈报巡抚廖寿丰，极力建议利用寺屋开办新式学堂。在汪康年、陈汉第和在北京的朝廷官员朱智等的大力促进、协助下，决定就寺兴学，"将所有佛像移至城内各庙寺，以普慈寺为院址"，由林启负责筹建，定名为求是书院。

"求是"一词，源出《汉书·河间献王传》中"修学好古，实事求是"一语，颜师古注为"务

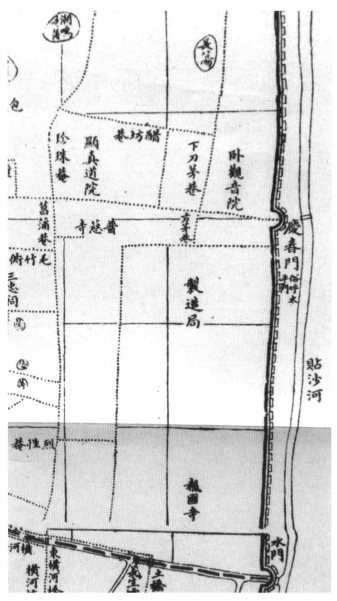

图 1-1-1　"求是书院"开办之前的普慈寺、报国寺所在地①

① 截取自清光绪十八年（1892）所绘《浙江省城图》。引自杭州市档案馆编：《杭州古旧地图集》，杭州：浙江古籍出版社，2006 年，第 160-161 页。

得事实，每求真是"。自19世纪60年代洋务运动兴起后，一些新办的洋务学堂中有的就以"求是"命名，如1866年洋务派官员沈葆桢在福建马尾兴办的"求是堂艺局"。由于当时科举制度尚未废除（离1906年停止科举尚有10年），社会上守旧思想仍很浓厚，林启为避免保守势力从中非难和阻梗，同时又考虑到书院制在中国已有长达千余年的历史，容易被人接受，故仍以"书院"名之，而未称学堂。

1897年农历正月，在浙江巡抚廖寿丰和杭州知府林启的筹划下，办学之议几经周折，奏报清廷获准，求是书院创立；同时制订《求是书院章程》和聘请教师。1897年5月21日（农历四月二十日），求是书院正式开学，林启兼任总办，陆懋勋任监院，贡生陈汉第任文牍斋务。另聘美国人王令赓（E. L. Mattox）任总教习，卢保仁、陆康华任副教习。第一批招收学生共30名。孙智敏在《浙江高等学堂年谱》（1957）中这样记述：

> 清光绪二十三年丁酉（1897）春正月，浙江巡抚廖寿丰创设求是中西书院，派杭州知府林启为总办，举人陆懋勋为监院。……林为总办……延聘美籍教士王令赓（原名默特奥克斯）为正教习，侯官陆叔英康华、湖州卢子纯保仁分任英、算各科，谓之求是中西书院，于夏四月二十日开学。

图 1-1-2　林启（1839—1900）与林社①

1897年8月，廖寿丰向清廷呈送《奏为浙江省城专设书院兼课中西实学恭折》，陈明办学宗旨及经费筹措情况。这样，浙江在省城率先建立了一所新式高等学堂。②

---

① 编者按：1900年林启病逝后，杭人邵章、陈敬第、何燮侯等为永志思念，以孤山民产四分之厘为社基，倡议建"林社"设祭，初建时为砖木结构的中式平房。1925年，陈叔通等又筹资扩建林社。后历经抗战等动荡时期，社宇渐就倾圮，待1946年，浙江大学等复员回杭，复发起重建林社。直到1948年，工程渐次建成，但房却未结顶，张宗祥撰写"重建林社碑记"刻石，均因筹资不继而暂停。1951年春，始卒其工。为楼三楹，宏于旧宇。小楼坐南朝北，占地面积206 m²，建筑面积约250 m²。现林社为后来重建，在孤山北麓，放鹤亭东侧，面对葛岭，是纪念清末著名的教育家、杭州知府林启的场所，也就是林启纪念馆。林启纪念馆南侧的草坪上，竖立着林启青铜雕像。身着旧式长袍的老年林启面容慈祥，端坐于石凳上，右手轻靠在一旁的石桌边，闲适地遥望着远处的西湖水面。林启墓前牌坊上有联曰："树人百年，树木十年，树谷一年，两浙无两；处士千古，少尉千古，太守千古，孤山不孤"。

② 浙江大学校史编写组：《浙江大学简史（第一、二卷）》，杭州：浙江大学出版社，1996年，第4-5页。

（三）"求是书院"规模的扩大——内、外院的设立

戊戌变法期间，康有为于光绪二十四年五月十五日（1898 年 7 月 3 日）向光绪帝上《请饬各省改书院淫祠为学堂折》，提出"泰西变法以三百年而强，日本变法以三十年而强，我中国之地大民众，若能大变法，三年而立，欲使三年而立，必使全国四万万之民，皆出于学，而后智开而才足"，并进一步提出书院改制的思路，"因省府州县乡邑，公私现有之书院、义学、社学、学塾，皆改为兼习中西之学校"①。7 天后，即光绪二十四年五月二十二日（1898 年 7 月 10 日），光绪帝完全采用了康有为改书院为学堂的激进建议，谕各省开办学堂，在京设立京师大学堂（今北京大学前身），并下令 2 个月之内，将全国大小书院改为学堂。上谕称：

前经降旨开办京师大学堂，入堂肄业者，由中学、小学以次而升，必有成效可睹。惟各省中学、小学尚未一律开办，总计各直省省会及府、厅、州、县无不各有书院，着各该督抚督饬地方官各将所属书院处所、经费数目，限两个月详查具奏，即将各省府、厅、州、县现有之大小书院，一律改为兼习中学、西学之学校。至于学校阶级，自应以省会之大书院为高等学，郡城之书院为中等学，州县之书院为小学，皆颁给京师大学堂章程，令其仿照办理。②

诏令下后，全国有21所书院改为学堂。③

求是书院遂亦于此期（1898 年 7 月后）扩充学额，分设内、外两院。以原招收的 30 名为内院生，月给伙食费和杂费，另招收外院生 48 名（后为 60 名），"为内院升补之预备"。书院章程也于此时加以修订，确定了内院、外院的架构。当时，因校舍、师资、经费等条件均不成熟，匆忙改制，扩大招生，一时书院有些疲于应付。据求是书院监院陈仲恕回忆，为响应朝廷改制诏令，书院紧急扩建，收买院后空地，建设讲堂斋舍，添招肄业生 60 人；即以原有之 30 人为内院生，新招生为外院生④。当时，还在各地报纸刊登了招生启事，如《湘报》刊登了《杭州求是书院添设外院》的告示：

迩来省垣风气大开，艺人中人咸皆向慕实学，故由绅宦具结保送之举贡生监有一百数十名之多。奉林迪臣太守示期，于上月抄传齐局试，刻已出案，计正取八名，当即送院肄业。备取五十七名，均皆学识兼长、殊堪造就之才，奈限于定额，碍难取补，由太守添设外院，俾得一律进院，专门分班授业。惟膏火饭食等费，现实经费不敷，均须暂行自备，以广培植而励人材。⑤

---

① 康有为：《请饬各省改书院淫祠为学堂折》，陈谷嘉、邓洪波主编：《中国书院史资料（下册）》，杭州：浙江教育出版社，1998 年，第 2467 页。

② 《改书院为学校上谕》，陈谷嘉、邓洪波主编：《中国书院史资料（下册）》，杭州：浙江教育出版社，1998 年，第 2470 页。

③ 陈谷嘉、邓洪波主编：《中国书院史资料（下册）》，杭州：浙江教育出版社，1998 年，第 2469-2482 页。

④ 陈仲恕：《本校前身——求是书院成立之经过》（原载《国立浙江大学同学会会刊》），陈谷嘉、邓洪波主编：《中国书院史资料（下册）》，杭州：浙江教育出版社，1998 年，第 2161 页。

⑤ 《杭州求是书院添设外院》（原载《湘报》第 177 号），陈谷嘉、邓洪波主编：《中国书院史资料（下册）》，杭州：浙江教育出版社，1998 年，第 2159-2160 页。

扩建后的求是书院原计划于秋季开学,但百日维新到光绪二十四年八月初六(1898年9月21日)已结束,九月三十日（11月13日）,慈禧太后下达申明旧制懿旨,要求各省书院照旧办理,停罢学堂。懿旨称:

　　书院之设,原以讲求实学,并非专尚训诂词章,凡天文、舆地、兵法、算学等经世之务,皆儒生份内之事,学堂所学亦不外乎此,是书院之与学堂,名异实同,本不必定须更改。现在时势艰难,尤应切实讲求,不得谓一切有用之学非书院所当有事也。将此通谕知之。[①]

　　根据懿旨,各省学堂已办者,即行收缩,未办者即行停办,这样,书院改学堂就夭折了。 求是书院因扩建外院,已花费6000余元,属先行挪借,原定由防军局拨款抵充,因政局变化经费无法划拨,又无其他筹款渠道,一时陷入僵局。适逢学使唐春卿前去参观,对新建讲堂颇为赞许,于是林启请求唐春卿出面与巡抚衙门协商经费问题。后抚院要求在不违背谕旨的前提下,由求是书院拟一经费申请上奏,但须自圆其说。监院陈仲恕即拟一稿如下:

　　前叙历次催办各府县学堂,并扩充省城学堂之谕旨,拟就求是书院先行扩充,招生二百名（正出示招考,复奉已办学堂即行收缩谕旨,现拟减收为六十名）暂行开课,未兴工程,即行停止。已建设讲堂及教员、学生宿舍各项设备,已支用六千余元,即饬司由防军局支给,归入动用正项,并案奏销,所有遵奉先后谕旨,扩充省城学堂及现收缩情形,理合奉明。[②]

书院扩建外院经费问题才得以解决。招生规模也因此有所收缩,直至1902年改为求是大学堂、浙江大学堂后,才得以扩充。

　　从1899年起,历年招收的学生,都不属于"举贡生监",均称为"蒙生"。从第一年招收"举贡生监"到次年即改为"以有志于讲求新学者为合格",这样,一大批有志青年不分"功名出身",都可参试进入求是书院大门,于是出现了"一时应试者极为踊跃"的新局面。学生入学动机比较明确,加之学习刻苦,钻研深造,在"蒙生"中成材的也日益增多。如当年的学生邵裴子、钱家治（均夫）、许寿裳、夏元瑮、周赤忱、蒋百里等,他们都是"蒙生",也都是求是书院的高材生。[③]

（四）"求是书院"的教学特征与学风及成就

　　求是书院办学初衷是培养兼课中西的实学人才以救国济世,廖寿丰在申请设立书院的奏折中指出,"居今日而育材,以讲求实学为第一义。而讲求实学,要必先正其志趣以精其术业"[④]。因此,

① 朱寿朋:《申明旧制懿旨》(《光绪朝东华录》卷四),陈谷嘉、邓洪波主编:《中国书院史资料（下册）》,杭州:浙江教育出版社,1998年,第2486页。
② 陈仲恕:《本校前身——求是书院成立之经过》(原载《国立浙江大学同学会会刊》),陈谷嘉、邓洪波主编:《中国书院史资料（下册）》,杭州:浙江教育出版社,1998年,第2161页。
③ 浙江大学校史编写组:《浙江大学简史（第一、二卷）》,杭州:浙江大学出版社,1996年,第7页。
④ 廖寿丰:《请专设书院兼课中西实学折》,陈谷嘉、邓洪波主编:《中国书院史资料（下册）》,杭州:浙江教育出版社,1998年,第2158页。

与传统书院相比，求是书院在招生、管理规制、课程设置、教学方法和考试方式上有了很大变革。

1. 教学特征

（1）招生与管理

求是书院在招生时对其科举经历没有要求，但若"略通外国语言文字或化算图绘诸学"，可在报考时特别注明，因此书院初办时招收 30 人，举贡生监出身者仅 20 人。1898 年百日维新期间，清政府通令各地开办新式学堂，求是书院扩大生徒规模，书院改设内、外两院，以原有 30 名为内院生，月给伙食费和杂费，另收外院生 60 人，"为内院升补之预备"。内院生的招生要求，林启在《招考求是书院学生示》中规定，凡年龄在 30 岁以内，无不良嗜好和习气，自愿住院学习者，均可报考：

> 无论举贡生监，年在三十以内，无嗜好，无习气，自愿住院学习者，务于三月初五日以前，开具三代、年貌、籍贯、住址，邀同本地公正绅士出具保结，赴院报名。其有略通外国语言文字或化算图绘诸学，均当于册上填注，由监院呈送。示期先试经义、史论、时务策，取示若干名，再行会同教习复试，选定三十名，每名月给伙食洋三元，杂费洋二元。[①]

对外院生（经生），要求相对宽松，只要有志于讲求新学者均可，但每年需酌收膳费。

与传统书院松散的管理制度不同，求是书院规定了学生的学业年限，"以五年为期，不得无故告退，非假期必常住院"，对按期完成学业的学生，书院也给学生安排了一定出路："学业成就如有材能超异者，由臣（廖寿丰）咨送总理衙门考试，以备器使。"[②]

（2）课程设置和教学方法

求是书院的教学强调中西兼采，以西学为主。关于书院的教学内容，林启在筹备阶段即有大致设想："泰西各学，门径甚多，每以兵农工商化验制造诸务为切于时用，而算学则其阶梯，语言文字乃从入之门。循序以进，渐有心得，非博通格致不得谓之学成。"[③] 书院开办后，设置的西学课程主要有英文、物理、化学等，由总教习王令赓负责；各种算学及测绘、舆图、占验、天文等，由副教习卢保仁负责；另有外洋语言文字及翻译书籍报章等，由另一副教习陆康华负责。当时没有现成的教科书，物理、化学采用英国中学课本的翻译本，算学选材于《笔算数学》《代数备旨》《形学备旨》《八线备旨》等，英文则取材于《英文初阶》《英文进阶》。中文主要为国文、经史，多聘请博学之士主讲，如 1899 年宋恕曾在书院教授国文。后书院又开设体操课，并以日文为选修课。

书院的课程变化引起了教学方法上的一系列革新。

首先，由于西学分门别类，各须专深，不似以往中国旧学文史哲不分家。求是书院采用了分班教学法，总教习王令赓将学生分为三个班，习过英文者第一班，习过算学者第二班，一事未习者第三班，分日分课地交替讲授。

---

① 林启：《招考求是书院学生示》，陈谷嘉、邓洪波主编：《中国书院史资料（下册）》，杭州：浙江教育出版社，1998 年，第 2159 页。
② 廖寿丰：《请专设书院兼课中西实学折》，陈谷嘉、邓洪波主编：《中国书院史资料（下册）》，杭州：浙江教育出版社，1998 年，第 2158 页。
③ 杭州市教育委员会编纂：《杭州教育志》，杭州：浙江教育出版社，1994 年，第 629 页。

求是书院开办初期（1897.05—1898.07），具体课程安排如下：

逐日学生课程及作息时刻，由教习会同监院妥议，呈由总办详定。

——凡值心、危、毕、张（编者注：周一）、箕、壁、参、轸（编者注：周三）、亢、牛、娄、鬼（编者注：周五）诸星日：

九点至十点，第一班地理，第二班英文；

十点至十一点，第二班算学，第一班英文；

十一点至十二点，第三班英文；

一点半至两点半，第一班算学；

两点半至三点半，第二班地理；

三点半至四点半，各班练字。

——凡值尾、室、觜、翼（编者注：周二）、角、斗、奎、井（编者注：周四）、氐、女、胃、柳（编者注：周六）诸星日：

九点至十点，第二班地理，第一班英文；

十点至十一点，第一班算学，第二班英文；

十一点至十二点，第三班英文；

一点半至两点半，第二班算学；

两点半至三点半，第一班地理；

三点半至四点半，各班练字。

——凡值房、虚、昴星（编者注：周日）诸星日：休沐。[①]

1898年内院、外院分建后，其课程更加完备。在1898-08—1901-11期间，其"内院""外院"的课表如表1-1-1、表1-1-2所示。

表1-1-1　求是书院"内院"中西学按日课程[②]

（原注：此表就近时功课而定，随时必有增改，未能据为成格）

	头班	二班	三班
（上午）八点至九点	预备功课	预备功课	预备功课
九点至十点	中学	化学	文法
十点至十一点	算学	文法	英文
十一点至十二点	单日格致；双日英文	单日英文；双日格致	算学
（下午）一点至二点	化学	中学	中学
二点至三点	文法	算学	单日化学；双日格致
三点至四点	中学	中学	

---

① 《求是书院章程》（原载《经世报》第2册），陈谷嘉、邓洪波主编：《中国书院史资料（下册）》，杭州：浙江教育出版社，1998年，第2260页。

② 引自邓洪波主编：《中国书院学规集成》，上海：中西书局，2011年，第329页。

续　表

	头班	二班	三班
四点至五点	中学	中学	中学
五点至六点	星期一、星期四体操，不体操预备功课	星期一、星期四体操，不体操预备功课	星期一、星期四体操，不体操预备功课
（晚上）六点至七点	游息	游息	游息
七点至八点	游息	游息	游息
八点至九点	预备功课	预备功课	预备功课
九点至十点	预备功课	预备功课	预备功课

表1-1-2　求是书院"外院"中西学按日课程[①]

（原注：此表就近时功课而定，随时必有增改，未能据为成格）

	中学教习	中学教习	中学教习	中学教习	西学教习	西学教习	西学教习	西学教习
八点至九点	头班讲经	二班讲经	三班讲经	四班讲经				
九点至十点	头班读经	二班读经	三班读经	四班读经				
十点至十一点	头班讲问诸史		三班督读中文	四班督读英文		二班格致		
十一点至十二点	三班讲史略，四班讲故事	三班识字				头班算学		
一点至二点		二班讲问诸史				三、四班督读英文		
二点至三点				二班英文	头班格致		三班英文	四班英文
三点至四点				二班单日文法，双日舆地			四班算学	三班算学
四点至五点				头班英文、舆地	二班算学		三班单日习文法	四班双日习文法
五点至六点			监督东斋生游息	监督西斋生游息	头二班逢星期一、星期五体操，三四班逢星期三、星期六体操			
六点至七点			监督东斋生游息	由监舍代监西斋生游息				
七点至八点								
八点至九点			在房监读	在房监读				
九点至十点			在房监读	在房监读				

---

① 引自邓洪波主编：《中国书院学规集成》，上海：中西书局，2011年，第330页。

其次，由于西学从总体上偏于科技知识，需通过实验来讲授，求是书院为此引进了近代的实验教学。在《求是书院章程·书籍仪器》条目下明确规定："院中择一高敞之处，庋藏书籍仪器，由监院率同司事，不时查点，于夏冬时，分别曝晾，以期经久。学生如需取阅书籍，试验仪器，收监院另行妥拟，附入规条。"① 由此可知书院采购有仪器设备以供学生实验之用。

另外，中学课程因学生已有相当基础，一般以自学为主，在正式课程表中不安排时间，但学生必须日作札记，每晚呈缴，由教师批改。《书院章程》中规定："学生汉文宜加温习，时务尤当留心。每日晚间及休沐之日，不定功课，应自浏览经史古文，并中外各种报纸，各随性情所近，志趣所向，讲求一切有用之书，将心得之处，撰为日记，至少以一百余字为率。其西学心得，亦应随时附记，按时汇送监院，呈总办查考。每月朔课后，由教习造就学问分数清册，由监院复核，汇呈总办，详请抚宪核夺。"②

求是书院还选派多批学生赴外校学习或国外留学。书院创办的第 2 年（1898），林启即资送高才生何燏时、陈榥、陆世芬、钱承志去日本留学。1900 年，求是书院送内院生 10 人去京师大学堂学习，2 人去上海圣约翰书院学习。1901 年和 1902 年，求是书院在改称大学堂时期，又分别派送蒋尊簋、蒋方震、王嘉榘、许寿裳、钱均夫、周承菼等 28 人赴日留学。求是书院派遣留学生，实开浙江官费派遣留学生之先声，亦为各省派遣留日学生之嚆矢。

（3）考试方式

求是书院的考试主要有月课、加课和会课。月课每月朔日举行，考试内容为西学，由教习阅卷评定等级；加课每月望日举行，考试内容为或汉文、或经义、或史论、或时务策，不定篇数，由总办阅卷评定等级；会课每年冬天举行，通校各艺，由抚宪督同总办、监院、教习评定等级。考试也区分班级，如文课则头班生每逢朔望试作，二班生于朔望与头班生合课外，复于初八日、二十三日加课试作。

与其他书院类似，对成绩优秀者，书院予以膏火奖励，《章程》中对奖励的名额和奖金有具体规定：

> 每月月课。化学：一名，奖银二两；二三名，奖银一两五钱；四五名，一两。算学：奖银与化学同。语言文字：一名，奖银一两五钱；二三名，一两；四五名，五钱。
>
> 每月加课。三十名，合考经、史、策。一名，奖银二两；二至五名，一两五钱；六七名，各一两；八至十名，各五钱。
>
> 各季会课。化学：一名，奖银四两；二三名，三两；四五名，二两；六至十一名，一两；十二至三十名，各五钱。③

---

① 《求是书院章程》（原载《经世报》第 2 册），陈谷嘉、邓洪波主编：《中国书院史资料（下册）》，杭州：浙江教育出版社，1998 年，第 2262 页。

② 《求是书院章程》，陈谷嘉、邓洪波主编：《中国书院史资料（下册）》，杭州：浙江教育出版社，1998 年，第 2260 页。

③ 《求是书院章程》，陈谷嘉、邓洪波主编：《中国书院史资料（下册）》，杭州：浙江教育出版社，1998 年，第 2261 页。

除按额给奖外，书院还规定有格外给奖，其名数银数，临时酌定。

　　……一年中月课、加课，历考第一名至五次以上者，酌议按月优加膏火，若其学识精进，践履笃实，可期远大之器，并请抚宪择尤存记，以备保荐。其列课均历下等者，由教习监院察看平日是否用功，议请办理。①

求是书院的管理规制、课程设置、教学方法和考试方式上基本属于中西兼课。书院虽然保留了传统书院的一些特征，如聘请著名学者主讲经史，每月考汉文，或经义，或史论，或时务策，中学由学生自由研习等，但从偏重"西学"的课程设置和实行班级授课制等方面看，与旧式书院有明显区别，表明求是书院在自我变革方面已达到一个新的高度。

　　2. 学风与成就

郑晓沧先生在《戊戌前后浙江兴学纪要与林启对教育的贡献》一文中，对求是书院班级编制及课程和学风等，有详细的记述（编者注：引文中若干明显印刷误字、漏字或因当时简化等原因出现的不规范用字，由编者直接改正或补充，不再单独说明。下同）：

　　……以下再述"求是"的班级编制及课程和学风。按编制学生分三类：

　　1. 内院生

开始招一班，计30人，经派送出洋与退学者外，不过20人。其后未续招。此班待遇最优，免学费修金与膳费外，朔课望课成绩优者，可得奖金。

　　2. 外院生

甲、经生——亦为举贡生监出身的，不过20人。资格与内院生同，但待遇已不及前者，所以称为外院生，或由于此。只招了一班。如石门吴乃琛为外院生。后未再招。

乙、蒙生——己亥（1899）开始招收，取文理粗通而无出身的。又因国文程度分二三班，至于一班则故意虚着以备升入。其后蒙生年年续招，夏元瑮、邵裴子、许寿裳、蒋方震等都是蒙生。

课程以国文、英文、数学、理化为必修科。后来又加日文，可自由选读。实则国文程度均不甚相远。而所谓西学，也都是开始学习。

英文教本为《英文初阶》至《进阶》等，并读文法。算学自心算至代数，取材于《笔算数学》《代数备旨》《形学备旨》《八线备旨》等。物理、化学所用教本，多译自英国中学教本。各人先以国文程度定班次。但英、算等则可各按实际能力定其受课之班次。"故往往头班生而英、算有入较低班次者，又有低班生而英、算入较高班次者。"教课时间之排列，亦颇费周章[原注：见赵继昌：述求是书院史略——浙大同学会会刊（1947）]。

国文不重口讲，但由学生自阅。疑则发问，教师解答，往往有上课一小时而教师未发一言的。学生必须日作札记，每晚呈缴，教师批改。文课则各班每逢朔望试作。但外院之蒙生于此以外，尚有"加课"。教授国文者多为博学之士，如己亥年（1899）曾聘平阳宋恕主讲国文，宋先

---

① 《求是书院章程》，陈谷嘉、邓洪波主编：《中国书院史资料（下册）》，杭州：浙江教育出版社，1998年，第2260-2261页。

生博学强记，涉猎大藏，读《经世文编》，日三四本，且年事虽高而思想甚新。教学重启发，不为占哔。到校未一年而校风顿变。当时学生专心于国文者最多。国文课重自修，此等情形，至1906—1908年而犹然 [注：见钱均夫：求是书院之创设与其学风——浙大同学会会刊（1947）]。

这里必须说到的，就是所谓"中学为体"的意见。我上面说"诂经精舍"对浙江学风影响宏远，但它最尚汉学，在这点上求是书院却说不到。林启似颇重经济之学，但也注重修身正心，陆则常常叮咛"宋五子之书不可读"，特别要学生修习明朝理学家吕坤所著之《呻吟语》。某君（内院生）不耐读此，在日记反映这种情绪，并批评学校政策，竟被除名。内院生中当时被除名者三人。

1900年林读芦泾遁士（即陶葆廉）《求己录》而善之，广印累百帙，将以饷诸生，乃不久即病殁，书院继其遗志，将陶著广发学生诵习，为当时（原按：当已在庚子之后）"四种人人必读书"之一。其余三种为黄宗羲《明夷待访录》、严复所译赫胥黎《天演论》与曾胡文集。

以言学风。当时学生敦品励行，在甲午与庚子之后，爱国热忱极度高涨，邵裴子先生说，"其时科举未废，若干举贡生监，及尚未预试之学子，舍利禄必由之途而入学堂，习西学，此显然为后来接受革命思想之张本"。庚壬之间（1900—1902）校内曾组织励志社（原注：此"励志社"与后来国民党所办的，名义偶然相同，不能混为一谈），相互切磋。其具体工作为：（1）举办读书会，每周各人必读完一书，周六晚餐后相互报告，对低年级同学作讲读并举办文课。对外则认捐协购《白话报》分送省市内外。（2）每星期日向附近茶馆讲解《白话报》，用抽签法推定，不得推诿。或且携带直观教具如地球仪、人种图等以资说明。（3）约附近私塾，劝用新式教本，免私塾学生缴学费，教薪则由社友集资供给，主其事者为汪鈇云（曼峰）先生。

邵裴子先生分析求是创设之特点时，曾说求是"为浙江革命思想重要源泉之一。求是书院成立不过三年而校内革命思想已蓬勃发展，后来参加革命的亦颇有其人，成为本省及全国革命史上不可磨灭之一部分"。[原注：钱均夫：求是书院之创设与其学风——浙大同学会会刊（1947）]案庚子以后，章炳麟等在日本东京创刊《民报》《复报》，鼓动革命。《訄书》与《浙江潮》亦于此时与世相见，对浙江人影响尤深（原注：项士元：杭州府中学堂之文献）。

有两件事具体足纪者为：（1）蒋百里吊唐才常诗（1900年唐在武汉谋起义不成殉难）；（2）史寿白之《罪辫文》（原注：钱均夫：《杭州求是书院"罪辫文"案始末记略》，《近代史资料》1957年第1期；马叙伦《关于辛亥革命浙江省城光复记事的补充资料》，载《近代史资料》，1957第1期，48-50页）——即上面说的励志社文课之一（应在1901或1902）。两事几兴大狱，幸赖监院等的斡旋，二人中蒋方震被派遣留学日本（为官费生，由陈请而由林决定），史则由同学集资助其出国，其事遂得以消弭于无形。

浙省光复时，周承菼任总司令；其后浙军攻克南京天堡城，史寿白时任江北提督参谋长，提兵来援。史、周均为求是学生，功成后相率退职。又如另一求是学生王嘉榘（维忱），曾参加1906年萍浏革命之役，光复后缄口不言其事，此种态度，诚为难能。倘亦"求是"学风培养之功。[1]

---

① 郑晓沧：《戊戌前后浙江兴学纪要与林启对教育的贡献》，王承绪、赵端瑛编：《郑晓沧教育论著选》，北京：人民教育出版社，1993年，第318-321页。

二、求是大学堂、浙江大学堂、浙江高等学堂、浙江高等学校阶段（1902—1914）

（一）学制改革与1902年后"求是书院"的演变

1. 书院改学堂与"求是书院"的正式改制

在义和团运动的兴起和八国联军侵华的重击下，光绪二十七年（1901），清政府被迫实行"新政"。书院改学堂作为文化教育方面"新政"的一个重要内容也重新受到了人们的重视。"新政"中，湖广总督张之洞和两江总督刘坤一于五月联名上奏"江楚会奏变法三折"，在第一折《变通政治人才为先遵旨筹议折》中，提出建立包括文武农工商矿各类各级学堂的近代学制体系，并重新建议将书院改为学堂。他们认为，书院和学堂名实皆殊，书院改学堂是为使其"名实相符"：

> 惟成事必先正名，三代皆名学校，宋人始有书院之名。宋大儒胡瑗在湖州设学，分经义、治事两斋，人称为湖学，并未尝名为书院。今日书院积习过深，假借姓名希图膏奖，不守规矩动滋事端，必须正其名曰学，乃可鼓舞人心，涤除习气。如谓学堂之名不古，似可即名曰各种学校，既合古制，且亦名实相符。[①]

光绪二十七年八月初二日（1901年9月14日），清政府根据张之洞和刘坤一的建议，正式下达书院改制上谕，称：

> 人才为政事之本，作育人才，端在修明学术。历代以来学校之隆，皆以躬行道艺为重，故其时体用兼备，人才众多。近日士子，或空疏无用，或浮薄不实，如欲革除此弊，自非敬教劝学，无由感发兴起。除京师已设大学堂，应行切实整顿外，着各省所有书院，于省城均改设大学堂，各府及直隶州均改设中学堂，各州县均改设小学堂，并多设蒙养学堂。其教法当以四书五经纲常大义为主，以历代史鉴及中外政治艺学为辅，务使心术纯正，文行交修，博通时务，讲求实学，庶几植基立本，成德达材，用副朕图治作人之至意。着各该督抚学政，切实通饬，认真兴办。所有礼延师长，妥定教规，及学生毕业，应如何选举鼓励，一切详细章程，着政务处咨行各省悉心酌议，会同礼部复核具奏。将此通谕知之。[②]

随着改制诏令的下达，全国书院开始大批改办学堂，逐步建立起省城高校、府中学、县小学的教育体系。据季啸风《中国书院辞典》统计，全国有1 000所以上书院被改为各级学堂，另有几十所书院被改为图书馆等。

书院改学堂诏令下达后，杭州书院闻风而动，一时间纷纷改为大、中、小学堂。改制的情形，巡抚任道镕在1902年1月上奏朝廷的《奏陈改设学堂办理情形折》中有明确记述：

[①]　朱有瓛主编：《中国近代学制史料（第1辑）》，上海：华东师范大学出版社，1983年，第775-776页。
[②]　《改书院为学堂上谕》，陈谷嘉、邓洪波主编：《中国书院史资料（下册）》，杭州：浙江教育出版社，1998年，第2489页。

伏维国势之强弱存乎人，人才之兴替视乎学。古昔盛时，州序党庠，莫不以学为重。远日东西各国，亦务广建学舍，以励群材。盖非预储于平时，必难收效于异日，方今急务，莫先于此。臣查浙江省垣，前已奏设求是书院及增设养正书院，均系中西并课，粗具规模。臣督同司道筹议，即以求是书院改为省城大学堂，养正书院改为杭州府中学堂；又以崇文、紫阳两书院改设钱塘、仁和两县小学堂，整旧从新，另立规制。现因经费支绌，学生额数，大学堂先定一百二十名，中学堂一百名，小学堂五十名，均取身家清白、年岁合格者，由地方绅董保送考选充定，于来年正月间一律开办。又拟于省垣分设蒙养学堂，为幼童就学之地，其绅富有捐建者，并准随时禀明兴办，此改设省城学堂之大概情形也。①

任道镕在奏折里描述的是杭州城内的书院改制情况。为使改制后的杭州初、中、高等教育体制完备，除求是书院改为省城大学堂，崇文、紫阳书院改为钱塘县小学堂和仁和县小学堂外，原已设立的新式学堂养正书塾（编者注：即前引文中的"养正书院"，正式名称为"养正书塾"）也借机改为中学堂，并计划设立蒙养学堂。

2. "求是大学堂""浙江大学堂""浙江高等学堂""浙江高等学校"的演变过程

1898 年戊戌变法期间，各地颁给京师大学堂章程，令仿照办理。戊戌变法失败后，慈禧太后掌权，下旨"各省学堂已办者，即行收缩，未办者即行停办"，求是书院遂经历了一段困难时期。1901 年，清统治集团迫于外界形势，不得不拟议实施"新政"，并于同年 9 月下兴学诏，要求"除京师已设大学堂应切实整顿外，着各省所有书院，于省城均改设大学堂，各府厅直隶州均设中学堂，各州县均改设小学堂，并多设蒙养学堂"②，并转发《山东大学堂章程》，令仿办。于是在同年 11 月，"浙江巡抚廖寿丰奏改浙江求是书院为求是大学堂"③，学额为 100 名。1902 年 2 月，浙江巡抚任道镕继续办理，扩充学额至 120 名，学校名称也改称"浙江大学堂"。当时林启已于 1900 年逝世，陆懋勋入京，陈汉第也已辞职，由劳乃宣（字玉初）总持校务。

1904 年年初，学部鉴于各省大学堂的学生来源及程度等问题，除京师大学堂外，决定将各省的大学堂改为高等学堂。浙江大学堂遵《奏定学堂章程》，遂改名为"浙江高等学堂"。

辛亥革命后，民国政府教育部于 1912 年 1 月 19 日公布《普通教育暂行办法》14 条。规定"从前各学堂均改称为学校"，"监督、堂长应一律通称校长"④。浙江高等学堂也依此办法规定改称"浙江高等学校"。后因学制改革等，按部令暂停招生；至 1914 年在最后一班学生毕业后，未续招学生。

---

① 《浙抚任道镕奏陈改设学堂办理情形折》，陈谷嘉、邓洪波主编：《中国书院史资料（下册）》，杭州：浙江教育出版社，1998 年，第 2496-2497 页。又见朱有瓛主编：《中国近代学制史料（第 1 辑）》，上海：华东师范大学出版社，1986 年，第 455-456 页。
② 陈学恂主编：《中国近代教育大事记》，上海：上海教育出版社，1981 年，第 111 页。
③ 陈学恂主编：《中国近代教育大事记》，上海：上海教育出版社，1981 年，第 113 页。
④ 陈学恂主编：《中国近代教育大事记》，上海：上海教育出版社，1981 年，第 219 页。

（二）1902年后的学校状况

1901年11月，"求是书院"改为"求是大学堂"，学额为100名。1902年2月，学校名称改为"浙江大学堂"，扩充学额至120名。1904年年初，当时"学部"决定将各省的大学堂改为高等学堂，浙江大学堂遂改名为"浙江高等学堂"。

1905年，浙江高等学堂"先设预科，三年毕业，升入正科"。预科有学生140人。高等学堂各科分小班，各班设班长。另设师范完全科，学生60人，学制3年；附设师范传习所（后改称师范简易科），学生140人，招收年龄较大、国文程度较佳，而不及研读西文能造就速成师资的，加以培养，学制1年。此外，还设有高等小学堂一所，学生50人；初等小学堂10所，学生200人。至1910年，预科共毕业3届（第一届1905－1908，第二届1906－1909，第三届1907－1910），其中第一届毕业生9人，第二届毕业生14人。

1908年夏，浙江高等学堂开始设正科。6班正科，学生300余人。正科分两类：第一类为文科，第二类为理科。两类课程均照1904年1月所颁的《奏定学堂章程》。其中外文课有英文、法文、德文3种，后又有日文。英文为两科共同的第一外国文，法文为文科的第二外国文，德文为理科的第二外国文。文科课程12门，即人伦道德、经学大义、中国文学、外国语、历史、地理、心理、辩学、法学、财学、兵学和体操；理科课程也为12门，即人伦道德、经学大义、中国文学、外国语、算学、物理、化学、地质、矿物、图画、兵学和体操。理科的算学讲授至《微积分》。《心理学》《伦理学》及《论理学》为两类学生的通习课程。此时的浙江高等学堂已初具文理学院的规模。高等正科共毕业4届（第一届1908－1911，第二届1909－1912，第三届1910－1913，第四届1911－1914）。

浙江高等学堂的正科学生，自一年级的文科"地理"课和理科"化学"课起，即用英文原版课本，直接由美籍教员讲课。日籍教员上课时，课堂上配备翻译人员翻译。当时文科的美籍教员为亨培克（S.K. Hornbeck），理科的美籍教员为梅立茄（P.D. Merica）。日籍教员有铃木龟寿（两级师范学堂教员兼课）讲授《外国地理》，辻安弥讲授《外国历史》，元桥义敦教音乐，富长德藏教体操。

浙江高等学堂的体育课是很出色的，增强了学生的体质。1907年尚未设正科前，浙江高等学堂即发起筹备首次杭城各校联合运动会。在这次盛况空前的运动会上，浙江高等学堂学生荣获"总锦标"。以后还定期举行校内运动会。1908年10月的秋季运动会，学堂组织有给奖、裁判、装置、庶务、书记、接待、整理等人员，各司其职，并邀请来宾参观，其规模在当时也是空前的。

据1907年统计，浙江高等学堂的教职员及在校学生人数：教职员共29人；学生有319人，其中满族生7人，蒙古族生1人。校舍：头门3间，礼堂5间，讲堂10座，食堂2处，事务室2间，监督、教员、办事员住室28间，学生自习室22间，学生寝室35间，图书仪器室14间，养病室10间，浴室8间，其他房屋50间，共计195间；另有操场2所[①]（编者注：按上述所列，共为189间，尚有6间未列明）。

郑晓沧先生在其《戊戌前后浙江兴学纪要与林启对教育的贡献》一文中，对这一时期的发展状况，有这样的描述：

庚子（1900）后办学之议又起，适各省有设大学之议，当局拟将求是书院改为大学堂，辛丑

---

① 浙江大学校史编写组：《浙江大学简史（第一、二卷）》，杭州：浙江大学出版社，1996年，第10-13页。

（1901）曾改称浙江省求是大学堂。壬寅（1902）改称浙江大学堂，去"求是"二字，扩充学额，至一百二十人。时陆已入京，陈亦辞去，由劳乃宣总持校务。又翌年，因学部鉴于各省成立大学后学生来源与程度尚存问题，因在北京设京师大学堂，而将各省初办之大学改为高等学堂，实为入大学之预备学校。且开始亦只办高等预科，定期三年毕业。1905年规定一百四十名，另设师范科六十名，与师范传习所；并设高小与初等小学十所，以供见习（不久即分别停办、归并，与另属）。

1908年预科第一班毕业，方设正科，正科生也收省内其他中学毕业生，内设第一类（文）与第二类（理）。第一类毕业预备升入大学文法等科，第二类则预备升入大学理工。原高等学堂章程尚可设第三类，重生物，本以预备升入大学医农的，浙高等则从缺未设。高等正科毕业四次。至民国成立后，因学制变更，废各省高等，将大学预科集中京师办理，各省高等学堂均办至最后一班毕业为止。浙江高等学堂至1914年6月完全停办。自求是创办至此，凡18年。当其鼎盛，邻居尚有武备学堂（武备停办后，原址设陆军小学），其中所培植之军事人才亦殊不少。所以当时杭城蒲场巷里萃聚了浙江两个最高学府。自高等学校停办以后，师资星散，文化上顿失重心，人才之损失很重。[①]……

求是历年负责人除林启、陆懋勋、陈汉第、劳乃宣已在上面说到外，自1903年起，先后为陶葆廉（1903）、陆懋勋（1904）、项藻馨（1905）、吴震春（1906）、孙智敏（1910）、邵裴子（1912）、陈大齐（1913）、胡壮猷（1914）。各期教师，国文有宋恕、张相、马叙伦、蒋麟振、陈训正、魏仲车、杨敏曾、陈去病、沈士远、沈尹默、沈祖緜等；历史有褚传诰、章嵚、鲁宗泰等；地理有张宗祥；心理有钱家治；数理有范振亚、谢成麟、胡况东等。西籍教师除王令赓外，有亨培克（西史）、梅立卡、克伦德（理化）等；日籍教师有铃木龟寿（博物），辻安弥（外国史地），元桥义敦（音乐），富长德藏（体操）等。[②]

从求是书院到浙江高等学校，在学术上、教育事业上做出贡献和社会上知名的学生，除前面提到的以外，尚有：陈独秀（字仲甫）、汤兆丰（字书年）、李垕身（字孟博）、赵逎传（字述庭）、朱其辉（字内光）、陈仪（字公洽、公侠）、邵振胄（字飘萍）、邵元冲（字翼如）、蒋梦麟（字兆贤、孟邻）、许祖谦（字行彬）、堵福诜（字申甫）、黄学龙（字慈斋）、陈训恩（字布雷、彦及）、张行简（字稚鹤）、程万里（字远帆）、邹铨（字亚云）、何敬煌（字酉生）、徐永祚（字玉书）、何炳松（字柏丞）、徐守桢（字崇简）、杨景桢（字次廉）、朱起蛰（字春洛）、郑宗海（字晓沧）、祝文白（字廉先）、冯贻籛（字柳堂）、潘渊（字企莘）、马公愚、陈仲陶、蒋絅裳（字幸盦）、赵廷炳（字丹若）等。[③]

① 郑晓沧：《戊戌前后浙江兴学纪要与林启对教育的贡献》，王承绪、赵端瑛编：《郑晓沧教育论著选》，北京：人民教育出版社，1993年，第316-317页。
② 郑晓沧：《戊戌前后浙江兴学纪要与林启对教育的贡献》，王承绪、赵端瑛编：《郑晓沧教育论著选》，北京：人民教育出版社，1993年，第320-321页。
③ 浙江大学校史编写组：《浙江大学简史（第一、二卷）》，杭州：浙江大学出版社，1996年，第13页。

表1-1-3　求是书院至浙江高等学校时期（1897—1914）的建制变化及负责人名录①

时间	事件	负责人	负责人简介	备注
1897	清光绪二十二年十二月（1897年2月），求是书院成立；清光绪二十三年四月二十日（1897年5月21日），求是书院正式开学	总办：林启（1897—1900）监院：陆懋勋（1898—1901）正教习：王令赓	林启（1839—1900），字迪臣，福建侯官（今福州）人。1876年中进士，曾任翰林院庶吉士、编修、陕西学政、浙江道监察御史等职	1897年8月，廖寿丰向清廷呈送《奏为浙江省城专设书院兼课中西实学恭折》
1898	清光绪二十四年，设内、外两院	总办：林启总理：陆懋勋（1900年后）	陆懋勋（1869—?），字勉侪，号潜庐，杭州人。清光绪二十四年（1898）进士。光绪二十六年任求是书院总理，光绪二十九年（1904）任浙江高等学堂监督。曾任翰林院编修，候补知府，浙江巡按使署秘书、署理，江苏审判厅厅长。著有《蠡测类存》《历代户口考略》《钱币考》等	
1901	清光绪二十七年十月，改称求是大学堂（或"浙省求是大学堂""浙江求是大学堂"）	总理：劳乃宣（1901—1903）	劳乃宣（1843—1921），字季瑄，号玉初。浙江桐乡人。1901年10月至1903年6月任浙江求是大学堂总理、浙江大学堂总理。1911年11月任京师大学堂总监督	光绪二十七年九月，清政府下令各省，在省城的书院均改为大学堂
1902	清光绪二十八年正月，改称浙江大学堂			清光绪二十八年七月，清廷颁布《钦定学堂章程》，规定各省所办大学堂均改为高等学堂（即大学预备科）但未实施
1903	仍为浙江大学堂	监督：陶葆廉（1903—1904）	陶葆廉（1862—1938），字拙存，别署淡庵居士，陶模之子，秀水（今嘉兴）人。少年入学，为优贡生，秉性俭约，好学不倦，博览群书，专心撰著，对史地考证、医学、算术，都颇有研究。光绪二十八年（1902），代理浙江大学堂总理，三十三年又被召入对内廷，授陆军部军机司郎中。辛亥革命后寓居上海，对嘉兴地方公益事业颇多关注。1919年11月，曾奉命会办苏浙太湖水利工程。1937年，抗日战争全面爆发，避居桐乡。次年秋，因愤疾交加去世	
1904	仍为浙江大学堂	监督：陆懋勋（1904—1905）		1904年1月，清政府正式施行《奏定学堂章程》
1905	清光绪三十年十二月（公历1905年初），改称浙江高等学堂。清光绪三十一年夏，设预科。另设师范完全科与师范传习所	监督：项藻馨（1905—1906）	项藻馨（1873—1957），字兰生，浙江杭州人。1905年至1906年7月任浙江高等学堂监督。1901年与林白水等创办《杭州白话报》。后专事银行工作	

---

① 编者据《图说浙大——浙江大学校史简本》（王玉芝、罗卫东主编,杭州:浙江大学出版社,2010年,第10-12页）及相关资料整理。

续 表

时间	事件	负责人	负责人简介	备注
1906	清光绪三十二年八月	监督：吴震春（1906－1910）	吴震春（1869－1941），字雷川，浙江余杭人。1906年8月至1910年任浙江高等学堂监督，在任内制定了重自治自学的方针，不拘泥于形式上的严格管理，使师生处于一种和谐气氛之中。1925年后历任北京政府教育部参事、国民政府教育部常任次长、燕京大学校长等	
1908	清光绪三十四年夏，设正科，分第一类（文科），第二类（理科）			
1910	清宣统二年	监督：孙智敏（1910－1912）	孙智敏（1881－1961），字廑才，浙江杭州人。1910年至1912年任浙江高等学堂监督。清光绪癸卯科翰林，曾任翰林院编修，建德、龙游两县知县，浙江两级师范学堂监督、之江大学文理学院教授、青岛市政府秘书等。长骈文，善作诗，擅书法	
1912	民国元年1月起，浙江高等学堂改称浙江高等学校	校长：邵长光 陈大齐	邵长光（1884－1968），原名闻泰，又名长光，别号装子，浙江杭州人。求是书院学生，美国斯坦福大学文学士。1912年任浙江高等学校校长。1928年11月任国立浙江大学副校长，主持校务。1930年7月至1932年3月任国立浙江大学校长。曾任浙江高等学堂教务长等。新中国成立后，曾任民革浙江省委常委、副主委、主委，浙江省文物管理委员会主任，浙江省文史研究馆副馆长等	辛亥革命后，1912年1月，新成立的中华民国政府制订新学制，取消各省高等学校。1912年1月19日，教育部公布《普通教育暂行办法》，规定"从前各项学堂均改称为学校"，"监督、堂长应一律通称校长"
1913	民国二年	校长：陈大齐 胡壮猷	陈大齐（1886－1983），字百年，亦作伯年。浙江海盐人。中国现代心理学的先驱，心理学家。留学日本帝国大学文科哲学系。1912年至1913年任浙江高等学校校长。曾任北京大学代理校长、台湾政治大学校长等。在中国首先建立心理学实验室	
1914	民国三年6月，浙江高等学校因学制改革停办	校长：胡壮猷	胡壮猷（1886－1964），字愚若，江苏无锡人。化学家。1905年毕业于上海南洋公学，同年赴美国斯坦福大学攻读矿产冶炼。1908年学成回国后，任武汉造币厂厂长。1920年前后至北京，任北京大学、唐山交通大学教授等	因学制改革，1912年后按部令暂停招生；至1914年在最后一班学生毕业后，未续招学生

第二节 "求是书院"至"浙江高等学校"各阶段中理学教育的实施

　　浙江大学前身求是书院，办学宗旨明确、学制灵活、课程互兼、考试严格、奖惩有度，所设课程及考试、奖惩制度均以提掖学生成才成器为目的。书院创设之初即拟定《求是书院章程》，章程对课程设置、考核、奖惩、考勤等都有明确的规定，要求学生"行指笃实、文理畅通、资质颖悟、精神充足"，无不良嗜好、习气，学习认真，"遵守院规"等。《求是书院章程》最后指出："院内一切规约，由监院会同教习详细拟妥，呈由总办详请抚院核定"，反映了近代教育史上早期新式学堂较为完备的制度体系①。1902年年初浙江大学堂设立后，在《求是书院章程》的基础上，制定了《浙江大学堂章程》，确定"本学堂授四书五经、中外历史、政治及外国文、普通学，以端趋向、崇实学为主义"②，其中也明确规定了课程体系。1904年后，随着全国统一的学制逐渐形成，学校的课程体系也按照统一的规定实施。理科教育状况亦复如是。

一、求是书院阶段——《求是书院章程》的规定

求是书院是中国人自己创办的最早的新式高等学堂之一。求是书院秉持"中学为体，西学为用"的办学方针，开设数学、物理、音乐等现代课程，传播新知识、新思想。同时，以国文为必修科，于内院设中学正教习一人，"教授内院生经史、性理、政治、掌故之学，按时讲肄，每月除总办考试望课外，凡学生每日日记，每旬课作，均归评削，兼编辑内外院各种经史教科书"。在外院八名教习中，设中学教习4人，分授经书、史学、古文等内容。同时，规定书院总办有定时组织经史、策论考试的职责，对学生国学根基的重视可见一斑。③

求是书院创办初期，全国尚无统一标准，课程等由各学校、书院自行确定。在当时的条件下，求是书院在西学的课程安排上，借鉴育英书院的模式，请王令赓等协助确定。师资方面，也与育英书院密切合作，请育英书院的相关西学教师承担求是书院的西学课程。

1898年后求是书院的具体西学、理学方面的课程，可从《求是书院章程》的规定中了解其基本情况。求是书院设立伊始，即制定了《求是书院章程》，后经多次修订。现能查到1899年前后修订的《求是书院章程》及其附件的完整材料（见插页附图）。在该《章程》中，附有详细的内、外院的西学课表（见表1-2-1），由此可见其理学课程的设置情况。

表1-2-1　求是书院内、外院西学按年课程（1899）④

外院第一年课程表

中文读本	参阅诸书
格致课 启悟初津（卜舫济本） 格致启蒙（林乐知本）	体性图说（傅兰雅本） 重学图说（傅兰雅本） 水学图说（傅兰雅本） 声学图说（傅兰雅本） 光学图说（傅兰雅本）
算学课 心算初学 笔算数学（狄考文本，上卷又中卷至命分）	算学须知（傅兰雅本） 数学启蒙（伟烈亚力本）

---

① 浙江大学档案馆：《〈求是书院章程〉介绍》，《浙江大学学报（人文社会科学版）》2011年第3期，第57页。
② 《浙江大学堂试办章程（节选）》，《浙江大学馆藏档案2016》，第38-40页。
③ 金灿灿：《求是书院"中学教习"考述》，《浙江大学学报（人文社会科学版）》2013年第4期，第65页。
④ 浙江求是书院编：《浙江求是书院章程》（清光绪刊本），邓洪波主编：《中国书院学规集成》，上海：中西书局，2011年，第331-334页

英文读本	杂课
英文课 拍拉吗 朗诵第一本 朗诵第二本 语言文法书上半（散姆拍生本）	**写字** **拼法** **作句** **习语**

外院第二年课程表

中文读本	参阅诸书
格致课 化学启蒙（林乐知本） 天文启蒙（林乐知本） 地理启蒙（林乐知本）	化学须知（傅兰雅本） 天文须知（傅兰雅本） 地理须知（傅兰雅本） 化学易知（傅兰雅本） 天文图说（柯雅谷本） 天文略解（李安德本） 地势略解（李安德本） 地理全志（慕维廉本）
算学课 笔算数学（中卷小数起至下卷末）	数学理（傅兰雅本） 学算笔谈（华蘅芳本） 九数通考（屈曾发本）

英文读本	杂课
英文课 朗诵第三本 语言文法书下半 文法初阶 舆地初集	**默书** **作句** **习语** **习信**

外院第三年课程表

中文读本	参阅诸书
格致课 格物质学（潘慎文本）	格物入门（丁韪良本） 格致略论（傅兰雅本） 气学须知（傅兰雅本） 光学须知（傅兰雅本） 声学须知（傅兰雅本） 热学须知（傅兰雅本） 电学须知（傅兰雅本） 重学须知（傅兰雅本） 力学须知（傅兰雅本） 水学须知（傅兰雅本）
算学课 代数备旨（狄考文本）	代数术（傅兰雅本） 代数难题（傅兰雅本） 四元玉鉴（朱世杰本）

英文读本	杂课
英文课 朗诵第四本 文法进阶 舆地二集	**习信** **作论** **默书** **习语**

续　表

内院第一年课程表

英文读本	参阅诸书
格致课 格物萃精上半（克里脱本） 化成类化学（史砥尔本）	化学鉴原（傅兰雅本） 化学鉴原补编（傅兰雅本）
中文读本	**参阅诸书**
算学课 形学备旨（狄考文本）	几何原本前后编 数理精蕴
英文读本	**杂课**
英文课 朗读第五册 文法纠正（可拉克司本） 万国史记上半（班姆司本）	**作论** **习写书札** **翻阅报章**

内院第二年课程表

英文读本	参阅诸书
格致课 格物萃精下半（克里脱本） 生物质化学（尔来姆山本）	化学鉴原补编（傅兰雅本）
中文读本	**参阅诸书**
算学课 圆锥曲线（求德生本） 八线备旨（潘慎文本）	三角数理（傅兰雅本） 数理精蕴 梅氏丛书
英文读本	**杂课**
英文课 英文选本 万国史记下半（班姆司本） 地势学（孙应汤本）	**作论** **选译书札** **翻阅报章**

内院第三年课程表

英文读本	参阅诸书
格致课 格致统编（干拿氏本，动力合编，摄力学、水学、气学、声学） 化学考质（扫拍及末尔合本）	声学揭要（赫士本） 化学辨质（聂会东本） 化学考质（傅兰雅本） 声学（傅兰雅本）
中文读本	**参阅诸书**
算学课 代形合参（潘慎文本） 格物测算（丁韪良本，卷一至卷二）	梅氏丛书 数理精蕴
英文读本	**杂课**
英文课 英文选本 美国史记（乌里拍夫本） 辨学（地吽本）	**作论** **选译文件** **翻阅报章**

续 表

内院第四年课程表

英文读本	参阅诸书
格致课 格致统编（干拿氏本，热学、光学） 身理学（史砥尔本） 地质学上本（辣康本）	光学揭要（赫士本） 光学（金楷理本） 省身指掌（博恒理本） 地学指略（文教治本） 地学浅释（玛高温本）
中文读本	**参阅诸书**
算学课 代微积拾级（伟烈亚力本） 格物测算（丁韪良本，卷三至卷五）	微积渊源（傅兰雅本） 积较术（华蘅芳本） 历象考试前编
英文读本	**杂课**
英文课 富国策（第服本） 英国史记（乌里拍夫本） 英文史	**作论** **选译文件** **翻阅报章**

内院第五年课程表

英文读本	参阅诸书
格致课 格致统编（干拿氏本，磁学、干电学、湿电学、气候学） 地质学下半 天学（路克霞本）	谈天（伟烈亚力本） 电学（傅兰雅本） 测候丛谈（金楷理本）
算学课 天文揭要（赫士本，全） 格物测算	历象考成后编 决疑数学（华蘅芳本）
英文读本	**杂课**
英文课 泰西各国律例 泰西新史（末开式本） 英文史	**作文** **选译文件** **翻阅报章**

二、"浙江大学堂"阶段——《浙江大学堂章程》的规定

光绪二十七年（1901）九月，清政府下令各省在省城的书院均改为大学堂。浙江省据此，于光绪二十七年十月，将"求是书院"改称"求是大学堂"（也称"浙省求是大学堂""浙江求是大学堂"），再至光绪二十八年（1902）正月，定名为"浙江大学堂"；并于此期，正式制定《浙江大学堂章程》。其中所规定的理学类课程，主要有:舆地（先中国，次外国）、算学（数学，代数，几何，微积，天文）、格致、化学等。

浙江大学堂试办章程（节选）
（1902年）

第一章 学堂办法（计二十三节）

第一节 本学堂就原设之求是书院改为浙江大学堂，所有章程遵照政务处颁定各省大学堂章程，并参照浙省情形、求是旧章，酌量办理。

第二节 本学堂授四书五经、中外历史、政治及外国文、普通学，以端趋向、崇实学为主义。

第三节 现在杭州府中学堂，业经开设小学堂，蒙养学堂亦次第兴办。大学堂先立正斋，俟各府中学堂及本堂正斋有毕业学生，再立专斋。

第四节 本学堂暂设：总理一员，监督一员，收支一员，帮收支二员，监察一员，监舍一员，文案一员，杂务缮写一员（此系目下暂设员数，俟开办后应否增改，随时察酌核议）。

第五节 本学堂暂设：汉文教习四员，舆地测绘教习一员，算学教习二员，格致化学教习一员，日文教习一员，英文教习二员，法文教习一员，体育教习一员，算学、英文帮教习二员（此系目下暂设员数，俟开办后应否增改，随时察酌核议）。

第六节 总理总掌学堂一切应办事务。所有堂中教习、学生、委员、司事及夫役人等，概归管辖。择聘进退，概归主持。课程归约，概归稽核。

第七节 监督，会同总理、教习督饬生徒，恪守规约，稽核款目，造办报销，并约束夫役人等，随时商请总理核行。

第八节 收支，综理堂中款项，凡出入事宜，商请总理核办，帮收支帮同办理。

第九节 监察，专管堂中学生出入，核准学生请假、接见来堂宾客，查察学生上班人数在斋，一切规则簿记功过，随时会同监督，商承总理核办。

第十节 监舍，稽察照料学生出入起居，专司学生请假出堂，领给对牌，随时簿记，并稽察仆役勤情等事。

第十一节 文案，办理堂中公牍，收管卷宗、簿册、课卷、报章等件。

第十二节 杂务，誊写，帮同办理堂中庶务，誊写公牍等件。

第十三节 各门教习，分授各门课程，并会同总理商订教则，帮教习帮同教授。

第十四节 本学堂学生定额一百二十名，本籍九十名，客籍二十名，旗籍十名。除旧有学生，详加甄别，留堂肄业外，所有缺额，另定章程出示招考录取传补。

第十五节 考取后，本生各具保结，本省籍取具绅士保结，客籍取具同乡官保结，旗籍由驻防旗营取结咨送。

第十六节 学生考取入堂后，先由教习考察材质、学业、品行，于一月后会同总理酌量去留。

第十七节 学生皆自备膳资，其寒畯力学学业优长者，应量予津贴膏火，至多以二十名为度。

第十八节 学生卒业，由总理会同教习考验给凭，或升入专斋，或调升京师大学堂，或咨送出洋接习专门，或派充各府县中小学堂教习，其有才识过人学业超众者，由抚部院随时奏请，破格优奖。

第十九节 堂中一切公牍，均由总理判发，应用大学堂图记，以一事权。

第二十节 堂中设藏书楼、仪器室、工艺房各一所，购存中国及东西洋书籍，并各种标本模范，以资考证（藏书楼、仪器室、工艺房章程另订）。

第二十一节　学生出洋游学，已另有的款一万元，留备随时资遣，每年先定额十名，以后应派卒业生，或逾名额，再行筹款加派。

第二十二节　本堂应附设之师范学堂及译书局两项，此时暂行缓办，俟学生学业有成，堪以任师范、译书之选，再行酌量添设。

第二十三节　本学堂应办事宜，除列入章程照办外，所有应行变通之处，由总理会集监督、教习各员，公同酌议，以昭公允。

第二章　学堂课程（计十一节）

第一节　本学堂所有课程，应授以中国义理、经济等学，外国方言、普通等学，以备将来认习专门。

第二节　正斋学生定四年卒业，其有学问优长者，学年未满，亦得由教习会同总理，考校准其升入专斋，或资遣出洋游学。其有资质较钝于本班，学业未能合格者，亦由教习会同总理酌量，或留班学习，或即予除名，以示惩劝。

第三节　各项课程科目如左：

经学：讲求群经大义，先各专习一经，一经既毕，再习他经。

史学：先中国，次东洋，次西洋。

政治：中国政治、外国政治。

舆地：先中国，次外国。

算学：数学，代数，几何，微积，天文。

格致

化学

图画

外国文：日文，英文，法文。

体操　先柔软，次器械，次兵式。

第四节　各项课程，分班传习，每班人数俟考选后，由教习会同总理、监督酌定。

第五节　课程表随时由各门教习分别酌定。

第六节　每日课程共九点钟：五点钟上班，四点钟自习。周日加习体操一点钟，其起止时刻，按季节随时酌定。

第七节　每月汉文考课二次，其余各项课程由各教习随时考校。

第八节　学堂考核功课，用积分法。另立专册，每月由各班教习填注，由总理总稽中西学分数，榜示以验勤惰。

第九节　学生每月各项课程分数，以百分为率，八十分以上者给奖，六十分以上者记功，四十分以下者记过或降班。

第十节　每年夏季、冬季，由总理会同教习，甄别两次，年终由抚部院会考一次。

第十一节　学堂设阅报处一所，存储各种学问报、月报、旬报、日报，派人经理。每日学生功课下班时，准其前往披览，以广见闻，惟不得携入私室。又凡议论不甚纯正，记载类多失实之报，概不存储，责成经理人随时留心甄择。[①]

三、"浙江高等学堂"阶段

1902年初《浙江大学堂章程》制定未久，光绪二十八年（1902）七月，清廷颁布《钦定学堂章程》（即"壬寅学制"），规定将各省所办大学堂均改为高等学堂（即大学预备科）；其后又于1904年正式颁行"癸卯学制"，仍规定各省所办大学堂应改为高等学堂。这样，浙江省于清光绪三十年十二月，即1905年年初，将"浙江大学堂"改为"浙江高等学堂"。"癸卯学制"颁行后，全国逐渐有了统一的标准，浙江高等学堂的课程遂根据统一标准设置；理科、理学方面的课程，亦是如此。在师资方面，尤其是一些理学类课程的教师，仍然得到来自育英书院、之江学堂、之江大学等的西方人士的帮助。

（一）1902年"壬寅学制"的规定[②]

1902年的"壬寅学制"中规定，京师大学堂预备科课程，即为各省高等学堂课程。在其第二章"功课"中之第三节"预备科课程门目表"中规定："预备科课程，依原奏分政、艺两科，习政科者卒业后升入政治、文学、商务分科；习艺科者，卒业后升入农业、格致、工艺、医术分科。各省高等学堂课程，照此办理。"其中的"艺科"，即为理科的预科，其课程包括：伦理，中、外史学，外国文，算学，物理，化学，动、植物学，地质及矿产学，图画，体操。

表1-2-2　预备科（"政科""艺科"）课程门目（1902年）

政科		艺科	
科目	教习	科目	教习
伦理第一	中教习授	伦理第一	中教习授
经学第二	中教习授	中、外史学第二	中、外教习兼授
诸子第三	中教习授	外国文第三	外国教习授
词章第四	中教习授	算学第四	中、外教习兼授
算学第五	中、外教习兼授	物理第五	外国教习授
中、外史学第六	中、外教习兼授	化学第六	外国教习授
中、外舆地第七	中、外教习兼授	动、植物学第七	外国教习授
外国文第八	外国教习授	地质及矿产学第八	外国教习授
物理第九	外国教习授	图画第九	外国教习授
名学第十	外国教习授	体操第十	中、外教习兼授
法学第十一	外国教习授		
理财学第十二	外国教习授		
体操第十三	中、外教习兼授		

---

① 《浙江大学堂试办章程（节选）》，《浙江大学馆藏档案2016》，第38-40页。
② 璩鑫圭、唐良炎编《中国近代教育史资料汇编：学制演变》，上海：上海教育出版社，2007年，第244-249页。

在第四节"预备科课程分年表"中，则详细罗列了各年的功课安排及重点内容，"艺科"3年功课的具体安排如表1-2-3所示。

表1-2-3 预备科（"艺科"）分年课程门目（1902年）

艺科第一年	伦理（同政科：考求三代汉唐以来诸贤名理，宋、元、明国朝学案，及外国名人言行，务以周知实践为归） 中、外史学（同政科：（中外史制度异同） 外国文（同政科：讲读文法、翻译、作文） 算学（代数、级数、对数、三角） 物理（物性论、力学、声学） 地质及矿产学（地质之材料、矿物之种类） 图画（用器画、射影图法、图法几何） 体操（兵式）
艺科第二年	伦理（同政科：同上学年） 中、外史学（同政科：中、外史治乱得失） 外国文（同政科：同上学年） 算学（解析几何、测量、曲线） 物理（热学、光学、磁气） 化学（无机化学） 动、植物学（种类与构造） 地质及矿产学（地质之构造与发达、矿物之形状） 图画（用器画、射影图法、阴影法、远近法） 体操（兵式）
艺科第三年	伦理（同政科：同上学年） 中、外史学（同上学年，入工农科者授工农业史） 外国文（同政科：同上学年） 算学（微分、积分） 物理（静电气、动电气） 化学（有机化学） 动、植物学（同上学年） 地质及矿产学（矿物化验） 图画（用器画、阴影法、远近法、器械图） 体操（兵式）

在第五节"预备科课程一星期时刻表"中，也详细罗列了每周各门功课的课时安排，具体"艺科"每周功课的具体安排如表1-2-4所示。

表1-2-4 预备科（"艺科"）每周各门功课课时安排（1902年）

艺科第一年		艺科第二年		艺科第三年	
伦理	1	伦理	1	伦理	1
中、外史学	2	中、外史学	2	中、外史学	2
英文	7	英文	6	英文	6
德文	7	德文	7	德文	7
法文	7	法文	7	法文	7
算学	6	算学	5	算学	5
物理	4	物理	2	物理	2

续　表

艺科第一年		艺科第二年		艺科第三年	
化学	/	化学	3	化学	3
动、植物学	/	动、植物学	2	动、植物学	2
地质及矿产学	4	地质及矿产学	3	地质及矿产学	3
图画	3	图画	3	图画	3
体操	2	体操	2	体操	2
合计	36	合计	36	合计	36
将来入医科者增习拉丁文；凡艺科学生，除英文外，德、法文任择一门习之					

（二）1904年"癸卯学制"的规定①

在 1904 年颁布的《奏定高等学堂章程》中，明确规定："设高等学堂，令普通中学堂毕业愿求深造者入焉；以教大学预备科为宗旨，以各学皆有专长为成效。每日功课六点钟，三年毕业。""高等学堂学科分为三类：第一类学科为预备入经学科、政法科、文学科、商科等大学者治之；第二类学科为预备入格致科大学、工科大学、农科大学者治之；第三类学科为预备入医科大学者治之"，"各类学科学习年数，以三年为限"。其中第二类即为理科课程：

第二类之学科凡十一科：一、人伦道德，二、经学大义，三、中国文学，四、外国语，五、算学，六、物理，七、化学，八、地质，九、矿物，十、图画，十一、体操。其有志入格致科大学之动物学门、植物学门、地质学门，并农科大学之各学门者，可加课动物及植物；其有志入工科大学之土木工学门、机器工学门、电气工学门、采矿及冶金学门、造船学门、建筑学门，格致科大学之算学门、物理学门、星学门，农科大学之农学门、农艺化学门、林学门者，可加课测量。

外国语于英语外，听其选德语或法语习之；惟有志入格致科大学之化学门、工科大学之电气工学门、采矿及冶金学门、农科大学之各学门者，必专选德语习之。又其有志入格致科大学之动物学门、植物学门、地质学门、农科大学之兽医学门者，可加课拉丁语；但此加课之拉丁语为随意科目。

并明确规定了"各学科程度及每星期授业时刻表"。第二类学科（即理科）3年的具体课程安排如表1-2-5所示。

---

① 璩鑫圭、唐良炎编：《中国近代教育史资料汇编：学制演变》，上海：上海教育出版社，2007 年，第 338-343 页。

表1-2-5　理科各门课程要求及每星期授业时刻（1904）

第1年

学　科	程　度	每星期钟点
人伦道德	摘讲宋、元、明、国朝诸儒学案	1
经学大义	讲《钦定诗义折中》《书经传说汇纂》《周易折中》	2
中国文学	练习各体文字	3
兵　学	外国军制学	2
体　操	普通体操、兵式体操	3
以上通习		
英　语	讲读、文法、翻译、作文	8
德语或法语	讲读、文法、翻译、作文	8
算　学	代数、解析几何	5
图　画	用器画、射影图画	4
以上主课		
合　计		36

第2年

学　科	程　度	每星期钟点
人伦道德	同前学年	1
经学大义	讲《钦定春秋传说汇纂》	2
中国文学	同前学年	2
兵　学	战术学大意	1
体　操	普通体操、兵式体操	3
以上通习		
英　语	讲读、文法、翻译、作文	7
德语或法语	讲读、文法、翻译、作文	7
算　学	解析几何、三角	4
物　理	力学、物性学、声学、热学	3
化　学	化学总论、无机化学	3
图　画	用器画、射影图法、阴影法、远近法	3
以上主课		
合　计		36

第3年

学　科	程　度	每星期钟点
人伦道德	同前学年	1
经学大义	讲《钦定周礼义疏》《仪礼义疏》《礼记义疏》	2
中国文学	同前学年，兼考究历代文章名家流派	3

续　表

学　科	程　度	每星期钟点
兵　学	各国战史大要	2
体　操	普通体操、兵式体操	2
以上通习		
英　语	讲读、文法、翻译、作文	4
德语或法语	讲读、文法、翻译、作文	4
算　学	微分积分	6
物　理	光学、电气学、磁气学	3
化　学	有机化学	5（讲义3，实验2）
地质及矿物	地质学大意、矿物种类形状及化验	2
图　画	用器画、阴影法、远近法、机器图	2
以上主课		
合　计		36

另有说明："上表第三年之课程，其有志入格致科大学之动物学门、植物学门、地质学门、农科大学之农学门、农艺化学门、兽医学门者，缺算学；有志入工科大学之土木工学门、机器工学门、造船学门、建筑学门，格致科大学之算学门、物理学门、星学门者，缺化学之实验；有志入格致科大学之各学门、农科大学之各学门者，缺图画；有志入农科大学之林学门者，缺英语。"即预科第3年课程可根据所拟上大学之专业，加以微调；如"有志入格致科大学之动物学门、植物学门、地质学门，农科大学之农学门、农艺化学门、兽医学门者"，可不修"算学"；"有志入工科大学之土木工学门、机器工学门、造船学门、建筑学门，格致科大学之算学门、物理学门、星学门者"，可不修"化学实验"；"有志入格致科大学之各学门、农科大学之各学门者"，可不修"图画"；"有志入农科大学之林学门者"，可不修"英语"。

而拟入某特定专业者，则还需修习一些课程，如"又有志入格致科大学之动物学门、植物学门、地质学门，农科大学之各学门者，可加动物及植物"，其授业时刻表如下：

学　科	第一年每星期钟点	第二年每星期钟点	第三年每星期钟点
动物及植物	0	0	4 动植物之种类及构造

"又有志入工科大学之土木工学门、机器工学门、电气工学门、采矿及冶金学门、造船学门、建筑学门，格致科大学之算学门、物理学门、星学门，农科大学之农学门、农艺化学门、林学门者，可加课测量"，其授业时刻表如下：

学　科	第一年每星期钟点	第二年每星期钟点	第三年每星期钟点
测　量	0	0	3 平地测量、高低测量、制图

"又有志入格致科大学之动物学门、植物学门、地质学门，农科大学之兽医学门者，可加课随意科目之拉丁文"，其授业时刻表如下：

学　科	第一年每星期钟点	第二年每星期钟点	第三年每星期钟点
拉丁语	0	0	2

（三）浙江高等学堂的课程安排

由于文献记载的缺乏，浙江高等学堂时期的具体课程安排，目前找不到完整的原始材料，但应该是按照前述统一的课程安排进行教学活动（当然个别课程会有调整和变通），直至1914年学校停办。

现能够看到的涉及当时课程安排的材料，主要有以下两个：一个是1907年的"光绪三十三年高等预备科二年级甲班课程表"，另一个是1908年的"学部咨复浙抚转饬高等学堂添加专科应令各延长年限文"，兹分录如下。

表1-2-6　光绪三十三年高等预备科二年级甲班课程（1907年）[①]

日／时	一时间	二时间	三时间	四时间	五时间	六时间
星期一	英文	算学	历史	经学	英文	博物
星期二	英文	算学	地理	理化	国文	体操
星期三	英文	算学	历史	经学	修身	图画
星期四	英文	算学	地理	理化	国文	体操
星期五	英文	算学	历史	经学	博物	图画
星期六	英文	算学	地理	理化	国文	体操

学部咨复浙抚转饬高等学堂添加专科应令各延长年限文
（1908年2月5日）

为咨复事。准咨开，据提学使支恒荣详称，准高等学堂监督吴咨开，案照：

敝堂于光绪二十七年十月就原有之求是书院建立浙江大学堂，二十九年十一月遵章改称浙江高等学堂，其时规制甫颁，科目未备。至三十一年春间，陆绅懋勋接办，如整齐学制，甄别旧生，添招新生，仿照京师大学堂办法分为高等预备、完全师范两科。高等预备系补习中学程度，完全师范系初级师范程度，均定为三年毕业。嗣后每年添招预备新生，概取其文学确有根底或在中学堂有一二年程度者补入。此敝堂办理历年之情形也。

现有师范科一班，预备科六班。内师范生一班三十九人，预备三年级生二班八十六人，均自光绪三十一年春间入堂，至三十四年夏间按照规定课程应予毕业。预科毕业后，自应接办正科。查学堂章程高等学科分三类，第一类为预备入经学科、政法科、文学科、商科等大学者治之，第二类为预备入格致科、工科、农科等大学者治之，第三类为预备入医科大学者治之。敝堂开办正

① 《光绪三十三年高等预备科二年级甲班课程表》（原载《学部官报》第42期），张淑锵、蓝蕾主编：《浙大史料》，杭州：浙江大学出版社，2017年，第60页。

科拟分设第一类、第二类学科，听各生志愿分别隶入。惟高等学科原以教大学预备为宗旨，而京师大学现在尚未成立，学者既毕业于高等学堂，暂无分科大学供其研究。敝监督体察情势，以为应仿专门之制，量予变通，现拟予第一类学科中增加法政时间，于第二类学科中增加理化、算学时间，冀使毕业者皆有专长，可以出而用世，即将来升入分科大学，亦可深造精微，而与学堂定章仍属不相违悖，此敝堂预定将来之计划也。呈请转详咨请学部核复，以便早为设备……

查该学堂预科既经毕业，自应接办正科，惟现在京师分科大学尚未设立，该学堂监督虑将来高等学生毕业无大学可入，拟参仿高等专门学堂之制，量予变通，系为因时制宜起见，自可照准。惟所呈高等正科课程表中，其第一类普通学较少，而于第一学年即参加专科；至第二类则于第三学年始有专科，两类相较，办法未免参差；且第二类课程中之机械工学、采矿学及选矿学仅各占一学期，应用化学仅占两学期，为时过短，所习无几，恐有添加专科之名而无学成致用之实。应饬令各再延长一年，于第一类之第一学年及第二学年专注重国文及外国文，第二类之第一学年及第二学年专注重各种高等普通学，至第三、四学年则注重专科，庶几学生于普通学既有根柢而于专门学亦确能致用。①

（四）亲历者的记述

从有关人士的回忆中，我们也能感受到当时教学活动的情景。1960年，郑晓沧先生在其《清末民初本人所受学校教育的回忆（1897—1914）》一文中，对浙江高等学堂时期的预科、正科的教学和学习情况，有较详细的记载。

关于"高等预科时期（1906—1909）"，郑晓沧先生这样记述：

我从海宁达材小学堂毕业后，被保送到省城高等学堂肄业。那时浙高还没有正科而只有预科，程度等于中学。浙高已办了两班预科，我进的第二班已开始了一个学期了。

达材小学那一班毕业的凡七人，有六人去应试。高等学堂特别为我们出考题，举行考试，题目是"闲邪存其诚义"，监督翰林公吴雷川亲自监考，地点在大殿，我们约有四人及格，二人落第，改考他校。

那时浙江高等学堂的预科学生，有不少已进了秀才或补了廪贡的。例如绍兴的沈尔昌、邵元冲是补了廪的。上一班的活动学生，有金华邵青，慈溪陈训恩（布雷）等，都是文字优长的。预科教室宿舍与自修室都在西斋，至于"东斋"则以馆师范科，学生年龄大，像海宁许祖谦（行彬）曾对我说："呀，你要叫我老世伯。"也有比我年长十多岁的，但都是铮铮佼佼的。另有一部称师范简易科的，一年毕业，学生年龄更大了，这也是那时学校初始萌兴之际的情况了。

下面谈谈功课与学业情况。

我进校时等于插班，植物学已经教过，是由日本教员铃木龟寿教的。音乐由元桥义敦担任，已教过乐理。那时印有石印讲义，不少是由学生自己抄写的，大家都珍视这些讲义，我因未经指授，感到隔膜。我对植物、生物学的学习，是有兴趣的。后来留美时，在大学里曾修习一年的动

---

① 《学部咨复浙抚转饬高等学堂添加专科应令各延长年限文》（原载：《学部官报》第54期），张淑锵、蓝蕾主编：《浙大史料》，杭州：浙江大学出版社，2017年，第59-60页。

物学，得名师的指授，成绩是优良的。但害怕解剖，感到学习植物学比较适宜，但缺乏基础。当时学校初兴，学生程度参差，以外国语而论，我远远超前的，因为我对英文，认为极易，不须加以注意。同学中不少国文有根基，当时每隔一星期作文一次，教师加以批改，评定甲乙，汇订一本，在同学中传阅，记得第一次作文，名列第七，监督（即校长）吴太史雷川给我加上一条批语，当时视为无上光荣，给我很大的鼓励。国文教习是诸暨蒋再堂，是个举人，在省内颇有文名。他发印一些"读书指示"是油印的。导言里引到不少子书中的话。所以那几年里，除贪婪地泛览四史外，也涉略庄列之类。买了韩昌黎集作为精读之资。对欧阳修文章亦颇爱读。另外也读一些楚骚汉赋以及正续古文辞类纂一类的书。例如仲宣登楼，明远芜城，都是我所爱诵的赋。我对作文似乎一向有兴趣的，但听到的分析指导实在是很不够的。

国文一科无疑是最受重视的，但实际指导是欠缺的。像蒋再堂先生发的一种"读书指导"已经是难得的了。有些教师或不长口语，或不耐讲解。某先生指定我们读《左传》，但上课时要我们自己点句，每堂都是如此，竟记不得有其它任何指导。几十年后，我也曾接触所谓"道尔顿制"，重在学生自修而不重教师讲述。可是事先也颁发经过仔细考虑和布置的"启发提纲"和问题等，先已作了成文的指导，鼓励发问而决非绝对任人自己摸索。而那一班国文呢，上课但使学生点句，从未稍一讲解，是走向极端的放任，这原是一个极个别的例子。但一般说来，指导方面的工作是欠缺的。反之，就我所知，同时在嘉兴中学的朱宗英、陆颂襄诸先生指示精神，对学生作业要求也绝不放松。校长计宗型也主张认真训练，所以学生学业方面，打下了坚实的基础。例如现在华东师大教授徐震堮、杭大教授胡士莹、浙江美术学院教授陆维钊都曾肄业过嘉中，他们对学问上的精到工夫，很可能是在那时打下根基的。

我幼时也很爱钻研关于说明虚字一类的书，欣赏这些书所举例，书名已记不清了。曾读过严复的《英文汉诂》，觉得它大有补于我对汉字功用的认识，后来我进高中正科以后，总想要了解所遇到每一个字的意义、来源和用法，直到现在还是这样的。但我对"小学"如许慎说文以及段玉裁和王氏父子以及章氏之书没有作系统的学习，这是个大缺陷。

其次，谈谈外国语的情况。上面已讲过，进高等预科时，同学们一般外语（英文）都不如我，所以我完全放松了这门课的学习。就像"喻言里"龟兔赛跑的故事，那兔子竟睡了一大觉，醒过来时龟早已跑过头了，于是就起来追赶。

那时的英文老师是杭州孙显惠先生，他是上海圣约翰大学毕业的，他的英文造诣在杭则是有名的，但他对讲解也非所长。例如用中文解释一句英文说，"这是好的"，他又加上一句，"这不是不好的"，便是多余了。我们毕业考试，是由抚署或提学使命题阅卷的，英文就由在抚署工作的戴某主试，题目是 Superstition，就是一个字，要以此为题写一篇文，这等于打了一记闷棍，假如不知道这字意义，就无从着手，即使知道这个字的意义是"迷信"，要我们以此为题作一篇文，也是极不容易的。

可是，这位孙先生对学生也是很关心的。有一次，他看我瘦弱，特地领我去看杭城的一位名医，因当时学校里还没有校医制度。经医生诊断，"并无毛病，只是瘦弱些，应服用鱼肝油等补品"。能关心一个学生的健康，带他去求医，这是很难得的。

我十七岁时，因知道翌年升正科后，要从英语直接听讲。因此对英语特别用功。我托人向上海西文书店如伊文思之类多购买一些英文书。记得有一次病了，在家养病，便把蓝姆氏姊弟所作的"吟边燕语"（Charles & Mary Lamb : *Tales from Shakespeare*），决心要把每个故事读懂，便这样来提高阅读能力。在外语方面，觉得看懂一全书，便如打进一道关。

我对数学，一直很怕，只对平面几何还有些兴味，但还是很差，课本是谢鸿赉译的，印刷很好。对代数尤感枯燥与困难，数学教师是吴江丁颂伊先生，他是一个好教师，同学中为杨次廉长于数学，我常常得到他的帮助。

化学、物理开始时，我以满腔热情去迎接，却由于教师教学方法欠佳，所用教科书是何燏时的化学和陈榥的物理学，内容简单，尤其是化学，又少有补充资料，实验又往往失效，因此同学们的兴趣普遍降低。

地理，中国地理的前部分是张宗祥先生教的。张先生说话流利，材料丰富新颖；后一部分已记不得是谁教的。历史先后由章嵚、范耀雯二人担任，章先生后来任教于北师大，是国内历史名教授之一。

当时有日籍教师四人，得到学生的信任。铃木龟寿教博物，由寿拜庚翻译，使用直观教学，能引起同学兴趣。辻安弥教外国史与外国地理，由韩强士翻译。外国地理课时，用大挂图，如一张非洲或南美洲的大地图，从四至、山川、国度等，用教鞭指点，齐声朗读，虽内容不多，却也是一种熟练的方法，重点突出。音乐由元桥义敦教授，他在音乐方面，似颇有训练的，尽管他不懂华语，可他颇能传授歌曲，且使人感到兴趣。那时歌曲富有诗意，或取古人作品如翁卷所作"四时读书乐"。也有关于"西湖"一类的歌，是我们常常歌唱着的，也有些是激昂奋发的，足以激励爱国思想。有些是反对腐败政治的。曾举行过音乐会，我那时能唱最高音，我们用的是简谱，今天还憧憬着那时的旧曲。体操也有一个日本教员名叫富长德藏的，看去像孔武有力的。

对于图画，我从小没有训练，进了高等预科，才开始接触，但毫无指导，上课时，教师用预备好的一张画幅（用粉笔画在可卷舒的可代替黑板的一幅轴子上）张挂出来，从简单的器皿动物等等如茶杯、猫，以至山水，随学生临摹，也有静物写生，我在这方面拙劣得很，同学中有擅长的，如黄岩孙叔轩画得很好，我曾请他画了个扇面，一幅山水，修篁檿然，望之有凉意。

国画是吴兴包迪仙教的，他是很有名的，长于花卉仕女方面，同时，也有吴禹门教的机械画。

图画有艺术价值，也有人生实用价值。首先主张课程中应有图画的是希腊哲人亚里士多德。欧洲十五、六、七世纪竞尚旅行。大学毕业后有财力的，应周游列国以扩见闻。那时的教育写作中也就有人，如洛克等主张培养作画的技能，以便对所遇的新事物，能作详慎明确的记载，这种看法，我想是正确的。

因此，图画课当然是值得注意的，但那时的教学方法，根本说不到指导，与其他科目一样，教师只是"示范"。有艺术才能的，或早年环境的影响，可以无师自通，自能拾级而上，不须略予提携；差学生，只可由他。纯是"天才教育"。

单就欣赏来说，图画也是重要的——尤其像我国有这方面的极丰厚的业迹和遗产。记得1917年我留学在哥伦比亚大学时，当时某艺术史教授要找一能谙悉中国美术史的中国学生，那时留学哥伦比亚大学的约有六七十中国学生，竟难找到一人，可见我们在这方面修养的缺乏。艺术教育目的之一，在培养欣赏与辨择，而创作还是其次。所以图画科中，应使学生们有接触许多名画的机会，即有"读画"的机会；应以此为图画教学活动中的一部分，正如现在音乐课，要有听取音乐的广大机会是一样的。

我在高等预科时监督（即校长）一直是吴雷川先生，他后来任大学院秘书长、燕大校长。日寇占北平时鬻字过活，亮节高风，令人敬佩。教务长是嘉兴王嘉榘先生，留学日本，闻早入同盟会，曾参加某处起义，但绝不谈及，望之使人敬爱，他同时也教法制经济，内多日本专门术语。

每个学生每学期学业成绩加起来用科目数除之得平均分数，以此定出甲乙，出榜贴墙上。我的名次在一班四十人中，盘旋于三、四至七、八之间。此种截长补短的办法，后同学某君认为适于"发展个性"云云。

课外活动，最重要的事是校际运动会和音乐会，都由校友会主办。当时的运动会颇受锦标主义影响，各校都重视，几乎都要争取第一，尤其是八百码或一千米赛跑的最后节目上，有时发生争吵。

同学们常津津乐道求是学堂期间"罪辫文"的故事。同学中有少数旗籍人，怕他们要向将军府告密，不敢当面多言。黄梨洲的《明夷待访录》是常见的读物，同时曾涤笙的日记与家书却也相当流行。明末志士朱舜水、张苍水等动人事迹分明是常被人赞颂，排满的思想当时是颇为流行的。

我的堂叔曾给我看"嘉定屠城记""扬州十日记"等书，也给我看章太炎所作的"訄书"，但写得太深，看后略知大意罢了。

举行毕业式时，记得当时的浙江巡抚增韫也来了，戴了红缨帽，好像帽上有红顶子，拖着蓝雀翎，看去当然是十足的清朝官僚。仪式用三跪九叩首的大礼拜过孔子。毕业后仿佛有附生、增生、廪生一类的衔目。报子们也拿了红报单送到我家里，敲着锣，讨些赏钱，我感到无聊，特别是我在四年前已"入泮"过了。[1]

关于"高等正科时期（1909－1912）"，郑晓沧先生则有这样的记载：

制度与分科

按照癸卯学制，为预备入大学起见，各省应设高等学堂，修学三年。这是取法于日本的。它的好处是：一则有充分准备，特别在外国语方面；再则分布各省，比只在京师大学设一预科，有普遍提高一般文化的意义。

高等学堂课程设三类：第一类重文史，是预备入大学文法科及一般社会学科；第二类重数理化，预备入大学理工科的；第三类重生物，是预备将来入大学习医学、农学的。

初办高等学堂时，能有程度入学的人是不多的。因此只设预科，这是1905年浙江开始办的。1908年预科第一班毕业，毕业生有陈布雷等。预科办了三班，正科办了四班。我于1909年夏预科毕业，秋季升入正科，所以入正科时已是第二班了。当时浙高正科只办了一、二两类，没有办第三类。

高等学堂在我国学制中实行时间不长。在这以前，各省自办大学堂，浙江也即其中之一。当时有"浙江大学堂"，是从求是书院改办的。直到后来，大学路前旧浙大某处墙上还留有"浙江大学堂界"石碑，当时北京学部，为了实事求是名符其实，指令各省停办大学堂而改办高等学堂。所以浙江大学堂成立时间是不长的。大学和预科集中办理，主要是京师大学。但北方还有北洋大学（专办工科）与山西大学，其他则全国更无一所大学。高等学堂成立时期虽不长，但具有一定的成绩。例如对本省和邻省的江苏、安徽而言，都是斑斑可考的。辛亥革命后，中央决定取消高等一级，

---

[1] 郑晓沧:《清末民初本人所受学校教育的回忆（1897—1914）》，王承绪、赵端瑛编:《郑晓沧教育论著选》，北京：人民教育出版社，1993年，第284-289页。

集中在北京办大学预科，这实是对各省普遍提高文化的一种打击。

监督与校长

浙江高等学堂的监督或校长，依次如下：最初为孙智敏（厪才），壬寅进士，入翰林，任期为 1908—1911，时称监督；继之则为邵裴子（钱塘人），留美，在美加则和斯坦福大学习经济学，任期为 1911—1912；陈大齐（柏年），海盐人，1912—1913，曾留学德国，习哲学，后入北大任哲学心理学教授；胡壮猷，鄞县人，留美，在加州大学习矿，在浙高校至 1913 年高校停办后，改去北大任教。

监督或校长是名誉职称，以其声望而尊为祭酒，这在清代与民初，都是这样看法。他们的俸金在预算上定得较低，每月只一百元，其实他是负管理全校的责任的。我从邵裴子先生处听到这样一种特别的情况，他在浙高第一年是专门任课的，按预算任课钟点规定月薪为 240 元。第二年他担任教务长，月薪只得 150 元，第三年改任校长，月薪为 100 元，当时预算的不合理和机械地使用，至于如此。

师资

当时师资要具有大学水平的很不易得。这时日本教师尽已回国，转而向西方设法。浙高由教务长王嘉榘函当时留学美国惠斯康新大学的吴乃琛代为物色聘致，计聘得文、理科各一人，为主要师资。

亨培克（Hanley K. Hornbeck），惠斯康新大学毕业，考取英国罗治奖学金（Rhodes Scholarship），往英国牛津大学研究，后在浙高担任历史政治一类课程。

美利加（Merica），惠斯康新大学毕业。他在浙高时间不长，继之者为克莱纳尔（Craner），他们主要任化学、物理等科。

我从邵裴子先生处知道，当时美国教员的薪金和中国教员是一样的。依照预算标准，一星期教一小时按月为十元，因此，如每周担任 24 小时则月薪为 240 元，他们担任的课时，每周似均在 20 小时以上。但要为他们作另种伙食供应、食品材料等等，由他们自己负担。为他们造了专用的大楼，即后来浙大的校长室。至于他们来回路费，由学校付或部分由校付。

那时一般看法，认为他们在学业上还是有相当修养的。教课负责，无论文科或理科常有练习与小考，倘在小考后发现成绩不满意，即再加复习，重行小考，直到全部或大多数学生掌握教材为止。因此，学生也感到在知识上是有所得的。

他们两人离去后继续进修。亨培克在惠斯康新大学得博士学位后旋任副教授，其后转任哈佛大学教授。入国务院闻任事颇久，仿佛被认为东方事务的专家。后因同事排挤，二次大战后，为驻荷兰大使。美利加则往德国进修，得博士学位后回美任度量衡标准局的专门职务，这是需要高度科技水准的。后来在美国名人录中，知道他担任着纽约镍厂厂长（1946）。

课业和有关教师

先谈外国语，我前面已谈到在先前一年，即预科最后一年里，我是怎样为直接听讲而努力赶学英语。在那时，我阅读英语的能力，迅速提高。我那时阅读的偏畸英国古典文学。邵裴子先生任教时讲了几种书，如迈尔士的《自助论》（Smiles：*Self Help*），书中有许多关于道德品质的名词。继以读些散文选本。关于英文作文，是张大椿（菊人）先生教的，他是美国耶鲁大学理学院毕业的，用的教本好似是 Daniel Defoe：*Robinson Crusoe*。那时我在英作方面，很注意造句选字，例如我力求用纯粹的英国字（Anglo Saxon words）来表达。对于句子也注意或长或短，务求错综变化。

当时校里也邀了一位老牧师 Jndson 来教我们作文和改作文[①]，听说他是有学问的。对英作很感兴趣，每天对英语朗读、默念一段、一节，以资熟习。

第二外国语，我选习德语，一年后我又赶上去读第二年的法语，我对法语特别感兴趣。教师是赵志游，他从小就在法国，法语很流利。二十年后他曾担任过杭州市长。他长得高大，年龄还比我小一些，约 1942 年曾在龙泉见到他，但听说不久，他去世了。

我对第二外语，如法语虽很感兴趣，究竟没有认真地巩固既得成绩，对德语则尤差。我现在相信，不论学什么，如要成功，必须有坚定的志向，并对自己有严切的要求。没有这一点，便打不好基础。我对英语略有知能，即当时曾对自己提出要求，先要看懂，再要写好。对口语就较差了，一则自己从未有严切要求，再则练习的机会也不如书本的那么容易得到。

其次，关于历史（外国史）。我们先读迈尔通史（Myers：*General History*），读到古希腊的黄金时代，见到学艺彪炳，不禁神往。后读近代史，多根据 Robinson and Beard：*The Development of Europe in the Nineteenth Century*，亦感兴趣。亨培克先生颇重英国史，我们以为太专了些。对金牛宪章的制定，见得"民权"伸张，但那时还懵然于阶级意义。他还自己编了"中国外交史"，并特别着重日本的发展。他口授，我们笔记，因得略知日本近代史的轮廓，并且也知道了不少日本史地的名词，如 Mikado，Mitsai，Tokio 等等。

关于地理，觉得所得不多，教师也着重英国地理，用一本英国地理教本，多地名，少说明描写，颇为枯燥。

逻辑学是形式逻辑，用的教本是耶芳斯（Jevons，William Stanley，1835—1882）的名学原本，很扼要。我学得认真，得益非浅，特别对后来思考上，很有帮助。

关于法学，读了一本厚重的书 Hollander：*Jurisprudence*，对理论引证，阐述很丰富。

经济学用的教本是 Ely and Wicker：*Elements of Economics*，教师是邵裴子，他是进步经济学者范勃伦（Veblem）的学生。

心理学，钱均夫先生用的教本是梯契纳尔（Titchener）的《心理学初阶》。他是结构心理学的巨擘。这全书虽说是"初阶"，还是很难懂的。

由此可知，当时社会学科的教本，全是西文的，这是不太合适的。

在中文和国学方面，我们听了慈溪杨敏曾的课，讲的全是经学，主要是讲五经传授源流，这是部章所规定的，对我们不能发生多大兴趣，他也讲部章规定的宋明理学。杨先生很重视阳明知行合一的学说，着重在行。他在讲国文课时，也颇重陆贽文章。他特别提出这里的"陆"与"王"是值得我们秫式的，足见他很重"经济"（经世致用），以为尤重文章，这对我的印象是很深的。[②]

可以与郑晓沧先生所记述的浙江高等学堂正科情形相对照和印证的，是目前仍存的宣统三年（1911）六月初四日所颁发的温州籍学生林宗强的浙江高等学堂毕业文凭。[③] 该文凭纵长 0.71m，横宽 0.54m，四面边框装饰八条五爪龙，每边两条龙，头对头排列，边框四角嵌"毕业文凭"四个

---

① 编者按：疑为印刷错误，应为 Judson，即之江大学校长裘德生（Rev. J. H. Judson）。

② 郑晓沧：《清末民初本人所受学校教育的回忆（1897—1914）》，王承绪、赵端瑛编：《郑晓沧教育论著选》，北京：人民教育出版社，1993 年，第 290-294 页。

③ 原件现收藏于温州市图书馆，现网上可见该文凭照片，如"孔夫子旧书网"等（http://www.kongfz.cn/28418938/）。

楷体字。正文分为两部分：左半部分抄录光绪三十三年（1907）所颁圣旨，右半部分则为毕业文凭内容。其中，最有价值的是右半部分的内容（见插页附图）。

毕业文凭右半部分的内容，依次为：颁发文凭的学堂名称，毕业生姓名及所学专业，所学科目及各科成绩、任课教师，毕业考试平均分、各学期考试平均分和总平均分（即毕业分数），学生本人的年龄、籍贯以及曾祖、祖父、父亲的姓名，学堂负责人姓名，文凭颁发时间，最后还有全国统一编号。兹将该部分内容转录如下：

浙江省城官立高等学堂毕业文凭

为给发毕业文凭事照得：本学堂学生林宗强，业将高等学堂第二类功课肄习完毕，计得毕业分数85.18。除恭录谕旨应各敬谨遵守外，相应给发毕业文凭。须至文凭者：

毕业考试总平均分数：85.99；历期历年考试总平均分数：84.36；实得毕业分数：85.18。

毕业学生现年二十九岁，系本省温州府泰顺县人；曾祖：鹤山；祖：渭川；父：珣才。

右给学生林宗强。

监督：吴震春

孙智敏（印）

宣统叁年陆月初四日给

高字第柒百陆拾壹号

学　科	教　员	毕业考试分数	学　科	教　员	毕业考试分数
人伦道德	杨敏曾（印）	71	算学	胡浚济（印） 梅立格（签名）	90
经学大义	杨敏曾（印）	75	图画	吉加江宗二（印）	95
中国文学	杨敏曾（印） 陈庆林（印）	70 90	物理	胡浚济（印） 梅立格（签名）	93.5
兵学	陈六如 李炜章（印）	69.3	化学	梅立格（签名）	91
体操	吴昌言 陈六如 季复（印）	100	地质	叶谦（印）	97
英语	张文定 孙显惠 邵长光（印）	88	矿物	叶谦（印）	86
德语	梅立格（签名） 屠国泰（印）	88			

由该毕业文凭可知，林宗强于1908年进入浙江高等学堂正科学习，专业为第二类（即理科）。经过3年学习，于1911年夏季毕业。他应该为正科第一届毕业生。入学时校长（时称监督）为吴震春，毕业时为孙智敏，故盖有孙智敏印章。所学课程包括公共性的人伦道德、经学大义、中国文学、兵学、体操和英语、德语，也包括专业性的算学、物理、化学和地质、矿物等。同时，还附有各科任课教师的姓名，从中也可看出1911年前后在校任教的教师情况。

第三节　"求是书院"至"浙江高等学校"期间的教学活动与师生日常生活

1897—1914 年的"求是书院"至"浙江高等学校",其间不但学业上率先引进西学(包括开设理学课程),开浙江省风气之先,而且师生关心国势,积极参与政治活动与推进社会变革,同时,其日常生活也是丰富多彩的。这些,从当时的一些亲历者的回忆性文章中,可见一斑。

朱宗良在《浙大前身之回忆》中,对该期学校情况有详细的介绍,从沿革、教师,到校舍、环境,殊为全面,弥足珍贵:

求是书院在清季早期兴学过程中,为吾浙一有名的学府……

至光绪二十七年,清廷怵于庚子之变,国势日蹙,知非设立学堂,普及教育,不足以挽回危局。吾浙乃有浙江大学堂之创办,即就求是书院旧址改组而成……

劳监督任事经年,以用人不当,大权旁落于监学舍等之手,为学生所不满,以致发生风潮,旋即辞职,改由其婿秀水进士陶拙存接任。陶性温和,而措施难以如意,亦不能久安于位,当道乃乘部颁新章改组之际,改聘陆懋勋(字勉侪)太史继任……

陆监督办事认真,整饬学风,不遗余力,然亦有使人难堪的禁例。当时校舍分东西两斋,当局规定两斋的学生非经许可不得擅自往来。同一天井的自修室,有会监监视走动,自修室内干涉谈话,其他种种钳制,不胜枚举。假使继续下去,颇有激起反动的可能。幸后来教务长王伟人先生,平易近人,禁例渐弛,始弭风潮于无形。其后陆监督辞职,继任者为吴震春(字雷川)太史。吴氏萧规曹随,极为谨慎,其教育方针重自治自觉,自监督教职员以至于学生,皆能以情感相孚,而不拘泥于形式上的严格管理,全校融化于一种和易之空气中。至光绪三十三年秋,浙路拒款风潮,弥漫全城,各界组织团体,开会集议,反对浙路之收归国有及借英款建筑,高等学堂学生推举陈训恩(编者注:即陈布雷)为代表,参加会议与集队请愿。事虽未成,而当时这一社会运动,发扬民意,颇为各方面所重视。

清季各省设立高等学堂的制度,系仿自日本。高等为中学与大学间的中间学校,预科以外设正科,各三年毕业,正科学生以预科毕业者升入。预科不分系,正科则分第一、第二两类,第一类志愿习文哲法政者入之,第二类志愿习理工者入之。光绪三十四年夏,预科三年级修学期满,举行毕业考试。秋季开学即成立正科,两类各主要课程教师,除延聘两美籍教授外,均系一时知名之士……

说到这里,我愿将高等校舍的情景提一提,以见校方优待这两位西籍教授的一斑。按高等校舍,即求是书院、浙江大学堂的旧址,地在蒲场巷,即今之大学路,由一寺院改建,规模宏大,分东、西两斋。东斋为高级生的课堂与宿舍,西斋则新生居之。东斋之南有院落,由大门内之右端进,回廊曲折,竹径通幽,耸立洋楼一栋,乃特建以供美籍教授居住者。南面有园临河,占地颇广,绕以短垣,园中遍植花木,四时之景不同。春天则百卉齐放,嫣红姹紫,芬芳扑鼻;夏季则绿荫交错,好风徐来,最宜纳凉;秋夜则银汉皎洁,蟾光入户,富于诗意;冬令则瑶雪初霁,遥望对岸人家,如玉琢琼砌,一尘不染,如服一帖清凉剂。河滨并备一小游艇,供其玩乐,这是两位美籍教授特殊的享受。惟各同学于焚膏继晷之余，亦辄联袂来园休息，或谈艺，或质疑，或班荆道故，庄谐杂陈，逸趣横生，也分享了调剂身心的一份清福。

杭州为浙江省会，东南名胜之区，实为青年求学最佳之地。忆当年每逢假日，与同学二三辈，出涌金门，或放棹西湖，或徜徉于六桥三竺之间，怡情适性，逸兴遄飞，岂仅饱尝校园风景之乐而已哉。

在正科成立之翌年，吴监督雷川就官北去，由孙智敏（字廑才）太史继任。教务长王伟人先生亦相继北上，由汤尔和先生继任，但汤亦不久去职，由邵长光（字裴子）先生继其后。此数年间，学风纯良，多所造就。时革命声势已风起云涌，弥漫全国，高等师生已有公然鼓吹革命者，当局以尚未肇事端，不加干涉。至宣统三年夏，正科三年级毕业（即正科第一期毕业）。秋季武昌起义，浙江光复，各学堂散学，大家回家。民国元年春，大局已定，各校开学，浙江高等学堂已改名浙江高等学校，监督孙智敏先生已辞职，由教务长邵长光先生担任校长。蒲场巷的校舍已为都监署占用，高校乃借贡院前全浙师范学校后面房屋开学，房屋系二层洋楼，仅有两栋，局促不堪，一部分同学只得住在外面寄宿舍，半壁天下，寄人篱下，求学兴趣，远不及光复以前之在蒲场巷时代矣。最后一任校长为现任台湾政治大学校长陈大齐先生。高校民元以后，即停招新生，正科共毕业四期，办完第四期毕业，即停办……[①]

蒋梦麟先生1903年夏季后在刚刚改名的浙江高等学堂中求学，后来撰文回忆这一段的生活：

……我所受的教会学校教育就此结束。但我毫不后悔，我巴不得早一天离开这个学校。那时学生反抗学校当局已经成为全国的普遍风气。浙江省立高等学堂接着也起了风潮（编者注：在1903年）。起因是一位学生与来校视察的巡抚的轿夫发生龃龉，全校罢课，学生集体离校。思想较新的人同情学生，批评当局过于专制，思想守旧的人同情学校，严词谴责学生。但似乎没有人体会到这就是革命的前夕。

我们离开那所教会学校后，学生会自行办了一个"改进学社"，我们妄想把这个学校办得和牛津、剑桥一样，真是稚气十足，但不到半年，学生就渐渐散了（编者注：当在1902—1903年间）。

我自己进了浙江高等学堂（编者注：当在1903夏—1904夏），正当学潮后重新改组，是一向有"学人之省"之称的浙省最高学府，它的前身是求是书院，"求是"是前辈学者做学问的一贯态度。课程中包括外国语和科学，后来新学科愈来愈见重要，所占的时间也愈来愈多。求是书院终于发展为一新式学校，改名为浙江高等学堂，同时又由政府负担经费，成为全省文化运动中心。课程和绍兴中西学堂很相似，不过较深，科目较多，教授较好，全凭记忆的工作较少，已粗具现代学校的规模，我在此开始读英文原版的世界史。

在浙江高等学堂里所接触的知识非常广泛，从课内课外的阅读中以及师友谈话中，我对中国及世界的知识日渐增长。梁启超在东京出版的《新民丛报》是当时每一位渴求新知的青年的智慧源泉。浙江高等学堂本身，就到处有宣传革命的小册子、杂志和书籍，有的描写清兵入关时暴行，有的描写清廷的腐败，有的描写清廷对满人和汉人的不平等待遇。学生们如饥如渴地读着这些书

---

① 朱宗良：《浙大前身之回忆》，台湾浙江大学校友会编：《国立浙江大学（上册）》，台北：台北市浙江大学校友会，1985年，第18-22页。

刊，几乎没有任何力量足以阻止他们。[①]

陈布雷先生1906年插入浙江高等学堂预科二年级读书，在其回忆录中，陈布雷更详细、具体地逐年记叙了其在浙江高等学堂5年求学的情景：

光绪三十二年丙午（一九〇六）十七岁　奉父命转入宁波府中学堂肄业。

六月某日，邂逅范秉琳君，其兄均之（承祐），大哥之友也，予二人因亦缔交焉。秉琳方肄业于浙江高等学校之预科，与予之程度适相合，力劝予前往同学，顾高校不招插班生，非请求特许不可。辗转谋之林士均之诸先生，事为张葆灵（世杓）先生所闻，力以介绍人自任，为作书三通，分致高校教务长王伟人（惟忱）先生，及教员韩强士、寿拜庚（昌田）二先生，求破例插班，愿受试验。遂返家请于父，父许之，命随族父安甫伯（赴杭经商）往杭州，临行送之于门，族之父老有询予何往者，吾父笑曰：如游僧托钵，贫人求佣，何方栖止，难自定耳。临歧闻此言，触动愁绪，为之泪下。

抵杭州寓长铨宗老处，彼方执业于下城张同泰药铺也。往访秉琳，介见王教务长及韩、寿二先生，韩（强士）、寿（拜庚）二人竟谓张世杓何人？已不甚能忆之矣。王教务长出见，意极诚恳，但谓本校不招生，破例插班，事实上所不许可。予恳请再四，谓愿受严格试验，如程度不及，不敢强求，否则远道来此，求学无所，想先生主持省校，亦不忍使一无告青年流浪失所。王先生谓且商之监督，明日再来见。次日再往，则监督吴雷川先生（震春，中国近代著名的教育家和中国基督教激进思想家，中国本色神学的开拓者之一）亲自延见，询所学及府中退学原因，余直陈无隐，吴先生似感动，谓且先试国文英文，观汝之程度何如，遂命题授纸，凡二时许缴卷。午餐后吴先生令人传言，明日再来授试算学理科及史地，余始觉有一线之希望。……望日往受试，知尚有海宁同学郑晓沧（宗海）亦申请插班而入学者。午后校中牌示，准予插入预科二年级乙组肄业，急驰书告父，半年来流荡不定之生活，至此得有归宿，深感葆灵先生介绍之力及吴王二先生成余志愿之惠。……

入高等学校后，余之生活又为一变。二年级之教师授经学者鲁朴存先生，授国文历史者范效文（耀雯）先生，授地理者姚汉章先生，授英文者孙显惠先生，授理化者郦敬斋先生，授数学者谢伯诗先生，均以勤学率导诸生，同学亦勤奋向学，余在此半年中，颇觉读书之可乐。友朋中最相契者为陈君哲（中）、祝廉先（文白）、毛志远（云鹄）、汪达人（德光）及镇海虞梅洲（振韶）、徐圃云与秉琳等数人，而梅洲、圃云视余犹弟，其扶助匡掖之益尤多。

光绪三十三年丁未（一九〇七）十八岁　肄业浙江高等学校预科。

校内教师大概仍去年之旧，唯数学改聘嘉兴丁先生，丁先生授几何，口讷音微，演示算式则极敏捷，其精熟与谢伯诗先生相等，而教法则不及谢先生之详尽。盖丁先生天分高，专以自悟望同学也。其他科目，有日籍教师四人，一为辻安弥，授西史西地，岸然道貌，笃嗜汉学。二为铃木龟寿，授博物，精力弥满，而性情躁急。三为元桥义敦，授音乐，先授歌谱，令学生讽诵玩习，其歌词则指定学生之文字优美者自撰之，学生既于歌谱脱口成诵，又歌唱同学自制之歌词，弥感

---

① 蒋梦麟：《西潮·新潮》，北京：中国工人出版社，2015年版，第61-65页。

兴趣，故音乐课为当时甚受欢迎之一课。四为富长德藏（编者注：原文为"宫长德藏"，恐误），授普通体操，其人粗犷无文，蓄野狗数头，出入以相随，同学咸鄙恶之。兵式操及器械操，则吴禹门、陆麟书二先生任之，对学生极放任。

高校斯时有一极不良之风气，即所谓"逃班"。逃班云者，对于自己所不感兴趣或认为不难补习之学科，即自动逃课是也。此风倡于三四天资秀异者，中材生亦渐渐效之，余平均每日终有一小时逃班，以在室中或操场空地上自己读书为乐，所读书以文学史地方面之笔记小册为多，泛滥涉猎，无计划、无统系，学问基础之薄弱，不能不深悔少年时之自误也。同学来者益多，久而相习，以学问才华相慕重者，则有歙县之黄念耘（素曾）（国文、外国文、算学皆冠绝全校），休宁之汪达人（德光），金华之邵振青（锡濂），德清之莫存之（善诚），绍兴之朱内光（其辉），永嘉之林智敏，绍兴之邵翼如诸君。以性情气谊相投合者，则为绍兴之沈柏严（家璠），吴县之邹亚云（铨），兰溪之胡心猷（时铎）诸君。常以民族革命之义相勉，而陈君君哲尤激昂，时时以鼓吹种族革命之刊物假阅焉。是年秋，校中聘沈士远先生（原注：著名学者，庄子专家，陕西汉阴人。曾任北京大学预科乙部教授、庶务部主任、燕京大学教授等，后任浙江省政府秘书长、湖北省教育厅长等。二弟沈尹默，开风气之先，首倡白话诗，三弟沈兼士，文字、训诂学泰斗。"一门三杰士"，在中国现代文化、教育史上具有重大影响）来主国文课，张冷僧（宗祥）先生来教地理，两先生乐与学生接近，同学时时往其室谈话，沈先生常以《复报》《民报》及海外出版之《新世纪报》等，密示同学，故诸同学于国文课艺中，往往倡言光复汉物，驱逐胡虏，毫无顾忌，唯有时以□□字样代之而已。

吾校教育方针重自治自觉，管理不甚严而考试甚勤，自监督教职员以至于学生，皆重在情感之陶冶而不重形式，全校融化于一种和易之空气中，亦自然孚洽，鲜有自暴自弃或嚣张乖戾越出常轨者。有校友会，以监督、教务长任正副会长，每级举会正一人，书记、会计、庶务各一人，作种种课外活动及练习学生自治能力。余两次被举为本级之书记，会正则汪达人（德光）任之。又因史地博物均日籍教师教授，不用课本，而用表示讲解，故各级均由学生自编讲义，举二三人为编辑，缮印装订分配均同学任之，余尝被推编辑生理学讲义之后半部，故于消化系统等理解较详确。

是年春蒋百器（尊簋，浙江督军，与蒋百里一同被章太炎誉为"浙之二蒋，倾国倾城"）自日本学陆军归，成立新军二标，蒋为标统，二标之官兵皆征自民间，多识字受教育者，亦有塾师投笔应征，甚为当时所重视，二标成立之日，杭州各学校学生齐往梅东高桥举行盛大之欢祝会。

秋，参加浙路拒款会充学生代表，先后二月，奔走之日多，受课之时少，于学业损失甚大。浙路拒款运动者，以当时汪大燮任邮传部长主铁道国有，将以沪杭甬铁路借英款建筑，浙人群起反对，以力保主权为号召，自耆老绅士学界商界均有组织团体宣传请愿之举，省城各校均派代表参加，予被推为本校代表之一，时时开会，或集队请愿，其时校中正授几何第三、四卷，予完全未上课，自此以后，数学成绩大退步。

光绪三十四年戊申（一九〇八）十九岁　肄业高等学校预科。夏毕业入正科。

是年校中课程及教师无甚变动，唯余对于数学、理化之兴趣日减，丁先生授几何、三角，疾如奔驰之马，余既以去年参加学生运动，脱节甚多，益觉追赶不上，唯三角觉尚简易耳。郦先生授理化，讲解不清晰，实验亦不常做，同级中除特有自然科学倾向者十余人外，皆未获益也。故余此半年中，仍以涉猎文集书报等为多，于海上之《神州日报》《国粹学报》等尤喜阅之。

四月杭州各校举行联合运动会于梅东高桥运动场,到者三千人,金华胡丽卿(自南)君得长跑第一,夺得锦标,全校以为荣。余在会场任会场新闻编辑,以油印分送观众,图画教师包蝶仙先生指导之,是为余练习新闻事业之始。

夏,修毕预科学程,同级卒业者凡五十余人,余成绩列第五,毕业典礼之夕,学校治酒食饷同学,监督吴先生为两级同学每人尽一杯,其饮量真不可及。

下学期升入本科第一类肄业。按当时学制,高等学校为中学与大学间之中间学校,与日本学制相同,高等学校分三类:第一类志愿习文哲法政者入之,第二类志愿习理工者入之,第三类注重生物等志愿习医及博物等科者入之,余在中学时之志愿,本欲习农业(当时极希望到日本入札幌农学校,即今东北帝大,以其在北海道农区,且校内课程亦完备),屡与陈君哲诸君等相约必达此志愿。是年请于吾父,不许出国。校中教师同学,均以余于理科非所擅长,高校特设一、二两类,可入第一类肄业,此为余后来为学做事之分歧点,若在中学时代不以学生运动而抛荒数学及理化,则当时必入第二类也。

第一类第一学年之课程注重外国文及历史、地理,而国文、经学等,所占课时亦多,时任英文者为邵裴子先生(长光),任法文及外国史地者为张镜人先生(文定),而国文、经学则外舅逊斋先生任之,同级仅十五六人,课程简单集中,练习机会亦多,此半年中以同学皆沉着好学,获益不少,而友朋之乐,亦更视昔为胜,盖贞柯、威博自慈湖中学来,轩臣自宁波中学来,志尚自奉化中学来,正科两类同学二十八九人吾郡占其六人,一时称盛焉。

在高校预科时,有满洲籍同学六七人,盖暗寓监视学生之性质者,汉籍生均不与交通,此六七人乃别室以居(自修室每室可容十二人,但满生之室,无有愿与同住者),自为风气,然亦有沉着苦学之士,有名迎福者,为学最勤,课业亦佳。及预科毕业后,仅二人升入正科,一名恩良入第一类,一名连煦入第二类,同学至此始有与通谈者,彼辈以势孤,亦乐与汉生交接,闻初入预科时其势焰张甚,同学杨春时君,即彼辈所排斥退学者也。

是年清光绪帝及慈禧后同时逝世,溥仪嗣帝位,次年改号宣统。

宣统元年己酉(一九〇九)二十岁 肄业浙江高等学校。

本年上半年教员多仍旧,余以志尚、威博等怂恿,兼习德文,一月后觉同时兼习德法两国文字,必至一无所成,遂放弃德文,专以法文为第二外国语,然法文教师为张文定先生,其所采课本太陈旧,发音多英美音,故进步殊少。

自入正科后,甬籍教师人数增加,甬籍同学亦占同学总数五分之一,同学间渐渐学作甬语,成为一时风尚。其时甬籍教师,除外舅及仲车先生外,尚有胡沆东先生授数学,胡可庄先生授英文,赵志游先生授法文,而大哥及申之先生等均以咨议局议员留省,休沐日过从游宴,一时称盛。

此半年中读英文文学名著,觉最有兴趣,但对于英文作文练习,则用力甚少,不及贞柯等远矣。

下半年聘美国惠斯康辛大学教授洪培克先生(Stanley K. Hornbeck)为本级主科教员,授历史、地理及论理学,陈佩忍先生授中国地理,沈尹默先生(原注:原名君默,字中,号秋明、瓠瓜,学者、诗人、书法家)授掌故史(掌故史之名义甚奇特,其内容盖文化史也)。

秋初饮食不慎,致患痢甚剧,先由秉琳患此病,同学传染者三四人,均不久即愈,独余为最剧,入广济医院治疗一星期未愈,院医医术浅薄,态度傲慢而疏忽,院中设备及卫生均恶劣,臭虫满床席间,诘之尚不自承,愤极出院,迁居上城四明颐养庐。秉琳亦未愈,来同寓,最后请大哥之友江山聂先生(亦咨议局议员)授中药数剂始愈,然已形销骨立矣。向学校请假归里养病,与朱清奇兄同舟归，以食蒸粟过多，归家又复发，又旬日而痊愈，予之不谙卫生知识有如此者。在家养病匝月，索居读书，暇辄游田野间，生活闲适，病亦遂痊，侍予疾者五妹为最勤，而四姊调护饭食，尤尽心焉。

九月二十四日宏农君（原注：陈布雷原配夫人，十岁订婚，二十岁完婚，慈溪杨氏，书香门第。其父杨敏曾，字逊斋，其曾祖杨九畹，是嘉庆二十四年榜眼）来归，外舅留杭未回，由三叔舅代为主持婚礼。

十月中旬赴杭州销假入校，校课脱落殊多，补习几无从入手，每夜延长自修一小时，尚苦不及，第一日上历史课，洪培克先生问此新来之学生何故迟到。同学答以因结婚请假，先生谓年未二十，且尚在就学期，乃早婚耶？盖先生已卅四岁，犹独身也。

年假返里，昼夜补课，赖贞柯等假予课室笔录为参考，然对于论理学，终以自修之故，不能领悟彻透也。

原按：浙江高等学校师资雄厚，尤以美国惠斯康辛大学（University of Wisconsin）洪培克（Stanley K. Hornbeck）、书法名家沈尹默为最。洪氏对陈布雷寄望尤高，影响亦深。

宣统二年庚戌（一九一〇）二十一岁　肄业浙江高等学校。

春初赴杭入学，经上海，时大哥及洪佛矢、胡飘瓦先生均在沪主《天铎报》，寄寓数日，闻见渐恢廓，对记者生活，颇歆美之。

学校生活与上年无异，同学为学渐趋切实，本年由洪培克先生授十九世纪史及外交史、世界地理等，法文亦由洪先生任之，以 Seingubo 著《近世文明史》为教本，而英文课中选用麦考莱（Thomas Babington Macaulay，英国历史学家，自由党人。著有《英国史》《古罗马叙事诗》等）之历史名著，全部学程，均以史地为中心焉。余以兴趣所在，对国际时事尤所喜习，盖在慈湖中学时，习外国史地已有相当基础，皆蔡芝卿先生之教也。

是夏浙江议选官费生十名赴欧美，同学中如孙士燮（理堂）、施仁荣（少明），及志尚、养厚、贞柯、威博均往应试，余得外舅之许可，亦往报名，将中学时代之理化生物数学等，均搬出补习，试期既近，则与诸同乡迁往得升堂客寓。甫试国文、英文、数学三场，而余父书来，谓三弟已夭逝，家中弟妹众多而幼小，不愿余出国远行，遂止。会试场中发现某项谣言（以主试者有杭州中学教师事前泄题于杭中学生），诸同学亦试未终场而罢。榜发，吾郡翁君文灏（原注：咏霓，浙江鄞县人，著名学者，中国最早期的地质学家）居首。

下半年课程加紧，有法制通义、经济学及经济地理等课程，法文则赵志游先生授之，用文学名著二种为教本，同学颇苦其艰深，历史已授毕十九世纪史，改授宪法史，兼及政治学与比较宪法等，皆洪培克先生研究有得之学科也，尽心教导，每日需阅参考书五六十页，课暇几无余时。然休沐之日，仍相约游览湖山，盖吾校同学受地理环境之影响甚深，其学风可以"平易"二字包括之，学习与游息不偏废也。

仲秋某日，与张裘伯君及志尚、秉琳、威博等数人游西湖，张君任教于陆军小学，与吾校为邻，兼授吾校德文课，其时已截发去辫而不穿西装，予等均慕之。张君谓胡运将终，君等奈何犹留此可耻之纪念物于脑后，遂由志尚倡议，返校时即唤理发匠剪之。甬籍同学六七人及何君百生均与焉，然恐家人切责，皆匿不以告，且嘱理发匠制假辫以备用焉。

宣统三年辛亥（一九一一）二十二岁　肄业浙江高等学校，夏卒业。秋冬留沪任《天铎报》撰述。

春赴杭过沪，寓天铎报社旬日，以戴君季陶结婚向报馆请假，嘱余代其事，每日撰短评二则，间亦代撰论说，馆中同人皆与余善，马志千、徐筱泉、林聊青暇时常偕余出游，筱泉以余短评中喜用《水浒传》等小说中语，称余为小说迷。

此半年中校课更紧，洪培克老师尽心教授加重速度，予等几如逐车后而驰，师某日语余等曰："尔等之程度，殆可入美国大学二年级而无愧，然余望汝等不以此为止境，终须以所学为尔祖国效用，须知中国方在开始一前未有之改革期也。"外舅于课暇亦常招余往谈，询以为学心得，并指示学问门径，外舅不望余为文士，而以顾亭林等期余等，其授《宋元学案》，亦往往以学问须为世用相勖焉。

夏举行卒业试验，身体受气候影响颇不支，大哥甚忧之，贻书吾父，谓二弟此次考试，不作第二人想，校中教师亦谓其课业优异，足为吾家门楣光，然体弱如此，恐试毕将大病耳，结果以请假扣分列第四名。毕业之日，一二三名均有学校特颁之奖品，唱名至余，独空无所有，同学咸为余不平，谓就本届试验成绩言，至少亦应有名誉奖状也。监督孙先生、教务长邵先生招余往，慰勉甚至，谓教师及学校均以远大期尔，勿介介于等第名次而自馁。邵先生且谓余亦不利于考试者，然学问贵有真实之造诣，尔天资不居人下，而沉潜不足，宜随时自策，无负诸师之望。邵师平日遇余最严，在同级中对余最不假以辞色者，至是乃知其望余之切，终身感之不能忘。

毕业典礼之后，即离家返杭，小住旬日，应《天铎报》之聘，任撰述记者。……①

后陈布雷又在1941年写成《清末浙江高等学堂之学风——和风篇呈吾师张阆声先生》一文，深情回忆了当时的地理教师张宗祥先生及自己在浙江高等学堂求学时的情景和感受：

自逊清季年改学制设学校，而吾国教育界始竞言学风。有一时代一区域之学风焉，有一学校之学风焉。黉舍林起，学风之别乃万殊。吾浙江高等学校，承求是书院之旧址以设学，其学风乃独以和易著。旷乎其大，渊乎其静，窈乎若莫得而名，学于其中者，从容乎，夷犹乎，与规条节文相忘而无或稍有畔越。盖吾师监督吴雷川先生所规制，吾师教务长王伟人先生为之纲纪，而吾师张阆声先生与伟人先生最相友善，实左右翊成之。

吾校设校凡十载，卒学者先后数百人，著籍遍浙东西，成就各有大小，然未有一人焉，以傲岸嚚竞见讥于当世，或辱身以败行者，此殆童时之薰习然也。

余年十七始入吾校，从张先生习本国地理，地理故为艰枯难治之学，张先生以俊爽之文字，自编为讲义，面目乃迥乎不同。其述疆域沿革人物盛衰，则讲历史也；考山川制度郡县因废，则讲政治也；言历朝兵争胜败进退，则讲军事也；究食货盐铁产物分布，则讲经济也；又益之以胜迹名贤著述题咏，俾发思古之幽情，则授文学与音乐也。学者目追神逐于先生之讲论，餍乎其心，有味乎其所学，下课之钟一鸣，乃始收视返听，自悟其为授地理焉，而先生之言则曰："吾兹乃一知半解焉尔，而犹未得以尽授于诸生也。"学海渊深之度，自非吾侪当时所能窥，然庶几能知为渊深而慕之好之乐之，矜张者自惭其浅，沉潜者相勉以奋，学课之授受，乃影响于德性之修养，则神焉哉先生之教也。课罢谒先生，问业请益，辄见先生危坐群书中，丹铅杂施，一目数行下，劬而不瘁，学焉而有节，充乎内而愉乎其外，怡容霁色，常进诸弟子而询其所业，询其家世，询

① 陈布雷：《陈布雷回忆录》，北京：东方出版社，2009年，第29-47页。

其好尚，又教之学问，教之德行，乃至教之以游艺小叩大叩，靡不应之以当。

吾校教务处，白屋五楹，不施髹漆，先生与嘉兴丁先生、吴兴沈先生，及吾同邑魏先生，各居其楼之一室，此数室者，吾同学皆视为乐园。而先生之室，尤为诸同学朝觐会同之所必至，恒流连至夜午而先生不以为扰。有时先生方倦读，则见先生就魏先生索酒以饮，就丁先生为围棋，就沈先生纵横谈论，或相与为笑谑，其亲爱和洽若弟昆，酒酣兴至，即跳浪驰逐相往返，而其端常发于先生。当是时，先生不避群弟子，群弟子习见焉，而不以为异；然未尝敢稍萌轻狎之志。此乐此境，不知他学舍亦有之否。而吾诸同学乃日夕沉浸游泳于此雍容和煦之气象中，而以成以长，如鸢之飞，如鱼之跃，当其涵濡呴呴，曾不知江河与天宇之惠为无限也。

先生既罢教浙学，历游南北，主持文教者垂二十年，箪瓢屡空，一无所措意，而唯学术教化之是念，其为文澜阁补抄四库书，及他所为征存文献考订著作，皆有称于时，有传于后世。而吾独深慕乎先生无施不可之教，与风度之和悦闲雅，亘三十年不能忘。

今先生年六十矣，童颜童心，犹不改乎武林从游时。高致轩举，若庄生所谓与之为婴儿，上寿百年，曾何足为先生颂，故援识小之义，追记童年所受熏陶于先生者，以献之先生，亦俾世之为教育史者，觇吾浙江高等学校学风之梗概焉。①

---

①　陈布雷：《清末浙江高等学堂之学风——和风篇呈吾师张闻声先生》（原刊于《思想与时代》1941 年 11 月第 4 期），台湾浙江大学校友会编：《国立浙江大学（上册）》，台北：台北市浙江大学校友会，1985 年，第 23-24 页。

第二章

从"育英书院"到"之江大学"
——浙江省近代"大学"的出现及其理科的确立与理学课程的设置

比"求是书院"设立略早，且对"求是书院"初期的办学有重要借鉴和直接帮助作用的"育英书院"，后来演变为"之江大学"。"之江大学是当时西方教会在中国创办的有名的几所大学之一，其秉承的西方大学办学经验，新的课程设置，高效率的管理体系，都为以后浙江的高校所模效。"① 之江大学率先将西方先进的科学知识和课程理念引入近代浙江高等教育，揭开了浙江近代高等学校课程改革的序幕。因此，不论是作为承担宣教功能的纯粹教会大学还是单纯的高等教育机构，其对近代浙江人才培养和高等学校课程现代化进程都有一定的推力，为近现代高等教育的发展提供了可资借鉴的宝贵经验和启示。②

第一节　"育英书院"的演变与"之江大学"的形成③

一、"育英书院"的形成与大学预科的出现（1845—1910）

（一）从宁波"崇信义塾"到杭州"育英义塾"（1845—1897）

1."崇信义塾"在宁波的发展

之江大学是基督教美国教会在中国创办的资格较老的大学之一，其前身，最早可以追溯到1845 年由美国北长老会（Presbyterian Church in the United States of America，简称 PCUSA）在宁波创立的崇信义塾。1831 年，美国北长老会在匹兹堡成立差会（编者注：差会是美国基督新教派遣传教士对外进行传教活动的组织），积极向海外发展。1837 年，美国长老会总差会成立于纽约。在此后长达 7 年的时间里，长老会差会一直在寻找机会到中国传教，但因种种原因未能如愿。1842 年，中国在鸦片战争中战败，被迫开放了厦门、福州、广州、上海、宁波这 5 处通商口岸。宁波

---

① 胡发群：《近代杭州教会学校研究》，浙江大学硕士学位论文，2008 年，第 40 页。
② 任杭璐、刘剑虹：《立案前之江大学的课程设置及其特点》，《宁波大学学报（教育科学版）》2011 年第 6 期，第 27-31 页。
③ 本节内容主要据张立程、汪林茂著《之江大学史》（张立程、汪林茂：《之江大学史》，杭州：杭州出版社，2015 年）摘编，特此说明。

作为首批开放的通商城市之一，成为当时西方传教士在华传教事业的重要突破口。中英《南京条约》签订后的第 2 年，1843 年 10 月，北长老会差会就委派传教士、医生麦卡第（也译为麦嘉缔，Divie Bethune McCartee）和礼查威（也译为祎理哲，Richard Quarterman Way）等来中国传教。他们于 1844 年 6 月抵达宁波，建立了第一个在华长老会永久布道站和一所医院，开始施医传道。然而，由于中国在鸦片战争中战败，中国的民众"视西人如寇仇"，麦卡第等一开始就遇到了很大的困难，传教活动"屡遭官绅斥逐"，幸亏得到当时英国领事的帮助，才得以在宁波定居下来，他们"赁民屋数椽以居，施医分书"。

此后，宁波布道站的力量不断增强。1845 年 4 月，牧师卡勃逊、劳瑞和露梅丝女士来到宁波。同年，在麦卡第的协助下，礼查威在宁波江北岸建立起一所男童寄宿学校，称为"崇信义塾"，这是浙江最早的教会学校。① 崇信义塾招收贫困家庭的儿童免费入学，主要是培养基督教牧师和从事当地教会工作的助手。

崇信义塾是一所男童寄宿学校（The Boys Boarding School），主要招收十几岁的男孩，免收学杂费并提供食宿衣物。学校刚办时，只招到 6 个学生，一个月后增至 14 人。1846 年，在校生达到 30 人。此后，每年的学生数都在 40 人内，几乎全部来自贫困家庭。崇信义塾每年的开支多者一千多美元，少者一百多美元，多数在 800 美元左右（大约相当于一个在甬美国已婚传教士的年薪）。学校的经费来源有两部分，一是美国长老会海外传道部的拨款，二是美国国内主日学校的捐款。为了获取美国主日学校的持续资助，传道部要求崇信义塾的学生每年写信给这些主日学校，汇报各自的学习情况。

宁波差会在 1845 年的报告中写道，该校的办学目的是向中国人传播基督教，同时把"有才能的、虔诚的"当地青年培养成牧师。为此，宁波差会认真分析了中国教育的缺陷，有针对性地开设课程。值得注意的是，传教士在突出西方基础教育优越性的同时，并没有完全摒弃中式传统教育，而是希望通过学习儒家经典来提高学生的中文水平，以赢得当地人的好感。相反，对于是否要进行英文教育，传教士们却有一番激烈的争论。支持者认为，英文教学有助于破除中国人对外国人的偏见，有助于深入了解西方文化，有助于传播基督教。反对者则担心学生可能会因学习英语而影响对母语的学习，更担心学生学好英语后会去经商，而不是去传教。1845 年，宁波差会决定仅对少数学生进行英语教学。从 19 世纪 50 年代开始，英语教学基本停止。现代学者普遍认为崇信义塾"主要训练学生英文"，"课堂教学中英文并重"，这些观点其实都是错误的。

崇信义塾没有严格的年级划分和班级划分。学校根据学生年龄大小、入学先后以及学习进度，将他们分成初级班和高级班，分别学习不同的课程。学校的课程设置随意性较大，教育内容以宗教为中心，辅以中国经典与西方文化。主要课程有宗教、历史、世界地理、数学、科学、中文等。各门课程的教材并不统一，且多数由传教士个人编写。学校还专门租用了一块土地来上体育课，并从美国订购乐器用作音乐教学。从 1851 年开始，学校也让一些文化课成绩不理想的学生去学习制

---

① 编者按：龚缨晏、田力认为，"现在几乎所有的著述在讲到崇信义塾时，都说它是由麦嘉缔（Divie Bethune McCartee）创办的。其实这是一个误解。崇信义塾的创办者应是美国长老会海外传道部宁波差会（Ningpo Mission, Board of Foreign Missions, Presbyterian Church in the U.S.A），而不是某一个人"。并考证"创办的时间是 1845 年 7 月 26 日，首任校监（principal）是祎理哲（Richard Quarterman Way）。此后，卦德明（John Quarterman）、孟丁元（Samuel Newell D. Martin）、倪维思（John L. Nevius）等美国传教士都担任过校监"。参见龚缨晏、田力：《崇信义塾：浙江大学的间接源头》，《浙江大学学报（人文社会科学版）》2012 年第 2 期，第 139 页。

鞋等手艺，使学生离开学校后能够自食其力。职业培训课程的开设表明崇信义塾也在不断地寻找与中国社会相适应的途径。

崇信义塾教师分为外籍教师和中国教师两类。外籍教师均由美国长老会传教士担任；中国教师则主要是由当地的儒生担任，义塾后来也聘请一些崇信义塾的优秀毕业生。从19世纪50年代开始，由于传教工作的快速发展，传教士的数量及精力都显得严重不足，于是逐渐将学校的日常管理及教学工作交给了中国教师，但所有重要事务均由宁波差会决定。每年暑假和寒假之前，学生都要参加考试。考试的形式以口试为主，也有笔试（例如算术）。暑假一般有20到30天，寒假为1到2周。农忙时节，学生也可以请假回家。学生毕业后，主要是做传教士的助手，或在差会学校担任助教，或者成为差会的雇工。少数毕业生从事手艺劳动。

崇信义塾是早期来华传教士进行教育传教活动的"试验田"，传教士们在崇信义塾所积累起来的经验后来被其他学校所借鉴。宁波差会的传教士们为崇信义塾所编写的许多教科书对中国知识界产生了非常大的影响。例如，魏源的《海国图志》就大量征引了祎理哲的《地球图说》等书，第100卷则全部辑自麦嘉缔的《平安通书》。[①]

与当时其他教会学校一样，崇信义塾开办之初就以拓展全球性的基督教宣教事业为目的，"以培植教牧人才为宗旨，俾可救人之灵，顾人之身，异日或可为国家之柱石也"。因此，学校在课程设置上，以宗教教育为主体，兼及初级英语、经学、作文、书法、算术、地理、天文等科目，其办学水平相当于现在的小学程度。

作为一种外来事物，教会学校在创办之初，并不为当地民众所接受。崇信义塾开学之初，规模非常小，发展也异常缓慢，第一年招生时只有30名学生，以后入学人数也增加得比较缓慢。造成这种现象的原因，表面上似乎是中国人的性格比较内敛，不愿意主动和外国人结交，而且很多人认为传教士办学、免费入学必定动机不良。而崇信义塾开学后，由于卫生条件不尽如人意，曾经发生过几次传染病，似乎证实了他们的怀疑。但更深层的原因，则是"身处数千年未有之变局"的时代，中华民族长期领先于世界而形成的虚骄心态，在民众特别是士大夫内心中早已根深蒂固，中西两种异质文化很难在短时间内彼此交融，再加上科举取士制度已深入中国民众心理。注册入学的学生，大多数来自当地的穷苦人家，而且都不是基督教徒。他们加入教会学校，与其说是为了获取知识，倒不如说是为了谋生。崇信义塾开办之初，为了获得生源，不仅免去学生的所有学费，而且免费提供食物、住宿，有时甚至还要提供衣物、药品等生活必需品。因此，学生入学后，学校需要花费大量时间对其进行基督教教义的教育和礼拜活动，才能使许多学生逐渐信仰上帝而成为基督徒。在那些坚持到毕业的学生中，许多人参加了教会工作，或从事与教会有关的其他活动。在1850年的第一届8位毕业生中，1人留校教书，1人跟一位医生传教士学医，4人去教会的印刷厂工作，其余2人回家。崇信义塾的情况在当时并非个案，这反映了当时在华教会学校的实际情况。

最早的这批以谋生为目的而加入教会的中国教徒后来被称为"吃教徒"（Rice Christians）。由于民众对外来文化的疑惧与排斥，对传教士们骄横跋扈的不满与厌恶，传教士们的传教活动遇到了极大的阻碍，教会学校的发展也步履维艰、曲折异常。在宁波发展的二十多年中，崇信义塾的师资变动非常频繁，先后在该塾任教并负管理之责的除了礼查威牧师外，还有约翰·耐维牧师、大卫·格

---

① 龚缨晏、田力：《崇信义塾：浙江大学的间接源头》，《浙江大学学报（人文社会科学版）》2012年第2期，第139页。

林牧师以及萨摩·独特牧师等美国长老会人士。同时，学校的发展状况整体上很不稳定，1866—1867 年，注册学生人数锐减到 18 人，比创办之初还要少。

1867 年，崇信义塾所租场地的租约到期，宁波差会接受倪维思等的建议，将学校由宁波迁到杭州，并更名育英义塾。[①]

2. "崇信义塾"迁至杭州与"育英义塾"的建立

1858 年 6 月，清政府因在第二次鸦片战争中失败，被迫与英、法、美、俄等国签订了《天津条约》，废除禁教政策，允许西方传教士自由传教。在《天津条约》的保护下，传教士们的活动范围逐渐从沿海向内地延伸，也加快了教会各派系在中国各地开办教会学校的步伐。为了适应这一转变，使教会学校在人口稠密的地区能够更好地发挥有利于教会传教的作用，崇信义塾也开始寻找新的办学地址。杭州是"全浙之中枢"，宁波和上海的长老会传教士早就意识到了省城杭州在浙江省内的重要地位，也曾专门派人到杭州调查过情况，但因那时恰逢太平天国起义爆发，清军与太平军在浙江各地展开激战，在杭州建立布道站和学校的计划因受战局影响而被暂时搁置。

1864 年，清军攻陷南京，太平天国运动失败。自此，长江以南已无大的战事。以北长老会为代表的传教士们的身影开始在杭州出现，崇信义塾遂于 1867 年从宁波迁往杭州，改名为杭州长老会男塾，中文名为"育英义塾"（Hangchow Presbyterian Boy's School），取"乐育英才"之义。迁校之初，由于太平天国运动刚刚结束，杭州的文教事业一片萧瑟，可谓"人烟寥落，无设学者"，育英义塾的发展非常不稳定，校址多次迁移，起初设在城内的皮市巷，两年后迁往大塔儿巷。学校分设正科和预科，各 4 年。育英义塾的教学水平，相当于今天的中学和小学程度。开办之初，招收学生 34 人，后来逐渐增加到 50 ～ 60 人。

图 2-1-1　杭州大塔儿巷的育英书院原校址（摄于 1906 年）

---

① 龚缨晏、田力：《崇信义塾：浙江大学的间接源头》，《浙江大学学报（人文社会科学版）》2012 年第 2 期，第 139 页。

育英义塾的发展状况可以说是当时中国教会学校发展的缩影。纵观中国基督教教育的发展历程，在1818—1877年的近60年间，传教士在中国所建立的教育事业均属于差会教育，传教士们所创办的学校应当称之为"差会学校"或"教会学校"。这些教会学校的开设，均服务于传教这个终极目的。各学校在管理上均隶属于基督教各差会，法理上均属于外国差会在华的产业。学校开设的目的，完全是为了培养普通信徒。

从学生学习方式上来讲，教会学校可以分为走读和寄宿两类。走读学校的教学，在学制与课程设置方面随意性极大。这些学校往往半天时间读中国圣书，半天时间读基督教书籍，现代科学的教育几乎阙如。除去它的宗教色彩外，这些走读学校几乎与中国传统的私塾没有两样。寄宿学校的课程，因为直接由传教士掌握，情况相对要好一些，一般开设有现代科学的课程。但是，由于缺乏系统的新式教材，传教士本人的知识有限，再加上语言障碍，真正的新式学制很难确立起来，可以说，缺乏现代的、用中文编写的科学教科书成为制约教会学校发展的瓶颈。另外，在体制上，学校缺乏独立的办学地位，学校本身就是布道站，能够胜任教学的师资力量不足，传教士往往是一身二任，既当牧师又担任教师，并且牧师的角色更为重要。

当然，最重要的是，由于基督教会对教会学校的认识一直停留在原有的层面，教会教育没有走上专业化的正途，始终被笼罩在福音的阴影里。严格意义上说，传教教育尽管带有现代教育的某些特征，但并不是真正的现代教育，教会学校的教学质量不可能有质的飞跃。这种情况也同样体现在育英义塾上，年复一年，育英义塾仅有几名传教士兼管教育工作，学校无专门的负责人。[1]

3. "育英义塾"办学层次的逐步提升

在开办初期的34年间（1845—1879），育英义塾95%以上的毕业生充当教牧人员及教会学校、医院职工。由于办学模式的限制，育英义塾很难在社会上产生更大的影响。这种情况在裘德生（Rev. J. H. Judson）出任校长后发生了转变。受1877年传教士大会影响，在华基督教会教育思想与办学模式发生了转变，育英义塾的教学活动也逐渐开始规范。

1880年，美国传教士裘德生受北长老会差会派遣出任育英义塾校长，专门从事教育管理工作。裘德生的夫人则负责另外一所走读学校，并向育英义塾输送学生。裘德生到任后，想尽办法努力提高学校的教学水平。他对育英义塾的课程体系进行了大胆的改革，"期以泰西之文明灌输中国"，"益注意科学而添置理化诸仪器，俾知实验"。育英义塾采用的教材以英文课本为主，也使用一些中文课本；规定"圣经"为必修课，学生必须做礼拜。裘德生同时扩大了课程范围，开设了许多前所未有的新课程，增聘了3位中国教师，系统地开设了西方近代科学的相关课程。

在教学中，开始进行科学实验，举办通俗科学知识讲演，将声、光、化、电等西方近代科学知识由浅入深地教授给学生。当时育英义塾所开设的课程主要有中国古典文学、圣经、算术、代数、几何、史地、化学、生理、音乐等，课程体系日趋完善，现代教育的基本框架已形成。育英义塾实行规范的年级制教育，确保学生能不断学到新的知识。另外，在裘德生的倡导下，育英义塾还对基督徒的子弟实行免费教育政策，借此扩大生源。

在裘德生的努力下，当时育英义塾的学生曾达到五六十人。通过裘德生的一系列改革，育英义塾的办学水平有了相当程度的提高，提升了学校的办学实力，学校得到了稳定的发展。光绪十四

---

[1] 张立程、汪林茂：《之江大学史》，杭州：杭州出版社，2015年，第4-7页。

年（1888），育英义塾改名为"华中长老会差会中学"（华中长老差会由宁波、杭州、上海和苏州的北长老会组成，后称华东差会）。光绪十五年（1889），由国人萧芝禧主持教务工作后，校务有所长进，学生有所增多。由于校舍配备不足，于是学校开始招收走读生，并陆续添置实验仪器设备。经过中外教员大约 10 年的共同努力，育英义塾的教学水准日渐提高。

育英义塾的教育改革，虽然取得了一定的成绩，赢得了一定的社会声誉，但离真正近代意义上的学校教育还有一定的差距。而 1890 年召开的第二次在华传教士大会，则对育英义塾发展成为育英书院，并进一步发展成为近代意义上的高等学校起到了重要的推动作用。

1890 年第二次在华传教士大会以后，在华兴办高等学校得到了欧美各国教会的强有力支持。光绪十六年（1890），育英义塾增设英文专修科，为学生毕业后继续深造做准备。这时，毕业生的出路由从事教会、学校、医院工作进一步扩大到从事医药、教育、商业、税务、洋行、邮政等工作，毕业生人数也进而增加到近百人。1893 年，北长老会华中差会建议："育英义塾是我们差会最先进的学校，应首先将其考虑发展成为高等学校。"同年，育英义塾开始开设高等学校的课程，通过开办 2 个超过高中水平的班级，逐渐发展成为一所完备的初级学院。

1893 年，传教士王令赓（Rev. E. L. Mattox）夫妇来到育英义塾。王令赓的加盟更使得该校的教学水平迈上了一个新台阶。他从美国帕森斯学院获得硕士学位，是数学、化学、英语和教育学方面的专家。在王令赓的努力下，相关课程的教学水平有了显著提高。1895 年，在甲午中日战争中中国大败，丧失了更多的主权。受此惨败的刺激，救亡图存的社会改革运动开始兴起，举办新式教育以培养救亡图存的人才，走教育救国的道路，成为众多有识之士的选择。受教育救国思潮的影响，形成了一股创办新式学堂的热潮，新式学堂的入学人数大大增加。1896 年，育英义塾有在校生 65 名，校舍捉襟见肘的窘况促使校方争取获得更多的支持以扩大办学规模。

（二）"育英书院"的建立及其发展（1897—1910）

光绪二十三年（1897），育英义塾获北长老会华中差会同意，转制办理大学，改英文名为"Hangchow Presbyterian College"，中文名为"育英书院"。育英书院改办高等教育之初，书院分为两馆：(1) 备文馆，即中学部（预科），设中小学课程；(2) 汇文馆，即书院部（正科），设大学堂课程。

两馆课程设置比较简单，分别为圣道科、国文科、英文科、算学科、格致科五门。其中，"书院部"内设英文、化学两个专科；开设附属中学，设圣经、中国经书、算术、代数、几何、史地、化学、生理、物理、英文、经济、政治等课程。育英书院尤为重视英语教学，课本多用英文教科书。

1897 年，在校的有近 50 名学生，其中部分有中等学校水平。光绪二十四年（1898），育英书院开始收取学费，学生每年应缴的学费，正科生为墨西哥银元 24 元，预科生为墨西哥银元 12 元。对出身于清寒之家的学生，学校通过特设的自助部组织他们边劳动边学习，用劳动所得弥补在校费用之不足。这一做法开创了中国近代学校勤工俭学的先河，也成为育英书院办学的特色之一。

1900 年，华北爆发义和团运动，许多教会学校因之停办。1900 年 1 月，萧芝禧辞去教务长一职，由周梅阁主持育英书院的教务工作。1901 年 2 月，义和团运动基本结束，《辛丑条约》即将签订，在局势基本稳定之后，避居上海等地的校长裘德生等才返回杭州。

学校重新开学后，大部分原在校生回校，同时也招收了一些新生，学校的教学活动得以正常进行，包括预科班在内，共有 65 人注册。光绪二十八年（1902），育英书院进行了学制改革，正科由 6 年改为 5 年，预科由 5 年改为 4 年，并将预科部改称附属中学，学生总人数达到了 85 人。同年，育英书院募得一批经费，添造了校舍一幢，有效缓解了校舍紧张的局面。育英书院还通过举办各种通俗科学讲座，开展科学实验，推广现代科学知识，扩大了教学效果，提高了教学质量。

1904 年，育英书院举办了一系列关于科学和普通课程的演讲，一些著名的教会教育家如潘慎文（Dr. A. P. Parker）、李提摩太（Dr. Timothy Richard）、费佩德（Rev. Robert F. Fiteh）等都曾应邀到校讲授西学知识。光绪三十一年（1905）秋，校长裘德生结束度假，自美国返回杭州，为学校添置了诸如 X 光机、无线电报机、发电机、显微镜、引擎、气压计等先进的实验仪器和设备。对于国文教学，学校也给予一定程度的重视，有的学生毕业后参加科举考试，还中了秀才。同时，来自苏州、上海、宁波等地的教会中学毕业生开始在育英书院注册入学，学生逐年增多。当时，书院部（正科）有大学生 35 人，中学部（预科）有学生 80 人，在校学生人数达到了 115 人，教职员不到 10 人。

在就业方面，育英书院的毕业生就业前景比较好，书院部毕业生每学期 4～7 人，除在教会部门任职外，大多从事医药、教育、商业、税务、洋行、海关、邮政等工作。由于当时男子是中国家庭的重要劳动力，许多学生只能读完预科，还有一些学生读了一两年正科就回家帮忙，育英书院很多学生不能顺利完成学业。截至 1905 年，能够完整完成预科、正科 9 年学业的毕业生只有 82 名，还有 500～600 名学生没有顺利完成学业。[①]

1905 年，绵延千年之久的科举制被废止。这意味着近代新学教育模式已突破了最后的体制障碍，成为时代发展的潮流。为求得更大的发展空间，育英书院十分注重师资力量的建设，一批具有远见卓识且富有深厚学养的学者充实到学校教师队伍中来，如周懋功自国外旅行归来后，应邀加盟育英书院。他不仅负责过在圣路易斯世界展览会的中国展览，而且陪同参加了在比利时万国博览会的中国展览。马尔济（伍斯特大学物理学学士）先生应邀来校任教，他与学校的合作持续了 40 年之久。李昂夫人也来校教英语和绘画。

1906 年，美国北长老会与坎伯兰长老会召开联合大会，经过双方的唇枪舌战后，实现"基督教联合大学"的现实意义便凸现出来。会议决定由差会各布道站组成学校董事会，其中杭州、苏州、上海、宁波各布道站派代表 1 人，书院派教员 1 人。11 月，学校董事会召开第一次会议，裘德生当选为校长，任期 1 年。

随着新式学制的颁布，众多士人如潮涌般涌入各类新式学堂，教会大学也因此开始受到国人的青睐。育英书院的入学人数也随即骤然增多，位于杭州城中的老校园已经无法满足学校发展的需要。掌校的裘德生和王令赓等学校董事会成员趁此南、北长老会协商合作办学之机，提出了扩大学校规模的提议，并很快获得北长老会董事会全票通过。学校董事会随即任命了一个教职员委员会负责选址、购置地皮以及工程建设的工作，司徒雷登作为校董会成员，参与了这项工作。

在考虑了杭州城内及西湖边的几个地点后，委员会最终选中了钱塘江边的一块地皮。1907 年，学校开始在钱塘江畔六和塔附近的秦望山二龙头购置山地 500 亩，筹建新校园。对于选址的经过，王令赓曾这样描述："最后我们被领向钱塘江，经过六和塔，我们发现了坟地中有一块相对空闲

---

① 张立程、汪林茂：《之江大学史》，杭州：杭州出版社，2015 年，第 8-13 页。

的土地，是个非常美丽的地方。这儿有一块离河面 75 尺高的悬崖。从钱塘江后退一段距离就是一块平地，高度渐趋升高至 200 英尺。周懋功在闸口王洋泉的帮助下做了调查，在一个月内买下了 250 亩地（相当于 40 英亩）。以后，又以每亩 5 墨元的低廉价格购得另外 150 亩地，这块地离城墙约 6 英里。当地一条从外国租界孔增桥（编者注：即拱宸桥）到南星桥的铁路就要竣工，南星桥有轮渡。这条铁路将把我们带进离校园 2 英里远的地方。我们拍了一些照片送给在美国的费佩德先生，用于学校筹款。"在 1947 年的百年校庆回顾中也说："该地虽位于西湖胜景之中，而其时荒榛草蔓，荆棘纵横，坟墓垃墟，为游人足迹鲜至之所。"费佩德和巴包在美国为新校园筹款。他们先募捐价值达 16 800 美元的钱物，又从其他渠道筹得 17 000 美元。那时，甘博夫妇正在杭州访问，对育英书院改建大学的计划非常感兴趣，捐助了 7 500 美元用于建造一座新宿舍。

二、"大学章程"的制订与大学本科的确立（1910—1928）

（一）"大学章程"的制订与"之江学堂"的发展

1908 年 2 月，费佩德从美国回到杭州。6 月，由北长老会华中差会和南长老会华中差会共同成立了一个协调教育工作的委员会。经过协商，委员会通过了 4 项合作决议：（1）在教育方面加强合作和联合的时机已到；（2）育英书院及其各系应成为两个差会的联合大学，在对大学的控制和指导方面，两差会应该像在监督和日常开支方面一样，均平分担；（3）每个差会都应尽其最大能力帮助学校发展。学校财产应按差会创建和维持学校投资的比例大小归属差会所有；（4）每个差会应指定 4 名代表组成一个联合委员会，为实现联合制订计划；商定自 1910 年春季学期开始联合办学。

这样，两个差会联合选派的代表组成了新董事会：叔美客、艾斯北和巴包代表北长老会，司徒雷登、布林恩和哈得逊代表南长老会。1909 年 11 月 6 日，新校董会召开了第一次会议，通过了若干决议；裘德生再次当选为校长；司徒华林牧师被选为教授，是教员中的第一位南长老会成员。1910 年，董事会通过了"大学章程"，随即获得当地差会及其在美国的资助母会的批准。

育英书院的学级仍分为预科、正科，学制均为 4 年。其间，育英书院的课程内容也进行了大调整，课程门类大量增加，分类趋于细致化。到 1910 年，预科、正科的课程就已经增加到了 14 门，包括：圣道、经训、国文、英文、历史、地理、算学、博物、理化、心理名辨、法制理财、图画、音乐、体操等。

在育英书院实现其所属差会董事会联合办学的同时，新校园建设也取得了实质性进展。1910 年，在校长的监督下，育英书院于 9 月签订了建筑合同。1911 年年初，新校园的建设工程基本完成，主要由 8 座主体建筑组成：主楼——慎思堂（Severance Hall），用于行政办公和教室；主楼两边各建一栋学生宿舍，东面的叫甘卜堂（Gamble Hall），西面的叫惠得堂（Wheelerand Dusenbury Hall）；此外，还在山脊上建造了 5 幢教员宿舍，分别为王令赓夫妇居住的北太平洋楼（North Pacific Residence）、费佩德夫妇（后来马尔济夫妇）居住的罗彻斯特楼（Rochester Residence）、裘德生夫妇居住的康沃斯楼（Converse Residence）、司徒华林夫妇居住的南长老会楼，以及周懋功夫妇居住的斯顿楼（Paxton Memorial Residence）。

图 2-1-2 之江大学主楼（原名慎思堂，建于 1911 年）
（由美国俄亥俄州赛佛伦夫妇捐建，为校长、财务、教务、总务、会议室等行政办公之用）

图 2-1-3 育英书院校长和之江大学
第二任校长王令赓（E. L. Mattox）

1911 年，育英书院由王令赓任校长，裘德生成为学校自助部的监督。学校设自助部，凡清寒学生每日参加公益劳动 2 小时，如打扫校舍和场地、绿化校园、管理图书和实验室、文书缮写、协助基建工作等等，可以减免学费，这是我国勤工俭学的先声。

1911 年 2 月，育英书院 12 名中西籍教职员、117 名学生迁入新校园。因为"校址俯临钱塘江，江形三折似'之'字，亦称'之江'。校以地重，故易名曰'之江'"。自此，"育英书院"改名为"之江学堂"（英文名称未变，仍为 Hangchow Presbyterian College）。迁入新校园，为之江学堂的发展提供了更加广阔的空间。

1911 年，秋季学期开始没多久，一场致命的疟疾袭击了校园，有 2 名学生死亡。这场瘟疫对之江学堂的校方而言，是一个警告，他们很快认识到学校远离城区，难以得到及时有效的医疗救助。此后，学校当局指定了一名教员兼职负责学生的健康卫生。裘德生夫人、王令赓夫人、费佩德以及马尔济都曾为学生以及教职工家属负责过医护工作。10 月，正处瘟疫发生期间，从武昌传来起义的消息。没过多久，清政府的统治土崩瓦解，一个历史新纪元开始了。当武昌起义的消息传到杭州时，学生们兴奋不已。尽管公立学校几乎关门停课，但之江学堂却未受太大影响，其教学仍正常开展，直至学期末。[1]

---

① 张立程、汪林茂：《之江大学史》，杭州：杭州出版社，2015 年，第 14-18 页。

图 2-1-4　之江大学第二任校长王令赓（E.L. Mattox）（前排右三）与同
事合影（摄于 1914—1916）

（二）"之江大学"定名与北美立案的完成

辛亥革故鼎新，中华民国成立后，刚刚辞去临时大总统职务的孙中山先生以全国铁路督办的身份来浙江考察。1912 年 12 月 10 日，孙中山先生偕沪军都督陈其美、浙江省民政司司长屈映光来校视察，受到之江学堂全体师生的热烈欢迎。孙先生即席发表了热情洋溢的演讲，对学校各项工作深表赞许，并在慎思堂前大草坪上和全校师生员工约 200 人合影留念。校长王令赓写道："孙博士受到了全校师生和大多数市民的热情欢迎。他为学生发表了一个非常有趣的演讲。……合影以后，全体人员共进午餐。孙博士表示他非常感激传教士在他们所创办的学校里所做的工作，对我们这儿的蓬勃生机留下了深刻的印象。"

1912 年至 1919 年，校园在陆陆续续建设中。1912 年春天，新校园已有很多人定居，荒野逐渐被开垦，种上了树木和灌木，草坪也修葺一新，校园变得很有层次，也很饱满。来自芝加哥的麦克考麦克夫人为之江学堂设计的供水系统非常成功，该系统扩展到上面高处的蓄水池，利用蓄水池持续稳定地供应清澈的山泉水给山上的每座建筑，而且用白铁管代替了竹管子。山下低处的水池依赖泉水蓄水，加上从山上面引下来的泉水，足以供应学校所有主要建筑物和头龙头山的房子。1912 年，在秦望山巅还建成了一座天文台，被称作费城观象台，因为它是由费城的特纳夫人捐献 1000 美元建成的。这也成为当时高校里的第一座天文台。

经过若干年的艰苦建设与辛勤培植，之江学堂的校园树木繁盛，各建筑物外的空地，大部分被各类花草树木所覆盖，为鸟类和其他野生动物包括狐狸、眼镜蛇、野兔和鹿等创造了良好的生存环境，整个校园成了一个大花园。实际上，来自世界各地的旅行者已经把之江学堂的校园列为全世界最美的校园之一。从秦望山上向下俯瞰，钱塘江从四季常青的山上蜿蜒冲向东北，很像在美国的罗伯特大学校园俯瞰海尔斯旁特，或像在美国的康奈尔大学俯瞰卡尤加湖（Cayuga

Lake）。每当春分或秋分，自秦望山巅眺望钱塘江，时常会看见著名的钱江潮掠过江面，逐渐形成白色的泡沫，再撞到对岸。海潮暂时被沙坝拦住，最后涨成高达10～15英尺高的水墙，接着以令人震撼的速度携带折返浪头冲向杭州湾的滩涂，这种潮涌直到六和塔附近才耗尽最后的力量，景象十分壮观。

之江学堂的正科（大学）学制为4年，预科（中学）学制也为4年。1912年，之江学堂的在校学生人数为113名，其中只有31名为正科学生，其余82名为预科学生，预科生人数远远多于正科生。当时华籍教员有方桐生（中学部主任兼自然科学老师）、徐鲁山（物理老师）、周梅阁（算术老师）、李升堂（化学老师）等。学校注重英语教学，历史、地理、逻辑、国文、经济等课程，都选用英文教科书。英语专修班于1912年起，每周增加3学时的英语课。至于天文、生物、化学、几何、三角、生理、心理、体育、圣经及中国经书等课程，仍然采用中文教科书。

图2-1-5 之江大学内建于1912年的天文台（也称"费城观象台"，位于秦望山山脊，是当时浙江省第一座现代天文台，内部设置有从美国进口的天文仪器，抗战期间被日军炸毁）

1914年，之江学堂的中学部改为其附属中学，之江学堂俨然成为了一所高等教育机构，并易英文校名为"Hangchow Christian College"，中文校名则正式定为"之江大学"。1914年，之江大学学生增加到140人，除增设军操为必修课，实施"军国民教育"外，其余一概沿承旧制。学生工读自治部的名额增加到50名。之江大学校董会决定于1916年成立同学会。1916年2月，同学会总会在杭州成立，相继成立了各地分会，其中在日本东京也建立了一个由16人组成的之江同学会旅日支部。

之江大学成立后，在发展的早期阶段，教职员的流动十分频繁。事实上，在它作为基督教大学的50多年里，只有9对外籍夫妇和1名未婚女士任职长达10年或更长时间；有23位任职1年，11位2年，7位3年，2位5年，还有1位达9年。那些常年执教的人员在任教的第7年末可以享受一次带薪假期，这个假期可延长用于深造或劝募工作。1915年，周梅阁辞去教务长职务，改由丁恺丰继任。1916年，校长裘德生辞职，校董会推举司徒雷登的弟弟司徒华林（Warren H. Stuart）代理校长职务。

司徒华林在之江大学的发展史上是一位颇具影响的校长。在他主持校务之后，学校开始向更为正规化的方向进一步迈进。首先，改革学制，1917—1918年这一学年起，正科学制由4年改为3年。之江大学新开设了许多现代自然科学与人文社会科学方面的课程，主要有制图学、教育学、社会学、哲学、心理学及物理学。其次，学费及教职员薪水开始提高。自1918年暑假起，学生每学年学费改为90银元。华籍教师平均每月薪水为60银元，美籍教师的薪水则要高出许多，但大部分由教会支付。再次，校园的建设也在有条不紊地进行。这一时期，校园内的运动场以及通往闸口的

图2-1-6 之江大学的第三任校长司徒华林（Warren H. Stuart）

道路筑成，并建成美籍教员住宅 2 所，在头龙头与二龙头两座山头之间建造了一座木桥，取名"情人桥"。1919 年 1 月 11 日，都克堂竣工，都克堂是一座很漂亮的石构造教堂，是学校生活中心的基督象征，作为大礼堂和礼拜堂，一直矗立在校园中心附近。另外，之江大学校园内还增建了一处蓄水池，校舍和宿舍全部安装了电灯，办学条件进一步改善。

图 2-1-7　戴维·甘博 1908 年捐赠学校的田径运动场
（该运动场是按照美国大学校园和奥林匹克标准建造起来的一个现代运动场）

之江大学学生的其他课外活动也十分活跃。在以司徒华林为首的校方的支持与推动下，学生们组织了级际和校际之间的足球、篮球、网球、田径等各类体育竞赛，引起了校内外人士的极大兴趣。1918 年 3 月 11 日，在之江大学甘卜体育馆举行的华东教会大学生田径运动会上，之江大学代表队一举夺魁。学校还从上海一个废弃的划艇俱乐部购买了 2 只划艇，组建了号称当时中国教会大学中唯一的一支划艇代表队。

之江大学文艺活动的开展也十分活跃。话剧的演出受到学生们的欢迎，辩论赛也为师生们所喜闻乐见。1919 年 3 月 27 日，在杭州举行了首次教会大学辩论比赛，之江大学组队参加，由王令赓担任指导。同时，校刊的组建也在进行中。1918 年 5 月，《之江潮声》创刊号出版。

受时代风潮的影响，之江大学的学生关注社会，并积极参与政治运动。1919 年，五四运动发生，除美籍教员外，之大广大师生纷纷投入反帝爱国斗争中，他们不顾学校当局的阻挠，和浙江第一师范等杭州其他学校的师生一起，参加示威游行，并高呼"打倒帝国主义""打倒卖国贼"等口号。回校后，进城参加示威游行的学生被各记大过一次。

作为教会学校，之江大学的宗教色彩十分浓厚，校园的宗教活动一直在维持，即使在辛亥革命期间也未曾中断。校长司徒华林和韦早星牧师曾与 36 名学生一道，深入西湖附近山区的许多乡村去传教。杭州基督教青年会学校曾邀请杭州各教会的牧师在主日晚会演讲。

1912 年 7 月，基督教青年会江南地区大学生会议第八次年会在之江大学举行，来自 20 家教育机构的 100 名代表出席会议并发言。同时，浙江省牧师及教会同工学校第一次会议也在之江大学举行，与会者有 119 人。同年秋，在王令赓的支持下，作为杭州长老会下属的大学教会成立，有 89 名会众参加，分别为之江大学教职工、学生以及周边村庄的百姓，周懋功和李升堂担任第一任长老。

学校的发展在此时再次遇到困境。长老会对之江大学力图发展为高等学校的计划不以为然。1919 年 10 月，北长老会干事司各特和斯凯尔夫妇访问了之江大学。他们带来了有关长老会对大学投资兴趣的报告和扩展计划。但在私下谈话时，司各特表示他个人认为之江大学应对初级学院的现状表示满意。但之江大学的教师对司各特的观点并不赞同，因为他们希望能够有进一步发展的空间，并开始着手开设本科课程的教学。1920 年 3 月，全校教师通过了决议："继续发展成为一个本科学校的合理性问题已提出来了。我们要求董事会考虑之大继续发展成一个本科学校的所有可能性。"

按照这一决议，校董事会委派司徒华林校长赴美与南、北长老会磋商办学方针，争取达到 5 个目标：激发起差会和差会董事会尤其是南长老会的兴趣；招聘两名新教师；募集更多资金；在哥伦比亚立案；与顾问委员会建立更密切的联系。1920 年 11 月，差会董事会批准了之江大学根据哥伦比亚特区法律进行立案，并指定其代表同时担任法人和托事。11 月 26 日，之江大学在美国哥伦比亚特区立案，正式拥有授予学位的资格和美国政府的合法承认。

之江大学在美国立案后，司徒华林在校内进行了大刀阔斧的改革，主要内容包括：

（1）推行新学制，在之江大学分设文、理两科，设天文、生物、化学、中文、英文、教育、地理、历史、教学、现代欧洲语、哲学、生理学、心理学、宗教、社会学 15 个学系。

（2）实行学分制，各系学生须修满规定的学分。

（3）在实行学分制的同时，司徒华林还采用绩点制，规定学生各科成绩凡在 70 ～ 79 分者得 1 个绩点，80 ～ 89 分者得 2 个绩点，90 分以上者得 3 个绩点。如成绩不合格，不仅拿不到学分，还要倒扣 1 个绩点。学生在校期间，除应达到或超过规定的学分总数外，还必须达到或超过规定的绩点总数，否则不予毕业。绩点制的实行，使之江大学的教学质量有了质的飞跃，学生认真听课，教师严格教学，学风务实严谨。

（4）在管理体制上，司徒华林建立健全了教授委员会，对校内各项事务进行民主讨论。

（5）倡议并组织校友会，同时积极发动学生参加各种社团活动，丰富了课外生活。

（6）原自助部改组为职业介绍部，注重职业教育。

（7）中学部逐步独立。

（8）科学馆建筑计划拟定。

（9）学校确立清寒奖学基金，每人每年 60 元美金。

学校的发展还得到来自美国社会的多方支持。除教会经常资助外，美国人士更是多方赞助，赠送纪念金奖励学业优秀者，如金爱伦纪念金、诺夫利特纪念金、林奇奖学金、伯特利奖学金等。在之江大学的发展进程中，司徒华林起到了重要的作用。[1]

---

[1] 张立程、汪林茂：《之江大学史》，杭州：杭州出版社，2015 年，第 21-27 页。

图 2-1-8　从钱塘江南岸看对岸的之江大学校址（1920 年前后）

（三）之江大学本科教育的完善

　　尽管之江大学已经立案，但来自四面八方的压力使之江大学的办学层次仍然是 3 年制的初级学院（Junior College）。校长司徒华林报告说，之江大学实际上处于危险的境地。巴顿教育调查团（Burton Commission）的访华，对之江大学发展高等学院的计划起到了刺激作用。

　　组织教育调查团的建议，最早是在 1915 年举行的中华基督教教育会第二届年会上提出的。1917 年 4 月 11 日，纽约各差会总部联合举行了一次特别会议，批准了这个建议。但由于一战期间的欧洲战事频仍，局势动荡，此事未能立即进行。一直到 1921 年 1 月，在美国各差会举行联席会议时，才最后确定由美国、英国、爱尔兰、中国各派代表共同组成代表团。代表团成员共 16 名，美国 5 名，英国 1 名，中国 10 名。代表团团长是美国芝加哥大学教授巴顿，中国方面的成员中有美国传教士、燕京大学校长司徒雷登等。

　　1921 年 9 月至 1922 年 1 月，巴顿调查团对在华的教会教育事业进行调查后，建议华东地区的基督教教育机构应模仿伦敦大学，将包括上海圣约翰大学、金陵大学、东吴大学、沪江大学、之江大学、金陵女子文理学院和金陵神学院在内的高校合并为"华东大学"（University of East China）。

　　在这关键的时刻，之大校友会反对巴顿调查团的建议，开始更强有力地推动学校发展，以使之发展成为一所本科大学。1922 年 2 月，校董会通过争取之江大学成为一所完全大学的决议，并认为学校的课时只能增加，不能减少。此期，学校共开设 9 门国文课、7 门生物学课、4 门化学课、5 门教育学课、13 门英文课程、2 门地理课程、8 门数学课程、7 门物理课程、5 门其他西语课程（2 门法语、2 门德语、1 门希腊语）、2 门西方哲学课。董事会还通过了之江大学成为华东基督教大学联合会成员的决议。

　　1922 年 6 月 17 日，之江大学举行了首届毕业生典礼。典礼仪式上，学校首次引进了西式学位帽和礼服，司徒华林校长第一次为毕业生顾敦鍒和周志新颁发了文学士学位，美国驻上海总领事孔宁海姆出席并发表了演讲。由于之江大学的专业设置多为能够满足社会需求的实用学科，而且教学质量较高，因此毕业生的就业情况十分乐观。校长司徒华林在总结第一个 10 年工作时，提到共有 68 名毕业生，其中 11 人任牧师，32 人任教师，13 人从事商业和在政府机关工作，7 人在中华基督教青年会任秘书或教会工作，3 人为工程师，1 人为医生，1 人从事文学工作。同年秋，司徒华林辞职，由费佩德（Robert F. Fitch）任校长。

图 2-1-9　之江大学的第四任校长费佩德（Robert F. Fitch）

1923 年，华东基督教教育会干事葛得吉博士与中华教育会副干事华勒斯博士合写了关于之江大学的一篇报告，认为需要更多地支持之江大学。而华中差会执行干事考福德博士则写了一封措辞强硬的信，促使之江大学扩展本科工作。这些要求给美国差会董事会的高层带来了很大的压力。校长费佩德这时也在美国进行了强有力的公开宣传和令人信服的私下说服工作，最终差会董事会同意之江大学发展本科学制，学校才真正开设本科阶段的相应课程。根据巴顿教育调查团及校董会的意见，之江大学校方特别注重教育学科的教学，大力培养教育人才。之江同学会发起募捐筹建图书馆和体育馆，校内各图书室的图书总量逐步扩充，有中西图书万余册。之江大学在美国立案后，校董会考虑到中国教育事业应多由本国人士参加，襄助推进，才能在中国获得更高的社会声誉，经过讨论，一致决定在校董会中增加校董 4 席，由校友会选举代表参加。民国八年（1919），之江大学与美国西方大学及台维生大学约定，每年由 2 校派遣教员来校任教，以资联络。此后，之江大学与美国本土高校之间的联系日渐增多，在师资共享方面，受了更多的便利，直接增强了师资力量，提高了教学水平。

之江大学的校园生活丰富多彩。受五四运动风潮影响，之江大学的学生开始组成自治会，并创办了简报，开展各种课外活动，密切了校友间及各大学间的联系。在司徒华林、费佩德等的支

图 2-1-10　美国摄影师西德尼·甘博拍摄于 1919 年的慎思堂

持倡导下，之江大学还分别出版了中英文校刊和学术刊物，显示了学生在文学、学术方面的才干。他们在校内建立了各种文学、体育团体，定期举行中英文演讲、朗诵和辩论比赛。学生们还组织了辩论会，值得一提的是，由圣约翰大学、金陵大学、沪江大学和之江大学学生参加的"东方四大学英文锦标辩论赛"于1921年举行，之后辩论赛成为一项经典赛事而为当时社会所瞩目。辩论的内容，也突破了单纯学校教育的范畴，反映了大学生们对整个社会现实的关注。1923年12月8日，在校内举办了首场教会大学之间的辩论会。第一场于12月在杭州举行，题目是"妇女应不应该有公民选举权"，东道主之江大学队战胜客队圣约翰大学队。最后一场在上海举行，题目是"战争不再是正义的了吗？"，之江大学队输给了沪江大学队。1923年起，学校采用课外活动学分制度，鼓励学生积极参加课余锻炼，以活跃身心，增长才干。随着之江大学体育会的建立，学生们参与体育活动的热情高涨，在各种比赛中取得了优异的成绩。之大附中队不仅在杭州附属中学间的比赛中获得冠军，而且也在1923年浙江省的田径运动会上夺得了冠军。之江大学的足球队和篮球队还与华东地区的大学校队进行过比赛，取得了很多佳绩。

学生们也积极参加社会运动。1925年，"五卅"惨案发生，全校师生极为愤慨，纷纷参加游行示威，分赴各地发表慷慨激昂的演说，以唤醒民众共御外侮。1926年3月12日，蔡元培先生来校访问，向全校同学讲演，并在校刊上题了"思潮发展"四字。

1925—1926年，学校教会牧师王令赓休假时，队克勋成为代理牧师。在他的建议下，在青年会工作的学生们还在学校工人中间新开了圣经班，他们从乡村商店和居民中争取到资助，创立了闸口公益社，推动校内师生参加地方公益服务，加强与地方各界的联系。

由于学校建设规模巨大，经费依然紧缺，重任在肩的费佩德不得不在1923年再次回到美国，继续筹集学校建设基金。在费佩德赴美募捐期间，由王令赓代理校长职务，吴维德任教务主任。1926年5月15日，费佩德回到杭州，继任校长职务。

由于江浙战事基本结束，政治局势稍稍安定，此时的杭州物价腾贵，市面萧条，前来注册的学生人数锐减。1927年春季学期开学时，大约有90名学生注册。尽管美国差会增加了相应拨款，但到学期末时，学校的财政依然出现亏空。①

（四）之江大学立案遇挫与暂时停办

在华教会大学的办学性质发生根本变化是1925年以后的事。1924年，中国兴起了一场反基督教运动，目标集中于教会学校。1924年10月，全国教育联合会通过决议，要求国内所有教会学校立即注册，并取消全部宗教课程和宗教仪式。1925年"五卅"运动发生后，在强烈的爱国主义思想影响下，教会大学内中外教师之间的裂痕有所扩大，学校的立案问题更加受人注目。

北洋政府在教育界人士的压力下，颁布了注册条件。教会学校注册的最基本要求主要有：（1）学校的校长须为中国人，如校长原系外国人者，中国人应占董事会名额之过半数；（2）学校不得以传播宗教为宗旨；（3）学校课程须遵照中国的教学方针设置，不得将宗教科目列入必修课；（4）取消关于宗教仪式的活动。

1927年4月南京国民政府成立后，新成立的教育部重订私立学校立案条例，敦促各私立学校包括

① 张立程、汪林茂：《之江大学史》，杭州：杭州出版社，2015年，第28-31页。

教会学校向政府立案。对于教会大学来说，立案条例中有关宗教的规定显然不利于他们的宣教事业，因此传教士们极力反对注册。但面对中国快速变化的局势，一些传教士渐渐认识到，教会学校只有向中国政府立案，以取得法律上的资格，才能缓和反对的气氛，保证学校的继续存在。于是，一些教会学校开始与国民政府进行注册问题的谈判。教会大学由此进入了一个新的历史时期。

之江大学向中国政府申请立案，最早可追溯到 1917 年。在当年 5 月召开的一次校董会上，同学会出席会议的代表便提出这一要求。在校董会上，他们表达了应该向中国政府申请立案的强烈要求，并陈述了向政府立案的理由：（1）如果学校不能立案，政府不会承认它是一流学校，这将不利于学生出国留学或进入高等学府深造。（2）未立案学校的毕业生没有选举权，学校将得不到当地政府的支持。（3）政府批准立案有利于学校从公立中学吸引一些优秀学生，而目前这些中学很少有人能进入之江大学读书。（4）与此同时，立案后学校必然要采用一种能在教育部所要求的学术与工作量标准之间平衡的课程。这将不会废除或削弱宗教教育，也不会要求灌输儒教或其他非基督教教义。（5）立案会使他们预防类似在日本存在的现象，那里的基督教学校在公众心目中已被公立学校所取代。这项议题尽管当时没有获得通过，但已在校董会内逐渐获得较多支持。随着国内争取教育自主权运动的发展，在华教会人士已经越来越强烈地感受到了提出立案诉求者背后的强大民意，逐渐转变了拒绝立案的立场。

1918 年，校董会在年会上同意之江大学在目前章程和政策基础上向政府申请立案，并建议采取措施在美国获得能颁发学位、并且无论从哪方面都与在中国政府立案不发生冲突的特许状。但由于校董会内部意见分歧，最终，校董会提出的立案条件几乎使学校不可能获得政府的立案。

在搁置了 9 年，一直到 1927 年国民政府在南京定都后，立案事宜才再一次摆上之江大学的议事日程。南京国民政府成立后，对外宣布收回教育权，要求所有在华教会学校必须向政府立案。教育部发布了修订后的立案条款，主要内容包括：（1）要求所有学校校长由中国人担任；（2）校董会内，外籍人士不得占多数；（3）学校不得以宣传宗教为目标，宗教课必须改为选修课；（4）学生选修宗教课必须出于自愿，教会学校必须向政府立案并遵循规定；（5）学生不分男女，凡符合条件者均需录取。

根据立案条款，教育部要求全国私立大学重新办理立案登记，并且规定：没有立案的私立大学毕业生不能享受与已经立案的私立大学毕业生同等的待遇，没有立案的私立大学毕业生不能参加国家公务员考试、律师选拔，不能获得医生营业许可。1927 年 12 月，国民政府还公布了《私立大学及专门学校立案条例》，次年又公布了《私立大学条例》和《私立大学校董会条例》，这些法规对教会大学的开办标准和立案程序都作出了详细的规定。1927 年 6 月 29 日，浙江省教育厅厅长蒋梦麟会见了费佩德、阿诺德（驻上海商务参赞）、达耶（国会议员，正在远东访问）等代表之江大学及其背后差会的人士。蒋梦麟坚持所有教育机构都应置于中国政府行政管理之下，宗教课必须改为选修课。

形势的日渐严峻，促使之江大学进一步重视立案事宜。在上述法规条例颁布之前，之江大学校董会即已两度召开临时会议商讨学校的立案问题。在 1927 年 8 月 25 日召开的校董会会议上，费佩德提出辞职。1928 年 6 月 7 日，之江大学校董事会为配合立案采取了一系列措施。提名委员会对中国人当校长提出了 3 点具体要求：第一，必须是基督徒；第二，熟悉教会工作，在教育界有良好声望；第三，跟当前的中国政府有良好的关系。最后，提名委员会一致同意选举朱经农为校长，会议还决定费佩德改任副校长，吴维德当选为教务长，得到了董事会的批准。校董会还同意在差会及母会董事会在向南京政府立案问题上的政策明朗之前，朱经农暂不就职。在这一过渡时期，上海商务印书馆的英文编辑兼监事会主席李培恩（Baen E. Lee）应邀参与之江大学的行政管理工作。会后，之江大学向浙江省政府教育厅提交了立案申请。在立案申请书送到教育部后，浙江省教育厅严格执行南京国民政府制定的立案条例，要求所有教会学校都要由中国董事管理。这种做法，进一步增加了之江大学获得其母会差会同意申请立案许可的难度。

图 2-1-11　之江大学的第五任校长李培恩（Baen E. Lee）

　　校董会正式向美国长老会托事部提出向中国政府申请立案的议题后，陷入了漫长的等待之中。虽然之江大学校董会急切地希望学校能够通过政府的立案，但是美国差会在关于保持学校的基督教性质方面始终不肯做出让步。在 1928 年 5 月 1 日的监事会上，哈得逊博士声明华中差会不同意学校立案，除非政府做出两项让步："第一，立案规定允许大学明确宣示其基督教宗旨；第二，该规定同意大学创办人宗教自由的绝对权利，意即只有创办人和学校来决定宗教课程和礼拜问题的权利。" 6 月 18 日，美国长老会托事部复电称："执行委员会不同意之大立案及其计划。" 显然，立案问题在短时间内已不可能获得解决。

　　在立案问题悬而未决时期，之江大学的发展也陷入了困境。1927 年 3 月 24 日，国民革命军在南京击毙了几位外籍人士，引起了在华外籍人员的恐慌。美国驻华大使高斯要求所有在杭居留的美国人暂时到上海租界内避难。27 日，之江大学所有的外籍教师都撤离杭州，前往上海，学校全权交由中国教职工负责。但是费佩德为处理校务，还经常往来于沪杭之间。而战局在此时也出现了反复。秋天，孙传芳的军队突然对南京发动进攻，国民党的军队惊慌失措，退回到了浦口，接着又退到了杭州。因此，之江大学也成了战争的前沿阵地，教学工作受到很大的影响，许多家长担心安全问题而不愿送孩子入学，这一年学生人数锐减，导致学校的学费收入大大下降。据统计，从战争爆发到 1928 年 6 月，学费收入损失了 11 000 墨元。同时，1927－1928 年两年内美国差会的拨款也较预计少很多。根据 1926 年差会采纳的 5 年发展计划，要求在美国的董事会从南北两个差会那里各得到 9 000 墨元的经费支持（不包括传教士的工资），以取代之前的 8 000 墨元。最终，之江大学从差会那里得到的拨款不但没有增加，反而减少了 1 000 墨元，总共只得到 15 000 墨元（相当于 6 700 美元）。由于向美国差会申请立案失败，朱经农一直未到校视事，再加上美国差会停发经费，双重重压之下，之江大学面临严重的财政困难。

　　当时在华的教会大学除了圣约翰大学以外，均已向南京国民政府教育部登记立案。1928 年 6 月 21 日，监事会执行委员会决议，在直到差会经费和向政府立案问题得以解决之前，一致同意关闭学校。于是，执行委员会发电给美国董事会，要求在 6 月 26 日前对上述两问题作出答复。在得知美国差会董事会拒绝之江大学申请立案的答复后，之江大学的学生纷纷要求转至华东地区的其他教会大学，如圣约翰大学、东吴大学、金陵大学等学校求学。7 月 5 日，监事会全体会议一致表决："鉴于董事会不同意立案，同时考虑到学校严重的财政问题，为重新组织之江大学，暂时关闭学校。" 校董亦于同日举行会议，决议"本大学暂行停办"。①

---

① 张立程、汪林茂：《之江大学史》，杭州：杭州出版社，2015 年，第 32-35 页。

表2-1-1 之江大学（包括前身崇信义塾、育英义塾、育英书院）历届负责人名录①

姓名	任职时间	职务	说明
礼查威 （Rev. Richard Way）	1845—1852	负责人	
夸得曼（音译） （Rev. J. W. Quaterman）	1852—1853	负责人	
萨墨马丁（音译） （S. N. D. Martin）	1853—1858	负责人	1845—1867，宁波，崇信义塾（即宁波男塾或宁波男生寄宿学校），小学； 1867—1888，杭州，育英义塾（即杭州长老会男塾），小学、中学（1880年开始办中学）； 1888—1897，杭州，华中长老会差会中学
倪维思 （J. L. Nevius）	1858—1860	负责人	
格林（音译） （D. D. Green）	1860—1864	负责人	
独特（音译） （Sammet Dodd）	1865—1877	负责人	
利曼（音译） （Chqrtes Leaman）	1878—1880	负责人	
裘德生 （J. H. Judson）	1880—1911（之江大学第一任校长：1906年起称校长）	校长	1897—1911-02，杭州，育英书院，中学、大学（1897年开始办大学）； 1911-02—1914，杭州（秦望山二龙头），之江学堂，大学、附中； 1914—1931，杭州（秦望山二龙头），之江学堂，大学、附中；1920年11月在美国哥伦比亚特区立案，毕业生可分别授予文、理学士学位。1922年6月首次授予应届毕业生学士学位证书； 1931-07—1940，杭州（秦望山二龙头），上海；私立之江文理学院，大学、附中；1931年7月，教育部核准成立私立之江文理学院，1931年7月，浙江省教育厅核准注册为"之江文理学院附属中学"（1938—1940，上海基督教协作大学，与上海沪江、东吴、圣约翰、金陵、金女大合作成立，但各校行政与教学仍独立，保持传统）； 1940—1952-02，上海、贵阳、重庆、杭州；私立之江大学，大学、附中；（1940年教育部批准正式命名为私立之江大学，设文理、工、商三学院。另外，①上海土木工程补习班：1942—1943，留沪师生地下办学；②华东大学：1943—1945，由之大与东吴的教授合办，校政与教学各校仍独立，抗战胜利后解散内迁贵阳成立；③之江大学工学院分校：1943—1944，贵阳，1945—1946春，重庆；由贵阳迁重庆，1946春由重庆东归杭州；④之江大学沪校：1946秋—1949解放；⑤华东联合大学：1947-06，杭州，上海；1948年7月教育部核准之江大学为包括文、工、商三个学院的大学，由之大、圣约翰、东吴联合招生团名义，录取政治系、教育系、工学院与商学院的学生进之大，法学院进东吴，其他进圣约翰大学
王令赓 （E. L. Mattox）	1911—1916（之江大学第二任校长）	校长	
司徒华林 （W. H. Stuart）	1916—1922（之江大学第三任校长）	校长	
费佩德 （R. F. Fitch）	1922—1928（之江大学第四任校长）	校长	
朱经农	1928—1929（选举为校长，未就任；费佩德改任副校长）	校长（未实际到任）	
李培恩	1929—1949（之江大学第五任校长：1929年代理校长，1930年为校长）	校长	
黎照寰	1949—1952（之江大学第六任校长）	校长	

---

① 编者据《之江大学简史（1845—1952）》[之江大学浙江校友联谊会编，2005年（内部印行），第25-26页]及相关资料整理。

第二节　之江大学（含其前身）理科的出现及课程设置情况

1928 年之江大学短暂停办前，之江大学主要经历了两个重要时期，即兴建时期（1845—1910）和扩建时期（1911—1928）。各时期社会制度的变革必然带来学校教育的变化，而这些教育变化又推动了课程设置的不断变革。

一、之江大学（含其前身）理科的出现及演变（1928 年前）

1897 年，学校改名为"育英书院"，分正科和预科。正科为大学（专科）程度，设立英文、化学 2 科，学制 6 年；预科相当于中学，学制 5 年。此期，正科的"化学科"可以认为初步具有了大学理科的性质。

1902 年，正科学制改为 5 年，预科改为附属中学，学制改为 4 年。当时，现代化的课程设置和先进的教学实验设备，使育英书院成为当时中国较好的 5 所基督教大学之一。

1906 年，掌校的裴德生和王令赓等校董事会成员趁南北长老会协商合作办学之机，提出了扩大学校规模的提议，并获北长老会董事会认可。1907 年，学校在钱塘江畔六和塔附近的二龙头筹建新校园。1908 年，书院改变正科、预科的学制，时间均为 4 年。

1911 年 2 月，育英书院迁入钱塘江六和塔附近的二龙头新址，改名之江学堂。王令赓牧师出任校长，在校学生 117 人，中外籍教职员 12 人。学校设大学部和中学部。

1914 年学校更名为"杭州基督教学院"（即英文 Hangchow Christian College 的直译），中文名为"之江大学"，至此成为一所相对正式的高等教育机构。

1917—1918 学年，实行 5 年制课程，即正科 3 年，预科 2 年，新的课程开始引入，绘画、教育学、历史学、社会学、哲学和高等物理等课程教学逐渐步入正轨。

1920 年 11 月，学校在美国哥伦比亚特区立案，正式拥有学位授予资格，获得美国政府的合法认可。1921 年 2 月 5 日，之江大学托事会在华盛顿召开首次会议，会议通过一系列组织章程文件，实行新学制，划分文、理 2 科，分设天文、生物、化学、中文、英文、教育、地理、数学、现代欧语、哲学、社会及宗教等学科，并准授予毕业生以学士学位。根据上述立案章程，1922 年 6 月 17 日，在之大的毕业生典礼上，学校首次引进西方式学位帽和礼服，司徒华林校长为毕业生颁授学士学位[①]。换言之，即从 1921 年 8 月的新学年开始，之江大学正式划分文、理两科，毕业生分别授予文学士、理学士的学位。[②]

1922 年 2 月，校董会通过争取其能够成为一所完全大学的决议，并认为学校的课时只能增加不能减少。除 9 门国文课、7 门生物学课、4 门化学课、5 门教育学课、13 门英文课程、2 门地理课程、8 门数学课程、7 门物理课程、5 门其他西语课程（2 门法语、2 门德语、1 门希腊语）、2 门

---

①　张志渊：《不能忘却的记忆——之江大学校史回望》，转引自谢竹艳：《中国近代基督教大学外籍校长办学活动研究：1892—1947》，福州：福建教育出版社，2015 年，第 216 页。

②　《私立之江文理学院一览》（1937 年），第 5 页。引自张研、孙燕京主编：《民国史料丛刊》（第 1087 册），郑州：大象出版社，2009 年，第 307 页。

西方哲学课外①，学校还将宗教课列为必修课，全体学生（其中很多是非基督徒）逢星期日上午必须做礼拜。

但由于立案的争执，之江大学在 1928 年前，体制并不完备，文科、理科的具体学系还未明确；仅开设了相关的理学课程。

真正确立完整、明晰的理科建制，即"理科"以及具体"学系"的设立，是在 1929 年复校后，特别是 1930 年后，学校为申请立案，由原创立人美国南北长老会差会托事部全权移交给中华基督教会差会执行委员会接管办理，并随即改选校董会，校董会议决学校改称"之江文理学院"。后逐渐变更内部组织，分设文、理 2 科，下设国文、英文、政治、经济、教育、哲学、化学、生物、物理及土木工程 10 个学系，改定校名为"私立之江文理学院"，于 1931 年 7 月得到教育部批准"以文理学院立案"后②，完整的理科建制才最终确立。

二、1928 年之前之江大学及其前身的课程设置概况及特点③

（一）1928年前之江大学及其前身的课程设置概况

1. 兴建时期的课程设置（1845—1910）

1845 年 4 月，礼查威（Richard Way）牧师于宁波江北岸建立一所男童寄宿学校，即之江大学的前身"崇信义塾"。与其他教会学校一样，崇信义塾开办之初以"以培植教牧人才为宗旨，俾可救人之灵，顾人之身，异日或可为国家之柱石"为办学目的，因此在课程设置上，以宗教教育为主体，兼及经学、作文、书法、算术、地理、天文、音乐等科目。④

1867 年差会决定在杭州开设布道站，崇信义塾迁入杭州，改名育英义塾。1880 年，传教士裘德生（Junius H. Judson）主持校务并对课程进行改革，"期以泰西之文明灌输中国"，"益注意科学而添置理化诸仪器，俾知实验"。⑤学校设置中国经书、圣经见证、哲学、教义回答、算术代数、几何、历史、地理、生物、音乐、作文、辩论等课程，工艺等手工操作课也短时开设过。此为彼时一所高中所要求的完整课程。在裘德生等的改革下，育英义塾的课程开始趋于现代化。

1897 年，学校改名为"育英书院"，分正科和预科。正科为大学程度，设英文、化学 2 科；"化学科"的课程涉及圣经、救世教义、有机化学、无机化学、通史、英语、代数、生理、物理、动物学、政治经济学、音乐、体育、绘画等。

1902 年，正科学制从 6 年改为 5 年，预科改为附属中学；正科设圣经、中国经书、算术、代数、几何、史地、有机化学、无机化学、分析化学、生理、物理、英语、通史、经济等课，尤重英语，

① 队克勋：《之江大学》，刘家峰译，珠海：珠海出版社，2005 年，第 45 页。
② 《私立之江文理学院一览》（1937 年），第 5 页。引自张研、孙燕京主编：《民国史料丛刊》（第 1087 册），郑州：大象出版社，2009 年，第 7-8 页。
③ 本小节内容主要据任杭璐、刘剑虹的《立案前之江大学的课程设置及其特点》（载《宁波大学学报（教育科学版）》2011 年第 6 期，第 27-31 页）摘编，特此说明。
④ 队克勋：《之江大学》，刘家峰译，珠海：珠海出版社，2005 年，第 4 页。
⑤ 杨聪玲：《之江大学办学形态研究——以抗战时期为中心》，复旦大学硕士学位论文，2009 年，第 7 页。

课程多用英语教科书。^① 与此同时，裴德生还从美国引进了各种先进的科学实验设备。

1905 年，清政府废除科举制。1906 年，掌校的裴德生和王令赓等校董事会成员趁南北长老会协商合作办学之机，提出了扩大学校规模的提议，并获北长老会董事会认可。1907 年，学校在钱塘江畔六和塔附近的二龙头筹建新校园。1908 年，书院改正科、预科的学制均为 4 年。到 1910 年书院的正科课程增至 14 门：圣道、经训、国文、英文、历史、地理、算学、博物、理化、心理、法制理财、图画、音乐、体操等。^②

但此期，虽然课程门类大量增加，分类也逐渐趋于精细化，但按科系划分的现代大学课程设置并没有完全形成，宗教课程仍占据重要位置。学校的课程仍以基督教义为主，查经班、礼拜等也成为学生在校参加的主要活动。

2. 扩充时期的课程设置（1911—1928）

为吸引更多的生源和适应大学自身发展的需要，1911 年 2 月，育英书院迁入钱塘江六和塔附近的二龙头新址，改名之江学堂。王令赓牧师（Rev. E. L. Mattox）出任校长，在校学生 117 人，中外籍教职员 12 人^③，学校设大学部和中学部。

1912 年，学校开始改进课程。历史、地理、逻辑和政治经济学用英语教学，天文学、圣经、生物、化学、经学、地质学、物理学、心理学和三角学用中文教学。

1914 年学校更名为"杭州基督教学院"（Hangchow Christian College），中文为"之江大学"，至此，一所名正言顺的高等教育机构形成。1917—1918 学年，实行 5 年制课程，即正科 3 年，预科 2 年，新的课程开始引入，绘画、教育学、历史学、社会学、哲学和高等物理等课程教学逐渐步入正轨。^④

1920 年 11 月，学校在美国哥伦比亚特区立案，正式拥有学位授予的资格。大学分文、理 2 科，设有天文、生物、化学、数学、国文、英文、现代欧洲语、哲学、宗教、社会学等课程。^⑤

1922 年 2 月，校董会通过争取其能够成为一所完全大学的决议，并认为学校的课时只能增加不能减少。除 9 门国文课、7 门生物学课、4 门化学课、5 门教育学课、13 门英文课程、2 门地理课程、8 门数学课程、7 门物理课程、5 门其他西语课程（2 门法语、2 门德语、1 门希腊语）、2 门西方哲学课外^⑥，学校还将宗教课被列为必修课，全体学生（其中很多是非基督徒）逢星期日上午必须做礼拜^⑦。此外，之江大学健全了教授会，倡议并组织了校友会，同时积极发动学生参加各种社团活动，并于 1923 年起采用课外活动学分制，以参加课外活动的表现和时间为依据，考核后计入学分总量中。

---

①　队克勋：《之江大学》，刘家峰译，珠海：珠海出版社，2005 年，第 17-20 页。
②　长利：《从崇信义塾到之江大学》，《教育评论》1993 年第 1 期，第 53-55 页。
③　队克勋：《之江大学》，刘家峰译，珠海：珠海出版社，2005 年，第 25 页。
④　队克勋：《之江大学》，刘家峰译，珠海：珠海出版社，2005 年，第 40-41 页。
⑤　队克勋：《之江大学》，刘家峰译，珠海：珠海出版社，2005 年，第 43 页。
⑥　队克勋：《之江大学》，刘家峰译，珠海：珠海出版社，2005 年，第 45 页。
⑦　队克勋：《之江大学》，刘家峰译，珠海：珠海出版社，2005 年，第 49 页。

（二）1928年前之江大学的课程设置特点

1928年前，之江大学课程设置虽尚未达到现代大学课程的标准，但无论是在课程目标的设立、课程内容与类型的选择，还是在课程实施与评价方面，都有其独到之处。

1.课程目标：以培植教牧人才、服务社会为宗旨

办学宗旨是学校课程目标设置的指导思想，课程目标的设置必须围绕办学宗旨进行。立案前之江大学的办学宗旨从最初的"以培植教牧人才为宗旨，俾可救人之灵，顾人之身"到1929年申请立案时表述的"经办之江大学的目的是执行国民政府总的教育目标；以爱、牺牲、服务的基督徒精神培养适应社会需要的人才"[①]，都表达了学校的宗教教育目的，且后者开始关注教育与社会之间的关系。这种办学宗旨的产生缘于基督教在华借学布道的需要，课程围绕"在课堂中布道、在救济贫弱的社会服务中传教"展开，具有强烈的社会服务精神和浓郁的宗教氛围。

2.课程类型：显性课程与隐性课程并重

在人才培养过程中，按教育目的安排的各种课程和教学活动称为显性课程，诸如师生关系、校园文化、同侪团体甚至环境等能对学生的身心发展产生作用的则被称为隐性课程。[②]立案前的之江大学作为差会创办的教会大学，必须按照办学宗旨开设各种有利于传播教义的课程，从显性知识传输的角度培养更多的教牧人才；在充分发挥教会大学本职的同时，通过构建融洽的师生关系、和谐的学生团体及优美的校园环境等，成为影响其早期人才培养的隐性因素。显隐并重的课程结构类型，使之江大学既保持了教会大学的文化底蕴，又在体现课程知识传输的灵活性的同时促成了学生文化心理的改变。

3.课程内容：中西交互，重视体质亦重视心智

（1）重视英文与中国语言文化的学习

相对于认为"英语教育固然有助于培养高级教牧，但亦产生离间教会大学与神学教育的作用"[③]的人来说，之江大学管理者在其开办之初就非常重视实际有效的语言训练。聘请外籍教师授课、开设英文课程、编写英文教科书；与此同时，在深谙"中国古学，精深博大，允非东西各国所能望其项背"[④]的道理后，之江大学积极创造条件尽可能多地以中文为教学语言。中西语言文化的学习，为其毕业生远赴海外求学及培养浙江近代翻译人才、对外商贸人才提供便利。

（2）重视体育、音乐与课外活动，德智体全面发展

近代中国动荡不安，多数国人无暇顾及强身健体、陶冶情操，而教会大学开设的体育与音乐课程却刚好弥补了这一缺憾。之江大学自兴建以来就十分重视体育运动。为使学生能有更好的锻炼场所，该校修建了体育馆、游泳池，并聘请外籍教师讲授音乐和体育。利用靠近钱塘江的地理

---

① 队克勋：《之江大学》，刘家峰译，珠海：珠海出版社，2005年，第67页。

② 潘懋元：《高等教育》，福州：福建教育出版社，1995年，第128页。

③ 徐以骅：《教会大学与神学教育》，福州：福建教育出版社，2000年，第47页。

④ 李佳白：《论新旧教育之兼济》，李楚材辑：《帝国主义侵华教育史资料：教会教育》，北京：教育科学出版社，1979年，第533-544页。

优势，学校还建立了全国唯一一个专供学生划船训练的船坞。[1] 另有合唱团、唱诗班及各种乐器演奏团体。[2] 体育与音乐拉近了外籍教师与中国学生之间的心理距离，培养了学生的热爱生活、持久坚韧和团队合作精神。

（3）课程逐渐世俗化、专业化

20 世纪 20 年代前，之江大学施行没有专业性的博雅教育（liberal education），宗教课程比重较大；其后，应时代所需，该校课程设置开始按照科系划分，范围扩大且难度提高。在减少宗教课程的同时引入现代大学课程，特别是经济学、建筑工程、机械工程、民用工程和教育学科课程的开设，为此后学校在中国注册立案奠定基础，也为近代浙江工业、教育发展培养了所需之才。

（4）课程实施：教学做合一，学以致用

传教士在中国办学的指导思想一定程度上受其本国教育观念的影响，他们认为教会学校的课程是一个受过教育的人必须掌握的基本知识。因此，早期的之江大学课程设置深受杜威"实用主义"教育思想的影响，倡导提升学生的动手能力和灵活运用知识的能力。为此，学校购置了先进的实验设备，建造了浙江最早的天文观象台，使学生对现代科学有了真切接触。通过教师的带领和指导，学生在校内的小型机械车间和铸造工厂里制作了教学所需的大部分物理教学仪器。实验课程的开设丰富了学生的研究视野，使其在掌握科学研究方法的同时，在理论与实践中不断提升自我价值。

（5）课程评价：实行学分制的同时采用绩点制，学位授予考核严格

之江大学以"学分·绩点制"来考核学生完成学业情况。学期成绩以平日成绩、月考成绩和期考成绩各三分之一组成，设计及实验课程专注学生平日之成绩；"绩点制"规定各科成绩以 70 分为界给与绩点，60 分以下者不赋学分并倒扣绩点。学年终了，除应获得或超过规定的学分总数外，还须获得超过规定的绩点数（超过部分由课外活动所得学分补充）。[3] 只有完成规定学习课程的学生可获得文凭，完成全部大学课程的毕业生可获得适当的学位。[4] 严格的现代学分、绩点、学位考核制度，使得之江大学学术氛围甚浓，学生求知欲甚强，为其后期课程改革和学科建设快速发展奠定了基础。[5]

---

[1] 张鹏程：《之大往事》，杭州：浙江人民出版社，2010 年，第 27 页。

[2] 方威廉：《基督教高等教育在变革中的中国：1880—1950》，刘家峰译，珠海：珠海出版社，2005 年，第 128 页。

[3] 高时良：《中国教会教育史》，长沙：湖南教育出版社，1994 年，第 151 页。

[4] 阢克勋：《之江大学》，刘家峰译，珠海：珠海出版社，2005 年，第 43 页。

[5] 任杭璐、刘剑虹：《立案前之江大学的课程设置及其特点》，《宁波大学学报（教育科学版）》2011 年第 6 期，第 27-31 页。

第三章

"浙江工专"与"浙江农专"

——浙江省近代高等专科教育机构的设立及其理学课程

1914年6月浙江高等学校最后一届学生毕业后未再续招学生。在此之前，浙江省于1910年11月开始筹建浙江中等工业学堂，1911年3月27日，浙江中等工业学堂正式开学，后升格为浙江公立工业专门学校。1910年9月成立官立浙江农业教员养成所（后改称浙江农业教员讲习所），1912年1月，由农业教员讲习所改组的浙江中等农业学堂成立，后升格为浙江公立农业专门学校。藉此，浙江的官办高等教育得以在高等专科教育层面延续；且随着二者于1927年改组为新设立的第三中山大学的一部分，而成为浙江大学的又一源头。

第一节 "浙江公立工业专门学校"（含其前身）的演变及理学课程

一、从"浙江中等工业学堂"到"浙江公立工业专门学校"（"浙江工专"）

浙江的中等工业教育始于清宣统二年（1910）。此前就有人提出应兴办工业教育以适应浙江地方经济发展的需要，但所需教学设备多、投资大，当局迟迟没有着手兴办。经过有识之士许炳堃等的一再努力，方得实现。

图 3-1-1 许炳堃先生（1878-11-30—1965-07-01）

　　许炳堃当时任浙江省学务专门委员兼实业科长，又兼劝业公所的科长，曾验收以杭州蒲场巷场官弄报国寺（原铜元局）为场址的劝工场，了解到原铜元局贮存有铜元20多万元，房屋、动力和金工、木工、锻工、铸工各工场俱全，认为可以利用来开办工业学堂。许炳堃和代理浙江提学使兼抚署总文案郭则云商议后，提出要求呈送抚署。浙江巡抚增韫于1910年11月26日上奏清廷获准，即聘请许炳堃为监督（校长），在原铜元局旧址筹办浙江中等工业学堂。

图 3-1-2　报国寺旧址
（原为铜元局，继为中等工业学堂校舍，后为浙大工学院校舍，摄于1934年）

　　1911年3月27日，浙江中等工业学堂正式开学。设机械、染织2科，修业期限为3年。同时附设艺徒班，为初级职业教育程度，也要修业3年。另外，为了培养师资，设立了浙江省立中等工业教员养成所，分金工、木工、机织、染色4班，后改称为讲习班，合并为机械、染织2班，2年毕业，不再续办。

　　1911年10月，辛亥革命爆发，浙江受战事影响，学校经费断绝，暂时停办。1912年3月15日复课，改称浙江公立中等工业学校。

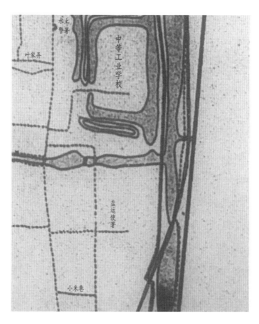

图 3-1-3 浙江中等工业学校时期（1912—1913 年）的校址所在地①

　　1913 年又更名为浙江省立甲种工业学校（以下简称"工校"），修业期限 4 年。另设 1 年制预科，租马坡巷水香阁为分校。1914 年 7 月"工校"第一届学生毕业，计染织科 15 人，机械科 9 人。1915 年 7 月，第二届学生修业期满，根据教育部的规定留校补习 1 年，于 1916 年 8 月与第三届学生同时毕业。1918 年增设应用化学科。1919 年又增设电机科。

图 3-1-4 浙江省立甲种工业学校毕业证书（1918 年 7 月）②

---

① 截图自《杭州省城及西湖江墅明细图》（部分），1914 年绘制（说明：因原图文字较模糊，为清楚起见，图中文字由编者重新录入）。引自杭州市档案馆编：《杭州古旧地图集》，杭州：浙江古籍出版社，2006 年，第166-167 页。

② 来源：http://blog.sina.com.cn/s/blog_8f70af520102we1a.html。

浙江省民政管理机构为复兴绸业，改变旧式织绸机生产率低下的状况，决定采用日本仿制的法国新式织绸机，因其生产量可提高数倍，且质量也有较大提高，于是拨款委托浙江中等工业学堂举办机织传习所。该传习所从 1912 年 5 月起，每 40 日为 1 期，至 1923 年 12 月省长公署通知停办止，每期均在杭州、绍兴、嘉兴、湖州四地招生，先后毕业者共计 2000 余人。

浙江中等工业学堂开办之初，许炳堃有感于中国学机械的人很少动手操作，有的挥不动榔头，有的甚至不认识紧固螺丝的工具——扳手。许炳堃自己是学机织的，但对扎综绗和吊龙头线等也搞不好，经丝开口也不平，所以他制订的办学方针强调"手脑并用"。学堂课程（包括体操、图画）每周上课 24 小时，实习 18 小时。实习成绩与课程知识并重。当时学堂学生年龄较大，国文基础较好；至于数学、外语知识，有的已学过小代数和英文，为赶上或超过当时日本中等技术学校的水平，数学课要教授微积分和大代数。学生的毕业成绩分操行、学科、体育 3 项评定。有一项不及格而平均分数及格，毕业时只给修业完毕证书，不发毕业证书。由于学堂功课繁重，学生中途退学者较多。

浙江中等工业学堂的创立，对浙江的工业、特别是丝绸工业的发展起了一定的推动作用。如机械科的毕业生在杭州创建了几所前所未有的铁工厂，仿制了提花机和各种机械配件，其中以武林铁工厂最著名。染织科毕业生在纺织厂改革"工头制"为管理员制，促进了生产的发展。在上海的工校毕业生除在铁工厂、棉纺厂工作的以外，还在嘉兴、上海两地筹建了 4 所绢纺厂，这 4 家工厂从筹建到投产，都由工校毕业生主办。他们还在上海创建和发展了丝织物工厂。[①]染织和应用化学 2 科还试办了制革和肥皂厂。尤其是丝织工艺的改进，工校及毕业生所作的贡献很大。许炳堃在《浙江省立中等工业学堂创办经过及其影响》一文中指出："丝织风景、照相（编者注：此处所指'照相'，是指按照片织成的丝织人物图像）、美术图画等，始于工校，成于都锦生。"[②]都锦生是工校机织科 1917 年毕业生，毕业后留校任教，通过教学和工校实习工场的实践，他在丝织工艺方面，从设计到织造，都有较丰富的学识，他于 1922 年 5 月创办了都锦生丝织厂，织出的丝织风景、照相图像、美术图案等产品问世以后，深受中外人士的赞誉和喜爱。他又在黑白图案的基础上，进一步成功研制出彩色织物，织出古色古香的五彩图像，产品在 1926 年美国费城国际博览会上荣获金质奖章，从此誉满全球。

1915 年全国掀起反对袁世凯与日本签订"二十一条"卖国条约及抵制日货运动以后，社会上不断提出"提倡实业""工业救国"等口号，因此志愿学习工科的学生逐年增多，而当时中等学校毕业生想入高等学校学习工科的，近则须至上海、南京，远则须至天津、北京，或东渡日本，各方面都有添办工业专门学校（编者注：指大学专科程度）的迫切愿望。当时浙江省部分议员认为浙江省甲种工业学校自开办以来，成绩较好，校誉也佳，因此提议将此校升格为工业专门学校；原有甲种工业学校改由工专附设，新招甲种学生，改称甲种讲习生，艺徒改称乙种讲习生。后经省议会通过，咨请政府照案执行，于 1920 年秋升格为浙江公立工业专门学校（以下简称工专）[③]。即 1920 年 8 月起，"浙江公立工业专门学校"正式具有大学专科性质，成为专科性的高等教育机构。

浙江公立工业专门学校设电气机械科和应用化学科（后改称电机工程科和化学工程科），学制

① 许炳堃：《浙江省立中等工业学堂创办经过及其影响（附机织传习所）》，《浙江文史资料选辑（第 1 辑）》，1962 年，第 120-124 页。
② 许炳堃：《浙江省立中等工业学堂创办经过及其影响（附机织传习所）》，《浙江文史资料选辑（第 1 辑）》，1962 年，第 123 页。
③ 王国松：《浙江公立工业专门学校校史纪要》，《浙江文史资料选辑（第 10 辑）》，1978 年，第 1-8 页。

定为 4 年，预科 1 年，本科 3 年。第 2 年起，将预科分为 2 种，以入学考试的数学成绩为分班标准：40 分以上的入 1 年制预科，不到 40 分的入 2 年制预科。由于工专声誉好，报考工专的学生较多，其中志愿入电机科学习的更多。[①]附设的甲种工业学校的甲种讲习班分机械、电机、应用化学、染织 4 科；乙种讲习班分金工、木工、锻工、铸工、力织、染色、捻丝、纹工、原动、制纸、制革、油脂等 12 科。

1922 年春，工专校长许炳堃赴欧美考察教育和实业，回校后更改学制，将专门部本科修业年限改为 4 年，预科 1 年，本科毕业生优等的授予学士学位。对于前 3 届毕业生，凡各科成绩均在 75 分以上，总平均分数在 90 分以上的，也授予学士学位。又将甲种工业讲习班分别改为 5 年期及 3 年期职业学校，仍附设于工专。同时邀请校内外有关人士为董事，组成董事会，为全校最高议事机构。即 1922 年 8 月起，"浙江公立工业专门学校"正式具有大学本科性质。

工专的课程设置，与国内其他高等工科学校相仿，主要依照美国工科学院的制度，所用课本都是英文原版。因历年功课繁重，故学生人数逐年减少，1924 年 7 月工专第一届毕业学生人数，电机科只 19 人，化工科只 10 人。

1910—1923 年，许炳堃任工专校长 13 年（1924 年年初因健康原因，辞去校长职务），对学校的发展和提高作出了贡献。在他的倡导下，经过全校师生的多年共同努力，工专形成了自己特有的校风，其精神集中体现在校训"诚朴"二字，以及高水平、严要求、手脑并用的办学方针上。

工专对授课教师的要求很高，聘请来的教师既要学问好，又要教学法好。这个要求已成为传统，一直沿袭到后来的浙大工学院。当时所聘请的教师和来校兼课的教师，都是有一定声望的，聘请教师如陈建功、杨耀德、徐守桢、严观涛、吴钦烈、王琎、恽震、鲍国宝、钱昌祚、褚凤章等；兼课教师有杨杏佛、徐佩璜、徐名材等。不但工校对教师要求高，学生对校长人选也提出了应具备的 3 个条件：一是品德高尚；二是学问渊博的欧美留学生；三是在社会上有活动能力。第三条自然是为了学生自己的出路着想。因为那时学生毕业找工作要靠校长、教师的推荐。当许炳堃因病辞职，在校内教师队伍中推荐继任校长时，也是很费一番斟酌的，在辞呈中有"或兼顾为难，或风裁太峻，或崖岸自高，或资望较浅"等语。最后推荐了浙江高等学堂毕业赴美学冶金的徐守桢继任。因徐守桢在汉冶萍公司任高炉工程师时，每日登铁桥高空作业，从未间断，许炳堃对他很是钦佩。当时全体教职员"均能视校事如己事，虽日籍永濑久七先生等，亦能以身率教，造成风气"。

工专素来注重严格训练，不但在学生的课业、实验实习、考试等环节上把关很严，就是在管理制度上也有一套严格规定。如学生平时均须穿着斜纹布的制服，只有在室内温度下降到 4℃以下，才可以穿便服，还规定学生不得吸烟等。

许炳堃要培养的"理想上完全工业人才"的标准是："有坚强之体魄，健全之道德，正确之知识，果毅之精神，敏活之动作，娴习之技能。"当时能提出这样的标准，且又能切实贯彻实行，这是对当时教育制度的一种改革之举。[②]

工专时期（1911—1927）的建制及负责人情况见表 3-1-1。

---

① 王国松：《浙江公立工业专门学校校史纪要》，《浙江文史资料选辑（第 10 辑）》，1978 年，第 1-8 页。
② 浙江大学校史编写组：《浙江大学简史（第一、二卷）》，杭州：浙江大学出版社，1996 年，第 17-22 页。

表3-1-1　浙江工专时期（1911—1927）的建制变化及负责人名录①

时间	事件	负责人	负责人简介	说明
1911年	3月，浙江中等工业学堂成立	监督：许炳堃	许炳堃（1878—1965），字挺甫，号缄甫，别号潜夫，清光绪四年十一月三十日生于浙江省德清县城溪东街许家宅（今柏树东弄东面）。童年父母双亡，发愤自学。光绪二十七年在西邻戴侯庙设务本学塾，担任教师。光绪二十九年一月赴日本留学。次年考入东京高等工业学校机织科。光绪三十三年七月结业，翌年九月回国，授工科举人。宣统元年（1909）参加殿试，考取一等，任内阁中书。是年夏，浙江巡抚增韫奏调回浙，办理教育和实业，任浙江劝业公所科长兼省立第一手艺传习所所长。次年十一月，浙江省立中等工业学堂成立，聘为监督（校长）。民国元年（1912）1月，任浙江省民政部实业科长。4月，省立中等工业学堂改名浙江公立中等工业学校，任校长兼附设机织传习所所长，兼任杭州纬成丝织股份有限公司董事。秋，当选为浙江省第一届省议员。1920年秋，工校升格为浙江省公立工业专门学校，任校长。冬，当选为浙江省教育会会长。1922年1月赴欧美考察高等教育和丝绸工业，翌年4月回国。1924年1月因病辞职。1950年为浙江省第一届各界人民代表会议特邀代表。7月聘任浙江文史研究馆馆员。1955年2月特邀为政协浙江省委员会委员。1965年7月1日在上海逝世	1910年11月26日，浙江巡抚增韫专折上奏清廷，获准筹办浙江中等工业学堂。1911年3月27日，浙江中等工业学堂正式开学，校址设在杭州蒲场巷场官弄报国寺（原铜元局旧址）
1912年	浙江中等工业学堂改称浙江公立中等工业学校	校长：许炳堃		
1913年	浙江公立中等工业学校改名为浙江省立甲种工业学校	校长：许炳堃		
1920年	甲种工业学校升格为浙江公立工业专门学校，附设甲种、乙种工业讲习班	校长：许炳堃		
1924年	民国十三年（1924）2月至民国十六年（1927）3月，浙江公立工业专门学校	校长：徐守桢	徐守桢，生卒年不详。安徽人，字崇简，浙江高等学校毕业，派赴美国学习冶金，冶金专家。著有《现代科学进化史》（上海：商务印书馆1930年版），《化学工程及制造概论》（上海：商务印书馆1933年版），《现代科学发明史》等	
1927年	4月至7月，浙江公立工业专门学校	校长：李熙谋	李熙谋（1896—1975），字振吾。浙江嘉善西塘人。早年毕业于上海工业专门学校电机专业；后考取浙江官费留美。民国七年（1918）获麻省理工学院电机工程硕士学位，嗣后又获哈佛大学哲学博士学位。回国后，先后在浙江大学、暨南大学任教。1927年夏任浙江大学工学院首任院长。次年兼任浙江省第一任电话局局长、省广播电台台长。在任期间，建立全省长途电话网，辟设杭州市自动电话，设置各县电台。1939—1941年再次担任浙江大学工学院院长。1941年，在重庆任交通大学教务长。抗战胜利后返沪，任交通大学教授，兼任上海市教育局副局长。1949年后至台湾，1975年，病逝于台北	1927年8月，浙江公立工业专门学校、浙江公立农业专门学校合并组建国立第三中山大学

二、"工专"的理学课程的设置情况

"工专"实际上经历过晚清和民国初期2个时期，自身也有从中等专科学校到高等专科学校等的演变，由于清末和民初的学制变更，课程的规定也有差别。

---

① 编者据《图说浙大——浙江大学校史简本》（王玉芝、罗卫东主编，杭州：浙江大学出版社，2010年，第13页）及相关资料整理。

（一）1904年"癸卯学制"所规定的课程

按照"癸卯学制"的统一规定，中等工业学堂、高等工业学堂分别有详细的课程安排。

1. 中等工业学堂

在1904年1月13日颁布的"癸卯学制"的《奏定中等农工商实业学堂章程》中，"中等工业学堂立学总义"为：

第一节 设中等工业学堂，令已习高等小学之毕业学生入焉；以授工业所必需之知识技能，使将来实能从事工业为宗旨；以各地方人工制造各种器物日有进步为成效。每日讲堂钟点视学科为差。预科二年毕业，本科三年毕业。

第二节 下章所载各种学科，系就工业中应备之科目分门罗列，听各处因地制宜，择其合于本地方情形者酌量设置，不必全备。

第四章"中等工业学堂学科程度"中，则明确规定了中等工业学堂的课程如下：

第一节 中等工业学堂之学科分为本科、预科。

第二节 预科之科目凡八：一、修身，二、中国文学，三、算术，四、地理，五、历史，六、格致，七、图画，八、体操；并可加授外国语。

第三节 预科之学习年数，以二年为限。

第四节 预科之授业时刻，每星期三十点钟以内。

第五节 本科分为十科：

一、土木科，二、金工科，三、造船科，四、电气科，五、木工科，六、矿业科，七、染织科，八、窑业科，九、漆工科，十、图稿绘画科。其各学科之科目如下。

各科之普通科目凡六：一、修身，二、中国文学，三、算学，四、物理、化学，五、图画，六、体操。

土木科之实习科目凡八：一、测量，二、河海工，三、道路、铁路，四、桥梁，五、施工法，六、应用力学，七、制图，八、实习。

金工科之实习科目凡六：一、工场用具及制作法，二、制造用诸机器大意，三、发动机大意，四、应用力学，五、制图，六、实习。

造船科之实习科目凡五：一、造船制图，二、工场用具及制造法，三、发动机大意，四、应用力学，五、实习。

电气科之实习科目凡七：一、电气及磁气，二、电气工学，三、应用力学，四、工场用具及制作法，五、发动机大意，六、制图，七、实习。

木工科之实习科目凡八：一、房屋构造，二、建筑沿革，三、施工法，四、配景法，五、制图及绘画，六、工场用具及制作法，七、应用力学，八、实习。

矿业科之实习科目凡八：一、地质学，二、采矿学，三、冶金学，四、试金术，五、应用力学，六、发动机大意，七、测量、制图及坑内演习，八、实习。

染织科之实习科目凡七：一、机织法，二、染色法，三、应用化学，四、应用机器学，五、分析，六、制图及绘画，七、实习。

窑业科之实习科目凡六：一、窑业品制造，二、应用化学，三、应用机器学，四、分析，五、制图绘画，六、实习。

漆工科之实习科目凡五：一、漆器制造法，二、工艺史，三、绘画，四、应用化学大意，五、实习。

图稿绘画科之实习科目凡八：一、配景法，二、解剖大意，三、工艺史，四、建筑沿革大意，五、绘画，六、应用化学大意，七、各种工艺品图样，八、实习。

各学科于现定普通科目外，尚可便宜加设地理、历史、博物、外国语、理财学法规、簿记等科目于各学科中。

第六节　本科之学习年数，以三年为限。

第七节　本科之每星期授业时刻，除实习时刻外，每星期三十点钟为限；其实习时数，可依学科之门类临时酌定。①

2. 高等工业学堂

在1904年1月13日颁布的"癸卯学制"的《奏定高等农工商实业学堂章程》中，"高等工业学堂立学总义"为：

第一节　设高等工业学堂，令已习普通中学之毕业学生入焉；以授高等工业之学理技术，使将来可经理公私工业事务，及各局厂工师，并可充各工业学堂之管理员、教员为宗旨；以全国工业振兴，器物精良，出口外销货品日益增多为成效。每星期三十六点钟，三年毕业。

第二节　下章所载各种学科，系就工业中应备之科目分门罗列，听各省因地制宜，择其合于本地方情形者酌量设置，不必全备。

第四章"高等工业学堂学科程度"中，则明确规定了高等工业学堂的课程如下：

第一节　高等工业学堂分为十三科：一、应用化学科，二、染色科，三、机织科，四、建筑科，五、窑业科，六、机器科，七、电器科，八、电气化学科，九、土木科，十、矿业科，十一、造船科，十二、漆工科，十三、图稿绘画科。

第二节　各学科之科目如下。

——应用化学科之科目凡五：一、制造用机器学，二、冶金学，三、特别应用化学，四、电气化学，五、工场实习及实验。

——染色科之科目凡四：一、染色学，二、机织及组织，三、织物整理，四、工场实习及实验。

——机织科之科目凡六：一、应用力学，二、机织及组织（如织丝、织棉、织麻、织草、织毛羽等法，应择土地所宜者先学），三、染色学，四、织物整理，五、纺绩，六、工场实习及实验。

——建筑科之科目凡七：一、应用力学，二、房屋构造法，三、工场用具及制作法，四、建

---

① 璩鑫圭、唐良炎编：《中国近代教育史资料汇编：学制演变》，上海：上海教育出版社，2007年，第459-461页。

筑沿革，五、施工法，六、配景法，七、制图及绘画法。

——窑业科之科目凡五：一、应用地质学，二、陶瓷器制作法，三、玻璃制作法，四、塞门土制作法，五、工场实习及实验。

——机器科之科目凡七：一、工作法，二、铁钢论，三、应用力学，四、电气工学，五、制造用机器，六、发动机，七、工场实习及实验。

——电器科之科目凡六：一、电气磁气，二、工作法，三、应用力学，四、电气工学，五、发动机，六、工场实习及实验。

——电气化学科之科目凡六：一、电气磁气，二、电气工学，三、冶金学，四、特别应用化学，五、电气化学，六、工场实习及实验。

——土木科之科目凡七：一、测量学，二、河海工，三、道路、铁路，四、桥梁，五、施工法，六、制图，七、工场实习及实验。

——矿业科之科目凡八：一、地质学，二、采矿学，三、冶金学，四、试金学，五、应用力学，六、发动机，七、测量制图及坑内演习，八、工场实习及实验。

——造船科之科目凡六：一、应用力学，二、工场用具及制作法，三、造船学，四、发动机，五、造船制图，六、工场实习及实验。

——漆工科之科目凡四：一、漆器制造法，二、工艺史，三、绘画，四、工场实习及实验。

——图稿绘画科之科目凡七：一、图稿法，二、配景法，三、绘画，四、工艺史，五、应用解剖，六、用器画，七、工场实习及图稿实习。

以上为各学科之专门科目。

此外尚有各学科之普通科目凡十五：一、人伦道德，二、算学，三、物理，四、化学，五、一切应用化学，六、应用机器学，七、图画，八、机器制图，九、理化学实验，十、工业法规，十一、工业卫生，十二、工业簿记，十三、工业建筑，十四、英语，十五、体操。当按年匀配各学科中。

以上各种学科，并非限定一学堂内全设；可斟酌地方情形，由各学科中选择合宜之数科设之。[①]

（二）1913年后《实业学校令》所规定的课程

1913年，教育部颁行新学制（"壬子学制"），包括《实业学校令》和《实业学校规程》，其对"工业学校"的课程有明确规定。

1913年8月4日《教育部公布实业学校令》规定：

第一条　实业学校以教授农、工、商业必需之知识、技能为目的。

第二条　实业学校分甲种、乙种：甲种实业学校施完全之普通实业教育；乙种实业学校施简易之普通实业教育；亦得应地方需要授以特殊之技术。

1913年8月4日《教育部公布实业学校规程》，在其第三章"工业学校"一节中，具体规定了

---

① 璩鑫圭、唐良炎编：《中国近代教育史资料汇编：学制演变》，上海：上海教育出版社，2007年，第468-470页。

"工业学校"的课程体系：

第二十二条　工业学校分甲乙两种：甲种工业学校之学科，分为金工科、木工科、土木工科、电气科、染织科、应用化学科、窑业科、矿业科、漆工科、图案绘画科等。乙种工业学校之学科，分为金工科、木工科、藤竹工科、染织科、窑业科、漆工科等。前二项学科，或全设，或酌设一二科以上，得依地方情形定之。

第二十三条　甲种工业学校修业期，预科一年，本科三年，但得延长一年以内。乙种工业学校修业期三年。

第二十四条　工业学校得视地方情形酌设别科，其修业期二年。

第二十五条　甲种工业学校预科，科目为：修身、国文、数学、理科、图画、外国语、体操，并得酌加地理、历史等科目。

甲种工业学校本科：

通习科目为：修身、国文、数学、物理、化学、图画、机械工学大意、工业卫生、工业经济、工业簿记、外国语、体操、实习，并得酌加历史、地理等科目；但在木工、漆工、图案绘画三科，得缺机械工学大意。

——金工科之科目为：应用力学、工场用具及制作法、制造用机械、发动机大意、制图等。

——木工科之科目为：应用力学、房屋构造学、建筑材料学、工场用具及制作法、建筑沿革、施工法、装饰法、制图及绘画等。

——土木工科之科目为：应用力学、测量学、铁道学、河海工学、道路学、土木材料学、桥梁计画、施工法、制图等。

——电气科之科目为：应用力学、工场用具及制作法、发动机大意、电磁学、电气工学、制图等。

——染织科之科目为：应用化学、应用机械学、化学分析、染色法、机织法、纺织法大意、织物整理、制图及绘画等。

——应用化学科之科目为：特别应用化学、电气化学大意、矿物学大意、化学分析等。

——窑业科之科目为：地质及矿物学大意、陶瓷品制造法、绘画法、燃料及筑炉法、化学分析、制图等。

——矿业科之科目为：地质学、矿物学、采矿学、冶金学、试金术、矿山机械学、化学分析、测量及制图、坑内实习等。

——漆工科之科目为：博物学、漆器制作法、颜料调制法、绘画法、雕刻术、应用化学大意等。

——图案绘画科之科目为：博物学、美术工艺史、图案法、绘画法、装饰法、美术解剖学大意、建筑沿革大意、制版化学等。

第二十六条　乙种工业学校：

——通习科目为：修身、国文、数学、理化大意、图画、体操、实习，并得酌加历史、地理、外国语等科目。

——金工科之科目为：金工材料、工具使用法、金属细工等。

——木工科之科目为：木工材料、工具使用法、房屋构造法、家具制作法、制图等。但专授大工者，得缺家具制作法；授细工者，得缺房屋构造法。

——藤竹工科之科目为：藤工材料、竹工材料、工具使用法、家具制造法、制图等。

——染织科之科目为：染色法、机织法、应用机械学大意、织物整理、制图及绘画等。

——窑业科之科目为：陶瓷品制造法，绘画及制图、燃料及筑炉法等。

——漆工科之科目为：漆器制作法、颜料调制法、绘画法等。

第二十七条 甲种工业学校授业时数，除实习外，每周不得过二十四小时。乙种工业学校授业时数，除实习外，每周不得过二十一小时。各科实习时数，以作业之繁简定之，但每周与授课时数合计不得过四十五小时。①

其中，甲种工业学校，本科通习科目中的数学、物理、化学等；乙种工业学校，通习科目中的数学、理化大意等，即为初步的理科课程。

三、"工专"时期的学校生活——亲历者的记述

由于文献记载的欠缺，对于当时具体的课程安排等，已经找不到原始的档案材料。在目前可见为数不多的回忆文章里，曾经为"工专"学生的夏衍先生和王国松先生都有记述，提及了这一时期的教学和课程设置，以及日常生活等情况。

夏衍先生于1915年9月至1920年7月在"浙江省立甲种工业学校"就读。他在晚年的回忆录《懒寻旧梦录》中，专门有一小节，回忆他在校的生活和学习情景：

当学徒的确是一件辛苦的事情。早晨四五点钟起床，下门板、扫地，和我年纪相仿的一个姓王的学徒还得替老板倒便壶，端脸水。那位管事的绍兴人看得起我，只派我做些烧火、抹桌子、摆碗筷之类的杂活。……我在这染坊里做了半年，并不觉得太苦。我是兄弟姊妹中的最小一个，一般叫做"老来子"，身体瘦弱，在生伤寒症那一年，就有人背后说我可能"养不大"。可是事情很奇怪，在染坊当了半年学徒，身体倒反而结实了。工人们和我也相处得很好，主要是我能给他们写点家信之类，因此，我就安了心，打算做"满师"，就可以拿工钱了。可是，人生的路上是有偶然性的，这一年夏天，一阵狂风（台风）吹倒了我们老屋靠西南边的那座风火墙，西边空着的楼房，也倒了一片，母亲派人通知我，要我回去看看。回到家，墙塌屋倒的事已经过去了，而最意外的是大哥告诉我，浙江省立甲种工业学校因为近年来办得不错，决定升格为公立工业专门学校，原有的甲种工业学校改为工专的附校，要扩大招生，浙江每县可以保送一两个公费学生，这样，德清县因为我"品学兼优"，把我列入保送之列，学费由德清县政府负责。大哥用命令的口气，要我立即离开染坊，赶快补习功课。这个消息，对我，对我母亲乃至整个家庭，当然是个喜讯，甚至当我第二天到泰兴染坊去向老板辞工的时候，这位平时很少讲话的老板也面有笑容，并把用红纸包好的四角小洋送给我作为"贺礼"。……

一九一五年九月，我进了浙江公立甲种工业学校，校址在蒲场巷场官弄报国寺。这个地方原来叫铜元局，停铸铜元之后，改为"劝工场"。由于这个历史原因，学校里附设有动力、金工、木工、铸工、锻工，以及染练设备。校长许炳堃，字缄甫，也是德清人，是清末最早派到日本去学工的留学生之一。他是一个"实业救国主义"者，对事业有抱负，处事严格，我记得入学那一天，这

---

① 璩鑫圭、唐良炎编：《中国近代教育史资料汇编：学制演变》，上海：上海教育出版社，2007年，第736-738页。

位校长就对我们讲了一通办学救国之道，反复讲了"甲工"的校训"诚朴"二字的意义。他主张"手脑并用"，强调学工的人不仅要懂得理论，而且要亲手会做。为了要达到这个目的，一般说来，"甲工"的功课要比一般中学（如安定中学、宗文中学）多一点，深一点。学制是预科一年，本科四年，我在学当时，一共有机械、纺织、染色、化学等科。由于许校长坚持了手脑并用，"实习不合格就不能毕业"的方针，所以这个学校的毕业生分布在江浙上海等地，对江南一带的纺织、机械工业的发展，应该说是起了一定的作用的。

"铜元局"是个好地方，三面环河，河边有一座小土山，土山外面就是靠庆春门的城墙，有供学校用的办公楼、学生宿舍、附属工厂、实验室、操场、图书馆，占地约二百多亩。

我在这个学校整整呆了五年（1915—1920），对我说来，作为一个工科学生，应该说是一个打基础的时期。最初两年，我对外很少接触，后来（主要是1919年以后），我才知道在省城里，"甲工"不论在学业上还是管理上，都是办理得最严格的学校。许先生不止一次说过，他要培养的是"有见解有技术的工业人才"，对学生的要求是"有坚强的体质，健全的道德，正确的知识，果毅的精神，敏活的动作，娴熟的技能"。除此之外，大概这位许校长青年时期受过佛教思想的影响，所以除了"诚朴"之外，他还给学生订了"七戒"，这就是：戒欺、戒妄、戒虚、戒浮、戒骄、戒侈、戒惰。他对学生严，对聘请的教师，在当时的杭州也可以说是"一时之选"，我记得起名字的，就有：陈建功、徐守桢、谢遹绩、关振然、恽震、钱昌祚等；杨杏佛也是兼课教师，可惜我没有听过他的课。入校第一年，顺利地过去，两次考试都"名列前茅"。可是到第二年，就紧张了，譬如数学，一般中学只教代数、三角、几何，"甲工"这三门的进度特快，因为三年级就要教微积分和解析几何；英文的进度也比较快，因为这两门都是我的弱点，就必须加倍用功。起初，一直为数学跟不上而苦恼，不久，得到一位机械科的同学盛祖钧的帮助，也就渐渐赶了上去，可以拿八十分了。其次是英文，我每天清晨一定要硬记五至十个英文生字，也是从二年级那时开始的。在小学时期，我作文的成绩比较好，进了"甲工"，又碰上了一位最好的老师谢遹绩先生，他是绍兴人，留学过日本，他不仅学问渊博，诲人不倦，而且思想先进。当时每周作文一篇，他几乎对我的每篇作文都仔细评改，并作贴切的批语。民国五、六年，正是复辟、反复辟和军阀混战时期。当时有一种风气，一到两派军阀打仗，双方都先要发表一篇洋洋洒洒的讨伐宣言，每个军阀都有一批幕客，这类檄文骈四骊六，写得颇有声色，加上那时国事日非，民生艰苦，于是，我们这些中学生写作文，就难免也要受到这种"文风"的影响。学校图书馆里，是看不到"小说"（不论新旧）的，但在同学手里，我也看到过四六体写的言情小说，可是这些东西无病呻吟，和当时的生活离得太远，即使觉得有些句子写得很好，也不会去模仿，但是那些军阀幕僚写的檄文，我却不知不觉地受了不少影响。一九一六年冬，黄兴、蔡锷相继去世，杭州举行了隆重的联合追悼大会，全市学生都去参加；事后我在作文中写了一篇表面上是追悼黄、蔡，实际上是反对专制政治的作文，感情激动，自己还以为写得很痛快。后来谢老师看了，在文章上加了好几处双圈，但加的批语却是"冰雪聪明，惜锋芒太露"这九个大字。起先，我还不懂得这个批语的意思，谢老师却来找我谈话了。他没有和我谈那篇锋芒太露的作文，却问："你除了学校里教的书之外，还看些什么书？"起初我不敢回答，因为有"七戒"，明明看了又不说，不也是"妄"吗？于是我说在家里看过《三国演义》，老师点点头，没有反应。我胆大了，说："最近还看过一本《玉梨魂》。"他摇了摇头，也没有反对的表情，接着又问："《古文观止》里的那几篇列传，例如《伯夷列传》《屈原列传》之类，都能读下去了吗？"我点点头说："有些地方还得问人或者查字典。"他高兴地笑了，然后加重了语气说："要用功读这一类文章。好好体会，然后运用他们的长处，叙事清楚，行文简洁。"教师休息室里人很多，我不便多留，站起来告辞了。他摆摆手叫我坐下，问："你常常看报吧？"我点了点头，他说："我的批语，主要是说，你受了报上那些坏文章的影响。"我红着脸承认了，又补充了一句："此外，我还看过《东莱博议》。"谢老师听了之后说："这本书也不是不可以看，但现在，在你们作文打底子的时候，看了没有好处。"

……1920年夏，我该在"甲工"毕业了，考试的成绩是好的，在染色科我还是名列第一，可是由于参加了学生运动，特别是在《浙江新潮》上写文章，因此"品行"不及格。这一件事在教务会议上似乎有过争论，因为"品行"列入"丁"等，是不能毕业的，但是这一关终于勉强通过了……所以我还是顺利地拿到了毕业文凭。[①]

图 3-1-5　1920年夏季，染色科毕业生与教员合影（左4为夏衍，左5为陈建功）[②]

王国松先生（1902-06-29—1983-12-03）于1920年8月至1925年8月在"工专"电机科就读，毕业后即留校担任助教，对工专时期情况非常熟悉。1978年撰文《浙江公立工业专门学校校史纪要》，记述有1920年改为"工专"后，当时课程设置的详细情况：

工专课程设置，与国内其他高等工科学校相仿，主要依照美国工科学院的制度。预科的主要课程有国文、英文、高等代数、解析几何、微分、物理、化学、投影画等课，电机科本科主要课程有德文、积分、物理、制图、机械制造法、应用力学、材料力学、机构学、机械材料、电磁学、热力学、锅炉和蒸汽机、蒸汽涡轮、内燃机、水力学及水力机、机械设计、交流理论、电力机械、电报、电话、无线电、电灯照明、电力输送、

图 3-1-6　王国松先生
（1902-06-29—1983-12-03）

① 夏衍著：《懒寻旧梦录（增补本）》，北京：生活·读书·新知三联书店，2000年，第16-20页。
② 来源：浙江大学档案馆。

电气铁道、电机设计、发电厂设计等课；应化科本科课程主要有德文、积分、物理、制图、材料及力学、水力学、机构学、有机化学、矿物、物理化学、化工原理、工业化学、电工学、电气化学，化工机械、发动机、冶金、应用化学、工艺设计、燃料及工业炉、分析等课。所用课本都是英文原本，在一个省立专门学校内全用外文课本，实不合理，且使英文基础差的学生学习上感到困难，但学生们是比较勤学的，学风也较为踏实。

学校开办初期，师资缺乏，教师中电机科主任严观涛和应化科主任吴钦烈是留美的，其余一部分是留日的。设备除原有机械工场基础较好外，电机和化工设备是不足的。第二年起师资陆续增加，徐守桢来校教英文、力学等课，陈建功自日本回国来校教数学，杨耀德亦回国来校任教。又着手购置电磁测定仪器和电力机械设备，把这两个实验室逐步装置起来，开出实验课程。化工方面利用原有实验室和肥皂、造纸、制革等雏形工场，作为实验之用。为了充实学校图书，学生们曾发起与教师一起组织图书募捐委员会，向校内外募得图书一批。还组织购书委员会，直接向国外购买书籍，得到优待折扣。

……

1923 年 5 月许校长回国，以考察欧美高等学校的制度和方法所得的经验，提出办学计划，将本科改为四年制，毕业生优等的授学士学位。对于前三届同学，校中规定凡各科成绩均在七十五分以上，总平均分数在九十分以上的也授学士学位；当然合于这个条件的人数是极少的。又将甲乙种工业讲习班改称五年期、三年期职业学校。邀请校内外有关人士为董事，组织董事会，为全校最高议事机构。许又本其推崇欧美的思想，谓对于师资方面，均将聘欧美留学生来校任教。大家听了上述种种措施非常高兴，满以为学校前途发展很有希望，不料自这年十月开始，许一病数月，且至垂危，后虽幸有转机，终以健康关系，辞去校长职务。他从筹备浙江中等工业学堂开始，到辞去浙江公立工业专门学校校长职务止，先后十三年。此时，浙江工业教育，有了一定基础，也培养出一批人才，并对工业生产，起了一定的推进作用。

当时继任校长人选，是学生们最关心的问题，经过几次讨论，学生们提出了新任校长应具备的三个条件：1. 品德高尚；2. 学问渊博的欧美留学生；3. 在社会上有活动能力的。并派代表去见教育厅长张宗祥，陈述对于新校长人选的意见。许在辞呈中就教师中推荐继任人选，有"或兼顾为难，或风裁太竣，或崖岸自高，或资望较浅"等语；最后推荐了徐守桢（字崇简，浙江省高等学校毕业，派赴美国学习冶金），因徐任汉冶萍公司高炉工程师时，每日登铁桥高空作业，从未间断，许校长对他很为钦佩。结果浙江省政当局发表徐崇简继任校长。此后设备逐渐增加，教师也陆续聘到，王琎曾来校任化工科主任一年，电机科教师如鲍国宝、褚凤章不仅教课很好，而且能为学生找实习机会和出路，均为学生所敬仰。部分功课还请上海、南京学校教师如徐名材、徐佩璜、杨杏佛等来校兼课。工专同学对于教师的要求较高，既要有学问，还要教法好，以后一直到工学院，成为传统。[①]

---

① 王国松：《浙江公立工业专门学校校史纪要》，《浙江文史资料（第 10 辑）》，杭州：浙江人民出版社，1978 年，第 1-8 页。

图 3-1-7　1955 年，王国松先生（左二）与原"工专"校长许炳堃先生（左三）等合影[①]

第二节　"浙江公立农业专门学校"（含其前身）的演变及理学课程

一、从"浙江中等农业学堂"到"浙江公立农业专门学校"（"浙江农专"）

浙江高等农业教育源于 1910 年创建的官立浙江农业教员养成所，历经 17 年的演变和发展，1927 年改组为国立第三中山大学劳农学院，即后来的浙江大学农学院。

清宣统二年正月二十二日（1910 年 3 月 3 日），浙江巡抚增韫奏报清廷请求设立高等农业学堂及农业教员养成所。因筹办高等农业学堂需款较多，一时难以实现，乃于同年 9 月成立官立浙江农业教员养成所（后改称浙江农业教员讲习所），主要培养中等农业教育人才，所长陆家鼐。继任所长有任寿鹏、金兆枬、姚汉章等。这是浙江近代农业教育的发端，也是浙江大学农学院的前身。

浙江农业教员养成所，最初租赁杭州马坡巷民房为校址，并在横河桥土桥头附设试验场。陆家鼐所长费尽心力，因陋就简，培养专门人才。后因校舍不敷，迁至横河桥南河下民房。

浙江农业教员养成所成立后即招学生 100 名，分设 2 个班，经费由提学司发给，每月为 1694 元。学生在读期间享受师范生待遇，一律免交学膳费。浙江农业教员养成所（浙江农业教员讲习所）培养了浙江省第一批中等农业教育人才，为普及农业教育播下了种子。

1911 年 10 月辛亥革命后，浙江农业教员讲习所改名为"浙江中等农业学堂"（旋改称"公立浙江中等农业学校"），设农学科，修业年限为 3 年，叶芸为代理校长。民国元年（1912）7 月教育

---

① 引自浙江大学校友总会、电机工程系合编：《怀念王国松先生文集》（内部印行），1985 年。

司沈钧儒委吴崃筹备浙江农业学校建筑事宜。1913年1月，吴崃为校长。浙江中等农业学校校址设在杭州横河桥附近，同时在杭州市近郊笕桥新建校舍。1913年4月21日，学校迁入笕桥新校舍，是日后定为学校纪念日。笕桥新校址位于沪杭铁路笕桥站近旁，距杭州市区约20千米。

从迁校后的浙江中等农业学校起，浙江省立甲种农业学校，尔后的浙江公立农业专门学校（简称浙江农专），以及由浙江农专改组的第三中山大学劳农学院（后又称浙江大学劳农学院）和浙江大学农学院，校址均在笕桥，直至1934年迁址华家池。清宣统三年（1911），劝业道于笕桥设农事试验场，浙江省的稻、麦等粮食作物的科学研究即始于此。因此，笕桥成为浙江省农业教育和农业改进的发祥地。

民国初年，各类实业学堂改称实业学校，并按教育程度分为甲种实业学校（中等）和乙种实业学校（初等）2种。1913年冬，浙江中等农业学校改称"浙江省立甲种农业学校"，学校内部设置照旧。我国著名教育家蔡元培（字鹤卿，号子民）曾在浙江省立甲种农业学校发表演讲[1]，对实利主义教育思想作了具体阐述。

1913年7月吴崃辞职，由陈嵘继任，添设森林科一班。陈嵘兼授植物生理及日文等课程，循循善诱，讲解清楚。

浙江中等农业学校、浙江省立甲种农业学校，其主要任务均是培养中等农林专门人才。著名农业科学家沈宗瀚、卢守耕1913—1914年就读于浙江省立甲种农业学校。新中国成立后曾任农业部副部长、被誉为"当代茶圣"的吴觉农，1916年毕业于该校，并留校任教（1916—1919）。

1915年，教育部规定甲种农业学校修业期限为4年（预科1年，本科3年）。于是，学校特设研究科一班，为原有的农学、森林2科学生延长1年学习时间。是年7月，陈嵘辞职，黄勋为校长。后任校长还有周清（1916—1922）、陆海望（1922—1923）、高维魏（1923—1924）。1924年1月，高维魏辞职，由孙信代理校长，不久改派许璇任校长。

图3-2-1　许璇先生（1876—1934-11-09）

---

[1] 蔡元培的演说辞刊于1921年浙江省立甲种农业学校校友会刊《浙农杂志》第1期（1921年7月）。原标题为《蔡子民先生演说辞》，参见《浙江农大报》1996年5月25日第4版。

1918 年，浙江省议会决议在省立甲种农业学校增设兽医科，聘日本籍教师授课。1922 年 7 月，省议会以生源较少，议决停办兽医科。当时农校校长高维魏力主维持现状，经费由其私人垫补，兽医科学生也向省议会请愿。经农校教师及兽医科学生的一致努力，省议会再议通过发半费维持到该科学生毕业为止，不再招生。实际上，当时社会十分需要兽医人才，这届兽医科学生毕业后，各地争相聘用，颇有"供不应求"之势。

值得一提的是，浙江省最早建立的自办测候所，就设在浙江省立甲种农业学校。民国八年（1919），浙江省立甲种农业学校在笕桥设二等测候所，每天分别于 6:00，9:00，12:00，15:00，18:00，21:00 进行 6 次定时观测。观测所得的气象资料，主要用于学校教学，同时向中央研究院气象研究所报送气象月报表。现在使用的民国八年至民国二十二年（1919－1933）杭州市的气象资料，均来自该所。测候所为杭州市和浙江省的气象事业的发展作出了贡献[①]。

1924 年秋，浙江省议会议决改组浙江省立甲种农业学校，升格为"浙江公立农业专门学校"（简称"农专"），同时将位于建德的省立甲种森林学校并入该校。原甲种农业学校校长许璇担任"农专"第一任校长。即 1924 年 8 月起，"浙江公立农业专门学校"正式具有大学专科性质，成为专科性的高等教育机构。浙江省农业高等教育自此正式开始。

浙江公立农业专门学校以培养高一级农林人才为目标，设农学、森林 2 科，招收旧制中学毕业生一班为 1 年期预科，初级中学毕业生一班为 2 年期预科。本科修业年限为 3 年。原甲种农业学校的农学科、森林科及甲种森林学校的森林科、农林科各班均办至该班学生毕业为止，不再招生。1925 年，浙江公立农业专门学校附设高中农科，修业期限为 5 年。

浙江公立农业专门学校先后由许璇（1924 年 1－11 月）、高维魏（1925 年 1－12 月）、钱天鹤（1925 年 12 月－1927 年 5 月）、谭熙鸿（1927 年 5－7 月）担任校长。1924 年 11 月许璇辞职后，至 1925 年 1 月高维魏继任前，杨靖孚、李崇敏曾相继代理校务。[②]

表3-2-1 浙江农专时期（1910－1927）的建制变化及负责人名录[③]

时间	事件	负责人	说明
1910 年	9 月，浙江农业教员养成所（后又称浙江农业教员讲习所）成立	所长：陆家鼐 任寿鹏 金兆梣 姚汉章	宣统二年正月二十二日（1910 年 3 月 3 日），浙江巡抚增韫曾奏请设立高等农业学堂及农业教员讲习所。因高等农业学堂需款较多，一时难以实现，乃于同年 9 月成立官立浙江农业教员养成所（后又称浙江农业教员讲习所）。校址在杭州马坡巷（系租用民房，后因校舍不敷，迁横河桥南河下民房）。学生按照师范生待遇，一律免缴学膳费
1911 年	1911 年 10 月辛亥革命后，改农业教员讲习所为浙江中等农业学堂		1911 年 10 月辛亥革命后，改农业教员讲习所为浙江中等农业学堂，设农学科，修业年限为 3 年
1912 年	浙江中等农业学堂改为公立浙江中等农业学校	校长：叶芸（代理）	1912 年 1 月，浙江中等农业学堂改为公立浙江中等农业学校

---

① 黄寿波：《浙江省最早建立的自办测候所》，《浙江大学报》，2010 年 1 月 8 日，第 4 版。
② 邹先定主编：《浙江大学农业与生物技术学院院史》，杭州：浙江大学出版社，2010 年，第 3-5 页。
③ 资料来源：王玉芝、罗卫东主编：《图说浙大——浙江大学校史简本》，杭州：浙江大学出版社，2010 年，第 14 页；浙江大学校史编写组：《浙江大学简史（第一、二卷）》，杭州：浙江大学出版社，1996 年，第 22-23 页。

续　表

时间	事件	负责人	说明
1913 年 1 月— 1913 年 7 月	仍为公立浙江中等农业学校	校长：吴崃	教育部令改为甲种农业学校，任吴崃为校长，公立浙江中等农业学校校址在横河桥即今杭八中校址。1913 年 4 月 21 日迁入杭州笕桥新校舍，添设森林科。1915 年部令规定甲种农业学校修业期限 4 年（预科 1 年，本科 3 年），于是特设研究科一班，为让原有农业、森林 2 科学生继续留校学习，使他们的毕业年限延长 1 年。1918 年添设兽医科，1922 年后省议会以愿学兽医学生太少，决议停办。当时农校校长高维魏力主维持原状，经费由其私人垫补，兽医科学生也向省议会请愿，议会才通过发半费。当时社会上实际很需要兽医人才，这届兽医科学生毕业后，各地争相聘用，致使"供不应求"
1913 年 7 月— 1915 年 7 月	浙江中等农业学校改为浙江省立甲种农业学校	校长：陈嵘	
1915 年 7 月— 1916 年 7 月		校长：黄勋	
1916 年 7 月— 1922 年 7 月		校长：周清	
1922 年 7 月— 1923 年 1 月		校长：陆海望	
1923 年 1 月— 1924 年 1 月		校长：高维魏	
1924 年 1 月— 1924 年 12 月	民国十三年（1924），甲种农业学校升格为浙江公立农业专门学校，附设高中农科	校长：许璇	1924 年秋，浙江省议会议决浙江省立甲种农业学校升格为浙江公立农业专门学校，浙江建德的省立甲种森林学校并入该校。学校设农学、森林 2 科，招收旧制中学毕业生一班为 1 年期预科，初级中学毕业生一班为 2 年期预科，本科修业年限为 3 年。原甲种农校的农学科、森林科及甲种林校的森林科、农林科各班均办至该班毕业为止，不再招生。学校同时附设高中农科，修业期限为 5 年
1925 年 1 月— 1925 年 12 月		校长：高维魏	
1925 年 12 月— 1927 年 5 月		校长：钱天鹤	
1927 年 5 月— 1927 年 7 月	1927 年 7 月，农专改第三中山大学劳农学院	校长：谭熙鸿	1927 年 8 月，农专改第三中山大学劳农学院，谭熙鸿任院长

二、"农专"的理学课程的设置情况

与"工专"类似，"农专"也经历了晚清和民国初期 2 个时期，学校也从中等专科学校逐渐演变为高等专科学校，由于清末和民初的学制变更，课程规定也有差别。

（一）1904 年"癸卯学制"所规定的课程

按照"癸卯学制"的统一规定，中等农业学堂、高等农业学堂分别有详细的课程安排。

1. 中等农业学堂

在 1904 年 1 月 13 日颁布的"癸卯学制"的《奏定中等农工商实业学堂章程》中，"中等农业学堂立学总义"为：

第一节　设中等农业学堂，令已习高等小学之毕业学生入焉；以授农业所必需之知识艺能，使将来实能从事农业为宗旨；以各地方种植畜牧日有进步为成效。每星期钟点视各学科为差；预科二年毕业，本科三年毕业。

第二节　下章所载各种学科，系就农业应备之科目分门罗列，听各处因地制宜，择其合于本地方情形者酌量设置，不必全备。

第二章"中等农业学堂学科程度"中，则明确规定了中等农业学堂的课程如下：

第一节　中等农业学堂之学科，分为预科、本科。
第二节　预科之科目凡八：一、修身，二、中国文学，三、算术，四、地理，五、历史，六、格致，七、图画，八、体操；并可加设外国语。
第三节　预科之学习年数以二年为限。
第四节　预科之授业时数，每星期三十点钟以内。
第五节　本科分为五科：一、农业科，二、蚕业科，三、林业科，四、兽医业科，五、水产业科。其各学科之科目如下。
农业科之普通科目凡八：
一、修身，二、中国文学，三、算学，四、物理，五、化学，六、博物，七、农业理财大意，八、体操。但此外尚可便宜加设地理、历史、外国语、法规、簿记、图画等科目。
农业科之实习科目凡十二：
一、土壤，二、肥料，三、作物，四、园艺，五、农产制造，六、养蚕，七、虫害，八、气候，九、林学大意，十、兽医学大意，十一、水产学大意，十二、实习。均可酌量地方情形，由各科目中选择，或便宜分合教之，并可于各科目外酌加其他关系农业之科目。
蚕业、林业、兽医业之普通科目凡七：
一、修身，二、中国文学，三、算学，四、物理，五、博物，六、农业理财大意，七、体操。但此外尚可便宜加设地理、历史、外国语、各业章程、簿记、图画等科目；惟兽医可缺算学、物理、博物、农业理财大意数科目。
蚕业之实习科目凡八：
一、蚕体解剖，二、生理及病理，三、养蚕及制种，四、制丝，五、桑树栽培，六、气候，七、农学大意，八、实习。
林业之实习科目凡八：
一、造林及森林保护，二、森林利用，三、森林测量及土木，四、测树术及林价算法，五、森林经理，六、气候，七、农学大意，八、实习。
兽医业之实习科目凡十二：
一、生理，二、药物及调剂法，三、蹄铁法及蹄病治法，四、内科，五、外科，六、寄生动物，七、畜产，八、卫生，九、兽疫，十、产科，十一、剖检法，十二、实习。
水产业之学科分为四类：一、渔捞类，二、制造类，三、养殖类，四，远洋渔业类。
渔捞、制造、养殖及远洋渔业等四类之普通科目凡十二：
一、修身，二、中国文学，三、算学，四、地理，五、物理，六、化学，七、博物，八、图画，九、水产业法规及惯例，十、理财学大意，十一、水产学大意，十二、体操。但此普通科目，除修身、中国文学外，可便宜酌缺数科目。其渔捞、制造、养殖三学科，如有时欲合并为二学科教授，则可于下所列实业科目斟酌选择，或便宜分合定之。

渔捞类之实习科目凡九：

一、渔捞法，二、水产动物，三、水产植物，四、航海术，五、渔船运用术，六、气象学，七、海洋学，八、船舶卫生及救急疗治，九、实习。

制造类之实习科目凡九：

一、水产制造法，二、水产动物，三、水产植物，四、细菌学大意，五、分析，六、机器学大意，七、实习。

养殖类之实习科目凡五：一、水产养殖法，二、水产动物，三、水产植物，四、发生学大意，五、实习。

远洋渔业类之实习科目凡八：

一、航海术，二、渔船运用术，三、渔捞法，四、造船学大意，五、气象学，六、海洋学，七、外国语，八、实习。但入远洋渔业科之学生，须取在本科中渔捞科已学习三年者，或其学力与之同等者。

第六节　本科之学习年数，以三年为限；但亦可酌量地方情形，节缩为二年以内，或展长至五年以内。

第七节　本科之授业时数，除实习时刻外，每星期三十点钟；惟水产业为二十八点钟以内。其实习时数，须量各业之繁简随宜酌定。[①]

2. 高等农业学堂

在 1904 年 1 月 13 日颁布的"癸卯学制"的《奏定高等农工商实业学堂章程》中，"高等农业学堂立学总义"为：

第一节　设高等农业学堂，令已习普通中学之毕业学生入焉；以授高等农业学艺，使将来能经理公私农务产业，并可充各农业学堂之教员、管理员为宗旨；以国无惰农、地少弃材，虽有水旱不为大害为成效。每星期三十六点钟，预科一年毕业，农学四年毕业，森林学、兽医学、土木工学三年毕业。

第二节　下章所载各种学科，系就农业中应备之科目分门罗列，听各省因地制宜，择其合于本地方情形者酌量设置，不必全备。

第二章"高等农业学堂学科程度"中，则明确规定了高等农业学堂的课程如下：

第一节　高等农业学堂分为预科、本科。

第二节　预科之科目凡十：

一、人伦道德，二、中国文学，三、外国语（英语，愿入农学科者兼习德语），四、算学（代数、几何、三角），五、动物学，六、植物学，七、物理学，八、化学，九、图画，十、体操。

第三节　本科分为三科：一、农学科，二、森林学科，三、兽医学科。若在殖民垦荒之地，更可设土木工学科。

---

① 璩鑫圭、唐良炎编：《中国近代教育史资料汇编：学制演变》，上海：上海教育出版社，2007 年，第 457-459 页。

——农学科之科目凡二十一：一、农学，二、园艺学，三、化学及农艺化学，四、植物病理学，五、昆虫学及养蚕学，六、畜产学，七、兽医学大意，八、水产学大意，九、地质学及岩石学，十、土壤学，十一、肥料学，十二、算学，十三、测量学，十四、农业工学，十五、物理学，十六、气象学，十七、理财原论，十八、农业理财学，十九、农政学，二十、殖民学，二十一、体操。

以上各科目外，尚有实习农业之科目凡二十有五：一、耕牛、马使役法，二、农具使用法，三、家畜饲养法，四、肥料制造法，五、干草法，六、农用手工，七、农具构造，八、养蚕法，九、排水及开垦法，十、制麻法，十一、制丝法，十二、制茶法，十三、榨乳法，十四、牛酪制造法，十五、养蜂法，十六、各种制糖法（如萝卜、蜀秫等类），十七、炼乳制造法，十八、干酪制造法，十九、粉乳制造法，二十、蔬菜、果实干燥法，二十一、罐藏法，二十二、制靛法，二十三、淀粉制造法，二十四、酱果制造法，二十五、酿造法。

——森林学科之科目凡三十：一、物理学，二、化学，三、气象学，四、地质学，五、土壤学，六、动物学，七、植物学，八、森林测量术，九、图画，十、森林数学，十一、造林学，十二、森林利用学，十三、林产制造学，十四、森林经理学，十五、森林保护学，十六、森林管理，十七、森林道路，十八、理财学，十九、法律大意，二十、森林法，二十一、林政学，二十二、农学大意，二十三、财政学，二十四、数猎学，二十五、殖民学，二十六、森林测量实习，二十七、造林实习，二十八、林产制造实习，二十九、森林经理实习，三十、体操。

——兽医学之科目凡三十二：一、化学，二、生理学，三、药物学，四、蹄铁法，五、蹄病论，六、病理通论，七、内科学，八、外科学，九、外科手术学，十、寄生动物学，十一、病体解剖学，十二、动物疫论，十三、兽医警察法，十四、胎生学，十五、产科学，十六、眼科学，十七、马学，十八、卫生学，十九、霉菌学，二十、畜产学，二十一、家畜饲养论，二十二、乳肉检查法，二十三、农学大意，二十四、蹄铁法实习，二十五、家畜管理实习，二十六、外科手术实习，二十七、家畜病院实习，二十八、内外诊察实习，二十九、调剂法实习，三十、乳肉检查实习，三十一、牧场实习及植物采集，三十二、体操。

——土木工学科之科目凡二十一：一、测量法，二、微分积分大意，三、物理学，四、化学，五、制图及建筑材料，六、应用重学，七、道路修造法，八、桥梁建造法，九、铁路建造法，十、石工造屋法，十一、水利工学，十二、农业工学，十三、卫生工学，十四、器械运用法，十五、工业理财学，十六、农业理财学，十七、殖民学，十八、土木法规及农事法规，十九、测量实习，二十、工事设计实习，二十一、体操。

以上各种学科，并非限定一学堂内全设；可斟酌地方情形，由各学科中选择合宜之数科设之。[①]

（二）1913年后《实业学校令》所规定的课程

1913年后，民国初年，教育部颁行新学制（壬子学制），包括《实业学校令》和《实业学校规程》，其对"农业学校"的课程有明确规定。

1913年8月4日《教育部公布实业学校令》规定：

---

① 璩鑫圭、唐良炎编：《中国近代教育史资料汇编：学制演变》，上海：上海教育出版社，2007年，第466-467页。

第一条　实业学校以教授农、工、商业必需之知识、技能为目的。

第二条　实业学校分甲种、乙种：甲种实业学校施完全之普通实业教育；乙种实业学校施简易之普通实业教育；亦得应地方需要授以特殊之技术。

1913年8月4日《教育部公布实业学校规程》，在其第二章《农业学校》一节中，具体规定了"农业学校"的课程体系：

第十三条　农业学校分甲乙两种：甲种农业学校之学科，分为农学科、森林学科、兽医学科、蚕学科、水产学科等。乙种农业学校之学科，分为农学科、蚕学科、水产学科等。前二项学科或全设，或酌设一二科以上，得因地方情形定之。仅设一科之学校，其名称以科定之，如森林学校、蚕业学校、水产学校等。

第十四条　甲种农业学校修业期，预科一年，本科三年，但得延长一年以内。乙种农业学校修业期三年。

第十五条　农业学校得视地方情形酌设别科，其修业期二年。

第十六条　甲种农业学科预科科目为：修身、国文、数学、理科、图画、体操，并得酌加地理、历史、外国语、唱歌等科目。

甲种农业学校本科通习科目为：修身、国文、数学、物理、化学、博物、经济、体操、实习，并得酌加地理、历史、外国语、法制大意、簿记、图画等科目。

农学科之科目为：土壤学、肥料学、作物学、园艺学、农产制造学、畜产学、养蚕学、病虫害学、气象学、农业经济、农业法规、森林学大意、兽医学大意、水产学大意等。

森林学科之科目为：造林学、森林保护学、森林利用学、森林测量学、森林工学、测树术及林价算法、林产制造学、林政学及森林法规、森林经理学、狩猎论、气象学、农学大意等。

兽医学科之科目为：解剖及组织学、生理及病理学、药物及调剂法、蹄铁法及蹄病论、内科学、外科学、寄生动物学、外科手术、产科及眼科学、兽医、警察法、卫生学、兽疫学、马学、畜产学、畜产法规、牧草论、农学大意等。

蚕学科之科目为：养蚕学、蚕体生理学、蚕体病理学、蚕体解剖学、制种学、细菌学、制丝法、桑树栽培法、土壤及肥料学、气象学、蚕业经济、蚕业法规、农学大意等。

水产学科之科目为：水产动物学、水产植物学、渔捞法、养殖法、制造法、细菌学、制造化学、船舶卫生及救急疗法、航海及渔船运用术、应用机械学、气象及海洋学、渔具制造大意、渔业经济、渔业法规等。

第十七条　乙种农业学校通习科目为：修身、国文、数学、博物、理化大意、体操、实习，并得酌加地理、历史、经济、图画等科目。

农学科之科目为：土壤学、肥料学、作物学、园艺学、病虫害学、养蚕学、家畜学、农产制造学、气象学、林学大意等。

蚕学科之科目为：养蚕学、蚕体生理及解剖学、蚕体病理学、制丝法、桑树栽培法、土壤及肥料学、气象学、蚕业法规、农学大意等。

水产科之科目为：水产生物学、渔捞法、养殖法、制造法、船舶卫生及救急疗法、渔船运用术、气象及海洋学、渔具制造大意等。

第十八条 甲种农业学校授业时数，除实习外，每周不得过二十八小时。乙种农业学校授业时数，除实习外，每周不得过二十四小时。各科实习时数，以作业之繁简定之，但农学科每周须在十六小时以上，蚕学科在养蚕时期得停课三周以内。[①]

其中，甲种农业学校，本科通习科目中的数学、物理、化学、博物等科目；乙种农业学校，通习科目中的数学、博物、理化大意等科目，即为初步的理科课程。

三、"农专"时期的学校生活——相关材料的记述

由于文献资料等欠缺，已无法找到"农专"时期具体的课程安排等的原始档案材料，也未见当事人对此内容较为详细的回忆。在目前可见的为数不多的材料里，1922年《浙农新声》第1期登载的署名"一农"的记者所写的报道《浙省农校十周纪念会参观记》，对1927年之前"农专"时期的学校、教学以及师生日常生活等情况，有所记述，兹摘录如下（编者注：引文中若干明显印刷误字、漏字或因当时使用习惯等原因而出现的不规范用字，由编者直接改正或补充，不再单独说明）：

农校开十周纪念会之声浪，传播遐迩。记者出身田亩，对于农事特具情感。数年前曾往该校参观一次，虽未能尽如人意，亦有可资参考者。缘于纪念日，特乘车至笕，为精密之考察。

车中人极拥挤，均往该校者。据车中办事人云，已特添客车二辆。下车，见该校学生持旗欢迎。因随之前进，一入该校区域，气象迥然不同。道路修洁，行道树已绿叶成荫。先经兽医院、林场，至果树园门首，见纪念石柱，巍然峙立，为教育厅张君手笔，正面书"十周纪念"四字。园临河堤，垂杨夹道，风景宜人。过桥即校门，为省长题额，始知校门已改成北向，气象轩昂，迥非昔比。

入门，即由学生分送该校印刷品多种，由招待员导入休息室小憩。随闻铃声开会，随众至大礼堂。壁悬历任校长肖像，及各界赠送之对联甚夥。最足注目者，为该校毕业生赠送之大钟，及美术学校赠送之油画。入座后，先奏国歌，次由校长致开会辞，继由各长官致训辞，次来宾演说。记者本拟登台有所贡献，嗣以来宾众多，且时已近午，因而不果。随唱校歌、纪念歌，奏乐、摄影、散会。

午餐后，先至学校成绩展览部参观。第一室为农艺，陈列者为稻、粟、豆、麦、棉、麻、茶、桑、蚕茧、蚕丝等。第二室为园艺，陈列者为各种果树、花卉、蔬菜，并病虫害各种标本、图画。第三室为农产制造品，陈列者为该校创制之各种酒类、花露、罐头、酱油，以及纤维、肉铺、果酱等，多至二百余种。第四室为森林，陈列者为木材标本、竹类标本，及临平山学习林地质标本等。第五室为林产制造，陈列者为樟脑、木醋、木炭等，及各种制造用器械并测量器具。第六室为畜产，陈列者为孵卵器、保姆器、各种鸡种，及各种家畜之图画模型。第七室为兽医，陈列者为细菌培养器、解剖模型、病菌标本、寄生虫标本、酒精渍病体实物标本，以及药品暨手术用各种器械。第八室为行政，壁悬各种图表，凡历年学校之经费、建筑、设备，学生之毕业人数、社会服务状况等，尽萃于此。

---

① 璩鑫圭、唐良炎编：《中国近代教育史资料汇编：学制演变》，上海：上海教育出版社，2007年，第734-736页。

尤新颖者为该校教职员所制作之新农村模型。全村假定为三十六方里，每方里划为一区。以中央二区为公有地，凡公共建筑物，如村行政所、农村学校、会堂、通俗图书馆、医院、合作社、消防所、邮电局、村农事试验场、长途汽车停车场、公园、公众运动场、村社、植物园、风致林等均应有尽有。村民住宅则围绕公区，以便儿童之就学。此外，河道分天然河、人工河二种，及排水蓄水之设置。道路分县道、村道、农道三种。沿河两岸及行道上均栽树木。村之西北有山，山下为公共放牧场，山上遍栽森林，为全村水源涵养之地。游览一周，恍若身入其境，如匠心独具之桃源焉。壁间悬有新农村详细说明书，各种组织规划及办法咸备，洋洋千言，不及备载。

总观各室，陈列丰富，均由学生分任说明，有询及者，均娓娓陈说，毫无倦容，故虽不识字之农夫村妇，亦获益不浅也。

承该校厚谊，遂下榻于是。

第二日为运动会。晨由招待员导至运动场。场位于校舍之南，广二十余亩，作长方形。中心为国技运动区，跑道绕之，供田径赛运动，环其外者，为来宾席。场之北，依校舍而建司令台，与大礼堂后壁通焉。是日天气晴朗，观者甚众，万国旗飘扬空际。运动节目循序而进，各运动员均精神百倍，争夺锦标。虽烈日当空，而观者亦无厌倦之色焉。

午膳后，余以昨日参观未尽，央指导员导观学生展览部。指导员告余曰：本校学生部采用村自治制，每室为一村居，村民十人；村有长，公选之，以总理村务；东首各村合而为东乡，西首为西乡。值此十周纪念，两乡举行春社。各村自出意匠，制作关于历史、学术、国际、社会等有益于通俗教育之实物表演，以为改良农村社会之模范。

余逐村观览。如共和村之神农祠，柏叶蔽体之神农像甭丽堂皇，深符农家报本之意。大同村之古代博物陈列所，罗列各种模型，若没字碑、大人迹、孔子麟、羊公鹤、陆郎桔、邵平瓜之类含有历史上之兴味，亦庄亦谐。其联语云："开辟千五载乾坤，凭临一瞬；搜罗廿四朝人物，纪念十周。"超脱可喜。正谊村之"二十一条"，以纵横大地之雄狮而为二十一条绳索所束缚，非经济绝交之利刃，将无以自救。恭俭村之胜棋亭，局势险恶，存忘之机系于一着，是皆足以引起观者之国际观念也。精勤村之害虫驱除，纯洁村之森林防水，尤足以唤起农民之注意。其他如忠恕、廉明、互助、合群、博爱、仁让等村均勾心斗角，各有所长，农民能采取斯意，以为娱乐，当获益非鲜也。

第三日晨，由招待员引观校外各部。

先至农场。场在校之东北，广约百四十亩。分作物、园艺、桑园三部，各部分经济、试验、实习、标本等区。道路沟洫，位置井然。场之北为事务所，陈列农场各项产品，壁间图表多至数百件，应有尽有。事务室之前为花卉园，中植草本、木本花卉，不下一千余种。园之东为温室，迤南为雨天作业场。场之东为农夫宿舍。综览全局，规模宏大，他处罕有其匹。

次至林场。场在校之西北，广约二十余亩，分播种苗圃、移植苗圃、竹园三部。场中为事务所，林产制造室、林学研究室属焉。前为植物标本园，广植本地木本植物，为认别树种之资，东为白蜡虫、五倍子培养区，其北倚池筑炭灶一座，为实习烧炭之需。闻演习林场尚有一千五百亩在临平，距校约二十余里，火车、水道均可通。上分四林班，学生以时上山实习，树种以松、杉为主。第四林班为天然林，一、二林班均已造就，第三林班方着手进行。夫该场面积既大，交通亦便，又以科学方法经营之，将来材木长成，浙江之模范森林舍此其谁属哉。

林场之西为兽医院，解剖室、药品室、诊断室属焉。前为牧草地，后为畜舍。

该院成立虽仅三载，而一切设备已具基础。

午后，学生扮演新剧，予膳后往观。剧名《市虎》，为校中自编之剧本。剧中描写乡村恶霸绰号王老虎者，欺压农民，巧取强夺，无所不至，致有破家荡产出奔他乡者。赖有令子，半工半读，学农有成，复归故里。适恶霸谩藏诲盗，自杀其身。而农子乃得用其所学，改良社会，卒成模范农村。假优孟之衣冠，写农民之疾苦，惩世劝学，用意良深，洵不背化装讲演之本旨。

台前悬有剧目，并附有美术画之斑烂猛虎及题词若干首。特录三首：（一）悲世难将涕泪收，任他蛮触斗神州，抽毫窃取阳秋意，为写农民万斛愁。（二）盗钩盗国太纵横，大好山河满刺荆，独具阮生双白眼，玄黄血里看分明。（三）市井群歌猛虎行，更无郑侠画流氓，现身说法氍毹上，聊为齐民诉不平。诵其诗亦可以见是剧之旨趣矣。

余于演剧毕趁车入城，亟出笔录，匆促成篇。方拟修润，适该校某君过访，阅稿，谓该校将有《浙农新声》之发刊，请以之充篇幅，因以畀之。稿虽不文，亦记实之作，未与斯会者，读此当能得其大略也。①

---

① 原载《浙农新声》第 1 期，来稿栏第 1-4 页，1922 年。转引自许高渝编：《从求是书院到新浙大——记述和回忆》，杭州：西泠印社出版社，2017 年，第 29-31 页。

第二部分

光之聚

（1927—1936）

——浙江大学及文理学院的成立与理学系科
在浙江大学的初步发展

1927 年南京国民政府成立后，要求所有在华教会学校必须向政府立案。正当之江大学因为是否立案而产生争执乃至于 1928 年 7 月暂时停办之时，1927 年 6 月前后，南京国民政府采取了新的兴办大学的步骤，即大学区制，并确定在浙江等省施行。浙江省内诸多有识之士早有兴建一所完全的公办大学之议，但由于种种原因而搁置；此时正好中央、地方合力促成，第三中山大学于 1927 年 7 月顺势建立，后陆续演变，于 1928 年 7 月正式定名为"国立浙江大学"。

由于大学创立较为仓促，所以，大学主体的文理学院（也包括大学理学系科），在大学正式成立后才开始筹备，并于 1928 年 8 月正式开办。文理学院中陆续设立数学系、物理学系、化学系（以上3 系均为 1928 年 8 月设立）和生物学系（1930 年 8 月设立）等理学系科，并一直延续下来，稳定地开展了教学、科研工作（另有心理学系存在于 1929 年 8 月—1931 年 7 月）。这些，标志着大学本科阶段的理科教育在浙江大学正式出现，也标志着浙江省公办高等理科教育正式确立。

大学及文理学院成立早期，蒋梦麟、邵裴子先后长校，邵裴子兼任文理学院院长。二人秉持蔡元培"民主办学、教授治校"精神，主张培育德才兼备的"士流"，重视师资质量，精心网罗人才，增添图书设备，学校及文理学院的办学卓有成效；且考虑到当时的社会需要和师资、设备等状况，对理学系科尤其重视。但由于种种原因导致的学校经费短缺日益严重等问题，加之一校之内文理、工、农3 学院相对独立的管理体制，以及受其他各种因素的干扰和影响，学校发展面临一些困难；邵裴子也于 1931 年年底请辞校长职务（仍任文理学院院长至 1934 年年初）。

1932年3月程天放长校，"鉴于校中行政散漫分歧"，各院"各自为政"，"为统一事权、节省经费、提高办事效率起见，决定本大学行政方面予以改组"，采取了一定的改革措施，正式制定《国立浙江大学组织规程》。学校各方面规章逐步健全，制度划一，取得了一定的成效。1933年3月，郭任远长校，进一步改革和完善学校的治理体系，同时规划校园、扩建校舍，为学校的发展做出了一定的贡献。但由于教育理念差异、内外局势演变以及具体举措失当等原因，郭氏长校期间，引发教师离校、学生学潮等动荡局面，学校发展陷于艰困处境。

　　这一时期，尽管学校发展面临较多困难和问题，但总体而言，大学理科的本科教育已经全面展开，理学主要系科（如数学系、物理学系、化学系、生物学系）建立并得到一定的发展，且主要师资也已经来校并逐渐凝聚为核心力量。但可惜的是，由于后期学校内部的矛盾、困难，以及主事者的决策或执行中的失误、失当，导致学校动荡不安，影响了教学、科研水平的提升，浙江大学仍然为一所地方性大学，落后于国内若干先进高校。同时，研究生层次的教育（包括理科中的研究生层次）亦尚未正式进行。

　　1936年4月，竺可桢出任浙江大学校长，学校结束了之前的混乱局面，进入新的发展时期。

第四章

浙江大学的创立过程及其早期概况

在浙江省创办一所完全意义上的、由中国人自己管理的大学，是近代浙江省众多人士的心愿。但由于种种原因，直到 1927 年北伐战争基本胜利、国民革命军控制南方（包括浙江省）时，才在当时试行的大学区制度下，由中央与地方合力促成。

第一节 在浙江省创办公办大学的筹备过程与大学的正式建立

在 1935 年出版的《国立浙江大学要览（民国二十四年度）》中，有一篇《国立浙江大学沿革概要》，完整地记述了浙江省创建完全意义上的大学的过程和早期的发展情况（1935 年年底之前）。该篇《概要》文首有一段总括性的表述：

> 民国纪元前十五年（公元一八九七年），浙江求是书院成立，为本省新式学术研究机关，并为本省改革高等教育制度之策源地也。求是虽名为书院，实具大学之雏形，后以学制变更，求是书院改为浙江大学堂，嗣又改为浙江高等学堂。民国元年，教育部计划整理学制，决定停办高等学堂，改设大学预科，于是浙江高等学堂遂由结束而至取消。迨至民国十年，浙江省议会建议筹设杭州大学，浙江高等教育机关遂有复兴之机；惟尔时几经筹备，终未成立。十六年春，国民革命军底定浙江，复有筹设浙江大学研究院及浙江大学之议。研究院后经决定暂缓设置，而大学则于是年八月一日，宣告成立矣。故本大学从历史观察，实由求是书院、浙江大学堂、浙江高等学堂蜕化而来。而本身的发展，又可分为三大时期：（一）杭州大学筹备时期（是本大学之发轫时期）；（二）浙江大学研究院及浙江大学筹备时期（是本大学之形成时期）；（三）大学成立及发展时期。[①]

2016 年，徐立望撰写的《1914—1927 年浙江大学筹建运动》一文，更细致地还原了浙江大学筹建阶段的诸多细节。结合有关论述，可将浙江大学前期历史分为初期的准备和成立阶段，以及早期（1936 年之前）的初步发展阶段。早期的发展中，则明显以 1932 年程天放长校为界，又可分

[①] 《国立浙江大学要览（民国二十四年度）》，第 1-5 页。张研、孙燕京主编：《民国史料丛刊（第 1087 册）》，郑州：大象出版社，2009 年，第 17-25 页。

为 2 个时期，即蒋梦麟、邵裴子长校的三学院相对独立时期和程天放、郭任远长校的校政统一时期。

　　兹结合前述所论和相关史料，将浙江省创办完全意义上的大学的过程分为筹办和创立两个时期，各时期再划分若干阶段，简述如下。

一、浙江省筹办省属公办大学的设想及其准备（1917—1926）[①]

　　"从 1914 年到 1927 年，浙江并没有公认的最高学府的存在。重新恢复浙江最高学府成为浙江众多人士努力的目标。各方人士或者撰文宣扬，或付诸实践"，"从 1917 年经亨颐首开其篇，1923 年张宗祥主持的杭州大学筹办达到高潮，到 1926 年沈定一最后尝试"，"都曾在教育史留下了深深的足迹"。[②]

（一）1917—1919年经亨颐的努力——推动浙江省议会在浙江"设立大学"

　　1917 年 9 月，教育部根据蔡元培等的提案，公布《修正大学令》。时任浙江教育会会长的经亨颐，在《修正大学令》颁布不久的当年 10 月，就开始筹划浙江最高学府的重建。目前所能看到的经亨颐日记残稿，只是收录了 1917—1919 年的部分日记，其中所见他推动浙江大学筹建的最早记载是在 1918 年 4 月 13 日："至吉羊巷事务所开校长会议，提议陈情省议会：浙江设立大学，先留养人材，而后培植人材。"

　　1918 年浙江省教育会曾提出要设立浙江大学，由会长经亨颐起草了《陈请省议会设立浙江大学文》。[③] 后在当年 5 月，浙江省第一届省议会通过了设立大学的议案，但由于该届省议会届满闭会，细节未及讨论。1918 年 10 月开始的第二届省议会，则由于各种因素制约，大学设立一事多次议而未决，至 1919 年年底暂告一段落。经亨颐的推动遂无果而终。

（二）1921年10—12月浙江省议会通过沈定一所提"筹办杭州大学案"

　　1921 年 11 月，浙江省议会建议筹办杭州大学，咨请浙江省长公署执行；当时即推定议员沈定一等订定筹办杭州大学大纲 22 条，经省议会议决通过。[④]

　　沈定一所拟"筹办杭州大学大纲"，连载在上海《民国日报》1921 年 11 月的 17—21 日。1 个月后议会通过的大纲，则有较多调整。沈定一的原大纲强调大学的独立性和超然性，但议会通过的大纲，则出于具体实施的考虑，更强调行政机构和立法机构对大学的管理和控制。

---

① 本小节内容主要据徐立望《1914—1927 年浙江大学筹建运动》（载《浙江学刊》2016 年第 4 期，第 76-84 页）摘编。
② 徐立望：《1914—1927 年浙江大学筹建运动》，《浙江学刊》2016 年第 4 期，第 76-84 页。
③ 经亨颐：《经亨颐教育论著选》，北京：人民教育出版社，1993 年，第 138 页。
④ 杭州大学校史编辑委员会编：《杭州大学校史（修改本）》，1997 年 3 月（内部印行），第 12 页。

图 4-1-1　载于上海《民国日报》1927 年 11 月 17 日的《筹办杭州大学大纲》（沈定一）[1]

但该议案通过后，由于各种原因，未得到及时实施。

（三）1922年10月至1923年3月张宗祥推动"杭州大学董事会"组成

1922 年 9 月 25 日，张宗祥从教育部科长改任浙江省教育厅长，10 月 6 日正式就职，此时距离省议会通过杭州大学大纲所规定的最后期限已经为时不多了。作为浙江省最高教育长官，张宗祥上任不久，就为杭州大学成立积极筹备着。10 月 27 日，省长张载阳根据教育厅上报的选任董事名单，咨送省议会。

1922 年 12 月 30 日，浙江省议会举行议事会议，第一项就是杭州大学董事会选举，开票结果：蔡元培 105 票，陈楑 91 票，蒋梦麟 86 票，陈大齐 84 票，阮性存 83 票，马寅初 82 票，应时 79 票，郑宗海 79 票，何炳松 75 票，汤兆丰 73 票当选为杭州大学董事，另有候补董事 10 人。当时，时任东南大学地学系主任的竺可桢，也于 1922 年 8 月被推为正在筹办的杭州大学董事候选人之一，但未获选[2]。在 10 名选任董事中，蔡元培、陈楑、蒋梦麟、陈大齐、马寅初、何炳松等 6 人曾任或时任北京大学教职，表明受北大办学理念的深刻影响。

1923 年 1 月 29 日下午 2 点，杭州大学董事会在省公署举行成立大会，选任董事蔡元培、陈楑、蒋梦麟、陈大齐、阮性存、马寅初、应时、郑宗海、何炳松、汤兆丰，聘任董事沈钧业、金百顺，委任董事张宗祥、张寿镛等出席。董事们议定 2 月 23－28 日，为董事会第一次会议时间。有关董事会办事细则，公推何、应两董事起草，并由教育厅长张宗祥暨郑、何、应三董事，先赴江干及万松岭一带，选觅大学地址。可见在此次会议之前，对于校址的选定，学界同仁已有基本的认知，2 月 20 日《申报》即报道：浙江大学校址，现经筹备处决拟，以万松岭旧敷文书院改筑，该院左江右湖，面积八亩有奇，为两浙文化策源，已由杭县庄知事将现居该地之林某等，限日迁让。在董事会召开第一次会议之前，任教于东南大学的董事郑宗海（即郑晓沧）和北京大学的蔡元培、陈大齐、蒋梦麟撰写了 2 份意见书函寄给董事会。

2 月 26 日下午，杭州大学董事会在省公署开第一次董事会，到会人员为省长、省议长、财政厅厅长、教育厅厅长、中国银行行长暨蒋梦麟、汤兆丰、阮性存、何炳松、应时等五位董事共 10 人，会上首先决定将万松岭敷文书院作为大学校址，接着讨论董事会办事细则及其建设费等问题。

---

① 引自金德水、吴朝晖主编：《浙江大学图史》，杭州：浙江大学出版社，2017 年，第 21 页。
② 江增辉：《西学东渐的成功典范》，中国科学技术大学博士学位论文，2013 年，第 180 页。

3月2日下午，选任、聘任、委任诸董事张宗祥、沈钧业、蒋梦麟、阮性存、应时、张寿镛、郑宗海、汤兆丰、何炳松均出席第二次董事会，首议大学学制草案，修正通过，次议大学章程草案。相比于之前何炳松和蔡元培等的意见书，通过的大学架构无疑更为宏大，首先设立四院：自然科学院、社会科学院、文艺学院、应用科学院，每院设若干系，每系设若干门。而在其他方面，则基本上采纳蔡元培等的意见书，贯彻了教师治校的理念。

经过几批浙籍人士的持续推动，浙江最高学府的成立终于有了眉目，不过如要真正能够落地，首要的还是经费问题。该年3月后，浙江省议会对此进行了多次讨论，但分歧巨大，最终牵连杭州大学章程和预算书等未能在议会议决。虽然在10月26日，议会民国十二年常年会召开之际，杭州大学董事会通过省公署向议会继续咨请议决，但是拖到次年的1月5日会议结束，仍未有结果。

1923年是浙江最高学府恢复的最好时机，董事会的成立标志着大学的筹建已经有了实质性的进展，但是议会中的派系和地缘因素使得这项惠及两浙地区的计划胎死腹中。是年7月25日蔡元培在奔赴欧洲的船上，写就致杭州大学董事会函件辞去杭州大学董事一职，预示着北洋时期浙江大学筹建计划的流产。在此后的日子里，议员以及行政部门虽仍屡有提议，余波未了，但是时机已经错过，不会再来。

（四）1926年7月筹办"杭州大学"的再次努力

1926年7月，浙江省教育厅曾请省长召集董事会，以便规划筹办杭州大学的事宜，但省长公署以大多数董事任期已满而拒绝召集董事会。于是董事会无形停顿，杭州大学的筹备事宜从此烟消云散。[①]

关于杭州大学筹备事宜中辍的原因，还有另外一种说法。"到了1926年，舆论又传闻省长夏超鉴于杭州大学基金自1922度起，按年从省税中提2%，积至1926年度，本利已有30余万元，拟即日召集董事会，磋商筹备一切。而曾为筹建杭州大学颇费思量的沈定一此时以萧山东乡教育会长身份，派出代表在全浙教育联合会提交建议案，希冀将民国早期汤寿潜捐助给省教育会10万元基金提取出来，作为大学开办费，并拟先办理化科及工商制造物品等科"，但也没有下文。"沈定一的这则提案，应是北洋政府时期浙江人士创办大学的最后呼吁和尝试。"[②]

二、浙江大学的正式创办（1927—1929）

1927年之前在浙江省创办"大学"及筹办"杭州大学"一事虽未实现，但已引起社会各界人士的关切。这些努力，最终导致浙江大学的创办。

（一）浙江省筹办浙江大学研究院及先办"大学"的决定

1927年4月18日，国民政府定都南京。4月20日，上海各报刊登了中央政治会议通过的浙

---

① 杭州大学校史编辑委员会编：《杭州大学校史（修改本）》，1997年3月（内部印行），第13页。
② 徐立望：《1914—1927年浙江大学筹建运动》，《浙江学刊》2016年第4期，第76-84页。

江省政治分会及省政府委员名单；25 日下午 4 时，政治会议浙江分会举行成立大会及分会委员就职典礼；27 日午后召开省政委员会成立会及各委员就职典礼。蒋梦麟是政治会议浙江分会委员、省政府委员兼教育委员，从 5 月 6 日开始，他又正式兼任浙江省教育厅厅长。①

在浙江建立一所完全意义上的大学，是蒋梦麟等教育界浙籍人士很久以来的想法。1927 年 5 月 24 日，蒋梦麟就任浙江省教育厅厅长不久，即与浙籍政治元老张静江、蔡元培以及李石曾、邵元冲、马叙伦等探讨成立浙江大学及浙江大学研究院的事情。第 2 天上午，浙江省政府省务会议通过成立浙江大学研究会筹备员名单，共 9 人，内有张静江、蔡元培、李石曾、蒋梦麟、马叙伦、邵元冲、胡适、陈世璋、邵裴子等。5 月 30 日，浙江省务委员会第 15 次会议议决设浙江大学研究院筹备委员会及筹备处，将前浙江高等学校及陆军小学旧址作为研究院院舍。6 月 1 日省务委员会第 16 次会议议决，拨罗苑（今平湖秋月公园一部分）及文澜阁旧址（今浙江博物馆所在地）归浙江大学研究院使用。6 月 18 日上午，浙江大学研究院筹备会正式成立。后因研究院规模较大，所需经费多，经筹备委员会议决定，研究院暂缓设立，先办大学。浙江大学的创办遂提上日程。

（二）国家创办"第三中山大学"的决策与浙江省的顺势而为

恰与此同时，即正当浙江省有关方面积极筹备创办正式大学时，国家政治形势发生巨大变化，国家教育行政体制也发生变化，即开始实行"大学区制"。

1927 年，随着北伐战争的胜利，蔡元培等有鉴于北洋军阀时代以官僚支配教育之弊端，建议国民政府采用法国大学院制度，设大学院而不设教育部。1927 年 6 月 6 日，蔡元培在国民党中央政治会议第 102 次会议上，呈请变更教育行政制度。6 月 12 日，国民政府训令在浙江、江苏等省试行大学区（当时为纪念孙中山先生，全国设 4 个中山大学，第一中山大学在广州，第二中山大学在武汉，第三中山大学在杭州，第四中山大学在南京。以第三、第四中山大学分别在浙江、江苏试行大学区制）。这样，大学区完成了它的立法程序。设在浙江的第三中山大学，拟以蒋梦麟为校长。

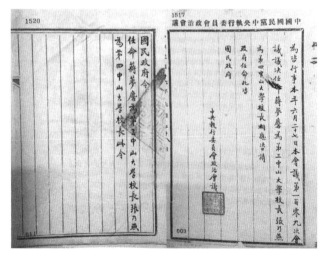

图 4-1-2　国民政府任命蒋梦麟为第三中山大学校长的文件（根据中国国民党中央执行委员会 1927 年 6 月 27 日第 109 次会议决议）②

① 马勇著：《蒋梦麟传》，北京：红旗出版社，2009 年，第 254 页。
② 引自金德水、吴朝晖主编：《浙江大学图史》，杭州：浙江大学出版社，2017 年，第 20 页。

　　1927 年 6 月 18 日，浙江大学研究院筹备会正式成立，开始加紧推动浙江大学的筹备和规划；这样，稍后出现的大学区就打断了浙江大学筹备的进程，省办大学的设想实际上被纳入大学区的规划。在这一背景下，当时正好在杭参与筹备浙江大学及研究院的蒋梦麟，又被任命为拟议中的第三中山大学的校长，遂努力推动，将筹备中的地方大学与此国家决策结合。

　　根据设立第三中山大学的命令，蒋梦麟出任校长；遂直接将原来的浙江大学研究院筹备委员会转为第三中山大学的筹备委员会，开始了第三中山大学的准备工作。1927 年 7 月 6 日中午，蒋梦麟在杭州楼外楼宴请自上海来的中央教育委员蔡元培、李石曾、胡适以及邵元冲、马寅初、马叙伦、邵裴子等，并于餐后在舟中召开第三中山大学筹备委员会会议，对于章程有所讨论。这样，浙江省顺势而为，认可了这一变化；并于 1927 年 8 月 1 日，浙江省务会议议决，将浙江公立工业专门学校、浙江公立农业专门学校改组为第三中山大学工学院、劳农学院，并决定另行筹建文理学院，以这几个学院作为第三中山大学的基本架构。

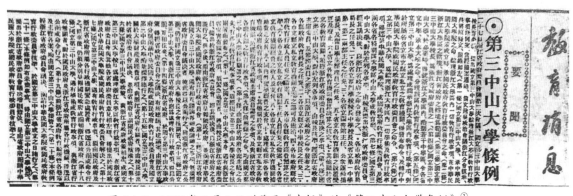

图 4-1-3　1927 年 8 月 1 日刊登于《申报》的《第三中山大学条例》[①]

（三）大学成立并最终定名为"国立浙江大学"

　　1927 年 7 月 15 日，第三中山大学宣告成立。校址在原浙江高等学校旧址蒲场巷（1930 年 5 月后改称"大学路"[②]）。8 月 1 日之后，改组浙江公立工业专门学校为工学院、浙江公立农业专门学校为劳农学院，同时筹建文理学院，并接收浙江省政府教育厅的行政职权。8 月 3 日，国民政府教育行政委员会第 22 号令，决定第三中山大学冠名"国立"二字，称"国立第三中山大学"。

---

① 引自金德水、吴朝晖主编：《浙江大学图史》，杭州：浙江大学出版社，2017 年，第 22-23 页。
② 编者按：1930 年 5 月，经杭州市工务局批准，蒲场巷（即庆春门直街至里横河桥一段）改称大学路。"该地昔为滨海之区，多产蒲苇，巷因此而得名。"参见《蒲场巷将改名为大学路》，《国立浙江大学校刊》第 10 期（1930 年 5 月 3 日）。

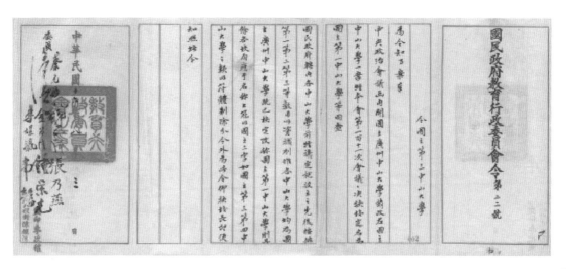

图 4-1-4　国民政府教育行政委员会决定第三中山大学冠名"国立"二字的文件【令第 22 号（1927 年 8 月 3 日）】[1]

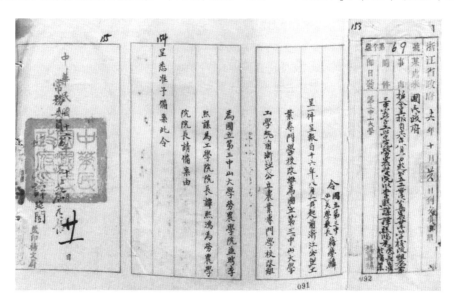

图 4-1-5　国民政府确认"工专""农专"改组为第三中山大学工学院、劳农学院及任命院长的文件
（1927 年 10 月 21 日）[2]

　　不久后，因多所大学都以"中山大学"为名，易引起歧义，国民政府对大学的名称逐渐加以调整和规范。1928 年 2 月 28 日，大学院明确"国立第三中山大学"改称"浙江大学"，不必加"国立"二字（大学院训令第 165 号）。

①　引自金德水、吴朝晖主编：《浙江大学图史》，杭州：浙江大学出版社，2017 年，第 21 页。
②　引自金德水、吴朝晖主编：《浙江大学图史》，杭州：浙江大学出版社，2017 年，第 23 页。

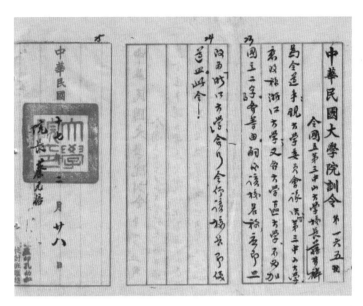

图 4-1-6　大学院决定国立第三中山大学更名为"浙江大学"的文件（1928 年 2 月 28 日大学院训令第 165 号）[1]

后又按照修订后的"大学区组织条例"，全国依原划定省份及特别区，定名若干大学区，以所在省或特别区之名命名。国立第三中山大学遂于 1928 年 4 月 1 日正式改称"浙江大学"，当时为划清领导归属系统，曾称"中华民国大学院浙江大学"（简称浙江大学）。[2] 再至 5 月 25 日，又接大学院令，经大学委员会复议，决定"大学区大学"得加"国立"两字，遂定名为"国立浙江大学"，并于 1928 年 7 月 1 日起正式改称"国立浙江大学"[3]。

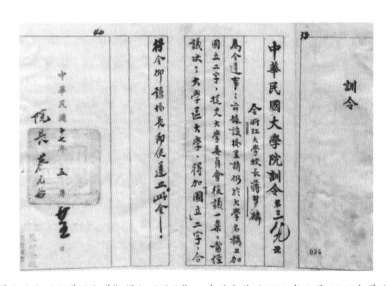

图 4-1-7　大学院决定"大学区大学"得加"国立"二字的文件（1928 年 5 月 25 日大学院训令）[4]

---

[1]　引自金德水、吴朝晖主编：《浙江大学图史》，杭州：浙江大学出版社，2017 年，第 30 页。

[2]　编者按：据 1928 年 4 月 5 日大学院大学委员会第六次会议的会议录记载，该次会议所讨论的第五项议题为："浙江大学呈请加'国立'二字案。无讨论，因浙江最近已拟取消此议，改称'中华民国大学院浙江大学'。"参见《大学院公报》第一年第五期，1928 年 5 月，第 61 页。

[3]　张淑锵、金灿灿、朱之平：《在曲折中发展的浙江大学——浙江大学的探求（1927—1936）》，《浙江档案》2011 年第 2 期，第 46-49 页。

[4]　引自金德水、吴朝晖主编：《浙江大学图史》，杭州：浙江大学出版社，2017 年，第 30 页。

按照大学区组织条例，大学区设评议会、秘书处、研究院、高等教育处、普通教育处、扩充教育处等。评议会为审议机关，秘书处辅助校长处理本学区行政上一切事务，研究院为大学研究专门学术的最高机构，院内设设计部。浙江试行大学区时，浙江大学除本大学的各学院外，仅设秘书处及普通教育管理处。普教处管理学区内公立中小学及监督私立中小学教育事业。当时因学区内扩充教育事业及高等教育事业均不甚发达，故仅设社会教育主任一人，管理职业学校、图书馆、运动场、演讲所等，隶属于普通教育管理处。至于高等教育事宜，则由校长直接管理。

（四）"大学区"制的废止与"国立浙江大学"回归"大学"本身

大学院与大学区作为一项新制度，虽然创制宏远，设想完美，但实行不久，即遭到一些党政要员，甚至教育界人士的责问与反对。经过多次变更，至 1928 年 10 月，国民政府正式决定，大学院改为教育部，所有前大学院一切事宜，均由教育部办理。再至 1929 年 7 月 1 日，国民政府决议"由教育部定期停止试行大学区制"。同年 8 月，浙江大学将浙江省教育行政职权移交浙江省教育厅。自此，"国立浙江大学"回归"大学"本身，成为一所完全意义上的"大学"。

第二节　浙江大学 1936 年之前概况

自 1927 年 7 月第三中山大学成立起至 1936 年年底的浙江大学，学校规模及院、系均有所发展和变动。

一、浙江大学 1936 年之前的院、系设置及变化

（一）工学院

1927 年，除原有电机工程、化学工程 2 科以外，增设土木工程科及预科（预科原定修业期 2 年，1928 年起改为 1 年）。1930 年按《大学组织法》，改"科"为"学系"。同年，根据教育部规定，自 1930 年起不再招预科生。1930 年，浙江省民政厅由于测量土地、划定地界的需要，委托浙江大学工学院增设测量学系，由省酌贴经费。校务委员会议决自 1930 学年起增设测量学系。后因经费补贴停止，测量系并入土木工程学系。工学院又于 1932 学年起增设机械工程学系。至 1937 年抗日战争全面爆发前夕，工学院设有电机工程、化学工程、土木工程、机械工程 4 学系。

图 4-2-1　浙江大学工学院大门

（二）农学院

第三中山大学劳农学院成立后，设农艺、森林、园艺、蚕桑、农业社会 5 学系，修业年限为 3 年。前农专学生改为劳农学院大学部学生；前农专高中农科学生改编为劳农学院中等科学生。1928 年 7 月，大学部增设四年级，以劳农 3 年期毕业生志愿继续求学者升入。另设大学补习科，分 1 年期与 2 年期两个班。1929 年 1 月，改劳农学院为农学院，修业期限为 4 年。1934 年 8 月起，将原设的农艺、园艺、蚕桑、森林及农业社会等 5 学系改组为农业植物、农业动物、农业社会 3 学系。在农业植物学系下分作物、园艺、森林、农业化学、植物病理等 5 组；农业动物学系下分昆虫、蚕桑、畜产等 3 组；农业社会学系下分合作、农政 2 组。自 1936 年 8 月起，农学院改设农艺、园艺、植物病虫害、蚕桑、农业经济等 5 系，至全面抗战前夕未有变动。

图 4-2-2　浙江大学农学院大门（笕桥时期）

农学院原在笕桥，后国民政府征用该处创建航空学校及飞机场，农学院决定迁至华家池，由当局拨款建造新校舍及农场等，1934 年 4 月农学院迁入新址。

图 4-2-3　1934-04—1937-07 位于华家池的农学院农学馆（抗战时期被毁）

1931 年春，浙江省立女子蚕桑讲习所停办，省立蚕桑改良场也改组。农学院接收讲习所与改良场的事业，改编设立"浙江大学农学院附设女子蚕桑讲习科"，以蚕桑改良场为该科校址。后因经费短绌，自 1931 年夏起，不再招生，原有学生学习至毕业为止。

工、农两院的附设高中，因经费关系，于 1930 学年起停办。当时浙江省教育厅认为浙江实业教育本不发达，省里没有工业中等学校和农业中等学校，而工农学校非普通中学可比，其工场、农场、实验室设备，均非一时所能设置完善，因此，认为浙大工、农两院附设高中实有继续维持的必要。于是决定 5 条办法，委托浙江大学代办，将浙大工、农两院附设高中定名为"国立浙江大学代办浙江省立高级工科中学"及"国立浙江大学代办浙江省立高级农科中学"；1933 年 8 月改名为"国立浙江大学代办浙江省立高级工业职业学校"和"国立浙江大学代办浙江省立高级农业职业学校"；1935 年 9 月起校名中加学校所在地地名，改称"国立浙江大学代办浙江省立杭州高级工业职业学校"及"国立浙江大学代办浙江省立杭州高级农业职业学校"（以上均简称"高工""高农"）。直至抗日战争全面爆发前夕，代办高工设电机、机械、土木、染织 4 科；代办高农设高级部与初级部，高级部设农艺、森林 2 科，初级部不分科。

（三）文理学院

1928 年 8 月，浙江大学正式成立文理学院。当时设院的目的有："一、提倡科学方法，以革新自由思想之习惯；灌输科学知识，以确定高等学术之基础；致力学术研究，以推广知识之界线。二、注重教育学之研究及教育方法制度之试验，以改进浙江全省之中小学及社会教育。三、搜集及整理浙江省自然及社会方面之材料……。四、养成忠实勤敏之士风。五、造成通达明敏之社会服务人才。六、提高一般民众之知识。"[①]

文理学院 1928 年 8 月成立之始，设本科及医药预修科。当时本科拟开设 10 个学门：中国语文学门、外国语文学门（先设英文部）、哲学门、数学门、物理学门、化学门、心理学门、史学与政治学门、体育学门、军事学门；其中，中国语文学门、外国语文学门、数学门、物理学门、化学门、史学与政治学门是主科学门。1929 年 8 月后，各主科学门改称学系（即中国语文学系、外国语文学系、数学系、物理学系、化学系、史学与政治学系），非主科学门仍称学门，以求区别；同年，并增设心理学系、经济学系、教育学系，1930 年 4 月筹建生物学系（8 月正式建立，开始招生），加上原有的 6 个学系，共计 10 个学系。1930 学年起（即 1930 年 8 月起），中国语文学系改为学门（即不为主系，相当于撤销）；又因经费关系，是年下学期将心理学系、史学与政治学系、经济学系 3 学系停办（即至 1931 年 7 月结束），各系学生分送北京大学、中央大学借读。1931 年起，医药预备科因报考人数太少停办（即至 1932 年 7 月结束）。1932 学年起恢复政治学系，1933 学年又停办（即存在于 1932.08－1933.07 期间）。至 1936 年 4 月，文理学院设有外国语文、教育、数学、物理、化学、生物 6 个学系。1936 学年（即 1936 年 8 月起）增设史地学系。至抗日战争全面爆发前夕，文理学院设有外国语文、教育、史地、数学、物理、化学、生物 7 个学系。

---

① 孙祥治：《浙江大学校史初稿》。转引自浙江大学校史编写组：《浙江大学简史（第一、二卷）》，杭州：浙江大学出版社，1996 年，第 26-27 页。

图 4-2-4　浙江大学文理学院大门

二、浙江大学的校址确立及 1936 年之前的校园概貌

（一）浙江大学的校址演变

　　如前所述，浙江大学 1927 年成立后，其校址即沿用原求是书院至浙江高等学校的蒲场巷（1932年改为大学路）校址和原工专的报国寺校址。其中，文理学院与校本部均在求是书院及浙江高等学校原址，工学院则沿用原工专校址，也在大学路上（原报国寺、子弹库旧址），文理学院与工学院毗邻。而农学院在 1934 年之前，则沿用在笕桥的原农专校址；1934 年 4 月后，迁至庆春门外的华家池。此外，还有西湖罗苑、湘湖农场及凤凰山林场等。因此，要描述文理学院的校园情况，实际上与校本部及工学院密不可分。

　　孙祥治在《浙大历史的回顾》一文中，记述了 20 世纪 30 年代浙江大学校园的状况，也包含了文理学院所在的大学路校园的情况：

　　以校舍言，本大学在杭州时，可谓粗具规模。尔时总办事处与文理学院在大学路（原按：此路自里横河桥直街至庆春门直街，原名蒲场巷，浙大迁校后，市府即放宽路面改名为大学路）之求是书院、高等学堂、武备学堂旧址，越求是桥为工学院，原系铜元局旧址，亦即报国寺也，四面土山环绕，梅林广植，桃李争芳，其东为军械库，亦经拨归本校应用。求是桥之旁有孟邻堤，健身房与游泳池在焉。农学院原在笕桥，廿二年十二月，中央航空学校为扩充场地，商请价让，遂在太平门外华家池辟地千余亩，另筑新舍，鬲丽辉煌，全市之内，殆无甚匹。此外之最可记述者，尚有西湖罗苑（即哈同花园）于十六年六月一日浙江省务委员会议决拨为本大学研究院院舍（旋因国立杭州艺术专科学校商请借用，故暂借给该校）。又湘湖农场及凤凰山林场，均经省务委员会议决拨归本大学经营者。一则风景清幽，建筑宏丽，一则幅员广大，物产丰饶，及今思之，不胜神往。[①]

甚至在 1933 年 1 月 14 日的《国立浙江大学校刊》（以下为行文简洁，正文中的"《国立浙江大学校刊》"均简称为"《校刊》"）上，还有人赋诗歌咏"浙大十二景"，分别是："湘湖春色""蒲巷秋声""荷塘夜月""柳岸晓风""石桥观钓""稻陇听歌""双墩杂树""半野疏林""远山烟雨""近水楼台""程门踏雪""蒋径寻梅"[②]，实际上是包括了前述的各个部分。

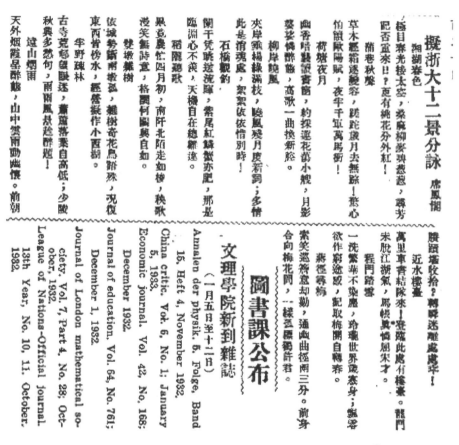

图 4-2-5 《国立浙江大学校刊》登载的"拟浙大十二景分咏"[③]

曾在浙江大学史地学系就读的宋晞先生撰有《普济寺与报国寺——浙大校址考略》一文（该文记述 1949 年之前的状况），专文考证了大学路校址的渊源：

浙大校本部在杭州市城东，介乎庆春门与水门之间，东以城墙，南以大河下巷，西以大学路，

---

① 孙祥治：《浙大历史的回顾》，《浙大学生》复刊第二期，1941 年，第 31-32 页。
② 席凤阁：《拟浙大十二景分咏》，《国立浙江大学校刊》第 120 期（1933 年 1 月 14 日）。
③ 引自《国立浙江大学校刊》第 120 期（1933 年 1 月 14 日）。

北以庆春街为界。除农学院在市郊华家池，医学院在××巷外（编者注：原文如此），文、理、工、法、师范等五个学院都在其中，清流小丘，垂柳丹枫，诚一读书佳境。

南宋时代，临安是全国政治中心，时东城与西湖同为风景之区。庆春门为宋城十三门之一，曰东青门，俗呼菜市门、太平门，因旧有菜市、太平二桥也。大学路旧称蒲场巷，巷东有普济寺，嘉靖仁和县志："普济寺在蒲场巷，宋绍兴中，僧思净建。元至正间，僧元忠修。明季毁。僧智珏募葺。"

清丁丙《武林坊巷志》："光绪己丑（十五年，公元一八八九）、辛卯（十七年，一八九一）间，释闻达募资重建，殿宇崇宏，为东城梵刹之冠。未及毕工，顿遭奇祸，寺遂改为公廨，寺毁后六年，杭垣士大夫规普济寺之旧，改为求是书院、武备学堂各一区，招集生徒，课以格致有用之学，与夫洋操行阵制胜之策。详见日本武学兵队纪略。"

此即今日文、理、工、师范等四学院所在。

工学院南面之子弹库，即清之铜元局，为法学院所在，此乃著名之报国寺（一名报国院），为唐宋古刹。

《康熙仁和志》："报国院在东里坊庆春门里稍南，旧曰香林廨院。宋绍兴间建，后毁于兵，院遂久废。明天启初，僧仁慈等十人重建，以待云水。今顺治年间，僧元佐与其徒山怀开拓鼎新。"

张鈇《杭都杂咏》："报国寺在城东刀茅巷落花流水间，旧为香林廨院。宋绍定中移请今额。淳祐五年重修，寻圮。明天启中复建寺。因近城河水环流，国朝光绪中当轴议储军火，以避烟燎，废为制造军装局，寺僧不能住，遂散去。今寺之故址已并入局矣。巷亦湮塞。"

昔时刀茅巷分上下两段，以庆春街为界，今之刀茅巷即下刀茅巷。"巷亦湮塞"云者，当指上刀茅巷也。寺环以水，且多枫树，"祇园枫叶带霜红，半入池塘波影中。"风景优美，可以概见。[①]

（二）浙江大学本部（即文理学院、工学院）的校园、校舍概貌

1932年12月印行的《国立浙江大学一览》中，有当时校园和校舍情况的介绍。关于校园环境情况，分述了文理学院、工学院和农学院的概貌。对于"文理学院"，有如下记述：

文理学院校址，在杭州市大学路（旧名蒲场巷），为前求是书院及浙江高等学堂旧址之东部。辛亥光复以来，历作公署及驻军之所，十六年五月三十日经浙江省务委员会第十五次会议议决拨归国立第三中山大学。西为大学行政部分，东为文理学院。迤南前陆军小学旧址，亦经同时议决拨归大学，由大学指定为文理学院之用（该处前由省立高级商中及省立一中先后借用，今作学生宿舍）。又十七年度在刀茅巷新建心理学系动物行为研究所一座（今为生物学系）。十八年度复在该处购地约三十亩，作运动场，并租用西式七开间楼房，中式五开间楼房各一所，十九年度即将化学系移入该处。

---

① 宋旭轩：《普济寺与报国寺——浙大校址考略》，台湾浙江大学校友会编：《国立浙江大学（上册）》，台北：台北市浙江大学校友会，1985年，第51-52页。

在"设备"一节的介绍中，则有文理学院"校舍"情况的描述：

旧高等学堂房屋一四七间；旧陆军小学房屋八四间；生物学系房屋二三间；刀茅巷租用房屋二九间；共二八三间，计分：

（子）礼堂；（丑）办公室：二十四间。（寅）普通教室：三十一间。（卯）实验室及理科专用教室（物理学系楼房一所，上下共大小九间。又平房二所计八间。化学系楼房一所，上下共十二间。生物学系两处共三十间。教育心理实验室五间）。（辰）图书馆：平房二所，计前后十六间。（巳）教员宿舍：计二十八间。（午）学生宿舍及集会办事用室：计男生平楼房共八四间，女生楼房一所。计上下六大间。（未）饭厅附设学生宿舍。（申）浴室一所：同时可容十六人。以后续待扩充（此系男生专用。女生浴室，附设女生宿舍）。（酉）诊疗室（附设男生宿舍内）。（戌）会客室，工役室，厨房等，间数不计。（亥）篮球场六个，排球场二个，网球场三个，足球场一个，及跑道跳高跳远等设置。

对于"工学院"，有如下记述：

工学院三面环水，护以土山，风景优美。校舍一部份系工专时代添建外，余悉承铜元局之旧。计有大教室一所，阶级教室一所，图画教室四所，普通教室二十二所。

——机械方面，有金工场、木工场、锻工场、铸工场、机械修理工场、锅炉室、原动室、发电室各一所。

——电机方面，有直交流电机实验室、无线电实验室、电报电话实验室、电测实验室、光度测定室、物理实验室、电机修理工场各一所。

——化学方面，有分析室、药品室、有机化学实验室、无机化学实验室、物理化学实验室各一所。制纸工场、制革工场、油脂工场各一所。

——染织方面，有纹工场、力织工场、准备工场、手织工场、染色工场各一所。

——土木方面，有水力实验测量仪器室、材料试验室各一所。

除上列各场室外，有图书馆、阅书室、阅报室、调养室、诊察室、制图室、晒图室、讲义室、石印室、会议室、教员休息室、会客室、学生会客室、各系各组各处办公室、信柜室、消费社、理发室各一所，浴室、洗脸室各三所。操场、足球场一区，排球场二区，网球场、篮球场各四区，跑道一区，膳厅、茶房、寝室、自修室等大小共一百余间，售品室、材料储藏室、库房各一所。[①]

---

① 国立浙江大学秘书处出版课编：《国立浙江大学一览（二十一年度）》，杭州：杭州正则印书馆，1932年12月，第15-20页。

图 4-2-6　浙江大学工学院鸟瞰

施昭仁（梅坊）的《回忆与怀念》一文，有关于大学路校舍的记载，涉及文理学院和工学院等具体的教室、实验室和宿舍的分布情况：

先来谈谈浙大的形势，杭州因为是南宋国都，所以共有十个城门，以前听父亲说（他生在绍兴，太平天国时祖父避难到杭州，他的坟墓在西湖旁的松木场，我的一个姑丈是杭州人，我的名字是父亲给起的，为纪念绍兴西郭门外的梅花牌坊），杭州十个城门是有一首诗的："入关靶子正祥门，螺蛳延过草樵门；后潮听得清波响，涌金钱塘共太平"（编者注：原文如此。可能不同时期、不同版本说法有异，个别城门名称也恐作者记忆有误或印刷有误。该民谣一般为："北关坝子正阳门，螺蛳延过草桥门，候潮听得清波响，涌金钱塘共太平"）。

我们的学校便很靠近太平门，或称庆春门，是在杭垣的东北方，校园的东部便是城墙，有一道护城河，工学院的两边还有土山，上面有些杂木小林，我们常到上面去散步闲眺，校园前面是大学路，旧名蒲场巷，一面通到庆春门大街、菜市桥，大学路的另一头通到横河桥、官巷、大方伯，再下去便是新民路、迎紫路，便来到西湖边了。

进了学校大门，左方便是秘书处、大礼堂和女生宿舍，往前走，右方是校长公馆、文理学院，再往前走便是孟邻堤，是纪念蒋梦麟校长的，后来新建的体育馆、游泳池便在那里，往右转便到工学院，再往前走便是报国寺，有一道墙相隔，当时没有和尚，却有些丘八在那里，工学院是新名字，人们只知报国寺，我们便是报国寺的方丈。若从旗下（湖滨一带）雇人力车回工学院，你必须说明到报国寺，否则很难使他们明白你的目的地，你若说"浙江大学"，他们便把你送到文理学院门口，你若叫他拉到工学院，那非加钱不可。

从文理学院出来，便是一个大的池塘，那里的马路都是用石块砌出的，不很平稳，坐在洋车里不大舒服。池旁石栏旁有一排法国梧桐，常有些人在那里踯躅着，因为那里有一座小桥，通往工学院，道旁还有许多柳树，对面隔水可以望到浙江省立图书馆，旁边是第一宿舍，晨曦晚霞，反映在水面上，堪称得上浙大一景。①

1936 届浙大化工系毕业生韦人骝在浙大生活了 3 年。因为当时工学院与文理学院均在大学路校址，所以他后来写的《大学路老浙大点滴》中，所提及的校园景况也可以反映文理学院的情况：

第一年住在仁斋底层，一个人住一间，后面是公共洗面间，对面住的是郑慎植学长（土木系）。当时我一个人也不认识，非常寂寞，上午在教室上课，下午在工场实习，晚上自修，都在院内。只有吃饭在院外，到省立图书馆路边上。付饭票吃，吃好吃坏，自己决定。后来改在文理学院膳堂，每天都吃肉丝炒蛋，既快又省钱。有一天在无意中发现很多鱼头堆在那里，乏人问津，我就点了一只炒鱼头一大盘，结果非常满意，既可口又省钱。后来同学们都跟上来，吃的人一多，盘子也缩小了，但是仍不失为一个好菜。当时校长是程天放先生。翌年由郭任远继任。郭校长乃心理学博士，对学校经费颇有办法，并有魄力。大兴土木，在文理学院里造了一座大教室。把工学院与文理学院上课并在一起，工学院女同学很少，同学们对于一起上课，兴趣非常好，大家都是很早就拥在大教室洋台上看文理学院女同学，姗姗而来，评头品足，笑话连篇。

……每周星期一早上，我们排队到文理学院明伦堂去做周会，唱国歌、校歌，听郭校长讲话。同时可以看到文理学院女同学，所以很少有缺席的。

……工学院宿舍分仁、义、礼、智、信五个斋，我们住在礼斋。照规定每间须住二个人。我欢喜静落，所以请顾传沂学长帮了一个忙：他出面，我付宿费，因为他是杭州人走读的，所以，我在工学院三年，总是一个人住一个房间。②

图 4-2-7　浙江大学工学院学生宿舍

①　施昭仁：《回忆与怀念》，《天涯赤子情——港台和海外学人忆浙大》（《浙江文史资料选辑（第 34 辑）》），杭州：浙江人民出版社，1987 年，第 29-46 页。编者按：该文另收于《国立浙江大学（上册）》（台湾浙江大学校友会编，台北：台北市浙江大学校友会，1985 年，第 564-585 页），作者署名为"梅坊"；因二文内容相同，推测应为同一人。

②　韦人骝：《大学路老浙大点滴》，台湾浙江大学校友会编：《国立浙江大学（上册）》，台北：台北市浙江大学校友会，1985 年，第 556-559 页。

　　根据前述记载和有关资料 ①，大体上可以还原出 1936 年之前大学路校址的浙大校园的状况（见插页附图）。包括文理学院在内的理科师生，就是在这样的环境中，展开了他们的教学科研、求学报国的人生旅程。

① 　编者按：现能够看到的反映 1930 年代浙大校园建筑和布局状况的图件，主要有如下两幅：（1）《国立浙江大学（上册）》插页附图（台湾浙江大学校友会编：《国立浙江大学（上册）》，台北：台北市浙江大学校友会，1985 年，附图第 4-5 页）;（2）《求是精神与浙江大学"一二九运动"》所附毛安康所绘图件（黄继武、张哲民编：《求是精神与浙江大学"一二九运动"——参加"一二九"运动的老校友回忆文章及有关史料集》[内部印行]，1997 年，第 2 页）。

第五章

浙江大学早期的校长办学理念与学校治理结构

浙江大学成立以来，早期由于国家的大学体制尚未定型、多次变更，所以学校的治理结构也有较多变化。1927—1929 年的两年间，试行大学区制，学校管理事项除了大学本身之外，还包括诸多浙江省内教育行政事项；1929 年 8 月后，始"专司大学教育本身事业"。此期，浙江大学在竺可桢先生长校之前，先后经历 4 位校长，各位校长办学理念存在差异，所面临的内外局势也有不同，对大学的组织结构遂多有调整。概括言之，可以明显分为蒋梦麟、邵裴子长校阶段和程天放、郭任远长校阶段；这两个阶段的主要不同：一是管理体制上有显著差异，二即学校在受到越来越多的政治等外来因素干预的影响下，大学校长的不同应对之策及其对学校发展的影响。

第一节　蒋梦麟、邵裴子长校阶段（1927—1932 年）

蒋梦麟和邵裴子分别是浙江大学的首任和第二任校长。他们都曾就读于求是书院及后继的浙江高等学堂，邵裴子并曾在其中任教且担任过负责人，都亲受求是书院传统熏陶，又都有留学美国的共同背景，接受过系统的现代西方教育，思想情感十分相近，在浙江大学的早期发展中，他们相互配合，为继承和发展求是传统，作出了不可磨灭的贡献。

一、蒋梦麟、邵裴子的办学思想与成就

（一）蒋梦麟开局首创之功

1. 蒋梦麟的主要办学理念

蒋梦麟（1886-01-20—1964-06-19），字兆贤，号孟邻，浙江余姚人，是中国近代史上颇有影响的教育家。他是蔡元培的学生，是北大校史上担任校长时间最长的、具有丰富管理经验的大学校长。蒋梦麟的办学理念，直接影响着北京大学的发展，也对浙江大学初期的发展起到重要作用。

（1）"思想自由""学术至上"的办学思想

蔡元培与蒋梦麟是民国时期对北大产生过重要影响的两位校长。他们是师生、同乡，具有相近的文化背景和教育经历，蔡元培的办学理念，有不少被蒋梦麟继承并发扬。蒋梦麟认为，蔡元

培提倡自由研究，必然导致思想自由，这是"在静水中投入革命之石"，必将打破中国思想、学术界死寂的局面。他说"学术自由之权，所以求思想与学术自由之发展，不受外力之挠也"，"研究学术而有所顾忌，则真理不明"①。蒋梦麟从蔡元培先生身上获得了信心与力量。他晚年自道："著者大半光阴，在北京大学度过，在职之年，但知谨守蔡校长余绪，把学术自由的风气，维持不堕。"②

图 5-1-1　蒋梦麟先生（1886-01-20—1964-06-19）

　　蒋梦麟如此之评价，自然包含了对师长蔡元培学术品位的敬佩之情。同时也说明，他本人的学术指导原则，便是在美国所受教育所赋予的自由主义教育理念。他在 1918 年发表的《建设新国家之教育观念》一文中，深刻认识到，学术自由已成欧美大学的"宪章"，西洋学术的发达与学术自由的关系极为密切，其中又尤以德国为最，"世界之大学，最自由者，莫若德国；其成绩优美，亦远出各国"。他认为，大学"当以思想自由为标准"，"入大学可以享学问自由之幸福"（《教育与职业》1918 年第 5 期）。在其所撰写的《杭州大学意旨书》中，他认为，如果"研究学术而有所顾忌，则真理不明"，因此要"保障学术自由"，还应"界以学术自由之权，所以求思想与学术自由之发展，不受外力之阻挠也"（《北京大学月刊》1923 年第 18 期）。

　　在蒋梦麟看来，"思想不自由，智慧就不发达，头脑就不清楚"。而头脑不清楚，学术不发达，社会进步就没有根基。因此，"文明之进步，赖自动的领导，赖高等教育之思想及言论自由以养成之"③。除了学术自由之外，蒋梦麟还尊重学术，视学术为高等教育的唯一生命。蒋梦麟指出，"学术衰，则精神怠，精神怠，则文明进步失主动力矣。故学术者，社会进化之基础也"④。强烈的学术救国、学术立国的理念，促使蒋梦麟在给北京大学学生会干事的信中明确提出"学校之唯一生命在学术事业"⑤。

①　曲士培编：《蒋梦麟教育论著选》，北京：人民教育出版社，1995 年，第 231 页。
②　曲士培编：《蒋梦麟教育论著选》，北京：人民教育出版社，1995 年，第 396 页。
③　蒋梦麟：《过渡时代之思想与教育》，上海：商务印书馆，1933 年，第 446 页。
④　蒋梦麟：《过渡时代之思想与教育》，上海：商务印书馆，1933 年，第 121 页。
⑤　蒋梦麟：《过渡时代之思想与教育》，上海：商务印书馆，1933 年，第 442 页。

（2）"校长治校"

1931 年 1 月 16 日，在北大纪念周上，蒋梦麟根据《大学组织法》提出了"教授治学、学生求学、职员治事、校长治校"的方针，同时提出"教授须延聘大师、学者充之校长，当改善学校环境，使教授、同学打成一片，潜心努力学术"①。蒋梦麟以引导学生专心求学为目的，制订了严格的学生管理制度。如 1932 年颁布的《国立北京大学学则》，其中便强制学生专心向学。当然，蒋梦麟也继续鼓励学生自治，他认为"学术自治，是养成青年各个的能力，来改良社会的进化"②。

1932 年 6 月，蒋梦麟主持制定的《国立北京大学组织大纲》规定学校置校长一人，由国民政府任命，改文、理、法三科为文、理、法三学院，共设 14 个学系，院长和系主任均从教授中聘任，学校设考试、图书、仪器、财务、出版、学生事业等委员会，取消原来学校的评议会，改设校务会议。其职权为决定学校预算，决定学院、学系之设立及废止，决定大学内部各项规程，校务改进事项，校长交议事项。由校务会议决定全校方针大计。此外，还设立行政会议和教务会议，计划全校的行政事务及教务事宜；高等教育管理事务，有学术、行政两大类，前者包括课程的设置、学位的设置、业绩的考核、教员的聘用等，后者包括资源的分配、新学科的建设、教员的聘任政策、院长的任命等。

当时北大教学行政的组织形式，正体现了蒋梦麟的主张，即以追求高等教育的正规化为目标，希望大学行政系统不再依附于学术系统，而是在学校的管理与发展上起主导作用。他还提出，治学、治事应具备不同素质，故其人员选聘的标准也应当不同。

（3）"学生自治"

蒋梦麟一贯提倡学生的自治。他说"我愿办学校的人奖励学生自治"③，他认为："好的生活是自动的，他人代动的不是好的生活。学生自治，是自动的一个发展。"④ 而要养成理想的个人，首要的就是要培养学生的自治精神和自治责任。为此，他特意在《新教育》上发表了《学生自治——在北京高等师范演说》一文，从三方面阐明他对学生自治的观点。

第一，就是要培养学生自治的精神。他认为，精神就是全体一致的公共意志，个人会不知不觉地受精神的感化。这个精神，就是自治的基础。学生自治并不是一种时髦的运动，并不是反对教育的运动，也不是一种机械的组织。学生自治是爱国的运动，是移风易俗的运动，是养成活泼精神的运动。

第二，就是培养学生自治的责任。蒋梦麟认为，在培养学生自治时，要让学生明白四大责任:（1）提高学术程度的责任。对于学术的提高，做学生的不要把责任总是推到教师身上，要先从自己身上着想。自己是不是尽了应该尽的责任，做到了这一点，才是真正的自觉。学生对于学术要有兴趣，要想得透彻，要懂得彻底，不要模模糊糊地过去。（2）公共服务的责任。自治是自动的服务，是对于团体的服务。自动的服务，是自己愿意服务，不是外面强迫的。根据自己的意愿，做对团体有益的事。在培养学生的自治之中，倡导学生的自制和互助都是不能少的。（3）产生文化的责任。学生自治就是要多生产文化。多生产文化的方法，就是要设种种学术研究团体，如演说竞争会、

① 孙善根:《走出象牙塔——蒋梦麟传》，杭州 : 杭州出版社，2004 年，第 153 页。
② 曲士培编:《蒋梦麟教育论著选》，北京 : 人民教育出版社，1995 年，第 203 页。
③ 曲士培编:《蒋梦麟教育论著选》，北京 : 人民教育出版社，1995 年，第 141 页。
④ 曲士培编:《蒋梦麟教育论著选》，北京 : 人民教育出版社，1995 年，第 142 页。

学生讲演会、戏曲会、音乐会等等。互相研究、倡导种种生产文化的事业。（4）改良社会的责任。现在的学生，也就是将来社会的一员，是要改良社会的，要使学生具有改良社会的能力，就要使学生学会自治，把学校当成社会，做学校、社会的一分子，养成改良社会的能力，以后好去改良社会。所以，他强调，真正的自治，就是要具备这4种责任。

第三，学生的自治，要处理好几种关系。一是要解决好学生个人与教职员个人或团体的关系；二是要解决好学生团体和教职员个人的关系；三是要解决好学生自治团体和教职员团体的关系。①

2. 蒋梦麟对浙江大学的主要贡献

蒋梦麟与浙大的缘分由来已久。1902年，他考入浙江大学堂（1904年年初改为浙江高等学堂）。1904年秋，又考入上海南洋公学，后留学美国。1912年6月，蒋梦麟进入哥伦比亚大学研究院，获得哲学博士学位。他的博士学位论文《中国教育原理之研究》是最早运用西方学理和研究方法，考察、分析中国历代教育原则，强调个人权利的重要和个性发展积极性的重要论文，在中国教育史上具有开创性意义。

从1919年7月受蔡元培先生之托代理北京大学校长开始，到1926年夏离开北京的7年间，"蒋梦麟除了三度代行校长职权外，更长期担任总务长，实际主持校务工作，成为20世纪20年代蔡元培治理北大的得力助手，以至有人说：这'五六年来的北大校长，与其说是蔡元培，不如说是蒋梦麟'"②。

1926年，由于蒋梦麟公开谴责"三一八"惨案制造者，为奉系军阀和段祺瑞政府所嫉恨，被列入黑名单，无奈中蒋梦麟先在北京东交民巷六国饭店躲藏3个月，后在友人帮助下离京南下沪、杭，暂住避难，并参与第三中山大学的相关筹备工作。从此，他与浙江大学的不解之缘进一步加深。1927年7月，蒋梦麟被委任为第三中山大学校长。在这一岗位上，蒋梦麟卓有成效地开启了浙江大学的良好开端和崭新航程。

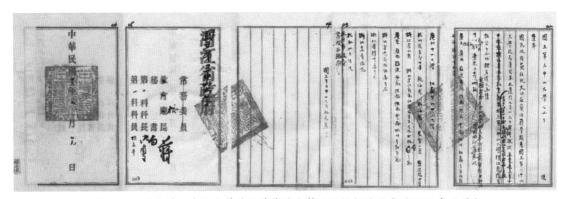

图 5-1-2 国立第三中山大学关于蒋梦麟宣誓就任校长的通告（1927年7月）

首先，明确了办学方向和自身特色。蒋梦麟不仅重视知识与技能的传授，更特别强调科学方法和科学精神的培育。他指出："我国人多不知科学与人生之关系。口头上只知道说要科学，而头

---

① 陈功江：《校训：大学个性化之彰显——民国时期知名大学校训研究》，华中师范大学博士学位论文，2009年，第95-97页。

② 慎予：《蔡元培与北京大学》，《国闻周报》第3卷第96期，1926年，第4-5页。

脑内却无科学。我看这是科学体魄已来，而科学精神未来。"蒋梦麟认为："自 19 世纪科学发达以来，西洋学术，莫不以科学方法为基础；即形而上之学，亦以此为利器。至今日一切学问，不能与科学脱离关系；教育学亦然。故今日之教育，科学的教育也。舍科学的方法而言教育，是凿空也，是幻想也。"①

其次，慎选师资，广揽人才。蒋梦麟和文理学院院长邵裴子千方百计广揽人才，就是在与亲友的通信中，也请求他们推荐合适人选。经多方努力，仅几年时间，不少国内外一流的学者来到初建的浙江大学任教，如陈建功、钱宝琮、苏步青、贝时璋、郭任远、张绍忠、梁希、刘大白、袁敦礼、顾毓琇、潘承圻、许璇等，为后来浙江大学的长远发展奠定了良好的师资基础。

再次，开辟新校址，建设新校园。第三中山大学最初的校址选在杭州蒲场巷（原浙江高等学堂旧址），地域很显局促。经蒋梦麟努力，当局将原浙江工专的土地拨还第三中山大学，并将工学院附近山脚下的空地拨归学校。1929 年杭州首届西湖博览会闭幕，沪杭甬铁路当局为在博览会陈列交通器具展品而建在西湖断桥之侧的临时房屋闲置下来，经蒋梦麟多方周旋，这些房舍后来划归浙江大学。初创时学校的许多房舍年久失修，破损严重，在蒋梦麟的努力下，都得到了维修。早年在美国曾学过农科的蒋梦麟，对办好第三中山大学劳农学院，倾注了心血。经过考察，选定土质肥沃、水源充沛、物产丰富的萧山湘湖建立劳农学院农场，随后又接收杭州凤凰山第 3 林场、第 4 林场两个林场，组建劳农学院经济林场。湘湖农场和经济林场的创办，不仅为第三中山大学劳农学院开辟了进行农林科学实验和教学实习的基地，也为后来浙江大学的进一步发展打下了良好的基础。②

（二）邵裴子艰难经营之劳

1930 年 7 月，蒋梦麟辞去了浙大校长职务，邵裴子继任浙江大学校长。

邵裴子（1884－1968），教育家、经济学家。曾用名光墉、长光、闻泰等，浙江杭州人，求是书院（浙江大学前身）学生，1909 年获美国斯坦福大学文学士学位。同年学成归国，历任浙江高等学堂经济学教授、教务长等职，1912 年年初至 1912 年 6 月任浙江高等学校校长。1928 年，第三中山大学改名为国立浙江大学，是年 11 月任国立浙江大学副校长，主持校务；并担任国立浙江大学文理学院首任院长（1928 年 8 月就任）。1930 年 7 月至 1932 年 3 月任国立浙江大学校长，与蒋梦麟一起贯彻蔡元培"民主办学、教授治校"的精神。1934 年年初邵裴子离开浙大后，赋闲杭州，从事著作。抗战时，竺可桢两次致函邀其重返浙大，均遭婉谢。抗战胜利后，当选浙江地方银行常务董事。解放后，任浙江省人民代表、浙江省政协委员、浙江省文物管理委员会主任、省文史研究馆副馆长、第三届全国人大代表等。

---

① 蒋梦麟：《过渡时代之思想与教育》，上海：商务印书馆，1933 年，第 93 页。
② 王玉芝主编：《求是之光——浙江大学文化研究》，北京：高等教育出版社，2011 年，第 14-17 页。

图 5-1-3　邵裴子先生（1884—1968）

1. 邵裴子的主要办学理念

邵裴子幼年丧父，全家依靠母亲刺绣度日。他少年聪颖、读书刻苦，于 16 岁进学，19 岁便中得举人，后入读上海南洋公学经济特课班，再赴美国斯坦福大学攻读经济，获文学士，并于清宣统元年（1909）学成返国，历任浙江省高等学堂英文教习、教务长、校长。1913 年，邵裴子赴北京财政部任职，兼任北京法政大学英文教授及教务长，以及女子高等师范学校财政部监务等。北伐战争前夕，他返回杭州，任中国国民党中央执行委员会政治会议浙江分会秘书、第三中山大学筹委会委员、第三中山大学普通教育管理处处长等职。

1927 年 8 月，国民政府在杭州成立国立第三中山大学，至 1928 年 7 月改名为国立浙江大学，由邵裴子任副校长兼文理学院院长，辅佐蒋梦麟校长。1928 年 10 月，由于蒋梦麟升任国民政府教育部部长，邵裴子遂以文理学院院长兼副校长代理校长一职，执掌校务。1930 年 8 月至 1932 年 3 月，邵裴子出任浙大校长。

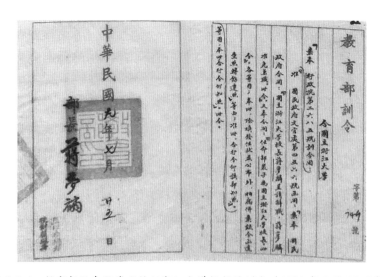

图 5-1-4　教育部任命邵裴子接任浙江大学校长的训令（1930 年 7 月 25 日）[①]

---

① 　引自金德水、吴朝晖主编：《浙江大学图史》，杭州：浙江大学出版社，2017 年，第 30 页。

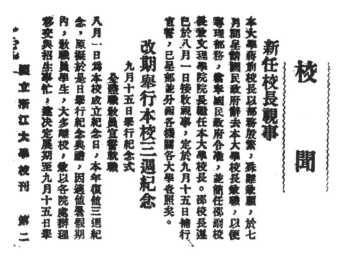

图 5-1-5　《国立浙江大学校刊》登载的邵裴子接任浙江大学校长的报道 ①

邵裴子多次在浙江大学任教和任职，可谓是浙大校史上的元老级人物。在担任校长期间，他主张"学者办学"（即所谓"教授治校"）、"舆论公开"等，卓有成效。

邵裴子在任浙大校长期间，浙大经费极为困难，往往几个月领不到经费。邵裴子虽千方百计筹措，总觉杯水车薪，教职员工的工资也发不出。当时苏步青因领不到工资，有断炊之虞，邵裴子把自己的皮袍送进当铺，当了一些钱送去。在这种情况下，邵裴子虽一心想培育一批德才兼备的"士流"，但因经费问题而处处碰壁。

邵裴子虽然是民国浙江教育界的名流，但他除了名气，还有骨气。在国民党南京政府表面统一中国、随即实行"党化教育"之际，凡是在国民党统治地区的高校担任校长的，必须是国民党的党员，而邵裴子则是非国民党的"清流"。有一次，蒋介石亲自来浙大视察，"动员"邵裴子也加入国民党，却遭到他的拒绝。后来，由于他受到学校中的国民党"CC 派"（即陈果夫、陈立夫兄弟派系）势力的排挤，并且学校经费受到南京政府的克扣，以致教师连续几月未得薪俸，邵裴子终于怒火中烧，拂袖而去。1932 年 3 月，邵裴子正式离任校长职务，专任文理学院院长。1934 年年初，邵裴子因受到排挤，离开了浙大，离开了他创建的浙大文理学院。②

邵裴子在任期间，极其重视师资质量，精心网罗人才，增添图书设备。他聘请了著名学者如钱宝琮、陈建功、苏步青、张绍忠、贝时璋等来校任教，为以后浙大理学发展和理科成为国内知名的培养人才的基地创下了家业。

邵裴子认真办学的精神，也反映在教育和培养学生成才上。1930 年 9 月 15 日，在浙江大学成立三周年纪念会暨校长、教职员补行宣誓的大会上，邵裴子致答词时说："关于学生数目，大学部分，现在只有五百余人。外面一般批评，以为只有如许学生而年费将近百万，似乎不经济。此则可以两语答复。一则学校与工厂等不同，其计算效率之标准各别。工厂以每件出品摊到成本之多少为效率之高低，学校则以其出产人材于社会价值之大小——不定以其人数之多少——为其效率之标准。人才之较优异者，不能定期产出，故一个学校办得上算不上算，要过了若干年才可以论定的。……"③

① 引自《国立浙江大学校刊》第 21 期（1930 年 9 月 7 日）。
② 应向伟、郭汾阳编著：《名流浙大》，杭州：浙江大学出版社，2007 年，第 11-14 页。
③ 《三周纪念纪盛》，《国立浙江大学校刊》第 23 期（1930 年 9 月 20 日）。

邵裴子主持下的浙江大学，最大特色就是开展"士流"教育。邵裴子主张培育德才兼备的"士流"，在"宽大的范围内，予学生以思想及行为之自由，但使仍受校规、道德与健康条件之严格约束，以养成其独立而有规律之生活习惯，为将来担当完全的国民责任之准备"①。他要求学生德、智、体全面发展。他认为"士"有其崇高的品格，有"自治、自尊、自重"的态度，因此在教学管理上，对于学生中行为不规的，不能简单地使用"记过""开除"等严厉措施，而是先予以告诫，情节较重者，予以警诫，只有不规情节严重而又屡教不改的才令其退学。

他特别强调师生人格上的平等，主张学生和教职员的关系应不限于上课与事务接洽，而要在人格上相互有所启发、观摩。

2. 邵裴子在浙江大学的主要成就

从 1930 年 7 月至 1932 年 3 月，邵裴子任国立浙江大学校长。如果从 1927 年 8 月国立第三中山大学成立算起，那么，到 1932 年 3 月，邵裴子掌领浙大 4 年有余。此期，浙大设立了文理、工、农 3 个学院和 16 个系，成为当时浙江的第一所综合大学，也是浙江的最高学府。

在蒋梦麟担任校长时，邵裴子所负责的文理学院设有 8 个系，几乎占了整个学校的半壁江山，当时邵裴子与蒋梦麟校长同心协力，以"开明"作为治学之宗旨，努力贯彻蔡元培"民主办学、教授治校"的精神，吸引了当时社会上许多贤达名流会聚浙大。短短数年，成绩斐然。

浙大历史上的几位著名教授，如数学家钱宝琮、陈建功、苏步青，教育学家郑晓沧，生物遗传学家贝时璋等，都是邵裴子在任时礼聘来浙大任教的。当年从日本回来的苏步青，曾因家庭负担过重，经济窘迫而萌生去意，是邵裴子从自己 600 元的月薪中拿出 200 元接济他，从而挽留了苏步青。邵裴子长校时期的文理学院，包括刘大白、张绍忠、钱宝琮、纪育沣、陈之霖、王守竞、孟宪承、俞子夷、黄翼、沈有乾、沈乃正、唐庆增、章嶔、叶浩吾、袁敦礼、佘坤珊、徐思培、郭任远、钟敬文、朱福炘、顾功叙、徐英超等名师大家，为学校相关学科的发展打下了坚实的基础。

邵裴子在执掌浙大期间特别注重教学质量，他强调大学教育的目的是以培养通才为主。前者，如文理学院的学制是 4 年，4 年之内，学生必须读完 120 学分；后者，当时对一、二年级的学生，着重于基础课，到了三、四年级，则着重于专业课，其中有必修课也有选修课。当然，这些要求不是一蹴而就的，其中也贯彻了"求是"的精神，如当时刚从美国归来的英文副教授佘坤珊对一年级学生的英文要求过于苛刻，他不仅要求学生能通读英国小说家哈代的原著，而且还要学生学习和掌握诗歌、散文，使浙大大一的学生难以承受，邵裴子知道后，就与佘坤珊商量，将大一学生的英文分为 A、B、C 三个班，C 班内容较浅，B 班、A 班次第提高，邵裴子还亲自担任 C 班教学，这样根据学生不同的情况，按部就班、因材施教，受到学生的欢迎。②

创办文理学院是邵裴子的突出贡献。在师资聘任上，他倚重物理系主任张绍忠的鼎力相助，为理科各系聘用名师。陈建功、苏步青先后从日本东北帝国大学来到浙江大学，很快使浙大数学系的学术水平进入国内前列。生物学系的贝时璋、心理学系的郭任远也都是国内一流的学者。在学科建设上，邵裴子始终坚持高标准，尤其是对文科各系，他曾说："文科各部门，特别是中国语文

---

① 编者按：此为 1930 年 9 月 13 日邵裴子对文理学院全体师生的谈话中的内容。参见：《文理学院十九年度第一学期开始院长谈话纪要》，载《国立浙江大学校刊》第 25 期（1930 年 10 月 5 日）。
② 应向伟、郭汾阳编著：《名流浙大》，杭州：浙江大学出版社，2007 年，第 11-14 页。

学方面，可以胜任教授者极少，与其降格以求，不如宁缺勿滥。"[①] 文理学院的史学与政治学系、中国语文学系均曾被停办或转学系为学门，主要都是师资力量问题。为了确保史学与政治学系和经济学系的教学质量，邵裴子还一度将这两系学生转到北京大学等校借读。他还费尽周折，为学校增添设备和图书资料。

也正是如此，在邵裴子任文理学院院长期间，文理学院培养了不少人才，如王谟显、盛耕雨、孙泽瀛、王承绪、徐瑞云、江希明、黄肇兴、朱壬葆等，他们后来绝大多数成为浙大文理学科的重要师资。

邵裴子具有高尚的人格和堪称一代宗师的品格，私德上亦堪称典范。他一生克勤克俭，即使在他任校长时，全家也一直居住在杭州直大方伯大德里 7 号的普通民房内，一直不肯迁入所谓的"校长楼"；此外，校长当时有专用轿车，他却不轻易动用；公务出差，不住高级饭店，而是住在普通旅舍。[②]

图 5-1-6　邵裴子校长在伏案工作 [③]

二、蒋梦麟、邵裴子长校阶段学校的组织架构与运作中的主要问题

（一）学校的组织架构演变

在蒋梦麟、邵裴子任校长的这一阶段，浙江大学管理上的一个突出特点是三个学院相对独立运作。如孙祥治在《浙大历史的回顾》一文中所称：

在大学区制时代，本大学于本身事业之外，综理浙江全省教育行政事宜，即大学而兼浙江省之教育行政机关也。迄民国十八年六月，中央执行委员会第二次全体会议决议停止试行大学区制，于是本校将浙省教育行政职权，于是年八月一日移交于浙江省教育厅接管，而蔚为单纯之高等教育机关矣。

---

① 杭州大学校史编辑委员会编：《杭州大学校史 1897—1997（修改本）》（内部印行），1997 年，第 15 页。
② 王玉芝主编：《求是之光——浙江大学文化研究》，北京：高等教育出版社，2011 年，第 14-19 页。
③ 引自张淑锵、金灿灿、朱之平：《在曲折中发展的浙江大学——浙江大学的探求（1927—1936）》，《浙江档案》2011 年第 2 期，第 46-49 页。

本大学成立之初，各院行政悉由各本院院长秉承校长自行处理。其重要事项则由大学秘书处总其成呈奉校长核办。民国二十一年八月一日起，全校行政集中，此后行政部分之组织，大率因时势之需要，历任校长为配合改进计划起见，迭有更替，然均仍以集中办理为原则。[①]

蒋梦麟、邵裴子任校长这一阶段相对分散的学校管理体制，由多种因素造成：一方面是大学区制的遗留（即当时的大学校长相当于大学区的教育行政首长，除了管理高等教育事宜之外，也负责各级、各类教育行政事宜，所以文理、工、农3个学院就相当于3个独立的高等教育机构。后大学区制取消，但该种管理体制则延续下来）；一方面是对地方与中央的经费来源不同的现实的承认（文理学院新办，可得到中央经费，而工、农两院为浙江省旧有，经费主要由浙江省负担）；一方面又是专业教育与通才教育理念的差别（文理学院是当时所认为的大学的必需、必要条件，而工、农等属于实业教育范畴，当时的主事者蒋梦麟、邵裴子均对文理学科以及通才教育颇为推崇）。

具体而言，可将这一阶段的学校体制，概括为两个阶段。

1. 大学区体制（1927年8月—1929年7月）

1927年8月浙江试行大学区制。大学区制系蔡元培等呈请教育行政委员会变更教育行政制度，以大学区为教育行政之单元，大学校长处理区内教育行政。1927年6—7月间中央政治会议、国民政府准大学区制先在浙江、江苏两省试办。中央政治会议议决浙江的第三中山大学，以蒋梦麟为校长。1927年8月1日，浙江大学区正式成立，第三中山大学接收浙江省政府教育厅行政职权。

根据《浙江大学综理浙江大学区教育行政事宜权限规程》规定：浙江大学承中华民国大学院之命，综理浙江大学区内一切教育行政事项；浙江大学区之辖境，以浙江省政府之辖境为范围；浙江大学为处理或指示浙江大学区内教育行政事项，对于本大学区内各县政府及所属各省立、市立、县立、私立教育机关得发布命令；浙江省政府与浙江大学遇有相互咨询或请办的事项，无须经省政府委员会议决者，彼此得以公函行之；浙江大学遇有学术或教育行政事项，与浙江省行政无关者，对于国民政府及浙江省政府所属各行政机关得径以公函或命令行之。

试行大学区时，浙江大学除大学各学院外，仅设秘书处及普通教育管理处。秘书处辅助校长办理本区行政上一切事务，普通教育管理处管理区内公立中小学及监督私立中小学教育事业。高等教育事宜由校长直接管理。据有关研究，当时的机构和人员组成情况如下：

按照大学区组织条例，大学区设评议会、秘书处、研究院、高等教育处、普通教育处、扩充教育处。又依"国民政府教育行政委员会第27号令，所有学校概定为校长制，废除委员制"（原注：《浙江省政府公报》，第77期，1927年8月12日）。浙江大学区建立组织机构：校长蒋梦麟总理区内的一切学术与行政事项；行政秘书刘大白，辅助校长办理行政上的一切事务；普通教育管理处处长邵裴子，管理全省中小学及监督私立中小学教育事务；施伯侯与俞子夷分别担任中等、初等教育主任；扩充教育主任为郑奠，管理职业学校、图书馆、运动场、演讲所、社会教育等事务，其隶属于普通教育处。[②]

① 孙祥治：《浙大历史的回顾》，《浙大学生》复刊第二期"校史专号"，1941年，第31-32页。
② 原静文：《国民政府时期大学区制在浙江的试行》，浙江大学硕士学位论文，2011年，第27页。

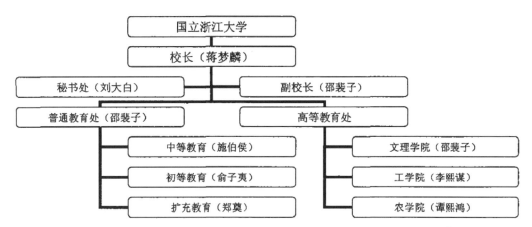

图 5-1-7　大学区制时期的浙江大学组织体系简图（1927-08—1929-07）①

　　浙江大学工学院和农学院都由专门学校改组而来，据国民政府指令第 112 号，"前浙江公立工业专门学校改组为国立第三中山大学工学院，前浙江公立农业学校改组为国立中山大学劳农学院，并聘李熙谋为工学院院长，谭熙鸿为劳农学院院长"②。1928 年 8 月，文理学院正式成立，邵裴子为院长。

　　大学区阶段，浙江大学的行政和学术机构如图 5-1-8 所示：

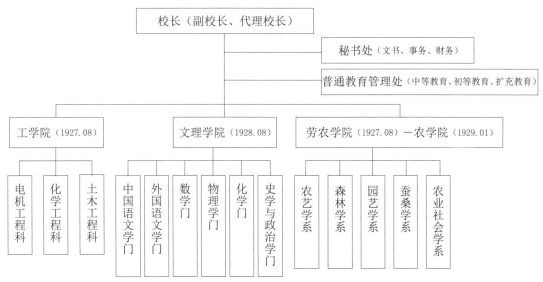

图 5-1-8　大学区制时期浙江大学组织架构（1927-08—1929-07）
（其中文理学院及各学门 1928 年 8 月以后设立，劳农学院 1929 年 1 月后改组为农学院）

2. 三学院相对独立运作体制（1929 年 8 月—1932 年 7 月）

　　1929 年 6 月 25 日，行政院会议议决，浙江、北平两大学区停止试行，中央大学区限本年底停止。1929 年 8 月，浙江废止大学区制，恢复浙江省教育厅，接管浙江大学区内一切教育行政事宜③。"浙

①　引自原静文：《国民政府时期大学区制在浙江的试行》，浙江大学硕士学位论文，2011 年，第 27 页。
②　《浙江省政府公报》，第 146 期，1927 年 11 月 3 日。
③　浙江省档案馆：《民国时期浙江教育试行大学区制》，《浙江档案》2000 年第 10 期，第 42 页。

江教育行政，既经责有专属，本大学遂将普通教育管理处及其所属各部，一律裁撤。秘书处亦缩小范围，专致力于学术文化之发展。"①

同时，1929 年 7 月《大学组织法》、8 月《大学规程》颁布，规定"大学分文、理、法、农、工、商、医各学院"（第 4 条）、"大学各学院或独立学院各科，得分若干学系"（第 6 条）和"大学各学院及独立学院得附设专修科"（第 7 条）。据此，学校于 1930 年 8 月后，正式将"学门""学科"等统一为"学系"。此前，文理学院（1929 年 8 月起）和农学院（1927 年 8 月起）已经称为"学系"。②

此期的学校组织架构如图 5-1-9 所示。

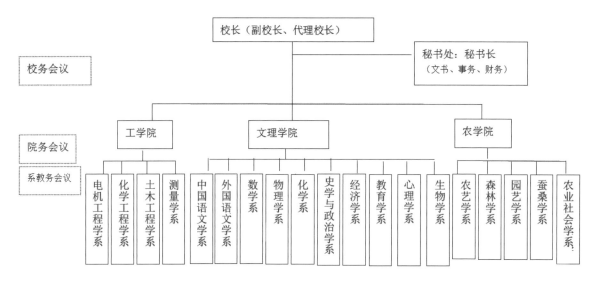

图 5-1-9　文理、工、农三学院相对独立时期（1929-08—1932-07）的浙江大学组织架构图
（其中，以下 4 系停办：中国语文学系 1928-08—1930-07，史学与政治学系 1928-08—1931-07，心理学系 1929-08—1931-07，经济学系 1929-08—1931-07）

1929 年 7 月后，学校根据国民政府颁布的《大学组织法》和《大学规程》关于设立校务会议、院务会议和系教务会议等规定③，学校的相关组织机构和规则也逐步建立。如先后制定了《国立浙江大学校务会议章程》（1929 年 9 月 18 日第 3 次校务会议通过，10 月 10 日修正）、《国立浙江大学校务会议议事规则》（1929 年 9 月 18 日第 3 次校务会议通过，10 月 10 日修正），以及《国立浙江大学文理学院院务会议规则》（1929 年 11 月 7 日第 4 次校务会议通过）、《国立浙江大学农学院院务会议规则》（1929 年 11 月 27 日第 5 次校务会议通过）、《国立浙江大学工学院院务会议规则》（1929 年 12 月 30 日第 6 次校务会议通过）等，校务会议、院务会议、系教务会议等以及各种委员

---

① 《国立浙江大学要览（民国二十四年度）》，第 1-5 页。引自张研、孙燕京主编：《民国史料丛刊》（第 1087 册），郑州：大象出版社，2009 年，第 5 页。

② 编者按：在 1930 年 5 月 24 日的校务会议第九次常会上，讨论了"本大学各学院或分科或分系，名称不一，应按照大学组织法一律改称学系案"，议决"照办"。载《浙江大学校刊》第 14 期（1930 年 5 月 31 日）。另据《国立浙江大学校刊》第 16 期（1930 年 6 月 14 日）载《各院分科一律改称"学系"，自十九年度起实行》，称"本大学文理学院及农学院现分学系"，说明文理学院和农学院此前已经改学门为学系。

③ 编者按：《大学组织法》（1929 年）第十五条规定："大学设校务会议，以全体教授、副教授所选出之代表若干人，及校长、各学院院长、各学系主任组织之。校长为主席。"第十八条规定："大学各学院设院务会议，以院长、系主任及事务主任组织之；院长为主席，计划本院学术设备事项，审议本院一切进行事宜。各学系设系教务会议，以系主任及本系教授、副教授、讲师组织之；系主任为主席，计划本系学术设备事项。"

会等亦按照《大学组织法》等均先后成立。[①]

大学层面,包括"校务会议""体育委员会"和"大学一览编辑委员会"等先后设立,名单如下(截至1930年2月22日):

(1)校务会议

蒋梦麟、邵裴子、陈伯君、李熙谋、谭熙鸿、王守竞、袁敦礼、孟宪承、张志拯、潘承圻、朱书麟、许叔玑、蔡邦华、钟宪鬯、刘大白、佘坤珊、钱宝琮、张绍忠、程延庆、郭任远、沈乃正、郑宗海、顾毓琇、李寿恒、吴馥初、朱渭芳、范肖岩、葛运成

附列席者:汤子枚、俞子夷、郑毅生、沈肃文、王钧豪、曹凤山、孙雅臣

(2)体育委员会

陈伯君、邵裴子、袁敦礼、李振吾、张子常、谭仲远、王福熙

(3)大学一览编辑委员会

陈伯君、郑天挺、金公亮、杨味余、孙祥治、陈政、范允之、王钧豪、邵祖平、孙虹广、韦皓如[②]

从1930年10月25日出刊的《校刊》第28期所载"十九年度(即1930年度,1930.08.01—1931.07.31)校务会议出席列席人员名单一览表",也可见当时学校各主要部门的组成人员(该名单为1930年10月后情况,较年初略有变化):

表5-1-1 1930年度(1930-08-01—1931-07-31)校务会议出席、列席人员名单一览[③]

(出席者31人,列席者7人)

人员/部分		大学	文理学院	工学院	农学院
主席	校长	邵裴子			
出席	秘书长	陈伯君			
	院长		邵裴子	李熙谋	谭熙鸿
	教授、副教授代表		王守竞、孟宪承、纪育沣	赵曾珏、陈大燮、王钧豪、张云青	于矿、杨靖孚、王金吾
出席	各学系主任		国文、外文学系:佘坤珊 数学系:钱宝琮 物理学系:张绍忠 化学系:程延庆 生物学系:贝时璋 心理学系:郭任远 史学与政治学系:沈乃正 经济学系:唐庆增 教育学系:郑宗海	电机工程学系:顾毓琇 土木工程学系:吴馥初 化学工程学系:李寿恒 测量学系:吴馥初	农艺学系:王嘉猷 森林学系:梁希 农业社会学系:许璇 蚕桑学系:葛敬中 园艺学系:吴耕民

---

① 《国立浙江大学校刊》第2期(1930年3月1日)。

② 《国立浙江大学校刊》第1期(1930年2月22日)。

③ 资料来源:《国立浙江大学校刊》第28期(1930年10月25日)。

续　表

人员 / 部分		大学	文理学院	工学院	农学院
列席	副院长				沈肃文
	教务主任			李寿恒	许璇
	训育主任			王钧豪	
	事务主任	沈肃文		曹凤山	
	专家	俞子夷、汤子枚			

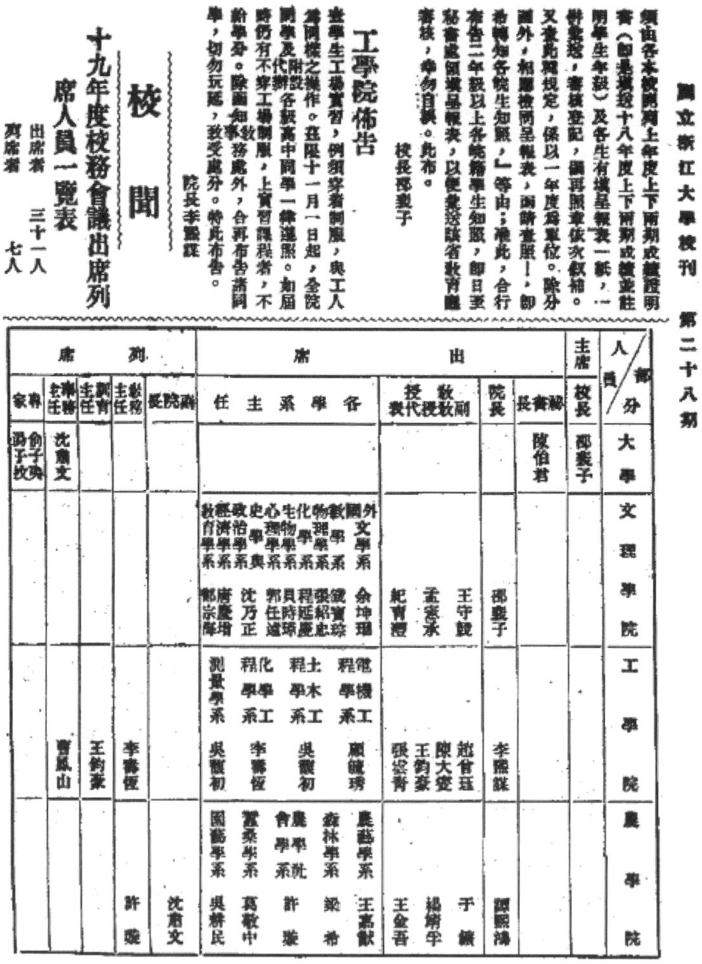
國立浙江大學校刊　第二十八期

須由各本校院肄上年度上下兩期成績證明書（即是填送十八年度上下兩期成績並註明學生年級）及各生有填呈報表一紙，一併呈送，審核登記，備再照章依次敘補。又查此項規定，係以一年度為單位。除分函外，相應檢同呈報表，函請查照！」，即希轉知各院生知照，」等由；准此，合行布告二年級以上各院肄業學生知照，即日逕向秘書處領填呈報表，以便彙送該省教育廳審核，毋勿自誤。此布。

校長邵裴子

工學院佈告

查學生工場實習，例須穿着制服，與工人為同樣之操作。茲限十一月一日起，全院同學及附設代辦各級高中同學一律遵照。如屆時仍有不穿工場制服，上實習課程者，不給學分。除函知教務處外，合再布告諸同學，切勿玩延，致受處分。特此布告。

院長李熙謀

校聞

十九年度校務會議出席列席人員一覽表

出席者　三十一人
列席者　七人

部分/人員	主席：校長	出席：秘書長	出席：院長	出席：教授副教授代表	出席：各學系主任	列席：副院長	列席：教務主任	列席：訓育主任	列席：事務主任	列席：專家
大學	邵裴子	陳伯君							沈肅文	俞子夷 湯子枚
文理學院			邵裴子	王守競 孟憲承 紀育灃	外國文學系 佘坤珊；數學系 錢寶琮；物理學系 張紹忠；化學系 程延慶；生物學系 貝時璋；心理學系 郭任遠；史學與政治學系 沈乃正；經濟學系 唐慶增；教育學系 鄭宗海					
工學院			李熙謀	趙曾珏 陳大燮 王鈞豪 張崟青	電機工程學系 顧毓琇；土木工程學系 吳馥初；化學工程學系 李壽恒；測量學系 吳馥初		李壽恒	王鈞豪	曹鳳山	
農學院			譚熙鴻	于繽 楊靖孚 王金吾	農藝學系 王嘉猷；森林學系 梁希；農業社會學系 許璇；蠶桑學系 葛敬中；園藝學系 吳耕民	沈肅文	許璇			

图 5-1-10 《国立浙江大学校刊》第 28 期（1930 年 10 月 25 日）关于浙江大学 1930 年度校务会议出席、列席人员的报道 ①

各学院则在 1929 年 6 月 18 日的第 2 次校务会议上，初步审议工学院提交的评议会章程，并议决“评议会章程改称院务会议章程”，且当时决议“三学院应一律组织”②；9 月 18 日的第 3 次校务

① 引自《国立浙江大学校刊》第 28 期（1930 年 10 月 25 日）。
② 《国立浙江大学校刊》第 2 期（1930 年 3 月 1 日）。

会议上讨论了工学院拟稿的《院务会议简章草案》，分送文理学院和农学院签注意见。但到了 1929 年 11 月 7 日的第 4 次校务会议时，文理学院提出"各学院各有特殊情形，恐难完全一律，似以由各学院参照原草案，自行拟定，提交校务会议通过，较为妥便"[1]的建议，并获通过；其后，遂各自制定了其院务会议规则，并据此成立了各院的院务会议和各种委员会，如 1930 年 2 月前后，文理学院、工学院均成立院务会议及相关委员会[2]。

同时，由于历史的原因，三学院内部管理则相对独立，如各自都有自身的秘书处、事务处、训育处等（文理学院未全设，仅设事务处），导致学校统一管理的能力严重不足；加之后来经费问题日益严重，学校与学院，以及三学院之间，均不可避免地出现较为严重的矛盾和问题。据当时《校刊》记载，各学院的组织架构分别为：

　　——工学院：学科（大学及高中）[3]、教务处、事务处、训育处、图书馆、体育、文牍、会计等；
　　——农学院：部、场、系等；
　　——文理学院：学系（学门）、事务处等。[4]

可见，工学院、农学院的机构设置、人员数量较为繁复，因其之前为单独之学校；而文理学院则较为简单，也符合《大学组织法》的有关要求，即隶属于统一的大学管理机构之下，由大学自身（秘书处）统一管理。从各院院务会议的规则所确定的参加人员也可看出各院的组织架构情况，即工学院最为完整，文理学院最为简单。

（二）运作中的问题与邵裴子去职

如前所述，1932 年前的浙江大学的学校管理体制最突出的特点，就是三学院各自为政，而学校层面集中的权力有限，导致校、院两级机构重叠设置，增加行政人员，又公文往还，办事效率反而低下。虽然在初期，该种体制也有管理灵活、学院自主性可以较充分发挥等优点，但随着学校经费问题的凸显，面对如何分配有限的经费，以及避免不必要的支出的要求，该体制的弊端日益显露（包括校方与学院，以及 3 个学院之间的矛盾）。与此同时，国民政府推行"党化教育"益发深入，政治因素对大学的干预逐渐增强，而这与学者所固有的大学精神的追求相矛盾，导致校方与教育部的矛盾也逐渐呈现。再加之 1931 年"九一八"事变后学生救亡图存的热情高涨、运动频繁，又与政府方面所主张的对外政策有所矛盾，亦导致政府（包括校方）与学生的冲突加剧。各方面矛盾纠葛，终于导致邵裴子辞职。而经费问题实为核心问题之一。

---

① 《国立浙江大学校刊》第 2 期（1930 年 3 月 1 日）。
② 《国立浙江大学校刊》第 1 期（1930 年 2 月 22 日），《国立浙江大学校刊》第 4 期（1930 年 3 月 15 日）。
③ 编者按：1930 年 6 月之后，工学院"科"改称"学系"。参见《国立浙江大学校刊》第 16 期（1930 年 6 月 14 日）。
④ 编者按：《国立浙江大学文理学院院务会议规则》第 2 条："院务会议以院长，各学系、学门主任，事务主任，及副教授以上教员为会员"；《国立浙江大学工学院院务会议规则》第 2 条："院务会议由院长、教务主任、事务主任、训育主任、大学及高中各科主任、图书馆主任、体育主任、文牍主任、会计主任，及副教授、专任教员互选代表三人组织之"；《国立浙江大学农学院院务会议规则》第 2 条："院务会议以院长、副院长、秘书，部主任，场主任，系主任，及副教授、专任教员代表三人为会员"。参见《国立浙江大学校刊》第 2 期（1930 年 3 月 1 日）。

1. 学校经费问题日益严重并与各方面矛盾相纠葛

《国立浙江大学校刊》于 1930 年 2 月 22 日正式出刊，以"记载"大学"整个内部的情形"为宗旨。之前，全校虽有《教育周刊》，"但是性质重在行政方面政令的宣达和教学的指导，没有把本大学内部的情形记载上去"；而"工学院和农学院虽各自有他们的《半月刊》和《旬刊》等，可是记载的范围又只能限于本院"；所以，《校刊》"虽然只是一些片段零星的记载"和"朴实的记述"，但主事者仍然"希望在这个校刊里面，能够看出一点本大学内部的逐渐充实，一点一滴地在那里进步"[①]。应该说，当时的《校刊》所记载的学校内部的情况非常细致，反映当时办学具有相当的公开性，也是当时民主办学的真实样貌。

该刊初期所登载的相当多的内容（尤其在邵裴子先生于 1930 年 8 月接任校长以来），都透露出学校所面临的经费困难。1930 年 9 月，在邵裴子先生的补行校长宣誓仪式上，他在任职讲话中，就提及经费问题和办学思路。[②]10 月，对文理学院新生的讲话，也讲到经费紧张的问题。[③]

到了 1931 年，财政恶化的情况尤甚。2 月 14 日出刊的《校刊》即以《文理学院史政、经济两学系暂行停办——困于经费，事非得已》为题[④]；2 月 21 日，报道《积极进行中之本大学经费问题》[⑤]；3 月 7 日，校务会议请求中华教育文化基金委员会补助[⑥]；3 月 14 日，报道《本大学教员电请中央迅即指定发费机关》[⑦]；3 月 21 日，告"本大学经费将由浙江省营业税项下筹拨"[⑧]，表示已经有所进展；但随即，3 月 28 日又报道"本大学经费问题：浙江省营业税尚未开征"[⑨]，重新陷入困境；4 月 11 日，报道"财政部最近对于本大学经费之办法"，并提及"中华教育文化基金董事会派员来校视察"[⑩]，即有另外的补助途径正在积极争取；5 月 23 日提及"邵校长为请求中华教育文化基金董事会补助事赴平"[⑪]。甚至 1931 年 4 月当时兼任行政院长和教育部长的蒋介石来校，也先谈经费问题；明确"浙江省一半，中央一半"[⑫]。可见当时校长的绝大部分精力都花在争取经费上。

相关材料也可以证实 1931 年前后学校所面临的严重经费困难，原因主要是 1931 年财政制度变化，即原由浙江省财政厅代收的国税裁撤后，财政部和浙江省对学校经费相互推诿所致：

> 本校全校经费，原出国库，向由浙省财政厅于经收统税（国税）项下拨付。民二十实行裁厘以后，财厅无经收之国税可供提拨，而财部则援苏省之例，以为本校在浙，费宜浙任，部省互诿。

---

① 蒋梦麟：《发刊词》，《国立浙江大学校刊》第 1 期（1930 年 2 月 22 日）。
② 《国立浙江大学校刊》第 23 期（1930 年 9 月 20 日）。
③ 《国立浙江大学校刊》第 25 期（1930 年 10 月 5 日）。
④ 《国立浙江大学校刊》第 41 期（1931 年 2 月 14 日）。
⑤ 《国立浙江大学校刊》第 42 期（1931 年 2 月 21 日）。
⑥ 《国立浙江大学校刊》第 44 期（1931 年 3 月 7 日）。
⑦ 《国立浙江大学校刊》第 45 期（1931 年 3 月 14 日）。
⑧ 《国立浙江大学校刊》第 46 期（1931 年 3 月 21 日）。
⑨ 《国立浙江大学校刊》第 47 期（1931 年 3 月 28 日）。
⑩ 《国立浙江大学校刊》第 49 期（1931 年 4 月 11 日）。
⑪ 《国立浙江大学校刊》第 55 期（1931 年 5 月 23 日）。
⑫ 《国立浙江大学校刊》第 50 期（1931 年 4 月 18 日）。

及部厅分任各半之办法既定，而本校经费无着者已数月矣。[①]

除了严重的经费问题之外，1931年"九一八"事变爆发，民族矛盾升级，"九一八"后学生的救国要求与当时政府的妥协政策之间亦发生冲突；加之学生的救国活动[②]与学校当局对学生学业的严格要求等之间的矛盾，也逐渐剧烈；以及1927年后，政治力量逐渐侵入校园，当时政府以党化教育向学校渗透，意图控制大学，这又与邵裴子等持守的大学理念相冲突（可能也间接导致中央对其不满而有意无意延宕经费的落实）。种种矛盾叠加，终于引发了邵裴子先生辞职。

2. 邵裴子请辞校长职务

正当内外矛盾交织时期，发生了一件意料之外的事情，促成了邵裴子请辞校长职务。对此，当时的《校刊》有详细记载。1931年11月7日第71期《校刊》，头版标题："邵校长向教育部辞职"，副标题："工学院李院长亦引咎辞职，工学院教授挽留校长院长"，全文如下：

邵校长向教育部辞职
工学院李院长亦引咎辞职，工学院教授挽留校长、院长

本月四日，农学院学生以院中经费困难，院务委员会未能直接负经费之责，于下午一时全体来见校长，面请指示办法，当由校长召集该生等在大礼堂谈话，旋工学院学生亦来加入，后竟酿成不幸之事故。邵校长当晚电教育部辞职，次日又补备正式辞呈。工学院李院长亦引咎辞职，邵校长以本人已向部辞职，并经陈明自即日起，不再履行校长职务，无法接理，即将原呈退还，工学院教授赵曾珏先生等多人，则函请校长即日打消辞意，并请即日令李院长到院视事，亦经校长函复，兹将邵校长辞电、辞呈，李院长辞呈，工学院教授函，分志于左：

（一）邵校长辞电

急。南京教育部钧鉴：裴子承乏浙大校长，一载于兹，德薄能鲜，愧无建树！复值经费衍期，较前更甚，并有一部分尚无着落，维持亦感困难！本日农学院学生为经费事，集合来城请愿，正解释间，工学院一部分学生临时加入中间，因要求校长各别谈话，侮及农院教员，极肆无礼！裴子及工院李院长在场均无力制止，当时裴子愤激之至，加以斥骂，遂群起大哄呼打，秩序益乱！扶出李院长不令干涉。击毁办公室玻璃门。学校风纪败坏至此，均裴子奉职无状之所致，非解职不足以藏事，除另备辞呈随即寄发外，特此电呈辞职，并自即日起不再履行校长职务，务祈立予核准，即日遴员接替以重校务，至为公便！

国立浙江大学校长邵裴子呈叩支

（二）邵校长辞呈

窃校长以本大学发生风潮，无法维持，业于前日电请辞呈在案。兹将此次风潮经过情形，为钧部详晰陈之。

---

① 《国立浙江大学文理学院第一届毕业纪念刊》（1932年7月），第13页。

② 编者按：如1931年9月"九一八"之后不久，工学院即有抗日救国会之组织。见《国立浙江大学校刊》第68期（1931年10月18日）。

　　上月中本大学农学院院长谭熙鸿函请辞职，意极坚决，虽经校长及农学院教职员一再恳切挽留，未允回院，校长以院务不可一日停顿，经即一面商请该院前教务主任许璇继任院长职务，一面聘请该院各学系及农林园艺各场主任暨在院副教授，组织院务委员会，在新院长未经到院以前，暂行维持。自该委员会成立以来，关于该院经费问题，均随时由各委员商请校长办理，而现在本大学经费，以本年一二两月份尚未领到，浙省授发部分，六月份亦未领齐，九月份起，仅领到一万元，困难情形，匪可言喻。农学院学生以院务委员会未能直接负经费之责，特于本月四日下午，全体前来面请指示办法，校长当即召集该生等在礼堂谈话，由该生等提出三项要求：（一）各学院经常费应三院一致按时支付;（二）中华教育文化基金董事会补助之三万元，由三学院平分;（三）秘书处结余经费三万六千元，均发三学院。经校长答复：第一项原系如此办理，第各院领取后发薪多少，各有不同，亦以各院情形而异，事实上不能由校长始之齐一；第二项系中华教育文化基金董事会指定补助文理学院设备之用，不能由校变更；第三项因文理学院历年年级班次递进，而预算未曾有丝毫之增益，亏短之数，已达十九万元以上，非予赶筹周转之资，势必陷于停顿，因将秘书处开支竭力撙节，而以该项余款，拨助该院，俾得勉为进行，但亦可再请校务会议加以讨论。

　　正解释间，有工学院学生义勇军第一、第二大队学生突入会场，初系列席旁听，嗣校长因事暂行离场与农学院教授接谈，工学院有一部分学生亦即离场，前来要求校长各别谈话，校长即予允许。其时农学院教授未闻校长对该生等之答复，深恐该生等藉农学院学生来校与校长谈话机会，别生枝节，即面嘱该生等俟农学院学生退出后，再与校长谈话，而该生等反谓农学院教授不应干涉，遂利用学生义勇军之组织，请求大队长立将农学院教授逐出，并称勿使校长脱逃等语；校长以该生等肆意侮辱师长，愤激之余，加以斥骂，乃该生等遂即高声呼打，在会场中之该院学生，亦即潮涌而来，校长及工学院李院长在场均无力制止，校长因即为农院教授数人掖入办公室，犹冀俟该生等理智稍复，再予开导，而该生等复将办公室重重包围，一面并派队看守电话机关，如临大敌；一面将李院长扶出，不令干涉，继竟将办公室玻璃及插销敲击破断，涌入与校长理论，其为存意掀动风潮，已属显而易见。校长至此，知已无可理喻，且无法再行维持，遂即宣布立即辞职，该生等又集议多时，始呼口号而退，此风潮经过实情也。

　　窃维中央对于整饬学风，告诫谆谆，而本大学此次风潮，校长事前既未能预防，临时又无法制止，校长奉职无状，实深惶悚，非解职无以蔽辜，务恳钧部鉴核，立即准予辞职，遴员接替，以免停顿而图整饬，并恳勿予慰留，以为不能称职之诚。临呈不胜迫切待命之至！谨呈教育部。

　　　　　　　　　　　　　　　　　　　　　　　　　　国立浙江大学校长邵裴子[1]

　　之后，虽经教育部致电挽留，但邵裴子辞职校长之意已决，遂至无可挽回。[2]

　　当时亲历此事的学生，后来对此事件的细节则有更详尽的记载。1930年入校的工学院学生施昭仁（梅坊）在其《回忆与怀念》一文中，提及这次风潮：

　　我在浙大的那几年，正值中国内忧外患，学生的情绪激荡不安……学生会又常和学校作对。记得有一次邵校长和学生代表开会，会中邵校长责某学生代表言词不当，斥为"放屁"，代表便

---

① 《国立浙江大学校刊》第71期（1931年11月7日）。
② 《国立浙江大学校刊》第72期（1931年11月14日）。

责问其不该骂人，于是邵校长答"我既出言不当，我便辞职"，就是那轻轻一言引致邵校长离校。[①]

　　这一具体过程目前正式校史未见记载，姑且录以备考。当然，问题和矛盾应该是很久蓄积下来的，邵裴子先生可能也久有辞职之意，正好借着这个缘由，便辞了。虽然未见有关材料明确记载各院矛盾，但此事由工学院、农学院学生因为经费等问题而引发与校长（且兼文理学院院长）的冲突，亦间接反映出校方以及文理学院与工、农两院可能存在的矛盾。

第二节　程天放、郭任远长校阶段（1932—1936 年）

　　邵裴子于 1932 年 3 月获准辞去浙大校长（仍担任文理学院院长），继任校长为程天放。针对邵裴子所面临的问题，程天放着重做了两个方面的事情：一是开源，即向各方面大力争取办学经费；二是节流，即针对学校体制上固有的问题，精简机构，节省经费，大刀阔斧进行改革，统一了学校的管理体制。与此同时，程天放严格执行南京国民政府的教育方针和措施，但这些措施又与大学的本质有所冲突；且面临国家救亡的特殊时期而配合政府干预、限制学生的正当要求，又给学校发展埋下新的矛盾和隐患。

　　程天放由于任期较短（1932-03—1933-04），经费问题又有一定程度的缓解，且各方面处理较为妥帖，所以程天放长校时期，学校运行较为平顺，还没有显现出明显的冲突，学校也正常发展。但到了郭任远长校时，各方面矛盾又逐渐显现。郭任远在各种矛盾逐渐激化的背景下，在复杂的国际、国内形势与校内外人际关系、师生关系之中，没有处理好各方面的关系，处于治校失败的状态。

一、程天放长校阶段

　　程天放（1899—1967），原名学愉，江西新建人（新建县大塘汪山土库人，今江西省新建市。谱名时然，字佳士，号少芝，原用官名学愉，加入国民党后改用天放）。1919 年毕业于复旦大学，后赴美国、加拿大留学，并获政治学博士学位。1926 年回国后，先后任国民党江西省党部宣传部长、江西省教育厅厅长、中央大学教授等职。1931 年任国民党中央宣传部副部长。1932 年春至 1933 年春任国立浙江大学校长。此后，历任国民党江西省党部执行委员兼宣传部长，江西省教育厅长，安徽省教育厅长，代理安徽省政府主席，国民党中央宣传部副部长兼总司令部党政委员会委员，湖北省教育厅厅长，驻德大使，四川大学校长，中央政治学校教育长兼国防最高委员会常务委员，

---

① 施昭仁：《回忆与怀念》，《天涯赤子情——港台和海外学人忆浙大》（《浙江文史资料选辑（第 34 辑）》），杭州：浙江人民出版社，1987 年，第 38-39 页。编者按：该文另收于《国立浙江大学（上册）》（台湾浙江大学校友会编，台北：台北市浙江大学校友会，1985 年，第 564-585 页），作者署名为"梅坊"；因二文内容相同，推测应为同一人。

联合国教科文组织代表，立法委员。1949 年后去台湾，1967 年卒于美国纽约。

图 5-2-1　程天放先生（1899—1967）①　　　图 5-2-2　《国立浙江大学校刊》第 85 期（1932 年 3 月 26 日）
关于行政院任命程天放先生为浙江大学校长的报道②

（一）程天放就职与改革行政组织

1932 年 3 月国民政府行政院第十二次会议，正式批准了邵裴子的辞职请求，同时任命程天放为国立浙江大学校长③。但程并未立即就职，而是先来校视察④，并与中央和浙江省各方面多所接洽⑤，意图解决学校的经费短缺的问题；至 4 月 21 日始正式就职⑥。

按照现有校史的记述，对程天放、郭任远均有较多负面的评述。如 1997 年所编《杭州大学校史（修改本）》对程天放任职的记述：

……那时正处在国民党统治初期，蒋介石集团推行错误的办学方针，邵裴子虽有志于教育事业和想办好浙大，却无法施展其抱负。1931 年 4 月 15 日蒋介石视察浙大时，曾动员邵裴子加入国民党，被邵裴子拒绝，因而遭到国民党当局的不满。学校经费本来不多而又经常短发，有时连教职工的薪水也要拖欠数月，教学活动几濒绝境，终于迫使邵裴子于 1931 年 11 月向国民党政府教育部"引咎"辞职。

---

① 引自国立浙江大学秘书处出版课编：《国立浙江大学一览（二十一年度）》，杭州：杭州正则印书馆，1932 年 12 月，插图第 1 页。
② 引自《国立浙江大学校刊》第 85 期（1932 年 3 月 26 日）。
③ 《行政院决议任命程天放为本大学校长》，《国立浙江大学校刊》第 85 期（1932 年 3 月 26 日）。
④ 《程新校长来校视察》，《国立浙江大学校刊》第 87 期（1932 年 4 月 9 日）。
⑤ 编者按：《邵校长移交清册，已送交新校长》记及："惟闻程校长对于本大学经费问题，尚待与浙江省财政厅有一度接洽，故就职之期，尚未确定云。"参见《国立浙江大学校刊》第 86 期（1932 年 4 月 2 日）。
⑥ 《国立浙江大学校刊》第 89 期（1932 年 4 月 23 日）。

邵裴子于 1932 年 3 月获准辞去浙大校长职，继任校长为程天放。程于 1927 年任江西教育厅长时以反共出名。他在就职宣誓时大讲"人格教育""注重人格熏陶"，肆意污蔑人民革命，要学生"养成为学问而学问"，阻止学生参加爱国进步活动。他到校之初，就设立军事训练部，对学生实行严格管理。他还设立学生生活指导制度，任用大批在江西时培植的亲信担任各级领导职务。他又设立出版课，掌握宣传舆论工具。

在程天放以前，浙大由于历史原因，3 个学院各保持其半独立的状态，全校行政组织不统一。1932 年 8 月 1 日起，程天放统一了行政组织，在秘书处下设立文书、注册、事务、会计、图书、出版等 6 个课，并在校长直接领导下设立军训部、体育部、学生生活指导员、校医等。[①]

除去一些政治色彩浓厚的评价与褒贬之外，关于程天放时期改革学校体制的叙述还是不错的。事实上，就在程天放正式上任之时（1932 年 4 月），农学院订定《组织大纲》，设事务部、注册部、训育部、推广部等，各项事务仍自行处理[②]，说明 3 个学院确实仍"各保持其半独立的状态"。程天放任内所做的主要一件大事，就是初步统一了学校的行政组织。1932 年出版的《国立浙江大学一览》，对此有较为详细的记载：

（编者注：撤销大学区制以后）浙江教育行政，既经责有专属，本大学遂将普通教育管理处及其所属各部一律裁撤，秘书处亦缩小范围，专致力于学术文化之发展。十九年七月，蒋校长以部务繁忙、对于校务无暇兼顾辞职，国府任命邵副校长继任，于八月一日就职。至二十年十一月，邵校长因校中经费困难，本人心力交瘁，辞校长职，国民政府于二十一年三月十八日照准，同时任命程天放为本大学校长，程校长于四月二十一日就职。

程校长就职后，鉴于校中行政散漫分歧，各院虽各有其历史的关系，而各自为政，不特有碍大学全部的发展，且亦有损大学整个的精神，为统一事权、节省经费、提高办事效率起见，决定本大学行政方面予以改组，遂于二十一年七月二十三日行政谈话会第二十七次会议议决通过本大学组织规程，并呈报教育部备案，于八月一日起依照组织规程实行改组，其最重要者即为——

一、文理学院、工学院、农学院各院长由校长聘任，商承校长处理全院教务及学术事项。

二、秘书处设文书、注册、会计、事务、图书、出版六课，秉承校长、秘书长处理各该课事务，所有各学院关于上列各项事务均由秘书处各主管课处理。

三、设军事训练部，秉承校长办理全校军事训练事项。

四、设体育部，秉承校长办理全校体育事项。

五、设学生生活指导员，秉承校长指导学生在校生活。

六、设校医，办理全校卫生治疗事宜。

行政方面既有改革，学系方面，亦有增设，自二十一年度起工学院增设机械工程学系，文理学院恢复政治学系。故现在本大学三学院之学制组织，在文理学院设有外国文学系（英文组）、政治、教育、数学、物理、化学、生物等七学系；工学院设有电机工程、化学工程、土木工程、机械工

①　杭州大学校史编辑委员会编：《杭州大学校史：1897—1997（修改本）》（内部印行），1997 年，第 17-18 页。
②　《国立浙江大学校刊》第 88 期（1932 年 4 月 16 日）。

程、测量等五学系；农学院设有农艺、森林、园艺、蚕桑、农业社会等五学系。[1]

实际改革过程当然更为繁复。程天放到校后，经过细致的调研、沟通，将邵裴子时代未能推进的事情，作了大刀阔斧的推动，并得到广泛的支持。当时的《校刊》，对此多有记述。如邵裴子先生在 1932 年 8 月 1 日大学成立五周年纪念会上的报告中，明确指出："自程校长到校以后，经数月之观察，认为本大学行政之部分有改组之必要。所以这次把秘书处扩大组织，事权集中。"[2] 并也表示认同这种做法。

（二）学校组织与人员构成

程天放 1932 年 4 月就职后，经过数月调研，决定"本大学行政方面予以改组"，遂于 1932 年 7 月 23 日行政谈话会第二十七次会议议决，正式通过《国立浙江大学组织规程》，于 8 月 1 日起依照组织规程实行改组。

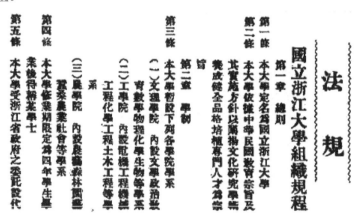

图 5-2-3 《国立浙江大学校刊》第 101 期（1932 年 9 月 3 日）全文登载的《国立浙江大学组织规程》[3]

《国立浙江大学组织规程》的制定和实施，是学校发展史上的一件大事。应该说，从此时起，浙江大学明确了办学的目标和宗旨，有了统一的行政组织和管理体制，学术体制、行政体制和教授治校等基本架构和原则均初步奠定。该《组织规程》全文如下：

国立浙江大学组织规程

（1932 年 7 月 23 日行政谈话会第二十七次会议议决，8 月 1 日起施行）

第一章　总则

第一条　本大学定名为国立浙江大学。

第二条　本大学依据中华民国教育宗旨及其实施方针，以阐扬文化、研究学术、养成健全品格、培植专门人才为宗旨。

---

① 国立浙江大学秘书处出版课编：《国立浙江大学一览（二十一年度）》，杭州：杭州正则印书馆，1932 年 12 月，第 9-10 页。

② 《国立浙江大学校刊》第 101 期（1932 年 9 月 3 日）。

③ 引自《国立浙江大学校刊》第 101 期（1932 年 9 月 3 日）。

第二章　学制

第三条　本大学暂设下列各学院、学系：

（一）文理学院：内设文学、政治、教育、数学、物理、化学、生物等学系；

（二）工学院：内设电机工程、机械工程、化学工程、土木工程等学系；

（三）农学院：内设农艺、森林、园艺、蚕桑、农业社会等学系。

第四条　本大学修业期限定为四年，学生毕业后得称某学士。

第五条　本大学受浙江省政府之委托设代办高级工科中学、高级农科中学，附属于工、农两学院，其规程另定之。

第三章　职制

第六条　本大学设校长一人，总辖校务，由国民政府任命之。

第七条　本大学设秘书长一人，由校长聘任，商承校长处理全校事务。

第八条　本大学各学院各设院长一人，由校长聘任，商承校长处理全院教务及学术设备事项。各学院各得设副院长一人，襄助院长处理院务。

第九条　本大学各学系各设主任一人，教授、副教授、讲师、助教若干人，由院长商承校长聘任之。

第十条　本大学工场、农场、林场得各设主任一人，技师若干人，由校长就教授、副教授、讲师中聘任，商承校长、院长处理工场、农场或林场事务。

第十一条　本大学工场、农场、林场及各系实验室得设技术员、管理员或助理员，由院长商承校长聘任或任用。

第十二条　本大学设秘书一人或二人，秉承校长、秘书长襄理全校事务。

第十三条　本大学秘书处分设文书、注册、会计、事务、图书、出版六课，每课设主任一人，由校长聘任课员、助理员若干人，由校长任用，秉承校长、秘书长处理各该课事务。

秘书处及各课办事细则另定之。

第十四条　本大学设军事训练部，置主任一人，教官、助教若干人，由校长聘任，秉承校长办理全校军事训练事项。

第十五条　本大学设体育部，置主任一人，讲师、助教若干人，由校长聘任，秉承校长办理全校体育事项。

第十六条　本大学设学生生活指导员若干人，由校长聘任，秉承校长指导学生在校生活。

第十七条　本大学设校医若干人，由校长聘任；医务员三人，由校长任用；办理卫生治疗事宜。

第十八条　本大学秘书处设缮写室，置书记若干人，由校长委任之，办理缮写事务。

第四章　会议

第十九条　本大学设校务会议，以校长、秘书长、各学院院长、各系主任及教授、副教授代表组织之。

第二十条　军事训练部主任、体育部主任及秘书处秘书、各课主任、各学生生活指导员得由校长邀请列席校务会议。

第廿一条　本大学各学院设院务会议，以各学院院长、副院长，各系、场主任，教授、副教授组织之。

第廿二条　本大学秘书处设处务会议，以秘书长、秘书各课主任组织之。

第廿三条　校务会议、院务会议、处务会议规程另定之。

第五章　委员会

第廿四条　本大学设左列各种委员会,其委员由校长于大学教职员中聘任之。

(一)招生委员会;(二)出版委员会;(三)审计委员会;(四)建筑委员会;(五)训育委员会;(六)卫生委员会;(七)讲演委员会;(八)学术设备委员会。

第廿五条　本大学依据校务上之需要得增设其他委员会。

第廿六条　各委员会规程另定之。

第六章　附则

第廿七条　本规程由校长核定施行,并呈报教育部备案。

第廿八条　本规程如有未尽事宜,得由校长随时修改并呈报教育部备案。[①]

同时,以《国立浙江大学组织规程》为准,学校进一步开始各项规则的修订和完备工作。1932年12月印行的《国立浙江大学一览》,其所附的法规有20余项,涉及学校的方方面面,堪称完备;具体包括,修订了《校务会议章程》和《校务会议议事规则》,统一了各学院《院务会议规程》,制定了秘书处的处务会议规程,各委员会的通则和各自规程,以及关于学生管理、教师管理、宿舍管理等各个方面的规则。

因此,1932年8月1日之后,某种程度上,浙江大学才真正成为一所统一的大学。

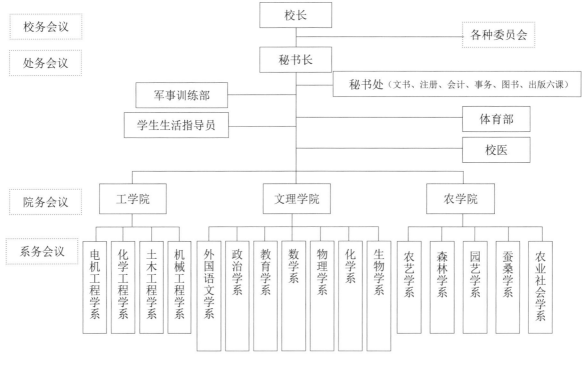

图 5-2-4　浙江大学组织系统(1932-08—1933-03)

---

① 国立浙江大学秘书处出版课编:《国立浙江大学一览(二十一年度)》,杭州:杭州正则印书馆,1932年12月,第11-13页。

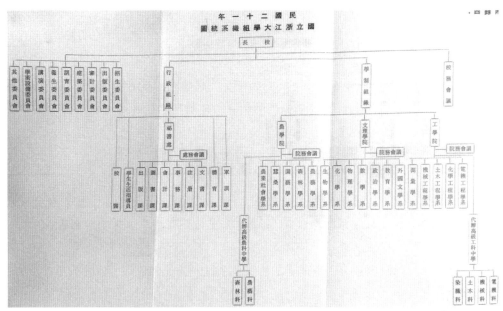

图 5-2-5　1932 年的《国立浙江大学一览》所列当时的学校组织系统图示[①]

《校刊》第 102 期（1932 年 9 月 10 日）刊登《国立浙江大学二十一年度职员一览》，载有当时各机构及主要任职人员的名单，兹整理如下：

一、秘书处

秘书长：黄华表；秘书：俞子夷、欧阳仙贻

文书课

主任：黄华表（兼）；课员：杨味余、胡式军、王子澄、徐晓林；助理员：汤朝兴、李兆煊、虞凤韶、熊子涵

注册课

主任：俞子夷（兼）；课员：唐数躬、范允兹、严鸿渐；助理员：叶筠、沈弈因、潘波慈、郭伯珍

事务课

主任：薛良叔；课员：刘怀清、田嘉荣、陆子桐、余容先、马宗裕、沈念慈、黄贶之、睦镇辉；助理员：蔡正先、谢养若、陈科泰

会计课

主任：汤子枚；课员：陆永年、钟孝澄、袁瘦僧、富骥；助理员：戎传耀、沈观卿

图书课

主任：欧阳仙贻（兼）；课员：孙述万、陈凤威、邵名鹤、胡正支；助理员：曹礼奎、陈逸云、王松泉、张东光、姚佑林、曹礼德、张雪梅

---

① 引自国立浙江大学秘书处出版课编：《国立浙江大学一览（二十一年度）》，杭州：杭州正则印书馆，1932 年 12 月，第 14 页。

出版课

主任：胡昌骐；课员：孙祥治、杨起森；助理员：郭澄

缮写课

书记：胡其华、刘素、朱焕祖、蒋绪耿、陈子良、朱傅荣、沈培照、沈邕、钟健、章玢演、任旭圆、胡兰佩、柳赓飚、张如愈、何星如、周苹美、戴湘生、聂时濂、蒋琨斌

二、各学院

文理学院

院长：邵裴子；副院长：张绍忠

外国文学系英文组主任：佘坤珊；政治学系主任：沈乃正；教育学系主任：郑宗海；数学系主任：陈建功；物理学系主任：张绍忠（兼）；化学系主任：程瀛章；生物学系实验生物组主任：贝时璋

教务员：金宗书；助理教务员：周藻春；物理学系技术员：金学煊；化学助理员：陈崇伊；生物学系助理员：陈翰鹏、张澹泉

工学院

院长：薛绍清；副院长：李寿恒

电机工程学系主任：郁秉坚；化学工程学系主任：李寿恒（兼）；土木工程学系主任：吴钟伟；机械工程学系主任：陈大燮

工场主任：薛绍清（兼）

教务员：章蔚然；助理教务员：陈志亮、钱助民；电机工程学系事务员：郑雨平；土木工程学系事务员：张英华；绘图员：朱殿春

代办高级工科中学教务主任：陈大燮；代办高级工科中学教务员：蔡润芳

农学院

院长：许璇

农艺学系主任：王金吾；森林学系主任：梁希；园艺学系主任：吴耕民；蚕桑学系主任：孙本忠；农业社会学系主任：黄枯桐

教务员：周铨元；助理教务员：沈克明

林场技术员：卢经崧，管理员：胡作民、孟绍绪；园艺场技术员：章安莱；蚕场技术员：周惠选，管理员：施叔康；农场技术员：贲泽遂，助理员：杨立德、陈良，监工：孙簏；农产制造场助理员：徐学尧；生物室技术员：张东旭；植物园技术员：陈谋；讲义室事务员：卢书粤；消费合作社事务员：陈景新；湘湖农场技术员：黄骅、周镐，事务员：屠广颖，测绘员：钟为隆，助理员：蒋叔麟；代办高级农科中学教务员：路振夏

三、军事训练

教官：赖蓄久、萧健、吴敬群；助教：王英浍

四、体育部

主任：徐英超

讲师：宋秉琳、朱雅舒、邓康南

助教兼文理学院数学助教：鞠霖三；助教兼代办高级工科中学机械画教员：莫善祥；助教：邓嘉祥

五、学生生活指导员

学生生活指导员：甘家馨、邱缵祖、何昌荣、李乃常、徐震池

女生生活指导员兼体育教员：唐丽玲、余子安

斋务员：吴雪愚、鞠孝润、席凤阁

代办高级工科中学斋务员：史慰侬

代办高级农科中学斋务员：郑杏瑞

六、校医

校医：黄问羹、袁可仕、鲁介易、张铭相

医务员：王懋赓、陈朱绂、王崇波[①]

此外，1932年11月26日出刊的《校刊》，登有当时的各种委员会的构成名单：

本大学各种委员会委员名单

本大学各种委员会规程，除图书委员会外，其余均已于校务会议通过公布。兹悉各委员会委员，除图书委员，因规程未通过，审计委员须待校务会议选举外，其余均已由校长聘就，其名单如下：

招生委员会委员（十三人）

黄二明（主席）（当然委员）、邵裴子（当然）、许叔玑（当然）、薛宇澄（当然）、张荩谋（当然）、李乔年（当然）、俞子夷（当然）、程瀛章、郑晓沧、陈大燮、潘承圻、王直青、朱昊飞

出版委员会委员（九人）

沈公健（主席）、贝时璋、陈建功、吴锦铨、郁秉坚、徐南骏、孙本忠、汤惠荪、胡昌骐（当然）

建筑委员会委员（七人）

吴馥初（主席）、李范前、张云青、张之霖、徐仁铣、蒋芸孙、汤子枚

演讲委员会委员（七人）

朱凤美、吴士栋、苏步青、倪孟杰、曹凤山、黄枯桐、吴耕民

训育委员会委员（十七人）

邵裴子（主席）（当然委员）、黄二明（当然）、许叔玑（当然）、薛宇澄（当然）、胡次珊、朱叔麟、沈仲端、孟宪承、梁叔五、蔡邦华、邱缵祖（当然）、甘家馨（当然）、徐震池（当然）、唐丽玲（当然）、余子安（当然）、何昌荣（当然）、李乃常（当然）

卫生委员会委员（十七人）

黄同羹（当然委员）、鲁介安（当然）、袁可仕（当然）、王铭桐（当然）、钱琢如、范赍、丁人鲲、林熊祥、叶贻哲、薛良叔（当然）、邱缵祖（当然）、甘家馨（当然）、徐震池（当然）、唐丽玲（当然）、余子安（当然）、何昌荣（当然）、李乃常（当然）[②]

各院除了教学方面的组织外（由教授兼职），行政方面基本归到学校行政系统统一管理。从具体人员安排来看，各院仅留教务员若干，办理教学事宜；其余行政事务均归于学校统一管理。

---

① 《国立浙江大学校刊》第102期（1932年9月10日）。

② 《国立浙江大学校刊》第113期（1932年11月26日）。

（三）改革的效果与程天放的突然离职

除了改革学校的行政体制以外，程天放在学生管理等方面，亦有自己的见解。1932 年年初程天放来校后不久，就改革学校训育体制，提出了自己的教育理念：

本大学以前各学院训育设施各不相同，有设训育处、训育主任及训育员专办训育事宜者，有不设训育处而将训育事宜由院长兼办者。程校长以为训育处一类之组织，不适宜于大学，盖大学生应能自治自重，若仍施以中学之训育方法，殊欠妥善。故自本学期起，将训育处取消，改设学生生活指导员。学生生活指导员与训育主任之不同点，以其在友谊之地位领导并辅助学生进行各种正当之活动，非若训育主任之专以监督学生为原则也。[①]

在此思想指导下，学校制定了《国立浙江大学训育纲要》，并上报教育部：

一、关于大学者

1. 养成优美朴实勤劳耐苦之学风；

2. 养成各学院学生合作互助之习惯。

二、关于学生个人生活者

1. 养成学生自动遵守学校各种规则之习惯；

2. 养成学生对于教员敬爱互助之观念；

3. 养成学生有秩序、有条理、整齐清洁之日常生活；

4. 养成学生自动研究学问之兴趣；

5. 养成学生喜勤劳、爱运动之习惯；

6. 养成学生读杂志报章、注意时事之习惯；

7. 养成学生爱护公物之习惯；

8. 养成学生服务社会、勇敢牺牲之精神；

9. 养成学生独立自尊、爱学校、爱国家、爱民族之观念；

10. 矫正学生放肆浪漫卑劣之行为，不良之嗜好与习惯，偏激之思想，谬误之言论行动；

11. 在可能范围内尽量帮助学生解决各种困难问题。

三、关于学生团体生活者

1. 应用民权初步，切实提倡学生自治事业，并养成学生遵守公约及服务公意之习惯；

2. 矫正学生孤僻不合群之习惯，使人人尽量参加团体活动；

3. 鼓励学生在法律范围内参加一切爱国运动；

4. 辅助学生组织各种学术研究会；

5. 辅助学生出版各种刊物；

6. 辅助学生组织讲演会、辩论会，以练习言语技能；

---

① 国立浙江大学秘书处出版课编：《国立浙江大学一览（二十一年度）》，杭州：杭州正则印书馆，1932 年 12 月，第 231 页。

7. 鼓励学生参加运动会、军事训练、会操、远足队、野外宿营等，以锻练身体；

8. 辅助学生设立正当娱乐团体，举行各种游艺会、音乐会等，使闲暇时身心有所寄托；

9. 利用各种集会结社，以养成学生办事能力；

10. 利用假期组织旅行团、参观团，以明了社会情形，人民疾苦。①

客观地说，程天放的改革当时是得到各方面拥护的。邵裴子时代，就多次想统一校政，以节省经费，提高办事效率，但限于种种原因，未及实施。改革之后，学校各方面运作也相对正常。加之程天放积极争取经费，学校的经费问题在这一时期亦有所缓和。据浙大学生后来回忆：

程校长天放在接掌浙大就职典礼中透露，他没来学校以前已经和财政部长宋子文先生商谈过，浙大的经济环境不佳，财务情况不好，如果没有宋财长的大力支持，他是不肯接掌校务的。同学们听了这番话以为程校长在吹牛，果尔程校长来校以后浙大的财务情况渐趋佳境，才证实了程校长并非"徒托空言"也。②

所以，在程天放突然离校之时（当时国民政府及国民党中央对程另有任用），程天放几次推脱不得。③ 在此过程中，亦得到师生的一致慰留④，甚至工学院学生集会，还拟发表"程天放氏外拒绝任何人长校"的宣言，言辞较为激烈：

工学院学生会，临时动议，关于程校长之调任问题，议决：
a. 电程校长请勿辞校长职。
b. 发表程校长之治校决心、过去成绩及其改革方针。
c. 至相当时期，发表"除程天放氏外拒绝任何人长校"之宣言。⑤

---

① 《国立浙江大学训育纲要》，中国第二历史档案馆编：《中华民国史档案资料汇编》第五辑第一编《教育》(二)，南京：江苏古籍出版社，1994 年，第 1068-1069 页。编者按：该材料还登载于《国立浙江大学一览(二十一年度)》(国立浙江大学秘书处出版课编，杭州：杭州正则印书馆，1932 年 12 月，第 231-232 页)。此外，该文曾以《指导学生生活纲领》为题，载《国立浙江大学校刊》第 102 期 (1932 年 9 月 10 日)。

② 钮其如：《怡然引退话当年》，台湾浙江大学校友会编：《国立浙江大学 (上册)》，台北：台北市浙江大学校友会，1985 年，第 560-564 页。

③ 《本大学程校长电辞鄂教长任命》，《国立浙江大学校刊》第 121 期 (1933 年 2 月 11 日)。

④ 《全体学生恳切挽留程校长》，《国立浙江大学校刊》第 122 期 (1933 年 2 月 18 日)；《文理学院学生会举行挽留校长紧急大会》，《国立浙江大学校刊》第 122 期 (1933 年 2 月 18 日)。

⑤ 《国立浙江大学校刊》第 122 期 (1933 年 2 月 18 日)。

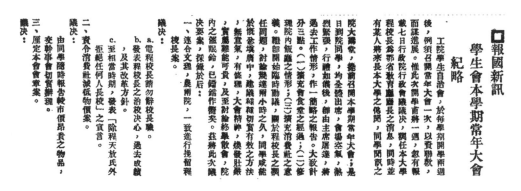

图 5-2-6　《国立浙江大学校刊》所载工学院学生自治会开会议决挽留程天放校长 [1]

程天放自己也对尚未完成在浙大的改革等表示遗憾："……始于四月就职。承乏以来,瞬已十月,浙大整理,正在进行,个人体健,暂臻康复,若于此时舍浙赴鄂,于公于私,均感不便,再四筹思,惟有请示新命,伏惟准予辞职" [2],希望中央能够收回成命,准予仍留浙大。但最终未果,无奈只能接受新的任命,离开浙大。

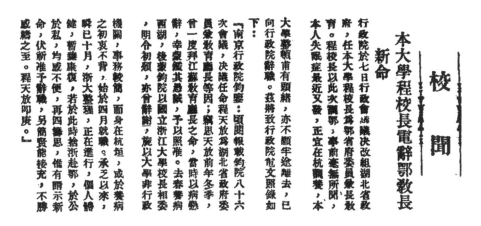

图 5-2-7　《国立浙江大学校刊》所载程天放电辞新任命的消息 [3]

二、郭任远长校阶段

郭任远(1898—1970),广东潮州(今广东省潮阳市)人,行为主义心理学家,美国加利福尼亚大学博士。1922 年回国后致力于中国心理学启蒙和发展活动,被称为"中国的华生"。1923 年,年仅 26 岁的郭任远获博士学位归国,回母校复旦创办心理学系。他以充沛的精力投入学术活动和学校行政工作,使复旦心理学呈现出一派生气勃勃的景象。1929—1931 年在浙江大学文理学院任教,创办浙江大学心理学系。1933—1936 年任国立浙江大学校长。历任美国加利福尼亚大学心理学教员,上海复旦大学副校长及心理学院院长,国立浙江大学心理学副教授,国立中央大学心理学讲座教授,中央研究院第一届心理学科评议员等。1949 年后定居香港。

---

① 引自《国立浙江大学校刊》第 122 期（1933 年 2 月 18 日）。

② 《本大学程校长电辞鄂教长任命》,《国立浙江大学校刊》第 121 期（1933 年 2 月 11 日）。

③ 引自《国立浙江大学校刊》第 121 期（1933 年 2 月 11 日）。

图 5-2-8　郭任远先生（1898—1970-08-14）

（一）郭任远就职与继续改革行政组织

经过两个多月的争执，程天放接受南京政府安排，不得已离开浙大。行政院安排郭任远出任浙江大学校长。据《杭州大学校史》记载：

1933 年 3 月，程天放调任国民党湖北省建设厅长，旋出国任驻德大使。浙大校长由曾在 1928-1929 年间任浙大文理学院心理学教授的郭任远继任（编者注：此处有误。时间应为1929.08-1931.07，为副教授）。他较程天放更为变本加厉，对学生的思想、言论、行动横加控制，设立军事管理处，声称"一切生活活动都包括在军事管理之内"，"一切军事化"，切实实施"严格的教育原则"，动辄开除学生。特别是郭任远极力压制学生的抗日救亡运动，遭到了广大师生的强烈不满与反对，不少教职工愤而辞职离校，最后导致浙大学生掀起"驱郭斗争"。

1936 年春，国民政府迫于当时的形势，不得不将郭任远免职，任命竺可桢为浙江大学校长（同年 4 月 25 日到任就职）。竺可桢出任浙大校长，得到了浙大师生的欢迎和支持。[①]

当然，历史的复杂性不是简单的上述记载所能揭示的。郭任远的失败，可能与他改革过于激烈，管理过于严苛，同时在国民党内地位并不很高，威望不足以服众，又兼以个人性格可能较为高傲，不善于处理各方面关系有关。例如，他到校伊始，还未正式宣誓就职（4 月 24 日上午宣誓[②]），即于 3 月 18 日宣布"本大学行政改组，即设秘书处及总务处。秘书处取消秘书长，仅设秘书一人"[③]，等等。

① 杭州大学校史编辑委员会编：《杭州大学校史：1897-1997（修改本）》（内部印行），1997 年，第 18 页。
② 《国立浙江大学校刊》第 130 期（1933 年 4 月 22 日）。
③ 《国立浙江大学校刊》第 127 期（1933 年 3 月 25 日）。

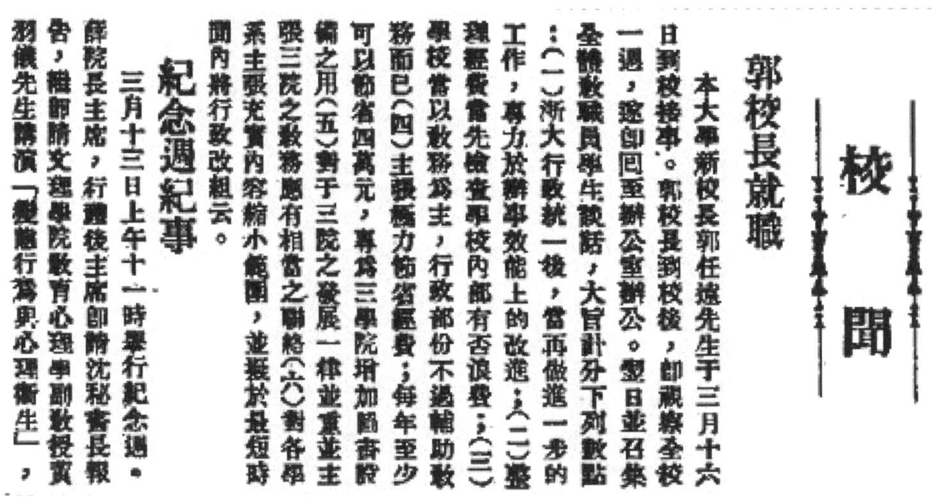

校聞

郭校長就職

本大學新校長郭任遠先生于三月十六日到校接事。郭校長到校後，即視察全校一週，遂即回至辦公室辦公。翌日並召集全體教職員學生談話，大旨計分下列數點：(一)浙大行政統一後，當再做進一步的工作，專力於辦學效能上的改進；(二)整理經費當先檢查學校內部有否浪費；(三)學校當以教務爲主，行政部份不過輔助教務而已(四)主張極力節省經費；每年至少可以節省四萬元，專爲三學院增加圖書設備之用(五)對于三院之發展一律並重並主張三院之教務應有相當之聯絡(六)對各學系主張充實內容縮小範圍，並擬於最短時間內將行政改組云。

紀念週紀事

三月十三日上午十一時舉行紀念週。薛院長主席，行禮後主席即請沈秘書長報告，繼即請文理學院教育心理學副教授黃羽儀先生講演「變態行爲與心理衛生」，

图 5-2-9 《国立浙江大学校刊》报道郭任远就职[①]

在郭任远任内，曾经多次改变学校管理体制，学校行政组织在 1933 年 3 月、1934 年 10 月、1935 年 8 月发生多次变动。据 1935 年的《国立浙江大学要览》记载：

郭校长就职后（编者注：即 1933 年 3 月后），鉴于校中行政虽经统一，尚未臻完密之境。为统一事权、节省经费、提高办事效率、增强学术风气起见，决定本大学行政方面，再度予以改组，并力求紧缩。设秘书、总务二处。秘书处设文书、注册、图书、军事训练及体育五课；总务处设会计、事务、医务三课。所有各学院关于上列各项事务，均由秘书、总务两处处理。

二十三年十月二十二日，本大学行政组织系统，复行变更。改于校长之下，设秘书长一人，下分设教务、总务两处。教务处设教务长一人，下设体育、军训两部，及图书馆、注册课；总务处设总务长一人，下设文书、会计、事务、医务四课。[②]

这里结合当时《校刊》的有关记载，将 1933-03—1936-04 期间的学校管理体制、组织架构等状况分列如下：

1. 不设秘书长阶段（1933-03—1934-10）

1933 年 3 月 25 日《校刊》第 127 期以《本大学行政改组》为题，有如下报道：

本大学郭校长就职后，认定学校应以教务为重，行政部分不过为教务之辅助，对于行政费用，拟力求紧缩，预计每年必可节省四万元，专为文理、工、农三学院增加图书设备之用。故于三月十八日上午十时宣布本大学行政改组，即设秘书处及总务处。秘书处取消秘书长，仅设秘书一人（原有秘书二人），下分文书、注册、图书、军训、体育五课。总务处设总务主任一人，下分事务、

---

① 引自《国立浙江大学校刊》第 126 期（1933 年 3 月 18 日）。

② 《国立浙江大学要览（民国二十四年度）》，第 5-6 页。引自张妍、孙燕京主编：《民国史料丛刊》（第 1087 册），郑州：大象出版社，2009 年，第 21-22 页。

会计、医务三课。取消出版课，裁撤学生生活指导员。出版事宜交由出版委员会主持，训育事宜暂由各院长及各学系主任负责兼理。①

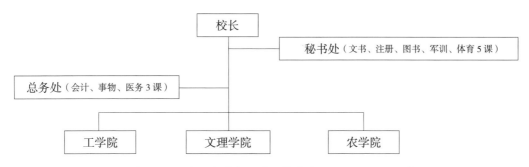

图 5-2-10 浙江大学组织系统简图（1933-03—1934-10）

2. 恢复设立秘书长和分设教务处、总务处阶段（1934-10—1935-01）

1934 年 10 月 27 日《校刊》第 188 期登载《国立浙江大学布告（第六十四号）》，宣布了学校新的行政组织系统：

本大学行政组织，自即日起，改为于校长之下，设秘书长一人；下分设教务、总务两处；教务处设教务长一人，下设体育、军训两部，及图书馆、注册课；总务处设总务长一人，下设文书、会计、事务、医务四课。所有教务、总务两处下之各部、馆、课，各设主任一人；主任以下，体育部设讲师、助教若干人；军训部设教官若干人；各馆、课设课员、助理员若干人。主任以上各职员及讲师、教官、助教，均由校长聘任之；课员、助理员，由校长任用之。合行抄发修正行政组织系统图，布告周知。此布。

校长　郭任远

中华民国二十三年十月二十二日②

---

① 《国立浙江大学校刊》第 127 期（1933 年 3 月 25 日）。
② 《国立浙江大学校刊》第 188 期（1934 年 10 月 27 日）。

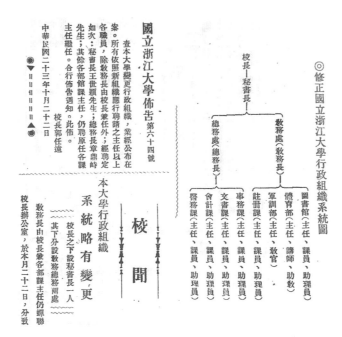

图 5-2-11　《国立浙江大学校刊》载《国立浙江大学布告》和修正浙江大学行政组织系统图 [1]

并以《本大学行政组织系统略有变更》为题，有如下报道："校长之下设秘书长一人，其下分设教务、总务两处"[2]。此后，又据此修改了学校的《组织规程》[3]。

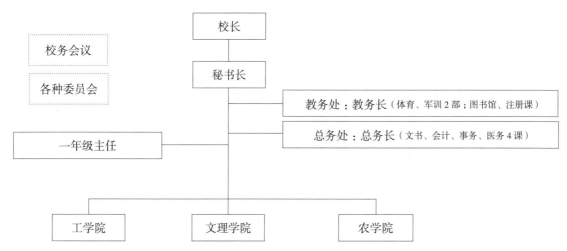

图 5-2-12　浙江大学组织系统简图（1934-10—1935-08）

---

① 引自《国立浙江大学校刊》第 188 期（1934 年 10 月 27 日）。

② 《国立浙江大学校刊》第 188 期（1934 年 10 月 27 日）。

③ 《国立浙江大学校刊》第 201 期（1935 年 2 月 16 日）。

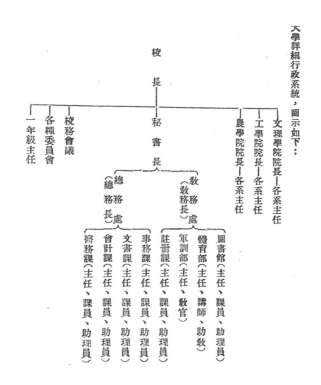

图 5-2-13 《国立浙江大学校刊》第 197 期登载的浙江大学组织系统简图 ①

3. 撤销秘书长，仍分设教务处、总务处，强化军事管理处职能阶段（1935-09—1936-04）

1935 年 8 月后，郭任远再次改组学校组织。9 月 28 日，正式公布修正的大学组织系统，取消秘书长一职，强化军事管理处的职能。规定：

一、校长办公室，设校长秘书一人，课员、助理员各若干人。

二、军事管理处，设处长一人，处长办公室设秘书一人，处员、助理员各若干人。处以下之军事训练总队设总队长一人，副总队长四人，总队附若干人，总队以下各队组织另定之；体育部设主任一人，讲师、助教、助理员各若干人；医务卫生部设主任一人，医务员、护士各若干人。

三、各学院各设院长一人；院长办公室视事务之繁简，酌设课员、助理员。各学系各设系主任一人，教授、副教授、讲师、助教各若干人。各系之分组者，各设组指导一人；各系附设工场、农场者，得各设场主任一人，技术员、助理员若干人。

四、一年级设主任一人，遇必要时得设副主任一人；担任公共科目之教授、副教授、讲师、助教各若干人；主任办公室酌设课员、助理员。

五、教务处设教务长一人，总务处设总务长一人。两处所属各馆、课，各设主任一人，课员、助理员各若干人。

六、各项委员会各设主席一人，委员若干人。

七、代办浙江省立高级工业职业学校及代办浙江省立杭州农业职业学校高级部、初级部暨各

---

① 引自《国立浙江大学校刊》第 197 期（1934 年 12 月 29 日）。

该校部所属各科，各设主任一人。①

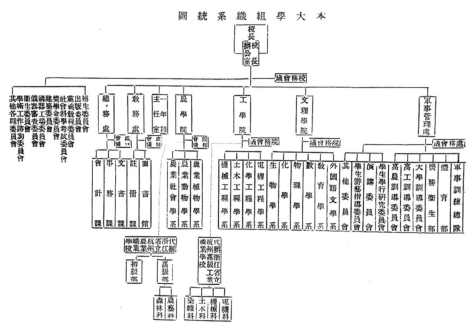

图 5-2-14　《国立浙江大学校刊》第 226 期
登载的浙江大学组织系统图（1935 年 9 月后）②

并据此再次修订了《本大学组织规程》③。这一组织架构即一直延续至1936年4月。

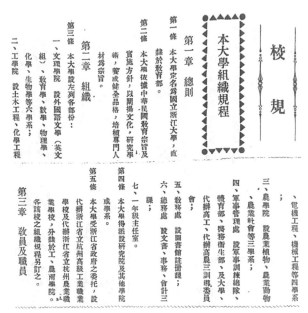

图 5-2-15　《国立浙江大学校刊》第 226 期登载的浙江大学《组织规程》④

①　《国立浙江大学校刊》第 222 期（1935 年 9 月 28 日）。
②　引自《国立浙江大学校刊》第 226 期（1935 年 11 月 2 日）。
③　《国立浙江大学校刊》第 226 期（1935 年 11 月 2 日）。
④　引自《国立浙江大学校刊》第 226 期（1935 年 11 月 2 日）。

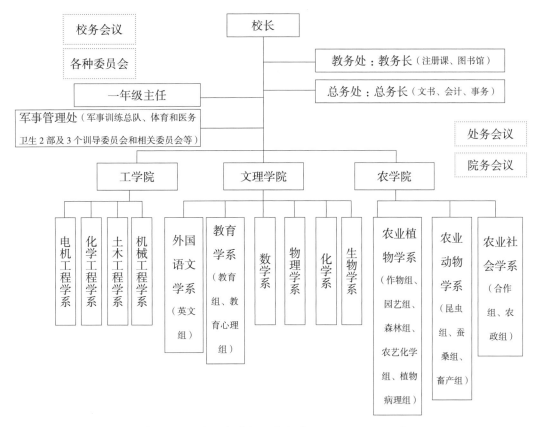

图 5-2-16　浙江大学组织系统（1935-09—1936-04）

（另有代办浙江省立高级工科中学和代办浙江省立高级农科中学，于 1933 年 8 月起，分别改称："国立浙江大学代办浙江省立高级工业职业学校"和"国立浙江大学代办浙江省立高级农业职业学校"）

　　除了学校行政系统多次变动外，相关委员会等也有变化。1933 年 8 月，郭任远鉴于各委员会因一些教师离职等而导致组成人员发生变动，遂重新聘定建筑、出版、卫生等委员会组成人员：

建筑委员会：章鼎峙（主席），吴馥初，李绍宪，黄中，薛绍清，程世抚，李近仁
出版委员会：张绍忠（主席），郑晓沧，许骧，李乔年，吴馥初，刘和，周明牂，王世颖，章鼎峙
卫生委员会：汤铭新（主席），章鼎峙，黄瑞纶，贝时璋，田嘉荣，严济宽，查鬺，马宗裕，姜文森，沈子良，郭泰嘏，龚勉予，程廷杰[①]

---

① 《国立浙江大学校刊》第 143-144 合刊（1933 年 9 月 23 日）。

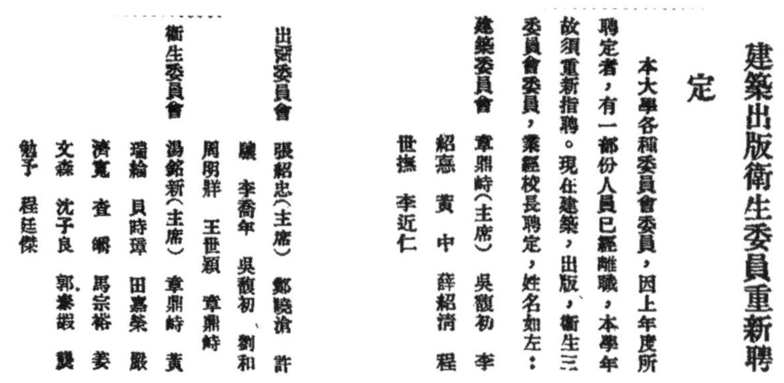

建築出版衛生委員重新聘定

本大學各種委員會委員，因上年度所聘定者，有一部份人員已經離職，本學年故須重新指聘。現在建築，出版，衛生三委員會委員，業經校長聘定，姓名如左：

建築委員會　章鼎峙(主席)　吳馥初　李
紹憲　黃　中　薛紹清　程
世振　李近仁

出版委員會　張紹忠(主席)　鄭曉滄　許
驤　李喬年　吳馥初、劉和
周明牂　王世穎　章鼎峙

衛生委員會　湯銘新(主席)　章鼎峙　黃
瑞綸　貝時璋　田嘉榮　嚴
濟寬　查　謙　馬宗裕　姜
文森　沈子良　郭.秦鍛　龔
勉予　程廷傑

图 5-2-17 《国立浙江大学校刊》第 143-144 期合刊（1933 年 9 月 23 日）登载的有关委员会聘任情况[①]

1934 年 9 月前后，郭任远又先后聘定大学的“女生指导委员会”“体育委员会”“游艺指导委员会”“讲演委员会”等。

女生指导委员会：俞素青（主席）、何汇莲、张继英

体育委员会：刘和（主席）、许骧、舒厚信、黄瑞纶、胡寄南、冯建维、严济宽、李伟超、钮因梁[②]

游艺指导委员会：胡寄南（主席）、熊正瑾、米协尔、俞素青、张继英、严济宽、陈诚弼

讲演委员会：冯建维、熊正瑾、王新甫、郑晓沧、吴馥初、李近仁、俞雍衡[③]

至于具体聘任程序，《校刊》曾经对“讲演委员会”的聘用过程有较详细的报道。9 月 27 日，郭任远聘定“本大学讲演委员会”：

郭校长于上月二十七日，分函冯建维、熊正瑾、王新甫、郑晓沧、吴馥初、李近仁、俞雍衡等七先生云：

“迳启者：本大学为提倡演讲人才起见，依照本大学组织规程第二十二条之规定，组织讲演委员会，兹聘____先生为是会委员（冯建维先生兼任主席）。敬希惠允担任。附奉名单一纸，并希察阅为荷。”[④]

1935 年 9 月 11 日，郭任远聘定了“本大学军事管理处大学部训导委员会委员”，名单如下：

大学部训导委员会委员名单

苏步青先生（主席），朱一成先生，李德毅先生，林一民先生，陈嘉先生，郑宗海先生，闻诗先生，周厚复先生，蔡堡先生，李寿恒先生，黄中先生，柴志明先生，汪国兴先生，梁庆椿先生[⑤]

① 引自《国立浙江大学校刊》第 143-144 合刊（1933 年 9 月 23 日）。

② 《国立浙江大学校刊》第 183 期（1934 年 9 月 22 日）。

③ 《国立浙江大学校刊》第 185 期（1934 年 10 月 6 日）。

④ 《国立浙江大学校刊》第 185 期（1934 年 10 月 6 日）。

⑤ 《国立浙江大学校刊》第 220 期（1935 年 9 月 21 日）。

稍后，又聘定了"本大学军事管理处学生学行研究委员会、演讲委员会及学生游艺指导三委员会委员"，名单如下：

学生学行研究委员会委员

沈有乾先生（主席），黄翼先生，胡寄南先生，徐鼓麒先生，林一民先生

演讲委员会委员

沈有乾先生（主席），陈嘉先生，麦考利先生，郑宗海先生，汪国舆先生

学生游艺指导委员会委员

施友忠先生（主席），王政声先生，熊正瑾先生，俞素青先生，米协尔先生，严济宽先生，沈秉鲁先生 [①]

（二）郭任远长校阶段浙江大学的基本状况

关于郭任远长校时期的办学理念和学校状况，1935 年的《国立浙江大学要览》有较详细的记载：

行政方面，既有改革；教育方面，亦多更张。本大学今后之发展，综其大要，有如下述：

1.注意理工农各系之发展，俾符政府提倡自然及应用科学之旨趣。理科各系，除作纯粹科学之研究外，并负责训练农、工两院学生之基本科学。

2.广聘专家教授，供给其便利，为专门问题之研究。

3.注重教授、学生对于本省农工等方面之特殊问题之研究，而谋所以解决之道。

4. 注重造就各种实用人才，俾若辈出校以后，得适合本省农工等方面之实际需要。

5. 提高程度，并划一三院之录取新生标准；注重人才教育，逐年增改各种课程。

6.注重各科基本原理之训练。

7. 注重学生人格之培养；造就有学问、有思想、有志尚、有气节之勇敢有为之青年。

关于学制组织，历年均有改善。

二十二年度起（编者注：即 1933 年 8 月），为求提高并划一程度，及便利教导起见，特将一年级生集中一处，合并训练，并特设一年级主任一人，办理一年级教训事宜。

自本年度起（编者注：即 1935 年 8 月），本大学为养成学生生活军队化、行动纪律化、精神集团化起见，凡本大学学生，一律应用军事管理，组织军事管理处主持办理。该处设处长一人，由本大学校长兼任；下设训导、教练两部。

文理学院设有外国语文学（英文组）、教育（设教育及教育心理两组）、数学、物理、化学、生物等六学系；工学院设有电机工程、化学工程、土木工程、机械工程等四学系；农学院设有农业植物、农业动物、农业社会等三学系。文理学院原有之政治学系，奉教部令，于二十二年度起停办。工学院之测量学系，则并入土木工程学系中。农学院之农业植物、农业动物、农业社会等三学系，系由原设之农艺、园艺、森林、蚕桑及农业社会等系改组而成。农业植物系下现分作物、园艺、森林、农艺化学、植物病理等五组；农业动物系下分昆虫、蚕桑、畜产等三组；农业社会

---

① 《国立浙江大学校刊》第 221 期（1935 年 9 月 28 日）。

系下分合作、农政两组。

　　文理学院除谋已有各系之充实外，尚拟于可能范围内，筹办卫生学系，以造成城乡各项卫生工作人员。教育学系拟设实验学校，自幼稚园以迄高中，成一体系，自二十三年度起，已创办培育院一所；该系复拟与工、农两院，及本院之理科各系，密切联络，以养成良好之中等学校师资。为弥补舶来仪器之漏卮计，物理学系已将原有之仪器修理部，扩充为略具规模之仪器制造部，并附设一玻璃用具制造厂。化学系于上年度开始，即着手于毒气化学之研究。生物学系注重实验生物学之研究，并与农学院切实合作，作种种应用生物学之检讨。

　　工学院之各系，均为我国工业教育上最重要之部门。化学工程系，近已从事国产煤之研究。土木工程系则拟增设水利工程、卫生工程及道路工程诸教程，俾应我国现时工业上之急切需要。

　　农学院之革新，实为当前之要图。该院今后之政策，拟多量吸收农家子弟，养成彼等对于局部的地方问题，有独立研究之能力。并拟厉行导师制度，训练农家子弟，使成为科学的农业者。

　　此外工学院复设有高级工业职业学校，系受本省教育厅之委托而代办者；计分土木、染织、机械、电机四科。其训练偏重于本省所需要之中等工业人才。农学院附设之代办高级农业职业学校，计分森林、园艺两科，属高中程度；现增设一初中程度之初级农艺班，训练具有农业科学智识之新农夫。第一期招收兰溪等四县学生四十名。办理以来，尚蒙各方赞誉。

　　本大学校舍，因建筑年久，设备不无简陋之憾，颇不适于新式教学之用。故建筑校舍及补充仪器设备，则为三学院一般之需要。现拟有四年建筑计划，与各学院补充设备三年计划各一。建筑计划中第一期拟建之校舍，为数理、生物、化学、工程、农业及图书馆等，计需一百二十万元，分四年完成之，年需三十万元。至补充仪器设备计划，计文理学院各系十六万元，工学院各系十五万元，农学院各系十六万元，于三年内设法完成之。文理学院之新式三层教室，现已全部告成；教室暨办公处，亦已先后迁入。

　　惟本大学校址，四周范以民房，发展至为不易。且农学院远在笕桥，教导、管理，两感不便。本大学有见及此，爰于杭州市东郊太平门外，购地千亩，将文理、工、农各学院，集中一处；立永久之基础，增教育之效能。现新校址已开始鸠工建筑，巍峨之农业馆业已落成；农学院经于客岁九月间，全部迁竣，其余文理、工两学院，亦可次第兴工。从此充实设备，树全国之楷模；发扬文化，为寰区之仰镜。庶几足以恢弘民族之精神，而为推进学术之动力也。[①]

　　这些记载，显示出郭任远希望作为浙江大学校长有所作为的宏愿。但可惜的是，由于内外各种因素、矛盾交织以及郭氏性格弱点与处置失当，学校在1933年郭氏长校以来，各方面渐渐出现一些问题，直至1935年12月爆发"驱郭风潮"。

（三）郭任远离职前后浙江大学的管理体制和运作情况

　　实际上，郭任远在1934年10月30日，就曾经因"严格管理，严格训练"的办学主张而引发

① 《国立浙江大学要览（民国二十四年度）》，第6-9页。引自张研、孙燕京主编：《民国史料丛刊》（第1087册），郑州：大象出版社，2009年，第22-25页。

与学生的冲突，向教育部提出过辞职；后经各方慰留，于 11 月 5 日复职。[①] 但一年多之后，郭任远再次与学生之间爆发更为激烈的冲突，而终于去职。

1935 年 12 月 21 日，郭任远布告全校："本人业经呈请教育部辞职，即日离校，在继任校长未到校以前，所有校务暂请农学院院长李德毅先生代理。"学生经代表会议决，呈请教育部及行政院，要求"准郭辞职，另简贤能接替"，同时不认可李德毅代理管理校务；因此，学生方面曾经商请教授"出维大计"，但"教授方面，虽爱护学生备至，而学校行政未便擅自干涉"；遂由全体学生轮流值务，负责学校秩序，同时"请教授学生安心上课"[②]。直至 12 月 28 日，相关院系负责人和教授代表等，接教育部令组成"校务会"集体负责学校管理为止。该"校务会"一直负责至 1936 年 1 月底郭任远校长销假复职为止；其后，表面上，又进入正常的以校长郭任远为首、校长主持"校务会议"负责校政的阶段（其间还经历"校务会议"的改选）。1936 年 2 月底，行政院同意郭任远辞职、解除其校长职务后，由郑晓沧等代理主持"校务会议"，直至 4 月中旬竺可桢正式长校为止。

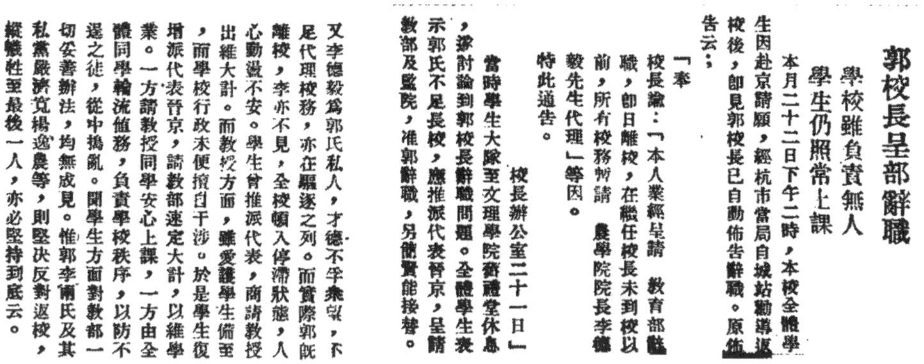
郭校長呈部辭職
學校雖負責無人
學生仍照常上課

本月二十二日下午二時，本校全體學生因赴京請願，經杭市當局自城站勸導返校後，即見郭校長已自動佈告辭職。原佈告云：

「奉
校長諭：「本人業經呈請 教育部辭職，即日離校，在繼任校長未到校以前，所有校務暫請 農學院院長李德毅先生代理」等因。
特此通告。
校長辦公室二十一日」

當時學生大隊至文理學院大禮堂休息，豫討論到郭校長辭職問題。全體學生表示郭氏不足長校，應推派代表晉京，呈請教部及監院，准郭辭職，另簡賢能接替。

又李德毅為郭氏私人，才德不孚衆望，不足代理校務，亦在驅逐之列。而實際郭既離校，李亦不見，全校頓入停滯狀態，人心動盪不安。學生曾推派代表，商請教授出維大計。而教授方面，雖愛護學生備至，而學校行政未便擅自干涉。於是學生復增派代表晉京，請教部速定大計，以維學業。一方請教授同學安心上課，一方由全體同學輪流值務，負責學校秩序，以防不逞之徒，從中搗亂。聞學生方面對教部一切妥善辦法，均無成見。惟郭李兩氏及其私黨嚴濟寬楊逸農等，則堅決反對返校，縱犧牲至最後一人，亦必堅持到底云。

图 5-2-18　学生自办的《国立浙江大学校刊》第 234 期登载的郭任远辞职的报道[③]

1. 国立浙江大学"校务会"主持校政阶段（1936-12-28—1936-01-29）

12 月 28 日下午 2 时，在浙江省教育厅的会客室，教育部派代表来杭，与浙江大学有关学院的院长和系主任等召开"国立浙江大学校务会第一次会议"，教育部已经批准郭任远校长请假，令农学院李德毅院长"会同各系主任组织校务会议"。该次会议参加者为：蔡堡、周厚复、黄中、闻诗、李寿恒、陈嘉、李德毅、苏步青、梁庆椿、郑宗海、朱一成、沈秉鲁，以及教育部代表汪国舆。在李德毅宣读教育部电令后，公推郑晓沧为主席（11 票通过），李乔年为副主席（8 票通过），议

① 编者按：该次事件起因是：1934 年"十月二十五日（即星期四）下午，物理系四年级学生王善同，偕另一学生，在刀茅巷教职员网球场作网球练习。外国语文系英文讲师兼网球指导施友忠先生，劝令至学生网球场练习，该生不服。施氏询其姓名，而另一数学系四年级学生卢庆骏，阻止王生谈话，且更出言不逊。施氏认为公然侮辱，遂报告其事于体育部。该部于当晚，即召集体育委员会紧急会议，认该生等均为高年级学生，不应有侮辱师长之举动。决议呈请校长，严厉处分，开除其学籍"，郭任远"亦以学生举动失当"，即"根据体育委员会决议，于十月二十九日（星期一），布告将王、卢两生开除"。学生当夜召开大会，要求校长收回成命。遂演变至郭任远提出辞职，后又接受"慰留"而留任。是为浙江大学历史上的"第一次'驱郭风潮'"，也是一年后于 1935 年 12 月 21 日起爆发的"第二次'驱郭风潮'"的远因。事件详情刊登于《国立浙江大学校刊》第 190 期（1934 年 11 月 10 日）。

② 《国立浙江大学校刊》第 234 期（1935 年 12 月 31 日）。

③ 引自《国立浙江大学校刊》第 234 期（1935 年 12 月 31 日）。

决布告"校务会成立"，并提出"恢复常态办法三点"。[①]

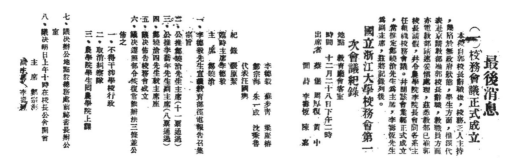

图 5-2-19　学生自办的《国立浙江大学校刊》第 234 期登载的校务会成立的报道 [②]

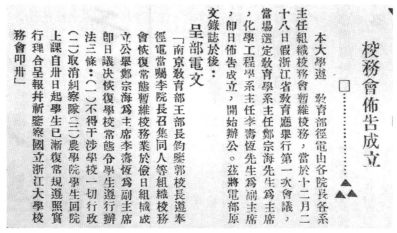

图 5-2-20　校方重新编辑的《国立浙江大学校刊》第 234 期登载的校务会成立的报道 [③]

其后，校务会与学生自治会共同维持学校秩序，恢复正常的教学活动，事态慢慢平息。至 1936 年 1 月 29 日，因校长郭任远销假复职，恢复正常的"校务会议"，宣告存在于 1935-12-28－1936-01-29 之间的临时"校务会"结束（该临时"校务会"组成人员则转为常态的"校务会议"组成人员）。在此期间（1935-12-28－1936-01-29），学校日常运作、管理由"校务会"负责。[④]

2. 正常的国立浙江大学"校务会议"及校长郭任远主持校政阶段（1936-01-29－1936-03-02）

1935 年 12 月 21 日至 1936 年 1 月 20 日期间，校长郭任远请辞、请假。初期未获批准，郭任远遂于 1936 年 1 月 25 日后恢复视事。郭任远销假恢复视事后，1936 年 1 月 29 日，正式召开"校务会议"，宣告此前临时的"校务会"结束；学校进入正常的管理程序，即由校长担任主席的"校务会议"主

---

① 《国立浙江大学校刊》234 期（1935 年 12 月 31 日）。编者按：本期《校刊》由学生自治会自行编印，在"校务会"成立后，宣告此期作废，重新编印了第 234 期《校刊》（1936 年 1 月 11 日出刊）。因此，有两份第 234 期《国立浙江大学校刊》，但出版时间不同。

② 引自《国立浙江大学校刊》234 期（1935 年 12 月 31 日）。

③ 引自《国立浙江大学校刊》234 期（1936 年 1 月 11 日）。

④ 《国立浙江大学校刊》第 237 期（1936 年 2 月 15 日）。

⑤ 《国立浙江大学校刊》第 234 期（1936 年 1 月 11 日）。

持学校日常事务，该临时"校务会"组成人员则转为常态的"校务会议"组成人员，郭本人也主持了2月6日的"校务会议"①。在此期间，郭任远聘任郑晓沧为教务处教务长，蔡堡为文理学院院长，也聘请和任命了有关委员会的委员和处、系的系主任和职员等，继续履行校长的职责；如1936年1月27日，聘任郑晓沧为教务长，蔡堡为文理学院院长（此前均由郭任远兼任）②；2月2日，聘请费巩等为"章则修改委员会"委员（费巩、蔡堡、朱一成、李德毅、郑晓沧、李伟超、徐谷麒为委员，费巩为主席）③；2月4日和7日，改组"奖学金委员会"（郑晓沧、蔡堡、朱一成、李德毅、徐谷麒、李乔年、周厚复为委员，郑晓沧兼任主席）和"学术咨询委员会"（郑晓沧、蔡堡、李寿恒、孙章鼎、陈庆堂为委员，郑晓沧兼任主席）④；2月5日，聘任农业植物学系主任、军事管理处秘书等⑤。

1936年2月19日，新学期开学后，选出新的校务会议组成人员，新一届校务会议正式组成。郭任远出席并主持第1次校务会议，重点讨论了《校务会议规则》和《校务会议议事细则》：

> 本大学校务会议，除以校长、院长、教务长、总务长、暨各系系主任等为当然会员外，并由教授、讲师中，选择专任教授、副教授代表十人，其名额之支配，为文理、工、农三院，每院各三名；公共科目直隶教务处者一名。本届文理学院选定代表，为储润科、陈建功、许骧三先生；工学院为潘承圻、张德庆、沈秉鲁三先生；农学院为程复新、陆大京、周明祥三先生；教务处为顾毂宜先生。
>
> 本月十九日下午四时，在校长公舍，召集第一次会议。出席者计有：闻诗（编者注：物理学系代主任）、李寿恒、顾毂宜、周厚复（编者注：化学系主任）、黄中、柴志明、储润科、张德庆、朱一成、程复新、许骧、陈嘉、陆大京、李伟超、郑宗海、梁庆椿、潘承圻、黄瑞纶、苏步青（编者注：数学系主任）、蔡堡（编者注：生物学系主任兼文理学院院长）、沈秉鲁诸先生，由郭校长主席，张原絜先生记录。行礼如仪后，即讨论修正本大学校务会议规则，暨议事细则两草案，逐条宣读修正。并分别通过校务会议规则十二条，议事细则十条。次讨论校务会提案，改定本届补考日期案，照原案通过。再次临时动议，组织特种教育编订委员会，暨本大学章则修改委员会，均经通过。七时散会。⑥

随后学校于1936年3月2日发布第184号布告，公布《修正国立浙江大学校务会议规则》和《修正国立浙江大学校务会议议事细则》。⑦

3. 郑晓沧代理"校务会议"主席主持校政阶段（1936-03-02—1936-04-25）

"1936年2月，行政院第257次例会，决定免去郭任远的浙江大学校长职务。"1936年3月后，学校多数事项交由校务会议代理主席郑晓沧等处理，直至1936年4月竺可桢出任浙江大学校长。

---

① 《国立浙江大学校刊》第237期（1936年2月15日）。
② 《国立浙江大学校刊》第236期（1936年2月8日）。
③ 《国立浙江大学校刊》第240期（1936年3月7日）。
④ 《国立浙江大学校刊》第241期（1936年3月14日）。
⑤ 《国立浙江大学校刊》第237期（1936年2月15日）。
⑥ 《国立浙江大学校刊》第239期（1936年2月28日）。
⑦ 《国立浙江大学校刊》第240期（1936年3月7日）。

第六章
浙江大学文理学院的成立及其早期的组织结构和办学条件

浙江大学在其创立伊始，就注重文、理等基础学科。1927年7月第三中山大学成立之初，即确定"除农、工两院就省立农、工两专门学校改组成立外，应于十七年度先办文理学院"；随即于1928年4月拟定"文理学院计划及预算"，在"呈请大学院核示"批准后，于同年8月正式成立文理学院，新生则于10月入学。其中，首批设立的理学系科包括数学门、物理学门和化学门（后改称"学系"），之后，心理学系、生物学系等亦相继设立。浙江大学的理学高等教育由此正式展开。

第一节　文理学院的筹备与成立过程

一、大学筹组时期对理科的学院、学系设置的构想

早在1923年2月，郑晓沧先生在浙江省筹备举办大学时，曾经致信"杭州大学董事会"，提出办学的注重之处，第一项即"宜定大学方针"，并着重强调了"自以文、理科为先务，文、理科因各科之根干也"的观点，指出：

鄙人鉴于国中有名大学之情形，以为本校办事方针，宁以先求精美为主旨。至其教育方针，似宜养成有雅量、有同情、有操守，思虑缜密而又富于求知、求是精神之事业家与科学家，期于本省文化教育政治实业之前途，多所裨补。换言之，似宜采取盎格鲁萨克逊考兰其式（College）之注重人格陶冶主义，而兼益以法、瑞等国名大学之学者精神。

准此，故大学初设立时，宁取单科制度，若取单科制，则自以文理科为先务，文理科因各科之根干也。文理科成立就绪，粗有成效可睹时，再谋增设他科，或地方需要增设他科之某部，例如农科或农科中之蚕桑稻作等部。[①]

即英美之"文理学院"、通才教育（Liberal Arts Education）为其理想的大学面貌。

---

① 郑晓沧：《杭州大学筹办方针——给杭州大学董事会的一封信》，原载《中华教育界》十二卷七期（1923年）。引自王承绪、赵端瑛编：《郑晓沧教育论著选》，北京：人民教育出版社，1993年，第95页。

同期，蒋梦麟等起草的《杭州大学意旨书》，则更明确地指出理科的重要性：

> 学术机关之长成，为有机的生长。人材经济有限，揠苗助长，适足以害之。同人等之方针，以专精为主，故但求从纵的发展；不以铺张门面为事，故不求从横的发展。与其多设各科，孰若精专一科。不设科则已，苟设一科，必求达最高之标准。如此，则足以发展高深之学术。若不度经济、人材之能力，而贸然扩张，其腐败可立而待。同人等纵不能造福于现时，决不敢造祸于后世也。同人等既主张从纵向发展，故于设科，不得不有先后之序。择其最要者，先设之。自然科学，为我国所最缺乏，亦所最需要者。故主张先设自然科学。然自然科学范围亦甚大，设备费也较巨，故不得不先酌设自然科学院之若干系，旁及人生所必需之他项课程若干门。①

并具体规划了包括理科在内的学院、学系的设置，即理科方面，设置"自然科学院"，下设：（一）数学系，（二）物理学系，（三）化学系，（四）天文学系，（五）地质学系，（六）生物学系等。这些主张也是非常全面的构想，涵盖了理科各个学科门类。

二、大学成立后文理学院的筹备计划与实施

1932 年 7 月，在《国立浙江大学文理学院第一届毕业纪念刊》中，专门有一节"院史"，记述了筹备和发展的完整过程，如"由国立第三中山大学校长蒋梦麟函聘大学筹备员邵裴子为文理学院筹备委员"和"于十七年度先办文理学院"等。关于筹备和创立时期的情况，该文是这样记述的：

> 民国十六年四月，蔡元培先生创议设立浙江大学研究院，经中国国民党中央执行委员会政治会议浙江分会及浙江省务会议先后通过，并由浙江省政府于六月一日函聘张人杰、李石曾、蔡元培、马叙伦、邵元冲、蒋梦麟、胡适、陈世璋、邵裴子九人为筹备委员。旋定浙江大学改称第三中山大学，复由浙江省政府加聘研究院筹备委员会为第三中山大学筹备员。七月十三、十四两日，第三中山大学筹备委员会开第二次会议，议决第三中山大学应设研究院及文理学院、社会科学院、艺术院、医药学院、农学院及工学院六个学院，除农、工两院业就省立农、工两专门学校改组成立外，应于十七年度先办文理学院。嗣浙省试行大学区制，由国立第三中山大学校长蒋梦麟函聘大学筹备员邵裴子为文理学院筹备委员。国立第三中山大学旋又改称浙江大学。十七年四月，由校长蒋梦麟将文理学院计划及预算呈请大学院核示，奉指令"所拟办法，尚属切实可行……"等因，并遵令呈报于十七年度第一学期开学，奉指令"呈悉……"等因。此本学院筹备成立之经过情形也。②

对当时拟设文理学院更加详尽的说明，则可见于 1928 年 4 月定稿的《浙江大学筹设文理学院计划》及相关预算（即上文提到的"十七年四月，由校长蒋梦麟将文理学院计划及预算呈请大学院核示"），该计划书将文理学院的办学思想、培养目标、学科构成等，均作了详尽的规划。之后

---

① 杭州大学董事会：《杭州大学意旨书》，原载《北京大学日刊》第 1189 号（1923 年 3 月 27 日）。引自曲士培主编：《蒋梦麟教育论著选》，北京：人民教育出版社，1995 年，第 230-245 页。
② 《国立浙江大学文理学院第一届毕业纪念刊》（1932 年 7 月），第 11 页。

不久即得到大学院批准，即按此逐步实施。

《浙江大学筹设文理学院计划》全文如下：

查浙江向无大学各科之设置。大学区成立后，即就旧省立工业专门学校，改组工学院；农业专门学校，改组劳农学院；劳农学院，系属扩充教育，只工学一院，系属大学本科。浙江大学筹备委员会，前曾通过大学组织大纲，拟设之学院，计有文理学院、社会科学院、艺术科学院、医药学院、农学院、工学院等六个学院。除工学院业经成立，艺术学院业由大学院在杭设立外，其余各学院，以经费关系，势难一时并设。

而文理学院，实为学术之总汇，所包最广，凡文学、科学、哲学、教育学，均在囊括之中，即社会科学（中除各应用部分，如法、商之类），于独立设院之前，亦在笼罩之列。

现在物质建设，百端待举，而莫不有资于自然科学，则科学人才之养成为不可缓；心理建设，实以教育为管钥，而教育之效率，全视乎师资，中学校为民众的学府，升学之阶梯，其师资之训练，尤为重要，则教育学与中学主要课程各科之研究为不可缓；且党国及社会服务人才之养成，与一般省民智识程度之提高，咸有资于文哲社会各科，则文哲社会各科之设置为不可缓。

综此数端，则文理学院之亟须筹办，已无待烦言。

惟该学院包含既广，所费自多，求其尽善，财力犹有未逮，而过于苟简，则势必多所缺漏，实不副名，又乖慎始之道，兹特再三斟酌，于各学科，苟为训练所必须，悉予设置，而酌分主、副、普通三科（详见附件），师资设备，视科别重轻，则中心确立，羽翼辅成，散漫偏狭之弊，庶几可免，俟统一以后，经费较裕，再求各学科之平均发展。

谨本此旨，并依最低限度，拟具开办及第一年常年经费数目，各如左方，请裁决焉。[①]

一、开办费

款目	金额／元	说明
图书		拟暂就汤氏捐助图书馆经费营造余款，指购必需参考书籍，同时供公众及大学教员学生阅览，不再在开办费内开支
仪器标本	30 000	物理、化学设备，拟暂以足供第一年教授及实验之用为率；实验室暂不建筑，即借用工学院之实验室；仪器及用具之设备，则由文理学院补充之
物理	15 000	工学院原有设备，化学较善；故物理仪器，置备较多
化学	10 000	
其他及标本	5 000	此数决不敷用，只可暂时择要购置，余俟历年补充
营缮	10 000	就蒲场巷高等学堂旧址，加以修葺，作为校舍；并须平砌河岸，架设水门汀基木桥二座，以通工学院及图书馆；如有余款，并拟建造雨天操场一所。本款及下款，均难预定确数，有余不足，应许流用
校具	10 000	教室、宿舍、图书阅览室及运动用具
合计	50 000	开办费所列各项，仅足谋始之用，均须历年增加；又次年应增之设备，其经费于本年即须络绎支出，合并声明（参看后经常费设备项）

---

① 《国立大学联合会月刊》第 1 卷第 4 期，1928 年，第 99-104 页。

二、经常费（第1年）

款目	月计/元	年计/元	说明
教员薪水	3 880（编者注：原文误作388）	46 560	计国文、英文、哲学、数学、物理、化学、史学、卫生（兼校医）各学门，第一年即须成立，应各聘主任、副教授1人；英文必须添聘讲师1人；女生体育，应专聘讲师1人；军事训练，应聘讲师1人；国文、物理、化学，或须聘助教；史学门第一年课程，或非一人所能兼授，则尚须添聘讲师1人；又，文理学院院长，支副教授俸，作增聘副教授1人计算 　　共计：副教授9人，讲师4人，助教3人；副教授月薪，以二分为率，惟江苏大学副教授薪水，高去360；为罗致优越人物计，应以四员作340计算，讲师以180为率、以一员作200计算，助教以120为率、以一员作140计算，共合如上数
职员薪水	1 240	14 880	院长秘书1人：60；文牍1人：60；教务员2人：共140；注册员2人：共180；事务员1人：60；会计员1人：80；打字、书记各1人：共200（编者注：原文漏写，推算为200）；缮校2人：共80；图书室管理员1人：照讲师初级俸支160；图书室助理员2人：共100；舍监1人：照助教俸支120；共合如上数 　　院长以副教授兼；事务主任、财务主任，以浙江大学行政处同职各员兼；图书主任以院长兼；仪器主任，以副教授兼；实验室管理员，以助教兼；校医以卫生学副教授兼。均不另支薪
办公费	464	5 568	细数分列如后
文具	100		
邮电	50		
消耗	120		
杂支	50		
工役	144		计12人，各支12，合如上数
设备	3 708.334	44 500	本项系以全年数目十二分之一、作每月经费，故有另数
图书	1 250	15 000	汤氏捐款，供建筑图书馆及一次购书以后，已全数无余。每年应由本学院经费，逐年添购图书如上数
仪器	2 083.334	25 000	
校具	250	300	
修缮	125	1 500	
合计	9 292.334	12 508	

后附有较完备的分期开设各科的计划（但需要注意的是，限于经费、师资等条件，在相当长的时期内，并未全部设立）。

（一）浙江大学文理学院拟设各学门一览表

学门序次	学门名称	学门类别	备考
（一）	国文学	主科	凡学生可选为肄习之主要科目者，为主科
			学生应择定一科为主科，一科或二科为副科
			学生肄习之主科，应就本表所列各主科内选出之，副科得就本表所列主副各科内选出之
（二）	外国文学		一门内包涵数门者，暂只设一主任教授，俟将来各部分扩充，再改为独立，各别设主任教授

续　表

学门序次	学门名称	学门类别	备考
	（甲）英文	主科	
	（乙）日文	普通科	凡仅供应用，而不能选作主、副科者，为普通科
			序次作（）为记者，为第一年不设科目
	（丙）法文	普通科	
	（丁）德文	普通科	
	（戊）俄文		缓设
	（己）梵文		缓设
	（庚）希腊		缓设
	（辛）拉丁		第一年缓设，第二年医预科生选修
（三）	哲学	副科（乙）	凡副科复以甲乙次第之，甲为应提前扩充升作主科者，乙次之，丙则但有副科、不升主科
（四）	数学	主科	
（五）	物理	主科	
（六）	化学	主科	
（七）	地质学	副科（甲）	
	甲 地质		
	乙 地文		
	丙 矿物		
（八）	生物学	副科（甲）	
	甲 生物		
	乙 植物		
	丙 动物		
	丁 生理		
	戊 解剖		
（九）	心理学	副科（甲）	
（十）	人类学与社会学	副科（乙）	
（十一）	历史学与政治学	主科	
	甲 地理		
	乙 历史		
	丙 政治		
	丁 法学		
（十二）	经济学	主科	
（十三）	教育学	主科	
（十四）	图画	副科（丙）	此门为造就中学师资而设，以用器画及科学画附焉

续　表

学门序次	学门名称	学门类别	备考
（十五）	体育	副科（丙）	此门为造就中学师资，列作副科
（十六）	军事	普通科［编者注：原文误为“通普”］	

（二）各学门类别及设置先后比较表

学门总数（连子目统计）	主科总数	副科总数	普通科总数	缓设学门（子目）总数	第一年应设门数	第二年应增设门数
22	11	13（其中，甲9，乙2，丙2）	4	4	9	10

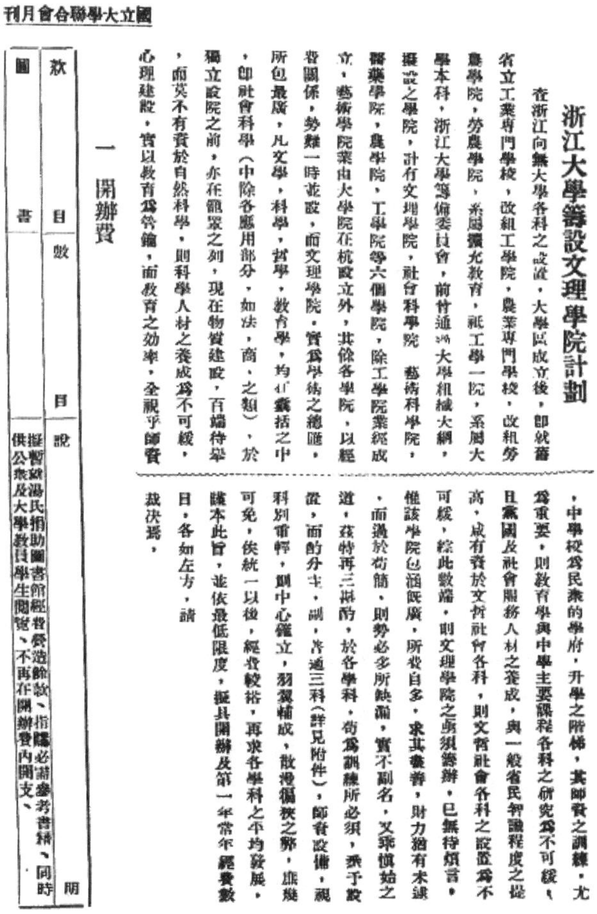
國立大學聯合會月刊

浙江大學籌設文理學院計劃

查浙江向無大學各科之設置，大學區成立後，即就舊省立工業專門學校，改組工學院，農業專門學校，改組勞農學院，系屬擴充教育，祇工學一院，系屬大學本科，浙江大學籌備委員會，前曾通過大學組織大綱，擬設之學院，計有文理學院，社會科學院，藝術科學院，醫藥學院，農學院，工學院等六個學院，除工學院業經成立，藝術學院業由大學院在杭設立外，其餘各學院，以經費關係，勢難一時並設，而文理學院，實爲學術之總匯，所包最廣，凡文學，科學，哲學，教育學，均在囊括之中，即社會科學（中除各應用部分，如法，商，之類），於獨立設院之前，亦在籠罩之列，現在物質建設，百端待舉，而莫不有賴於自然科學，則科學人材之養成爲不可緩，心理建設，實以教育爲管鑰，而教育之効率，全視乎師資，中學校爲民衆的學府，升學之階梯，其師資之訓練，尤爲重要，則教育學與中學主要課程各科之研究爲不可緩，且黨國及社會服務人材之養成，與一般省民智識程度之提高，咸有賴於文哲社會各科，則文哲社會各科之設置爲不可緩，綜此數端，則文理學院之亟須籌辦，已無待煩言，惟該學院包涵既廣，所費自多，求其盡善，財力猶有未逮，而過於苟簡，則勢必多所缺漏，實不副名，又非慎始之道，茲特再三斟酌，於各學科，苟爲訓練所必須，悉予設置，而酌分主，副，普通三科（詳見附件），師資設備，視科別重輕，則中心確立，羽翼輔成，散漫偏狹之弊，庶幾可免，俟統一以後，經費較裕，再求各學科之平均發展，謹本此旨，並依最低限度，擬具開辦及第一年常年經費數目，各如左方，請裁決焉。

一　開辦費

款　目	數　目	說　明
圖書		擬暫就湯氏捐助圖書館經費餘款、指購必需參考書籍、同時供公衆及大學教員學生閱覽、不再在開辦費內開支、

图 6-1-1《国立大学联合会月刊》第 1 卷第 4 期（1928）登载《浙江大学筹设文理学院计划》①

这一份计划书应该是 1928 年 4 月浙江大学正式拟定并呈报给“大学院”的。现能够查到的正式记载，是 1928 年 4 月 6 日浙江大学校长蒋梦麟呈送大学院的《为筹设文理学院拟具简章呈请鉴

① 引自《国立大学联合会月刊》第 1 卷第 4 期，1928 年，第 99-104 页。

核由》（大学院来文第 1469 号），说明了设立文理学院的缘由、目的、时序和预算等：

浙江大学校长蒋梦麟来呈

（大学院来文第 1469 号，十七年四月六日到）

呈为筹设文理学院，拟具简章，呈请鉴核事：

窃浙江文物夙著，学校之设，远在维新之初；乃三十年来，迄无大学之设置。省民高等教育，只限于三数专门学校。学子欲求深造，必须负笈省外；近则吴会幽燕，远则日本欧美。亘历年岁，重费增劳；非甚有力及志趋坚卓者，往往逡巡无适，旋入他途。盖二十年来，本省人才之消歇，于高等教育之缺乏，若树竿之见影焉。民国十二年，始有筹设杭州大学之议；固已聘董事，定计划，增赋税，集基金矣。乃以军阀擅政，于提高民智，振兴学术，了无诚意；争夺起赴之际，大学基金，盗用无余。国军入浙，百度更始，首议倡设研究院，由省府聘任委员，从事规画。嗣定浙省设立国立第三中山大学试行大学区制，由委员等悉心筹划，以为大学应设研究院，及文理、社会科学、艺术、医药、农学、工学各学院。工学、农学两院，业就前省立工业、农业两专门学校，改组成立；艺术院，业经钧院在杭州设立；其余部份，范围广大，需费浩繁；同时并设，际此北伐尚未告成，财力委有未逮。

窃以文理学院，原拟包括文学、科学、哲学、教育各科；而社会科学，别为一院。倘两院可同时并设，则彼此相资；不然，则历史、社会、经济、政治各科，均不能与文、哲、教育，划疆分界、各为区宇。校长慎权缓急，以为宜将社会科学中应用部份，如法律、商业等，暂时除外，与医药学院之年期较长、筹备需时者，统俟稍缓，再行分别筹办。而以其余社会科学各科，并入文理学院，首先开办。

盖物质建设，咸以科学为始基；心理建设，实以教育为津逮。文、哲、社会各科，所以造成健全之社会中坚，为党国培养优越之服务人材，为民众推广生活之必须知识；则文理学院者，实学术之总汇，庶政所取资，设立宜先，谁云非当！

惟是包函既广，资用自繁。求其大备，则物力犹有未逮；而姑谋具体，图始又嫌非计。兹将各科之缓急，量为饰备之重轻，以渐而几，庶易周洽。各学科苟为训练所必须，悉予设置；而先以尤要者八门，列为主科：曰国文，曰英文，曰数学，曰物理，曰化学，曰历史政治，曰经济，曰教育；师资设备，力求完美。别以七门，列为副科，曰地质，曰生理，曰心理，曰哲学，曰人类学与社会学，曰图画，曰体育；完备亚于主科。学生修习之主要科目，暂限于此所谓主科者八门；而辅助科目，则主副各科，皆可以供选择。其余各科，暂时仅供应用，不为深造之资。一俟经费稍裕，则当求各副科内容之充实，以次升作主科，再以次及于普通各科。如此则先有确定之重心，徐图平均之发展，偏狭散漫，庶可免旃。

谨本此旨，并依最低限度，先行拟具开办费及第一年经常费各数目预算，摺呈钧核，并请迅将预算核准，咨送财政部转函浙江省政府并令行浙江省政府财政厅于国税项下就近照拨！

其文理学院详细章程，容俟妥拟再行呈核。所有筹设文理学院，拟具预算。并请转咨财政部各缘由，理合呈请钧院迅赐鉴核，指令遵行！

谨呈中华民国大学院 [①]

---

① 《大学院公报》第一年第五期，1928 年 5 月，第 44-46 页。

4月11日,大学院批复(大学院指令第348号):"呈及预算书,均悉。所拟办法,尚属切实可行,惟开办时期,已否确定?第一年经常费,究应自何月起支?社会科学院,将于何时完全成立?仰即详细呈复,以凭核对。预算书存。此令!"①

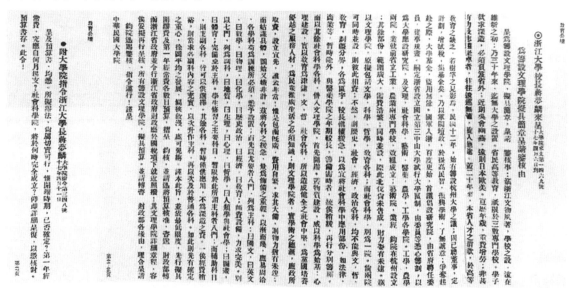

图6-1-2 《大学院公报》第一年第五期登载蒋梦麟为筹设文理学院给大学院的呈文②

其后,浙江大学于1928年5月14日向大学院呈报了《浙江大学区今后教育改进计划》(浙江大学呈报(五月十四日),十七年五月十六日到院),其中的第一节专门介绍了当时"大学教育"的情况:

浙江大学区除就原有省立工业专门学校改组工学院外,尚无大学各科之设置。浙江大学筹备委员会,前曾通过"大纲",拟设文理、社会科学、艺术、医药、农学、工学等六个学院。以文理包文、哲、自然、教育;以社会包法、商。兹拟于十七年度先办文理学院,以立高等学术之始基。该学院拟并包社会科学(商、法等应用部份除外),并附设医药学院预修科,程度准大学本科前二年。文理本科以高中或大学预科毕业生升学。大学专办本科,不设预科。文理学院,四年毕业。医药学院应俟两年以后预修期满,接续开办,连预修共计六年毕业。艺术院业经大学院在杭开办。原拟设立之各学院,尚余农学及社会科学中之法、商两科,农学院将来拟与劳农学院合成一个系统;法、商两科将来拟各别分设单科;统俟经费稍充,再行筹设。其现拟十七年度开办之文理学院,经费预算,另具说帖呈核,其组织规程,亦在陆续酌拟中。③

---

① 《大学院公报》第一年第五期,1928年5月,第47页。
② 引自金德水、吴朝晖主编:《浙江大学图史》,杭州:浙江大学出版社,2017年,第24页。
③ 《大学院公报》第一年第七期,1928年7月,第150页。

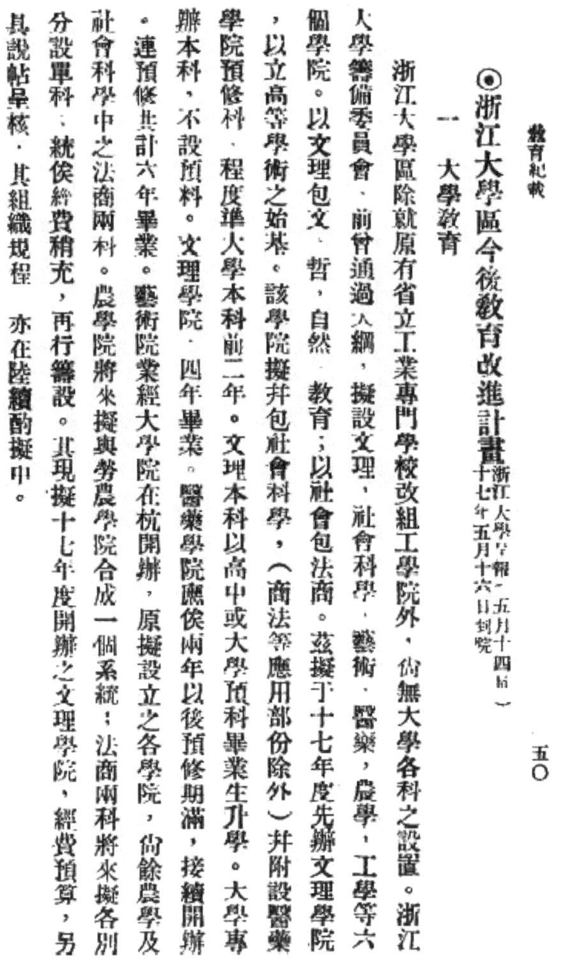

教育紀載

◎浙江大學區令後教育改進計畫（浙江大學旬報一五月十四后－）

浙江大學區除就原有省立工業專門學校改組工學院外，尚無大學各科之設置。浙江

一　大學教育

大學籌備委員會，前曾通過入綱，擬設文理，社會科學，藝術，醫藥，農學，工學等六

個學院。以文理包文，哲，自然，教育；以社會包法商。兹擬于十七年度先辦文理學院，

以立高等學術之始基。該學院擬并包社會科學，（商法等應用部份除外）并附設醫藥

學院預修科，程度準大學本科前二年。文理本科以高中或大學頂科畢業生升學。大學專

辦本科，不設預科。文理學院·四年畢業。醫藥學院應俟兩年以後預修期滿，接續開辦

·連預修共計六年畢業。農學院將來擬與勞農學院合成一個系統；法商兩科將來擬各別

社會科學中之法商兩科·統俟經費稍充，再行籌設。其現擬十七年度開辦之文理學院、經費預算，另

分設單科，統俟經費稍充，再行籌設。其現擬十七年度開辦之文理學院、經費預算，另

其說帖呈核·其組織規程　亦在陸續酌擬中。

二

甲　巾等教育

普通教育

五○

图 6-1-3　《大学院公报》第 1 年第 7 期登载浙江大学区关于大学教育的改进计划 [①]

第二节　文理学院早期的办院目标与组织结构

1928 年 8 月，浙江大学正式成立文理学院。[②] 当时设院的目的有："一、提倡科学方法，以革新自由思想之习惯；灌输科学知识，以确定高等学术之基础；致力学术研究，以推广知识之界线。二、注重教育学之研究及教育方法制度之试验，以改进浙江全省之中小学及社会教育。三、搜集及整理浙江省自然及社会方面之材料……四、养成忠实勤敏之士风。五、造成通达明敏之社会服务人才。

---

① 引自《大学院公报》第一年第七期，1928 年 7 月，第 150 页。

② 编者按：文理学院正式开学时间较之 8 月稍后，本处按该学年开始时间算起，也即大学院批复确认的开办时间（"遵令呈报于十七年度第一学期开学"）。据有关回忆材料载："十七年十月，国立浙江大学文理学院成立，又复与保泰兄同时考入……"，则学生正式入学时间为 1928 年 10 月。台湾浙江大学校友会编：《国立浙江大学（下册）》，台北：台北市浙江大学校友会，1985 年，第 954 页。

六、提高一般民众之知识。"①后来随着大学区制的废除以及国立大学性质的加强，则致力学术研究日益成为其主流，如1932年所制定的《国立浙江大学组织规程》第二条所称："本大学依据中华民国教育宗旨及其实施方针，以阐扬文化、研究学术、养成健全品格、培植专门人才为宗旨。"作为大学主体的文理学院及其文科、理科，自然也以此为目标。

除此之外，文理学院在其初期（尤其是1932年8月校政统一之前的三院分立时期，甚至延至1934年邵裴子离校之前），由于邵裴子先生创办并长期长院，因此，此期的文理学院还打上了邵裴子先生办学思想和追求的烙印。

一、文理学院办院的目标——邵裴子办理文理学院的思想与方针

如前所述，邵裴子先生学自美国，对管理体制、办学目标等均有自己独到的认识。他多次在对学生的讲演中（如每周纪念周讲话、开学毕业讲演等），阐述过办学的想法，且在文理学院推行。1932年7月刊行的《国立浙江大学文理学院第一届毕业纪念刊》中，有一篇《院史》，未署执笔者，但可以认为反映了邵裴子先生的思想。该文记述了文理学院的办学目标和主要措施：

本学院筹备之际，除关于物质方面之设备及遴选教员外，于精神方面，曾定有几种目标。兹举其尤为基本的，即：

一、为提倡科学方法，以革新国人自来思想之习惯；灌输科学知识，以确立高等学术之基础；致力学术研究，以推广智识之界线。

二、为养成忠实勤敏之士风。

三、为造成通达明敏之党国及社会服务人才是也。

欲求达到此目的，必须有：（一）优越之教员。欲求优越之教员可以尽其才，必须有（二）充分之图书仪器。且欲教员常保其优越之地位，必使于教学相长外，尚有各个推进其学问技能之机会。如此，则授课时间不能太多；教员个人研究用之设备，亦需顾及！有优越之教员、充分之设备，则（三）学生亦需慎选。其标准为：一、有适当之志趣；二、有健康之体格；三、有相当之准备。已具有此三种资格之学生，施以正常之训练，则成大成小，各就其材，庶公帑及师生之日力，均不致虚耗。本院成立以来之办理情形，即求贯彻此初志之一种连续的（师生共同）努力也。

……尝闻对于本院之一种批评，为学生人数太少，不经济！本院之答复，只有：

一、本院历年绝无可取而不与录取，可留而不与留院之学生。则学生人数，非高中成绩进步，不能望其大增；

二、学生既已入院，本院必与以修学之充分机会！故不能因学生人少，而少开学程，或少聘教员。

结果之不经济，当然不能避免，担负院事之责者，以为学校之成绩，似不能专以每个学生摊得经费数目之少即为优。此故与工厂之以能减轻其出品单位之成本者为效率高，有不同者也。②

---

① 孙祥治：《浙江大学史初稿》。转引自浙江大学校史编写组：《浙江大学简史（第一、二卷）》，杭州：浙江大学出版社，1996年，第27页。

② 《国立浙江大学文理学院第一届毕业纪念刊》，1932年7月，第11-14页。

对于学生的培养方式和目标，邵裴子也有独到的见解：

关于学生方面，尚有所谓"训育"一端，本院习惯，有可以报告者，一、为本院"训育"之方针；二、为本院"训育"实施上之一种假定。

一、"本院训育之方针，在求学生身心之充分发展。其所采之手段，系于宽大的范围以内，予学生以思想及行为之自由，但使仍受校规、道德与健康条件之严格的约束，以养成其独立而有规律之生活习惯，为将来担当完全的国民责任之准备"。

二、本院对于学生之基本态度，即假定其皆为"成人"，为"士流"。以待"成人""士流"之道待之，亦望学生之以此自待！

此项方针及假定，试行数年，尚未见其有何流弊，惟其充分之实现，则为山一篑，尚有待于此后诸同学之了解赞成与合作，此又吾师生所当共勉，以期良好之学风，可以确定不报，使本院能在无论何时，均为最优良之治学场所也。

叙述至此，有可欣喜特述之一事，即本院历年各教员，皆努力于教授、研究，而同学亦皆重视学业与规律的生活也。各学系成立之际，计划准备，各主任均竭尽心力，以求教学双方均获最大之便利。且各教学不独悉心指导学生之学业而已，并以自身不能断之继续努力，示学生以为学之模范。于是学生乃感学术之趣味，知为学之在己。学生生活，始确然有其中心，而其在校一般生活之规律化，亦如影随形，不期然而自然。盖非在比较有规律的生活中，固不能潜心于学业也。①

据此，则文理学院初期的办院目标，可以概括为以下数端：
（1）教学、研究方面：提倡科学方法，灌输科学知识，致力学术研究；
（2）学风方面：养成忠实、勤敏之"士"风；
（3）培养目标方面：造就通达、明敏之国家和社会的服务人才。

图 6-2-1　《文理》第一期登载邵裴子院长照片及对文理学院同学的要求

---

① 《国立浙江大学文理学院第一届毕业纪念刊》，1932 年 7 月，第 14-15 页。

二、文理学院早期的组织结构演变和负责人情况

（一）1932年8月程天放改组学校行政组织之前

1932 年 7 月刊行的《国立浙江大学文理学院第一届毕业纪念刊》中的《院史》篇，对文理学院初期的情况有概括性的说明：

本院因感经费之不能充裕，一切设施，既欲求精，即不能骛广。故始拟筹设之科系，只能就其尤要者首先成立。如原拟设立之（甲）本科，（乙）医药预修科，（丙）研究科，（丁）暑期学校，（戊）扩充部，除本科外，医预，则设而复废（二十年度）；研究科，则除一二学系曾容纳他学校毕业学生来院研究外，尚未正式成立；暑校，则曾与其他机关合办数次外，亦未独立设置；扩充部，亦只数次为现任中小学教员特设学程，及容许有相当程度之就业者旁听，尚不能单独由一院为长期之固定工作（本大学曾与省立民众教育实验学校、省政府、广播无线电台、市政府及省立民众教育馆等机关合办广播民众学术讲演数年）。

原拟设立各学程中，如国故、英法德日外之近世语文、希腊文、拉丁文、地质学、人类学、社会学，亦均尚待增设。现已成立之学系（即学生得选为主科者）、学门（即所授学程较少不能选为主科者），只有：（一）外国文学系（英文组，附设德、法、日文学程），（二）数学系，（三）物理学系，（四）化学系，（五）生物学系，（六）政治学系，（七）教育学系等（以上皆为主科）七个学系，及（1）国文学门，（2）哲学门，（3）体育门等（不为主科）三个学门。十七年至十九年，曾设有中国语文学系，经济学系；十八年至十九年，曾设有心理学系；均于十九年因经费缺乏停止，学生分送北京大学及中央大学借读。政治学系（原称史学与政治学系）亦曾于同时停止，盖于二十一年度始能恢复也（该系附设史学、地理、法学、经济等学程）。[①]

该段文字明确说明当时的文理学院教学组织仅有本科层面。按照最初对浙江大学的设想，实际上原拟包括本科、预修科、研究科等不同层次的教学体系，也包括社会服务层面的暑期学校、扩充部等［即"（甲）本科，（乙）医药预修科，（丙）研究科，（丁）暑期学校，（戊）扩充部"］，但实际执行的结果，"除本科外，医预，则设而复废（二十年度）；研究科，则除一二学系曾容纳他学校毕业学生来院研究外，尚未正式成立"。

就本科层面而言，也因为受师资、经费等限制，没有完全按照计划设立，即系科设置尚不完备。至 1932 年，文理学院包括外国文学系（英文组，附设德、法、日文学程）、教育学系、数学系、物理学系、化学系和生物学系，原曾设有中国文学系、经济学系和心理学系、史学与政治学系等，均因经费、师资等问题而撤销或停办。

就行政组织而言，1932 年 8 月之前，文理学院的行政组织在 3 个学院中，应该是最简单的，仅有"事务处"，其他均由教授组成各种委员会，一并处理。当然，除了经费短缺的原因之外，也是教授治校思想的体现。

---

① 《国立浙江大学文理学院第一届毕业纪念刊》，1932 年 7 月，第 12 页。

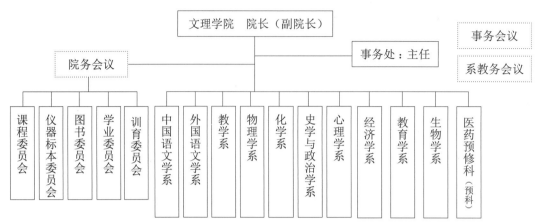

图 6-2-2　1928-08—1932-07 期间文理学院的组织架构

（其中，中国语文学系 1928-08—1930-07，外国语文学系 1928-08—，数学系 1928-08—，物理学系
1928-08—，化学系 1928-08—，史学与政治学系 1928-08—1931-07，心理学系 1929-08—1931-07，经
济学系 1929-08—1931-07，教育学系 1929-08—，生物学系 1930-08—，医药预修科 1928-08—1932-07）

相关的运作亦均有法规等加以规范。如 1929 年 11 月通过的《国立浙江大学文理学院院务会议规则》，就是 1932 年 8 月程天放校政统一之前的文理学院的管理架构确立和运行的依据。其中规定，文理学院以"院务会议"为最高决策机构，"院务会议之职权，为计划本学院学术设备各事项，及讨论一切进行事宜"，具体包括：（1）学院预算，（2）学系之增设或变更，（3）各系课程之设立或停止，（4）重要设备，（5）重要规则，（6）关于学生试验事项，（7）关于学生训育事项，（8）院长交议事项。"院务会议以院长，各学系、学门主任，事务主任，及副教授以上教员为会员"，"以院长为主席，以院长秘书兼任常务秘书"。分为"常会"和"临时会"两类，常会"每月 1 次，于每月校务会议开会前，由主席召集之"，临时会"于必要时，由主席或由会员 5 人以上连署声请主席召集之"；并规定："院务会议得设各种委员会"，"院务会议决定之事项，除应提请校务会议审议者外，由院长交各主管部分执行之"。[①]

国立浙江大学文理学院院务会议规则

（十八年十一月七日第四次校务会议通过）

第一条　本学院依大学组织法第十八条之规定设院务会议。

第二条　院务会议以院长，各学系、学门主任，事务主任，及副教授以上教员为会员。

凡未设有教授、副教授各学门之事项，由院长代表提出；但于必要时，得请该学门任教之教员列席说明。

第三条　院务会议以院长为主席，以院长秘书兼任常务秘书。

第四条　主席缺席时，由主席指定会员一人代理；如主席不及指定代理时，由会员临时推定一人代理主席。

第五条　院务会议由主席依左列方式召集之：

一、常会：每月一次，于每月校务会议开会前，由主席召集之。

---

① 《国立浙江大学校刊》第 2 期（1930 年 3 月 1 日）。

二、临时会：于必要时，由主席或由会员五人以上连署声请主席召集之。

第六条　主席召集开会，应将讨论事项先期通知各会员。

第七条　开会时，以会员总数二分之一以上为法定出席人数，以出席会员二分之一以上为法定表决人数。

第八条　会员缺席时，得以书面提出意见，并得请其他会员或非会员之教员一人代表陈述；但此项代表无表决权。

第九条　院务会议遇讨论某项事件有必要时，得请其他相关教职员列席，发表意见，并得于该项议决后请其退席。

第十条　院务会议之职权，为计划本学院学术设备各事项，及讨论一切进行事宜：

一、本学院预算。二、学系之增设或变更。三、各系课程之设立或停止。四、本院重要设备。五、本院重要规则。六、关于学生试验事项。七、关于学生训育事项。八、院长交议事项。

第十一条　院务会议得设各种委员会。

第十二条　院务会议决议，以不与校务会议之决议相抵触为限。

第十三条　院务会议决定之事项，除应提请校务会议审议者外，由院长交各主管部分执行之。

第十四条　本规则于必要时，得由本会议修正，提请校务会议通过，转陈校长核准备案。

第十五条　本规则由校务会议通过，经校长核准后施行。[1]

按照该《规则》，文理学院成立各种委员会，负责学院的相关学术事务、学生教育事务；其他行政、后勤、学生服务等，则由事务处管理（由于文理学院事务处规模较小，许多事项实际上由校本部统一负责，与工学院、农学院有所差别）。行政机构较为精简，以学科为主体。

1930 年 2 月，文理学院的院务会议和各种委员会的组成人员如下：

1. 院务会议：邵裴子、刘大白、佘坤珊、陈建功、钱宝琮、张绍忠、王守竞、程延庆、陈之霖、郭任远、章嶔、沈乃正、郑宗海、孟宪承、袁敦礼

2. 课程委员会：刘大白、张绍忠、郭任远、沈乃正、邵裴子

3. 仪器标本委员会：张绍忠、程延庆、郭任远、郑宗海、袁敦礼、邵裴子

4. 图书委员会：刘大白、佘坤珊、钱宝琮、张绍忠、程延庆、郭任远、沈乃正、郑宗海、袁敦礼、邵裴子、冯汉骥

5. 学业委员会：佘坤珊、陈建功、袁敦礼、孟宪承、邵裴子

6. 训育委员会：张绍忠、王守竞、钱宝琮、钟敬文、袁敦礼、陈之霖、邵裴子[2]

另据《校刊（第 2 期）》关于文理学院 1929 年 10 月 26 日第 1 次院务会议的会议记录，记载有更具体的分工。当时，在讨论"应否照院务会议规则第十一条酌设各种委员会案"的过程中，"议决"：

---

① 《国立浙江大学校刊》第 2 期（1930 年 3 月 1 日）。

② 《国立浙江大学校刊》第 1 期（1930 年 2 月 22 日）。

……先设下列各委员会：

（一）课程委员会

委员五人：刘大白（语文学组），张绍忠（自然科学组），郭任远（生物科学组），沈乃正（社会科学组），邵裴子（院长）

（二）仪器标本委员会

委员六人：下列各学门主任：（物理）张绍忠，（化学）程延庆，（地质）（编者注：空），（生物）（编者注：空），（心理）郭任远，（教育）郑宗海，（体育）袁敦礼及院长

（三）图书委员会

委员十一人：各学门主任：（中国语文学）刘大白，（外国语文学）佘坤珊，（数学）钱宝琮，（物理）张绍忠，（化学）程延庆，（心理学）郭任远，（史学与政治学）沈乃正，（教育学）郑宗海，（体育）袁敦礼，院长及图书室主任

（四）学业委员会

委员五人：佘坤珊（语文学组），陈建功（自然科学组），袁敦礼（生物科学组），孟宪承（社会科学组），邵裴子（院长）

（五）训育委员会

委员七人：张绍忠，王守竞，钱宝琮，钟敬文，袁敦礼，陈之霖，邵裴子（院长）

各委员会委员任期均一年，第一次开会均由院长召集之。①

说明文理学院的各种委员会的设立应当不迟于1929年10月。

1931年11月1日，在第6次院务会议上，针对"本会议各种委员会委员""有尚未推定者"或"有本学年离校者"，而做了调整、补充，如"课程委员会，刘大白先生离校，请郑宗海先生补任"；"仪器标本委员会，生物学系尚未推定，请贝时璋先生担任；袁敦礼先生请假，请徐英超先生代理"；"图书委员会，中国文学系现无主任，请院长代理；袁敦礼先生请假，请徐英超先生代理"；"学业委员会，袁敦礼先生请假，请贝时璋先生补任"；"训育委员会，钟敬文先生离校，请黄翼先生补任；袁敦礼先生请假，请纪育沣先生补任；训育委员会主席请该会于开会时推定"。②

由于邵裴子于1930年8月继任校长后仍兼文理学院院长，事务繁多，遂于1931年1月底聘请张绍忠为文理学院副院长。③

在这一段三院分立阶段，文理学院实际上相当于独立的"学校"一级的地位，相关事务均由文理学院院务会议讨论决策，再上报校务会议确定。据《校刊》的记载，从1929年10月文理学院召开第1次院务会议起（此即根据1929年7月颁布的《大学组织法》，也即大学区制取消、大学专司高等教育职能后），至1930年年底，文理学院多次召开院务会议，非常频繁。

---

① 《国立浙江大学校刊》第2期（1930年3月1日）。

② 《国立浙江大学校刊》第32期（1930年11月22日）。

③ 《国立浙江大学校刊》第38期（1931年1月24日）。

表6-2-1　文理学院院务会议概况（1929.10—1930.11）①

次别	时间	地点	主席	参加人员	讨论事项
第1次	1929-10-26《校刊》第2期（1930-03-01）	院长室	邵裴子	出席者：郭任远、王守竞、佘坤珊、陈之霖、孟宪承、张绍忠、陈建功、袁敦礼、沈乃正、邵裴子列席者：钟敬文	1.院务会议规则草案。2.应否照院务会议规则第十一条酌设各种委员会案。3.聘任主任、教授办法。4.订定转系规则及停止听讲规则案。5.订定各学门毕业必修学程案。
第2次	1929-12-28《校刊》第3期（1930-03-08）	院长室	邵裴子	出席者：孟宪承、陈之霖、王守竞、沈乃正、程延庆、张绍忠、钱宝琮、张嶔、郭任远、邵裴子	1.转系规则，修正通过。2.停止听讲规则，标题改为"停止学程规则"，文内"停止听讲"字样均照改，修正通过。3.各学系毕业必修学程，请各主任开列，并请附开主科学程外应习他系学程。4.成绩计算，向行之等第，因各方备查多需分数，常费折算，决定改用分数。5.本届学期试验事项。6.实验费，仍须酌收。7.仪器、药品统计，请各部分于平时列表，详配品名、件数、价值，以备统计。8.学生因请长假未能参加学期试验者，得留入学资格，至下学年开始时，准其入原来年级。9.学生因成绩不及格而退学者，不得复学。10.下学年设补习学程问题，入学试验成绩虽未及格，而比较优良者，可酌设补习学程，令其于正课外补习，不算学分。11.扩充教育事件，本年度拟办暑期学校，待下学期再行讨论。12.各委员会开会并推举主任委员，前次议决各委员会第1次开会，均由院长召集，此次主任委员推定后，以后开会，即由主任委员召集。
第3次	1930-03-01《校刊》第3期（1930-03-08）	未载	邵裴子	出席者：郭任远、王守竞、佘坤珊、陈之霖、程延庆、唐庆增、孟宪承、张绍忠、沈乃正、陈建功、袁敦礼、邵裴子	1.编制本学院1930年度预算情形。2.报告省政府会议议决，由本大学代办蒲场巷新建浙江图书馆及闻现教育厅拟收回由官办理经过。3.拟逐渐收买刀茅巷房地情形。4.下学年拟添办生物、哲学两学系。

---

① 资料来源：编者据《国立浙江大学校刊》有关各期整理。

续　表

次别	时间	地点	主席	参加人员	讨论事项
第 4 次	1930-04-09《校刊》第 8 期（1930-04-19）	院长室	邵裴子	出席者：张绍忠、陈建功、王守竞、陈之霖、佘坤珊、程延庆、唐庆增、钱宝琮、袁敦礼、郑宗海、沈乃正、邵裴子	1. 助教薪给办法应如何规定案。议决：助教薪给，以 60 元为最低额。助教以下再设助理，其薪给以 60 元为最高额。助教初任者，不设限支最低额薪给。由关系学系主任商同院长决定。 2. 黄缘炘、孙承樑均系高中师范科毕业，应补习若干学分，始准毕业，请明白规定案。议决：待师范生升学问题解决再议。 3. 工学院预科生请转入本院本科案。议决：可以升学。至入学试验办法，待省立高中升学本大学办法决定后，依照办理。 4. 学生旅行请休课半日案。议决：本学期停课已多，功课进程发生影响，不应再行停课。
第 5 次	1930-05-22《校刊》第 31 期（1930-11-15）	院长室	邵裴子	出席者：陈建功、钱宝琮、佘坤珊、袁敦礼、陈之霖、程延庆、沈乃正、郑宗海、孟宪承、王守竞、张绍忠、郭任远、邵裴子	1. 主席依学系之顺序报告十九年度各学系课程概况。 2. 第一二两学年，英文除数学、物理、化学主科外，均为必修课程。 3. 理科数学每周授课时数仍改为五小时，学分仍旧。 4. 文科：物理及化学各定 1 学年，任学生自由选择一种。 5. 生物学：以与社会科学接近之主科学生为必修学程。 6. 何种主科应设副科：请主席拟定草案提出，下届会议讨论。
第 6 次	1930-11-01《校刊》第 32 期（1930-11-22）	院长室	邵裴子	出席者：佘坤珊、贝时璋、沈乃正、陈之霖、徐仁铣、盛斯民、郑宗海、郭任远、纪育沣、陈建功、张绍忠、朱澈、黄翼、程延庆、邵裴子 列席者：徐英超	1. 院长提议：为行政推行及各学系联系便利起见，增设各学系主任会议案。 2. 院长提出学系主任会议规则要点。 3. 院长提议主任会议成立后，院务会议规则第五条关于常会次数及临时会召集方式之规定应否商量修改案。 4. 本会议各种委员会委员，有尚未推定者，有本学年离校者，请公推补充案。 5. 下学期新添学程请及早规定案。 6. 研究生待遇问题。 7. 编级生王以德符合泰考试问题。（编者注："泰"不知何意，待考） 8. 何紫玉在大同大学所得学分应如何核定案。 9. 陈述芳由文科转理科问题。 10. 学生请假至 1 年以上问题。 11. 本年油墨、蜡纸价值奇贵，应减少付印各件案。 12. 本学院年报补叙十八年度以前经过情形案。

文理学院下辖的处理日常行政事务的"事务处"，亦通过"事务会议"处理日常工作。其召开的"事务会议"更加频繁。

表6-2-2　文理学院事务处事务会议概况（1929.10—1932.07）[①]

次别	时间	地点	参加人员	讨论事项
1～5次				失载
第6次	1930-02-17《校刊》第2期（1930-03-01）	未载	出席者：邵裴子、袁瘦僧、马家骧、金志澄、陈叔任、沈书神、马宗裕、刘云叔、宋陶世、范允兹，冯汉骧、陆子桐、陈仲瑜	1.本学期事务会议开会时间及出席人数规定。2.学生保证人尚缺一人者，需向院长申请，得核准后，方准注册。3.学生应补考而仍有退学危险者，暂准先行交费。4.教员所用教科书，用完后交还教务处，转交图书室编目，并加"用过教本"戳记。5.厨房以物价腾贵，请酌加膳费，代收学生膳费，决定每月增加半元，计每学期增收三元，如有不愿照加者，请其自理膳食。6.大学函知：学生每人订阅校刊一份，每学期收费大洋一角，请会计处于收费时代收。7.宿舍事件。8.学生会事件。9.下学年开始时，拟设"新生周"，由院长、教务员、图书及宿舍管理员，一部分教员及旧生，分别指导新生应知各事项。10.拟于勤务工中遴选总成负责制人，请事务处考虑办法。
第7次	1930-02-25《校刊》第3期（1930-03-08）	未载	出席者：邵裴子、陈仲瑜、冯汉骧、范允兹、刘云叔、陆子桐、马宗裕	1.宿舍方面。2.事务方面。3.教务注册方面。4.图书方面。
第8次	1930-03-11《校刊》第7期（1930-04-12）	未载	出席者：邵裴子、陈仲瑜、范允兹、刘云叔、袁瘦僧、陆子桐、冯汉骧、马家骧、马宗裕	1.教务方面：一、上学期请假一学期而本学期不请续假者不必列入在学学生名册。二、学生成绩不及格重修者其分数仍并入平均计算（因重修者学分虽无而分数仍有）。三、补考及格者，其成绩可在原报告上补注；但概以补考所得分数为准。2.事务方面：宿舍毁坏渐有破裂，但因房屋不敷搬腾，只可待暑假时彻底清理。
第9次	1930-03-25《校刊》第7期（1930-04-12）	未载	出席者：邵裴子、马家骧、范允兹、刘云叔、袁瘦僧、马宗裕	1.教务方面：一、一年级生黄缘炘、孙承樑二人，毕业证书迄未征到，应催令从速函请原校发给缴院，以便承部查验。2.事务方面：一、天时渐热，饮食方面关系卫生甚重，自即日起，由事务处职员会同马管理员随时检查厨房卫生状况，并指导各工役注意清洁。二、一年生夏季制服，应依照部颁式样，赶速置备。三、定于本月二十九日请院医为本院全体学生分别种痘。
第10次	1930-04-08《校刊》第8期（1930-04-19）	未载	出席者：邵裴子、马宗裕、袁瘦僧、范允兹、冯汉骧、陆子桐、陈仲瑜	1.学生会请自行管理膳费案。2.学生赴湘湖旅行请停课半日案。3.学生会拟举行同乐会请求津贴案。4.讲义费重行厘订案。5.院长赴宁期间事务方面分别负责案。6.猫儿街新收房屋应如何修葺案。7.下学年班次增加，校舍扩张，必须添置校具，应如何计划案。

---

① 资料来源：编者据《国立浙江大学校刊》有关各期整理。

续　表

次别	时间	地点	参加人员	讨论事项
第11次	1930-04-15《校刊》第10期（1930-05-03）	未载	出席者：陈仲瑜、范允兹、马家骧、冯汉骥、刘云叔、陆子桐	1.刘大白先生所授文字学，因病停止，由钟敬文先生改授汉诗，自下星期起开始授课。 2.黄缘炘、孙承樑、王时才三人原校毕业证书均已补交，即函送大学转呈。 3.学生要求停膳者，膳费可以发还，但既停之后，不得再行复膳。 4.学生要求停膳，如可随时陆续通知，厨房准备膳食，势必发生困难，应限于本月十六日至廿二日七天以内为通知停膳日期。逾限不得再停。请马宗裕先生通告学生。 5.课椅亟须修理及添制，由事务处函毛全泰号派人来院抽调修理并计划添制。
第12次	1930-04-22《校刊》第10期（1930-05-03）	未载	出席者：陈仲瑜、马家骧、马宗裕、范允兹、袁瘦僧、刘云叔	1.本大学招生委员会第一次会议决议：本届招考报名及考试时地均照上届，委员会办事处由秘书处及三院合组。 2.下学年膳费讲义费实验费书馆费均须重行厘定，应候院长回校决定。 3.大学转部合中央训练部征集学生成绩，内有日记信札两项，请马宗裕先生速为征集，并转告用纸务须一律。 4.第一宿舍楼上二年级生，因天气渐热，以为匀住两人一室。 5.上次会议议决停膳通知期限，本日届满。计先后续停者共十五人。其未停者膳厅席次，由马先生重行排定。

（二）1932年8月至1934年年初邵裴子担任院长时期

1932年程天放长校之后，根据新制定的《国立浙江大学组织规程》，文理学院设有院长、副院长（第八条）和学系主任（第九条），召开院务会议（第廿一条），负责处理相关事项；其他行政机构则合并于统一的校级各类机构之中（如秘书处、事务处、总务处等）。

根据1932年10月通过的《国立浙江大学各学院院务会议通则》（也称《国立浙江大学各学院院务会议规程》），院务会议"以各学院院长、副院长、各系主任、教授、副教授组织之"，"院务会议以院长为主席，各学院教务员为纪录，院长因事缺席由副院长主席，未设副院长之学院，则由出席者公推一人主席"，主要审议下列事项："1.建议于校务会议事项。2.关于校务会议交议事项。3.计划关于教授方针及课程等事项。4.关于学生试验及审核成绩事项。5.关于转学转系升级留校补考及毕业等事项。6.关于学术设备等事项。7.校长交议事项。"

1932年10月之前的文理学院各部门负责人及行政人员构成如下：

（1）院长：邵裴子；副院长：张绍忠。

（2）学系：

外国文学系（英文组）主任：余坤珊；政治学系主任：沈乃正；教育学系主任：郑宗海；数学系主任：陈建功；物理学系主任：张绍忠（兼）；化学系主任：程瀛章；生物学系（实验生物组）主任：贝时璋。

（3）行政：

教务员：金宗书；助理教务员：周藻春；物理学系技术员：金学煊；化学系助理员：陈崇伊；生物学系助理员：陈翰鹏、张澹泉。[①]

---

① 《国立浙江大学校刊》第102期（1932年9月10日）。

（三）1934年2月至1936年5月郭任远、蔡堡担任院长时期

1934 年 2 月，邵裴子先生请辞文理学院院长职务，校长郭任远"特准邵院长自本年 2 月起休养六月"，"在假期内，院长职务由校长兼代"[①]，即请邵裴子院长休息至该学期结束。但至 1934 年 8 月新学期开始，邵裴子先生未回校复职，院长一职仍由郭任远校长兼理。

图 6-2-3 《国立浙江大学校刊》所载邵裴子请辞文理学院院长和休养请假的消息[②]

此后，至 1936 年 2 月之前，文理学院院长一直由校长郭任远兼理；直至 1936 年 1 月 27 日，在郭任远辞去校长尚未获批之时，正式聘请蔡堡先生为文理学院院长。

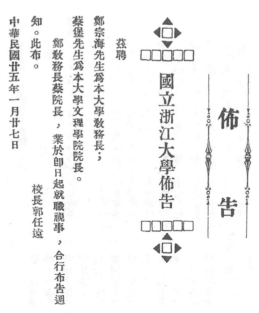

图 6-2-4 《国立浙江大学校刊》登载的郭任远聘请蔡堡担任文理学院院长的布告[③]

---

① 《国立浙江大学校刊》第 161 期（1934 年 2 月 24 日）。
② 引自《国立浙江大学校刊》第 161 期（1934 年 2 月 24 日）。
③ 引自《国立浙江大学校刊》第 236 期（1936 年 2 月 8 日）。

蔡堡（1897-12-13－1986-04-03），字作屏，浙江余杭人。中国动物学会创始人之一。1923年毕业于北京大学地质系。此后去美国耶鲁大学研究院和哥伦比亚大学研究院进修动物学，获硕士学位。1926年回国，任复旦大学生物学副教授。1927年到南京任中央大学生物系教授，并任该校由中华教育文化基金董事会所设立的动物学讲座教席；其间曾兼任中央大学生物系主任、理学院院长，及在上海的中央大学医学院预科主任。1933年再度出国进修，担任美国耶鲁大学名誉研究员。1934年秋天回国，受时任浙江大学校长的郭任远聘请，任浙江大学生物系副教授，后担任生物学系主任（1935年2月至1939年7月），并于1936年初短暂兼任文理学院院长（1936年1月底至1936年5月初）。1939年起任中国蚕桑研究所所长。1951年起担任浙江大学医学院、浙江医科大学组织胚胎学教研室和生物学教研室教授及主任。还曾担任浙江省动物学会名誉会长，浙江省科学技术协会副会长、顾问，民盟浙江省委顾问，浙江省第4、5届政协副主席，第3～5届全国政协委员。[①]

图 6-2-5　蔡堡先生（1897-12-13－1986-04-03）

蔡堡来浙江大学任教，应该与郭任远有密切关系。1923年郭任远在复旦大学创建心理学院，1926年蔡堡至复旦大学心理学院任教，并于1927年接替离校的郭任远担任心理学院（生物学系）负责人1年[②]；后蔡堡于1928年秋至中央大学，1931年8月郭任远亦至中央大学，任教于理学院心理学系，两人又共事2年，至1933年蔡堡出国进修，其间，蔡堡担任中央大学生物系教授兼系主任、理学院院长。所以，当1933年春郭任远长校浙大时，自然乐于邀请蔡堡来校任教。蔡堡遂在1934年年初回国，8月后至浙江大学生物学系任教（生物学系副教授），并于1935年2月受聘担任生物学系主任，后又于1936年1月为当时仍任校长的郭任远聘请，担任文理学院院长。

现有材料中记载蔡堡担任生物学系主任基本没有疑问，但其担任文理学院院长一事，记载较为欠缺，如：

1933年他第二次赴美，工作了一年多时间，于1934年秋天返国。这时浙大的校长郭任远再三邀请他到浙大任教并兼任生物系主任。1936年，竺可桢出任浙大校长，蔡堡仍继续任生物系主任。他和生物系几位教授如贝时璋、许骧、范肖岩（编者注：即范赉）、谈家桢等，同心协力把浙大生物系办成全国著名的系科之一，得到国内外的关注。1937年年初，浙江省设立蚕桑研

① 何亚平、朱惠珏、胡岚编：《惊鸿浙大》，杭州：浙江大学出版社，2007年，第34页。
② 钱益民：《百年复旦人物志——著名心理学家郭任远》，《复旦学报（社会科学版）》2005年，第1期。

究所，蔡堡受到当时浙江省主席朱家骅的重视，被聘为所长，但仍旧兼任浙大生物系教授及主任。

1937年夏，抗日战争全面爆发，他先将浙江蚕桑研究所迁到金华，后奉命解散。他办了结束手续后，携眷奔赴江西泰和，与浙江大学会合。他仍主持生物系。浙大在江西利用祠堂为校舍，条件十分简陋。教授们住的更破旧，泥地板床，纸窗土灶，但大家都很乐观，精神饱满，坚持抗战必胜的信念，认真地上课讲学。教授们以身作则，也使当时的浙大学生养成不计较环境条件、为国家刻苦读书的学风。

1938年夏，因日军骚扰江西，浙大自江西泰和，沿水陆二路迁往广西宜山。1939年冬再迁贵州。这时，蔡堡接受"中英庚款董事会"的建议，在遵义筹建"中国蚕桑研究所"。他对遵义这个地方非常喜欢。他说遵义城历史悠久，人民诚朴。农业有江南之胜，地形则四周群山，峰峦起伏，敌机不敢飞来，因此决定在遵义设所。当时浙大虽陆续迁来，但是否就立足遵义，尚犹豫不定。竺可桢与蔡堡交谈时征求意见，蔡即把中国蚕桑研究所定点在遵义的理由向竺陈述，并建议浙大亦可在遵义重建。这时，蔡堡把全部精力投入于创办中国蚕桑研究所，对浙大生物系，却因竺可桢的坚留，仍为兼职教授。[1]

经过查考当时《校刊》记载，蔡堡先生的确担任过文理学院院长一职，时间在1936年1月27日至1936年5月2日，持续时间仅3个月。[2]虽然为时甚短，且合法性稍显不足（在时任校长郭任远提出辞职但尚未获批之时聘请的）；但一则当时郭任远虽然提出辞职，但未获批准，理论上仍为校长，聘请院长是校长职权；二则蔡堡先生也的确以院长身份从事了相关活动，行使了职权（如1936年2月20日主持文理学院院务会议[3]）；三是竺可桢长校之时，在1936年4月，正式接受了蔡堡的辞职，也是对郭任远聘请蔡堡担任院长的认可。故蔡堡先生曾经正式担任文理学院院长一职，应该是没有疑问的。

文理學院院務會議
於本月二十日舉行
△通過要案多件

文理學院本學期第一次院務會議，於本月二十日午後四時，在該院院長辦公室舉行，出席者計有周厚復、聞詩、鄭宗海、蘇步青、陳嘉、蔡堡等先生，由蔡院長主席，至六時二十分鐘，始行散會決議要案甚多云。

图6-2-6　《国立浙江大学校刊》登载的文理学院院务会议消息[4]

① 蔡壬侯：《回忆蔡堡先生》，贵州省遵义地区地方志编纂委员会主编：《浙江大学在遵义》，杭州：浙江大学出版社，1990年，第504-505页。
② 《国立浙江大学校刊》第236期（1936年2月8日）；《国立浙江大学校刊》第248期（1936年5月9日）。
③ 《国立浙江大学校刊》第239期（1936年2月29日）。
④ 引自《国立浙江大学校刊》第239期（1936年2月29日）。

蔡堡先生在其口述的《我的回忆》一文中，提及郭任远"素与我友善"，也记载了他曾担任过文理学院院长的事实：

郭校长在浙大自兼教务长、训导长（编者注：此处"训导长"有误，应该为"军事管理处"处长）及文理学院院长，大权集于一身，遇事独断专行，刚愎自用，对学生很严，学校师生对郭不满，一九三五年已闹过第一次风潮（编者注：此处"一九三五"恐有误，应该为1934年，即指第一次驱郭风潮），后渐平息；因郭实行军事管制，全校反对，遂引起规模更大持续时间较长的一九三六年的浙大倒郭学潮（编者注：此指第二次驱郭风潮，发生于1935年年底，延续至1936年年初），要求打倒郭任远。郭素与我友善，委人来同我商量对策，我乃推荐郑晓沧当教务长，我任文理学院院长，以缓和学潮，使郭有一个体面的下台。[①]

1936年4月竺可桢长校浙大后，接受了蔡堡辞去文理学院院长的请求（仍任生物学系主任至1939年7月），请胡刚复先生接任。[②]

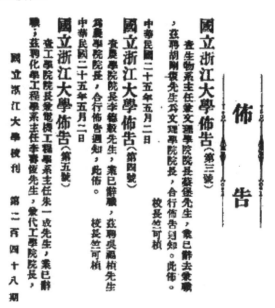

图6-2-7　《国立浙江大学校刊》关于1936年5月初文理学院院长变更的报道[③]

此期，文理学院的学系组织稍有变更（如政治学系设而复撤），但行政方面，文理学院基本维持此前的组织形式和运作方式，直至1939年7月文、理两院分立为止。当然，人员构成上发生过变化。

---

① 《蔡堡教授诞辰100周年纪念文集》（内部印行），1997年，第138-139页。
② 《国立浙江大学校刊》第248期（1936年5月9日）。
③ 引自《国立浙江大学校刊》第248期（1936年5月9日）。

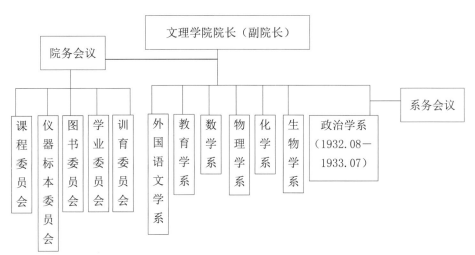

图 6-2-8　1932-08—1936-07 期间文理学院的组织架构

第三节　文理学院早期的经费、校舍、设施等办学条件

1932 年 7 月，在《国立浙江大学文理学院第一届毕业纪念刊》中，专门有一节"院史"，记述了文理学院筹备和发展的完整过程。关于当时的设施等教学环境和条件等，《纪念刊》中这样记载：

本院因感经费之不能充裕，一切设施，既欲求精，即不能鹜广。故始拟筹设之科系，只能就其尤要者首先成立。……

截至二十年度终了（编者注：即 1932 年 7 月止），本科四年办齐。理科各系之设备，计物理学系约值七万余元，化学系约值五万元，生物学系约值二万余元，已稍具规模。图书，计中文 16 867 册，西文 4 466 册，杂志，计中文 75 种，西文 158 种，亦略有基础。此后先当图已设各学系、学门之充实，再谋其他学系、学门之恢复与增设，不敢以多为贵，而使各部分之效率，反致低减。至本院院址，除近购运动场地约三十亩及建生物学系实验室平屋二所外，尚沿用三十年前遗留之单弱建筑，既有倾危之惧，且不敷用。故院舍之增建，亦为本院发展及维持上必不可缓之举。此则苟无大宗之临时经费，无从措手，较各种设备之尚可随时零星添置者，其困难又不能同日而语也。

本院经费之不充，前已及之。兹将各年之收入，略列如下，以供阅者之参考：

开办费五万元。

十七年度经常费十万七千余元。

十八年度经常费十六万六千余元。

十九年度经常费十四万四千余元；又公债不及三万五千元，押得一万二千余元应用；共计十五万六千余元。

二十年度经常费十三万六千余元。

逐年实收之临时费一万六千余元，均以匀补历年经常费之不足。

开办费五万元中，支付修理旧屋一项，已占去二万余元。十八年度以后，则班次递增（教员设备均随之而增），而经费则逐年递减，以致原拟于三个学年内设备完成者，今则递展以至于无期，斯固新创学校之一重大打击，而又有甚者，本校全校经费，原出国库，向由浙省财政厅于经收统税（国税）项下拨付。民二十实行裁厘以后，财厅无经收之国税可供提拨，而财部则援苏省之例，以为本校在浙，费宜浙任；部省互诿。及部厅分任各半之办法既定，而本校经费无着者已数月矣。又新办之学校，年级递增，其经费亦必须递增，而预算之核定，往往在学年开始后半年以上。及知预算不能增加，而增加之年级，在校已逾一学期矣。年级既不能俟预算核定后始加，则增加年级应增之费用，如添聘教员，添置设备，自只可先行贷欠，以资周转，及新预算不成立，此项贷欠之款，即无归偿之可能而为积欠。本院积欠外商图书仪器款甚巨。虽经蒋前主席批于预算外加给六万元以资弥补，财部分文未发。夫画饼既不可以充饥，此项积欠，只能于每年预算中匀付。是此后经费，即使绝无拖欠或一部分无着（鉴诸前事，均不可能！），实际亦等于减少，则设备之完成，学科之增置，实现之期，当更远矣。

本学院学生人数，以入学时注册数计算：十七年度四十人；十八年度六十七人；十九年度一百十三人；二十年度一百四十二人；以二十年度终了时在校实数计算：则四年级（十七年入学，下类推）二十八人；三年级二十七人；二年级二十七人；一年级五十五人；共一百三十七人。[①]

1932年12月印行的《国立浙江大学一览》中，有当时文理学院校舍和设备等情况的介绍：

文理学院校址，在杭州市大学路（旧名蒲场巷），为前求是书院及浙江高等学堂旧址之东部。辛亥光复以来，历作公署及驻军之所，十六年五月三十日经浙江省务委员会第十五次会议议决拨归国立第三中山大学。西为大学行政部分，东为文理学院。迤南前陆军小学旧址，亦经同时议决拨归大学，由大学指定为文理学院之用（该处前由省立高级商中及省立一中先后借用，今作学生宿舍）。又十七年度在刀茅巷新建心理学系动物行为研究所一座（今为生物学系）。十八年度复在该处购地约三十亩，作运动场，并租用西式七开间楼房，中式五开间楼房各一所，十九年度即将化学系移入该处。

在"设备"一节的介绍中，则有文理学院"校舍""图书"等情况的描述：

旧高等学堂房屋一四七间；旧陆军小学房屋八四间；生物学系房屋二三间；刀茅巷租用房屋二九间；共二八三间，计分：

（子）礼堂；（丑）办公室：二十四间。（寅）普通教室：三十一间。（卯）实验室及理科专用教室（物理学系楼房一所，上下共大小九间。又平房二所计八间。化学系楼房一所，上下共十二间。生物学系两处共三十间。教育心理实验室五间）。（辰）图书馆：平房二所，计前后十六间。（巳）教员宿舍：计二十八间。（午）学生宿舍及集会办事用室：计男生平楼房共八四间，女生楼房一所。计上下六大间。（未）饭厅，附设学生宿舍。（申）浴室一所：同时可容十六人。以后续待扩充（此系男生专用。女生浴室，附设女生宿舍）。（酉）诊疗室（附设男生宿舍内）。（戌）会客室，工役室，

---

① 《国立浙江大学文理学院第一届毕业纪念刊》（1932年7月），第12-14页。

厨房等，间数不计。（亥）篮球场六个，排球场二个，网球场三个，足球场一个及跑道跳高跳远等设置。

图书：现有中文书约一万七千册，外国文四千余册，中文杂志及其他定期刊物约一百余种，内整套者约十种，现尚续订者七十余种。西文杂志约二百种，内旧杂志成套或积卷较多者，约二十种，现尚续订者一百五十余种。

仪器标本：二十年度下学期止：物理仪器四千余种，值七万余元；化学仪器六百八十余种，药品五百余种，共值约五万元；生物学系（十九年度成立）已购仪器二百余种，值二万余元；教育心理仪器二百六十余种，值一千五百余元。[①]

图 6-3-1　1932 年前后浙江大学文理学院办公室[②]

图 6-3-2　1932 年前后浙江大学文理学院图书室[③]

---

① 国立浙江大学秘书处出版课编：《国立浙江大学一览二十一年度》，杭州：杭州正则印书馆，1932 年 12 月，第 15-17 页。
② 引自《国立浙江大学文理学院第一届毕业纪念刊》，1932 年 7 月，第 39 页。
③ 引自《国立浙江大学文理学院第一届毕业纪念刊》，1932 年 7 月，第 31 页。

图 6-3-3　1932 年前后浙江大学文理学院化学仪器室 ①

1935 年 12 月印行的《国立浙江大学要览》中，提及学校建筑方面的新进展，也包括有当时文理学院校舍和设备等情况的介绍：

　　本大学校舍，因建筑年久，设备不无简陋之憾，颇不适于新式教学之用。故建筑校舍及补充仪器设备，则为三学院一般之需要。现拟有四年建筑计划，与各学院补充设备三年计划各一。建筑计划中第一期拟建之校舍，为数理、生物、化学、工程、农业及图书馆等，计需一百二十万元，分四年完成之，年需三十万元。至补充仪器设备计划，计文理学院各系十六万元，工学院各系十五万元，农学院各系十六万元，于三年内设法完成之。文理学院之新式三层教室，现已全部告成；教室暨办公处，亦已先后迁入。惟本大学校址，四周范以民房，发展至为不易。且农学院远在笕桥，教导、管理，两感不便。本大学有见及此，爰于杭州市东郊太平门外，购地千亩，将文理、工、农各学院，集中一处；立永久之基础，增教育之效能。现新校址已开始鸠工建筑，巍峨之农业馆业已落成；农学院经于客岁九月间，全部迁竣，其余文理、工两学院，亦可次第兴工。从此充实设备，树全国之楷模；发扬文化，为寰区之仰镜。庶几足以恢弘民族之精神，而为推进学术之动力也。②

　　经过几年的努力，至 1937 年 8 月，学校和文理学院在校舍、设施等方面又有推进和发展。1937 年 9 月编印的《国立浙江大学文理学院概况》中，对当时的校舍、图书、仪器等"设备"方面的情况，有如下的介绍：

（甲）校舍

　　本院现有校舍，除三层教室一座系新建者外，余悉为求是书院及浙江高等学堂之旧，房屋类多破敝，蠹虫丛生，倾圮堪虞。且各学系不集中于一处，化学、生物二系另在校外刀茅巷，教学、

---

① 引自《国立浙江大学文理学院第一届毕业纪念刊》，1932 年 7 月，第 36 页。
② 《国立浙江大学要览（民国二十四年度）》，第 9 页。引自张研、孙燕京主编：《民国史料丛刊》（第 1087 册），郑州：大象出版社，2009 年，第 25 页。

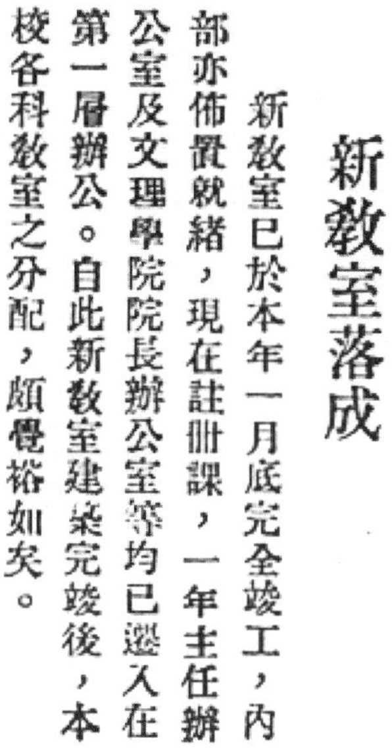

新教室落成

新教室已於本年一月底完全竣工，內部亦佈置就緒，現在註冊課，一年主任辦公室及文理學院院長辦公室等均已遷入在第一層辦公。自此新教室建築完竣後，本校各科教室之分配，頗覺裕如矣。

图 6-3-4 《国立浙江大学校刊》所载 1934 年 1 月新教室建成使用的消息①

管理均感不便。故计划拟改建数理馆、化学馆、生物馆数座，以利教学。一俟经费有着，即可次第求其实现也。除院长办公室、普通教室在新建三层大厦外，兹将各系现有房舍列举如下：

外国语文学系：有办公室一间，预备室四间，阅书及会议室一间。

史地学系：有办公室一间，陈列室二间，预备室二间，绘图室一间。

教育学系：有办公室三间，会议室一间，阅书室一间，心理教室一间，心理仪器室一间，心理实验室六间，暗室一间；另附设培育院：有活动室一间，观察室一间，休息室及更衣室一间，盥洗室一间，办公室一间，餐室、厕所、厨房等。

数学系：有办公室一间，阅书室一间，专用教室一间，研究室二间。

物理学系：有专用教室一大间、一小间，实验室四大间、一小间，仪器室三间，研究室八小间，阅书室一间，办公室二间，仪器工场七间（内金工场三大间，木工场一间，材料室一间，玻璃细工二小间）。

化学系：有阅书及办公室一（计二间），仪器药品室二（计四间），储藏室一（计一间），天秤室一（计一间），实验室九（计二十六间），研究室四（计四间），活性炭制造工场一（计五间）。

生物学系：有实验室三大间，研究与预备室九间，图书室大小各一间，药品仪器室二间，切片室二间，消毒室一间，以及贮藏室、花房、动物室等等。

（乙）图书

外国语文学系：有参考书八百余种。

史地学系：有地图已裱成轴者二百零九幅，散页者一千另四十四页，装订成册者二十本；中日文参考书一千五百七十四册，西文参考书二百十册；中西文杂志四十六种，共三百十四册。

教育学系：有中日文参考书、西文参考书各千余种；中文杂志六十余种；西文杂志四十余种，其中自一九二六年后全备无缺者计有十余种。

---

① 引自《国立浙江大学校刊》第 161 期（1934 年 2 月 24 日）。

数学系：有杂志四十五种，合装八百八十余册，内全套者十七种；参考书五百余种。共五百三十余册。

物理学系：有图书杂志约价三万元（一部分已划归浙江省立图书馆，由本系借用），重要杂志成套者十四种，约值一万四千元；新杂志专属物理者现有二十八种，每年订费约一千四百元；其他科学杂志含物理论文者不计。

化学系：有西文参考书一百七十九种，计三百六十二册；中文参考书十六种，计四十五册；西文杂志十五种，每年订费一千二百余元（内成套者有 *Berichte der Deutschen Chemischen Gesellschaft* 及 *Chemisches Zentrablatt* 二部）。

生物学系：有中西文参考书三百九十余种，计四百五十余册，定自中日欧美各国杂志共三十八种。

（丙）仪器

史地学系有地理仪器、测量仪器、地质矿物实验仪器、绘图仪器、地质矿物标本模型等，合计价值二千七百余元。

教育学系有心理仪器百余种，测验仪器百余种。

物理学系有普通物理学仪器二百二十种，五百六十件，价约二万二千元；电磁学仪器八十五种，三百五十件，价约二万一千元；光学仪器五十种，二百一十件，价约一万九千元；高等物理仪器七十二种，一百四十件，价约一万一千元；近世物理仪器六十三种，二百一十件，价约一万五千元；研究用仪器二十种，一百件，价约二万六千元；修制仪器用之机械八十五种，二百五十件，价约一万一千元。总计五百九十五种，一千八百二十件，价约十二万五千元。

化学系有无机化学仪器三百八十余种，三万余件，价约一万余元；分析化学仪器四百余种，一万一千余件，价约一万八千余元；物理化学仪器一百七十种，三百三十二件，价约一万二千余元；普通有机化学仪器四百五十余种，一万三千余件，价约一万三千五百余元；有机分析化学仪器一百八十一种，三百四十余件，价约八千六百余元；有机化学特殊仪器一百三十余种，四百四十余件，价约九千八百余元；药品计一千三百余器，价约一万八千余元。

生物学系有仪器（显微镜、切片器、等温箱、消毒器、动植物生理仪器、解剖仪器等）六十三种，计二百二十六件；玻璃器三十四种，一万一千六百余件；药品三百余种；标本（显微标本，设制标本，剥制标本，骨骼标本，植物腊叶标本，模型等）三十八种，六千二百余件；饲养动植物细菌五十余种，五百余件。价约三万余元。[①]

---

① 《国立浙江大学文理学院概况》（中华民国二十六年九月编印），1937 年 9 月，第 2-5 页。

图 6-3-5　1937 年前后的浙江大学文理学院大门
（大门后为 1933 年建成的新教室，即"绿洋房"。竺可桢摄）①

图 6-3-6　1937 年前后的浙江大学文理学院新教室
（1933 年建成，即"绿洋房"，1947 年 9 月命名为"阳明馆"。竺可桢摄）②

① 引自王玉芝主编：《求是——浙江大学建校一百一十周年》，杭州：浙江大学出版社，2007 年，第 9 页。
② 引自王玉芝主编：《求是——浙江大学建校一百一十周年》，杭州：浙江大学出版社，2007 年，第 15 页。

第七章

文理学院中理科各系的建立和
管理

1936年7月之前的文理学院，理学系科主要包括数学系（1928年8月起）、物理学系（1928年8月起）、化学系（1928年8月起）、心理学系（1929年8月－1931年7月）和生物学系（1930年8月起），以及教育学系（1929年8月起）的教育心理组（1934年8月起）。由于各系均隶属于文理学院，自身独立性不强，日常运作、教学科研及学生活动等，也与文理学院乃至学校一致。就各系而言，各学系为基层教学单元，但也贯彻教授治校的原则，组成"系教务会议"（1932年8月前）、"系务会议"（1932年8月后），处理相关教学等问题；其他行政事项则由院（1932年8月前）、校（1932年8月后）统一处理。

第一节　文理学院中理科各系的建立和负责人情况

一、理科的学门、学系的建立

关于文理学院各学门（1928年8月－1929年7月期间称为"学门"，即"主科学门"）、学系（1929年8月后称为"学系"）的建立情况，前引1928年4月的《浙江大学筹设文理学院计划》（以下简称"《筹设计划》"）中有宏大的设计，但限于经费短缺，一些系科并未按照计划建立，还有一些系科设而复撤。关于各系建立的详细情况，早期由于资料有限，且不同材料表述不一（当然，也有后人对不同材料之表述的理解不同），在现有关于校、系历史的著述中有不同的论断，有些提法恐有讹误。这里做一系统整理。

（一）建立过程和创建人情况

1932年的《国立浙江大学一览》中，对文理学院初期的学系设置有细致的说明：

文理学院十七年度成立之始，设本科及医药预修科。本科先设下列十个学门：（一）中国语文学门；（二）外国语文学门（先设英文部）；（三）哲学门；（四）数学门；（五）物理学门；（六）化学门；（七）心理学门；（八）史学与政治学门；（九）体育学门；（十）军事学门。一、二、四、五、六、八，六个学门为主科学门（学生得任选各该学门之一为其修习之主科）。十八年度各主科学门改称学系，非主科学门仍称学门以示区别，并增设生物学系、心理学系、经济学系及教育学系，连先设六系共成十个学系。十九年度中国语文学系改为学门（即不为主系），是年下学期后因历年预算不能实现，各学系不能于四年期内一律充实，将心理学系、史学与政治学系及经济学系三系停止，所有各该系学生，分别送至北京大学及中央大学借读。二十年度因医药预修科历年投考人数太少，将其停止。至二十年度，文理学院四个年级完成，理科各科设备稍具规模，图书亦略有基础，故于二十一年度先恢复政治学系，稍补文科缺陷。至他系之恢复与增设，当于已设各系全部充实后图之，兹固尚有待也。①

1932 年 7 月所编的《国立浙江大学文理学院第一届毕业纪念刊》中，专门有"院史""级史"两部分，记述了文理学院及有关学系筹备和发展的过程，是当事者直接的记述，此内容有助于读者对文理学院初期学系设置情况的认识：

本院因感经费之不能充裕，一切设施，既欲求精，即不能骛广。故始拟筹设之科系，只能就其尤要者首先成立。如原拟设立之（甲）本科，（乙）医药预修科，（丙）研究科，（丁）暑期学校，（戊）扩充部，除本科外，医预，则设而复废（二十年度）；研究科，则除一二学系曾容纳他学校毕业学生来院研究外，尚未正式成立；暑校，则曾与其他机关合办数次外，亦未独立设置；扩充部，亦只数次为现任中小学教员特设学程，及容许有相当程度之就业者旁听，尚不能单独由一院为长期之固定工作（本大学曾与省立民众教育实验学校、省政府、广播无线电台、市政府及省立民众教育馆等机关合办广播民众学术讲演数年）。原拟设立各学程中，如国故、英法德日外之近世语文、希腊文、拉丁文、地质学、人类学、社会学，亦均尚待增设。现已成立之学系（即学生得选为主科者）、学门（即所授学程较少不能选为主科者），只有：（一）外国文学系（英文组，附设德、法、日文学程），（二）数学系，（三）物理学系，（四）化学系，（五）生物学系，（六）政治学系，（七）教育学系等（以上皆为主科）七个学系，及（1）国文学门，（2）哲学门，（3）体育门等（不为主科）三个学门。十七年至十九年，曾设有中国语文学系，经济学系；十八年至十九年，曾设有心理学系；均于十九年因经费缺乏停止，学生分送北京大学及中央大学借读。政治学系（原称史学与政治学系）亦曾于同时停止，盖于二十一年度始能恢复也（该系附设史学、地理、法学、经济等学程）。②

上述叙述总体来说是比较清楚的。但在各系设置、停办的时间上，因叙述较为简略，加之对各系的叙述较混杂，且后来的著述中对"年""年度"所指具体时间有所误解，遂导致一些论述的歧异；如"十七年至十九年，曾设有中国语文学系，经济学系"，是指十七年度（1928-08－1929-07）至十九年度（1930-08－1931-07），即 1928-08－1931-07；"十八年至十九年，曾设有心理学系"，是指十八年度（1929-08－1930-07）至十九年度（1930-08－1931-07），即 1929-08－1931-07；"均于十九年因经费缺乏停止，学生分送北京大学及中央大学借读"，即指十九年度（1930-08－1931-07）停止，也即于 1931-07 停止。所以在不同的表述中，可能由于对以上有关表述理解的不同，在对各

---

① 国立浙江大学秘书处出版课编：《国立浙江大学一览（二十一年度）》，杭州：杭州正则印书馆，1932 年 12 月，第 15-17 页。

② 《国立浙江大学文理学院第一届毕业纪念刊》，1932 年 7 月，第 12 页。

系的设置、停办时间的表述上略有出入。

应该说，早期各系的成立及延续，与有没有合适的师资（即教授或副教授）有极为密切的关系。往往聘请到合适的教授，则一个系就开办起来；而一旦这个教授离开，则该系往往不得不停办。浙江大学文理学院初创时期，这种现象尤其明显。典型的例子，如心理学系的郭任远先生离开，该系就随即停办；而生物学系的建立，则与贝时璋先生的到来有密切关系。

兹先将有关文献和回忆材料中关于文理学院理科各系的初期情况归纳如下，以有助于确定各系建立和延续的时间。

1. 数学系

数学系（1928-08－1952-08）的建立和发展，与钱宝琮、陈建功和苏步青三位先生密不可分，且这三位先生贯穿了国立浙江大学数学系的始终；可以说，他们三位的经历，就是数学系的历史。

数学系是文理学院最初设计中主科学门之一，也顺利地于 1928 年 8 月正式建立，并一直没有间断，延续至 1952 年 8 月院系调整调至复旦大学为止。其创建人为钱宝琮先生。对此，各文献中说法一致（但是对钱宝琮先生担任系主任的时间，存在一些误解，详见下节分析）：

图 7-1-1　钱宝琮先生（1892-05-29—1974-01-05）

钱宝琮先生，字琢如，浙江嘉兴人，1892 年（清光绪十八年）5 月 29 日生于嘉兴南门外一个仅能维持生计的小地主家庭。……1927 年 9 月，宝琮先生与竺可桢、汤用彤等先生同去南京第四中山大学（后改为中央大学）工作，任数学系副教授，后因对于中央大学里的派系斗争感到厌倦，又经姜立夫先生介绍，于 1928 年 8 月转任杭州浙江大学文理学院数学系副教授，后升任教授，其间于 1928 年起任浙大数学系主任，仅任职一年即行辞去这一职务。[①]

钱宝琮早年在家乡嘉兴就读私塾和学堂，1907 年考入在苏州的江苏省铁路学堂土木科，1908 年夏，浙江省第一次招考官费留学欧美的学生，钱宝琮因数学成绩突出而被录取，他也是

---

① 何绍庚：《畴人功业千古，辛苦济时方——纪念钱宝琮先生诞辰 100 周年》（原载《中国科技史料》第 13 卷第 4 期 [1992 年]，2002 年底，作者对文稿作了一些文字修改）。引自钱永红编：《一代学人钱宝琮》，杭州：浙江大学出版社，2008 年，第 296 页。

20 名录取学生中年纪最小的一位。这年 10 月他进入英国伯明翰大学，从土木工程系二年级开始学习，1911 年 6 月毕业，获理科学士学位，随后又就读于曼彻斯特工学院建筑系。辛亥革命后，钱宝琮于 1912 年 2 月回国，曾在上海交通大学前身——上海南洋公学（后改称南洋大学）附属中学、江苏省立第二工业学校、天津南开大学等校任教。在南开大学时，任数学系教授，开设微积分、微分方程和数学史等课程，培养出陈省身、江泽涵、吴大任、申又枨等不少著名数学家。1927 年 9 月，到中央大学任教，很快便对中大内部的派系斗争感到厌倦。正在此时，浙江大学筹办文理学院，经著名数学家姜立夫推荐来到浙大。一向淡泊名利的钱宝琮，在日后谈及他到浙大的经过时，轻描淡写地说："1928 年夏天，浙江大学创办文理学院，请我来杭州教书。我因为只要教两班一年级课程，比较清闲，又在本省服务，离家极近，就应聘了。从此在浙大安心教学，不再见异思迁了。"①

2. 物理学系

与数学系的发展类似，物理学系的建立和发展，则与张绍忠先生密不可分。

物理学系（1928-08－1952-08）也是文理学院最初设计中理科的主科学门之一，亦顺利于 1928 年 8 月正式建立，并一直没有间断，延续至 1952 年 8 月院系调整调至复旦大学为止。其创建人为张绍忠先生。对此，各文献记载也较一致：

图 7-1-2 张绍忠先生（1896-11-18—1947-07-28）

张绍忠（1896－1947），浙江嘉兴人。物理学家。1915 年考取南京高等师范学校，毕业后留校。1920 年留学美国 7 年，先后入芝加哥大学、哈佛大学学习，并师从 1946 年诺贝尔奖获得者勃利奇曼教授主攻高压物理。1927 年回国，任厦门大学物理系教授。翌年，经蔡元培推荐到浙江大学创办物理系，任系主任、副教授，不久又兼任文理学院副院长，为浙江大学物理系奠基人。1935 年因不满校长专横独裁作风，离开浙大，任南开大学物理系教授、系主任。1936 年夏，应竺可桢邀请，回浙江大学任物理系主任。1939 年出任教务长，任浙江大学教务长期间，坚持原则，

---

① 李曙白、李燕南等编著：《西迁浙大》，杭州：浙江大学出版社，2007 年，第 107-116 页。

以严治校，被誉为浙江大学"铁包公"。著有《液体在高压下之电解常数》。[①]

张绍忠在美国时，同是浙江人的蔡元培先生曾致信给他，希望他学成后能为浙江省的教育服务，张绍忠一直铭记在心。可是，在他1927年回国时，浙江大学还没有物理系，他便接受厦门大学的聘请，担任刚刚创建的厦大物理系系主任。第二年，浙江大学筹建物理系，他以自己是浙江省派出的公费留学生，应当回到浙江省效力为由，辞去厦大教职来到浙大。要创建物理系，最要紧的当然是师资。张绍忠"顺手牵羊"，从厦门大学物理系邀请来朱福炘助教和金学煊技工，于是，一位教授、一位助教、一位技工3个人撑起了最初浙江大学的物理系。……3个人一台戏，张绍忠主持的浙大物理系一开始就办得虎虎有生气，当年招生，在此后短短的四五年中，先后聘请了王守竞、束星北、徐仁铣、何增禄、郦堃厚、郑衍芬等教授。后来成为著名核物理学家、美国物理学会第一位女性会长、被誉为"中国的居里夫人"的吴健雄，也是这段时间被聘为浙江大学物理系助教的。同时他多方努力，争取到购置图书和仪器设备的大笔经费，大大改善了实验条件。在他的领导下，浙大物理系从无到有、从小到大，迅速成为当时全国为数不多的基础较好的物理系之一。[②]

3. 化学系

化学系的情况特殊一些。因为在浙江"工专"时期，就已经开办了应用化学科、化学工程科等。所以，浙江大学化学学科以及文理学院化学系的发展，与工学院的化学工程科有相当的关系，有关师资也互相聘用。如果从化学作为学科来说，应该早在浙江工专和浙江大学工学院中，就可以说已经确立；但就单纯的作为理科之一的化学系科（尤其是理学院的化学学科）而论，则仍应以1928年8月文理学院的化学门和化学系的建立为直接源头。

作为浙江大学理科的化学系（1928-08－1952-08），由于早期的系主任更换较为频繁，且任期短暂，所以对文理学院化学系早期的情况，文献记载较少。但可以肯定的是，化学系也是文理学院最初设计中理科的主科学门之一，亦顺利于1928年8月正式建立，并一直没有间断，延续至1952年8月院系调整调至复旦大学为止。从现可查考到的资料来看，其创建人为张准（即张子高，后多以张子高之名行世）先生。[③]因张子高先生长系仅1年（推测即1928.08－1929.07期间），即离开浙大前往清华大学，所以文献中记载较为简略，缺乏其在浙大时期的详细情况。《中国现代科学家传记（第二集）》中，对张子高先生有这样的记述：

图7-1-3　张准（张子高）先生
（1886.08.13—1976.12.18）

张子高，原名准，又号芷皋。1886年8月13日生于湖北枝江；1976年12月18日卒于北京。张子高曾以文秀才资格于1903年进入普通中学堂，1907年毕业。1909年被选派为第一届庚款留美学生，与他同期官费留美的还有梅贻琦、胡刚复、金涛等47人。张子高先入美国科恩学院进修两年，1911年入麻省理工学院化学系学习，

① 应向伟、郭汾阳编著：《名流浙大》，杭州：浙江大学出版社，2007年，第84页。
② 李曙白、李燕南等编著：《西迁浙大》，杭州：浙江大学出版社，2007年，第81-84页。
③ 台湾浙江大学校友会编：《国立浙江大学（上册）》，台北：台北市浙江大学校友会，1985年，第109页。

成为留美攻读现代化学的中国早期化学家之一。1915 年毕业，被留任为美国著名化学家 A. A. 诺伊斯（Noyes）教授的研究助理，从事钨族和钽族元素的分析研究工作。留美期间，他曾与赵元任、任鸿隽、胡明复等人发起组织中国科学社，创办《科学》杂志，介绍世界先进科学成就。后转为国内办刊，是最有影响的早期自然科学刊物。1916 年张子高学成回国，鉴于当时中国的贫穷落后，他认为"共图中国科学之发达，必先从教育入手"，因而投身于教育界。同年任南京高等师范学校（1921 年改为东南大学）理化部教授。与张子高同时在该校担任化学教学的有王琎（王季梁）和孙洪芬，均是美国留学生。1927 年，张子高任中华教育文化基金董事会编辑委员会副委员长，胡适为委员长。同年，他离开东南大学（后改为中央大学），先后在金陵大学和浙江大学任教。1929 年应清华大学之聘，任化学系教授兼系主任，并担任教务长。他同高崇熙、黄子卿、萨本铁、李运华、张大煜等教授一起，共同创建了声誉卓著的清华大学化学系。[①]

该段材料中，虽然没有提及张准（张子高）先生在浙大的具体任职情况，但张准先生确实于该段时间在浙大任教，这是没有疑问的。结合相关材料，可以推断，张准（张子高）先生于 1928.08 － 1929.07 期间，应该是在浙江大学化学系任教且担任系主任。

4. 心理学系

心理学系（1929-08－1931-07）的建立与停办，则完全取决于郭任远先生的到来与离开。

心理学系在 1928 年 8 月文理学院建立之初，是按照副科学门设立的（即仅开设课程，不作为正式学系）。按照 1928 年 4 月《筹设计划》的设计，"先以尤要者八门，列为主科：曰国文，曰英文，曰数学，曰物理，曰化学，曰历史政治，曰经济，曰教育；师资设备，力求完美。别以七门，列为副科，曰地质，曰生理，曰心理，曰哲学，曰人类学与社会学，曰图画，曰体育；完备亚于主科"，说明心理学科在最初的设计中是被列为副科学门的。

再据 1932 年《国立浙江大学一览》中所介绍："文理学院十七年度成立之始，设本科及医药预修科。本科先设下列十个学门：（一）中国语文学门；（二）外国语文学门（先设英文部）；（三）哲学门；（四）数学门；（五）物理学门；（六）化学门；（七）心理学门；（八）史学与政治学门；（九）体育学门；（十）军事学门。一、二、四、五、六、八，6 个学门为主科学门（学生得任选各该学门之一为其修习之主科）。十八年度各主科学门改称学系，非主科学门仍称学门以示区别。"据此，心理学门在 1928 年 8 月确实作为副科学门设立了，开设有相关课程，但不作为学生"修习之主科"，即非后来意义上的"学系"。

真正设立正式"学系"，即增设"心理学系"，是 1929 年 8 月（即"十八年度"）。1932 年《国立浙江大学一览》载："十八年度各主科学门改称学系，非主科学门仍称学门以示区别，并增设生物学系、心理学系、经济学系及教育学系。"

"心理学系"开办延续了两年，至 1931 年 7 月（即"十九年度""下学期"）心理学系停办。1932 年《国立浙江大学一览》载："十九年度中国语文学系改为学门（即不为主系），是年下学期后因历年预算不能实现，各学系不能于 4 年期内一律充实，将心理学系、史学与政治学系及经济学系 3 系停止，所有各该系学生，分别送至北京大学及中央大学借读。"与此能够相互印证的，是

---

① 《科学家传记大辞典》编辑组编辑：《中国现代科学家传记（第二集）》，北京：科学出版社，1991 年，第 202-209 页。

1932 年印行的《国立浙江大学文理学院第一届毕业纪念刊》所载："十八年至十九年，曾设有心理学系；均于十九年因经费缺乏停止，学生分送北京大学及中央大学借读。"

　　关于心理学系的存在时间，还可以从郭任远先生的经历来明确，即郭任远是何时来到浙大，又是何时离开的。关于这一点，一般的传记性材料中都较为一致，即"1929 年后任浙江大学、南京大学教授"[①]，但详情无载。不过，从 1930 年以后的《校刊》记载来看，郭任远的确在此期间，任职于浙江大学，负责心理学系。如在文理学院 1929 年 10 月 26 日第 1 次院务会议的会议记录中，可见郭任远以心理学门主任的身份，出任多种文理学院委员会的职务[②]，且一直延续到 1931 年 7 月（在 1931 年 8 月后的校务会议等的参加者中，郭任远及心理学系均已经不再出现）。

　　心理学系存在的情况，也可从当时学生的经历中得到说明。如当时心理学系的唯一学生朱壬葆，即在 1931 年 8 月去中央大学借读 1 年后，于 1932 年 7 月后回校毕业：

　　1932 年（编者注：此处因未指明月份，亦引起误解，应为 1931-08－1932-07 期间，可能为 1932 年年初），也即朱壬葆在浙江大学读书的最后一年，由于心理系（编者注：原文为"生理系"，恐误。据上下文，应为"心理系"）停办，心理系主任郭任远调离浙江大学，去往当时国民党政府所在地的南京中央大学任职。理应在心理系毕业的朱壬葆，因为几年来一直师从郭任远，于是，在浙江大学的协调下，只好跟随他来到南京中央大学借读。[③]

　　此外，当时中央大学学生吴襄的经历，也可说明有关情况：

　　1930 年秋，吴襄考入位于南京的中央大学教育行政系。翌年，行为学派心理学家郭任远教授来校任教（编者注：即 1931 年秋）。吴襄为他的学术见解所吸引，乃于 1932 年申请转入理学院心理学系，并以动物学为副科。当时与郭任远同来的还有他的助教沈霁春以及从浙江大学心理学系前来借读的朱壬葆（沈霁春、朱壬葆二人后来也转攻生理学，成为著名的生理学家）。1932 年徐丰彦应聘来中央大学动物学系任讲师，吴襄选读他开的动物生理学课。1933 年，郭任远和徐丰彦、沈霁春都离开南京（编者注：即 1933 年 3 月郭任远出任浙江大学校长，沈霁春于同年 8 月起亦随郭任远至浙大，在生物学系任助教）。在最后一个学年，吴襄随心理学家潘菽教授学习实验心理学及其他有关课程。[④]

　　1930 年吴襄抱着教育救国思想考入中央大学教育行政系，希望以后担任教育行政工作，振兴中华。大学二年级伊始，心理学家郭任远应聘来中央大学执教。吴襄过去曾读过不少郭任远所写的关于行为主义心理学的文章，对他有很高的景仰。所以郭任远来中央大学后，吴襄就很积极地选读他的课。郭任远指定蔡翘所著的《生理学》为主要参考书，这是吴襄首次接触到生理学。郭任远授课十分严格，实验内容也很丰富，他极感兴趣，学习成绩也名列前茅。由于对心理学兴趣浓厚，吴襄又认为自己不适合担任教育行政工作，于是决然向学校申请转入理学院心理学系，

①　陈大柔：《郭任远》，《中国现代科学家传记（第五集）》，北京：科学出版社，1994 年，第 522 页。
②　《国立浙江大学校刊》第 2 期（1930 年 3 月 1 日）。
③　童村、王来国：《热血流向》，北京：解放军文艺出版社，2001 年，第 27 页。
④　搜狗百科，见 http://baike.sogou.com/v243383.htm?fromTitle=%E5%90%B4%E8%A5%84。

并以动物学系为副科。在中央大学后两年，吴襄在学业上受郭任远影响很大，特别是郭任远指引他打好理科的基础，尤其是实验生理学基础。这使他在毕业后能顺利地转入生理学研究。[①]

这些材料均说明心理学系确实是随着郭任远1931年7月离校而停办的。

5. 生物学系

浙江大学生物学系（1930-08－1952-10）的建立，则完全由贝时璋先生一手促成。故其建立时间，与贝时璋先生何时来浙江大学密切相关。

关于生物学系的建立时间，前引1932年的《国立浙江大学一览》载："十八年度各主科学门改称学系，非主科学门仍称学门以示区别，并增设生物学系、心理学系、经济学系及教育学系，连先设六系共成十个学系。"则据此，一般均将生物学系的建立时间定在1929年8月。但从该系创始人贝时璋先生的经历以及当时如院务会议具体的决策过程来看，则确切的建立时间应该为1930年8月。

图7-1-4 贝时璋先生（1903-10-10—2009-10-29）

据《贝时璋传》记载：

1929年，贝时璋26岁，已经留德八年，而且有了一年半在图宾根大学动物学研究所的工作经验……就在那一年的秋天，贝时璋接到家里的电报："母亲病危，尽速回国。"……贝时璋在征得导师哈姆斯教授的同意后，决定立即回国。……到1930年3月间，贝时璋就起程去南京、上海一带求职了。……蔡翘先生又答应给他在浙江大学心理学系工作的同学郭任远写信问问。贝时璋拜托了两个人以后，就放心地回镇海老家陪伴母亲，等待消息。

没过多久，贝时璋得到消息，知道浙江大学要聘人，他喜出望外，即刻整理行囊，告别母亲，动身赴杭州去应聘。1930年8月1日，贝时璋被正式聘为浙江大学副教授（当时浙江大学受聘的只有副教授），他提前四个月于4月1日到校，开始筹建生物学系。

---

① 钱伟长总主编，梁栋材本卷主编：《20世纪中国知名科学家学术成就概览·生物学卷（第二分册）》，北京：科学出版社，2013年，第210页。

并有当时具体过程的详细说明：

1930 年 3 月底，贝时璋一得到浙江大学要聘人的消息，便急切地赶赴杭州探询究竟。他在杭州无亲无故、人地生疏，下车后便就近住进"城站旅馆"，放下行李，即雇上一辆人力车，车夫路熟，经横河桥、蒲场巷、庆春路直达刀茅巷浙江大学心理学系。在那里，贝时璋见到了蔡翘先生的同学、该系主任郭任远先生，郭任远先生对他来浙江大学表示欢迎，请他去找文理学院院长邵裴子先生。之后，贝时璋又步行至报国寺文理学院，见到了代理校长兼文理学院院长邵裴子先生。

邵裴子先生对贝时璋很热情，说："你能来浙江大学很好，我们正想办个生物学系。"

贝时璋当时很胆怯，在国外只担任过一个助教，回国后就办系，是否能够胜任，他心里没底。因此他说，是否可以先设一个"实验生物学组"。

邵裴子先生回答说："提倡实验生物学，我们赞成，但不能用'实验生物学组'这样的名称，还是叫生物学系为好。"他又说："不过，我们在 7 月份才能发聘书，8 月 1 日起薪。"

贝时璋说："8 月 1 日起薪，这倒没有关系。但建立一个系要做很多准备工作，我是否可以早一点儿来？反正我现在没有什么事情做，早来的这段时间我可以不拿薪水。"[①]

《贝时璋传》中所载的贝时璋先生求职的时间是 1930 年 3 月前后，即："到 1930 年 3 月间，贝时璋就起程去南京、上海一带求职了。……蔡翘先生又答应给他在浙江大学心理学系工作的同学郭任远写信问问。"与这一时间点正好能够对应起来的是，文理学院第三次院务会议于 3 月 1 日召开，在此次会议上，议题之一（第 4 项），即讨论"下学年拟添办生物、哲学两学系"的问题。虽然讨论细节在会议记录中没有详载，但这两个时间点正好一致应该不是巧合，而是很有可能浙江大学方面当时已经收到与贝时璋先生求职有关的信函后，准备聘用他，进而正式讨论设立生物学系的事宜，即该次院务会议所讨论的"下学年拟添办生物、哲学两学系"的问题。

另外，当时直接负责安排贝时璋先生的是时任文理学院事务员的陆子桐先生。在其后代的回忆中，对此过程也有记载：

那是 1930 年 4 月某一天，邵裴子校长来事务办公室示意父亲出去，他尾随校长来到校长办公室，只见室内站着一位中等身材的男人，看上去很年轻很疲惫的样子。邵校长向年轻人介绍了父亲，随后让父亲给贝先生安排住宿。当时父亲特纳闷，学校要到 7 月才招聘，怎么就提前招了？还得由学校安排住宿？这可是学校从来没有的先例呀！心想此人必有才华，邵校长一向爱才，这让父亲对他起了一丝好感。

父亲见贝先生是个实实在在之人，就带他到带花园的三层楼房处，在楼上找了间明亮房间，在一楼安排了一间宽敞的房间作工作室，并吩咐后勤员工把房间打扫干净，整理好床、书桌，楼下工作室也吩咐多放几张书桌与凳子，保证水电畅通。贝先生为父亲细致的安排感到高兴、满意且感激。

①　王谷岩：《贝时璋传》，北京：科学出版社，2010 年，第 49-52 页。

　　言谈中父亲知道贝先生刚从德国留学回国，为找工作四处奔跑，感叹国内工作难找，听说杭州国立浙大文理学院要招人，才匆匆赶到这里。在杭州无亲无友，幸好邵校长收留，加上现在安顿好了住宿，又有了工作室，似有一种家的感觉，有一种事业的激动，总算心安定下来了。他很感激校长的收留，感谢父亲的安顿。

　　那时，学校还没有生物系，贝先生不用上课，但他每天在工作室挺忙，搞小昆虫标本、画图、裱册子，很是认真，也不多话。九月份开学了，贝先生去上课了，因生物学科冷门，学生数少，他又年轻，没有教学经验，所以学生不习惯他的教法，多有意见，但学生懂事，遵守记律，课还是上得下去。因父亲近距离接触过贝先生，对他有敬佩之心，有时会多关注些。经过一段时间，学生就喜欢他了，听课认真了，他的工作室也成了师生探求知识之地，慢慢的贝先生把浙大生物系办起来了。那间小小工作室竟成了贝时璋先生研究工作、事业腾飞的萌芽之地。[①]

　　类似地，生物学系的第一位毕业生郁永侊先生，在其女儿所写的回忆父亲的文章里，也记述了郁永侊先生从化学系转读生物学系的过程，正好也提及当时生物学系初创时期的情况，亦明确记载"从德国回来的贝时璋先生于 1930 年到浙江大学创办生物学系"：

　　父亲生于 1911 年 6 月 17 日，江苏南通正场乡人。他十岁就离开家庭外出读书，早早地独立生活。1929 年考入国立浙江大学，一年级是化学专业。从德国回来的贝时璋先生于 1930 年到浙江大学创办生物学系，父亲转学生物，成为第一届唯一一名生物系学生。1933 年毕业后留校任教，后来先后在上海和南京当中学教师、南京中央大学任讲师；1948 年来杭州西湖博物馆（今浙江博物馆）任自然科学部主任；1952 年到浙江师范学院任教；1958 年浙师院与杭州大学合并，定名杭州大学。父亲于 1976 年为了子女就业而退休，退休后仍从事科研工作十多年。2006 年 6 月去世，享年 96 岁。[②]

　　与此能够相互印证的，则是前引《国立浙江大学一览》（1932 年）中的另一处记载："仪器标本：二十年度下学期止：物理仪器四千余种，值七万余元；化学仪器六百八十余种，药品五百余种，共值约五万元；生物学系（十九年度成立）已购仪器二百余种，值二万余元；教育心理仪器二百六十余种，值一千五百余元。"[③] 说明，生物学系的确是十九年度（即 1930 年 8 月后）成立的。《一览》前面的说明可能是与其他几个系混在一起了；或者是从贝时璋先生 1930 年 4 月开始筹建生物学系起算，因当时仍是十八年度（即 1929-08－1930-07）的下学期；但即使以此起算，生物学系亦应成立于 1930 年 4 月后。

　　生物学系建立于 1930 年 8 月，还有一个证据，即在浙江大学十九年度的招生简章中，还是心

① 陆毓琴：《我的父亲陆子桐》，《浙大校友》2017 年第 4 期，第 79-81 页。编者按：陆子桐，1901 年出生，上海震旦大学预科毕业，于 1927 年进入国立第三中山大学谋职，曾任龙泉分校总务主任，浙大总务处事务主任等职。1963 年 8 月退休于现浙江大学附属第一医院，曾任总务科长。该文中论及："父亲刚入国立第三中山大学谋职时，从事的是学校总务事务工作。他经过浙江大学五代校长领导，即蒋梦麟、邵裴子、程天放、郭任远及竺可桢校长，校长换了多次，可父亲始终服务于浙江大学，忠诚于浙江大学的教育事业。"
② 郁昭愈：《忆父亲郁永侊》，《环球老来乐》2014 年增刊第 1 期（2014 年 3 月 28 日出版），第 36-37 页。
③ 国立浙江大学秘书处出版课编：《国立浙江大学一览（二十一年度）》，杭州：杭州正则印书馆，1932 年 12 月，第 15-17 页。

理学系招生 [①]，但在当年的新生录取名单中，生物学系录取了 1 名新生，而心理学系则无学生入学。 [②]

6. 教育学系的教育心理组

教育学系（1929-08－1952-02）的情况也比较特殊，其建立与郑晓沧先生密不可分。

按照 1928 年《筹设计划》的设计，"先以尤要者八门，列为主科：曰国文，曰英文，曰数学，曰物理，曰化学，曰历史政治，曰经济，曰教育"。但 1928 年 8 月，教育学系并未如期建立（可能是尚无合适的师资），且未作为副科学门（见 1932 年《国立浙江大学一览》）。直到 1929 年 8 月，郑晓沧先生从中央大学来浙大后，教育学系始正式建立，即至十八年度（即 1929 年 8 月开始），增设"教育学系"（《一览》："十八年度各主科学门改称学系，非主科学门仍称学门以示区别，并增设生物学系、心理学系、经济学系及教育学系"）。

浙江大学文理学院于 1929 年 8 月正式设立教育学系，也可以从郑晓沧先生的经历中看出。据有关记载：

（郑晓沧先生）从 1918 年到 1928 年，除部分时间在浙江杭州女子中学任校长和浙江教育厅任职外，大部分时间是在南京高师以及后来的东南大学和中央大学度过的。……1929 年 8 月，他到浙江大学任教，创办教育系，任系主任。在抗日战争全面爆发前的八年间，为创建教育系，聘请孟宪承、俞子夷、沈有乾、黄翼、庄泽宣等名教授，担任教职。在课程设置上除教育和心理学科以外，强调文、理基础知识，由有关各系的教授任课，重视教育见习和实习，创办培育院，进行幼儿心理的科学实验，设置副系，以利毕业生就业。教育系很快在国内处于领先地位。 [③]

图 7-1-5　郑晓沧先生（1892-09-27－1979-03-12）

---

① 《国立浙江大学校刊》第 13 期（1930 年 5 月 24 日）。
② 《国立浙江大学校刊》第 21 期（1930 年 9 月 7 日）。
③ 王承绪、赵端瑛编：《郑晓沧教育论著选》，北京：人民教育出版社，1993 年，前言第 5-6 页。

教育学系建立后，1930 年 8 月黄翼先生来系任教 ①；"廿三年，本系分设教育与心理二组，由同学依兴趣任入一组"，② 即于 1934 年 8 月起，分设教育组和教育心理组。教育心理组即可以认为是后来杭州大学（和 1998 年后浙江大学）心理学系的前身。

图 7-1-6　黄翼先生（1903-11-08—1944-10-18）

根据以上材料（以及其他佐证资料），兹将文理学院历年各系（主科学门）设置状况整理如表 7-1-1 所示。

表7-1-1　国立浙江大学文理学院历年学门、学系设立情况一览（1928-08—1939-07）③

时间	学系建立情况	说明
十六年度下学期（1928-04）	文理学院筹备 （甲）本科：主、副、普通 3 科。主科学门：国文学、外国文学［（甲）英文］、数学、物理、化学、历史学与政治学、经济学、教育学等；副科学门：哲学、地质学、生物学、心理学、人类学与社会学、图画、体育等；普通科：外国文学［（乙）日文、（丙）法文、（丁）德文］、军事等 （乙）医药预修科 （丙）研究科 （丁）暑期学校 （戊）扩充部	1928 年 4 月《浙江大学筹设文理学院计划》
十七年度，即 1928 年度（1928-08—1929-07）	1928.08，文理学院成立 6 主科学门（即学系）设立：中文、外文、史政、数学、物理、化学 4 副科学门（仅开设课程，类似于公共课）：心理、哲学、体育、军事 1 预科：医药预修科	《国立浙江大学一览》（1932 年度）

---

① 《国立浙江大学校刊》第 12 期（1930 年 5 月 17 日）。

② 《教育学系概况》，《浙大学生》复刊第一期，1941 年 6 月，第 25-26 页。编者按：教育学系 1934 年 8 月后正式分组，也可从《国立浙江大学一览（1932）》和《国立浙江大学要览（1935）》的记载看出来，即 1935 年的《要览》在教育学系的课程表里明确提及"教育组必修"或"教育心理组必修"等，而前者未提及。

③ 资料来源：编者据有关资料整理，出处见表中"说明"。

续　表

时间	学系建立情况	说明
十八年度，即 1929 年度（1929-08－1930-07）	9 学系：中文、外文、史政、数学、物理、化学、心理、经济、教育 1 预科：医药预修科	《国立浙江大学一览》（1932年度）："十八年度各主科学门改称学系，非主科学门仍称学门，以示区别，并增设生物学系、心理学系、经济学系及教育学系，加先设的六系，共成十个学系。" 按：该年度生物学系并未设立，详见前文所论。
十九年度，即 1930 年度（1930-08－1931-07）	9 学系：外文、史政、数学、物理、化学、生物、心理、经济、教育 1 预科：医药预修科	《国立浙江大学一览》（1932年度）：中国语文学系改为学门（即不为主系），是年下学期后将心理学系、史学与政治学系及经济学系三系停止。 《国立浙江大学文理学院第一届毕业纪念刊》：中国语文学系……乃于十九年秋，停办该系
二十年度，即 1931 年度（1931-08－1932-07）	6 学系：外文、数学、物理、化学、生物、教育	《国立浙江大学一览》（1932年度）：二十年度因医药预修科历年投考人数太少，将其停止。 《国立浙江大学文理学院第一届毕业纪念刊》：二十年一月，史政、经济学系……暂借读于北京大学、中央大学；……二十年七月，心理系又以教授离校而停办
二十一年度，即 1932 年度（1932-08－1933-07）	7 学系：外文、数学、物理、化学、生物、教育、政治	《国立浙江大学一览》（1932年度）：二十一年度先恢复政治学系
二十二年度，即 1933 年度（1933-08－1934-07）	6 学系：外文、数学、物理、化学、生物、教育	《国立浙江大学要览》（1935年度）：文理学院原有之政治学系，奉教部令，于二十二年度起停办 政治学系 1932 级招生一届，至1936 年 7 月毕业，1933 年 8 月后未招生 [①]
二十三年度，即 1934 年度（1934-08－1935-07）	6 学系：外文、数学、物理、化学、生物、教育	
二十四年度，即 1935 年度（1935-08－1936-07）	6 学系：外文、数学、物理、化学、生物、教育	
二十五年度，即 1936 年度（1936-08－1937-07）	7 学系：外文、数学、物理、化学、生物、教育、史地	1936 年 5 月校务会议决定增设史地学系，得到教育部批准。8 月招生

---

① 编者按：《国立浙江大学校刊》246 期（1936 年 4 月 25 日）所刊《本大学全校学生统计表》中，仍列有政治学系，仅四年级有 2 人。

续 表

时间	学系建立情况	说明
二十六年度，即1937年度（1937-08—1938-07）	7学系：外文、数学、物理、化学、生物、教育、史地	
二十七年度，即1938年度（1938-08—1939-07）	8学系：外文、数学、物理、化学、生物、教育、史地、中文	1936年5月校务会议决定增设中国文学系，当时未得到批准；至1938年才得到教育部的批准

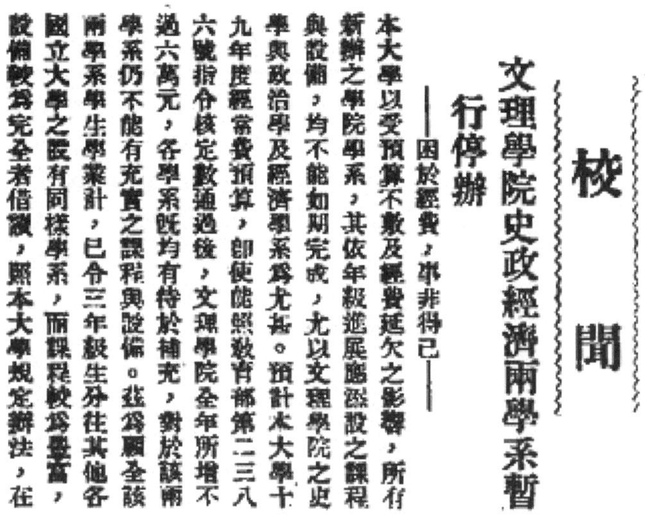
校聞

文理學院史政經濟兩學系暫行停辦

——因於經費，事非得已——

本大學以受預算不敷及經費延欠之影響，所有新辦之學院學系，其依年級進展應設之課程與設備，均不能如期完成，尤以文理學院之史學與政治學及經濟學系爲尤甚。預計本大學十九年度經常費預算，即使能照敎育部第二三八六號指令核定數通過後，文理學院全年所增不過六萬元，各學系既均有待於補充，對於該兩學系仍不能有充實之課程與設備。茲爲顧全該兩學系學生學業計，已令三年級生分往其他各國立大學之既有同樣學系，而課程較爲豐富，設備較爲完全者借讀，照本大學規定辦法，在

图 7-1-7 《国立浙江大学校刊》关于文理学院史政、经济两学系暂行停办的报道[①]

（二）理科各系在文理学院中发展相对较为顺利的原因

从浙江大学文理学院早期系科设置的变化来看，总体而言，文科撤销的多，而理科陆续兴办且得以延续；除由于经费、师资缺乏等原因而停办外，与当时国家层面对文科、理科的不同政策，可能也有一定关系：

近代中国的高等教育始自一八九五年北洋大学堂的建立。此后三十年间，我国高等教育虽有较快发展，但学科建设极不平衡，学生求学也多以当官为目的，故法政专业占绝对优势。……直到二十年代中期，这种学科分布的极端不合理现象，仍未得到有效纠正。针对大学教育中的这种不合理现象，政府在裁撤合并高校数量的同时，着重发展实用科学教育。一九二九年四月，国民党第三次全国代表大会制定并公布《中华民国教育宗旨及其实施方针》，其中有关大学教育为："注重实用科学，充实科学内容，养成专门知识技能。"（原注：《国民政府公报》第一五一号，一九二九年四月二十七日，第2页。）七月，教育部公布《大学组织法》和《大学规程》，更在实质上加以倡导。

一九三二年十二月，国民政府又颁布了《改革大学文法等科设置办法》，更加明确规定：全国各大学及专门学院之文法等科，可由教育部派员视察，如有办理不善者，限令停止招生或取销

① 引自《国立浙江大学校刊》第41期（1931年2月14日）。

立案，分年结束。嗣后遇有请设文法等科者，除边远省分为养成法官及教师，准设文法等科外，一律饬令暂不设置。又在大学中，有停止文法等科学生者，其节余之费，应移作扩充或改设理、农、工、医药等科之用（原注：《改进大学文法等科设置办法》，教育部参事处编：《教育法令汇编》第一册，上海，商务印书馆一九三六年一月初版，第 142 页）。

一九三三年二月，公布《二十二年度各大学及独立学院招生办法》，具体规定各大学兼办甲类（包括文、法、商、教、艺术）学院及乙类（包括理、工、农、医）学院者，如甲类学院所设学系与乙类学院所设学系数目不同，则任何甲类学院各系所招新生及转学生之平均数，不得超过任何乙类学院各系所招新生及转学生之平均数（原注：教育年鉴编纂委员会编：《第二次中国教育年鉴·第五编·高等教育》，载《近代中国史料丛刊》三编第 11 辑，台北：文海出版社有限公司，第 530 页）。

一九三三年七月，教育部通令各大学整理院系。在整理院系过程中，教育部主要秉承两项原则予以裁并：一为重复或超过需要之院系；二为师资设备缺乏、发展无望之院系。前者多为文法科，后者大都为实科。

教育部在限制文科设置的同时，努力发展实科教育……[1]

二、1936 年之前各学门、学系的负责人任职情况

（一）聘请各学门、学系负责人的制度

文理学院对于其下的各"学门"（1929 年 8 月后称"学系"）负责人（称"主任"）的聘任，也有相应制度，即《聘任主任、教授办法》。该办法于 1929 年 10 月 26 日的第一次院务会议上制订[2]，1930 年在《校刊》上登载时提及"文理学院聘任主任教授向有规定办法"，即"本学院已聘有教授或副教授各学门，以教授或副教授一人为该学门主任。某学门只有教授或副教授一人时，该教授或副教授为该学门之当然主任"，"各学门主任由院长商请校长聘任之"；其主要职责为："各学门主任办理本学门行政事宜"，"各学门主任为名誉职，但如因事务纷繁，兼主任之教授，得减少其约定之授课时间"；"主任之任期一年，但得继续担任。其担任之次数无限制"。[3]

1932 年 8 月程天放校长统一校政、制定《国立浙江大学组织规程》后，则学院院长由校长聘任，系主任和教师等的聘任，由院长商请校长聘任。郭任远时期对《组织规程》作了修改，但院长、系主任和教师的聘任方面，基本一致。具体如何聘任，目前限于资料，细节尚无法确定。但可从有关人士获聘来浙大任教、就职情况中，大体了解情况。

① 　金以林：《近代中国大学研究（1895—1949）》，北京：中央文献出版社，2000 年，第 197-201 页。
② 　《国立浙江大学校刊》第 2 期（1930 年 3 月 1 日）。
③ 　《国立浙江大学校刊》第 14 期（1930 年 5 月 31 日）。

（二）1936年之前理科各系负责人的具体情况

综合各种材料（尽管说法上有些出入或不完整），1936 年之前各系的负责人任职情况基本上可以确定，但其就任负责人（系主任）的具体时间，则表述中还存在一定的模糊和错误之处。兹分述如下。

1. 数学系

如前所述，数学系的负责人（系主任）情况应该说是最为清楚的，即由钱宝琮、陈建功、苏步青 3 位先生依次担任。但各人担任此职的具体时间，则存在一些不准确之处。现一般认为，钱宝琮先生仅于 1928.08－1929.07 担任了 1 年系主任，之后就让给陈建功先生担任。但实际上，陈建功先生担任系主任的时间要晚一些，也即钱宝琮先生担任数学系系主任的时间要多于 1 年。

现有论著中，关于钱宝琮先生以及钱宝琮之后数学系主任的任职情况一般多如此记述：

1928 年 8 月，浙大开始设立文理学院。钱宝琮（琢如）（1892—1974）先生因看不惯南京中央大学的"派系"斗争，自动辞去中央大学的教职，经好友姜立夫（1890—1978）先生推荐，应聘成为文理学院的第一位数学副教授，兼任了系主任，为浙大数学系的创建和发展，作出了重要贡献。第二年，早年留学英国，主修工程的他主动辞去数学系主任一职，以便让院长邵长光（裴子）（1884—1968）先生聘请在日本刚获数学博士的陈建功（业成）（1893—1971）先生来校任数学系主任一职，充分体现了钱先生淡泊名利、朴实求是的科学家本色。当时浙大数学系学生很少，理科、工科的学生较多，因此数学系的教学任务主要在工学院。陈建功、钱宝琮和朱叔麟（乙懋）（1882—1945）三位教授共事甚欢，钱、朱负责数学基础教学，陈则包揽了数学系的专业课程。钱先生还为三、四年级学生开设数学史选修课程，实事求是地介绍中国古代数学家对世界数学发展的伟大贡献，受到了历届师生们的普遍欢迎。[①]

1925 年至 1927 年，父亲在南开大学任教，讲授数学课，开设数学史课。1927 年至 1928 年，在南京第四中山大学（中央大学的前身）任教一年。1928 年秋，浙江大学聘父亲为第一任的数学系主任（1929 年由陈建功教授任系主任，1931 年起由苏步青教授任系主任）。父亲在浙大任教授直到 1956 年。[②]

按照这里的表述，则担任数学系主任的时间，钱宝琮先生为 1928-08－1929-07，陈建功先生为1929.08－1931.07，苏步青先生为 1931.08 以后。但《苏步青传》里，有更细致的记载陈建功、苏步青回国在浙江大学数学系任教的经过，所确定的时间段则有不同：

---

① 钱永红:《钱宝琮与求是精神》（原载《浙大校友》2005 年 [下]），引自钱永红编《一代学人钱宝琮》，杭州：浙江大学出版社，2008 年，第 416 页。

② 钱克仁:《一代学人：钱宝琮先生》（原载《嘉兴市志资料》第一期（人物一），嘉兴市志编辑室编，1987 年12 月），引自钱永红编《一代学人钱宝琮》，杭州：浙江大学出版社，2008 年，第 232 页。

苏步青和陈建功第一次见面，是在 1926 年冬天，那是陈先生第三次到日本东北帝国大学当研究生的时候；但他知道陈先生名字的时间还要早些，大约在 1920 年，那时陈建功已写出一篇在数学界非常有影响的论文。他们俩有约在先，在学成后即回到自己的故乡，创办一流的数学系，为中国培养一流的数学人才。1929 年陈建功学成后，对一再挽留他的老师藤原教授说："先生，谢谢您的美意。我来求学，是为了我的国家，并非为我自己。"之后，他毅然回国，先到自己的故乡——浙江绍兴，后在条件较差的浙江大学任教。两年后，陈建功先生在日本东北帝国大学的同学、中国第二位日本理学博士苏步青先生，应陈建功先生的邀请，也来到浙江大学。

陈建功在日本得了博士学位后就回国。临行前，他对苏步青说，你得到学位后要回来，到浙江大学来。当时聘请陈建功先生的学校很多，有清华、北大等七八所大学，而浙江大学是新创办的，仅有文理学院。虽然在别的学校任教每月薪金在 400 元以上，而在浙江大学只有 300 元，但在他们心中，浙江是他们的故乡。苏步青赞成他到浙大任教，并且说，你先去，我随后来。苏步青在获得博士学位后能坚决回浙江大学任教，这除了自己有某些觉悟外，"主要是陈建功教育的结果，他真是我的良师益友"。……

1931 年，苏步青第一次来到浙江大学任教，陈先生便和他着手创办科学讨论班。这种科学讨论班在中国也是一种首创。陈先生对科学讨论班有种种规定，其中一条：大学生读完 4 年课程，成绩虽好，但如讨论班报告不及格，就不能毕业。后来讨论班发展很快，凡是在浙江大学、杭州大学、复旦大学工作过的，没人不知道讨论班。陈建功先生最早教数学是在武汉大学，他当教授后培养了两个数学名家，一个是专长于代数的曾炯，一个是专长于三角函数的王福春，可惜两人都去世过早。以后培养出来的学生就更多了，像卢庆骏、程民德、夏道行、龚升等等，没有一个不是通过讨论班培养出来的。……

给苏步青印象很深的是，他到浙江大学后第二年（编者注：即 1932 年），陈先生便把数学系系主任的职位让给他。在今天看来，这种举动是很不容易的。后来，他对人说，我能把苏步青教授请到浙江大学当系主任，这比什么都高兴。苏步青回忆说："在我们同事的那段时间，我们亲如骨肉，对外我是系主任，陈先生则当幕后军师。我们俩下决心，要在 20 年内把浙江大学数学系办成第一流数学系。"[①]

该文所述则将苏步青先生担任数学系主任的时间确定为 1932 年。经查阅当时的记载，现基本可以确定，陈建功先生担任数学系主任的时间，应该在 1931 年 2 月后。《校刊》第 28 期（1930 年 10 月 25 日）所载校务会议记录中参加校务会议的人员，数学系仍为钱宝琮，说明当时钱宝琮仍为系主任（即该学期钱仍为系主任，则钱担任系主任或延至 1931 年 1 月）。更明确的材料，在《校刊》第 44 期（1931 年 3 月 7 日）所载的《校务会议第十四次常会会议录》（1931 年 2 月 27 日召开）中，其"报告事项一"明确记载："报告：文理学院数学系主任本学期改请陈建功先生担任，当然出席本会议。"故陈建功先生担任数学系主任的时间，应该从 1931 年 2 月（即二十年度第二学期）的新学期开始时算起。

---

①　王增藩：《苏步青传》，上海：复旦大学出版社，2005 年，第 44-47 页。

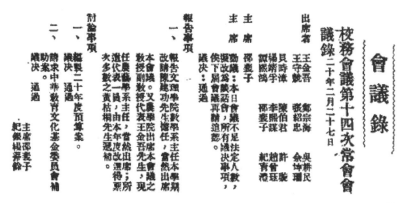

图 7-1-8　《国立浙江大学校刊》关于 1931 年 2 月第 14 次校务会议的报道[①]

图 7-1-9　陈建功先生（1893-09-08—1971-04-01）

同样，苏步青先生担任数学系主任的时间，从当时的材料记载来看，应该在 1932 年 10 月后。《校刊》第 102 期（1932 年 9 月 10 日）曾经附《国立浙江大学二十一年度职员一览》，数学系主任仍为陈建功；而《校刊》第 115 期（1932 年 12 月 10 日）记载："十一月二日程校长在校长公舍召集季刊编辑第一次谈话会，到者有……数学系苏步青主任。"说明大致是从 1932 年 10 月或 11 月开始，数学系主任改由苏步青担任。

图 7-1-10　苏步青先生（1902-09-23—2003-03-17）

---

① 引自《国立浙江大学校刊》第 44 期（1931 年 3 月 7 日）。

2. 物理学系

物理学系在文理学院时期，系主任主要为张绍忠先生。但具体情况也存在一些问题和疑问，即王守竞先生在浙江大学任教期间（1929-08－1931-07），是否担任过物理学系主任。现在所见的记述王守竞先生生平的材料中，多数均提及其担任过系主任一职，如，"1929 年春，回国，任国立浙江大学物理系主任。二年后，国立北京大学聘其为物理系主任。后辞系主任职，创国立北京大学物理研究所"[①]，或 "1929 年回国后，任浙江大学物理学教授、系主任"[②]。但查考有关浙江大学早期文献，未见直接提及王守竞担任系主任的材料。程开甲等撰写的《遵湄时期的浙大物理系》，在记述早期浙大物理学系历史时，也未提及王守竞先生担任系主任的事情："教授除张（张绍忠）、何（何增禄）两位老师外，陆续来校的有束星北、徐仁铣、郦堃厚、郑衍芬等，以最早用量子力学研究分子物理而著称于世的王守竞教授 1929 年回国后即在浙大任教两年，后去北京大学任物理系主任。学生中也不乏有成就的物理学家和物理教育家，如天体物理学家黄授书就是其中之一。"[③]

图 7-1-11　王守竞先生（1904-01-15—1984-06-19）（左一）

① 编者按：王守竞（1904—1984）：字井然，江苏吴江人，1904 年 1 月 15 日（清光绪二十九年十一月二十八日）生。1921 年，毕业于省立苏州工业专门学校土木系，并考入公立清华学校甲子级，1924 年毕业。获准入美国康乃尔大学研究院物理系，1925 年夏获硕士学位。为公立清华学校留美学生中唯一未重入大学部、直升研究院者。同年秋，转入哈佛大学，以一年时间，研究欧洲文学，获文学硕士学位。1926 年夏，入哥伦比亚大学物理研究所，1928 年夏，被授予博士学位。毕业后，受美国国家研究委员会赞助，在威斯康辛大学研究一年，发表《原子间交互影响力》著作。1929 年春，回国，任国立浙江大学物理系主任。二年后，国立北京大学聘为物理系主任。后辞系主任职，创国立北京大学物理研究所，与萨本栋等专任研究教授。1931 年，与胡刚复等组织中国物理学会，历任评议员、物理学报编辑、名词委员会委员、物理学会副会长及理事。"九一八"事变后，加入工业科技救国行列……全面抗战初期，奉调筹设在昆明之资源委员会中央机器厂……1942 年后，派赴中国驻华盛顿大使馆主持科技工作……1945 年，国民政府成立驻美物资供应委员会，任主任委员。1951 年去职，移居麻省波士顿近郊水城，转入美国国防部与麻省理工学院合作的林肯实验室。1969 年退休……1984 年 6 月 19 日逝世。终年 80 岁。引自徐友春主编：《民国人物大辞典（增订版）》，石家庄：河北人民出版社，2007 年（第 2 版），第 98-99 页。
② 钱伟长总主编，陈佳洱本卷主编：《20 世纪中国知名科学家学术成就概览·物理学卷（第一分册）》，北京：科学出版社，2014 年，第 303 页。
③ 程开甲、胡济民、周志成：《遵湄时期的浙大物理系》，贵州省遵义地区地方志编纂委员会主编：《浙江大学在遵义》，杭州：浙江大学出版社，1990 年，第 144 页。

　　同样，对于张绍忠先生的经历，介绍也较为笼统，如"1927 年回国，历任厦门大学数理系教授、系主任（1927－1928）；浙江大学物理学教授、系主任兼文理学院院长（1928－1935）（编者注：此处有误，为副教授，文理学院副院长）；南开大学物理学教授兼系主任（1935－1936）；浙江大学物理系教授、系主任（1936－1939），该校特种委员会副主席、主席（1937－1946），教务长（1939－1947）；兼任中国物理学会会计（1935-09－1936-08）"[①]。

　　从现有材料推断，张绍忠先生担任物理学系主任应该从 1928 年 8 月开始，至少至 1931 年 1 月。《校刊》第 2 期（1930 年 3 月 1 日）关于文理学院 1929 年 10 月 26 日第一次院务会议的会议记录的报道中提及："下列各学门主任：（物理）张绍忠"；《校刊》第 28 期（1930 年 10 月 25 日）也有记载，即各学系主任中，物理学系仍为张绍忠，王守竞为教授、副教授代表。

　　直到 1931 年 1 月，张绍忠被聘为文理学院副院长（1931 年 1 月 24 日的《校刊》第 38 期），如果王守竞先生担任过物理学系主任的话，也只能是 1931 年 2 月后；且由于王守竞于同年 8 月后，应聘北京大学物理学系教授而离开浙大，故其若担任系主任，为期可能也只有半年（但目前尚未找到直接的材料说明王守竞先生曾担任过物理学系的系主任）。

　　1931 年 8 月后，物理学系主任仍由张绍忠先生担任。由于张绍忠等不满校长郭任远的管理方式，于 1935 年 8 月后离开浙大，直至 1936 年 8 月后由竺可桢先生再次聘回；在 1935-08－1936-07 这一年的时间里，物理学系由闻诗代理物理学系主任[②]。

　　闻诗先生（1899-01-29－1976-10-17），字仲伟，浙江温岭人。1911 年入学读书，曾就读于温岭新河龙山小学，临海浙江省立第六中学（现为台州中学），北京大学物理系预科、本科。1923 年毕业于北京大学，获理学学士学位。1929 年 10 月，考入法国南锡大学理学院，研究光谱分析，1932 年 7 月毕业于法国南锡大学，取得理学博士学位。1932 年 9 月回国，先后任教于河南大学、广西大学、浙江大学（1935 年 8 月－1936 年 7 月）、重庆大学、湖南大学等。1940 年 8 月－1943 年 7 月在英士大学担任教授。1943 年 8 月－1945 年 7 月在浙江泰顺北洋工学院担任教授。1945 年 8 月－1949 年 8 月在英士大学担任教授兼数理系主任，1949 年 5 月金华解放，6 月奉派为校务委员会主任委员。1949 年 8 月－1950 年 7 月在江南大学物理系担任教授。1950 年 8 月－1952 年 7 月在华北大学工学院（现为北京理工大学）担任物理教授。1952 年调任北京航空学院（现为北京航空航天大学）教授兼物理教研室主任，1955 年任该校校务委员会委员。[③]

图 7-1-12　闻诗先生
（1899-01-29－1976-10-17）

3. 化学系

　　化学系的情形要更为复杂一些。如前所述，早期化学系负责人多次更换，且任期较短，而直接的原始材料较少。结合有关材料，从相关人士的经历推断，文理学院期间化学系负责人的情况

① 钱伟长总主编，陈佳洱本卷主编：《20 世纪中国知名科学家学术成就概览•物理学卷（第一分册）》，北京：科学出版社，2014 年，第 119 页。
② 《廿四年度上学期本大学教职员题名》，《国立浙江大学校刊》第 219 期（1935 年 9 月 14 日）。
③ 林吕建主编：《浙江民国人物大辞典》，杭州：浙江大学出版社，2013 年，第 468 页。

可大体推论如下：

　　第 1 任：张准（张子高）：1928-08－1929-07；

　　第 2 任：程延庆（程伯商）：1929-08－1932-07；

　　第 3 任：程瀛章（程寰西）：1932-08－1933-07；

　　第 4 任：郦堃厚（郦敏树）：1933-08－1934-07；

　　第 5 任：周厚复（周载之）：1934-08－1939-07。

　　第 1～3 任化学系主任张准（张子高）、程延庆（程伯商）和程瀛章（程寰西），因为材料较少（或生平记述中对任职浙江大学这一段记述较少），难以了解长系详情。其中，第 2 任程延庆，在 1930 年的《校刊》中有载（各学系主任中注明：化学系为程延庆）[1]；第 3 任程瀛章，亦在 1932 年后的《校刊》中有载（化学系主任为程瀛章）[2]。

　　关于程延庆先生，资料留存较少，现《民国人物大辞典》有载，兹引述以供参考：

　　程延庆（1889－1968），江苏吴江人，1889 年（清光绪十五年）生。1910 年，毕业于私立圣约翰书院。1915 年，获美国哥伦比亚大学硕士学位。曾任省立沈阳两级师范学校、省立沈阳高等师范学校教授、省立东北大学化学系教授、国立浙江大学化学系主任、国立上海暨南大学、国立北平大学化学系教授、上海人和化学制药厂检验药物研究部主任。中华人民共和国成立后，任上海交通大学分析化学教授、复旦大学化学系教授。1968 年逝世。终年 79 岁。著有《醋酸锌铀测定钠时的分离磷酸离子法》《钾的钴亚硝酸测定法》《用硫化汞重量测定法测定汞时的分离硫和硫化汞法》等论文。[3]

图 7-1-13　程瀛章先生
（1894—1981）

　　关于程瀛章先生，资料也较少，现《民国人物大辞典》中有载[4]，兹引述以供参考：

　　程瀛章（1894—1981）：字寰西，江苏吴江人。1894 年（清光绪二十年）生。毕业于公立北京清华学校，后赴美国留学，入普渡大学，获学士学位。入芝加哥大学，1920 年获美国芝加哥大学哲学博士学位。毕业归国后，历任省立东北大学教授、国立北京大学教授、商务印书馆编辑、国民政府教育行政委员会参事、大学院秘书、工商部技正、中华工业化学研究所所长、国立浙江大学化学系主任、中央造币审查委员会化验主任、国立台湾大学教授、国立暨南大学教授兼理学院院长等职，为中国化学化工学会发起人之一。中华人民共和国成立后，

---

① 《1930 年度校务会议出席、列席人员名单一览表》，载《国立浙江大学校刊》第 28 期（1930 年 10 月 25 日）。

② 《国立浙江大学校刊》第 102 期（1932 年 9 月 10 日）曾经附《国立浙江大学二十一年度职员一览》，刊载了当时的各机构及主要任职人员的名单。

③ 徐友春主编：《民国人物大辞典（增订版）》，石家庄：河北人民出版社，2007 年（第 2 版），第 1991 页。

④ 编者按：《民国人物大辞典》收载"程寰西（1894—1981）"和"程瀛章（1894—）"两个词条，作为两个人物收录，有误。程瀛章字寰西，应该为同一人。见徐友春主编：《民国人物大辞典（增订版）》，石家庄：河北人民出版社，2007 年（第 2 版），第 2000-2001 页。

任江南大学教授。1958 年加入中国民主同盟。1981 年逝世。终年 87 岁。著有《大数与小数》《三十年来中国的化学工业》等；编著《放射浅说》、《无机化学工业》、《化学小史》、《机械工程名词草案》、《航空工程》等；译校有《工业分析》、《化工热力学》等。[①]

　　第 4 任郦堃厚先生（1900-11-17－1970-12-20），在有关其生平记述和自己的回忆中，则有较为确实的记叙。郦堃厚，字敏树，浙江诸暨人。1900 年 11 月 17 日生（另有说法为 1900-11-19）。早年毕业于诸暨县立中学。1920 年进入浙江公立工业专科学校化学科，后转入南开大学化学系。1925 年秋季赴美国留学，获得科学硕士学位。不久进入英国皇家学院、德国明兴大学深造。1931 年赴奥地利深造，获得博士学位。1932 年回国后历任国立浙江大学化学系主任、南京应用化学所主任、化学兵工所少将署长、国民党军政部航空署防空研究班教官。1949 年去中国台湾后担任台湾当局"国防部"兵工研究院首任院长。1950 年获得"陆军中将"军衔。对于火箭、导弹、核武器均有独到研究，有多种专著，深受蒋介石器重。1964 年起历任台湾清华大学教授、高雄化学工业公司董事长、"台湾原子能委员会"委员、自然科学促进会理事长，多次赴美国研究考察。1970 年 12 月 20 日在中国台湾病故。[②] 其个人后来对浙江大学的回忆中，也介绍了一些早期化学系的情况。去世后，其子撰文介绍了郦堃厚先生生平：

　　廿一年十月，应国立浙江大学之聘，返国担任普通物理学与近代物理学讲座，并指导论文，实开风气之先。次年夏，学校改组，任化学系主任，并讲授物理化学。

　　先严在国外时，恩师吴钦烈先生已一再以兵工救国勉嘱。故廿三年夏吴先生任军政部兵工署技术司司长，筹设化学新厂及应用化学研究所时，先严乃辞教职，入京任该所主任研究员，深为上峰倚重。自是坚守国防科学与工业岗位者，三十年如一日。[③]

　　第 5 任周厚复先生，生平较为清晰："1933 年应浙江大学化学系系主任郦堃厚邀请，在浙大教授有机化学。1934 年起任浙大化学系系主任。1940 年任贵州农工学院筹备委员会委员。1943 年周先生转任四川大学理学院院长，随后赴英国伦敦大学进修。由于受到德国飞机轰炸的惊恐，又加上学术成果几次被剽窃，周先生受到重大打击，罹患精神分裂症。"郦堃厚先生的回忆中也有记述：

　　载之先生于民国二十二年由法国、德国留学回国。其时，我在国立浙江大学作化学系主任，由友人何增禄教授的介绍，请他担任有机化学教授。浙大化学系虽然比较后进，但由于纪育沣先生做了几年植物的研究，有机化学方面的设备较为完善，纪先生随庄长恭先生进中央研究院化学研究所，载之先生就补了纪先生的遗缺，除了讲授两门课程外，还要指导四年级生的毕业论文。在此以前七八年，我做学生的时候，毕业论文不过是某一项文献的阅读与评述，而在二十年代，国内较好的大学，都要求有一点研究实验的毕业论文，浙大化学系自亦不甘后人。其目的是为培养学生眼到（阅读能力）、心到（训练思考）、手到（实验技巧）和口到（发表论文，提出报告）

---

①　引自新浪网：http：//blog.sina.com.cn/s/blog_6359347901014ek6.html。
②　林吕建主编：《浙江民国人物大辞典》，杭州：浙江大学出版社，2013 年，第 451 页。
③　台湾浙江大学校友会编：《国立浙江大学（上册）》，台北：台北市浙江大学校友会，1985 年，第 312 页。

的能力。化学系第三期同学，仅有江芷、孙祥鹏和李世瑨三位。他们都选择有机化学的题目，由载之先生指导完成论文，并且通过论文委员会的考试，于二十三年六月毕业。

就在这个时候，军政部应用化学研究所奉命与北大及浙大化学系合作。我去南京负责该所的物理化学研究工作，载之先生继任浙大化学系主任。他一方面继续领导学生做些研究。另一方面，对于"电子学说在有机化学的应用"，进行新的检讨。这是当时有机化学工作者最感兴趣的新问题。载之先生有很大胆的假设，创立了很多新的术语，经约两年之久，完成一篇很长的论文，但中国化学会认为不适于在会议中发表，遂由商务印书馆印行专书。[①]

图 7-1-14　周厚复先生
（1902-08-17—1970-05-17）

4. 心理学系

心理学系与郭任远先生关系密切，前已述及，即在浙江大学文理学院心理学系两年的存在期间，一直由郭任远先生担任系主任。

5. 生物学系

生物学系与贝时璋先生关系密切，前已述及，即浙江大学文理学院生物学系 1930 年成立初期，一直由贝时璋先生负责。但需要注意的是，初期生物学系尚不完整，贝时璋先生的正式职务，应该是"生物学系实验生物组"主任，1933 年 1 月或 8 月后，可能正式成为生物学系主任。1933 年 4 月郭任远长校后，贝时璋仍担任生物学系主任至 1934 年 7 月。[②]1934 年 8 月起，由校长郭任远兼任系主任至 1935 年 1 月；对此，当时的《校刊》明确有载，生物学系：主任郭任远（兼），副教授贝时璋、许骧、范赉、陈炳相，讲师蒋天鹤，兼任讲师董聿茂。[③]1934 年 8 月蔡堡先生来浙江大学后，于 1935 年 2 月以副教授身份被聘为生物学系主任，一直到 1939 年离任。[④]

① 台湾浙江大学校友会编：《国立浙江大学（上册）》，台北：台北市浙江大学校友会，1985 年，第 284 页。

② 《国立浙江大学校刊》第 168 期（1934 年 3 月 27 日），登载消息《文理学院学系主任会议改定必修学程及学分》，载："文理学院各学系主任，于上月二十七日，假座校长公舍，举行会议。出席者计有：郑宗海、戚叔含、贝时璋、张绍忠、郦堃厚、苏步青等六人，由郭兼院长主席"，此即当时文理学院 6 个学系的主任。贝时璋先生参加此会，当时应该仍为生物学系主任。

③ 《二十三年度本大学教员题名》，《国立浙江大学校刊》第 182 期（1934 年 9 月 15 日）。

④ 杨达寿等著：《浙大的大师们》，北京：中国经济出版社，2007 年，第 50-51 页。又见：贵州省遵义地区地方志编纂委员会主编：《浙江大学在遵义》，杭州：浙江大学出版社，1990 年，第 504-505 页。

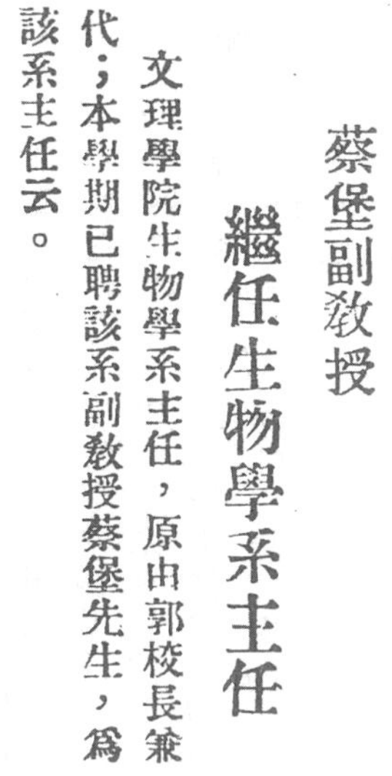

蔡堡副教授

繼任生物學系主任

文理學院生物學系主任，原由郭校長策

代；本學期已聘該系副教授蔡堡先生，為

該系主任云。

图 7-1-15　《国立浙江大学校刊》第 201 期（1935 年 2 月 16 日）登载的聘请蔡堡为生物学系主任的消息 [①]

三、各系的系务会议等有关管理活动

各系的系务管理工作，主要通过系务会议的形式进行。由于当时系的规模普遍较小，教师、学生人数有限，所以管理事务也较少，多数通过院、校进行管理。从目前可见的材料来看，系务会议主要讨论与教学有关的问题，参加者以各系的教授、副教授为限，如化学系、物理学系的情况。

1932 年 10 月 12 日，化学系召开系务会议，讨论了该学期的"学程纲要"等。据记载：

出席：陈之霖，程延庆，程瀛章；列席：张绍忠；主席兼记录：程瀛章

讨论事项：

1. 自省立图书馆接收一部分图书后，本系参考书籍顿感缺乏，因此学程中杂志报告一门未能及时开班，如何办理案。

议决：本学期暂停。下学期向工学院接洽合作办理。

2. 本系学程纲要案。

议决：修正通过。

3. 学生王时才实验有机化学时太不小心，以致失慎，应如何办理案。

议决：该生现已停止有机实验，不准复课。

4. 实验室储藏室内不得擅吸纸烟。

议决：通过。

5. 请从速购置消防设备案。

议决：向主管课接洽。[②]

---

① 引自《国立浙江大学校刊》第 201 期（1935 年 2 月 16 日）。

② 《国立浙江大学校刊》第 107 期（1932 年 10 月 15 日）。

物理学系于 1932 年 11 月 23 日召开该学期第二次系务会议，决定添设"物理讨论"课程，确定了讨论课的方式和"具体办法"等。据记载：

文理学院物理学系于十一月二十三日下午二时在该系图书室开本学期第二次系务会议。出席：张绍忠、徐仁铣、束星北、郿堃厚；列席者：朱福炘；主席：张绍忠。解决要案如下：

（一）向中华教育文化基金董事会请求补助费案。决议：请求补助费，分普通及研究设备二项，并推定郿堃厚、徐仁铣、朱福炘，详细计划。

（二）物理学系自本学期起，添设"物理讨论"一门，每星期一次，由教员或四年级学生一人轮流讲演关于物理学上重要问题及最新进展。兹决定办法如下：

（1）讲题于开会前两三日公布。欢迎旁听。

（2）开会时以系主任为主席。

（3）讲演人（包括教员及学生）须作一书面报告，送存物理学系。

（4）学生至迟须于讲演前三星期，将讲题报告系主任。

（5）学生须请一或二教员为指导员。

（6）学生讲演前一星期，须将撮要送请指导员核阅。[①]

第二节　文理学院及理科各系的教师聘任

1923 年蔡元培、蒋梦麟等参与筹办杭州大学，在蔡元培主持、蒋梦麟执笔的"杭州大学章程"中，对教研人员的任期规定是：

——正教授（相当于现在的讲座教授）任期无限；

——教授初任三年，续任无限期；

——辅教授（相当于现在的副教授）初任一年，续任三年，再续无限期；

——讲师和助教初任一年，续任一至三年，续聘得续任，特别讲师（兼职讲师）以所授科目的时间长短为标准。

在这一规定中，可以看出蔡元培、蒋梦麟等在大学里推行终身教职的构想；他们把终身教职的起点定在辅教授一级，对其进行 2 次评审（初任 1 年后，续任 3 年后），即任职 4 年后，可获得终身教职。[②]

当然，中华民国建立以来，国家在不同时期制定有相对统一的大学教师制度。浙江大学在 1927 年正式成立后，亦依据该时期的相关规定进行教师的聘任。

---

① 《国立浙江大学校刊》第 114 期（1932 年 12 月 3 日）。

② 刘明：《论民国时期的大学教员聘任》，《资料通讯》2004 年第 6 期，第 25 页。

一、大学教师聘任的原则规定

（一）国家统一的制度

民国成立以来，政府对大学教育逐渐重视，教育部先后颁布了有关大学教育的法令，其中涉及高校教师晋升、薪俸、抚恤及大学教授、助教授、讲师等设立与延聘的问题，如 1912 年 10 月的《大学令》（大学设"教授、助教授"，可"延聘讲师"），1917 年 9 月的《修正大学令》（大学设"正教授、教授、助教授"，可"延聘讲师"），1924 年 2 月的《国立大学校条例》（国立大学校设"正教授、教授"，可"延聘讲师"）等，但关于教师聘任资格的规定一直未有严格的法令。1926 年，广州国民政府颁布《国民政府对于大学教授资格条例之规定》，有关高校教师聘任的内容有：（1）大学教员名称分一、二、三、四四等，一等曰教授，二等曰副教授，三等曰讲师，四等曰助教；（2）聘任大学教员时，被聘者的学历文凭、著作及研究成果、工作经历等成为必须验证的内容。较之民初的有关法令，这一规定从制度上进一步完善了大学教师的评聘机制，堪称是"民初以来出现的第一个有关国立大学教师聘任时应具资格的较为完备和详细的说明"[1]。

1927 年南京国民政府成立后，对高等教育进行了一系列改革，其中涉及高校教师任职资格方面的政策同时出台。6 月 15 日国民政府教育行政委员会公布《大学教员资格条例》，明确将大学教员划分为教授、副教授、讲师、助教四等。任职教员必须具有下列资格之一：

助教须为国内外大学毕业，获学士学位，有相当成绩；在国学上有所研究者。

讲师须为国内外大学毕业，获硕士学位，有相当成绩者；担任助教一年，成绩突出；在国学上有贡献者。

副教授须在外国大学研究院研究若干年，获博士学位，有相当成绩；任讲师满一年，有特别成绩，于国学上有特殊贡献者。

教授须为担任副教授二年以上，有特别成绩者。

该《大学教员资格条例》并附有"大学教员薪俸表"，规定：教授每月"四百元至六百元"，副教授每月"二百六十元至四百元"，讲师每月"一百六十元至二百六十元"，助教每月"一百元至一百六十元"；并"得因各大学之经济情形，而酌量增减之。外国教员同"，且"曾经政府认可或授与大学教员资格，而不在大学服务者，不支薪俸"。[2]

1929 年，国民政府公布《大学组织法》，正式规定：大学各学院教员分为教授、副教授、讲师、助教四等，即将全国大学教员称谓表述统一为"教授、副教授、讲师、助教"四等；对各级教员的任职资格则沿袭了 1927 年 6 月 15 日国民政府教育行政委员会公布的《大学教员资格条例》的规定。[3] 按照相关规定，担任大学教员须经大学教员评议会审查，由该教员呈验履历、毕业、著作、

① 邓小林：《民初至（全面）抗战前夕国立大学教师的聘任问题》，《史学月刊》2004 年第 10 期，第 47 页。
② 宋恩荣、章咸选编：《中华民国教育法规选编（修订版）》，南京：江苏教育出版社，2005 年，第 636-638 页。
③ 姚群民：《试论二三十年代南京高校教授的选聘及其特点——以中央大学、金陵大学为中心的考察》，《南京社会科学》2008 年第 12 期，第 133 页。

服务证书；大学教员评议会审查时，由中央教育行政机关派代表一人列席，遇资格上之疑问及资格不够但学术上有特殊贡献者，例如学术有特别研究而无学位者，由评议会审核酌情决定。

（二）浙江大学的制度

浙江大学 1927 年成立后，至 1932 年之前，笔者现未查到学校单独的聘任教师方面的规章制度；推测此期应该是基本按照全国统一的体制聘任教师（即 1927 年 6 月 15 日国民政府教育行政委员会公布的《大学教员资格条例》）。1932 年 5 月，正式制定了《国立浙江大学聘任教员规则》，详细规范了聘任教师的程序和方式。

（1）聘任程序和方式：由大学寄发"聘书"，应聘者同意后应于两周内寄回"应聘书"（"国立浙江大学各学院教员，由大学校长主聘，授课学院之院长副署"，"各学院教员，由大学致送聘书"，"应聘教员，应于接到聘书后两星期内，寄送应聘书"，"教员聘约，自大学接到应聘书时始，即为确定"）；"教员聘任期间，由各学院决定之。双方同意时，期满得续约，续约次数无限制"，"续约由授课学院之院长，于约满两个月前，通知关系之教员。其致送聘约之手续，与初聘时同"。

（2）教员性质：教员应以"专任"为主，但"各学院于必要或便利时，得聘任兼任教员"，且"国立浙江大学专任及兼任教员，在聘任期内，对于大学或各学院所委托之任务，均有担任之责任"。

（3）薪俸报酬："专任教员"以国家统一的规定为准，"各学院专任教员之薪俸，每年按十二个月致送"，"兼任教员之薪俸，由致聘之学院依其资格及所任教程之性质时数定之"，"兼任教员，每年按十个月致送，一月、七月各送半个月，八月不送，余月照送"。

（4）教员授课时间：规定"专任教员授课时间，以每周十二小时至十五小时为率。但因特别原因，学校得减少某一教员授课之时数。指导实验时数，视讲演时数折半计算。兼任教员授课时数，平常以每周不过十小时为限"。

（5）教员请假：依照浙江大学《教员请假代课及补课办法》办理。

《教员请假代课及补课办法》规定："教员请假在一星期内者，除因临时发生事故外，须于请假前一日通知本院教务处或注册部。请假在一星期内者，其缺授之课程于课内补授或另定时间补授，由教员自行酌定；但全学期缺授课程总时数逾所任课程总时数十分之一者，仍须另定时间补授"；"请假在一星期以上者，须先得本院院长同意，并商定补课办法"；"请假在一月以上者，须请定代课人商得院长同意，但代课期不得逾两个月。代课人之薪金不得在学校另行开支，但女教员产期得休息两个月，其代课人之薪金，由学校支付"；而"凡未照前列各条手续请假而缺课者，院长得为适当之处置"。

（6）双方的权利义务关系：如"聘约未满以前，教员非因疾病不能任事，不得辞职"；而"聘约未满以前，学校对于教员，非因下列原因，不得解约"。可以解约的原因包括："（一）因政治或法令上之关系，有不能任其继续在职之理由者，（二）因学校名誉上之关系，有不能任其继续在职之理由者，（三）教员对于学校有危险之行为者，（四）不照约担任职务者，（五）不能称职者"。且"学校因上列（一）（二）（三）（四）四种原因，得随时解除教员聘约。但因第五种原因之解约，须于学期终了时行之"。

此外，还制定有《助教升级增薪办法》（1930 年 5 月 24 日校务会议第九次常会议决通过），包括："助教薪额，最低为六十元，最高为一百六十元。初任助教者，不限支最低额薪给"；"助教增薪以十元为一级"，"助教增薪，不以服务年限为标准。但服务每满二年，至少须增一级，以增至一百六十元为限"；"助教服务有特殊成绩者，每次加薪，不限于一级"，且"助教任讲授功课在一年以上而成绩优良者，得由科系主任推荐，经院长同意升为讲师"等。

郭任远 1933 年 4 月长校后，当年 9 月对"聘任教员规则"作了修订[①]，如第一条改为"国立浙江大学各学院教员，由大学校长聘任之"，而不再需要"学院院长副署"，显然是校政更加统一之故。并制定《教员待遇规则》和《专任教员兼课规则》等。其中《教员待遇规则》，明确了浙江大学教员的职称系列和升等条件和程序，如第 1 条规定："本大学教员，分为教授、副教授、专任讲师、兼任讲师、助教五级。"第 3 条规定："教员升级，以研究及授课成绩为标准。"第 4 条规定："各系教员研究或授课成绩优异者，每年于 5 月间，由院长及系主任之提议，经校长之核准，得分别升级。"这些规定，应该是 1933 年 4 月郭任远长校后正式聘请教授的依据。

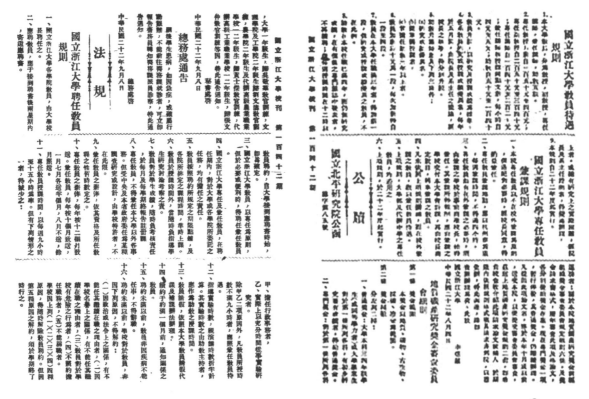

图 7-2-1　《国立浙江大学校刊》所载《聘任教员规则》《教员待遇规则》《专任教员兼课规则》[②]

1934 年 9 月，又对《聘任教员规则》和《教员待遇规则》分别作了修正。

国立浙江大学聘任教员规则
（二十三年九月修正）

一、国立浙江大学各院、校教员，由大学校长聘任之。

二、应聘教员，应于接到聘书后两星期内，寄还应聘书。

---

① 《国立浙江大学校刊》第 142 期（1933 年 9 月 9 日）。
② 引自《国立浙江大学校刊》第 142 期（1933 年 9 月 9 日）。

教员聘约，自大学接到应聘书时始，即为确定。

三、国立浙江大学教员，以专任为原则，但于必要或便利时，得聘任兼任教员。

四、国立浙江大学专任及兼任教员，在聘任期内，对于大学或各院、校所委托之任务，均有担任之责任。

五、教员按照聘约所规定之期限、点钟，及各院所排定之课程时间，准时上课。

六、教员于授课时间外，当随时负指导学生研究讨论考察之责。

七、教员对于学生成绩，随时负考核责任，于每月及每学期终报告注册课。

八、专任教员，不得兼任本大学以外各事务。但受中央及本省政府委任为某种调查研究或设计，由学校特许者，不在此限。

九、兼任教员之薪俸，依其资格及所任教程之性质时数定之。

十、专任教员之薪俸，每年按十二个月致送。兼任教员，每年按十个月致送，一月、七月各送半个月，八月不送，余月照送。

十一、专任教员授课时间，大学部以每周九小时至十五小时为率，高职部以每周十二小时至十八小时为率。但有下列情形之一者得减少之：

（1）担任行政事务者。

（2）实际上以充分时间从事实验研究者。

除（1）、（2）两项原因外，凡教员所授时数不满九小时者，应照兼任教员待遇。

十二、指导实验时数，视讲演时数折半计算。其实验时数由助教主持者，应作为助教之授课时间。

十三、教员请假，依照本大学教员请假代课及补课办法办理。

十四、续约于约满一个月前，通知关系之教员。

十五、聘约未满以前，教员非因疾病不能任事，不得辞职。

十六、聘约未满以前，学校对于教员，非因下列原因，不得解约：

（一）因政治或法令上之关系，有不能任其继续在职之理由者，（二）因学校名誉上之关系，有不能任其继续在职之理由者,（三）教员对于学校有危险之行为者，（四）不照约担任职务者，（五）不能称职者。

学校因上列（一）（二）（三）（四）四种原因,得随时解除教员聘约。但因第五种原因之解约，须于学期终了时行之。

国立浙江大学教员待遇规则

（二十三年九月修正）

1. 本大学教员，分为教授、副教授、专任讲师、兼任讲师、助教五级。

2. 专任教授月薪自三百六十元至四百五十元；专任副教授自二百五十元至三百六十元；专任讲师自一百四十元至二百二十元；兼任讲师按授课钟点支薪，每小时自四元至五元；助教自五十元至一百四十元。

3. 高职教员分专任、兼任两类。专任教员，月薪自六十元起至二百元止，兼任教员按授课钟点支薪，每小时自一元至三元。

4. 教员升级，以研究及授课成绩为标准。

5. 各系教员研究或授课成绩优异者，每年于五月间，由院长及系主任之提议，经校长之核准，得分别升级。

6. 助教升讲师，应具下列三条件：（a）研究成绩优异者；（b）能单独授课者；（c）曾担任助教三年以上者。

7. 教员加薪以十元为一段，每次加薪，大学部得自一段至四段，高职部得自一段至二段。

8. 教员在本大学任职满三年者，得加薪一段，但研究或授课成绩优异之教员，不在此例。

9. 助教在本校任职已满四年，而仍无研究成绩，在有价值之专门杂志中发表者，不再续聘；但每周授课时间在十二时以上者，或确有研究上之实际困难，经院长及系主任证明者，得变通办理。

10. 本规则自二十四年度起施行。[①]

二、理科各系教员情况

当时的大学，教员（尤其是教授、副教授）具有很高的地位，待遇、收入也非常丰厚；一些有声望的教授，是学校非常重视、也是竭力争取来校任教的对象；即使是年轻人，只要具有海外留学、且获得学位的经历，学校也非常重视，甚至破格录用。

（一）教师聘任过程

近代以来的大多数时期，中国的大学校长在大学人事制度上有较充分的自由，大学校长既是本校教师制度的制定者、教师管理的领导者，也是聘用教师的决定者。负责选聘教授是大学校长的一项重要工作。

校长主持教授引聘工作，并不意味着校长任人唯亲，而是通过一定的程序进行公开考核。一般情况下，院长、系主任由校长直接聘任，院长、系主任推荐该系教员，并与校长商定，校长同意后延请，即院长、系主任（甚至一般的教师）都可向学校推荐教员，而校长一般均能采纳，体现了双方"商同"的性质，如贝时璋、苏步青等来校的过程。这说明在教员的聘用上，校长对院、系意见的重视。

总体来看，当时聘任教师，比较重视学历与专长，聘用标准严格。按照教育部《大学教员资格条例》，高校讲师必须是"国内外大学毕业，得有硕士学位"，且"助教完满一年以上之校务，而有特别成绩者"；副教授必须是"外国大学研究院研究若干年，得有博士学位"，且"讲师满一年以上之教务，而有特别成绩者"；教授必须是"副教授完满二年以上之教务，而有特别成绩者"。依此规定，浙江大学（及其前身第三中山大学）于1927年7月开办之时，直至1933年7月之前，全校无一名"教授"（编者注：指严格意义上的正教授），包括文理学院、工学院、农学院这三院院长，以及曾在国内其他大学担任过教授一职的知名学者，或留学归来拥有博士学位者，如张绍忠、郭任远、陈建功、苏步青等，当时均被聘为副教授。估计是根据《条例》规定，他们尚无"完满二年以上"的副教授资格。可见当时聘任教员之严格。

早期的《校刊》，曾经较频繁地刊载各系教师等的聘任情况。例如：

——在1930年2月22日第1期《校刊》上，登载有《文理学院新聘教职员》的消息："文理学院新聘唐庆生（编者注：可能为"唐庆增"，疑植字有误）先生为经济学副教授。唐先生为美国

哈佛大学硕士，曾任暨南及大夏大学教授……”，后又介绍“十九年度拟增聘教员多人，已聘定者有化学系副教授纪育沣先生，现任东北大学教授，自十九年度起来院任教”，并专门提及“在接洽中者，有中国语文学、哲学、数学、生物学副教授各一人”①。

——1930年3月29日第6期《校刊》上，文理学院《新聘教员》提及“物理学副教授徐仁铣先生将于下学期转任文理学院物理学副教授，又新聘姜立夫先生为数学副教授，吕思勉为史学副教授，聘书均已寄发矣”②。（编者注：后未见姜立夫、吕思勉来校，即未应聘）

——1930年5月17日第12期《校刊》上，文理学院《新聘下学年教员》提及：“文理学院近又新聘朱重光为德文主任讲师，徐仲舒为中国语文学副教授，毛信桂为数学助教，贝时璋为生物学副教授，黄翼为教育学副教授，其任期均自十九年八月起至二十年七月止云。”③（编者注：说明当时是一年一聘）

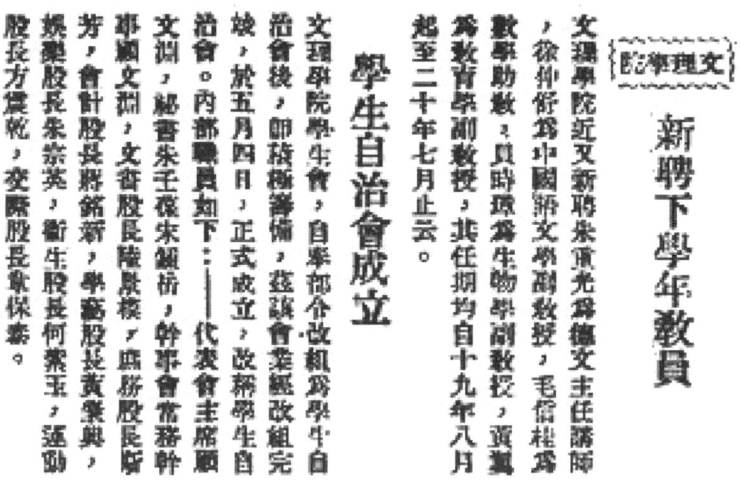

文理學院

新聘下學年教員

文理學院近又新聘朱重光爲德文主任講師，徐仲舒爲中國語文學副教授，毛信桂爲數學助教，貝時璋爲生物學副教授，黃翼爲教育學副教授，其任期均自十九年八月起至二十年七月止云。

學生自治會成立

文理學院學生會，自奉部令改組爲學生自治會後，即積極籌備，茲該會業經改組完竣，於五月四日，正式成立，改稱學生自治會。內部職員如下：——代表會主席顧文淵，祕書朱壬葆朱鎮桁，幹事會常務幹事顧文淵，文書股長陸景模，庶務股長駱芳，會計股長蔣銘新，學藝股長黃肇興，娛樂股長朱宗英，衛生股長何紫玉，運動股長方儒乾，交際股長章保泰。

图 7-2-2 《国立浙江大学校刊》第12期（1930年5月17日）报道新聘教员的消息

——1930年6月7日第15期《校刊》载：“文理学院下学年新聘陈运煌为化学助教。”④

——1931年4月11日第49期《校刊》上，以“文理学院欢迎苏步青教授就职”为题，专门报道了苏步青来校任教的情况：“本大学文理学院数学系新聘教授苏步青博士，业于春假中到杭就职，四月七日下午三时，数学系全体同学，特开茶话会欢迎，并请苏教授演讲最近几何学之发展。陈建功、钱宝琮二教授亦到会参与，师生同乐，极一时之盛。苏步青博士负笈日本，十有三年，在东北帝大专攻几何学，于微分几何学尤多心得，著作甚富。兹蒙出其所学来教吾校，殊庆得人云。”⑤（编者注：此处应为泛称和客气表述，此期，陈建功、钱宝琮均为副教授，苏步青刚至浙大时也被聘为副教授）

---

① 《国立浙江大学校刊》第1期（1930年2月22日）。

② 《国立浙江大学校刊》第6期（1930年3月29日）。

③ 《国立浙江大学校刊》第12期（1930年5月17日）。

④ 《浙江大学校刊》第15期（1930年6月7日）。

⑤ 《国立浙江大学校刊》第49期（1931年4月11日）。

图 7-2-3　苏步青在浙江大学文理学院数学系欢迎会上与同仁合影（1931 年 4 月 7 日）①
前排：右三：钱宝琮，右四：苏步青，右五：陈建功

——1932 年 4 月 16 日第 88 期《校刊》载，生物学系新聘植物分类学副教授范赉（仍兼农学院园艺副教授），生物学系助理员张澹泉等；说明此时生物学系人员也逐渐加强。②

从后来有关人士的回忆性、传记性著述中，亦能看到当时聘任各类教师的情况。朱福炘先生是最早来到物理学系的教师，他后来回忆道：

> 1927 年，北伐军过浙江之后，当时新成立的国民政府实行大学院制，把杭州的高等院校合并为"国立第三中山大学"，次年改称浙江大学（以下简称浙大），除了已有的工、农两院外，要增设文理学院。1928 年，任邵裴子先生为文理学院院长；当年就开设物理门（次年改为物理系），聘张绍忠先生为系主任。张先生邀正在厦门大学物理系工作的朱福炘任助教，金学煊为技术工人。就这样，一位教授、一位助教、一位技工，三个人撑起了物理系的牌子。第一年招了三名学生，王谟显和盛耕雨就是这一年入学的。第二年招生十一名，但毕业者仅六人。是年，王守竞教授来到浙大，不过只呆了两年就转到北京大学当物理系主任去了。后来，束星北、徐仁铣、何增禄、郦堃厚、郑衍芬等教授相继来系；助教有顾功叙、吴学蔺、李博、郑昌时、郑一善等，并增聘了仪器保管员任仲英。吴健雄和殷大钧也在 1934 年来任助教。这样，浙大物理系师资阵营显得强大起来。③

程开甲等在《遵湄时期的浙大物理系》一文中，也回忆过早期物理系的情况：

> 1928 年，杭州的国立中山大学改称浙江大学，增设文理学院，由邵裴子任院长，开物理门，第二年改名物理系，聘张绍忠教授为主任。张从厦门大学邀助教朱福炘、技工金学煊来校。开办之初，老师和仪器图书都很缺，靠这三个人撑门面。但邵院长十分重视物理系，增聘教授并逐年

---

① 引自王增藩：《苏步青传》，上海：复旦大学出版社，2005 年，第 45 页。

② 《国立浙江大学校刊》第 88 期（1932 年 4 月 16 日）。

③ 洪震寰：《精勤研学艺，艰辛育英才——朱福炘教授回忆原浙江大学物理系》，《物理》第 13 卷第 9 期，1984 年，第 582 页。

拨款添置设备、图书。张绍忠教授和1933年来浙大的何增禄教授特别重视实验，认为必须先购置车床等工具，以便自行设计、制作和修理教具，并借以训练老师动手能力。精密仪器的核心部件如墙式电流计，从国外进口；配件如安装电流计和观察镜的金属架子，由老师绘图，金学煊制作。何增禄教授还吹制了多级水银真空泵等玻璃仪器，使实验室粗具规模，并专聘任仲英老师为仪器保管员。省下的外汇购置国内稀有的镭和外文杂志及图书。教授除张、何两位老师外，陆续来校的有束星北、徐仁铣、郿堃厚、郑衍芬等，以最早用量子力学研究分子物理而著称于世的王守竞教授1929年回国后即在浙大任教两年，后去北京大学任物理系主任。学生中也不乏有成就的物理学家和物理教育家，如天体物理学家黄授书就是其中之一。

1934年郭任远任校长，实行法西斯教育，独断专行，将中华文化基金会指定补助物理系的设备费分给其他系，引起物理系全体人员的愤慨，相约不受续聘，并提前通知校方，以免影响课业。1935年暑假，教授、讲师、助教、仪器保管员和技工并大部份学生一起离校，著名美籍物理学家吴健雄当时是物理系助教，和郭家友谊虽深，也一起走了。[①]

吴健雄于1934年8月至1935年7月，在浙江大学物理学系任助教1年，对浙江大学留下了很好的印象。当时的物理学系主任是张绍忠，张绍忠在自己1935年7月离开浙大时，可能也推荐了当时的助教吴健雄去了上海的中央研究院物理研究所：

1930年，在一个秋高气爽的日子里，吴健雄来到了南京。吴健雄顺利地进入了中央大学的数学系。在数学系学习极为顺利的吴健雄，一年后，却转到了物理系。中央大学的物理系，聚集了许多有造诣的教师，其中曾在欧洲跟随过居里夫人做过研究的施士元，也在这里任教。大学四年生活就要过去了，吴健雄以绝佳的成绩走出了大学的校门。

吴健雄从中央大学毕业后，回到家乡浏河镇稍作休息。……

与家人短暂一聚后，吴健雄便匆匆赶到浙江大学任职去了。

浙江大学是一所享有盛名的学校，尤其是它的理工科，吸收了不少很有造诣的年轻教师，造就了不少科学人才。吴健雄在这样一个工作环境中，自是会努力工作的。一年的助教工作对她的帮助很大，对物理科学的认识更深了一步。吴健雄最大的感触是周围的人与她关系融洽，待她都特别好，使内心纯真的她，一毕业，就能很快地胜任工作。

在浙大一年的工作即将结束时，学校又把她推荐给中央研究院，浙江大学物理系主任还亲自询问她是否愿意去中央研究院。吴健雄高兴得直点头，最后才说出了：

"我愿意！"

中央研究院物理研究所是专事物理科学研究的机构，吴健雄当然是十分向往的。吴健雄在浙江大学完成了一年的教学任务后，便顺利地来到了位于上海的中央研究院的物理研究所，跟随施汝为先生的夫人顾静徽领导的光谱小组从事研究工作。[②]

---

① 程开甲、胡济民、周志成：《遵湄时期的浙大物理系》，贵州省遵义地区地方志编纂委员会主编：《浙江大学在遵义》，杭州：浙江大学出版社，1990年，第144-145页。

② 西溪编著：《吴健雄》，郑州：河南文艺出版社，2012年，第72页。

贝时璋先生在回忆文章《学习和工作的一些回忆》中，提及：

　　1929 年秋，因母亲病重，我离别了土滨根。回国后，看到母亲病势有所好转，我就放心了。然而有个难题，要出去求人找个适当的职业。尽管此事迂回曲折，但终于经过同济老同学谷镜汧（当时在上海吴淞中央大学医学院任病理学教授）的介绍，认识了生理学教授蔡翘。请他写信给杭州浙江大学心理系主任郭任远，转商该校文理学院院长邵裴子。据称，浙大正打算办生物系。这样，我才有可能于 1930 年 8 月应聘为浙江大学副教授，并提前三个月到校筹建生物系。生物系建立之初，学校同意我的建议，在系里以发展实验生物学为主要方向。在浙大生物系期间，除一些行政事务外，主要是进行教学和科研。[①]

　　另一位浙大毕业生心理系的朱壬葆，1931 年 8 月后随郭任远至中央大学借读 1 年。1932 年 8 月毕业后，成为浙江大学生物学系的助教，直至 1936 年 7 月（8 月后至英国留学）。据朱壬葆传记记载：

　　面对着"毕业即失业"的沉重压力，在毕业之前的一段时间里，朱壬葆和大多数同学一样，开始为自己的前程担忧起来。所幸的是，浙江大学于这个时候，要选拔部分优秀毕业生留在本校当助教。学习成绩一直十分优秀的朱壬葆，自然而然成为浙江大学看中的人选之一。于是，派往南京中央大学借读的朱壬葆，在母校浙江大学老师们的热心帮助下，又从南京回到了杭州，并获得浙江大学文理学院生物系主任、教授贝时璋同意，留在生物系担任他的助手。

　　"实质上，朱壬葆在当年报考浙江大学的时候，就对生命科学非常有兴趣。"后来，90 岁高龄的生物学老前辈贝时璋回忆道，"1929 年下半年，浙江大学建立了生物系（编者注：此处有误，应该是 1930 年下半年；或原意应为"1929 年度"的下半学期，即 1930 年 4 月后），从那时起，朱壬葆就到生物系选修了好多门课程"[②]。

（二）早期各系教师情况

　　关于不同时期理科各系教师情况，各种文献和档案等材料中也多有记载。兹将几个代表性年份的人员情况摘列如下。

　　1.1930 年度上学期（即 1930 年 8 月—1931 年 1 月）

　　1930 年 9 月 27 日《校刊》登载了 1930 年度上学期文理学院教职员名录，兹转录如下：

①　贝时璋：《学习和工作的一些回忆》，《生理科学进展》第 25 卷第 3 期，1994 年，第 196 页。
②　童村、王来国：《热血流向——著名生理学家朱壬葆院士传》，北京：解放军文艺出版社，2001 年，第 29 页。

表7-2-1　文理学院十九年度上学期（1930-08—1931-01）教职员名单[①]

姓名	职别（编者注：教员）	姓名	职别（编者注：职员）
佘坤珊	外国语文学副教授	陈　政	院长秘书
朱　澂	史学副教授	戴克让	文牍主任
钱宝琮	数学副教授	刘锦仁	文牍员
陈建功	数学副教授	范允兹	注册兼教务员
张绍忠	物理学副教授	宋鼎钧	注册员
王守竞	物理学副教授	金宗书	教务员
徐仁铣	物理学副教授	沈　圀	教务员
程延庆	化学副教授	杨景桢	主任事务员
陈之霖	化学副教授	陆灵祯	事务员
纪育沣	化学副教授	袁瘦僧	会计员
郭任远	心理学副教授	王梦生	会计助理员
沈乃正	政治学副教授	冯汉骥	图书室主任
唐庆增	经济学副教授	孙述万	图书室主任编目员
孟宪承	教育学副教授	马家骧	图书室管理员
郑宗海	教育学副教授	曹礼奎	图书室助理员
黄　翼	教育学副教授	夏鹤年	图书室助理员
盛斯民	哲学副教授	马宗裕	宿舍管理员
贝时璋	生物学副教授	王懋赓	事务员
陈锡襄	国文讲师	桑沛恩	校医
潘恩霖	英文讲师	钟惠康	事务处书记
朱重光	德文兼任讲师	钟健	书记
梅占元	法文兼任讲师	章玢演	书记
朱叔青	党义兼任讲师	陈信达	心理学系技手
漆士昌	日文讲师	陈愈美	生物、心理学绘图员
徐英超	体育讲师	周志平	生物、心理学实验助理员
徐恩培	经济学兼任讲师		
谢文秋	体育兼任讲师		
朱内光	卫生学兼任讲师		
田钟璜	军事教官		
杨景才	数学助教		
毛信桂	数学助教		
朱福炘	物理学助教		
顾功叙	物理学助教		

---

① 资料来源：《国立浙江大学校刊》第 24 期（1930 年 9 月 27 日）。

续　表

姓名	职别（编者注：教员）	姓名	职别（编者注：职员）
吴学蔺	物理学助教		
汤兆裕	化学助教		
裘桂元	化学助教		
陈运煌	化学助教		
梁培德	心理学助教		
沈霁春	心理学助教		
陈子明	教育学助教		
宋秉琳	体育助教		

据此，可见 1930 年 8 月后，理科各学系的教员情况如下：

——数学系：钱宝琮（副教授），陈建功（副教授），杨景才（助教），毛信桂（助教）；

——物理学系：张绍忠（副教授），王守竞（副教授），徐仁铣（副教授），朱福炘（助教），顾功叙（助教），吴学蔺（助教）；

——化学系：程延庆（副教授），陈之霖（副教授），纪育沣（副教授），汤兆裕（助教），裘桂元（助教），陈运煌（助教）；

——心理学系：郭任远（副教授），梁培德（助教），沈霁春（助教）；

——生物学系：贝时璋（副教授）。

此外，心理学系、生物学系还有心理学系技手 1 名（陈信达），生物、心理学绘图员 1 名（陈愈美）和生物、心理学实验助理员 1 名（周志平）。

浙江大学建立初期无（正）教授，还有一个例证，即贝时璋先生的回忆：1930 年 5 月贝时璋先生初到浙江大学时，郑晓沧先生前往看望，提及“这里受聘的教授目前都是副教授名义，还没有正教授”[①]，也可佐证浙江大学此期尚无“教授”。

2.1932 年度上学期（即 1932 年 8 月—1933 年 1 月）

到了 1932 年下半年，人员又有些变化。据《国立浙江大学一览（1932 年度）》所载，各理科系的教师情况如下：

表7-2-2　文理学院二十一年度上学期（1932-08—1933-01）理科各系（组）教师名录[②]

数学系

姓名	别字	籍贯	担任职务或学科	学历	通讯处	备注
苏步青		浙江平阳	副教授兼数学系主任	日本东北帝国大学理学博士	杭州岳王路宝树里八号	

---

① 贝时璋：《贝时璋文选》，杭州：浙江科学技术出版社，1992 年，第 334 页。

② 资料来源：国立浙江大学秘书处出版课编：《国立浙江大学一览（二十一年度）》，杭州：杭州正则印书馆，1932 年 12 月，第 319-327 页。

续　表

姓名	别字	籍贯	担任职务或学科	学历	通讯处	备注
陈建功		浙江绍兴	数学副教授	日本东北帝国大学理学博士	杭州直龙华巷四号	
钱宝琮		浙江嘉兴	数学副教授	英国爱丁堡大学理科毕业	嘉兴南门外槐树头	
朱叔麟		浙江嘉兴	数学副教授	日本物理学校数学科毕业	杭州庆春门四十一号	
毛信桂	路真	浙江奉化	数学助教	国立武昌师范大学毕业	宁波车轿弄世大夫第后进	
姜渭民		浙江永嘉	数学助教	国立暨南大学毕业	杭州王马巷 18 号	
周恒益	君谦	浙江诸暨	数学助教	浙江大学理学士	诸暨浬浦翊忠小学	
鞠恩澍	霖三	河北南宫	数学助教	北平师范大学物理系毕业	河北南宫寺庄镇转鞠吴村	兼体育助教
顾学曾		江苏江宁	数学助教	金陵大学毕业	浙江大学工学院	

物理学系

姓名	别字	籍贯	担任职务或学科	学历	通讯处	备注
张绍忠	荩谋	浙江嘉兴	副教授兼物理学系主任	在美国专攻物理七年	杭州刀茅巷十八号	兼文理学院副院长
徐仁铣		江苏宜兴	物理副教授	美国康奈尔大学哲学博士	浙江大学文理学院	
束星北		江苏南通	物理副教授	英国爱丁堡大学毕业	浙江大学文理学院	
郦堃厚		浙江诸暨	物理副教授	英国伦敦大学硕士，德国民兴大学博士	浙江大学文理学院	
魏海寿		浙江鄞县	物理副教授	美国伊利诺大学毕业	杭州平海路林海里三号	
朱福炘	家谷	江苏武进	物理讲师	国立东南大学毕业	浙江大学文理学院	
顾功叙		浙江嘉善	物理助教	大同大学理科毕业	嘉善洪家滩	
李立爱		安徽芜湖	物理助教	大同大学毕业	浙江大学文理学院	
郑昌时	师杏	浙江衢县	物理助教	大同大学毕业	浙江大学文理学院	
郑一善	子贞	江苏武进	物理助教	国立清华大学毕业	浙江大学文理学院	
盛耕雨	砚农	浙江金华	物理助教	浙江大学文理学院毕业	金华城内西市街	
戴学炽	敫之	南京	物理助教	国立中央大学理学院毕业	浙江大学文理学院	

化学系

姓名	别字	籍贯	担任职务或学科	学历	通讯处	备注
程瀛章	寰西	江苏吴江	副教授兼化学系主任	美国泊渡大学工学士，芝加哥大学博士	本大学文理学院或上海梅白格路三德里十七号	
纪育沣	景云	浙江鄞县	化学副教授	美国芝加哥大学化学硕士，耶鲁大学博士	杭州金洞桥	
陈之霖		浙江新昌	化学副教授	日本京都帝国大学毕业	杭州刀茅巷十八号	
程延庆	伯商	江苏吴江	化学副教授	美国康奈尔大学学士，哥伦比亚大学硕士	江苏震泽上塘一七二号	
朱昊飞		浙江乐清	化学副教授	德国各定根大学化学科毕业	杭州湖滨九弄一号	
马集铭	新三	辽宁辽阳	化学助教	国立东北大学毕业	浙江大学文理学院	

续　表

姓名	别字	籍贯	担任职务或学科	学历	通讯处	备注
田遇霖	昭非	辽宁沈阳	化学助教	国立东北大学毕业	浙江大学文理学院	
黄德溥	博泉	浙江金华	化学助教	国立北京大学毕业	浙江大学文理学院	
宋廷恺	仲彬	浙江杭县	化学助教	浙江大学工学院毕业	浙江大学	
陈毓麟	同素	江苏吴县	化学助教兼高农化学教员	浙江大学毕业	苏州葑门内望星桥17号	

生物学系

姓名	别字	籍贯	担任职务或学科	学历	通讯处	备注
贝时璋		浙江镇海	副教授兼生物学系主任	德国天滨根大学理学博士，天滨根大学动物研究所助教	杭州大学路燕子弄三号	
范赍	肖岩	江苏武进	生物副教授	法国巴黎大学理科植物系毕业	杭州运司河下四十三号	
朱凤美		上海	生物学副教授	日本鹿儿岛高等农林学校毕业	杭州西湖大闸口九号	
蔡邦华		江苏溧阳	生物副教授	日本鹿儿岛高等农林学校毕业，东京帝国大学、德国柏林大英、奥自然历史博物馆研究	杭州孝女路承德里二弄八号	
董聿茂		浙江奉化	生物讲师	日本京都帝国大学毕业	杭州西湖博物馆	
王启汾	景旸	浙江嘉兴	生物助教	光华大学毕业	杭州刀茅巷18号	
朱壬葆		浙江金华	生物助教	浙江大学理学士	金华岭下	
金维坚		浙江金华	生物助教	国立东南大学理学士	杭州平海路31号或金华马鞍山	
杨行良	圣岳	浙江鄞县	生物助教	浙江大学农学院毕业	宁波江东新河头复大油行转	

教育系

姓名	别字	籍贯	担任职务或学科	学历	通讯处	备注
郑宗海	晓沧	浙江海宁	副教授兼教育学系主任	美国哥伦比亚大学硕士	杭州新民路八十号	
孟宪承		江苏武进	教育副教授	美国华盛顿大学硕士	苏州小仓口七号	
黄翼	羽仪	福建思明	教育副教授	美国耶鲁大学心理学博士	杭州涌金门直街五十二号	
沈有乾	公健	江苏吴县	教育副教授	美国斯丹佛大学学士、硕士、博士	杭州开元路冶丰里二十九号或上海康脑脱路康宁邨六号	
陆景模	范九	江苏如皋	教育助教	浙江大学文学士	南通平湖市转薛窑镇	

图 7-2-4　《国立浙江大学文理学院第一届毕业纪念刊》所登理学系科教师照片 [1]

（徐仁铣、朱福炘、陈之霖、纪育沣、董聿茂、沈有乾）

因《国立浙江大学一览》（1932 年度）编印于 1932 年 12 月（文内材料最晚截至 1933 年 2 月 1 日），则其反映的情况为 1932 年底之前的情形；从该《一览》所载教师状况来看，1933 年 2 月之前，浙江大学教师均被聘为副教授及以下职级，尚无教授，文理学院亦是如此；即此期，文理学院（包括理科各系）尚无教授。

3. 1933 年 2 月—1935 年 1 月

1933 年 8 月后，各系情况又有变化。编者在浙江省档案馆查到一份 1934 年初的教职员登记表，关于理科各系的情况如表 7-2-3 所示。

---

[1]　引自《国立浙江大学文理学院第一届毕业纪年刊》（1932 年 7 月），第 48-51 页。

表7-2-3　国立浙江大学1934年初文理学院理学系科主要教职员一览[1]

职别	姓名	年龄	性别	籍贯	履历	专任或兼任	月俸	到校年月[2]	备考
数学系主任	苏步青	32	男	浙江平阳	日本帝国大学毕业，大学院肄业，理学院士，曾任日本帝大数学导师三年	专	350	20.4（注：1931.04）	
物理系主任	张绍忠	38	男	浙江嘉兴	留美七年，专攻物理，曾任厦门大学物理学正教授	专	370	17.8（注：1928.08）	兼物理学副教授
化学系主任	郦堃厚	32	男	浙江诸暨	德国民兴大学化学博士，曾任本大学物理副教授	专	320	21.10（注：1932.10）	
生物学系主任	贝时璋	30	男	浙江镇海	理学博士，曾任本大学副教授	专	320	19.8（注：1930.08）	
数学系教授	陈建功	41	男	浙江绍兴	日本东京物理学校理学博士，日本东北帝国大学院研究三年，国立武昌大学教授	专	350	18.8（注：1929.08）	
数学系教授	苏步青	32	男	浙江平阳	日本帝国大学毕业，大学院肄业，理学院士，曾任日本帝大数学导师三年	专	350	20.4（注：1931.04）	
物理系副教授	束星北	25	男	江苏南通	英爱丁堡大学硕士，美麻省理工学院科学硕士	专	200	21.9（注：1932.09）	
物理系副教授	何增禄	34	男	浙江诸暨	国立东南大学毕业，美国加省理工大学研究	专	300	22.9（注：1933.09）	
化学系副教授	程延庆	44	男	江苏吴县	美国康奈尔大学毕业，康奈尔大学研究院研究，西北大学教授	专	300	17.8（注：1928.08）	
化学系副教授	周厚复	30	男	江苏江都	法国巴黎大学有机化学博士	专	300	22.8（注：1933.08）	
生物系副教授	许骧	32	男	江苏上海	美国伊利纳大学	专	320	22.8（注：1933.08）	
生物系副教授	范赉[3]	33	男	江苏武进	法国巴黎大学理科植物学毕业，中央大学副教授	专	280	17.8（注：1928.08）	
数学系讲师	毛信桂	30	男	浙江奉化	国立武昌师范大学毕业，曾任上海土建学园教员	专	150	19.9（注：1930.09）	

[1]　资料来源：浙江省档案馆藏 L053-001-3489，第7页。
[2]　编者按：原表中为民国纪年，编者括注公历年月。
[3]　编者按：1932年4月16日《国立浙江大学校刊》载，"生物学系新聘植物分类学副教授范赉（仍兼农学院园艺副教授）"，说明范赉原是农学院教师；故1928年8月即来校任教，1932年4月后，兼聘为文理学院生物学系教师。生物学系与农学院有关系科经常兼聘教师。

续　表

职别	姓名	年龄	性别	籍贯	履历	专任或兼任	月俸	到校年月	备考
物理系讲师	朱福炘	30	男	江苏武进	国立东南大学毕业，曾任厦门大学助教	专	180	17.9（注：1928.09）	
生物系讲师	蒋天鹤	32	男	江苏太仓	上海复旦大学毕业，国立中央大学讲师	专	170	22.8（注：1933.08）	
生物系兼任讲师	董聿茂①	35	男	浙江奉化	日本京都帝大毕业，曾任浙省西湖博物馆技师	兼	72	20.9（注：1931.09）	
数学助教	顾学曾	26	男	江苏江宁	金陵大学毕业	专	80	20.9（注：1931.09）	
数学助教	方德植	24	男	浙江瑞安	浙江大学文理学院毕业	专	60	21.8（注：1932.08）	
数学助教	冯乃谦	24	男	江苏金坛	浙江大学数学系毕业	专	60	22.8（注：1933.08）	
物理系助教	顾功叙	26	男	浙江嘉善	私立大同大学毕业	专	120	17.9（注：1928.09）	
物理系助教	李立爱	24	男	安徽芜湖	上海大同大学毕业	专	95	20.9（注：1931.09）	
物理系助教	郑一善	23	男	江苏武进	国立清华大学毕业，曾任浙大助教	专	90	21.8（注：1932.08）	
物理系助教	沈寿春	25	男	浙江萧山	国立北京大学毕业	专	60	22.9（注：1933.09）	
物理系助教	斯何晚	24	男	浙江诸暨	浙江大学物理系毕业	专	60	22.8（注：1933.08）	
物理系助教	周昌寿	25	男	江苏江阴	国立北京大学理学士	专	60	21.9（注：1932.09）	
化学系助教	宋廷恺	26	男	浙江杭县	浙江大学毕业，已任助教三年	专	90	21.8（注：1932.08）	
化学系助教	朱洪祖	23	男	浙江嘉兴	浙江大学化学工程毕业	专	60	22.8（注：1933.08）	
化学系助教	王以德	28	男	浙江温岭	浙江大学毕业	专	60	22.8（注：1933.08）	
化学系助教	王时才	25	男	广东乐会	浙江大学理学士，杭州私立钱塘中学教员	专	60	22.9（注：1933.09）	
生物系助教	金维坚	31	男	浙江金华	国立东南大学毕业，曾任南京中国科学社生物助教	专	100	21.8（注：1932.08）	
生物系助教	朱壬葆	29	男	浙江金华	浙江大学心理学系毕业	专	80	21.8（注：1932.08）	

---

① 编者按：1930 年 7 月，董聿茂从日本回国，受浙江省立西湖博物馆首任馆长陈屺怀的邀请，担任该馆自然科学部主任兼技师；1933 年起，董聿茂任西湖博物馆馆长。1931 年 9 月，任文理学院生物学系兼任讲师，仍兼西湖博物馆职务。

续　表

职别	姓名	年龄	性别	籍贯	履历	专任或兼任	月俸	到校年月	备考
生物系助教	沈霁春	28	男	浙江萧山	复旦大学毕业，中央大学心理系助教	专	110	22.7（注：1933.07）	
生物系助教	郁永侁	23	男	江苏南通	理学士	专	60	22.8（注：1933.08）	

从该表所反映的教师状况［郦堃厚先生仍为化学系主任（1933-08－1934-07），蔡堡先生尚未来校（1934 年 8 月后），以及吴健雄女士尚未成为物理学系助教（1934-08－1935-07）］可知，该表反映的是 1933 年 8 月后至 1934 年 7 月前的情况。与 1932 年《一览》所载教师情况（1933 年年初的情况）对照，则可见最晚在 1934 年 7 月之前，浙江大学已经正式聘请了教授，即文理学院数学系的苏步青和陈建功（该表中工学院、农学院尚无教授）。

现在的问题是，苏步青、陈建功两位先生是何时被聘为教授的。笔者现未查到直接的材料；但据相关材料推断，聘任时间可能是 1933 年 4 月。

据《校刊》记载："1933 年 3 月 1 日下午七时，文理学院在校长公舍举行全体副教授和讲师参加的交谊会"，这里特意注明为全体副教授而未提及教授；且出席者有：程襄西、钱琢如、孟宪承、苏叔岳、郑晓沧、张荩谋、吴士栋、沈有乾、苏步青、陈之霖、程伯商、郦堃厚、佘坤珊、周学善诸人和贝时璋夫妇，也说明此时浙江大学及文理学院还没有教授，如苏步青、郦堃厚、贝时璋等均为副教授。①

而据《苏步青文选》所附《苏步青教授重要活动年表》载："1933 年 4 月，在浙江大学晋升教授，并任数学系主任"②，这里明确记载苏步青先生是 1933 年 4 月晋升教授。虽然具体依据不详，但与前述档案的记载并不矛盾，应该是基本准确的③。

综合前述各材料，则苏步青、陈建功很可能是 1933 年 4 月被聘任为教授（或 1933 年 4 月之后，也即最早是 1933 年 4 月）。或者，根据前引《教员待遇规则》的第 4 条："各系教员研究或授课成绩优异者，每年于 5 月间，由院长及系主任之提议，经校长之核准，得分别升级"，也可能为 5 月份正式晋升。这样，应该是郭任远刚至浙江大学，即聘请 2 人为教授。当然，关于浙江大学教师如何晋升等情况，目前所掌握的材料中还没有查到确切的记载，因而具体过程还无从考究。

另外，该表中数学系无钱宝琮先生，应该是此期钱宝琮为工学院所聘。

关于浙江大学教师如何晋升等情况，限于材料缺乏，尚未看到具体过程。从目前所掌握的材料来看，浙江大学建校初期所聘均为副教授（即使有些教师在其他学校已经是教授，如张绍忠、郭任远等，初来浙江大学，亦均为副教授），应该也是按照《大学组织法》及教员聘任条例而来。至郭任远 1933 年 4 月份来校后，进一步修订了《教员待遇规则》，正式确立了教授、副教授、专任

---

① 《国立浙江大学校刊》第 124 期（1933 年 3 月 4 日）。

② 苏步青：《苏步青文选》，杭州：浙江科学技术出版社，1991 年，第 348 页。

③ 编者按：杨达寿等著《浙大的大师们》一书中，在"苏步青"一节中，认为，"1933 年春，苏步青晋升为教授，并在陈建功教授让贤举荐下，当了数学系主任"（北京：中国经济出版社，2007 年，第 148 页）。此说虽有不甚确切之处（即苏步青先生应该是 1932 年 10 月后先担任数学系主任，再于 1933 年春，成为教授），但也指出其晋升教授时间为 1933 年春。

讲师、兼任讲师和助教的系列，规范了升等的条件和程序，可能正式开始聘任教授。如前档案中所见，亦是此期才出现了教授，如理科的苏步青、陈建功等。至此，浙江大学的教师结构趋于合理，构成了教授、副教授、讲师、助教的完整系列。

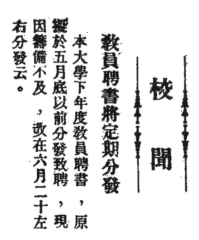

图 7-2-5 《国立浙江大学校刊》登载的学校发放教员聘书的消息 [1]

此后，至 1934 年年底，各学院各系教员虽有变化，但教授一直维持 2 位，即苏步青和陈建功，其他均为副教授及以下。如 1934 年 5 月，《校刊》载仅 2 名教授[2]，与前所引及的档案相符。1934 年 8 月新学期开始后，可查到 9 月份全校的教职员题名，教授仍为 2 名，即数学系苏步青和陈建功，其余均明确为副教授等，如文理学院理科各系：

数学系：教授兼系主任苏步青，教授陈建功，副教授朱叔麟、曾炯、钱宝琮，讲师毛信桂；
物理学系：副教授兼系主任张绍忠，副教授束星北、何增禄、郑衍芬，讲师朱福炘；
化学系：副教授兼系主任周厚复，副教授储润科；
生物学系：主任郭任远（兼），副教授贝时璋、许骧、范赉、陈炳相，讲师蒋天鹤，兼任讲师董聿茂。[3]

其后，在《校刊》第 192 期（1934 年 11 月 23 日）登载的教职员人数统计表中，仍为 2 名正教授。[4]

4.1935 年 2 月—1936 年 7 月

在 1935 年 9 月第 219 期《校刊》上所登载的《廿四年度上学期本大学教职员题名》的报道中，正式出现了 3 位正教授，即除苏步青、陈建功外，增加了一位土木工程系教授——麦利奥特[5]，如前所述，也很可能是 1935 年 5 月正式晋升或聘任的。但文理学院及理科各系仍仅 2 名正教授。兹将文理学院理科各系的情况摘录如下：

---

① 引自《国立浙江大学校刊》第 135 期（1933 年 5 月 27 日）。
② 《本大学教员各项统计》，《国立浙江大学校刊》第 173 期（1934 年 5 月 19 日）。
③ 《二十三年度本大学教员题名》，《国立浙江大学校刊》第 182 期（1934 年 9 月 15 日）。
④ 《国立浙江大学校刊》第 192 期（1934 年 11 月 23 日）。
⑤ 《廿四年度上学期本大学教职员题名》，《国立浙江大学校刊》第 219 期（1935 年 9 月 14 日）。

数学系：教授兼系主任：苏步青；教授：陈建功；副教授：朱叔麟、钱宝琮、曾炯；讲师：毛信桂；助教：方德植、冯乃谦、许国容、姜渭民、夏守岱。

物理学系：副教授兼代理系主任：闻诗；副教授：张藕舫、谢子梅；助教：徐昌权、任树德、杨明洁、羊锡康、孙德铨。

化学系：副教授兼系主任：周厚复；副教授：储润科、于文蕃、李相杰；讲师：张润庠、陈嗣虞（编者注：原文误为"陈词虞"）；助教：王以德、李世瑨、董若芬、吴浩青、钱志道、倪圣时、温瑞。

生物学系：副教授兼系主任：蔡堡；副教授：贝时璋、许骧、范赉；讲师：蒋天鹤；助教：沈霁春、朱壬葆、王曰玮、吴长春、许承诗。[①]

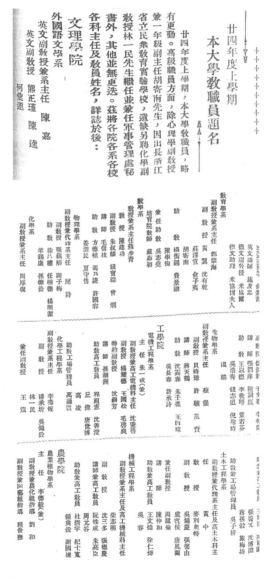

图 7-2-6　《国立浙江大学校刊》登载的 1935 年 8 月后的教职员题名 [②]

---

① 《廿四年度上学期本大学教职员题名》，《国立浙江大学校刊》第 219 期（1935 年 9 月 14 日）。
② 引自《国立浙江大学校刊》第 219 期（1935 年 9 月 14 日）。

如上所述，在 1927 年正式成立大学以来，浙江大学在初期，教授晋升是相当严格的；1933 年4 月后，聘请了第一批教授，即文理学院数学系的苏步青、陈建功（可能正式于 1933 年 8 月即新学年开始起聘）；1935 年 8 月后（可能是 4 月后确定聘任，新学年开始起聘），聘请了第二批教授，即工学院土木工程学系的麦利奥特。其他，均为副教授及以下。

直到 1936 年 8 月后，竺可桢先生长校时期，如张绍忠（1936 年 8 月）、王淦昌（1936 年 8 月）[①]、钱宝琮（1936 年 8 月）[②]、束星北（1937 年 8 月）[③]、何增禄（1937 年 8 月[④] 或 1938 年 8 月[⑤]）等均被聘为教授。张其昀来校初期，1936－1937 年度亦仅为副教授，直到 1 年后的 1937 年 8 月，始被聘为教授。[⑥]

另外，值得注意的是，当时的校长、学院院长，担任的是行政职务（属于"职员"系列），所以，均没有被聘为教授、副教授之类。系主任则由教师担任，如苏步青，明确标注为教授兼系主任，再如蔡堡，则明确标注为副教授兼系主任。而当时的校长兼文理学院院长郭任远、工学院院长朱一成和农学院院长李德毅，均没有教授头衔（即使兼某系主任，也不加教授、副教授头衔）。这些，说明当时学校行政系列和教学系列还是区分得非常清楚的。

第三节　文理学院及理科各系的学生管理

一、浙江大学及理科的招生情况

（一）招生考试

民国时期的大学招生，大致以 1938 年为界，之前多为各校单独招生，之后全面抗战时期为几校（甚至全国）联合招生。浙江大学（包括文理学院及理科各系）在 1938 年之前，亦单独进行招生。具体招生的组织工作，则由专门的招生委员会负责。

1930 年 5 月 24 日的《校刊》第 13 期上，登载了一份《国立浙江大学十九年度招生简章》，该文件规定了 1930 年 7 月的招生及考试安排。在题为"制定十九年度招生简章"的报道中提及："十八

---

① 吴水清主编：《追求卓越——王淦昌年表》，北京：经济科学出版社，1999 年，第 25 页。
② 钱永红编：《一代学人钱宝琮》，杭州：浙江大学出版社，2008 年，第 581 页。
③ 上海市浙江大学校友会编：《难忘的教授——束星北教授诞辰 100 周年纪念文集》（内部印行），2007 年 1 月，第 171 页。编者按：李寿枏所撰《束星北生平（1907—1983）》也记及："束星北也于 1936 年 8 月回浙江大学，翌年升为教授。"（束星北著：《束星北学术论文选集》，北京：海洋出版社，2007 年，第 1 页）。但还有一说为 1936 年 8 月后提升为教授（孙志辉主编：《胡杨之魂——束星北先生百年诞辰纪念文集》，北京：海洋出版社，2007 年，第 38 页）。当以 1937 年 8 月后聘为教授为是。
④ 解俊民：《何增禄教授》，贵州省遵义地区地方志编纂委员会主编：《浙江大学在遵义》，杭州：浙江大学出版社，1990 年，第 438 页。
⑤ 何亚平、郭汾阳、王诗宗编：《学术浙大》，杭州：浙江大学出版社，2007 年，第 266 页。
⑥ 阚维民主编：《史地新论——浙江大学（国际）历史地理学术研讨会论文集》，杭州：浙江大学出版社，2002 年，第 78 页。

年度瞬将终了，下学年招生事宜亟待进行，十九年度招生简章现已由招生委员会制定印行。兹录该项简章于下。"1930年度的"招生简章"如下：

国立浙江大学十九年度招生简章

（1930年5月）

第一部分　招生之学院科系及名额

一、本大学本年度招考新生之学院及科系如左：

（一）文理学院：

1.文科:（1）外国语文学系之英文部，（2）史学与政治学系，（3）经济学系，（4）教育学系；

2.理科：（5）数学系，（6）物理学系，（7）化学系，（8）心理学系。

3.医药预修科（大学本科一、二年级程度，为志愿研究医药者而设）

（二）工学院：

1.电机工程科，2.化学工程科，3.土木工程科。

（三）农学院：

1.农科：（1）农艺系，（2）园艺系；

2.林科：（3）森林系；

3.蚕科：（4）蚕桑系；

4.农政科：（5）农业社会系。

文理学院自一年级起分系，工学院自一年级起分科，四年级起分系；农学院自二年级起分系。

二、以上三学院各科系本年度招牧一年级学生名额如左：

（一）文理学院：

1.文科，2.理科：共十六名；3.医药预修科：三十名。

（二）工学院：

1.电机工程科：二十名；2.化学工程科：二十五名；3.土木工程科：十五名。

（三）农学院：共六十名。

三、投考本大学各生，应注意于报名单上填明投考某学院某科系（投考工学院者不必填系），否则认为报名手续不完，不生效力。

第二部分　修业年限

四、各学院各科系，除文理学院医药预修科二年毕业外，余均为四年毕业。

第三部分　应试资格

五、投考各学院各科系一年级，以公立（即国、省、市、县立）或已经立案之私立高级中学普通科或二年期大学预科毕业，得有正式毕业证书者为合格（在十八年度下学期毕业尚未领得毕业证书者，得持原毕业学校之证明书及成绩单报名投考，但录取者于入学时仍须呈缴正式毕业证书，否则不得入学。）

六、工业、农业专门学校本科修业一年以上，持有修业及转学证书暨成绩单者，得投考工学院、农学院一年级。

七、凡不合于五、六各项规定之资格者，一概不得报名。来函请求通融或明知故问者，均不置答。

八、各学院学生男女兼收。

第四部分　入学试验科目

九、本大学入学试验科目如左：

1. 体格检查

2. 党义

3. 国文

4. 英文

5.a 高等代数，解析几何，三角（文理学院理科、医药预修科，工、农两院依此标准）

5.b 普通代数，平面几何，三角（文理学院文科依此标准）

6. 物理

7. 化学（6、7两门，文理学院文科生选考一门，余均全考）

8. 生物学（志愿入文理、农、两学院者，须考此门）

9. 历史（世界，中国）

10. 地理（世界，中国）（9、10两门，文理学院文科全考，理科选考一门，工、农两学院不考）

11. 口试

文理学院医药预修科应考科目，与理科同。

以上各科试验，均以高中毕业程度为标准。

第五部分　报名日期及地点

十、报名分通信及亲到两种办法，其日期及地点如左：

报名日期：

1. 通信报名　自七月一日起至十四日止。

2. 亲到报名　自七月十四日起至十七日止。

报名地点：杭州市蒲场巷国立浙江大学

第六部分　报名手续

十一、报名手续如左：

1. 填写报名单，2. 呈缴毕业证书及最近四寸半身相片一张，报名费二元。

照片及报名费，无论录取与否，概不退还。

十二、通信报名，应先期索取报名单照填后，连同前条第2项开列各件，由邮局挂号寄至报名地点，并附邮票一角六分。

十三、审查。凭证合格准予报名者，即填给缴入各件收据及准考证，凭证届时到场受试。其通信报名者，前项据证，寄至报名人所在之地址。

第七部分　试期及地点

十四、本年度入学试验日期规定如左：

七月十八日上午（八时至十二时，下同）检查体格。检查体格不及格者，不得参与笔试。

十八日下午（二时至五时，下同）至二十一日上午各科笔试。（笔试日程临时布告之）

二十二日上午口试。

十五、各试在杭州、上海同时举行。报名时认定在何处应试不得更改。

第八部分　入学手续

十六、本大学入学手续如左：

1. 录取各生应于开学之日，偕同保证人（保证人二人，须有固定职业，其一并须寓在杭州市，对于所保学生，能负一切责任者）前来本大学填写入学志愿书及保证书。

2. 将规定应缴各费一次缴清，掣取收据。

3. 凭缴款收据换领入学住宿各证。凭入学证赴考入之学院报到，领取听讲证。住宿生凭住宿证入住宿舍。

第九部分　应缴各费

十七、一年级学生第一学期应缴各费如左：

学费：十二元；杂费：五元，通学生二元；体育费：二元。[①]

1932 年 8 月《国立浙江大学学则》正式制定后，考试基本按照该学则规定进行，更加规范。

具体考试题目，现可见 1933 年国立浙江大学各科试题，包括：国文、史地、物理、化学和生物。兹录如下：

国文（第一次）

一、作文（选做一题，文言白话不拘）

合理的生活

救济农村之我见

晚霞

二、译下列文言文为白话（选译一段）

1. 宋人有善为不龟手之药者世世以洴澼絖为事客闻之请买其方百金聚族而谋曰我世世为洴澼絖不过数金今一朝而鬻技百金请与之客得之以说吴王越有难吴王使之将冬与越人水战大败越人裂地而封之能不龟手一也或以封或不免于洴澼絖则所用之异也（《庄子》）

2. 郢人有遗燕相国书者夜书火不明因谓持烛者曰举烛云而过书举烛举烛非书意也燕相受书而说之曰举烛者尚明也尚明也者举贤而任之燕相白王王大说国以治治则治矣非书意也今世学者多似此类（《韩非子》）

国文（第二次）

一、作文（选做一题，文言白话不拘）

大学生的责任

科学的价值

西湖之夏

二、译下列之诗为散文（文言白话不拘）

暮投石壕村有吏夜捉人老翁逾墙走老妇出门看吏呼一何怒妇啼一何苦听妇前致词三男邺城戍一男附书至二男新战死存者且偷生死者长已矣室中更无人惟有乳下孙有孙母未去出入无完裙老妪

---

① 《国立浙江大学校刊》第 13 期（1930 年 5 月 24 日）。

力虽衰请从吏夜归急应河阳役犹得备晨炊夜久语声绝如闻泣幽咽天明登前途独与老翁别(杜甫《石壕吏》))[①]

中国史（任择二题）

一、春秋战国时吾国社会组织之变迁若何？试略言之。

二、略述唐宋两代之赋税制度。

三、明时天主教传入中国后其影响之及于中国文化者若何？试详言之。

西洋史（任择二题）

一、何谓文艺复兴？试略述其起源、内容及对于近代文化之影响。

二、试略述十九世纪中，德意志及意大利统一运动成功之经过及促成统一之最有关系人物。

三、略释下列各名词之意义及特点：

1. 宗教革命；2. 马可孛罗（Marco Polo）；3. 门罗主义（Monroe Doctrine）；

4. 维也纳会议；5. 克里米战争（Crimean War）。

本国地理（任择二题）

一、东南沿海区所属有何数省？区内之著名海港、商埠有几？其重要及特点如何？试列举并绘图说明之。

二、试比较黄河及扬子江两河所经过之区域及两河流异同之点。

三、我国之铁路干线有几？试列举其起讫之点，并各线之形胜及在工商农业上之重要。

外国地理（任择二题）

一、由上海至伦敦之航程中须经过重要口岸，试列举其名称、形成及特点。

二、何谓拉丁亚美利加（拉丁美洲），试列举其重要国家及其与美国之关系。

三、试言下列地方之位置、重要及特点：

1. 夏威夷群岛（Hawaii Islands）；2. 曼彻斯特（Manchester）；3. 的黎波里（Tripoli）；

4. 布鲁舍尔（Brussels）；5. 马尼拉（Manila）。[②]

物理

一、试论述牛顿第一运动定律。在地面上移动之石块何以不久即停止？

State Newton's first law of motions. Why does a stone moving on the ground gradually come to stop?

二、试述中国秤之构造及原理。

Describe the construction and the principles of Chinese steelyards.

三、以重 980 克之铁锤将钉击入木板一厘米。设木板之平均抵抗力为 20 千克，问铁锤击打时之速率若干？

A hammer, weighing 980 grams, drives a nail into a plank one centimeter. If the average resistance of the plank is 20 kilograms, what is the speed of the hammer in just striking the nail?

四、问在何温度摄氏与华氏温度计之度数相等？

At what temperature are the Fahrenheit and the Centigrade thermometers read the same?

---

① 么其璋、么其琮等编：《民国老试卷》，北京：新星出版社，2016 年，第 4 页。

② 么其璋、么其琮等编：《民国老试卷》，北京：新星出版社，2016 年，第 171-172 页。

五、下列三例，热系用何种方式传播？

By what method or methods is heat transferred in the following cases?

1. 由太阳传至地球之热。Heat received on the earth from the sun.

2. 近火炉所受之热。Heat received near a fireplace.

3. 插金属棒之一端于火中而传至他端之热。Heat received at one end of a metal rod, the other end being inserted in fire.

六、试述声之发生及传播。置铃于真空中能闻其声否？试述其理。

How sound is produced and transmitted? If a bell is placed in vacuum, can we hear the sound? Give reasons for your answer.

七、何以知白光为多种颜色光线所组成？各色光根本不同之点何在？

How do you know that white light is composed of several colors? What characterizes one color from another?

八、磁针何以常指南北？

Why does a compass needle always point north and south?

九、解释起电盘之起电作用。

Explain the action of anelectrophorus.

十、电灯泡上常刻有 200V 及 40W 字样，是何意义？求每灯之电抵抗。如将此种电灯五只并联于 200 弗打之电源，历 10 小时，问共费电能若干？

What is the meaning of 200V and 40W marked on an electriclamp? Find the resistance of such a lamp. How much energy is expended if five such lamps are connected in parallel to 200-volt sources for ten hours？[①]

化学

一、试述下列术语之意义

Define the following terms

1. 可逆反应（Reversible Action）；2. 电离（Ionization）；3. 同素异性（Allotropy）；

4. 复分解（Double Decomposition）；5. 同分异性（Isomerism）。

二、物体之溶解度与温度有关系，其合于下列情形者，试各举一例：

1. 在任何温度其溶解度极小；

2. 在热水中，其溶解度较在冷水中为大；

3. 能溶于水，但在热水中，其溶解度几与冷水无异；

4. 在冷水中其溶解度较在热水中为大。

Name

1. a compound that is only slightly soluble in water at any temperature;

2. one that is much more soluble in hot water than in cold;

3. one that is about equally soluble on hot water and in cold;

---

① 么其璋、么其琮等编：《民国老试卷》，北京：新星出版社，2016 年，第 222-223 页。

4. one that is more soluble in cold water than in hot.

三、下列各物之实验室制法，试以方程式证明之：

Show by equations in laboratory preparation of the following substances.

1. 由水之电解，制氢氧二气；Preparation of hydrogen and oxygen by electrolysis of water.

2. 由硝酸钠制硝酸；Preparation of nitric acid from sodium nitrate.

3. 用 Solvay 法制碳酸钠；Preparation of sodium carbonate by the Solvary process.

4. 由乙醇制醚。Preparation of ether from alcohol.

四、何谓放射性？何人发明镭？镭之用途为何？

What is radioactivity? Who discovered radium? What are the uses of radium?

五、

1. 下列各物试举其化学式：Write the formulas for the following substances.

（1）硫代硫酸钠 sodium thiosulphate（2）过锰酸钾 potassium permanganate

（3）笑气 laughing gas（4）氯酸 chloric acid（5）甲烷 methyl alcohol

2. 下列各物试举其名：Give the names of the following substances.

（1）Pb_3O_4（2）$K_3Fe(CN)_6$（3）$HClO_4$（4）$H_2S_2O_7$（5）CH_3COOH

六、

1. 普通钱币以铜、银或金制之，何故？

Why are coins usually made of copper, silver or gold?

2. 漂白粉之漂白作用为何？

How does bleaching powder bleach?

3. 木灰可作上等肥料，何故？

Why do wood ashes make a good fertilizer?

七、

1. 在不流通空气之室中，备一燃炭之火盆，有时使人患病甚或致死，何故？

Why does an open fire of charcoal in a closed room sometimes cause sickness or even death?

2. 铁何以生锈？ Why does iron rust?

3. 锅炉中何以生硬片？ Why is scale formed inside boilers?

八、分析乙炔之结果为氢 7.7%，碳 92.3%，在标准状态时，一升之乙炔重 1.1621 克，试求其分子式。原子量：碳 =12.00，氢 =1.008

Acetylene, on analysis, is found to contain 7.7 percent of hydrogen and 92.3 percent of carbon; and l liter of the gas weighs 1.1621 gm under standard conditions. Calculate its molecular formula.

At. Wt：C=12.00，H=1.008[①]

生物（第一次）

一、动物细胞与植物细胞构造上有无区别？细胞中最重要之部分是什么？

Is there any structural difference between the cells of animals and plants? What are the essential Parts of Cells?

---

① 么其璋、么其琮等编：《民国老试卷》，北京：新星出版社，2016 年，第 254-256 页。

二、何谓内部生芽？举例说明。

What is "Internal budding"? Explain it with examples.

三、光合作用必要之因子有几种？

What are the essential factors of photosynthesis?

四、试述草履虫之构造。

Illustrate the structure of paramecium.

五、果实属于核果及荚果者各举五种为例。

Give five examples of Drupe and Capsule.

六、说明人类第一对、第二对、第五对及第八对脑神经的功用。

Describe the function of human Ⅰ, Ⅱ, Ⅴ and Ⅷ cranial nerves.

七、作图说明被子植物胚珠的构造。

Illustrate the structure of the ovule of Angiosperm.

八、申述突变论之大概。

State briefly the theories of mutation.

生物（第二次）

一、解释下列各名词：

1.寄生　2.孤雌生殖　3.变态　4.世代交替　5.共生

Define the following terms：

1. Parasitism　2. Parthenogenesis　3. Metamorphosis　4. Alternation of Generation　5. Symbiosis

二、植物界共分几门？各门之特征如何？

How many phyla is the plant kingdom divided? What are the essential characteristics of each phylum?

三、何谓二均分裂？何谓孢子生成？

What is binary-division? And spore formation?

四、略述羊齿植物之生殖。

State briefly the reproduction of Pteridophyta.

五、比较动物与植物之呼吸。

Compare the respiration of animals and green plants.

六、何谓减数分裂？

What is Reduction division?

七、试区别：

1.种子与孢子　2.完全花与具备花　3.荚果与角果

Distinguish the following：

1. Seed and Spore　2. Complete flower and perfect flower　3. Pod and Silage

八、举例解释同功与同源。

Explain Analogy and Homology with examples.

九、用方程式表明绿色植物制造碳水化合物之逐步过程。

Give equations to show the processes of synthesis of carbohydrates in green plants.

十、地衣是什么？

What is Lichen?

十一、配子与合子有何区别？

What is the distinction between Gamete and Zygote?

十二、试述组成与分解作用之区别。

State the difference between Anabolism and Catabolism.

十三、作图区别双子叶茎与单子叶茎之构造。

Draw figures to illustrate the structure of the Stem of Dicotyledon and Monocotyledons.

十四、何谓受精？

What is fertilization?

十五、申述动物胚胎时之主要时期。

State the fundamental stages in embryonic development of ani-mals.[①]

从当时其他学校的考试科目及试题情况来看，各校有所不同，如当时私立的交通大学，除了国文科以外的其他所有入学考试科目，全部都用英文命题；而国立大学的武汉大学，则除了英文科以外的其他考试科目全都用中文[②]。浙江大学亦同于国立大学，以中文为主，但理科（如物理、化学、生物）试卷则中文、英文双语并用。

（二）录取及入学

从相关材料来看，基本上，1936 年之前，浙江大学招生考试放在 7 月份，试场在杭州的大学本部和上海（一般借用其他大学的场地）。考毕即批改试卷，根据招生计划，确定录取名单（分正取和备取；即正取考生若放弃入学资格，则备取名单依次递补）。录取工作结束后，《校刊》会刊登录取的新生名单。

1.1930 年度

《校刊》第 21 期（1930 年 9 月 7 日）登载了 1930 年度的新生录取情况，正好可以与前引该年招生简章对应起来。兹将理科学生名单摘录如下：

本届录取新生姓名（共二百二十八名）

（一）文理学院

1.外国语文学系：（略）

2.史学与政治学系：（略）

3.经济学系：（略）

---

① 么其璋、么其琮等编：《民国老试卷》，北京：新星出版社，2016 年，第 280-282 页。

② [美] 叶文心：《民国时期大学校园文化：1919−1937》，冯夏根等译，北京：中国人民大学出版社，2012 年，第 61-62 页。

4.教育学系：（略）

5.数学系：任慧、廖念怡、金再鑫、陈洪炽、王懋椿、黄祥懋（编者注：也作"黄祥椒"）①

6.物理学系：张兴孝、俞涤、王子昌、温志远、夏守岱、孔昭健、孙祥鹏、王以德、唐光勋、夏贞兰②

7.化学系：江芷③

8.生物学系：王福贞（编者注：也作"王福桢"）④

9.医药预修科：张健、俞德章

（二）工学院（略）

（三）农学院（略）

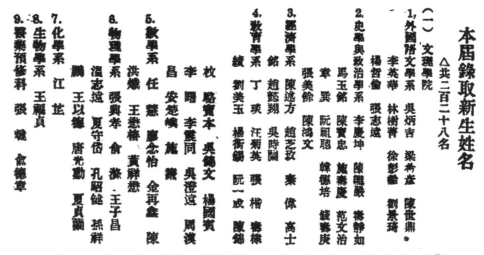

图 7-3-1　《国立浙江大学校刊》登载的 1930 年 8 月后的该级录取新生名单⑤

从这份录取名单来看，与该年 5 月份的招生简章相比，略有变化，即心理学系未招生，而生物学系开始招生；名额上，文、理两科原共拟招生 16 名，现远远超出（仅理科就合计 18 人），但医药预修科仅招到 2 人（原拟招 30 人；亦可能是医药预修科该年度停办的原因）。

另外，将录取名单与后来档案等材料中所见的各年学生名单相比，亦有一些变化。当然，与各系毕业生名单相比，则变化更大。这说明两个方面的特点：一是当时的学生在系科之间有较大的转换（即选择）的自由，且学习年限亦有较大的弹性；二是学生的辍学率很高（因经济、健康等，或无法适应大学学习，或学校管理较为严格等原因）。如文理学院初期的四届：

本学院学生人数，以入学时注册数计算：十七年度四十人；十八年度六十七人；十九年度一百十三人；二十年度一百四十二人；以二十年度终了时在校实数计算：则四年级（十七年入学，

---

①　编者按：从有关档案等材料可见，数学系 1930 级学生情况如下：该级正式注册：王懋椿、黄祥懋、金再鑫、夏守岱；该级 1934 年 7 月毕业：金再鑫，夏守岱，黄祥懋；夏守岱从物理系转来；廖念怡、陈洪炽、王懋椿 1935 年延后一年毕业。

②　编者按：从有关档案等材料可见，物理学系 1930 级学生情况如下：该级正式注册：王子昌；夏守岱转至数学系；该级 1934 年 7 月毕业：黄缘炘、王子昌；黄缘炘为 1929 年 8 月后入学。

③　编者按：从有关档案等材料可见，化学系 1930 级学生情况如下：该级正式注册：江芷；该级 1934 年 7 月毕业：江芷、李世瑶；1932 年 8 月份该级在学为 3 人：江芷、李世瑶、孙祥鹏（孙祥鹏从物理学系转来）。

④　编者按：从有关档案等材料可见，生物学系 1930 级学生情况如下：该级正式注册：无；1932 年王福贞在生物学系注册（登记名为"王福桢"，可能因故推迟入学 2 年）；该级 1934 年 7 月无毕业生；王福桢 1936 年毕业。

⑤　引自《国立浙江大学校刊》第 21 期（1930 年 9 月 7 日）。

下类推）二十八人；三年级二十七人；二年级二十七人；一年级五十五人；共一百三十七人。[①]

即 1928 级入学 40 人，1932 年实际在校 28 人；1929 级入学 67 人，1932 年实际在校 27 人；1930 级入学 113 人，1932 年实际在校 27 人；1931 级入学 142 人，1932 年实际在校 55 人。流失率在一半至 2/3 左右。

2.1933 年度

1933 年度的招生是在郭任远长校后主持进行的，由招生委员会负责具体实施。招生分为 2 次，第 1 次 7 月 17－20 日报名，21－24 日考试，在上海江湾复旦大学举行，此次有 796 人报名，录取 201 人（其中正取 169 人，备取 32 人）；第 2 次于 8 月 17－20 日报名，21－24 日考试，在本校举行，此次有 608 人报名，录取 111 人。

此次文理学院理科各系录取情况如下：

数学系：第一次正取：周佐年，黄香珠；第二次录取：何章陆，宣化五。

物理学系：第一次正取：徐骍宝，黄授书，项哲明，沈家桢，赵芳瑛，杨钰；第一次备取：施莲香，王宗陂，戴振铎，吴本涛；第二次录取：洪宝三，陈永权，朱鉴明，秦振华，金玖如，徐日洪，黄继武，端木镇康，徐世学，张璐，陈迪清。

化学系：第一次正取：汪盛年，吕家鸿，齐颐，汪济，华国桢，李乃暨，董大勋，李惟和，马龙翔，杨昌俊；第一次备取：沈仁湘，王显民，周志瑞，俞馨畹，王焕镜，汪天民，盛水湘，高安忠，蒋天骥，朱谱章；第二次录取：童咏梅，朱鸿年，潘祖麟，杨会烈，卢衍豪，池钟瀛，姚佩瑃。

生物学系：第一次正取：祝静言，向墙，吴宝华，姚鑫，陈文彬；第一次备取：吴廷璹，陶秀良，叶德盛（北平弘达中学毕业）；第二次录取（注：标明为生物学系实验生物组）：沈瑞和，解翼生，沈永廉；浙江省教育厅保送免试升学新生：陈士怡，徐道秉。[②]

这一名单与 1937 年后的毕业生名单相对照，与前述 1930 级情况类似，也可见学生流失率很高，如数学系仅何章陆按期毕业，黄继武从物理学系转至数学系毕业；物理学系的黄授书、洪宝三、端木镇康按期毕业，朱鉴明 1938 年毕业；化学系的周志瑞、蒋天骥按期毕业；生物学系的姚鑫、陈士怡、向墙按期毕业，吴宝华延至 1938 年毕业。

---

① 《国立浙江大学文理学院第一届毕业纪念刊》（1932 年 7 月），第 14 页。
② 《国立浙江大学校刊》第 141 期（1933 年 9 月 2 日）。

專載

二十二年度取錄新生一覽

本大學二十二年度招生，計分兩次，第一次於七月十七日至二十日報名，二十一日至二十四日考試，在上海江灣復旦大學舉行；報名者有七百九十六人，錄取二百另一人（正取一百六十九人，備取三十二人）。第二次於八月十七日至二十日報名，二十一日至二十四日考試，在杭州本大學舉行；報名者有六百另八人，錄取一百十一人。代辦浙江省立高級工業農業職業學校合併在杭州本大學舉行，於八月四日至七日報名，八日至十日考試，報名者七百一十人，計錄取二百另四人。茲將大學及代辦高職，錄取新生姓名揭載於後：

本大學二十二年度第一次錄取新生

文理學院

外國文學系英文組

[正取]宋顯傳 王尙德 曾旣划
陸素心 朱玉珍 胡錫年
鄭煉 胡鼎新 吳乃濟
揚善進 王玉

教育學系

[正取]楊霄濤 熊英 葉約翰
劉霖棠 胡繩繫 佘多潮
李季開
[備取]胡家粹 何志行 邱璧光

數學系

[正取]周佐年 黃香珠

物理學系

[正取]徐踐寶 黃授書 項哲朋
沈家楨 趙芳瑛 楊鈺
（淮安縣籍）
[備取]施蓮香 王宗陂 戴振鐸
吳本燾

化學系

[正取]汪盛年 呂家鴻 齊頤
汪濟 華國楨 李乃豐
董大勳 李惟和 馬龍翔
楊昌俊
[備取]沈仁湘 王顯民 周志瑞
俞馨晼 王煥鏡 汪天民
盛水湘 高安忠 蔣天驥
朱譜章

生物學系

[正取]祝韶言 向墱 吳寶樂
姚鑫 陳文彬
[備取]吳廷璐 陶秀良 葉德盛
（北平弘達中學畢業）

本大學二十二年度第二次錄取新生

文理學院

外國文學系英文組

姚珣閭 方本爐 劉黎輝 韓文起

教育學系

周鴻本 金寶祥 姚芳英 王益良
蔣廷黼 周賡和 段龍 謝武鵬
潘鳳韶 朱慶年 周大年 方毓蘭
劉森華 何志行

數學系

何章陸 宣化五

物理學系

洪寶三 陳永權 朱鑑明 秦振華
金玖如 徐日洪 黃繼武 端木鎮康
徐世學 張瑞 陳迪清

化學系

董詠梅 朱鴻年 潘祖麟 楊會烈
盧衍豪 池鍾瀛 姚佩瑨

生物學系實驗生物組

沈瑞和 解翼生 沈永廉

浙江省教育廳保送免試升學新生

文理學院

生物學系 陳士怡 徐道秉

图 7-3-2 《国立浙江大学校刊》登载的 1933 年 8 月后的该级录取新生名单[①]

① 引自《国立浙江大学校刊》第 141 期（1933 年 9 月 2 日）。

3.1934 年度

1934 年度的招生也是在郭任远校长任内主持进行的，亦由招生委员会负责具体实施。1934 年9 月，文理学院理科各系录取新生名单如下：

数学系：胡鹏，楼仁泰，赵保惠，陈举才，恽鸿昆，侯希忠，汤彦华，冯世禨（女），郑锡兆，王传亨。

物理学系：余文琴（女），刘导芳（女）（编者注：也作"刘导涝"），孙湘（女），李春芝，胡宁，彭慧云（女），朱箕元，沈珑，朱光世，曾克京。

化学系：李德埙，顾学民（女），李琼华（女），于同隐，张澜庆，陆铸平，胡媄（女），过鑫先，张景班，郭大智。

生物学系：徐宗铨，黄炳然，傅育英（女），胡步青，李达（女），周慧生（女），应广鑫，潘夐婧（女），顾璀（女），金贵铸。[①]

这一名单与 1938 年后的毕业生名单相对照，同样可见学生流失率很高，如数学系仅恽鸿昆、侯希忠按期毕业，彭慧云（女）从物理学系转至数学系毕业，楼仁泰延至 1939 年毕业；物理学系的余文琴（女）、朱光世按期毕业，赵保惠从数学系转至物理学系毕业，刘导芳（女）延至 1939 年毕业；化学系的李德埙、李琼华（女）、于同隐按期毕业；生物学系仅傅育英（女）按期毕业。

二、对学生的在校管理

（一）1932 年8 月之前，文理学院自行管理学生事务

1932 年 8 月校政统一之前，文理、工、农三学院各自办理各项事务，学生管理也多各自进行。如文理学院 1930 年 2 月前后，多次颁布有关学生管理的"规则"等：

国立浙江大学文理学院学生转系规则

（1930 年 2 月）

（一）学生转系，应视转入之学系与原学系是否同属一科，分别依甲、乙二项之规定办理之。

甲、学生欲转入同科之他学系者，应以书面详陈理由，申请院长核夺，由院长与原学系转入学系之主任商定，分别准驳之。

乙、学生欲转入不同科之学系者，除应遵照甲项之规定办理外，并得由院长及转入学系主任商定，令其依照其转入之科所规定之入学试验科目，补受前未受试各科试验；此项补试科目不及格者，仍不准转系。

（二）学生申请转系，应于每学年结束一个月前行之。

（三）学生因转系关系，不能于四年间修毕规定之各种课程者，应延长其毕业期间，以修毕规定之各种课程为度。[②]

[①] 《国立浙江大学校刊》第 181 期（1934 年 9 月 8 日）。
[②] 《国立浙江大学校刊》第 1 期（1930 年 2 月 22 日）。

国立浙江大学文理学院学生停习学程规则

（1930 年 2 月）

（一）学生于学期中间得到成绩不良之警告；或因其他原因，得于学期结束六星期前，申请停习其现习学程之一部分。

（二）学生欲停习某种学程时，应以书面申请其主科学系之主任及院长核准，并由院长转知任课之教员。

（三）学生于未经主任及院长核准前，擅自停修某种学程者，仍以旷课论。

（四）学生停习之学程，不得超过规定应习学分之半数。

（五）学生申请停习学程，时主科学系之主任或院长得令其继续修习已得警告之学程，而令其停止未得警告之学程。

（六）学生如因停习某种学程，于其将来之学业进程上，有发生障碍之危险者，其主科学系之主任或院长，得不准其停习该种学程。[①]

（二）1932年8月之后，统一按照《国立浙江大学学则》的规定管理

1932 年 8 月后，学校正式制定《国立浙江大学学则》，并颁布大量具体涉及学生管理方面的规范，如《国立浙江大学奖学金及免费学额规则》（二十二年一月十二日校务会议第十九次常会通过）、《国立浙江大学学生操行考查规则》《国立浙江大学学生宿舍规则》《国立浙江大学学生团体组织通则》《国立浙江大学各院图书馆通则》《国立浙江大学各院图书馆阅览室规则》《国立浙江大学学生借书规则》《国立浙江大学诊疗室规则》等。[②] 学校进入统一管理学生事务阶段。

1.《国立浙江大学学则》的有关规定

1932 年 8 月制订实施的"国立浙江大学学则"，对学生管理诸种事项进行了明确的规定，包括：
—— 招生考试方面，如考试时间、报名资格、考试科目等；
—— 新生入学方面，如入学手续、缴费标准等，外校学生转学的程序，旁听生的制度等；
—— 学生在校学习期间的课程修习方式、成绩、学分等如何获得等，明确规定"本大学采用学分制，但学生修业期限至少四年"，课程"分为必修、选修两种，均于各系学程中详细规定"，以及对学分和成绩的要求和考试制度等；
—— 特殊情形的处理方式，如请假制度、休学制度、退学规定等。

国立浙江大学学则

（1932 年 8 月）

第一章　应试资格

第一条　本大学于每年暑假时举行入学考试，招收新生，其日期地点另时公布。

---

① 《国立浙江大学校刊》第 1 期（1930 年 2 月 22 日）。
② 编者按：这一时期的相关具体规定，可参见《浙大史料：选编一（1897—1949）》所载各有关文件（张淑锵、蓝蕾主编，杭州：浙江大学出版社，2017 年，第 175-205 页）。

第二条 凡具有左列资格之一者，得报名应试。

1.公立（即国、省、市、县立）或已立案之私立高级中学普通科，与农、工、商、家事职业科毕业，得有正式毕业证书者。

2.公立或已立案之私立高中师范科毕业，得有正式之毕业证书，而在学时并未受有免费待遇（全部或一部）者，或受有免费待遇，而毕业后曾在小学或其他教育事业服务满足一年，得有服务证明书者。

3.公立或已立案之私立大学二年期预科毕业，得有正式毕业证书者。

4.尚未立案之私立高级中学或大学二年期预科毕业，经主管之教育行政机关甄别试验及格，得有升学证明书者。

第三条 具有前条1、2、3各款资格之一者，如系在应试之学期毕业，尚未领到毕业证书时，得持原毕业学校之证明书报名应试（但录取者于入学时，仍须呈缴正式毕业证书，否则不得入学）。

第四条 工业、农业专门学校本科修业一年以上，持有转学证书暨成绩单者，得分别投考工学院、农学院一年级。

第五条 凡不合于第二、第四两条规定之资格者，概不得报名。来函请求通融或明知故问者，均不置答。

第六条 各学院学生男女兼收。

第二章 入学考试科目

第七条 入学考试科目如左：

1.体格检查。

2.党义。

3.国文。

4.英文。

5.a 高等代数，解析几何，三角（文理学院数学系，物理学系，化学系，工学院各学系，及农学院森林学系依此标准）。

　b 算术，普通代数，平面几何（文理学院外国文学系，政治学系，教育学系，生物学系，及农学院农艺学系，园艺学系，农业社会学系，蚕桑学系依此标准）。

6.物理。

7.化学（6、7两门，文理学院外国文学系，政治学系，教育学系选考一门，余均全考）。

8.生物学（投考文理，农两学院者，须考此门）。

9.历史（世界，中国）。

10.地理（世界，中国）（9、10两门，文理学院外国文学系，政治学系，教育学系全考，其余各学系选考一门；工，农两学院不考）。

以上2至10各科试验，均以高中毕业程度为标准。

11.口试。

第三章 入学手续

第八条 入学手续如左：

1.录取各生，应于开学之三日内，协同保证人（保证人二人，须有固定职业，其一并须寓在杭州市，对于所保学生，能负一切责任者）。前来本大学填写入学愿书及保证书。

2.将规定应缴各费一次缴清。

3.凭缴费收据换领入学住宿各证。凭入学证赴考入之学院报到，领取听讲证。住宿生凭住宿证入住宿舍。

第四章　纳费

第九条　每学期应缴各费如左：

学费12元。

杂费5元（通学生2元）。

体育费1元。

代管各费（除学生团体费外，均盈还亏补）。

制服费11元。（冬服8元，军衣3元，第二学期须缴夏服费5元）。（文理学院另收运动服费12元）。

书籍费 文理学院55元，工学院由学生自设委员会经理，农学院33元。

讲义费4元。

预备费6元。

学生团体费 文理，工两学院各1元，农学院由学生自理。

第五章　转学

第十条　先声明志愿编入某院某科系之某年级，俟关系之学院查明该科系年级尚有缺额，始准报名。

第十一条　报名时应与新生一律办理，并须同时呈验合格之大学修业证书成绩单及转学证书（转学证书得在入学时补缴，但无转学证书者虽经录取不得入学）。

第十二条　志愿编级者，均须一律参加新生入学试验，入学试验及格者，始准参加编级试验。

第十三条　编级试验以该生编入之年级所已经修过之全部学程为范围，例如欲编入二年级者，须考一年级全部学程。

第十四条　志愿编级者，从前修过之学程在本大学非为必修者，毋庸考试，亦不给学分。

第十五条　编级试验及格之学分不及该年级规定应修学分之半数时，不得编级，但得入一年级修学。

第十六条　编级试验于开学后行之。

第六章　旁听

第十七条　本大学得酌量情形收容旁听生。

第十八条　旁听生不得改为正式生，所修学程，不给予学分及其他证明文件。

第十九条　旁听生听讲科目，至多不得逾三学程。

第二十条　旁听生应缴各费，以学程为单位，每一学程每学期学费三元，实验费五元，讲义费一元。但旁听之学程，如不发讲义或无实验者，实验费及讲义费分别免缴。

第二十一条　志愿旁听者，应填具旁听请求书，送往志愿旁听之院，经院长核准，并转商有关系之教员许可后，由注册课通知缴费，给予旁听证听讲。

第二十二条　旁听生得通知书后，应请在本市有正当职业者二人为保证人，来本大学填具保证书。

第二十三条　旁听生不得寄宿本大学宿舍。

第二十四条　旁听生不得以本大学学生资格参加校内外一切活动。

第二十五条　旁听生须遵守本大学一切规则，否则停止其旁听。

第七章　学分及成绩考查

第二十六条　本大学采用学分制，但学生修业期限至少四年。

第二十七条　本大学学科分为必修、选修两种，均于各系学程中详细规定。除各系共同必修科外，学生当按照其本系规定之学程切实习完各科。

第二十八条　各学科以学分为单位，每学期每周上课一小时，并须二小时以上之自习者，或实习二小时至三小时者为一学分。

第二十九条　学生至少须修满学程一百三十二学分（党义、军训、体育除外）始得毕业。

第三十条　每学期学生所修功课，不得少于十五学分，亦不得超过二十一学分（党义、军训、体育除外）。

第三十一条　学生前学期成绩总平均不及七十分者，所修功课，除各院有特殊规定者外，不得超过十八学分。

第三十二条　每学程之成绩，以六十分为及格；在六十分以下，五十分以上者，得补考一次，补考分数最多以六十分计算，在五十分以下者不给学分，并不得补考；如系必修科，须重习之，但重习以一次为限。

第三十三条　学生全年所修学分，经补考后，尚有五分之二（党义、军训、体育除外）不及格者，即令退学。

第八章　试验

第三十四条　每学期试验次数，由担任各学程之教员酌定之；但至少须举行试验二次以上。

第三十五条　学生关于试验事项，不得有所请求。

第三十六条　除学期、学年考试，由各院编订日程外，其临时试验时期，由担任学程教员决定之。

第三十七条　临时试验，学生因故缺席经院长准许者，得请求补考。每学期以一次为限。

第三十八条　学生参加试验时，如不遵守试场规则，其试卷无效。如有舞弊夹带等情，应令其退学。

第九章　请假及缺课

第三十九条　学生缺课及寄宿生因特别事故，须在外住宿时，均须请假。

第四十条　学生缺课应向本院院长请假；因故须在外住宿者，应向生活指导员请假，均须声明理由填具请假书。

第四十一条　请假期间在二日以上者，事假有家长函件证明；病假须有医生证明书。

第四十二条　学生未经准假缺课者，以旷课论；未经准假在外住宿者，酌量情形，分别予以儆戒。

第四十三条　学生旷课，一学期内至二十小时者，本学期不给学分。

第四十四条　学生缺课（包括请假及旷课）一学期内共满一百小时者，本学期不给学分。

第四十五条　学生请假准许者，应于销假时，将请假单缴还注销。否则自假满之时起，仍以未经准假论。

第十章　休学

第四十六条　学生如因重病经医生证明或重要事故经家长或保证人之证明，得暂请休学。

第四十七条　休学须经本大学许可。

第四十八条　休学期限，以一年为度，期满不来校复学者，以退学论。

第十一章　退学

第四十九条　有左列情形之一者，应予退学：

1. 成绩不及格，照章应予退学者。

2. 逾入学限期，不到校注册，又未请假者。

3. 身体欠健全，或得有危险症候，经校医证明，不能求学者。

4. 品行不良违犯校规者。

5. 因不得已事故，自动声请退学者。

第五十条　除第4项外，凡退学者，学校均给予转学证书，但退学后，不得复请入学。

第十二章　补考

第五十一条　凡学生在一学期内某学科平均成绩在六十分以下，五十分以上者，得准补考。

第五十二条　凡因不得已事故（如丧葬、疾病等），在准假期内，未参与学期试验者，得请补考。

第五十三条　准予补考之学科，在次学期开学后一星期内举行补考。

第五十四条　补考以一次为限，逾期不考，不得重请补考。

第五十五条　凡未经请假，擅自缺考者，不准补考。[①]

该《学则》后有所修订，如 1935 年 6 月颁布了修订后的《学则》。1935 年修订的《学则》，在许多方面（如考试、缺课等方面），较之 1932 年的规定，都更为严格。

修正国立浙江大学学则

（二十四年六月修正公布）

第一章　应试资格

第一条　本大学于每年暑假时举行入学考试，招收新生，其日期、地点临时公布。

第二条　凡具有下列资格之一者，得报名应试：

（一）公立（即国、省、市、县立）或已立案之私立高级中学普通科，与农、工、商、家事等职业科毕业，得有正式毕业证书者；

（二）公立或已立案之私立高中师范科毕业，得有正式毕业证书，而在学时并未受有免费待遇（全部或一部）者；或受有免费待遇，而毕业后曾在小学或其他教育事业服务满足一年，得有服务证明书者；

（三）公立或已立案之私立大学二年期预科毕业，得有正式修业证书者；

（四）尚未立案之私立高级中学，或大学二年期预科毕业，经主管之教育行政机关甄别试验及格，得有升学证明书者；

---

① 国立浙江大学秘书处出版课编：《国立浙江大学一览（二十一年度）》，杭州：杭州正则印书馆，1932 年 12 月，第 297-308 页。

（五）工业、农业专门学校本科修业一年以上，持有转学证明书暨成绩单者，得分别投考工学院、农学院一年级。

第三条 具有前条（一）、（二）两款资格之一者，如在应试时尚未领到毕业证书，得持原毕业学校之毕业证明书报名应试。毕业证明书上须粘相片，盖钢印，并须载明有效期间（查教育部规定，有效期间，以六月为限），及"是项证明书，须于换领正式毕业证书时收回注销"字样者，方为有效。

第四条 各学院学生，男女兼收。

第二章 入学考试科目

第五条 入学考试科目如下：

（一）体格检查；

（二）口试；（以上两试不及格者，不得参加以下各试）；

（三）党义；

（四）国文；

（五）英文；

（六）普通及高等代数学，平面及解析几何学，三角法；

（七）物理；

（八）化学；

（九）历史；（世界，中国）

（十）地理；（世界，中国）

（十一）生物；（投考文理学院生物学系及农学院各学系者，须加试此科。）

第三章 入学手续

第六条 新生入学，依下列之规定：

（一）新生应于开学前二日内，偕同保证人（保证人二人，须有固定职业，其一并须寓在杭州市，对于所保学生，能负一切责任者）。前来本大学填写入学愿书及保证书，呈缴证明文件，并缴纳应缴各费（如在应试时尚未领到毕业证书者，须先缴报名时呈验之毕业证明书。是项证明书，得于换领毕业证书时，请求发还，惟须由原毕业学校备具正式公函领取）。

（二）新生因病或因事不能于前款规定日期内到校者，应先以书面向本大学注册课陈明理由，声请给假；假期以自开学前二日起，九日为限，凡未经准假，或已准给假而届期不到者，一律取消入学资格。

第七条 旧生入学，依下列之规定：

（一）旧生应于开学之日到校注册缴费。

（二）旧生因病或因事不能于开学之日到校者，应先以书面向本大学注册课陈明理由，声请给假；假期以自开学之日起，九日为限。凡未经准假，或已准给假而届期不到者，一律取消入学资格。

第四章 缴费

第八条 每学期应缴各费如下：

（一）学费 十元；

（二）杂费 五元（通学生二元）；

（三）体育费 二元；

（四）医药费　一元。

（五）代管各费（如有变更，得随时增减之，均盈还亏补）。

书籍费　二十元；

膳费　三十二元（住宿生）；

讲义费　四元；

洗衣费　四元（一二年级住宿生；三四年级同）；

被单枕套费　一元五角（同前）；

预备费　六元。

实验费包括在预备费内。

（六）新生加缴各费（均盈还亏补）：

制服费　十七元（第一学期缴）；男生十七元，女生五元（第二学期缴）；

运动服费　五元；

制服费包括军服费在内。

第五章　转院转系

第九条　本大学一年级生，不得转院或转系。

第十条　本大学二年级以上学生，欲转入他院时，依下列之规定办理：

（一）志愿转院者，须先具呈教务处，声明志愿缩入某学院某学系之某年级（四年级不收转院生），经核准后，给与准予投考凭证，于本大学招生时，持证报名投考；

（二）报名时应与新生一律办理；

（三）志愿编级者，经参加新生入学试验及格后，始准参加编级试验；

（四）编级试验，以该生在原院已经修过之学程，经审查认为可以给予学分者为范围；编级试验及格之学程，核给学分；

（五）编级试验及格之学分，不及该年级规定应修学分之半数时，不得编入该级，但得入相当年级修学；

（六）编级试验，于开学后两周内行之。

第十一条　本大学各院二年级以上学生，在各本学院内之转系办法，由各院另定之。

第六章　学分及成绩考查

第十二条　本大学采用学分制，但学生修业期限，至少四年。

第十三条　本大学学科，分为必修、选修两种，均于各系学程中详细规定；除各系共同必修科外，学生当按照其本系规定之学程，习完各科。

第十四条　各学科以学分为单位，每学期每周上课一小时，并须二小时以上之自习者，或实习二小时至三小时者，为一学分。

第十五条　学生至少须修满学程一百三十二学分（党义、军训、体育除外）始得毕业。

第十六条　每学期学生所修功课，不得少于十五学分，亦不得超过二十一学分（党义、军训、体育除外）。

第十七条　学生前学期成绩总平均不及七十分者，所修功课，除各院有特殊规定者外，不得超过十八学分。

第十八条　每学程之成绩，以六十分为及格；在六十分以下，五十分以上者，得补考一次，补考分数最多以六十分计算；在五十分以下者，不得补考，亦不给学分；如系必修科，须重习之，重习经补考后再不及格，即令退学。

第十九条　学生每学期所修学分，倘有五分之二（党义、军训、体育除外）不及格者，即令退学。

第七章　试验

第二十条　每学期试验次数，由担任各该学程之教员酌定之；但至少须举行试验二次以上。

第二十一条　学生关于试验事项，不得有所请求。

第二十二条　学期、学年考试，由注册课编订日程；临时试验时期，由担任该学程之教员决定之。

第二十三条　学生参加试验时，如不遵守试场规则，其试卷无效；如有舞弊夹带等情，应令其退学。

第八章　缺席

第二十四条　缺席分缺课与旷课两种。准假缺席为缺课；未经告假，或告假未准之缺席为旷课。

第二十五条　凡学程讲授一小时者，缺课一小时为一次；实习每次或二时三时不等，作一次算；惟病假经校医证明者，缺课以两次作一次算。

第二十六条　学生告假，依照本大学请假规则办理。

第二十七条　告假期内，不论教员缺席与否，及有无学生缺席报告，请假之课程，概作缺课论。

第二十八条　上课时，学生在点名后到堂者，概为迟到；迟到三次，以缺课一次论。教员迟到时，学生须在教室内静候十分钟，过时教员不到，始可下课。凡未满十分钟即行退席者，以旷课论。

第二十九条　旷课一次，等于缺课五次。

第三十条　全校全院全系全级全班等团体请假，一概不准。

第三十一条　一学期授课时间，作二十周计算，学生缺席（兼指缺课旷课），照下列规定，分别办理：

（一）凡在一学期内，在各学程之缺课总数，达全学期授课时间之五分之一者（即四星期，等于其每周所修学分总数之四倍），所修学程，概无学分；

（二）凡在一学期内，缺课次数，满该学程授课时间之四分之一者，该学程不给学分；

（三）凡在一学程内，缺课一次，应扣分几何，照下列缺课扣分表办理。

第九章　补考

第三十二条　凡学生在一学期内，某学程成绩在六十分以下，五十分以上者，得准补考。

第三十三条　凡因不得已事故（如亲丧疾病等），在准假期内，未参与学期试验者，得请补考。

第三十四条　准予补考之学程，在次学期开学前三日内举行之。

第三十五条　补考以一次为限，逾期不考，不得重请补考。

第三十六条　凡未经请假，擅自缺考者，不准补考。

第十章　休学

第三个七条　学生如因重病，经医生证明；或重要事故，经家长或保证人之证明，得暂请休学。

第三十八条　一年级生在第一学期，概不得请求休学；第二学期请求休学，须经一年级主任许可。二、三、四年级生，须经各本院院长许可。

第三十九条　休学期限，以二年为度；期满不来校复学者，以退学论。

第十一章　退学

第四十条　有下列情形之一者，应予退学：

（一）成绩不及格，照章应予退学者；

（二）违背规定入学手续者；

（三）身体欠健全，或得有危险症候，经校医证明，不能求学者；

（四）品行不良，违犯校规者；

（五）因不得已事故，自动声请退学者；

（六）休学期满，不来校复学者。

第四十一条　凡退学者，除前条第（四）款外，学校均给予转学证书；但退学后，不得复请入学。

第十二章　奖惩

第四十二条　本大学学生奖惩办法，依照本大学学生奖惩规则办理。

第十三章　附则

第四十三条　本学则经校长核准，公布施行。①

1932 年 8 月制定统一的《学则》后，学校对学生的管理有章可循，即基本按照该《学则》的统一规定进行。如每年期末考试（当时称为“学期试验”），1932－1935 年，“学期、学年考试，由各院编订日程”，1935 年后，“学期、学年考试，由注册课编订日程”，均由校长出具《布告》正式公布时间，并在《校刊》上具体公布考试安排。

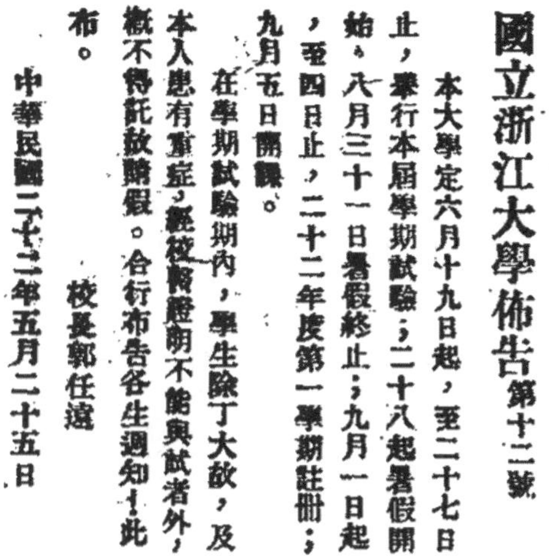
國立浙江大學佈告第十二號

本大學定六月十九日起，至二十七日止，舉行本屆學期試驗；二十八起暑假開始，八月三十一日暑假終止；九月一日起，至四日止，二十二年度第一學期註冊；九月五日開課。

在學期試驗期內，學生除丁大故，及本人患有重症，經校醫證明不能與試者外，概不得託故請假。合行布告各生週知！此布。

校長郭任遠

中華民國二十二年五月二十五日

图 7-3-3 《国立浙江大学校刊》登载的二十一年度学期测验（1933 年 6 月）安排的布告②

2. 有关奖学金、助学金的规定及颁授情况

浙江大学还有关于奖学金、助学金等的规定。1932 年 8 月后，程天放校长争取到经费，即开

① 《国立浙江大学要览（民国二十四年度）》，第 9 页。引自张研、孙燕京主编：《民国史料丛刊》（第 1087 册），郑州：大象出版社，2009 年，第 10-20 页。

② 引自《国立浙江大学校刊》第 135 期（1933 年 5 月 27 日）。

始在学校设立了奖学金、助学金等制度，并制定了相应规则。[1] 初期，奖学金分 3 种，即大学奖学金、学院奖学金、学系奖学金；且规定“受名额之限制，其较优者，得受奖学金，其次优者，得免次学期学费”，即还有免除下学期学费的奖励。

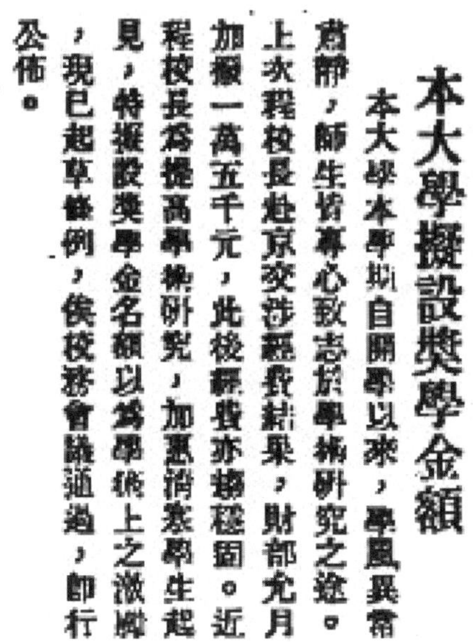

本大學擬設獎學金額

本大學本學期自開學以來，學風異常肅靜，師生皆專心致志於學術研究之途。上次程校長赴京交涉經費結果，財部允月加撥一萬五千元，此後經費亦較穩固。近程校長為提高學術研究，加惠清寒學生起見，特擬設獎學金名額以為學術上之激勵，現已起草條例，俟校務會議通過，即行公佈。

图 7-3-4 《国立浙江大学校刊》报道程天放长校时期拟设奖学金的消息[2]

国立浙江大学奖学金及免费学额规则

（二十二年一月十二日校务会议第十九次常会通过）

第一条 本大学为奖进学生学业及操行起见，设立奖学金及免费学额。

第二条 奖学金分大学奖学金、学院奖学金、学系奖学金三种。

1. 大学奖学金 1 名，奖金 100 元。

2. 学院奖学金，以人数为标准，每学院人数在 200 人以下者，设置 2 名，200 人至 300 人者，设置 3 名，奖金每名 50 元。

3. 学系奖学金，每学系人数在 50 人以下者，设置 1 名，50 人以上者，设置 2 名，奖金每名 30 元。

第三条 凡受前条奖学金者，并由本大学给予奖学金证书。

第四条 凡本大学正式生合于下列标准者，得受大学奖学金。

1. 操行优良，从未旷课，而一学期内请假时间在十小时以内者（纪念周未请假而缺席，亦作旷课）。

2. 在本大学中，学期总成绩最高，所修科目均在 85 分以上者。

3. 军事训练及体育成绩在 70 分以上者（三、四年级学生不在此限）。

第五条 凡本大学正式生合于下列各标准者，得受学院奖学金：

1. 操行优良，从未旷课，而一学期内请假时间在十小时以内者（纪念周未请假而缺席，亦作旷课）。

---

① 《国立浙江大学校刊》第 114 期（1932 年 11 月）。

② 引自《国立浙江大学校刊》第 114 期（1932 年 11 月）。

2.在所属学院中，学期总成绩比较最高，平均分数在 85 分以上，各科均在 80 分以上者。

3.军事训练及体育成绩在 70 分以上者（三、四年级学生不在此限）。

第六条 凡本大学正式生合于下列各标准者，得受学系奖学金：

1.操行优良，从未旷课，而一学期内请假时间在十小时以内者（纪念周未请假而缺席，亦作旷课）。

2.在所属学系中，学期总成绩比较最高，平均分数在 85 分以上，各科均在 80 分以上者。

3.军事训练及体育成绩在 70 分以上者（三、四年级学生不在此限）。

第七条 凡依照本规则受奖学金之学生，每人每学期以一种为限，每系得学院奖学金者以一名为限。

第八条 奖学金之授予，于每学期终了时由各学院院长依第五、第六两条之标准，提出人选，由奖学金委员会审定，校务会议议决之。

第九条 奖学金委员会审查合格之学生，受名额之限制，其较优者，得受奖学金，其次优者，得免次学期学费。

第十条 奖学金委员会之组织另定之。

第十一条 本规则经校务会议议决施行。[①]

1933 年 4 月郭任远到校后，关于奖学金制度又有修订，较之 1933 年 1 月之前的规则，亦有所简化（即统一为"大学奖学金"），同时也规定"品行优良成绩次优之学生，受名额及规定之限制，得由奖学金委员会审定，呈准校长，酌给奖金或免除次学期学费"；并强调由校长核定，加强了校长的权力：

国立浙江大学奖学金及免费学额规则

（1933 年 4 月）

第一条 本大学为奖进学生学业及操行起见，设奖学金及免费学额。

第二条 每系人数在五十以下者，设置一名；五十人以上者，设置二名。奖金每名 50 元。

第三条 凡受前条奖学金者，并由本大学给予奖学金证书。

第四条 凡本大学正式生，合于下列各标准者，得受奖学金：

（1）操行优良，从未旷课，而一学期内请假时间，在十小时以内者。（纪念周未请假而缺席，亦作旷课）

（2）在所属学系中，学期总成绩最高，平均分数在 85 分以上，各科在 75 分以上者。

（3）党义、军事训练及体育成绩，在 70 分以上者。

第五条 奖学金之授予，于每学期终了时，由注册课按照标准，提出人选，由奖学金委员会审定，呈由校长核准之。

第六条 品行优良成绩次优之学生，受名额及规定之限制，得由奖学金委员会审定，呈准校长，酌给奖金或免除次学期学费。

---

① 国立浙江大学秘书处出版课编：《国立浙江大学一览（二十一年度）》，杭州：杭州正则印书馆，1932 年 12 月，第 278-279 页。

第七条　奖学金委员会之组织另定之。

第八条　本规则由校长核准施行。①

据此，学校在每学期结束后次学期开学不久，均由奖学金委员会审定奖学金及免费学额获得者人选后，报校长核准，并隆重颁发，予以表彰。

（1）1933 年度上学期（即 1933-08－1934-01）奖学金情况

据《校刊》载，1933 年度上学期（即 1933-08－1934-01）的奖学金，分为"给予奖学金者""免次学期学费者""给予名誉鼓励者"三类。在该届奖学金获奖者中，文理学院仅教育学系的陈学恂获得"给予奖学金"的奖励，其他如数学系徐瑞云、生物学系吕家鸿获得"免次学期学费"的奖励，物理学系的孙汭、黄授书，化学系的胡颐、仇荫昌，生物学系的陈士怡获得"给予名誉鼓励"的奖励。②

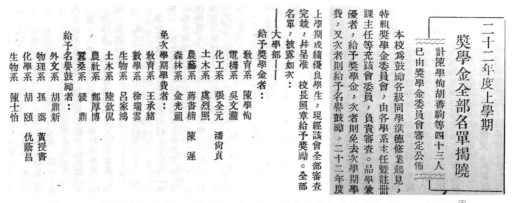

图 7-3-5　《国立浙江大学校刊》报道"二十二年度上学期奖学金"获得者的消息③

（2）1934 年度上学期（即 1934-08－1935-01）奖学金情况

同样根据相关规则，学校于 1935 年 3 月确定了 1934 年度上学期奖学金获得者的人选："本大学奖学金委员会，于上月二十日，举行第三次会议，上学期学生成绩优良经审查合格，应给予奖学金或奖金或免除次学期学费之名额，业由该会呈请校长批准，着会计课如数照发"，如"符合本大学奖学金及免费学额规则第四条各项标准之规定，给予奖学金者十人"，其中，文理学院有 2 人，即"教育学系三年级"的王承绪（分数为 85.33）和"数学系三年级"的徐瑞云（分数为 85.17）。④

（3）1934 年度下学期（即 1935-02－1935-07）奖学金情况

同样根据相关规则，学校于 1935 年 10 月确定了 1934 年度下学期奖学金获得者的人选：

第一类：完全合于奖学金规则所定标准（共 7 名），其中，文理学院有：王承绪（教育系），成绩 90.57；仇荫昌（化学系），成绩 85.44；

第二类：符合奖学金标准，但限于名额，酌给奖金四十元（1 名，为土木系学生）；

第三类：成绩优良，惟有一项标准不合格（共 8 名），酌给奖金二十元。其中，文理学院有：

① 《国立浙江大学要览（民国二十四年度）》，第 111 页。引自张研、孙燕京主编：《民国史料丛刊》（第 1087 册），郑州：大象出版社，2009 年，第 126-127 页。

② 《国立浙江大学校刊》第 169 期（1934 年 4 月 21 日）。

③ 引自《国立浙江大学校刊》第 169 期（1934 年 4 月 21 日）。

④ 《国立浙江大学校刊》第 208 期（1935 年 4 月 13 日）。

江希明（生物学系），成绩 80.06。①

（4）1935 年度上学期（即 1935-08－1936-01）奖学金情况

竺可桢先生长校后，仍继续奖学金的颁发。1936 年 4 月 18 日，《校刊》第 245 期登载 "二十四年度第一学期得奖学金学生名单揭晓"，"计王承绪等十八名"：

王承绪、徐瑞云、胡媄、陈世昌、李竞雄、萧心、马君寿、许邦友、陈迟、蒋书楠（十名，给予一次性奖学金国币伍拾元，奖学金证书一纸随发）；

胡鹏、彭慧云、沈曾荫、顾振军、江厚楣、陈宗元、卜慕华（七名，给予奖金国币三十元，以示鼓励）；

徐玉芬（因受名额限制，给予奖金国币三十元，以示鼓励）。②

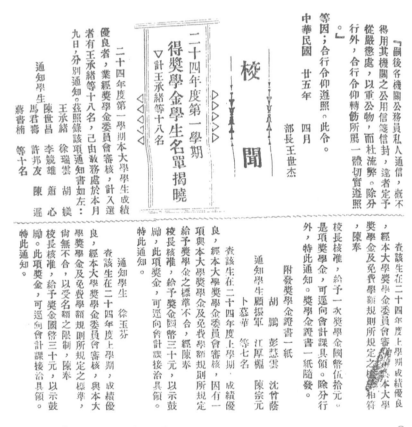

图 7-3-6　《国立浙江大学校刊》报道 "二十四年度第一学期奖学金" 的消息 ③

除了奖学金制度外，学校也制定了助学金制度，并多次修订。如 1935 年 10 月，在修正了助学金给予办法后，即据此授予助学金若干人；文理学院理科学生得到助学金的有：生物学系：沈春祥；化学系：胡颐、王烈。④

---

① 《国立浙江大学校刊》第 225 期（1935 年 10 月 26 日）。

② 《国立浙江大学校刊》第 245 期（1936 年 4 月 18 日）。

③ 引自《国立浙江大学校刊》第 245 期（1936 年 4 月 18 日）。

④ 《国立浙江大学校刊》第 225 期（1935 年 10 月 26 日）。

国立浙江大学助学金原则

（1935 年 10 月）

（一）助学金分甲、乙两种：甲种四十元，乙种二十五元（每学期一次）。

（二）助学金之等第及核准与否，以学业及家境清寒程度为标准（详章另订之）。

（三）助学金名额，暂定甲种五名，乙种十名；额满为止。

（四）领受助学金学生，在课余及假日，有为学校服务之义务。

（五）声请者应备具声请书，于学期开始后一个月中，送达本大学。

（六）助学金之决定，由奖学金委员会办理之，不另设委员会。[①]

三、文理学院理科学生的学业要求和毕业情况

（一）文理学院对学生修业的有关规定

1. 关于主系、副系的规定

文理学院在 1928 年建立伊始，就有对学生修习主科、副科等的规定（即"酌分主、副、普通三科"，"先以尤要者八门，列为主科：曰国文，曰英文，曰数学，曰物理，曰化学，曰历史政治，曰经济，曰教育；师资设备，力求完美。别以七门，列为副科，曰地质，曰生理，曰心理，曰哲学，曰人类学与社会学，曰图画，曰体育；完备亚于主科。学生修习之主要科目，暂限于此所谓主科者八门；而辅助科目，则主副各科，皆可以供选择"[②]）。之后即按此设想实施，以便学生专通兼具，平衡发展。

关于主系、副系的详细规定，现能够看到的材料，一个是 1933 年 1 月 11 日文理学院第 12 次院务会议（主席：邵裴子），曾经专门讨论了"学生选定副系案"；另一个是 1934 年 3 月 27 日召开的文理学院学系主任会议上（此时，文理学院院长由校长郭任远兼任，郭主持该会），确定了选定"副系"的原则。

1933 年 1 月 11 日文理学院第 12 次院务会议讨论的"学生选定副系案"，明确"议决"：

自下年度起，在第二年级时，必须选定副系，且取得副系主任之许可，选读副系学程，则由主系主任兼核（由教务处将各生历学期所修学程副本，分送院长及各系主任备查）。[③]

---

① 《国立浙江大学要览（民国二十四年度）》，第 111 页。引自张研、孙燕京主编：《民国史料丛刊》（第 1087 册），郑州：大象出版社，2009 年，第 127 页。

② 1928 年 4 月 6 日浙江大学校长蒋梦麟呈送大学院《为筹设文理学院拟具简章呈请鉴核由》。详见《大学院公报》第一年第五期，1928 年 5 月，第 44-46 页。

③ 《国立浙江大学校刊》第 121 期（1933 年 2 月 11 日）。

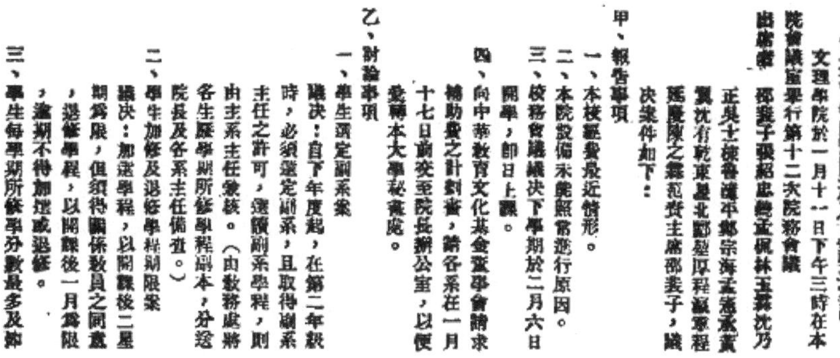

图 7-3-7 《国立浙江大学校刊》报道文理学院院务会议确定"学生选定副系案"的消息 [1]

1934 年 3 月 27 日召开的文理学院学系主任会议上，确定了选定"副系"的原则：

本院各系副系，兹规定如左：

化学系学生，副系须以物理学、生物学、教育学或数学为原则；

生物学系学生，副系须以教育学或化学为原则；

数学系学生，副系须以物理学为原则；

教育、物理及外国文学等三系学生，其副系由各该系斟酌情形，临时决定之。

（决议通过） [2]

图 7-3-8 《国立浙江大学校刊》报道文理学院学系主任会议确定副系选定原则的消息 [3]

文理学院各系学生，均按照相关规定，在读期间，在"主系"之外，选择了自己的"副系"。例如，

---

① 引自《国立浙江大学校刊》第 121 期（1933 年 2 月 11 日）。

② 《国立浙江大学校刊》第 168 期（1934 年 4 月 14 日）。

③ 引自《国立浙江大学校刊》第 168 期（1934 年 4 月 14 日）。

文理学院第一届毕业生中（1928—1932），史政系的宋钟岳（学号：996B）“史学主系，地理副系”，数学系的孙泽瀛（学号：1012B）“数学主系，物理副系”，周恒益（学号：1013B）“数学主系，教育副系”，等等。[1]1934 年之前，学生选择副系尚没有统一规定，所以数学系的周恒益选择教育学系为自己的副系。

同为第一届毕业生的心理学系朱壬葆（毕业号：1010B），起初选择为“心理主系，教育副系”，毕业时，时任校长的郭任远特批允许以“生物”为“第二副系”，其学籍表“备考”一栏中注明：“25 年 2 月 18 日，经郭校长核准，此生所修生物学程，已超副系规定应修之学分数，准以生物为第二副系。”[2]

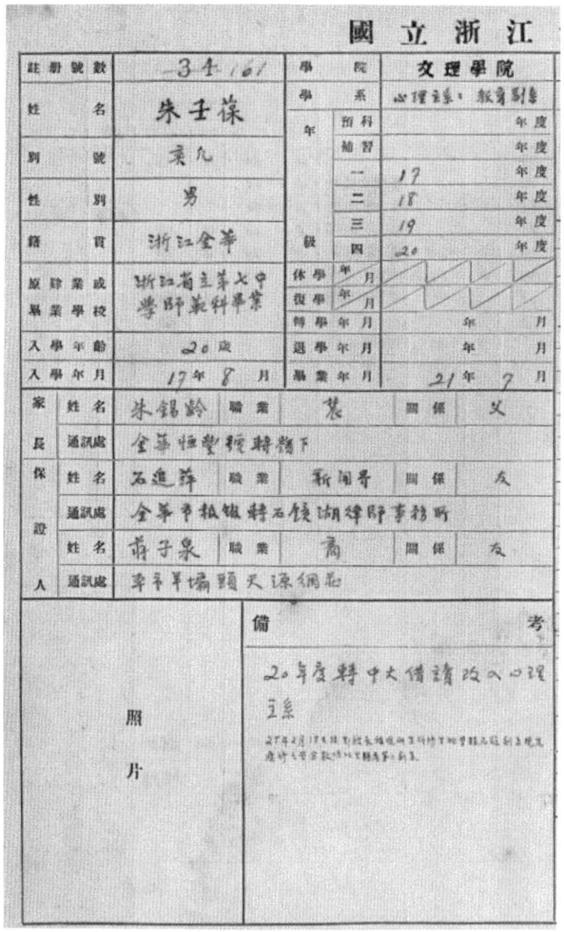
國立浙江
註冊號數 -34 161
姓名 朱壬葆
別號 衷九
性別 男
籍貫 浙江金華
原肄業或畢業學校 浙江省立第七中學師範科畢業
入學年齡 20歲
入學年月 17年 8月
學院 文理學院
學系 心理主系，教育副系
年級 預科 年度；補習 年度；一 17 年度；二 18 年度；三 19 年度；四 20 年度
休學 年 月
復學 年 月
轉學年月 年 月
退學年月 年 月
畢業年月 21年 7月
家長保證人 姓名 朱錫齡 職業 農 關係 父
通訊處 金華恒豐糖棧轉
姓名 石進萍 職業 新聞界 關係 友
通訊處 金華市振鐵轉石鏡湖律師事務所
姓名 蔣子泉 職業 商 關係 友
通訊處 金華市上塘頭天源綢莊
照片
備考
20年度轉中大借讀改入心理主系

图 7-3-9　朱壬葆的《国立浙江大学学生学籍表》（部分）[3]

1934 年毕业的数学系黄祥楙（1930-08—1934-07 在读），后来在其回忆文章中，也提及当时主系和副系的有关情况：

① 编者按：相关信息详见浙江大学档案馆的“校友名录查询系统”：http：//www.acv.zju.edu.cn/page.html?m=fwdtx&id=502。

② 编者按：相关信息详见浙江大学档案馆所藏朱壬葆的《国立浙江大学学生学籍表》。

③ 引自浙江大学档案馆所藏朱壬葆的《国立浙江大学学生学籍表》。

所学课程，除各系专业的必修、选修科外，一年级有公共必修科目：中文、英语、逻辑、生理卫生、体育等。二年级有第二外语，设有德语、法语和日语。当时德语、日语教师是中国人，法语教师是法国人。第二外语虽称选修，但几乎必须修习一门，以备今后阅读原著、专业杂志等。各人除主系外，还须再选一个副系，副系要修满二十学分，才能毕业。①

2. 关于毕业的要求

1929 年颁布的《大学组织法》，原则规定了完成学业、毕业的基本要求，如"大学修业年限，医学院五年，余均四年"（第 21 条），"大学学生修业期满，考核成绩及格，由大学发给毕业证书"（第 22 条）等。同年的《大学规程》的第四章"试验及成绩"中，则具体规定了考试的要求：

第十三条　大学试验分左列四种：

一、入学试验；

二、临时试验；

三、学期试验；

四、毕业试验。

第十四条　入学试验由校务会议组织招生委员会于每学年开始以前举行之；各大学因事业上之便利，得组织联合招生委员会。

第十五条　临时试验由各系教员随时举行之，每学期内至少须举行一次。临时试验成绩须与听讲笔录、读书札记及练习、实习、实验等成绩，分别合并核计，作为平时成绩。

第十六条　学期试验由院长会同各系主任及教员于每学期之末举行之。学期试验成绩须与平时成绩合并核计，作为学期成绩。

第十七条　毕业试验由教育部派校内教授、副教授及校外专门学者组织委员会举行之，校长为委员长。每种课目之试验，须于可能范围内有一校外委员参与，遇必要时教育部得派员监试。

毕业试验即为最后一学期之学期试验，但试验课目须在四种以上，至少须有两种包含全年之课程。

第十八条　毕业论文须于最后一学年之上学期开始时，由学生就主要课目选定研究题目，受该课教授之指导，自行撰述。在毕业试验期前，提交毕业试验委员会评定。毕业论文得以译书代之。

第十九条　毕业论文或译书认为有疑问时，得举行口试。

毕业论文或译书成绩，须与毕业试验成绩及各学期成绩合并核计，作为毕业成绩。

1932 年制定的《国立浙江大学组织规程》，亦规定："本大学修业期限定为四年，学生毕业后得称某学士。"（第 4 条）此后历次修改的《组织规程》均规定修业 4 年，授予学士学位；毕业试验与毕业论文等要求亦相同。

（二）1936年之前文理学院理科各系的毕业生情况

民国时期，由于经济、交通、健康等原因，大学从招生录取开始，至新生入学后，辍学、转

---

① 黄祥槑：《我的浙大》，《浙大校友》2002 年（上）。引自 http：//zuaa.zju.edu.cn/publication/article?id=81。

系等非常普遍,学生流失率较高。浙江大学亦不例外。现能够看到的档案中有各年级的学生登记表,与各级学生毕业时相比,往往发生较大变化,学生能够顺利毕业的较少。文理学院理科各系情况亦大致如此,可以 1929—1932 级的学生为例,见表 7-3-1。

表7-3-1　文理学院理科各系1929级、1930级、1931级、1932级注册学生名录[①]

（编者注：1932年9月后登记）

姓名	性别	年龄	籍贯	注册号数	通讯处	备注
数学系						
四年级（1929-08—1933-07）						
方德植	男	23	浙江瑞安	8	瑞安莘塍	第一宿舍 67 号
许国容	男	24	江苏金坛	97	金坛大南门棋杆巷	第一宿舍 50 号
冯乃谦	男	23	江苏金坛	104	金坛东门外水北镇	同上
三年级（1930-08—1934-07）						
黄祥楸	男	20	浙江绍兴	18	绍兴武勋坊 58 号	第一宿舍 43 号
王懋椿	男	23	浙江瑞安	68	温州瑞安木桥头	第一宿舍 44 号
夏守岱	男	21	江苏盐城	112	江苏泰州楼夏庄	第一宿舍 42 号
金再鑫	男	22	江苏金山	116	金山干巷	第一宿舍 47 号
二年级（1931-08—1935-07）						
廖念怡	男	24	浙江金华	4	浙江金华溪下溪	第一宿舍 14 号
陈洪炽	男	24	浙江金华	67	金华法院前郭正泰转	同上
虞介藩	男	21	浙江杭县	119	杭州仓河下 16 号	
卢庆骏	男	20	江苏镇江	138	镇江城内大市口 88 号	第一宿舍 15 号
卢梦生	男	20	江苏金山	166	金山张堰八字桥奚洽昌	第一宿舍 19 号
张云枢	男	23	江西高安	171	江西高安高邮市义聚转	第一宿舍 14 号
一年级（1932-08—1936-07）						
马启义	男	19	浙江黄岩	134	黄岩北乡峤衕村	第一宿舍 20 号
许燕礼	男	23	浙江黄岩	135	黄岩孟家巷 58 号	同上
陈宗尧	男	21	浙江上虞	154	上虞东乡后陈	第一宿舍 24 号
孙吉生	男	21	浙江金华	161	金华低田何泰兴号转中柔	第一宿舍 20 号
周纪善	男	19	浙江诸暨	165	诸暨安华义昌号	第一宿舍 28 号
徐瑞云	女	18	浙江慈溪	199	上海九亩地开明里 57 号	女生宿舍 12 号
徐月书	女	18	江苏松江	201	松江城内里仓邱家湾	同上
朱良璧	女	18	江苏金山	204	金山朱泾镇上塘中市	
熊全治	男	17	江西新建	209	江西南昌墩子塘 16 号	第一宿舍 28 号
徐大顺	男	23	江苏盐城	228	江苏盐城上冈吴家桥	第一宿舍 26 号

---

① 　资料来源：国立浙江大学秘书处出版课编：《国立浙江大学一览（二十一年度）》，杭州：杭州正则印书馆，1932 年 12 月，第 367-373 页。

续　表

姓名	性别	年龄	籍贯	注册号数	通讯处	备注
物理学系						
四年级（1929-08—1933-07）						
任树德	男	24	浙江浦江	9	浦江黄宅市	第一宿舍 66 号
孙承樑	男	21	福建霞浦	16	福州都司巷 27 号或福建霞浦	第一宿舍 67 号
庄鸣山	男	24	浙江慈溪	49	慈溪城中庄同顺号	第一宿舍 52 号
张思僚	男	23	浙江鄞县	50	宁波江北岸新马路 16 号	第一宿舍 66 号
张有清	男	24	安徽含山	22	宣城北门外张义发号	第一宿舍 68 号
斯何晚	男	23	浙江诸暨	89	诸暨斯宅	同上
黄缘炘	男	22	福建闽侯	20	福州布司埕 62 号	同上
三年级（1930-08—1934-07）						
王子昌	男	21	浙江义乌	2	义乌佛堂镇	第一宿舍 40 号
二年级（1931-08—1935-07）						
羊锡康	男	19	江苏武进	120	常州东官保巷 5 号	第一宿舍 15 号
徐驯宝	女	20	浙江海宁	130	海宁钱家巷 19 号	女生宿舍 2 号
陈卓如	女	21	浙江诸暨	131	杭州教场路同兴里 17 号	同上
杨明洁	女	20	四川遂宁	142	上海福煦路 1530 号	同上
宋兆丰	男	21	浙江金华	143	金华横街	第一宿舍 15 号
陈哲人	男	21	福建连江	157	福建连江马鼻	第一宿舍 39 号
姜朗	男	23	浙江汤溪	159	兰溪天福山骏昌号	第一宿舍 15 号
魏鸿渐	男	23	浙江上虞	160	上虞章家埠德心堂转魏村	第一宿舍 14 号
王惠熺	男	20	浙江义乌	163	义乌城内王广丰号	第一宿舍 36 号
王善同	男	22	江苏南汇	170	浦东周浦陈益生药号	第一宿舍 15 号
忻贤德	男	23	浙江宁波	233	宁波陶公山余合利号转	
一年级（1932-08—1936-07）						
张枬	男	21	浙江黄岩	148	黄岩鼓屿	第一宿舍 20 号
孙沩	女	17	浙江建德	194	建德严州府前私淑艾舍	女生宿舍 11 号
阮名成	女	19	浙江余姚	195	杭州东浣纱路桂华里 2 号	女生宿舍 10 号
郑浩	男	19	浙江黄岩	196	黄岩路桥墙前	第一宿舍 26 号
沈慧贞	女	22	江苏吴江	210	吴江八圻南港	女生宿舍 11 号
徐佩璜	男	22	浙江兰溪	225	兰溪正中山货号转三字桥	第一宿舍 26 号
化学系						
四年级（1929-08—1933-07）						
王以德	男	27	浙江温岭	26	温岭城内下水洞叶家	第一宿舍 66 号
王时才	男	24	广东乐会	78	广东琼州嘉积市王公昌号转	第一宿舍 49 号
缪纪生	男	23	江苏宜兴	92	宜兴官村懋康号	第一宿舍 49 号

续 表

姓名	性别	年龄	籍贯	注册号数	通讯处	备注
闵世俊	男	24	浙江嘉兴	93	嘉兴濮院集庆街	第一宿舍 51 号

三年级（1930-08—1934-07）

姓名	性别	年龄	籍贯	注册号数	通讯处	备注
江芷	女	19	安徽婺源	5	杭州清波门陆官巷 27 号	女生宿舍 3 号
孙祥鹏	男	19	浙江绍兴	19	杭州谢蔴子巷 2 号	第一宿舍 41 号
李世瑨	男	23	福建闽侯	168	福建白湖下濂山边	第一宿舍 42 号

二年级（1931-08—1935-07）

姓名	性别	年龄	籍贯	注册号数	通讯处	备注
蒋孝感	男	19	江苏吴县	56	苏州干将路 147 号	
庞文煦	男	21	江苏常熟	125	常熟西塘桥	第一宿舍 63 号
温瑞	男	23	江西宁都	136	宁都东大街鼎盛丰转	第一宿舍 36 号
浦同烈	男	19	江苏常熟	146	常熟南门内八字桥	第一宿舍 19 号
钱志道	男	23	浙江绍兴	147	江西南昌新建后墙一号	第一宿舍 39 号
刘培楠	男	21	福建福州	151	杭州青年里 1 号	第一宿舍 64 号
倪圣时	男	22	浙江嵊县	152	嵊县城内周武弄 20 号	同上
吴浩清	男	19	江苏宜兴	162	宜兴丁山陆裕盛号转	第一宿舍 63 号

一年级（1932-08—1936-07）

姓名	性别	年龄	籍贯	注册号数	通讯处	备注
张南陔	男	23	江苏泰兴	144	江苏泰兴北门天王庙张明记	
黄乃明	男	21	浙江金华	184	金华城内净渠头	第一宿舍 27 号
姚国伟	男	19	江苏江都	192	扬州南小街 35 号	第一宿舍 27 号
王进生	男	19	江苏南汇	208	上海浦东周浦镇王正大号	同上
陈先花	女	19	浙江嘉善	212	嘉善东门外碗弄口	女生宿舍 3 号
叶芝蓁	男	19	浙江平阳	221	平阳坡南九和园边	第一宿舍 27 号
胡颐	男	20	江苏丹阳	227	京沪铁路吕城镇西街	第一宿舍 28 号
张振平	男	21	江苏泰县	235	江苏泰县城内矢巷	第一宿舍 27 号
仇荫昌	男	21	江苏泰县	236	泰县姜埝洪义泰和转梁徐庄	同上

生物学系

四年级（1929-08—1933-07）

姓名	性别	年龄	籍贯	注册号数	通讯处	备注
郁永优	男	22	江苏南通	81	江苏南通镇场	

二年级（1931-08—1935.07）

姓名	性别	年龄	籍贯	注册号数	通讯处	备注
王凯基	男	21	江苏江阴	150	无锡西塘市	第一宿舍 63 号
曹忠惠	男	24	安徽滁县	特 33	安徽滁县恒丰京货号	借读
张有为	男	22	安徽滁县	特 34	安徽滁县南街	借读
顾恒德	男	23	安徽滁县	特 35	安徽滁县东大街	借读
朱凌云	男	23	安徽合肥	特 38	合肥消暑巷 20 号	借读
朱谱圻	男	22	安徽泾县	特 37	安庆小拐角头 19 号	借读
姚德钧	男	23	安徽合肥	特 36	合肥北门口大街	借读

姓名	性别	年龄	籍贯	注册号数	通讯处	备注
涂钟琦	男	23	江西新建	特 41	江西新建樵舍	借读

一年级（1932-08—1936-07）

姓名	性别	年龄	籍贯	注册号数	通讯处	备注
王福桢	男	22	浙江绍兴	46	绍兴宝幢巷九号方伯第	第一宿舍 28 号
庄雍熙	男	21	江苏江阴	128	无锡月城桥	第一宿舍 62 号
吴颥之	男	18	江苏仪征	193	仪征新城镇	第一宿舍 28 号
江希明	男	19	江苏灌云	203	上海甘世东路新兴顺里 6 号	同上
沈春祥	男	20	浙江余姚	229	余姚牌仙下沈湾	同上

前引 1932 年 8 月后注册登记的各系学生情况，与各系毕业生的名单做一对照，亦可看出毕业者少于就读者的情况。现能够看到《国立浙江大学民国廿三年度毕业生履历暨成绩表》一份，摘引如下：

表7-3-2　国立浙江大学民国廿三年度毕业生履历暨成绩[①]

（编者注：1935年7月毕业生）

系别	姓名	性别	籍贯	年龄	入学年月	备注
数学系	王懋椿	男	浙江瑞安	26	民国十九年8月	该生于二一年度休学一年
	张云枢	男	江西高安	26	民国二十年8月	
	虞介藩	男	浙江杭县	26	民国二十年8月	
	卢梦生	男	江苏金兴	26	民国二十年8月	
	廖念怡	男	浙江金华	27	民国十九年8月	该生于二〇年度休学一年
	陈洪炽	男	浙江金华	27	民国十九年8月	同上
物理学系	羊锡康	男	江苏武进	22	民国二十年8月	
	徐驯宝	女	浙江海宁	23	民国二十年8月	
	杨明杰	女	四川遂宁	23	民国二十年8月	
	宋兆丰	男	浙江金华	24	民国二十年8月	
	姜朗	男	浙江兰溪	26	民国二十年8月	
	魏鸿渐	男	浙江上虞	26	民国二十年9月	
	陈哲人	男	福建建江	24	民国二十年8月	
	陈卓如	女	浙江诸暨	24	民国二十年8月	
	王惠熺	男	浙江义乌	23	民国二十年8月	
	忻贤德	男	浙江鄞县	26	民国二十年8月	

① 资料来源：浙江省档案馆所藏档案（L053-001-3025）。

续 表

系别	姓名	性别	籍贯	年龄	入学年月	备注
化学系	庞文煦	男	江苏常熟	24	民国二十年8月	
	温瑞	男	江西宁都	26	民国二十年9月	
	浦同烈	男	江苏常熟	22	民国二十年9月	
	钱志道	男	浙江绍兴	26	民国二十年8月	
	刘培楠	男	福建闽侯	24	民国二十年9月	
	倪圣时	男	浙江嵊县	25	民国二十年9月	
	吴浩青	男	江苏宜兴	22	民国二十年8月	
生物学系	王凯基	男	江苏江阴	24	民国二十年8月	
	陈述方	男	浙江象山	25	民国十九年5月	

此外，现能够查到的当时的合影中，有一幅数学系师生于1937年4月在文理学院大教室（"绿洋房"，即后来的"阳明馆"）前的合影；该合影中的人物，经数学系当时参加合影的学生后来的回忆和辨认，将名单完整地整理了出来（见图7-3-10及图下说明），弥足珍贵。

图7-3-10　1937年4月国立浙江大学数学系师生合影①

说明（标 * 的是教授、副教授，标˅的多数是助教、少数是讲师，其余为学生）：

第一排左起：陆慧英[25063]，方淑姝[1162]，朱良璧[100]˅，黄继武[670]，苏步青*，陈建功*，朱叔麟*，钱宝琮*，曾炯*，方德植[87]˅，冯乃谦[89]˅，周茂清[1121]；

第二排左起：钱大业[25067]，彭慧云[967]，冯世襪[961]，夏守岱[93]˅，许国容[88]˅，许燕礼[108]，毛路真˅，虞介藩[95]˅，恽鸿昆[960]，钱克仁[1058]，周佐年[654]，侯希忠[957]，颜家驹[1165]；

第三排左起：楼仁泰[963]，徐绍唐[1163]，张素诚[1167]，李克寅[25065]，吴祖基[25066]，白正国[25061]，汪达[25062]，杨从仁[1213]，程民德[1164]，卢庆骏[96]˅，何章陆[656]，郑锡兆[962]，朱福祖[25064]。

---

① 编者按：照片及文字说明均引自钱永红博客：http://yonghong.qian.blog.163.com/blog/static/22525480201502975626498/。文字说明中学生名字后所附学号由编者补充。

另外，程民德注：时王福春教授不在杭州，助教徐瑞云已去德国留学。朱福祖注：这张照片摄于 1937 年 4 月，地点在杭州大学路，浙江大学文理学院教学大楼前草坪。这是当时的浙江大学数学系全体师生合影。有个别师生因故缺席：如徐瑞云、陈洪炽、胡鹏等。钱克仁注：相片摄于浙大文理学院教学大楼前草坪，时为 1937 年 4 月，子年二十三，父年倍之。合影缺席的师生有：卢梦生、徐大顺、金再鑫、熊全治、廖念怡、陈洪炽、祝修智。

兹将文理学院期间各届（1928－1935 年入学，1932－1939 年毕业；即 1932 届至 1939 届）毕业生名单汇总如下（限于资料的欠缺，可能会有遗漏）：

表7–3–3　1932—1939年（即1928—1935年入学）文理学院理科各系学生毕业情况一览①

毕业时间	数学系	物理学系	化学系	心理学系 / 生物学系	毕业地点及校长、院长
1932 年 7 月 民二十年度（1931 年度） （1928-08－1932-07） [称“民二一级”]	孙泽瀛 [1012B] 周恒益 [1013B]	蒋铭新 [1014B] 王谟显 [1015B] 盛耕雨 [1016B]	何紫玉（女）[1017B] 斯芳（女）[1018B] 闵世型 [1019B]	心理学系： 朱壬葆 [1010B]② 生物学系：无	杭州 校长：程天放 院长：邵裴子
1933 年 7 月 民二十一年度（1932 年度）（1929-08－1933-07）[称“民二二级”]	方德植 [87] 许国容 [88] 冯乃谦 [89]	张有清 [?] 张思僚 [110] 任树德 [111] 庄鸣山 [113] 孙承樑 [114] 斯何晚 [116]	王以德 [135] 缪纪生 [136] 王时才 [137] 闵世俊 [138]	以下均生物学系： 郁永侁 [159]	杭州 校长：郭任远 院长：邵裴子
1934 年 7 月 民二十二年度（1933 年度） （1930-08－1934-07） [称“民二三级”]	金再鑫 [92] 夏守岱 [93] 黄祥楙 [懋][?]	黄缘炘 [欣][?] 王子昌 [117]	孙祥鹏 [139] 江　芷（女）[140] 李世瑨 [缙][141]	[无]	杭州 校长：郭任远 院长：郭任远（兼）
1935 年 7 月 民二十三年度（1934 年度） （1931-08－1935-07） [称“民二四级”]	王懋椿 [90] 虞介藩 [95] 卢梦生 [97] 廖念怡 [98] 陈洪炽 [99]	羊锡康 [119] 徐驯宝（女）[120] 杨明洁（女）[121] 宋兆丰 [122] 姜　朗 [123] 魏鸿渐 [124] 陈哲人 [125] 陈卓如（女）[126] 王惠熺 [熹][127] 忻贤德 [128]	庞文煦 [143] 温　瑞 [144] 浦同烈 [145] 钱志道 [146] 刘培楠 [147] 倪圣时 [148] 吴浩青 [149]	生物学系： 王凯基 [160] 陈述方 [614]	杭州 校长：郭任远 院长：郭任远（兼）

① 资料来源：编者据不同出处资料汇总整理。表中，人名后所括注的数字为当时学生的学号（学号据浙江大学档案馆“校友名录查询”系统获得：http://www.acv.zju.edu.cn/page.html?m=fwdtx&id=502。但该系统所著录名字、学号等个别有误，需要核对。未查询到的括注 [?]）。

编者按：根据所查得的毕业生学号情况，大体上，1932 年毕业生（即 1928 级，也是文理学院第一届毕业生）为毕业时统一编号；1929 级至 1935 级为同级学生从低到高连续编号，低一级学生接续上一级学生学号数字，亦连续编号；从 1936 级学生起，则各级各自统一编号，编号为 5 位数字，前两位为当年民国纪年，后三位为该级学生连续编号（按照文理学院、工学院、农学院的顺序，文理学院内部则先文科后理科），如 1936 级史地学系的沈玉昌，学号为 [25001]，即该年度新生入学后所编第 1 号。

② 编者按：心理学系存在两年（1929-08—1931-07），仅朱壬葆（学号：1010B）一位毕业生（1928-08—1932-07 期间在读，其中 1931-08—1932-07 期间至南京的中央大学借读）。

续　表

毕业时间	数学系	物理学系	化学系	心理学系 / 生物学系	毕业地点 及校长、院长
1936 年 7 月 民二十四年度（1935 年度） （1932-08－1936-07） [称"民二五级"]	卢庆骏 [96] 朱良璧（女）[100] 徐月书（女）[101] 徐瑞云（女）[102] 熊全治 [103] 许燕礼 [108] 徐大顺 [109]	周纪善 [104] 孙吉生 [105] 马启义 [?107] 沈慧贞（女）[129] 孙 沩（女）[130] 阮名成（女）[132] 徐佩璜 [133] 张 枘 [?134]	姚国伟 [150] 仇荫昌 [151] 胡 颐 [153] 王进生 [154] 黄乃明 [157] 张南陔 [158]	生物学系： 吴颢之 [161] 江希明 [162] 沈春祥 [163] 庄雍熙 [164] 王福桢 [祯] [165]	杭州 校长：竺可桢 院长：胡刚复
1937 年 7 月 民二十五年度（1936 年度） （1933-08－1937-07） [称"民二六级"]	陈宗尧 [106] 何章陆 [656] 黄继武 [670] 张云枢 [94]	黄授书 [663] 洪宝三 [664] 端木镇康 [671]	张复生（女）[17] 杨昌俊 [679] 汪 济 [683] 华国桢 [684] 朱鸿年 [685] 潘祖麟 [686] 姚佩瑨（女）[691] 沈仁湘 [900] 周志瑞 [902] 蒋天骥 [932] 朱谱章 [933]①	生物学系： 吕家鸿 [681] 向 墙 [692] 姚 鑫 [694] 陈士怡 [907]	杭州 校长：竺可桢 院长：胡刚复
1938 年 7 月 民二十六年度（1937 年度） （1934-08－1938-07） [称"民二七级"]	侯希忠 [957] 恽鸿昆 [960] 彭慧云（女）[967]	朱鉴明 [666] 赵保惠 [958] 朱光世 [968] 余文琴（女）[970]	叶之蓁 [156] 李德埙 [979] 于同隐 [982] 李琼华（女）[983] 沈静贞（女）[1114] 姚慧英（女）[1138]	生物学系： 吴宝华（女） [693] 傅育英（女） [989] 周蕙生（女） [993]	泰和 校长：竺可桢 院长：胡刚复
1939 年 7 月 民二十七年度（1938 年度） （1935-08－1939-07） [称"民二八级"]	楼仁泰 [963] 周茂清 [1121] 方淑姝（女） [1162] 张素诚 [1167]	刘导涝 [芳] （女）[969]	胡 娸（女）[976] 顾学民（女）[977] 许孝同（女）[1185] 钱人元 [1186] 裘善扬 [1187] 纪纫容（女）[1189] 顾嗣康 [1190] 张道南 [1324] 1940.02 毕业： 丁普生 [28152] 胡毓庆 [1192] 李建奎 [1191]	生物学系： 胡步青 [991] 华冰寒（女） [1196] 李述明 [1198] 1940.02 毕业： 华 巽 [1160] 盛伯梁 [1195] 董悯儿（女） [1197]	宜山 校长：竺可桢 院长：胡刚复

---

① 编者按：另有材料称邹元爔为浙江大学化学系 1937 届毕业生："邹元爔（1915-10—1987-03），浙江平湖人。
冶金物理化学家和半导体材料学家。中国科学院学部委员。1937 年毕业于浙江大学化学系。留美获博士学
位后回国，应竺可桢校长之邀，回母校化工系任教授。后任上海科技大学冶金系系主任。曾获中国科学院
自然科学一等奖。"（见陈志明编著：《诗词浙大》，杭州：浙江大学出版社，2007 年，第 165 页）但此说不
确。查 1933 年新生入学名单，邹元爔录取至工学院的化学工程学系 [《国立浙江大学校刊》第 141 期（1933
年 9 月 2 日）]；在 1935 年 12 月的"驱郭运动"中，学生签名的名单里，有邹元爔的名字，注明"大化工
一三"[见黄继武、张哲民编：《求是精神与浙江大学"一二九运动"——参加"一二九"运动的老校友回
忆文章及有关史料集》（内部印行），1997 年，第 131 页]，故应该为工学院化学工程学系学生。

第八章

文理学院及理科各系的教学、科研等活动

1936 年之前的文理学院，理学系科包括数学系（1928 年 8 月起）、物理学系（1928 年 8 月起）、化学系（1928 年 8 月起）、心理学系（1929 年 8 月－1931 年 7 月）、生物学系（1930 年 8 月起，初期为实验生物学组）和教育学系（1929 年 8 月起）的教育心理组（1934 年 8 月起）。各系（组）此期仍以教学活动为主，也开展了一定的研究活动，取得了一定的成绩。

第一节　文理学院及理学系科的教学活动

一、课程设置情况

在《国立浙江大学一览》（1932 年度）和《国立浙江大学要览》（1935 年度）中，对当时学院和各系的课程安排，有详细的记载。

（一）文理学院整体课程体系

1. 一般状况

根据 1929 年教育部颁布的《大学规程》，大学的课程体系包括"共同必修科目""基本科目"，以及其他专业性的"各科之课目"等：

第八条　大学各学院或独立学院各科，除党义、国文、军事训练及第一、第二外国文为共同必修课目外，须为未分系之一年级设基本课目。

各学院或各科之课目分配及课程标准另定之。

第九条　大学各学院或独立学院各科课程，得采学分制。但学生每年所修学分须有限制，不得提早毕业。

聪颖勤奋之学生，除应修学分外，得于最后一学年选习特种课目，以资深造；试验及格时，由学校给予特种奖励。[1]

---

[1]　宋恩荣、章咸编：《中华民国教育法规选编（修订版）》，南京：江苏教育出版社，2005 年，第 388 页。

据此，浙江大学制定了自己的课程体系，包括公共必修课、公共选修课和专业必修课等。以1935年《国立浙江大学要览》所载《国立浙江大学课程大纲》为例，其全校性（即包括文理学院在内）的公共必修课、公共选修课如下：

表8-1-1　国立浙江大学1935年公共课程安排①

公共必修课程表

学程	学分		每周授课或实习时数				备考
			上学期		下学期		
	上学期	下学期	讲演	实习	讲演	实习	
国文	2	2	2		2		一年级必修
英文（一）	3	3	4		4		一年级必修，外国语文学系除外
英文（二）	2	2	3		3		二年级必修，外国语文学系除外
军训	1.5	1.5	1	2	1	2	一年级必修
看护学	1	1		1		1	一年级女生，军训免修，改修本课程
体育	1	1		2		2	一二三年级必修
党义	无学分						试办考试方法，详细办法另订之
中国史地	无学分						
世界史地	无学分						各学院学生，必须于一年级起三年内，对于左列各课程，考试及格始得毕业；考试办法另订之
中国政治经济现状	无学分						
世界政治经济现状	无学分						

公共选修课程表

学程	学分		每周授课或实习时数				备考
			上学期		下学期		
	上学期	下学期	讲演	实习	讲演	实习	
德文（一）	2	3	3		3		文理学院理科各系必修，工学院各系必修
德文（二）	1	1	2		2		文理学院理科各系必修
科学德文	1	1	2		2		工学院各系必修
法文（一）	2	2	3		3		
法文（二）	1	1	2		2		
日文（一）	2	2	3		3		农学院农业社会系各组及农业动物系蚕业组必修
日文（二）	2	2	3		3		农学院农业社会系各组必修
现代经济	2		3				文理学院外国语文学系及数学系必修

---

① 资料来源：《国立浙江大学要览（民国二十四年度）》，第21-22页。引自张研、孙燕京主编：《民国史料丛刊》（第1087册），郑州：大象出版社，2009年，第37-38页。

续　表

学程	学分		每周授课或实习时数				备考
			上学期		下学期		
	上学期	下学期	讲演	实习	讲演	实习	
现代政治		2			3		文理学院外国语文学系及数学系必修
哲学概论		2			3		文理学院外国语文学系必修
论理学	2		3				文理学院外国语文学系必修
家事经济学							女生选修
军乐（A）	1.5	1.5		3		3	另由军乐教练，每两周来校指导一次，时间临时规定
军乐（B）	1	1		3		3	另由军乐教练，每两周来校指导一次，时间临时规定
音乐欣赏	1		1				
钢琴	1.5	1.5	1.5	1.5	1.5	1.5	钢琴班人数，规定以二十人为限；每人每学期纳费三元

对于公共选修课程，文理学院另有如下的规定：

文理学院课程说明

（一）关于第二外国语者：

（1）理科各系学生，德文（一）及德文（二），均为必修课程。

（2）教育学系学生，任择德文、法文或日文，修习两年。

（3）外国语文学系英文组学生，任择德文或法文，修习两年。

（二）关于哲学者：文理学院各系学生，必须修习哲学课程满六学分。除外国语文学系英文组外，其余各系，哲学课程均自二年级起，始得修习。

（三）关于社会科学者：文理学院各系学生，应各加修社会科学课程六学分至九学分。[①]

至于专业性的各科的课目，也有详细的规定（详见下节各系课程介绍部分）。

2. 公共课程的简要说明

（1）关于"党义"课程

1927年南京国民政府成立后，开始逐渐在大学中实施"党化教育"，1929年颁行的《大学规程》中，即明确规定"党义"课程为各科共同必修课程，后改为"三民主义课程"，贯穿整个南京国民政府时期（至1949年5月）。

浙江大学亦是如此。以1932年度为例，当时安排"党义"课程由两位教师开设，分别是朱叔青和牟震西。朱叔青所授课程编号为"101A"，正式名称为"党义——三民主义理论与实施问题"，

---

① 《国立浙江大学要览（民国二十四年度）》，第23页。引自张研、孙燕京主编：《民国史料丛刊》（第1087册），郑州：大象出版社，2009年，第39页。

每周 1 小时（即每周一次），为期"二学年"（即 4 个学期），共计 4 学分；其主要内容包括："甲、关于民族方面：民族主义的国际建设；乙、关于民权方面：民权主义的政治建设；丙、关于民生方面：民生主义的经济建设。"牟震西所授课程编号为"101B"，名称即称"党义"，每周 2 小时（即每周两次），为期"一学年"（即 2 个学期），也是 4 学分；主要"讲授党义中心理论，及切要的实际问题，定十二讲题"。①

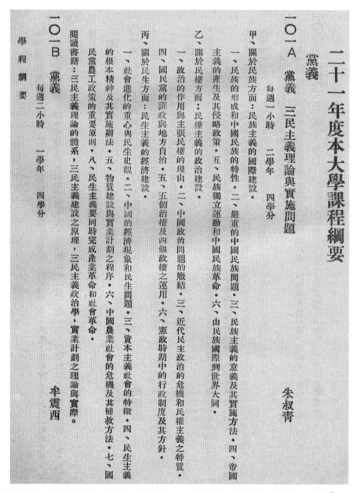

图 8-1-1　《国立浙江大学一览》（1932 年度）所载党义课程纲要②

（2）关于"体育"课程

学校对体育课也非常重视。1932 年 8 月后，程天放长校，组建专门的体育管理机构"体育部"，加强了体育教学。据当时《校刊》记载：

本校自改组后，三院体育亦均合并，设体育部，聘请主任一人以总其成。三院各设体育办公室，有讲师、助教各一人，女生方面另聘女体育教员二人分任之。各院体育皆改为必修科，并新添场

---

① 国立浙江大学秘书处出版课编：《国立浙江大学一览（二十一年度）》，杭州：杭州正则印书馆，1932 年 12 月，第 29-30 页。

② 引自国立浙江大学秘书处出版课编：《国立浙江大学一览（二十一年度）》，杭州：杭州正则印书馆，1932 年 12 月，第 29 页。

地甚广，各种办法，皆有变更，须待本校体育会议通过后公布施行。今将体育课程之编制，教员之分配，及各场地建筑情况分述如左：

1）课程之编制

本校体育自本学年起改为必修科，大学必修三年，每周两小时，每学期一学分（农工两院暂定一年级为必修科，其他各年级待随意选修）；高中部各年级一律必修，每周两小时，正课之外，并注意各项课外活动。校内按季举行年级或系际各种比赛，使人人得有参加之机会，借引起运动之兴趣，而便于普及。对外校际比赛，亦有选手队之组织，借发扬本校体育之精神，至于各组织及编制办法，皆有详细之规定，现在讨论中，不日即行公布。[①]

2）教员之分配

本学期新聘体育教员均已到校，将来分配三院轮流授课，并择个人某种技术特长者，即为某种选手队指导。兹将九、十两月各教员分配表列左：

文理学院：唐丽玲（女生体育）、朱稚舒、鞠霖三；

工学院：邓张、莫善祥、徐英超；

农学院：余子安（女生体育）、宋琅萱、邓嘉祥。

3）场地之修筑

本校校长程先生对于体育甚为注重，在经济困难时期，特筹款八千余元，为本学期各院运动场建筑费，由体育部徐先生筹划，除旧有者翻修外，新建筑者计足球场二、排球场五、篮球场十一、跳坑九处、跑道两处，将来场所之扩大，正在计划中。[②]

图 8-1-2　1932 年前后浙江大学位于刀茅巷的体育场[③]

---

① 编者按：至 1932 年年底，相关详细规定已经确定，详见《国立浙江大学一览》（1932 年度）所载"体育概况"一节（第 233-236 页）。

② 《国立浙江大学校刊》第 101 期（1932 年 9 月 3 日）。

③ 引自国立浙江大学秘书处出版课编：《国立浙江大学一览（二十一年度）》，杭州：杭州正则印书馆，1932 年 12 月，插页。

（二）各学系的课程设置

1932 年的《国立浙江大学一览》中，附有详细的"学程纲要"，1935 年的《国立浙江大学要览》中，附有各年级分级的课程安排，可见各学系的课程及要求等基本情况。

1. 数学系

1932 年的《国立浙江大学一览》中，附有详细的《学程纲要》。数学系课程要求如下。

表8-1-2　1932年度文理学院数学系课程纲要[①]

编号	科目	授课教师	授课时数	时长	学分	备注
101-102	数学	钱宝琮	每周 3 小时	一学年	4	本学程用混合教法，授最浅近之算学解析。注重论证方法及其在生物科学与社会科学之上应用。其细目有：（一）函数及其图线；（二）一次式函数及直线；（三）二次式函数及抛物线；（四）代数函数之微分及其应用；（五）三角函数之周期性；（六）对数；（七）繁利息律及指数函数；（八）机遇率大意
103-104	初等微分积分及微分方程式	钱宝琮	每周 5 小时	一学年	8	本学程为进修高等数学之入门，凡数学系、物理学系、化学系之学生均须习之 现在所用之教本为： Osgood: *Introduction to the Calculus* Piaggio: *Differential Equations* Pierce: *A Short Table of Integrals*
105-106	初等代数方程式论	钱宝琮	每周 1 小时	一学年	2	本学程现用 Dickson: *First Course of Theory of Equations* 为教本
107A-108A	微积分					107A Development and use of the formulas of differentiation; maximal and minimal rates; curvature，partial differentiation，and series Text: Granville: *Differential and Integral Calculus* Osgood: *Introduction to Calculus*
109-110	高等微积分	陈建功	每周 3 小时	一学年	6	本学程为 104 之继续 现在所用之教本为： Osgood: *Advanced Calculus*
111-112	立体解析几何学	苏步青	每周 2 小时	一学年	4	本学程之目的在于学生以立体解析几何学之初步智识 现用课本： Snyder and Sisam: *Analytic Geometry of space*

[①]　资料来源：国立浙江大学秘书处出版课编：《国立浙江大学一览（二十一年度）》，杭州：杭州正则印书馆，1932 年 12 月，第 74-79 页。

续　表

编号	科目	授课教师	授课时数	时长	学分	备注
113	级数概论	陈建功	每周3小时	一学年	3	（二十一年度停授）本学程由教师口授，学生笔记，凡专攻数学者，必须习之 参考书： Bromwish: *Infinite Series* Knapp: *Theory and Application of Infinite Series*
115-116	坐标几何学	苏步青	每周3小时	一学年	6	本学程为进修微分几何学之预备，同时与学生以高等解析几何学之智识 现用 Woods: *Higher Geometry* 为教本
117-118	代数学		每周3小时	一学年	6	（二十一年度停授）本学程之目的，在与学生以代数学之基础智识 现用课本： Bocher: *Introduction to Higher Algebra*
119-120	复变数函数论	陈建功	每周3小时	一学年	6	本学程为函数论之概论，并在物理学上种种应用，故数学系学生而外，物理学系之学生亦得进修 现用课本 Townsend: *Functions of Complex Variable* 有不足之处，由教师口授补充
121-122	综合几何学	苏步青	每周2小时	一学年	4	（二十一年度停授）本学程为纯粹几何学之纲要 现用课本： Gremona: *Element of Projective Geometry*
123-124	实变数函数论	陈建功	每周3小时	一学年	6	本学程由教师口授，学生笔记 主要参考书为： Habson: *The Theory of Functions of a Real Variable* Hahn: *Theorie der Reellen Funktionen*
125-126	微分几何学	苏步青	每周3小时	一学年	6	本学程除用课本 Eisenhardt: *Differential Geometry* 而外，由教师补充近世微分几何学之纲要 主要参考书为： Blaschhe: *Differential Geometrie*
127	微分方程（Differential Equations）					This is a course devoted to the solution of ordinary and partial differential equations Text: Murray: *Differential Equations.* Three hours credit Prerequisite: 108A
128	最小二乘法（Least Square）					General principles; the adjustment and precision of observations; computation of precision measures; miscellaneous theorems Text: Merriman: *The Method of Least Square.* Two hours credit Prerequisite: 108A

续 表

编号	科目	授课教师	授课时数	时长	学分	备注
129	高等电工数学（Advanced Mathematics for Electrical Engineers）					Advanced Mathematics for Electrical Engineers: complex variable; Analytic functions; vector analysis power series; fourier series; partial differential equations; hyperbolic funtions; gamma and beta functions; bessel functions，elliptic functions; integral equations References: Wilson: *Advanced Calculus* Woods: *Advanced Calculus*. Two hours credit Prerequisite: 108A Elective
133-134	代数曲线论	苏步青	每周2小时	一学年	4	本学程由教师口授，学生笔记
141-142	数学史及数学教授法	钱宝琮	每周2小时	一学年	4	（二十一年度停授）本课程由教师编讲义
143	数学研究	全系教员	第四年级每星期三下午		不计学分	本学程由教师选取最近各种杂志中之论文，分与学生自行研究，轮流报告其所得之智识，报告时由数学系全体教师监督，指导教师亦于此时轮流报告其最近之研究，或所读之论文

1935年的《国立浙江大学要览》中，载有各系的分年级课程。其中，数学系各年级课表如下。

表8-1-3 1935年度文理学院数学系分年级课程安排[①]

文理学院数学系一年级课程表

学程	学分		每周授课或实习时数				备考
	上学期	下学期	上学期		下学期		
			讲演	实习	讲演	实习	
国文	2	2	2		2		
英文（一）	3	3	4		3		
初级微积分及微分方程式	4	4	5	1	5	1	
初等代数方程式论	1	1	1		1		
普通物理学（A）	4	4	4	3	4	3	
现代经济	2		3				
现代政治		2			3		
体育	1	1		2		2	
军训	1.5	1.5	1	2	1	2	

① 资料来源：《国立浙江大学要览（民国二十四年度）》，第32-35页。引自张研、孙燕京主编：《民国史料丛刊》（第1087册），郑州：大象出版社，2009年，第48-51页。

文理学院数学系二年级课程表

学程	学分		每周授课或实习时数				备考
			上学期		下学期		
	上学期	下学期	讲演	实习	讲演	实习	
英文（二）	2	2	3		3		
德文（一）	2	2	3		3		
高等微积分	3	3	3	2	3	2	
级数概论	2	2	2		2		
坐标几何学	3	3	3	1	3	1	
初等代数方程式论	1	1	1		1		与本系一年级合班
级数概论	无学分						选修
体育	1	1		2		2	
选科							

文理学院数学系三年级课程表

学程	学分		每周授课或实习时数				备考
			上学期		下学期		
	上学期	下学期	讲演	实习	讲演	实习	
德文（二）	1	1	2		2		
代数学	3	3	3		3		
复变数函数论	3	3	3		3		
坐标几何学	3	3	3	1	3	1	与本系二年级合班
数学考试（乙）							每周一下午举行，不给学分
体育	1	1		2		2	
选科							

文理学院数学系四年级课程表

学程	学分		每周授课或实习时数				备考
			上学期		下学期		
	上学期	下学期	讲演	实习	讲演	实习	
实函数论	3	3	3		3		
微分几何学	3	3	3		3		
群论	2	2	2		2		选修
代数学	3	3	3		3		与本系三年级合班
数学考试（甲）							每周一下午举行，不给学分。
数学研究（甲）							同上
数学研究（乙）							同上
选科							

2. 物理学系

1932 年的《国立浙江大学一览》中，附有详细的"学程纲要"。物理学系的情况如下。

表8-1-4　1932年度文理学院物理学系课程纲要[①]

编号	科目	授课教师	授课时数	时长	学分	备注
101A-102A	普通物理	演讲：张绍忠、郦堃厚、朱福炘 实验：顾功叙等	每周讲演 5 小时，实验 3 小时	一学年	10	讲授力、热、声、光、磁、电诸学之原理及应用，对于当代物理学如元量论及相对论等亦略加说明 教本： Duff: *A Text-book of Physics* 实验教本： Taylor-Watson-Howe: *General Physics for the Laboratory*
101B-102B	物理学	倪俊	每周讲演 2 小时	一学年	4	本科内容：同 101A-102A
121-122	力学	束星北	每周演讲 3 小时	一学年	6	讲授质点及刚体之静力学，动力学及其应用 教本： Prescott: *Mechanics of Particles and Rigid Bodies* 预修学程：102A 物理学及初等微积分
123	理论电磁 （Theoretical Electricity and Magnetism）					Magnetism; electrostatics; electric current; electrolysis; thermo-electricity; electromagnetics; magnetic. Properties of materials; electromagnetic units Reference: *Electricity and Magnetism*. Two hours credit Prerequisite: 102A Math. 127
124	电磁论 （Electromagnetic Theory）					General Electromagnetic connections: First and second law of circulation. Vector algebra and analysis. Electromagnetic field. Electromagnetic waves References: Works of Maxwell，Heaviside，and other more recent sources. Two hours credit Prerequisite: 102A，Math. 127

---

① 资料来源：国立浙江大学秘书处出版课编：《国立浙江大学一览（二十一年度）》，杭州：杭州正则印书馆，1932 年 12 月，第 79-89 页。

续　表

编号	科目	授课教师	授课时数	时长	学分	备注
125-126	电学及磁学	讲演：张绍忠 实验：朱福炘	每周演讲 3 小时，实验 3 小时	一学年	8	讲演电学及磁学上各种重要现象，原理及应用，并其相互关系，辅以实验，俾学者能得明确观念 教本： S.G.Starling: *Electricity and Magnetism* 参考书： Page-Adams: *Principles of Electricity* Charhart and Patterson: *Electrical* Measurements F.A.Laws: *Electrical Measurements* 预修学程：同物理 121
127-128	光学	徐仁铣	每周演讲 3 小时，实验 3 小时	一学年	8	讲授几何光学、物理光学之电磁波动论、光谱论，及光对于其他科学之应用，并辅以实验 实验教本： L.W. Taylor: *College Manual of Optics* 参考书： Houston: *A Treatise on Light* T.Preston: *Theory of Light* R.W.Wood: *Physical Optics* Baly: *Spectroscopy Periodicals*
129	热学		每周演讲 3 小时，实验 3 小时	一学期	4	讲授热学上种种重要现象及初等热力学，并辅以实验 教本： E.Edser: *Heat for Advanced Students* 参考书： T.Preston: *Theory of Heat* E.S.A. Robson: *Practical Exercises in Heat* 预修学程：同物理 121
130	声学		每周演讲 3 小时，实验 3 小时	一学期	4	讲授声学上重要现象、原理及应用，如无实验作三学分计算 教本： E.H. Barton: *A Textbook on Sound* 参考书： Poynting and Thomson: *Sound* 预修学程：同物理 121

续　表

编号	科目	授课教师	授课时数	时长	学分	备注
131	数学物理		每周演讲3小时	一学期	3	讲演有向量分析，富里级数及微积分，微分方程式等之常用于物理学者 教本： Houston: *Introduction to Mathematical Physics* 参考书： Hass: *Introduction to Mathematical Physics* Coffin: *Vector Analysis*
132	热力学	束星北	每周演讲3小时	一学期	3	热力学上三定理及其应用于工程学化学等 教本： G.Birtwistle: *Principle of Thermodynamics* 参考书： G.A. Goodenough: *Principles of Thermodynamics* F.A. Mcdougall: *Thermodynamics and Chemistry* M.Plank: *Thermodynamics* J.A.Ewing: *Steam Engine and Other Heat Engines* Peabody: *Thermodynamics of Heat Engine* Lewis and Pandall: *Thermodynamics* 预修学程：物理102A及高等微积分
133	无线电学		每周演讲4小时，实验3小时	一学期	5	电浪性质、无线电报、无线电话、无线电影及三极真空管原理构造与应用 教本： L.S.Palmer: *Wireless，Principles and Practice* 参考书： J.H.Morecraft: *Elements of Radio Communication* G.W. Pierce: *Electric Oscillations and Electric Waves* U.S.A. Bureau of Standards，Bulletin No.74: *Radio instruments and Measurements* 预修学程：物理126

续　表

编号	科目	授课教师	授课时数	时长	学分	备注
134	气体力学	束星北	每周演讲 3 小时	一学期	3	以力学观念说明热学上种种现象 教本： L.B. Loeb: *Kinetic Theory of Gases* 参考书： J.H. Jeans: *Dynamical Theory of Gases* 预修学程：物理 121
135	近世物理	郦堃厚	每周演讲 3 小时	一学期	3	近世物理之重要事实及观念，如稀薄气体之导电、质射性学、X 光线、电子性质及原子构造等 教本： Buark and Urey: *Atoms，Molecules and Quanta* 参考书： J.J. Thomson: *Conduction of Electricity through Gases* J.J. Thomson: *Rays of Positive Electricity* Townsend: *Electricity in Gases* Millikan: *The Electton* Perrin: *The Atom* Aston: *Isotopes* Rutherford: *Radio-Active Substances and Their Radiations* 预修学程：物理 126
136	近世物理	郦堃厚	每周演讲 3 小时	一学期	3	讲授电子论、相对论及元量说诸学说大意，以备学生无暇研读 145、147、148 诸学程者之修习 参考书： M.Plank: *Heat Radiation* F.Reiche: *Quantum Theory* J.H. Jeans: *Mathematical Theory of Electricity and Magnetism* O.W. Richardson: *Electron Theory of Matter* E. Cunningham: *Principle of Relativity* 预修学程：物理 126、128、132 及高等微积分
137-138	高等物理实验	郦堃厚	每周实验 3 小时	一学年	2	近世物理学中及其他各种实验 预修学程：须与 135 近世物理学同时学习（主系学生必修 1 学分）

续　表

编号	科目	授课教师	授课时数	时长	学分	备注
141-142	高等力学		每周演讲 3 小时	一学年	6	用较深数学讲述质点、刚体、弹性体及液体力学，最近元量力学、浪力学亦略论及 教本： A.G.Webster: *The Dynamics of a Particale and of Rigid，Elastic and Fluid Bodies* 参考书： P.Appell: *Traitéde Macanique Rationnelle* H. Lamb: *Hydrodynamics* Birtwistle: *Quantum Mechanics* Biggs: *Wave Mechanics* 预修学程：物理 122 及高等微积分
143	高等电磁学		每周演讲 3 小时	一学期	3	讲授以数学方法研究各种电磁现象 教本： G.H. Livens: *Theory of Electricity* 参考书： J.H. Jeans: *Mathematical Theory of Electricity and Magnetism* M.Abraham und Föppl: *Theorie der Elektrizität* Ⅰ L. Paye: *Introduction to Electro-Dynamics* 预修学程：物理 122.126 及高等微积分
145	电子论	束星北	每周讲演 3 小时	一学期	3	从 Maxwell-Lorentz 方程式起，论述电子之性质并据此以解释各种物性 参考书： O.W.Richardson: *Electron Theory of Matter* H.A. Lorentz: *Theory of Electrons* Abraham und Föppl: *Theorie der Elektrizität II* Freckel: *Thorelie der Elektrizität* 预修学程：物理 133.136.143

续　表

编号	科目	授课教师	授课时数	时长	学分	备注
147	相对论	束星北	每周演讲3小时	一学期	3	用 Tensor Analysis 先分析古典物理，然后讲授特殊及普通相对论并其应用 教本： Einstein: *Meaning of Relativity* Weyl: *Space，Time and Matter* 参考书： E.Cunningham: *Principle of Relativity* L. Silberstein: *Theory of Relativity* G.D. Birkhoff: *Theory of Relativity* S.A. Eddington: *Mathematical theory of Relativity* S.A. Eddington: *Space，Time and Gravitation* Levi-Civita: *Absolute Differential Calculus* 预修学程：物理 145
148	辐射及元量说		每周演讲3小时	一学期	3	讲演辐射论及元量说 教本： M.Flank: *Heat Radiation* F.Reiche: *The Quantum Theory* 参考书： G.Birtwistle: *The Quantum Theory of the Atom* A. Sommerfeld: *Atombau and Spektiallinen* 预修学程：物理 128、132、135、136
151-152	物理学论文或译书	本系全体教员				大学四年级生或研究生，欲求深造而从事独立研究或译述名著者，可与教员商定一实验或理论题目，或当世名著，每星期讨论一次，以策进行，四年级学生每学期以一至三学分为限，研究生学分临时酌定
153-154	物理学讨论会			一学年		聚本系全体教员及四年级学生于一堂，报告研究结果，或讨论当世物理学家之著述，每星期一次，四年级学生每学期作1学分计算

图 8-1-3　1932 年前后浙江大学的物理实验室 [1]

1935 年的《国立浙江大学要览》中，载有各系的分年级课程。其中，物理学系各年级课表如下。

表8-1-5　1935年度文理学院物理学系分年级课程安排 [2]

文理学院物理学系一年级课程表

学程	学分		每周授课或实习时数				备考
			上学期		下学期		
	上学期	下学期	讲演	实习	讲演	实习	
国文	2	2	2		2		
英文（一）	3	3	4		4		
普通物理学（A）	4	4	4	3	4	3	
初等微积分及微分方程	4	4	5	1	5	1	又实习 1 小时，系选修
无机化学	3	3	4		4		
无机化学实习	1	1		3		3	
体育	1	1		2		2	
军训	1.5	1.5	1	2	1	2	

① 引自国立浙江大学秘书处出版课编：《国立浙江大学一览（二十一年度）》，杭州：杭州正则印书馆，1932 年 12 月，插页。
② 资料来源：《国立浙江大学要览（民国二十四年度）》，第 36-39 页。引自张研、孙燕京主编：《民国史料丛刊》（第 1087 册），郑州：大象出版社，2009 年，第 52-55 页。

文理学院物理学系二年级课程表

学程	学分		每周授课或实习时数				备考
			上学期		下学期		
	上学期	下学期	讲演	实习	讲演	实习	
英文（二）	2	2	3		3		
德文（一）	2	2	3		3		
高等微积分	3	3	3	2	3	2	
坐标几何学	3	3	3	1	3	1	
理论力学	3	3	3	1	3	2	
光学（一）	2		1	3			
定性分析化学及实习	4		2	6			
定量分析化学及实习（一）		3			1	6	
体育	1	1		2		2	
选科							

文理学院物理学系三年级课程表

学程	学分		每周授课或实习时数				备考
			上学期		下学期		
	上学期	下学期	讲演	实习	讲演	实习	
德文（二）	1	1	2		1		
电磁学	5	4	4	3	4	3	
光学（二）	4	3	4	3	1	3	
热力学	4	3	4	3	3		
波动学		2			2		
体育	1	1		2		2	
选科							

文理学院物理学系四年级课程表

学程	学分		每周授课或实习时数				备考
			上学期		下学期		
	上学期	下学期	讲演	实习	讲演	实习	
近世物理及数学物理	6	6	5	3	5	3	
无线电							
应用电学							
选科							

3. 化学系

1932 年的《国立浙江大学一览》中，附有详细的"学程纲要"。化学系的情况如下。

表8-1-6　1932年度文理学院化学系课程纲要[①]

编号	科目	授课教师	授课时数	时长	学分	备注
101-102	普通化学	朱昊飞	每周讲演3小时，实验3小时	一学年	8	本科内容：本科教材就其性质之大别可划分为六部分。一、理论方面：探择物理化学上之重要而简明者，如分子运动论、原子说、原子构造、溶液论等。二、实验方面：兼顾多方兴味，除关于普通化学实验外，并详述有机、工化及农化上之基本实验。三、无机化学方面：注重非金属部分，故教材亦特别加重。四、有机化学方面：仅列举重要之简单有机品，陈述有机化学之概要。五、工业化学方面：列举近代工业化学上之重要成绩，而注重于原理方面。六、农业化学方面：列举关于农业上之重要事实，如土壤肥料，以引起学者之兴趣 教本： *College Chemistry* by L. C. Newell (D. C. Hath and company) *Experiments in College Chemistry* (Newell) 参考书： 1. *General Chemistry*（Deming） 2. *Smith's College Chemistry*（Kendall） 3. *Textbook of Inorganic Chemistry*（Partington） 4. *An Introduction to Organic Chemistry*（Lowy & Harrow） 5. *A Laboratory Outline of Smith's College Chemistry* 6. 化学集成（商务印书馆），孔庆莱译 7. 中国矿产（商务印书馆），黄著勋著
103A-104A	无机化学	程延庆	每周演讲4小时，实验3小时	一学年	8	本学程讲授化学基本原理与普通元素，及其他重要化合物之制法、性质及用途，为修习其他化学学程之准备 教科书： Kendall: *Smith's College Chemistry* 实验书： Kendall: *A Laboratory Outline of Smith's College Chemistry*
103B-104B	无机化学		每周演讲4小时，实验3小时	一学年	10	内容同 103A-104A

---

① 资料来源：国立浙江大学秘书处出版课编：《国立浙江大学一览（二十一年度）》，杭州：杭州正则印书馆，1932 年 12 月，第 89-104 页。

续　表

编号	科目	授课教师	授课时数	时长	学分	备注
105	高等无机化学（Advanced Inorganic Chemistry）		每周演讲3小时，实验3小时	一学期	4	This course is intended for students in Chemical Engineering, consists of a more thorough study on fundamental principles; The mass action law; chemical equilibrium; periodic relationship; etc Text: Chapin: *Second Year College Chemistry* Prerequisite: Courses 104B
107	初等有机化学		每周演讲3小时，实验6小时	一学年	4	本学程教授有机化学基本学识，注重刻库勒氏原子价大意及其后来发展，以阐明构造化学之原理，并述及有机化合物在工业上及医药上之应用 教科书： Conant: *Organic Chemistry* 实验书： Adam and Johnson: *Laboratory Methods in Organic Chemistry* 预修学程：化学 103A-104A
108	初等物理化学	程瀛章	每周讲演3小时	一学期	3	本学程讲授化学基本原则，为修习物理化学之准备 教科书： Chapin: *Second Year College Chemistry* 预修学程：化学 103A-104A
109	定性分析	陈之霖	每周演讲2小时，实验6小时	一学期	4	练习有系统的分析，并温习基本知识，例如溶液、电离、平衡、质量作用、公游子效应、溶解积原理等 教科书： Stieglitz: *The Elements of Qualitative Chemical Analysis*, Vol.1 A.A. Noyes: *Qualitative Chemical Analysis* 参考书： Treadwell and Hall: *Analytical Chemistry*，Vol.1
110A	定量分析	陈之霖	每周演讲1小时，实验9小时	一学期	4	练习容量及重量分析，注重手续之敏捷及结果之准确，并讨论有关系之原理 教科书： Talbot: *Quantitative Chemical Analysis* 参考书： Treadwell and Hall: *Analytical Chemistry*,Vol.2 Hall*: Textbook of Quantitative Analysis* Olseon: *Textbook of Quantitative Chemical Analysis* 预修学程：化学 109

续 表

编号	科目	授课教师	授课时数	时长	学分	备注
110B	定量分析（Quantitative Analysis）					A lecture and laboratory course devoted to the study of both volumetric and gravimetric analysis. The volumetric work includes Neutralization Methods，Oxidation Process and Precipitation Methods. The gravimetric part consists of analysis of simple compounds including Chlorine，Iron，Sulphur，Phosphorus，Barium，Calcius Magnesium，etc. Emphasis is placed on accuracy and speed，not only in the analysis of the unknown substance，but also in the preparation of standard solutions and in the calculations Text: Talbot: *Quantitative Analysis*. Three hours credit Prerequisite: 109
111A-112A	有机化学	纪育沣	每周演讲3小时，实验6小时	一学年	10	本学程讲授脂肪族及芳香族化合物，注重原子价理论、基本反应、有机化学最近学说及重要天然有机物之构造 教科书： Perkin and Kipping: *Organic Chemistry* 实验书： Gattermann: *Practical Methods of Organic Preparation* 参考书： Meyer-Jacobson: *Organische Chemie* Richer: *Organic Chemistry* Cohen: *Organic Cheimstry for Advanced Students* 预修学程：化学 107、110A
111B-112B	有机化学（Organic Chemistry）		每周演讲3小时，实验3小时	一学年	10	An introductory study in the chemistry of the compounds of carbon. The general principles and theories of organic chemistry. The typical methods of preparation and the chemical and physical properties of the various classes of compounds. The relationships that exist between the various classes and the Principles underlying their reactions receive thorough discussion Text: J. B. Cohen: *Theoretical Organic Chemistry* Prerequisite: Courses 103B-104B The laboratory is planned to give students a practical study on the prepration and the properties of typical compounds in different classes of organic substances. High percent yield and purity of the substance prepared are also aimed at Text: J. B. Cohen: *Practical Organic Chemistry*

续　表

编号	科目	授课教师	授课时数	时长	学分	备注
113	高等有机化学（Advanced Organic Chemistry）					Geometric isomerism，optical isomerism，tautomerism and mechanism of more important reactions Reference: Cohen: *Chemistry for Advanced Students*. Three hours credit. Prerequisite: Courses 112B Elective
113a	高等有机化学实习（Advanced Organic Chemistry Laboratory）					Grignard's Synthesis，Preparation of Butyro-butyris ester，Wislicenus Reaction，Friedel-Craft Reaction，Hoesch's Reaction，Ullmann's Method，Claisen's Reaction，Buchner-Curtius Reaction，Perkin's Reaction，Pinacone Condensation，Ring Formation
113-114	高等有机化学实验	纪育沣	每周实验3小时至9小时		全年2学分至6学分	本学程训练实验有机化学之研究方法 预修学程：化学111A-112A 化学系四年级学生选修
115-116	物理化学	程瀛章	每周演讲3小时，实验3小时		全年8学分	本学程讲授物理化学之基本原理与方法，如气体定律、化学平衡、相则、热化学、光化学、电化学、胶体化学、量子论、放射论及原子构造等问题，其目的在使学生修得研究各种化学时所必须之物理化学知识与技能 教科书： Getman and Daniels: *Outlines of Theoretical Chemistry* 实验书：Findlay: *Practical Physical Chemistry* 预修学程：化学107、108、110A
117A	高等物理化学	陈之霖	每周演讲3小时，实验3小时	一学期	4	本学程就物理化学内电化学、热化学、光化学各门中选择一门详细讲述，俾修得该门之高深知识，并指示物理化学研究法之一斑。各分门物理化学得视学生需要于各学期轮流讲授 预修学程：化学115-116
117B	高等物化（Thermo-dynamics)					This course consists of a general treatment of the principal thermodynamic equations and their applications to chemistry Methods for calculation of free-energy values from equilibrium data，electromotive，force，and heat data with the aid of the third law are considered in detail Text: Mac Dougall: *Thermodynamics and Chemistry*. Three hours credit Prerequisite: Courses 115-116 Elective

续　表

编号	科目	授课教师	授课时数	时长	学分	备注
118	电气化学（Electro-chemistry）					This course is devoted to the study of the fundamental principles underlying electrochemical phenomena and their applications to various phases in chemical industry. Different types of electric furnaces，electro-metallurgical processes，accumulators，primary batteries，and the electrolytic production of chemical compounds are discussed with due consideration References: Allmand: *Applied Electrochemistry*. Three hours credit Prerequisite: Courses 115-116 Elective
119	胶体化学	陈之霖	每周讲演3小时，实验3小时	一学期	4	本学程讲述胶体之凝固、收着、渗透压、电气现象、光学性质与其粒子之运动大小等要义及研究之方法 参考书： Svedberg: *Colloid Chemistry* Alexander: *Colloid Chemistry* Freundlich: *Kapillar Chemie* Bancroft: *Applied Colloid Chemistry* Rideal and Taylor: *Catalysis in Theory and Practice Colloid Symposium Monograph* 预修学程：化学115-116
121A	高等定量分析	程瀛章	每周讲演1小时，实验6小时	一学期	3	本学程注意精密并重应用，予学生以分析化学者所必需之知识技能 参考书： Fay: *An Advanced Course in Quantitative Analysis* Parr: *Analysis of Fuel，Gas，Water and Lubricants* Griffin: *Technical Methods of Analysis* Low: *Technical Methods of Ore Analysis* Scott : *Standard Methods of Chemical Analysis* Treadwell-Hall: *Analytical Chemistry ,Vol.2* Kolthoff-Furman: *Volumetric Analysis* Washington: *Chemical Analysis of Rocks* Hillebrand-Lundell: *Applied Inorganic Analysis* 预修学程：化学110A
121B	高等定量分析（Advanced Quantitative Analysis）					A continuation course of 110B covering analysis of silicates，Potassium and Sodium in silicates，Spethic Ore Pyrite，Titanium ore and Metal analysis including Brass，Steel and Iron Text: Fay: *An Advanced Course in Quantitative Analysis*. Three hours credit Prerequisite: Course 110B
122	工业分析（Technical Analysis）					This course includes lecture and laboratory work on the examination of fuels，water，paints，varnish，and other engineering materials Notes. Two hours credit Prerequisite: Course 110B

续　表

编号	科目	授课教师	授课时数	时长	学分	备注
123	高等定性分析（Advanced Qualitative Analysis）					A lecture and laboratory course devoted to the study of a System of Qualitative Analysis that nearly includes all the metal-forming elements; to provide a course in advanced Inorganic Chemistry particularly in the Chemical properties of the rare elements and for further experimental investigations. Text: Noyes and Bray: *Qualitative Analysis for the Rare Elements*. Three hours credit Prerequisites: 105 and 109 Elective
124	气体分析		每周讲演1小时，实验6小时	一学期	3	（二十一年度停授）练习气体分析各种方法 教科书： Dennis: *Gas Analysis* 预修学程：化学110A
125	燃烧分析	纪育沣	每周实验4小时	一学期	1	本学程教授有机物中碳、氧、硫及卤族元素之测定法（P99） 预修学程：化学107、110A
126	有机定性分析	纪育沣	每周讲演1小时，实验6小时	一学期	3	练习有机混合物之分析及简单有机物之鉴定 实验书： Kamm: *Qualitative Organic Analysis* 参考书： Mulliken: *Identification of Organic Compounds* 预修学程：化学111A-112A
127	有机分析（Organic Analysis）					This is a lecture and laboratory course which gives the students training in the use of systematic methods for the purification，seperation，and identification of organic compounds Text: Kamm: *Qualitative Organic Analysis*. Two hours credit Prerequisites: Course 112B
131	无机化学选论	程延庆	每周2小时	一学期	2	本学程讲授原子价理论及其他无机化学问题 参考书： Werner: *New Ideas on Inorganic Chemistry* Schwary-Bass: *Inorganic Complex Compounds* Thomas: *Complex Salts* Friend: *A Text Book of Inorganic Chemistry*，*Vol. 10* Lewis: *Valence and Structure of Atoms and Molecules* Sidgwick: *The Electronic Theory of Valency* 预修学程：化学107 化学系三年级学生选修
132	无机制备	程延庆	每周实验3~9小时	一学期	1至3	练习重要无机物之制备方法 参考书： Bilty-Hall-Blanchard: *Laboratory Methods of Inorganic Chemistry* Archibald: *Preparation of Pure Inorganic Substance* 预修学程：化学110A

续 表

编号	科目	授课教师	授课时数	时长	学分	备注
141	不均环状体	纪育沣	每周演讲2小时	一学期	2	（二十一年度停授）本学程讨论不均环体状（Hetero-cyclic compounds） 参考书： Meyer-Jacobson: *Organische Chemie* Hollin: *Nitrogen Ring Compounds* *Annual Report of Chemical Society of London* 预修学程：化学 111-112
142	有机化学理论	纪育沣	每周演讲2小时	一学期	2	（二十一年度停授）本学程讲授数种有机反应之最近解释，注意加合，离解，分子换置及原子价之电子说等 教科书： Henrich, Johnson and Hohn: *Theory of Organic Chemistry* 预修学程：化学 111-112
151	药物化学	纪育沣	每周演讲2小时	一学期	2	本学程讨论药物之分析，合成及其性质 预修学程：化学 111-112
152	植物碱	纪育沣	每周演讲2小时	一学期	2	本学程讨论天然氧属碱 预修学程：化学 107
153	军用化学	纪育沣	每周演讲2小时实验3小时	一学期	3	（二十一年度停授）本学程讲授军用毒气之制备性质及施用 预修学程：化学 107
155A-156A	工业化学	吴锦铨	每周演讲3小时	一学年	6	本学程讲授重要化学工业之实际制造程序，及其所应用之原则 教科书： Rogers: *Mannual of Industrial Chemistry* 预修学程：化学 111-112，115-116
155B-156B	工业化学（Industrial Chemistry）		每周演讲3小时实验3小时	一学年	8	A discriptive study of the principles，processes and manufacturing methods used in the more important industries Text: Rogers: Manual of Industrial Chemistry Prerequisite: Course 110B，112B
161	化学史	程延庆	每周演讲2小时	一学期	1	讲授化学进步概况，及著名化学者之研究及贡献 预修学程：化学 111-112A、115-116
171	杂志报告		每周1次			由化学系全体教员及四年级学生轮流报告
173-174	化学论文	本系各副教授	每周实验3小时	一学年	2	凡化学系四年级学生须于无机、分析、有机或物理化学中任择一门，由该门教员担任指导，选定题目，从事研究，分别报告 预修学程：化学四十学分

图 8-1-4　1932 年前后浙江大学的分析化学实验室[1]

1935 年的《国立浙江大学要览》中，载有各系的分年级课程。其中，化学系各年级课表如下：

表8-1-7　1935年度文理学院化学系分年级课程安排[2]

文理学院化学系一年级课程表

学程	学分		每周授课或实习时数				备考
			上学期		下学期		
	上学期	下学期	讲演	实习	讲演	实习	
国文	2	2	2		2		
英文（一）	3	3	4		4		
初等微积分及微分方程	4	4	5		5		又实习 1 小时，系选修
普通物理学（A）	4	4	4	3	4	3	
无机化学	3	3	4		4		
无机化学实习	1	1		3		3	
体育	1	1		2		2	
军训	1.5	1.5	1	2	1	2	

---

① 引自国立浙江大学秘书处出版课编：《国立浙江大学一览（二十一年度）》，杭州：杭州正则印书馆，1932 年 12 月，插页。

② 资料来源：《国立浙江大学要览（民国二十四年度）》，第 40-43 页。引自张研、孙燕京主编：《民国史料丛刊》（第 1087 册），郑州：大象出版社，2009 年，第 56-59 页。

文理学院化学系二年级课程表

学程	学分		每周授课或实习时数				备考
			上学期		下学期		
	上学期	下学期	讲演	实习	讲演	实习	
英文（二）	2	2	3		3		
德文（一）	2	2	3		3		
有机化学	3	3	3		3		
有机化学实习	2	2		6		6	
高等无机化学（一）	2	2	2		2		
普通生物学	3		3	3			
定性分析化学及实习	4		2	6			
定量分析化学及实习（一）		3			1	6	
体育	1	1		2		2	
选科							

文理学院化学系三年级课程表

学程	学分		每周授课或实习时数				备考
			上学期		下学期		
	上学期	下学期	讲演	实习	讲演	实习	
德文（二）	1	1	2		1		
定量分析化学及实习（二）	3		1	6			
物理化学	3	3	3		3		
物理化学实习	1	1		3		3	
电磁学	4.5	4.5	4	3	4	3	
高等有机化学	2	2	3		3		
有机定性分析及实习	2		1	3			
有机定量分析及实习		2			1	3	
体育	1	1		2		2	
选科							

文理学院化学系四年级课程表

学程	学分		每周授课或实习时数				备考
			上学期		下学期		
	上学期	下学期	讲演	实习	讲演	实习	
高等物理化学	3	3	3		3		
生物化学	3		4				
生物化学实习	1			3			
工业化学（一）	3	3	3		3		
工业化学（一）实习	1	1		3		3	

续　表

学程	学分		每周授课或实习时数				备考
			上学期		下学期		
	上学期	下学期	讲演	实习	讲演	实习	
高等无机化学（二）	2	2	2		2		三四年级选修
高等定性分析及实习		3			1	6	三四年级选修
有机化学通论		2			3		三四年级选修
药物分析及实习	2		1	6			三四年级选修
分析化学及实习	2		1	3			三四年级选修
军用化学	1		1				三四年级选修
军用化学实习	1			3			三四年级选修
化工原理	3	3	4		4		三四年级选修
化工原理实习	1	1		3		3	三四年级选修

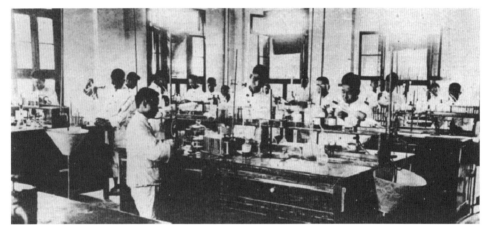

图 8-1-5　文理学院时期的化学实验室 [1]

4. 生物学系

1932 年的《国立浙江大学一览》中，附有详细的"学程纲要"。生物学系的情况如下：

表8-1-8　1932年度文理学院生物学系课程纲要 [2]

编号	科目	授课教师	授课时数	时长	学分	备注
101a	普通植物学	范赉	每周演讲3小时，实习2小时	一学期	4	内容：讲述植物细胞、组织及各器官之形态、发生及其机能，植物之生殖、生态、遗传及进化

---

[1]　引自张淑锵、金灿灿、朱之平：《在曲折中发展的浙江大学——浙江大学的探求（1927－1936）》，《浙江档案》2011 年第 2 期，第 46-49 页。

[2]　资料来源：国立浙江大学秘书处出版课编：《国立浙江大学一览（二十一年度）》，杭州：杭州正则印书馆，1932 年 12 月，第 104-110 页。

续　表

编号	科目	授课教师	授课时数	时长	学分	备注
101-102	普通植物学	朱凤美	每周演讲2小时，实验3小时	一学年	6	本科内容：分绪论、本论、附论三编。绪论中泛论关于植物学初步而必要之知识，如植物之界说、名称、态别等。本论参考生物学的理论而纳入植物形态、组织、环象诸学，以顺序讲述植物之生命、生活、死灭、进化、繁殖、分布诸问题。附论则略述植物之系统、分类，及世界上有用、有害与有名植物之种类 教本、笔记、参考书之主要者： 1. Sinnott，E. W. Botany: *Principles and Problems*（1929） 2. Holman and Robbins: *Textbook of General Botany for Coll.and Univ.*（1927） 3. Fitting，Sierb，etc.: *Lehrbuch der Botanik für Hochschulen*（1928） 4.Engler u. Gilg-Syllabus der: *Pflanzenfamilier* 5. 池野成一郎：植物系统学 6. 三好学：植物学讲义 7. Knight and Step: *Hutchmson's Popular Botany* 8. McDougall: *Plant Ecology* 9. Perrival: *Agricultural Botany*
103A	普通动物学	董聿茂	每周讲演3小时，实验3小时	一学期	4	内容：总论动物之形态、发生、生殖、生理、分类、遗传及进化
103-104	普通动物学	薛德焴	每周讲演2小时，实验3小时	一学年	6	本科内容：先教通论，后教各论，注重形态学 参考书： Kingsley: *Maunal of Zoology* 薛德焴：近世动物学
105	植物分类学	范赉	每周讲演3小时，实验2小时	一学期	4	内容：讲述植物分类之历史，植物分类一般应用之法则，孢子植物之分类法，种子植物之分类法（附其分布及其用途）
106	动物分类学	董聿茂	每周讲演3小时，实验3小时	一学期	4	内容：讲述各类动物胚胎、形态及生态上之特征并论其类缘关系，以区别其不同点及其动物上之位置，教材以无脊椎动物为主
111	比较解剖学	董聿茂	每周讲演3小时，实验4小时	一学期	4	内容：论各类动物器官之构造及其作用，比较其异同点并解释各种器官之演化
112	胚胎学	贝时璋	每周讲演2小时，实验4小时	一学期	3	内容：自动物之受精卵以至于成体为止，述各器官发达之状态，以明进化之理，并授以制胚胎标本之技术，教材以脊椎动物为主

续　表

编号	科目	授课教师	授课时数	时长	学分	备注
113-114	植物生理及生理化学	范贲	每周讲演2小时，实验3小时	一学年	6	内容： 上学期：论植物体内外能与力之交换（凡营养、呼吸、新陈代谢，水分之吸收蒸发，排液之升降，以及光、电热等之影响植物发生，均已包含在内），植物之生长及运动，植物之性及生殖。预修学程，普通化学 下学期：论植物体构成之各种基本元素及植物直接或间接生成之各种化合物，及成其生理之关系。 预修学程：初等有机化学
115	动物组织学	董聿茂	每周讲演2小时，实验3小时	一学期	3	（二十一年度停授）内容：讲述体素之类别与其生成，及各器官之组织法，并授以制切片方法
117-118	动物生理学	贝时璋	每周讲演3小时，实验4小时	一学年	6	（二十一年度停授）内容： 上学期：（一）构成动物体之基本物质，动物体内所产生之各种化合物及其生理上之关系；（二）物质之交换（1）（包含动物之摄食、消化、吸收、循环、中间代谢及排泄） 下学期：（三）物质之交换（2）（包含呼吸）；（四）精力作用 预修学程：与植物生理同
119	内分泌学	贝时璋	每周讲演2小时，实验3小时	一学期	2	（二十年度停授）内容：论各种内分泌腺之构造，生理病理及其互相之关系
121	身体与种细胞	贝时璋	每周讲演3小时，实验4小时	一学期	4	本学程为实验形态学之基本学程，讨论身体与种细胞之关系。内容分四部：（一）幼期身体与种细胞之关系；（二）中期身体与种细胞之关系；（三）老期身体与种细胞之关系；（四）返幼问题 参考书： T. W. Harms: *Körper und Keimzellen*, 1926, *Journal of Experimental Zoölogy American Journal of Physiology Endocrinolog* 预修学程：动物生理学，植物生理及生理化学

续　表

编号	科目	授课教师	授课时数	时长	学分	备注
123	再生	贝时璋	每周讲演 2 小时，实验 6 小时	一学期	3	本科内容：论动植物再生之普遍，再生之种类，再生之由来，再生之基本原因以及体外因子与体内因子对于再生之影响及关系 参考书： E. Korschelt: *Regeneration und Transplantation*, 1927 B. Dürken: *Lahrbuch der Experimentalzoolog*, 1928 K. Goebel: *Einlcitung indic exp. morph. der iflanze*, 1908 T. H. Morgan: *Regeneration*, 1901 *Journal. of Experimental. Zoölogy* 预修学程：身体与种细胞
124	发生生理学	贝时璋	每周讲演 3 小时，实验 6 小时	一学期	4	内容：论发生之起因，发生之样式，发生之机械，以及体外因子与体内因子对于发生之影响及关系
126	实验遗传学	贝时璋	每周讲演 2 小时，实验 6 小时	一学期	3	内容：论 Mendel 之遗传律，Margen 之学说及研究方法，生物之变异及突变论
131	生物学评论	全系教员	每周 1 次	一学期	1	本学程之目的在养成学生有参考习惯及评判能力。在学期开始时，教授提出各种问题，学生可选其中之一，参考关于所选定问题之各种著作，作一有系统而富于批评之报告
132	生物学研究	贝时璋	每日至少 2 小时	一学期	1	本学程之目的在引起学生有研究兴趣及授以研究方法，由教授指定或学生自选研究题目，所得结果，须作成毕业论文一篇

1935 年的《国立浙江大学要览》中，载有各系的分年级课程。其中，生物学系各年级课表如下。

表8-1-9　1935年度文理学院生物学系分年级课程安排[①]

文理学院生物学系一年级课程表

学程	学分		每周授课或实习时数				备考
			上学期		下学期		
	上学期	下学期	讲演	实习	讲演	实习	
国文	2	2	2		2		
英文（一）	3	3	4				

① 资料来源：《国立浙江大学要览（民国二十四年度）》，第 44-47 页。引自张研、孙燕京主编：《民国史料丛刊》（第 1087 册），郑州：大象出版社，2009 年，第 60-63 页。

续　表

学程	学分		每周授课或实习时数				备考
			上学期		下学期		
	上学期	下学期	讲演	实习	讲演	实习	
初等微积分	3	3	4		4		
无机化学	3	3	4		4		
无机化学实习	1	1		3		3	
普通动物学	5		4	6			
普通植物学		5			4	6	
体育	1	1		2		2	
军训	1.5	1.5	1	2	1	2	

文理学院生物学系二年级课程表

学程	学分		每周授课或实习时数				备考
			上学期		下学期		
	上学期	下学期	讲演	实习	讲演	实习	
英文（二）	2	2	3		3		
德文（一）	2	2	3		3		
比较解剖学	4	4	3	3	3	3	
普通物理学（A）	3	3	3	3	3	3	
普通分析化学及实习		4			2	6	
普通有机化学	2		3				
普通有机化学实习	2			6			
体育	1	1		2		2	
选科							

文理学院生物学系三年级课程表

学程	学分		每周授课或实习时数				备考
			上学期		下学期		
	上学期	下学期	讲演	实习	讲演	实习	
德文（二）	1	1	2		2		
无脊椎动物解剖学	4	4	3	3	3	3	
下等植物学	3	3	2	3	2	3	
动物组织及切片学	6		3	9			
胚胎学		6			4	6	
体育	1	1		2		2	
森林植物							选修，时间学分未定
选科							

文理学院生物学系四年级课程表

学程	学分		每周授课或实习时数				备考
	上学期	下学期	上学期		下学期		
			讲演	实习	讲演	实习	
植物生理	5		4	3			
动物生理学		6			4	6	
细菌学		6			3	6	
细胞学	3		2	3			
遗传学		5			3	3	
森林植物							选修，时间学分未定
选科							

5. 教育学系（教育心理学组）

1932 年的《国立浙江大学一览》中，附有详细的"学程纲要"。教育学系及有关教育心理学组方面的课程情况如下。

表8-1-10　1932年度文理学院教育学系有关教育心理学组方面的课程纲要[①]

编号	科目	授课教师	授课时数	时长	学分	备注
101	教育概论	郑宗海	每周 3 小时	一学期	3	略
102	教育原理	郑宗海	每周 3 小时	一学期	3	略
103	中等教育	孟宪承	每周 3 小时	一学期	3	略
104	初等教育	俞子夷	每周 3 小时	一学期	3	略
106	比较教育	孟宪承	每周 2 小时	一学期	2	略
111-112	教育史	孟宪承	每周 2 小时	一学年	4	略
121	普通心理学	沈有乾	每周讲演2小时，实验 3 小时	一学期	4	本科内容：心理学总论，智力，记忆，学习，遗传与环境，刺激与动机，感情与情绪，感觉，观察，思想，想象，心理学之生理基础，人品 教本： Woodworth: *Psychology* 参考书： Foster and Tinker: *Experiments in Psychology* Dashiell: *An Experimental Manual in Psychology* Robinson and Robinson: *Readings in General Psychology*

---

① 资料来源：国立浙江大学秘书处出版课编：《国立浙江大学一览（二十一年度）》，杭州：杭州正则印书馆，1932 年 12 月，第 65-74 页。

续　表

编号	科目	授课教师	授课时数	时长	学分	备注
122	试验心理学	（本学年停授）	每周 3 小时	一学期	3	目的：使学生明了科学的心理学之方法，并对于重要心理现象有实际观察之经验 内容：所选实验题目虽普及心理学各方面，而侧重学习心理部分 预修学程：普通心理学及教育统计学
123	教育心理学	黄翼	每周讲演 3 小时，实验 2 小时	一学期	4	本学程以学习之原则与条件为中心问题。第一部讨论行为之普通原则，人类之种种能力，个性差异，环境与遗传，生长与学习等问题，以明学习之意义与位置。第二部为学习心理，包含学习之量的方面，种种学习（如记诵、替代反应，解决难题，动作技艺等等）之性质，学习结果之类化，记忆与遗忘之原则，增进学习效率之条件等章目 教本： Sandiford, Peter: *Educational Psychology*, Longmans, Green, Q. and Co., 1929 预修学科：统计方法，普通心理学
124	儿童心理学（青年心理附）	黄翼	每周 3 小时	一学期	3	目的：使学生明了儿童时代心理的现象，发育的规例及其与教育之关系，并引起学者自动研究之兴味 内容：儿童时代心理的现象，发展的步骤与律例，其意义及其与教育之关系，并及儿童研究的历史与现状，及各家研究方法之大概 预修学程：普通心理学
125	变态心理学	黄翼	每周 3 小时	一学期	3	本科以种种变态心理现象为对象。先讨论酒醉、睡、梦、催眠等与变态现象相类似或相关联之常态现象，次及种种疯狂或近疯狂之重要病症与症候。着眼在了解造成种种变态现象之心理作用，及其与常态心理作用之关系，故心理分析学说之基本观念与派别，亦本科内容之重要部分 教本： Hart: *Psychology of Insanity* 朱光潜：变态心理学派别 布拉文著（华超译）：心理学与精神治疗法 预修学程：普通心理学
126	学科心理	沈有乾	每周 3 小时	一学期	3	三、四年级选修 目的：使学生略知各种学科之特殊心理问题，已往研究之贡献，及研究之方法 内容：阅读心理，数学心理，书法心理等 预修学程：教育心理学

续　表

编号	科目	授课教师	授课时数	时长	学分	备注
131	普通教学法	郑宗海	每周 3 小时	一学期	3	略
132	中等学科教学法	郑宗海	每周讲演 3 小时，实习 3 小时	一学期	4	略
133	小学学科教学法	俞子夷	每周讲演 3 小时，实习 3 小时	一学期	4	略
134	儿童训导	黄翼	每周 3 小时	一学期	3	三、四年级选修 目的：使学生明了如何指导儿童之发展，俾得养成健全之性情品格 内容：良好习惯之养成；种种不良行为之了解、预防，与矫正；父母教育与顾问制度之设施等 预修学程：儿童心理，能先修变态心理最佳
141	统计方法	沈有乾	每周 3 小时	一学期	3	本科内容：统计方法之功用，统计项列之种类，差误之来源及性质，列表，图示，次数分配，中心量数，差异量数，取样差误，量数机率，常态分配，相关量数 教本： 胡毅：教育统计学初步 参考书： Holzinger: *Statistical Methods for Students in Education* Kelley: *Statistical Method* Yule: *An Introduction to the Theory of Statistics*
142	测验	沈有乾	每周 3 小时	一学期	3	目的：使学生明了测验的历史与现状，及其原则与应用 内容：智力测验，教育测验，品性测验等。（一）历史，（二）编制，（三）种类，（四）应用，（五）批评 预修学程：统计方法
151	教育社会学	孟宪承	每周 2 小时	一学期	2	略
162	教育行政及指导（教育调查附）	孟宪承	每周 3 小时	一学期	3	略
172	英美教育书报	孟宪承	每周 2 小时	一学期	2	略
173	教育学说	孟宪承	每周 2 小时	一学期	2	略

续　表

编号	科目	授课教师	授课时数	时长	学分	备注
174	教育问题研究	全系副教授	每周 1 小时	一学期	1	目的：培养研究之兴趣及能力，交换研究之心得 内容：（一）提示今日教育上各种切要之问题；（二）指导学生对于教育材料之搜集与研究，作成论文

1935 年的《国立浙江大学要览》中，载有各系的分年级课程。其中，教育学系各年级课表如下。

表8-1-11　1935年度文理学院教育学系分年级课程安排[①]

文理学院教育学系一年级课程表

学程	学分		每周授课或实习时数				备考
			上学期		下学期		
	上学期	下学期	讲演	实习	讲演	实习	
国文	2	2	2		2		
英文（一）	3	3	4		4		
初等微积分	3	3	4		4		
无机化学	3	3	4		4		
无机化学实习	1	1		3		3	
普通动物学	5		4	6			
教育原理		3			3		
现代政治		2			3		
体育	1	1		2		2	
军训	1.5	1.5	1	2	1	2	

文理学院教育学系二年级课程表

学程	学分		每周授课或实习时数				备考
			上学期		下学期		
	上学期	下学期	讲演	实习	讲演	实习	
英文（二）	3	3	3		3		全系必修
普通物理学	4	4	3	3	3	3	全系必修
统计方法	3		3				全系必修
普通心理学		4			3	3	全系必修
测验法		3			3		全系必修
教育社会学	3		1	3			教育组选修

---

① 资料来源：《国立浙江大学要览（民国二十四年度）》，第28-31页。引自张研、孙燕京主编：《民国史料丛刊》（第1087册），郑州：大象出版社，2009年，第44-47页。

续　表

学程	学分		每周授课或实习时数				备考
	上学期	下学期	上学期		下学期		
			讲演	实习	讲演	实习	
体育	1	1		2		2	全系必修
选科							
法文（一）	2	2	3		3		选修
德文（一）	2	2	3		3		选修
日文（一）	2	2	3		3		选修

文理学院教育学系三年级课程表

学程	学分		每周授课或实习时数				备考
	上学期	下学期	上学期		下学期		
			讲演	实习	讲演	实习	
普通教学法	3	1	3		2		教育组必修
教育史	3	2	3		2		教育组必修
教育书报	3		3				教育组必修
初等教育		3			3		全系必修
儿童心理学	3		3				全系必修
实验心理学	3		1	6			教育心理组必修
学习心理学	3		3				教育心理组必修
儿童训练		3			3		三四年级选修
变态心理学		3			3		三四年级选修
生理心理学	3		3				三四年级选修
学科心理学	3		3				三四年级选修
测验实习		1				1	三四年级选修
高级测验法	3		3				三四年级选修
高级儿童心理法		3			3		三四年级选修
动物心理学		3			3		三四年级选修
体育	1	1		2		2	全系必修
法文（二）	1	1	2		2		选修
德文（二）	1	1	2		2		选修
日文（二）	1	1	2		2		选修

文理学院教育学系四年级课程表

学程	学分		每周授课或实习时数				备考
			上学期		下学期		
	上学期	下学期	讲演	实习	讲演	实习	
中等教育	3		3				全系必修
小学学科教学法	4		3	3			教育组必修
中学学科教学法		4			3	2	教育组必修
比较教育		3			3		教育组必修
教育行政		3			3		教育组必修
教育学说	2		2				教育组选修
教育视导		2			2		教育组选修
教育专题研究	3	3	不定		不定		教育组选修

二、课程的开设与教学的管理

（一）课程开设

　　每学期开学伊始，当时的《校刊》均会刊登该学期各学院、学系的课程表，公布上课时间、地点和任课教师等，如 1930 年度第一学期[①]、第二学期[②]，1931 年度第一学期[③]、第二学期等[④]，均在《校刊》上刊登了该学期的详细课表（详见本章附表）。

---

① 《国立浙江大学校刊》第 26 期（1930 年 10 月 11 日）。
② 《国立浙江大学校刊》第 42 期（1931 年 2 月 21 日）。
③ 《国立浙江大学校刊》第 65 期（1931 年 9 月 26 日）。
④ 《国立浙江大学校刊》第 86 期（1932 年 4 月 2 日）。

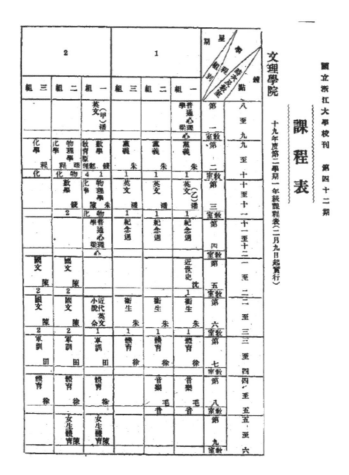

图 8-1-6　《国立浙江大学校刊》所载 1930 年度第二学期文理学院的课程表 ①

图 8-1-7　1932 年前后浙江大学文理学院的普通教室 ②

①　引自《国立浙江大学校刊》第 42 期（1931 年 2 月 21 日）。
②　引自《国立浙江大学文理学院第一届毕业纪念刊》，1932 年 7 月，第 39 页。

（二）教学管理

学生课业和毕业成绩要求等，在 1932 年 8 月《国立浙江大学学则》正式施行之前，即有基本规定，只是较为分散。如 1930 年 2 月 22 日出版的第 1 期《校刊》上，登载有文理学院布告三份，均是关于课程和课业管理方面的。

文理学院布告（一）

查本学院上学期规定：公共必修科之党义、军事训练及体育，均不计学分；但成绩不及格者，仍不得毕业。现奉教育部令：军事训练二学年应给六学分，自应遵照；其体育及党义二种学程，亦应照旧仍行给予学分。惟军事训练及体育分数，不与其他学程分数平均计算。其学分数于计算列入五、六两等之学分数，是否满半数或三分之一时［看要览（十五）（2）］亦不列入。又前列三种学程，给予学分后，毕业学分总数亦应照改为一百四十二学分。除修正要览中关系各节，并经先于上学期结束前通告各生知照外，特此揭示，仰各知照。此布。

文理学院布告（二）

查本学院成绩考查，向用等第，其平均成绩，别以绩点计算。兹以各方调查，多需分数，常费折算。经由院务会议第二次会议议决，一律改用分数（编者注：以下原文印刷不清）……要览第十五章之规定，以六十（编者注：以下原文印刷不清）……分至五十九分者应重考，重考及格者，概给六十分，其重考不及格及分数在五十分以下者，应重修。特此揭示，仰各知照。此布。

文理学院布告（三）

查本学院缺课考查办法，原载要览第十九章，兹经修正如下：

（一）一学期旷课满二十小时者，本学期不给学分。

（二）一学期缺课（包括请假及旷课）共满一百小时者，本学期不给学分。

特此揭示，希各知照。此布。[①]

前述相关规定，后统一为《学生应修学分及成绩考查法》（注明 1932 年 9 月修正），说明该办法制订于 1932 年 9 月之前，且经多次修改。

学生应修学分及成绩考查法
（二十一年九月修正）

一、本大学采用学分制，但学生修业期限至少四年。

二、本大学学科分为必修、选修两种，均于各系学程中详细规定。除各系共同必修科外，学生当按照其本系规定之学程切实习完各科。

三、各学科以学分为单位，每学期每周上课一小时并须二小时以上之自习者，或实习二小时至三小时者为一学分。

---

① 《国立浙江大学校刊》第 1 期（1930 年 2 月 22 日）。

四、学生至少须修满学程一百三十二学分（党义、军训、体育除外）始得毕业。

五、每学期学生所修功课，不得少于十五学分，亦不得超过二十一学分。（党义、军训、体育除外）

六、学生前学期成绩总平均不及七十分者，所修功课，除各院有特殊规定者外，不得超过十八学分。

七、每学程之成绩，以六十分为及格；在六十分以下，五十分以上者，得补考一次，补考分数最多以六十分计算，在五十分以下者不给学分，并不得补考；如系必修科，须重习之，但重习以一次为限。

八、学生全年所修学分，经补考后，尚有五分之二（党义、军训、体育除外）不及格者，即令退学。[1]

之后，这些针对教学的相关规定更以《国立浙江大学学则》的形式，统一加以规范并公布（如1932年、1935年等，详见第七章第三节）。

此外，不同时期还有一些较有特色的做法，如1933年郭任远长校后，于9月新学期开学后，将一年级学生集中管理，合并授课，自己亲自担任一年级主任，“所有三院一年级生，均在大学本部授课，提高课程标准”。[2]

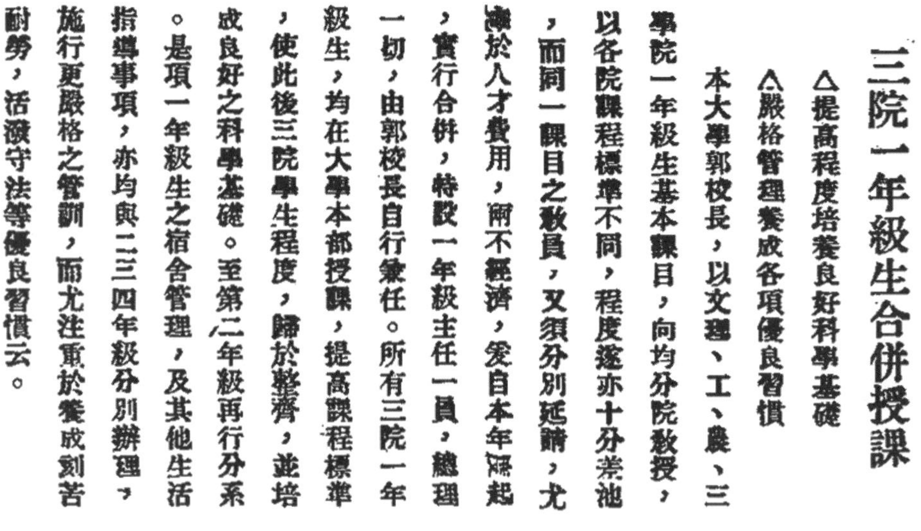

三院一年級生合併授課

△提高程度培養良好科學基礎

△嚴格管理養成各項優良習慣

本大學郭校長，以文理、工、農、三學院一年級生基本課目，向均分院教授，以各院課程標準不同，程度遂亦十分差池，而同一課目之教員，又須分別延請，尤滲於人才費用，兩不經濟，爰自本年度起，實行合併，特設一年級主任一員，總理一切，由郭校長自行兼任。所有三院一年級生，均在大學本部授課，提高課程標準，使此後三院學生程度，歸於整齊，並培成良好之科學基礎。至第二年級再行分系。是項一年級生之宿舍管理，及其他生活指導事項，亦均與二三四年級分別辦理，施行更嚴格之管訓，而尤注重於養成刻苦耐勞，活潑守法等優良習慣云。

图 8-1-8 《国立浙江大学校刊》登载郭任远时期三院一年级学生合并授课的消息[3]

（三）临时性的特种学程等

此外，还有各种讲座、临时的特种学程（或称“特设学程”）等，并制定有相应的听讲办法。所谓“特种学程”，即非属于某一正式学系、单独讲授一个较短时间（如一学期）的课程；如1929年2月起（即

① 《国立浙江大学校刊》第104期（1932年9月24日）。

② 《国立浙江大学校刊》第143-144期（1933年9月23日）。

③ 引自《国立浙江大学校刊》第143-144期（1933年9月23日）。

十七年度第二学期)，郭任远先生主讲心理学，1929 年 8 月起（即十八年度第一学期）袁敦礼先生主讲健康教育，1930 年 2 月起王守竞先生主讲量子论等。[①]

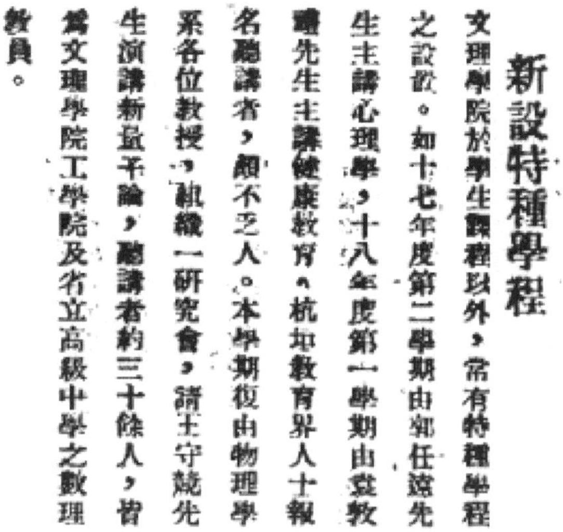
新設特種學程

文理學院於學生課程以外，常有特種學程之設立。如十七年度第二學期由郭任遠先生主講心理學，十八年度第一學期由袁敦禮先生主講健康教育。杭州教育界人士報名聽講者，頗不乏人。本學期復由物理學系各位教授，組織一研究會，請王守競先生演講新量子論，聽講者約三十餘人，皆爲文理學院工學院及省立高級中學之數理教員。

图 8-1-9 《国立浙江大学校刊》登载的《新设特种学程》的消息[②]

针对各个特种学程，制定专门的听讲办法，如袁敦礼先生主讲的“健康教育实施之研究”，其听讲办法如下：

国立浙江大学文理学院十八年度特设学程听讲办法

一、学程名目：健康教育实施之研究。

二、讲员：本学院体育卫生副教授袁敦礼。

三、听讲资格：(a) 现任公私立小学教员。(b) 高中师范科教员。(c) 教育行政机关人员。

四、教学方法：(a) 讲演，次数多寡视听讲者之需要临时定之。(b) 讨论。(c) 实地试验，由听讲者在其任课之学校实施（即以其步骤及结果为讲演及讨论之材料）。(d) 参观，各种卫生及教育机关及听讲者实地试验之状况。(e) 研究。(f) 报告。

五、成绩考察：不用试验。凡有研究或实施之书面报告，经讲员认为满意者，即为及格。

六、授课时间：星期二、四，晚七时半至九时。

七、费用：每人收听讲费二元，于第一次听讲前缴入（本学程除讲义、电灯等费外，尚须聘用记录及助理一人，故须酌收听讲费）。

八、报名手续：

(a) 志愿听讲人，应于报名函上声明本人前在何校何科毕业，现在何校或何机关服务，现任何事及有教师经验几年。

(b) 报名时应附送服务机关主任人员之介绍书。

九、报名日期：即日起至十月二十一日止，依照报名手续迳函本学院教务处报名。

① 《国立浙江大学校刊》第 4 期（1930 年 3 月 15 日）。
② 引自《国立浙江大学校刊》第 4 期（1930 年 3 月 15 日）。

附注：本学程如志愿听讲者不及五人时不开讲。[1]

（四）教学的具体情况

郭任远于 1933 年 3 月长校后，在当年 9 月新学年开始后，将学校上课时间等加以统一，制定了学校的“作息时间表”，注明从 10 月 1 日起实行。具体作息时间规定如下：上午共 4 节课，8 点开始上课，每节课 50 分钟，课间休息 10 分钟，至 11 点 50 分下课；下午也是 4 节课，1 点 10 分开始上课，至下午 5 点下课；晚上文理学院等大学和高职两部的学生于 7 点半开始自修，至 9 点半结束（工学院则还有九、十两节课程）。上课和自修之外，早晨 6 点起床，晚上 10 点就寝（10 点 15 分熄灯）。当时还没有电铃，上课、下课、起床、就寝等均以土山上所悬挂的大钟的钟声为准：一声为起床、就寝；二声为下课；三声为上课；若临时需要召开会议，则敲击四声；若有紧急事项，则连续敲击为号。

本大學及代辦浙江省立高級工農業職業學校學生作息時間表

—二十二年十月一日起實行—

	作息	時間
上午	起身	六時
	預備上課	七時五十分
	第一時上課	八時
	第一時下課	八時五十分
	第二時上課	九時
	第二時下課	九時五十分
	第三時上課	十時
	第三時下課	十時五十分
	第四時上課	十一時
	第四時下課	十一時五十分
下午	預備上課	一時
	第五時上課	一時十分
	第五時下課	二時
	第六時上課	二時十分
	第六時下課	三時
	第七時上課	三時十分
	第七時下課	四時
	第八時上課	四時十分
	第八時下課	五時
	預備上課（工學院學生）	六時二十分
	第九時上課（仝上）	六時三十分
	第九時下課（仝上）	七時二十分
	第十時上課（仝、上）	七時三十分
	自修開始（大學高職兩部學生）	七時三十分
	第十時下課（工學院學生）	八時二十分
	自修終了	九時三十分
	就寢	十時
	熄燈	十時十五分
備註	三餐及熄燈均不擊鐘。從前各學院所用搖鈴辦法，一律取消。	

作息	鐘聲
起身、就寢	一聲
預備上課、下課、自修終了	二聲
上課、自修開始	三聲
開會	四聲
急事	連聲

文理學院及工學院均以土山上所裝之大鐘聲爲標準，農學院另行備鐘。

图 8-1-10 《国立浙江大学校刊》登载的 1933 年 10 月 1 日后的学生作息时间表[2]

① 《国立浙江大学校刊》第 1 期（1930 年 2 月 22 日）。

② 引自《国立浙江大学校刊》第 145 期（1933 年 9 月 30 日）。

至于具体上课的情况，在师生后来的回忆之中多有提及。以数学系为例，苏步青先生曾经回忆过钱宝琮先生上课的情况：

有时候，学生们觉得钱宝琮先生在课堂上有一种严厉感，因为他对学生的要求非常严格。……但学生都能体会他的良苦用心。他的严厉绝不是为了自己，而正是为了学生的将来。在平常与学生接触时，宝琮先生却又平易近人，有说有笑，谈古论今，妙趣横生，使学生对他怀有浓郁的亲切感，这种十分融洽的师生关系，是搞好教学工作的重要基础。……

宝琮先生经常在课堂上用生动的语言、典型的事例，满腔热情地宣讲中华民族的悠久历史和灿烂文明，介绍中国古代的数学成就，教育学生正确认识我们伟大的祖国，珍视中华民族优秀的文化传统，鼓励学生奋发图强，争取成为对祖国的繁荣昌盛有所贡献的有用之才。①

1930 年入学的黄祥楸（编者注：也作"黄祥懋"），也撰文细致回忆了数学系及文理学院初期的教学情况：

所学课程，除各系专业的必修、选修课外，一年级有公共必修科目：中文、英语、逻辑、生理卫生、体育等。二年级有第二外语，设有德语、法语和日语。当时德语、日语教师是中国人，法语教师是法国人。第二外语虽称选修，但几乎必须修习一门，以备今后阅读原著、专业杂志等。各人除主系外，还须再选一个副系，副系要修满二十学分，才能毕业。数学系在四年级设有"数学研究"一科，有（甲）、（乙）两种，都是读书报告形式。教授、助教和四年级学生均须参加。教授所报告的，多为他所研究的新成果，四年级学生就报告（甲）种由教授指定的最近外文数学期刊的文章。每星期规定一个下午，由教授或助教一人，四年级生一人作报告。在我是四年级学生时共有学生三人：两人从师陈建功教授，读解析几何；一人从师苏步青教授，读几何。这样我们学生就是三星期轮到一次。从我们年级开始（1933），每周还有一种读书报告（乙），是教授指定的书籍，或从头读起，或从中指定几章，由四年级生报告，也是一个下午。这门"数学研究"的分量极重，尤其是（甲）。几乎三星期的课外时间全部投入准备，常常还未能顺利完成。至于（乙）则比较容易。可见陈、苏两教授指导治学的成功之精萃。数学研究（甲）的报告时，备有点心、水果，买点心的钱是教授出的。②

生物学系则有实习教学的安排。《校刊》载，1933 年 3 月，生物学系在贝时璋先生带领下去舟山沿海教学实习："文理学院生物学系全体师生由系主任贝时璋先生领导，于三月二十七日出发，赴临海一带作沿海实习，预计约十余天返校。"③ "本大学生物学系教职员学生计二十一人，利用春假时期，赴舟山群岛举行临海生物学实验"，3 月 27 日从杭州出发，取道上海至定海，再经沈家门、普陀、岱山、衢山等至嵊山，在嵊山居留一星期，于 4 月 9 日返校。④

① 何亚平、郭汾阳、王诗宗编：《学术浙大》，杭州：浙江大学出版社，2007 年，第 162 页。
② 黄祥楸：《我的浙大》，《浙大校友》2002（上）（引自 http：//zuaa.zju.edu.cn/publication/article?id=81）。
③ 《生物学系出发临海实习》，《国立浙江大学校刊》第 128 期（1933 年 4 月 1 日）。
④ 《生物学系海滨实习归来》，《国立浙江大学校刊》第 129 期（1933 年 4 月 15 日）。

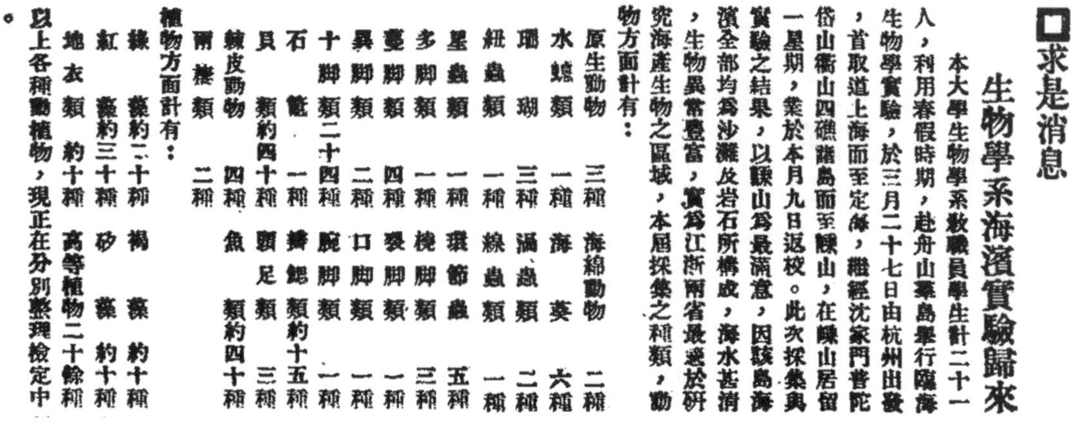

□求是消息

生物學系海濱實驗歸來

本大學生物學系教職員學生計二十一人，利用春假時期，赴舟山羣島舉行臨海生物學實驗，於三月二十七日由杭州出發，首取道上海而至定海，船經沈家門普陀，倍山衢山四礁諸島面而至鰈山，在鰈山居留一星期，業於本月九日返校。此次探集與實驗之結果，以鰈山爲最滿意，因鰈島海濱全部為沙灘及岩石所構成，海水苦清，生物異常豐富，實爲江浙兩省最適於研究海產生物之區域，本屆探集之種類，動物方面計有：

原生動物	三種
海綿動物	二種
水螅類	一種
海葵	六種
珊瑚	三種
紐蟲類	一種
渦蟲類	二種
線蟲類	一種
星蟲類	五種
環節蟲	一種
多脚類	三種
槐脚類	一種
蔓脚類	四種
異脚類	二種
蟎蠓類	一種
十脚類	二十四種
口脚類	一種
腕脚類約	十五種
石鼈類	二種
螺足類	三種
頭足類約	四十種
軟體動物	四種
魚類約	四十種
剛棘類	二種

植物方面計有：

綠藻	約二十種
褐藻	約十種
紅藻	約三十種
矽藻	約十種
地衣類	約十種
高等植物	二十餘種

以上各種動植物，現正在分別整理檢定中。

图 8-1-11　《国立浙江大学校刊》登载 1933 年 3-4 月生物学系外地实习情况①

第二节　文理学院及理学系科的科研情况

浙江大学理科各系于 1928 年陆续正式成立。初期，因为教师人数有限，各种设备等也尚不充实，所以，多以教学活动为主。1931 年以后，随着人员的充实和设备的添置，各系在教学活动之余，尽其可能，陆续开始了一定程度的科学研究活动，有些是结合教学活动进行（如数学系的讨论会，物理、化学和生物学系的实验课等），有些则是教师主动进行；并陆续在校内组织学术团体，出版学术刊物；且积极参加国内的自然科学各专业的学术团体。一些教师在各自的专业领域取得了一定的成就，在国内外学术界具有一定的影响。

一、结合课堂教学开展的科研活动

（一）教师所组织的专业讨论班及相关科学研究活动

1. 数学系

数学系比较突出的具有科研性质的活动，是苏步青、陈建功等组织的数学讨论班。该讨论班从 1931 年开始，具有了一定的研究性质，在中国高等数学教育史上具有先导意义，被誉为"中国有数学讨论班之始"②。

关于浙江大学数学讨论班的具体情况，相关文献中有这样的记述：

1931 年，苏步青第一次来到浙江大学任教，陈先生便和他着手创办科学讨论班。这种科学

---

① 引自《国立浙江大学校刊》第 129 期（1933 年 4 月 15 日）。
② 郭建荣主编：《中国科学技术年表（1852—1990）》，北京：同心出版社，1997 年，第 114 页。

讨论班在中国也是一种首创。陈先生对科学讨论班有种种规定，其中一条：大学生读完4年课程，成绩虽好，但如讨论班报告不及格，就不能毕业。后来讨论班发展很快，凡是在浙江大学、杭州大学、复旦大学工作过的，没人不知道讨论班。陈建功先生最早教数学是在武汉大学，他当教授后培养了两个数学名家，一个是专长于代数的曾炯，一个是专长于三角函数的王福春，可惜两人都去世过早。以后培养出来的学生就更多了，像卢庆骏、程民德、夏道行、龚升等等，没有一个不是通过讨论班培养出来的。

陈建功先生不但是一位数学家，而且是一位杰出的教育家。他一直主张教学必须与科学研究相结合。如果光搞科研不教学，那就要"断子绝孙"了；不搞科学研究只搞教学，就不可能提高教学质量。教学与科研是相辅相成的。陈建功先生的外文很好，英文、日文、德文、法文都精通，建国后还学了俄文。在教学上，与有些从国外归来的教授不同，他一直用中文编写讲义，用国语讲课，这是其他归国教授所不及的。而用国语讲课，一破旧俗，很有创见。他的教学很注意深入浅出，能用通俗的语言把难懂的数学原理讲清楚，比如用猴子跳跳板之类形象化的语言来表述点集论，这说明他对数学教学很有研究。至于他对教学重视的例子，苏步青能举出很多来。他曾对苏步青讲过，教师上一堂课，就像打一场仗一样。听过他上课的人，可以看到，他常常不带讲义，不看书本，一枝粉笔，一讲到底。他对学生约法三章：不能迟到，不能早退，中途不得提问，以避免打断老师的思路。他上讲台精神百倍，下讲台满身粉笔灰，这就是陈先生给学生留下的印象。陈建功先生不带讲义，并不是没有讲义。苏步青亲眼看见，陈先生的讲义每年都要新编，老内容删掉，补充新内容。即使教了多年的课程，他上一小时的课，至少要备一个小时的课。"陈建功先生是一位爱国主义者。他的行动给了我很大的教育。"苏步青每当提及陈先生时，总会抑制不住激动的心情，描述他们之间往日深厚的情谊。……

陈建功和苏步青早在1929年留学日本时，就立下宏志，要为我国创办一个具有高水平的数学教学科研结合的基地，为此他们做出了惊人的努力。浙江大学数学系在教学方面是非常严格的，每门课程都配有助教，助教不但要随班听课，详细批阅习题，每周还要上辅导课。那时上课的教室的三面墙壁上都有黑板，助教点名让一批学生去做习题，第二天上课时便要交。同时助教把第一天的习题批改好，评了分发给每个学生。学生每天除上课外，便忙于做习题，连星期天都很少休息。全面抗日战争前文理学院在大学路阳明馆上课，教室门上开有玻璃小窗，用以点名，缺席者的学号第二天在校刊上发表；如一学期缺课时数超过限额，就要扣减学分，可见要求之严格。……

那时候，苏步青和陈建功先生每人开设4门课，二年级的坐标几何、三年级的综合几何、四年级的微分几何和数学研究甲、数学研究乙等课，是苏步青承担的课程，外加辅导、改作业、编教材、搞科研，真是全面铺开。图书资料实在太少，苏步青自告奋勇，利用暑期到日本去抄写，一个假期就抄回20多万字的最新文献资料。据苏步青回忆说："这些资料几乎享用了20年，既充实了教学内容，又为科学研究提供了思路，可以说是穷办法出效益。……"

就在这一年，江西省第一中学有一位高才生，慕陈建功和苏步青的大名，在当年浙江大学第二次招生时，因数学成绩特别优异而被录取。他就是熊全治。

那时，浙江大学数学系已办起了微分几何和函数论两个讨论班，苏步青和陈建功一人主持一个班，逐渐形成一种教学的新形式。根据熊全治的回忆，我们不难看出他们当时教学上的一些特点。

"陈、苏两先生教课时全用浙江官话口授，学生笔记，特别是苏先生，调节口授之速度适当，使学生可全部笔记下来。有人会以为此种教授之速度必太慢，实际上每堂课所授之材料，会使人意想不到之多。那时，陈、苏两先生即认为，我国应在国内多培养研究人才，不能专靠外国留学生，因之应训练学生在毕业前有独立读书及读论文之能力，每位学生在四年级时，必须选一教授，教授给学生一本德文书或法文书及一篇最近发表之论文阅读。学生要轮流向全系教员作演讲报告，报告次数要依学生人数之多少而定。那时每年学生不多，大致每隔两三周要作报告一次。在报告时若被老师找到错误，而当时又不能回答时，则下周必须重新报告，这种情形亦常发生。陈、苏两先生甚注意此两报告，特规定此两报告必须及格，否则不管该学生之其他成绩如何好，亦不能毕业。"

从1935年秋季起，熊全治已是大学四年级学生了，他选择苏步青作为自己的导师。苏步青便选择一本德文版的《高等几何》书给他读。由于该书非常文学化，很不易读懂。另外，苏步青还为他选了一篇刚在美国数学会会报上发表的关于二次曲线之一新射影特性的论文。

经过一番准备，熊全治仍不踏实，他深知苏先生对学生的要求非常严格，如果报告通不过，将如何是好呢？一天夜里，熊全治突然跑到苏步青家里。苏步青一见他来便问："这么晚了，你还来干什么？"熊全治吞吞吐吐地说："明天的讨论班由我报告，我怕过不了关，想来请先生……"话还没有说完，苏步青就板起面孔说："怎么不早来？临时抱佛脚，还能有个好？"熊全治一听，脸涨得通红，二话没说，立即向苏步青告辞，返回了宿舍。他足足干了一个通宵。他知道老师对此决不会通融，只有实干，任何讨巧都是无济于事的。到该年年底，熊全治不仅通过了所有的报告，还以那篇论文的题目，自己另做了一篇论文，刊登在1937年出版的《浙江大学科学报告》上。在一般情况下，登在这本报告中的文章，都是教授用外文写的，像熊全治这样资历所写的文章，是很难看到的，可见该论文之质量。[1]

图 8-2-1　1934年下半年，浙江大学数学系师生合影[2]

（前排右五为陈建功，右六为苏步青，右七为曾炯）

①　王增藩：《苏步青传》，上海：复旦大学出版社，2005年，第46-62页。
②　引自苏步青：《苏步青文选》，杭州：浙江科学技术出版社，1991年，彩插。

此外，数学系还举办有讲座等，邀请国内外学者来校讲学。如1936年5月18日，数学系邀请日本东北帝国大学藤原松三郎博士作学术演讲。[1]

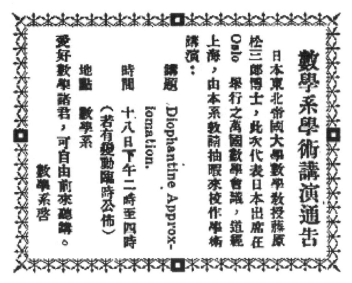

图 8-2-2 《国立浙江大学校刊》载 1936 年 5 月数学系学术演讲的通告[2]

2. 物理学系

物理学系也有由系主任主持的"物理讨论课"。在 1932 年 11 月 23 日召开的物理学系该学期第二次系务会议上，决定添设"物理讨论"课程，在四年级开设，每星期一次。会上确定了讨论课的方式等：

（二）物理学系自本学期起，添设"物理讨论"一门，每星期一次，由教员或四年级学生一人轮流讲演关于物理学上重要问题及最新进展。兹决定办法如下：
（1）讲题于开会前两三日公布。欢迎旁听。
（2）开会时以系主任为主席。
（3）讲演人（包括教员及学生）须作一书面报告，送存物理学系。
（4）学生至迟须于讲演前三星期，将讲题报告系主任。
（5）学生须请一或二教员为指导员。
（6）学生讲演前一星期，须将撮要送请指导员核阅。[3]

---

① 《国立浙江大学校刊》第 249 期（1936 年 5 月 16 日）。
② 引自《国立浙江大学校刊》第 249 期（1936 年 5 月 16 日）。
③ 《国立浙江大学校刊》第 114 期（1932 年 12 月 3 日）

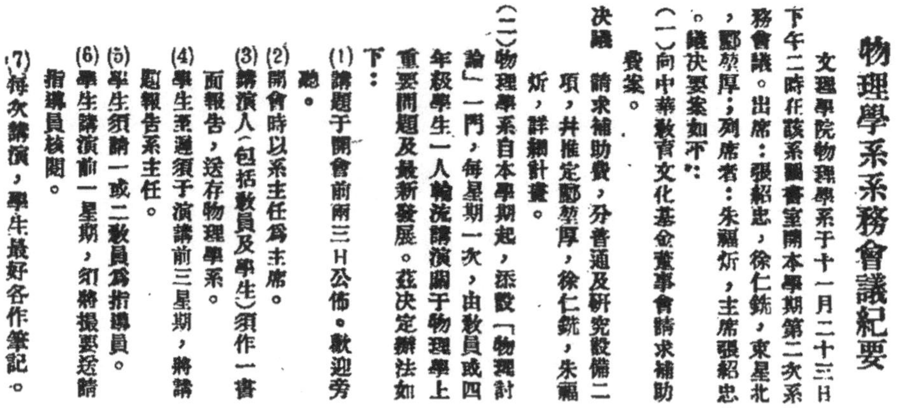

物理學系系務會議紀要

文理學院物理學系于十一月二十三日下午二時在該系圖書室開本學期第二次系務會議。出席：張紹忠，徐仁銑，束星北，酈堃厚；列席者：朱福炘，主席張紹忠。議決要案如下：

(一)向中華教育文化基金董事會請求補助費案。

決議　請求補助費，分普通及研究設備二項，并推定酈堃厚，徐仁銑，朱福炘，詳細計畫。

(二)物理學系自本學期起，添設「物理討論」一門，每星期一次，由教員或四年級學生一人輪流講演關于物理學上重要問題及最新發展。茲決定辦法如下：

(1)講題于開會前兩三日公佈。歡迎旁聽。

(2)開會時以系主任爲主席。

(3)講演人(包括教員及學生)須作一書面報告，送存物理學系。

(4)學生需選須于演講前三星期，將講題報告系主任。

(5)學生須請一或二教員爲指導員。

(6)學生講演前一星期，須將撮要送請指導員核閱。

(7)每次講演，學生最好各作筆記。

图 8-2-3 《国立浙江大学校刊》载物理学系系务会议讨论添设“物理讨论”课程[①]

此后，该讨论课一直延续下来，成为物理学系的传统。后来，“如同陈建功、苏步青教授在数学系开设数学讨论班一样，束星北、王淦昌教授在物理系也为四年级学生开设了文献报告会（当时称物理讨论）。讨论班分为甲、乙两组，物理讨论（乙）主要由束、王两先生主持，就物理学的前沿作系统报告。因为报告内容是全新的，所以每次会上讨论都非常热烈，两先生经常争论得面红耳赤；学生不仅得到理论前沿的信息，更受到求是学风的熏陶”[②]。

3. 化学系

化学系亦在学生毕业阶段，逐渐安排一些科研活动。如郦堃厚先生在关于 1933 年前后化学系办学状况的回忆中，提及纪育沣先生的研究工作和周厚复先生指导毕业论文的情形：

载之先生于民国二十二年由法国、德国留学回国。其时，我在国立浙江大学做化学系主任，由友人何增禄教授的介绍，请他担任有机化学教授。浙大化学系虽然比较后进，但由于纪育沣先生做了几年植物的研究，有机化学方面的设备较为完善。纪先生随庄长恭先生进中央研究院化学研究所，载之先生就补了纪先生的遗缺，除了讲授两门课程外，还要指导四年级生的毕业论文。在此以前七八年，我做学生的时候，毕业论文不过是某一项文献的阅读与评述，而在二十年代，国内较好的大学，都要求有一点研究实验的毕业论文，浙大化学系自亦不甘后人。其目的是为培养学生眼到（阅读能力）、心到（训练思考）、手到（实验技巧）和口到（发表论文，提出报告）的能力。化学系第三期同学，仅有江芷、孙祥鹏和李世瑨三位。他们都选择有机化学的题目，由载之先生指导完成论文，并且通过论文委员会的考试，于二十三年六月毕业。[③]

① 引自《国立浙江大学校刊》第 114 期（1932 年 12 月 3 日）。

② 何亚平、郭汾阳、王诗宗编：《学术浙大》，杭州：浙江大学出版社，2007 年，第 248-249 页。

③ 国立浙江大学校友会编：《国立浙江大学（上册）》，台北：台北市国立浙江大学校友会，1985 年，第 284 页。

图 8-2-4　1932 年前后浙江大学文理学院化学系外景①

此外，化学系还购买仪器、药品等，进行科学实验等工作。1932 年 10 月，《校刊》以"化学系新消息两则"为题，登载化学系纪育沣先生承担有关研究课题的情况：

本大学文理学院化学系有机研究，除于去年曾得洛氏基金会补助款项外，最近据闻又蒙洛氏基金会以国币五百元相助，并指明专供纪教授有机研究置备仪器药品之用云。……

上海五洲大药房为提供研究汉药起见，特补助大批药品，以供本大学文理学院化学系纪教授研究汉药之用云。②

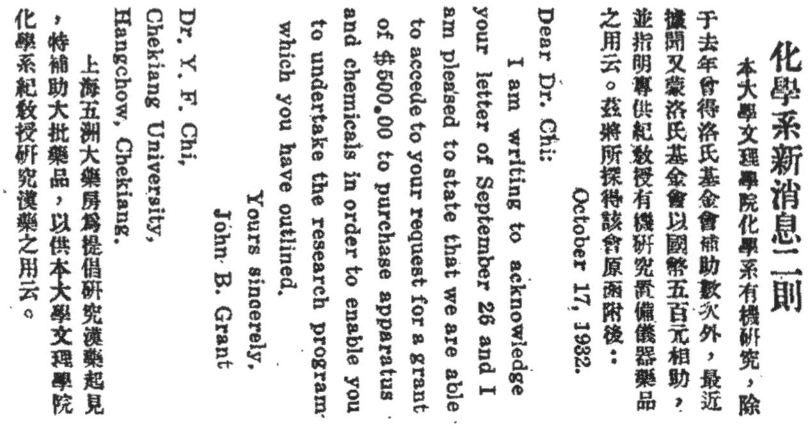

化學系新消息二則

本大學文理學院化學系有機研究，除于去年曾得洛氏基金會補助數次外，最近據聞又蒙洛氏基金會以國幣五百元相助，並指明專供紀教授有機研究置備儀器藥品之用云。茲將所探得該會原函附後：

October 17, 1932.

Dear Dr. Chi:

I am writing to acknowledge your letter of September 26 and I am pleased to state that we are able to accede to your request for a grant of $500.00 to purchase apparatus and chemicals in order to enable you to undertake the research program which you have outlined.

Yours sincerely,

John B. Grant

Dr. Y. F. Chi,
Chekiang University,
Hangchow, Chekiang.

上海五洲大藥房為提倡研究漢藥起見，特補助大批藥品，以供本大學文理學院化學系紀教授研究漢藥之用云。

图 8-2-5　《国立浙江大学校刊》登载的化学系进行科学研究的情况报道③

---

① 引自国立浙江大学秘书处出版课编：《国立浙江大学一览（二十一年度）》，杭州：杭州正则印书馆，1932 年 12 月，插页。

② 《国立浙江大学校刊》第 110 期（1932 年 11 月 5 日）。

③ 引自《国立浙江大学校刊》第 110 期（1932 年 11 月 5 日）。

　　周厚复先生1933年8月来浙江大学化学系任教后，也在授课之余，坚持科研工作，且取得突出成就：

　　1933年，父亲满怀报国之志，回到了祖国，被聘为浙江大学化学系教授，1934年起担任化学系主任。我们家搬到了杭州，住在大学路附近毛儿弄，这是一条狭窄的小弄堂，我们家租住的一排三间平房，进门有个小庭院，唯一的点缀是几颗红色的鸡冠花。

　　浙大化学系的工作，给父亲提供了施展科学救国抱负的舞台。化学系不但开了很多新课程，老课程也增加了新内容，课程有生物化学、初等有机化学、高等有机化学、化学分析实验、化学研究、食品分析、军事化学等等，讲课和实验并重。军事化学分两个组，一个组研制各种炸药，一个组研制各种毒气，以及研制毒气的防御面具和装备。父亲自己教授的课程是高等有机化学、军事化学、化学研究等等。

　　当父亲刚开始站在讲台上授课时，学生见到的是个只有三十岁、表情腼腆、温文儒雅的白面书生，戴着深度近视眼镜，刚说话还会脸红，学生背地里给他取一个"周小姐"的绰号。但一听他讲课，大家就被他渊博的知识，丰富的教学内容，严谨的逻辑思维，深入浅出的剖析讲解所吸引，枯燥的化学公式、高深的理论，他讲得既生动，又透彻。有的学生在回忆文章中曾形容当初"听周先生演讲时心中的舒畅，有若听大音乐家的交响曲，给人一种美丽和有诗意的感受"，"周先生把物理化学和无机化学中的电子学说扩充到复杂的有机化学里去，把各种一无相连的有机作用，头头是道地连成一个系统，每科演释，使大家不但不感枯燥，而且更觉得自然界的一切，原有一种系统式的美丽"。以后听他的课的学生越来越多，不仅理学院学生纷纷来选课，工学院、文学院学生也来选课，化学系很兴旺。父亲不仅在课堂上讲课很认真，很透彻，而且很重视实验课，经常亲自带着学生做实验，把理论和实践结合起来，既提高学生的动手能力，又加深学生对理论的理解。有一次做制作炸药的实验，父亲讲了两种制作方法，而且亲自做示范，详细交代了注意的细节，有一位学生疏忽大意，操作失误，引起爆炸，伤了手，父亲没有批评，而是帮助学生找出原因，启发他吸取教训，不怕挫折，以更严谨的态度从事科学实验。

　　父亲在任教期间，同时深入科学最前沿，进行刻苦钻研。当时物理有机化学是一门新的学科，这是在有机化学中，依据物理化学的基本原理，来探讨、解释有机化合物的结构、性质和反应机理，并探求和归纳法则，创立和发展新的学说。就在这门学科刚开始出现的早期，国际上从事物理化学研究的人很少，探讨有机化学基本原理的专著更少，中国科学界尚无人涉及，父亲却早在一九三六年的《中国化学会会志》中，就发表了一篇三十余页的论文，以电子学说解释有机化合物的反应机理，并强调紧邻原子电子亲合性的重要，他在以后发表的论文和出版的专著中，又进一步阐述了他创造性地提出的有机化学电子理论，对于"电子学说在有机化学中的应用"方面，他理论研究成果的造诣是出类拔萃的，在当时风气未开，设备简陋，资讯匮乏的条件下，他做出了水准很高的尖端研究，许多人表示敬佩。他花费了大量心血和精力，用英法德日四国文字写成多篇论文，亲自校印分寄给各国科学家，为此他耗尽财力，连我母亲所有微小的陪嫁首饰，也都变卖，被他用来作为印刷邮寄的费用。读了他的论文的科学家，纷纷写回信来赞美他的成就。[①]

---

① 周蔚芸：《怀念我的父亲周厚复和两个母亲》（文题下注明"本文由周厚复先生长女周蔚芸女士在化学系百年系庆时提供"）。引自 http://zuaa.zju.edu.cn/aa_home/newsDetail?id=144&nid=5916。

4. 生物学系

生物学系 1930 年 8 月初建时，教师只有贝时璋先生一人，所以主要精力放在教学和实验室等方面；到了 1932 年后，随着教师（尤其是助教）的增多，也逐渐开始了研究工作。贝时璋先生的一些重要学术成果，就是在这个时期打下的基础：

1930 年至 1937 年在杭州，我教了好几门课，也和助教一起做了一些研究工作。那时，生物系的仪器设备、药品、书刊等都有了一些。在这几年中，所进行的研究工作值得提一下的，有："蚯蚓神经节的再生"（蚯蚓属于不稳定动物），这是朱壬葆的论文；"轮虫的再生实验"（轮虫是稳定动物）；"细胞常数与再生关系的问题"；在涡虫（不稳定动物）再生实验中，还观察到细胞的"去分化"（dedifferentiation）和"再分化"（redifferentiation）的现象。这些工作有的发表在《浙江大学理科报告》中。此外，还值得报道的是，1932 年春，在杭州郊区松木场稻田的水沟里观察到甲壳类动物丰年虫（属于半稳定动物）的中间性（intersex），并发现在其性转变过程中生殖细胞的奇异变化，即细胞解体和细胞重建的现象。1934 年春，我在生物系一次书报讨论会上作了报告，但论文于 1942、1943 年才在《科学》和《科学记录》上发表，共三篇，题目是："丰年虫的二倍体中间性"，"丰年虫中间性生殖细胞的转变"和"卵黄粒与细胞之重建"。细胞重建和细胞分裂都是细胞繁殖的方式和途径。两者的主要区别在于：前者是具有组成细胞的物质基础和合适条件，不论在整体内或离体培养下，从未有细胞一步一步地重建为细胞的过程；后者是指细胞，经过一分为二，由一个母细胞分裂成两个子细胞的过程。这项丰年虫中间性生殖细胞重建工作在 1943 年以后就停止了。主要原因是 1937-1945 年由于抗日战争，浙大西迁，在内地找不到丰年虫中间性。[①]

朱壬葆作为贝时璋 1932－1936 年期间的助教，两人一起进行了大量的科学研究：

面对着"毕业即失业"的沉重压力，在毕业之前的一段时间里，朱壬葆和大多数同学一样，开始为自己的前程担忧起来。所幸的是，浙江大学于这个时候，要选拔部分优秀毕业生留在本校当助教。学习成绩一直十分优秀的朱壬葆，自然而然成为浙江大学看中的人选之一。于是，派往南京中央大学借读的朱壬葆，在母校浙江大学老师们的热心帮助下，又从南京回到了杭州，并获得浙江大学文理学院生物系主任、教授贝时璋同意，留在生物系担任他的助手。

"实质上，朱壬葆在当年报考浙江大学的时候，就对生命科学非常有兴趣。"后来，90 岁高龄的生物学老前辈贝时璋回忆道，"1929 年下半年（编者注：此处恐回忆有误，应为 1930 年下半年），浙江大学建立了生物系，从那时起，朱壬葆就到生物系选修了好多门课程。"

作为生物学家的贝时璋教授，从二十年代起一直从事实验生物学的研究，对细胞的再生、分裂、转变等活动规律作了各方面的研究。特别是早在三十年代，就提出了细胞重建的观点。

"贝教授是一个规规矩矩的科学家。"若干年之后，每每向人提起贝时璋教授，朱壬葆总是禁不住称赞道，"他学识渊博，作风正派，为人诚恳，工作细心、踏实。我担任助手四年间，在他

---

① 贝时璋：《学习和工作的一些回忆》，《生理科学进展》第 25 卷第 3 期，1994 年，第 193-198 页。

的指导下,对于动物学范围内各门科学知识,打下了一个全面的基础,也获得了初步研究的经验。"

在一起工作的时间长了,朱壬葆与贝时璋教授建立了非常深厚的感情。两个人无论是教学还是做实验,由于兴趣相投,配合得十分默契。"贝教授治学严谨,实验操作十分细致。"朱壬葆说,"他是一个理想的师长。他一般做得多、讲得少;而我在他的面前,看得多,想得多,问得少。"那段时间里,朱壬葆除了教学以外,就是在贝教授的指导下带领学生搞科研。他虽然毕业于心理系,但由于他对生物学知识的掌握面广,基础扎实,很快就能负责生物学好几门课程的实验,如普通动物学、比较解剖学、组织学、胚胎学、无脊椎动物学等。在对学生的讲解中,不但条理分明,而且还亲自动手作示范实验,其中有几门课程的实验材料都是他一手制备的。有时为了工作甚至连星期天都难得休息一下。由此,在1932年到1935年这段时间里,他们的科研工作取得了很大的成绩。

贝时璋教授高度评价朱壬葆的建树,说:"当时朱壬葆在科研方面进行动物实验形态的研究,研究无脊椎动物中的涡虫和环节动物的再生。在研究中有不少新的发现。例如在研究涡虫的头部再生,发现咽肌细胞有'去分化'和'再分化'的现象,这一发现对当时生物学上的细胞分化问题是一个严重的挑战。又如研究环节动物蚯蚓的神经再生,他通过大量的实验,确认了成长蚯蚓的神经节能再生的问题。这在当时的生物学领域又是一个新的突破。"贝时璋教授称赞朱壬葆道:"他不仅是一个生理学家,而且是一个生物学家。这是别的生理学家所不具备的地方。"

应该说,在浙江大学任职生物系助教的四年,是朱壬葆感到最紧张也是最愉快的。

这时的朱壬葆是一位具有开拓精神的青年学者,繁忙的教学之外,他还常常与贝时璋教授一起,带着学生们外出考察采集标本,从而扩大了研究课题,对生物世界的奥秘进一步进行探索……

贝时璋教授记得最清楚的一件事是在1934年,当他与朱壬葆一起到厦门采集标本时,发现朱壬葆对海洋生物表现出了浓厚的兴趣。"他将一种叫作海胆的生物带到厦门大学的实验室,对它进行人工授精,观察它的发育情况。之后又把它带回浙江大学继续研究,和学生一起探讨研究结果,从而使学生也产生了极大的兴趣,从中获得启发。"

杭州西湖旁边有个叫黄龙洞松木场的地方,环境优美,风景宜人。为了配合实验需要,朱壬葆与贝时璋教授等也曾到那里一起采集过一种叫作丰年虫的标本。[①]

5. 心理学系

心理学系的郭任远先生是一位国际知名的心理学家,非常重视科学实验。1929年8月—1931年7月在浙江大学任教期间,在刀茅巷建立了心理学实验室,即心理学系动物行为研究所(十七年度在刀茅巷新建,1931年8月心理系停办后,划归生物学系),并聘请沈霁春为助教,开展研究工作(贝时璋1930年4月初到浙江大学,就是在刀茅巷的心理学实验室里先找到郭任远,再去蒲场巷的文理学院的[②])。后郭任远于1933年4月再次来到浙大,带来助教沈霁春(作为生物学系助教),直至1935年年底离开浙大;长校期间,郭任远还曾经兼任生物学系主任,亦坚持进行科学研究。

①　童村、王来国:《热血流向——著名生理学家朱壬葆院士传》,北京:解放军文艺出版社,2001年,第29-31页。
②　王谷岩:《贝时璋传》,北京:科学出版社,2010年,第62页。

图 8-2-6　1932 年前后浙江大学文理学院心理学系动物研究所 ①

在求学和任教期间，郭任远发表了诸多成果。1921 年，发表《取消心理学上的本能说》，批评锋芒不仅直指心理学权威哈佛大学心理学系主任麦独孤，而且也触及美国行为主义的创始人——华生。此文震惊美国心理学界。当时，郭任远还只是大学四年级学生。1922 年发表《我们的本能是怎样获得的》，1923 年发表《反对本能运动的经过和我最近的主张》，1926 年发表《一个心理学革命者的口供》《心理学的真正意义》，1927 年发表《心理学里面的鬼》，1928 年发表《一个无遗传的心理学》。

在复旦大学、浙江大学、中央大学等校任教期间，郭任远关于鸟类胚胎发育以及训练猫不吃老鼠的实验研究，也受到了国际心理学界的重视与好评：

1927 至 1936 年，郭任远转赴南京中央大学和浙江大学任教，并于 1933 年开始担任浙江大学校长。在此期间，他独创全新的方法研究胚胎行为，完成了他平生同时也是世界生物心理学史上最重要的研究成果之一——鸡胚发育的研究结论：即使是动物一出生即会的行为，也不能说是"本能"，因为那个行为在胚胎期就已开始发展了。郭任远独特的实验方法是首先把鸡蛋壳弄成透明，然后进行孵化，在孵化的过程中对小鸡胚胎的活动进行观察。在观察中发现，蛋内的雏鸡由于呈蜷卧姿势，每次心脏跳动都会推动它的头点了一下，由此形成了小鸡点头的习惯，小鸡孵化出来后，初期这一点头的习惯还保持着，当它点头时嘴碰到地面偶然地啄到米粒时，这就受到了强化，由此就形成了小鸡啄米粒的条件反射。因此，郭任远认为，一般人认为小鸡一出生就有啄食的"本能"是错误的，啄食的动作不是"本能"，而是在胚胎中学习的结果。

郭任远治学严谨，不迷信任何一个即使是权威学者的论点，他的主张是他的一句名言："拿出证据来。"在教学中，他主张手脑并用，尤其重视实验。为此，在复旦期间，他还创办了一所复旦中学，并亲自兼任校长，以作为实验基地，组织学生进行严格的科学训练。为了进一步证明他的非"本能"论，郭任远指导学生做了一个著名的"猫鼠同笼，大同世界"的实验，让一只猫和一只老鼠从小居住在一个笼内，由人工饲养各自长大。结果猫鼠友好相处，人们认为的猫抓老鼠的"本能"不见了。他们还拍摄了一张老鼠骑在猫身上的照片，连同实验报告《猫对鼠反应的

---

① 引自《国立浙江大学文理学院第一届毕业纪念刊》，1932 年 7 月，第 32 页。

起源》刊登在美国《比较生理心理学》杂志上，轰动美国，引为奇闻。[1]

在教学科研领域，郭任远注重"研究性学习"，在学生中推广全新的教学方式，结合阅读英文原著、小组报告、提出己见的小型研讨班式的学习方法，让学生们勤于探索，受益匪浅。[2]

1933 年 4 月郭任远出任浙江大学校长时，亦没有放松科学研究工作，与助教沈霁春一起，从事了大量研究：

沈教授青年时期在上海复旦大学生物系学习，二十年代末毕业后，曾在上海吴淞的中央大学医学院进修生理学。1931 年秋在南京中央大学任教。那时我正是二年级学生，初次接触生理学实验，由于沈先生（当时习惯于这一尊称）的热忱指导，我和其他同学都对这门科学感到浓厚兴趣，并对沈先生怀着亲切尊敬的心情。1933 年秋，沈先生转到杭州浙江大学任教。1936 年春至 1939 年，沈先生去比利时冈特城（Ghent）大学留学。

1934、1935 年在杭州期间，曾研究鸡胎后期的消化和呼吸运动特征，论文发表于《中国实验生物学杂志》（英文版）1936 年第一卷及美国比较心理学杂志。[3]

6. 教育学系及教育心理组

教育学系从开始成立之时就拥有一批知名教授，他们通过到国外留学或考察接受了西方先进的教育思想，具有很强的科研意识和研究基础；因而在"传道、授业、解惑"的同时，将自己所具有的专业知识和聪明才智倾注于教育和心理学的研究之中。他们所从事的研究不但与自己的专业方向紧密结合，而且十分关注当时社会对教育的需求，在促进西方教育理论中国化的过程中做出了创造性的贡献。

教育学系的教师除了在教育学方面取得诸多成果外，在心理学研究方面也取得很大的成绩。沈有乾从事教育统计和教育心理研究，他撰写的《教育心理》一书于 1935 年由正中书局出版。黄翼悉心于儿童心理学和实验心理学研究，主张从生物学、物理学角度研究心理现象。为此，他创建了心理学实验室。

教育学系的教师在教育科学化思想的指导下，注重开展实验，用科学的方法从事教育学和心理学的研究。如为使儿童心理学研究有一个观察和实验的基地，在黄翼的建议下，教育学系于 1935 年创办了培育院。该院招收 2 岁半至 5 岁的幼儿 20 人，每半岁一个阶段，每阶段各有 4 人，便于教育学系学生进行儿童心理和儿童教育等方面的观察和实习。院内教师除了要按卫生心理的原理对幼儿实施教育外，凡关于儿童的身心发育、生活习惯、情感运动及社会态度等，都加以相应的观察、检验、调查及记载，编成个案，作为个别指导的准备。主任及教师每周聚会 1～2 次，讨论所得材料，再决定所要做的工作。而教育学系选修儿童心理学的学生，每人必须选定一个孩子，对其进行系统的追踪观察和记录。培育院活动室后面有一观察室，仿效美国耶鲁大学的布置，使

---

① 郭大利：《世界著名心理学家郭任远》，《潮商》2015 年第 2 期，第 68-69 页。
② 马前锋：《中国行为主义心理学家郭任远——"超华生"行为主义者》，《大众心理学》2006 年第 1 期，第 46 页。
③ 吴襄：《回忆沈霁春教授》，《生理科学进展》第 13 卷第 1 期，1982 年，第 95-96 页。

观察室里的人可以看到活动室，活动室里的人无法看到观察室，有利于观察者获得真实的观察效果：

> ……观察室在活动室之东，两室间隔墙板壁，挖去一截，长与墙等，高约三尺，嵌以两层铁纱。观察室里面墙壁，全部漆黑，门缝用黑纸糊密，门内悬深黑帷幕两层，使出入时亦不甚透光。活动室一面之铁纱，则加白磁漆，使尽量反射光线，自观察室隔纱视活动室，人物动作，了如观火。自活动室视观察室，则白纱一片，两层映出幻文而已，纱后人物，一无所见也。观察自内铁纱下安置木板一长条，下设条凳，观察者可安坐作记录。室南北通两廊门上，装有木制通气箱各一具。[①]

教育学系的学生在对幼儿进行观察的基础上从事专题研究。当时学生在培育院收集研究素材并完成专题研究，发表了一些论文，如祝其亲的《儿童语言之功用》（载《中华教育界》）、邱璧光的《儿童性格评估法》（载《教育杂志》）等。[②]

关于黄翼先生所建立的"培育院"，贝时璋先生也有回忆：

> 1930年秋，郑晓沧先生主持的教育系聘请著名儿童心理学家黄翼先生来浙江大学任教。1931年，心理学系主任郭任远应中央大学之聘离开了浙江大学，心理学系停办。停办后，心理学系在刀茅巷的房屋和所有的仪器设备，照惯例应由教育系黄翼教授的儿童心理学部门继承。然而，为了支持生物学系的建设，当时已升任浙江大学校长的邵裴子先生决定，将其全部划归生物学系使用。贝时璋很是感谢邵裴子先生，因为他自己难以启齿去要，而邵裴子先生则充分考虑到了生物学系的需要，主动做出了这个决定。黄翼教授是从事儿童心理学工作的，他要心理学系的仪器设备也是讲得出来的，但他没有提出异议。贝时璋深深感受到了郑晓沧和黄翼两位先生对生物学系和他本人的支持与帮助。这样，生物学系就有了杭州刀茅巷的正式系址，不仅改善了教学环境，也有了开展研究工作的初步条件。
>
> 贝时璋原来工作的小院，也在1931年进行了房屋改造，拆除了围墙，成为郑晓沧先生和黄翼先生创办的"培育园"的园址。"培育园"为教育系附设部门，由黄翼先生负责。办园的目的有二：一方面以儿童心理学为依据抚育婴儿；另一方面从事婴儿心理发展的研究。这种办园宗旨，与郑晓沧先生的教育思想是一致的。[③]

朱壬葆求学时期，也受到黄翼先生的强烈影响：

> 1931年，朱壬葆有幸和美国耶鲁大学心理学系毕业回国任教的黄翼先生相识，并选修了由他执教的儿童心理学、教育心理学、教育统计学等三门课程，从中深受影响。
>
> 黄翼是一个学有所长且富有正义感的学者，出身富有之家，平生最重荣誉。加之他在生活中平易近人，深得朱壬葆的敬重。不幸的是，就是这样一位深受师生爱戴的年轻教授，于13年后，在浙江大学迫于战祸迁至遵义不久，却因身染绝症，匆匆离开了人世。

---

① 中国学前教育史编写组编：《中国学前教育史资料选》，北京：人民教育出版社，1989年，第303页。
② 周谷平、许迈进、张彬主编：《浙江大学教育学院院史》，杭州：浙江大学出版社，2012年，第16-19页。
③ 王谷岩：《贝时璋传》，北京：科学出版社，2010年，第62页。

虽受教于黄翼先生时间不长，朱壬葆却与他建立了深厚的师生感情。先生坦荡磊落的处世态度，真诚豁达的为人之道，以及广博而又宽容的学术修养，深深影响着朱壬葆。在朱壬葆的眼里，黄翼先生既是良师又是益友，以至许多年之后，朱壬葆每每想起师从于黄翼先生的那些日子，往事仍然历历在目。

黄翼先生去世40年后，朱壬葆在《缅怀业师黄翼教授》一文中，这样深情地写道：

"……我是羽仪教授回国后第一班受教的学生，当时同学人数很少，师生之间接触的机会较多，因此彼此互相了解，感情十分融洽。我听过羽仪师亲授的三门功课，感到得益很深的，不仅是羽仪师口才出众，善于表达，而且他能抓住每门课程的要点，提出一系列问题与同学们共同讨论。对一些当时尚未解决的问题则提出探讨的意见。这样就使同学们心领神会，认识到问题的本质。所以我虽只听了黄师三门功课，如果单纯以知识授受来衡量，那是有一定的局限性的，但从黄师教导中所受到的启发，感到知识的来源，不能单纯依靠师生的授受，也不能简单地从书本里去寻找，而是应该通过科学的实践，把不知的东西转变为知，这才是治学之道。

"记得有一次，在与羽仪师的交谈中，我问他，考夫卡教授是完形心理学的创造者，你可否告诉我完形心理学的特点是什么？羽仪师回答我说，如果我现在能说清楚完形心理学的中心内容，那我就可以算是一个完形派心理学家了，但我还不能回答这个问题。当时我想，羽仪师追随完形派心理学大师研究几经寒暑，尚难说清楚完形派心理学不同于其他学派的关键问题，可见这一新兴的学派尚未达到完整的地步，有待这一学派的创始人及其追随者的不断努力，使这个学派日臻完善。这是一个学者对待真理的态度……

"先生治学的风度，也足以为后学师表。他宗完形派心理学，为了发展这一学派，建立了一个实验基地——教育系培育院。在这个手创的园地里，他孜孜于儿童心理研究。他对其他的心理学派从未发表过任何批评或非议的言论。科学的发展在其漫长的过程中，往往会产生各种不同的学派，这是正常现象。既有不同的学派，就难免会发生这样或那样的偏见，从而引起互相批评或攻击。而在心理学这一学科中，学派之争特别多，这是由于心理学原来属于哲学的范畴。在本世纪初叶受了自然科学发展的影响，特别是生物科学发展的影响，心理学逐渐脱离了哲学的领域而过渡到自然科学的领域。在这个学术思想动荡的时期，老的心理学派仍旧抱住哲学的思想体系，不敢轻易放手；而新兴的心理学派则在多方面采用近代科学的原理来解释心理现象，这是心理学中产生多种学派的时代背景。羽仪教授处于这个'学术思想动乱'的时代，他认为每一个学者都有任意选择某一学术思想的自由，这是为了发展某一学科必须遵循的途径。学术思想虽有差别，但往往殊途同归，都可能为发展这一学科做出不同的贡献。因此，没有理由抬高自己，贬低别人。这是不利于学术发展的。不过派别之争不能与学术辩论相提并论。学术观点的争论，那是什么时候都不能避免的。黄师的这种科学态度，为后学树立了表率……"①

1941年10月25日，黄翼本人曾经在《校刊》上撰文，回忆了全面抗战之前教育系的情况，提及了有关心理学方面的科研等工作，正好可与前述回忆相印证：

---

① 童村、王来国：《热血流向——著名生理学家朱壬葆院士传》，北京：解放军文艺出版社，2001年，第22-25页。

浙大文理学院是民国十七年度（1928）创办的，第一年没有学系，只分十"门"。十八年（1929），郑晓沧、孟宪承两先生到了才有教育系和教育课程，郑先生任《教育概论》《幼稚教育》等课，孟先生任《教育哲学》《教育史》《比较教育》等课。郑先生认为《教育概论》是最重要的课程，在他任课期中始终郑重其事，自己担任。

民国十九年（1930），我准备回国，先向沈有乾先生打听国内情形。他告诉我有个新创办的浙江大学，精神甚好，不妨试过一年。那是我第一次听到这个大学的名，于是一接聘电，马上就答应了。但恐校中一本参考书也没有，自己订购了十几卷。一面向先父恳请，万一学校不肯负责，这笔款代我筹措，到时才晓得郭任远先生早已在此，另有个心理系动物研究所在刀茅巷。那时浙江省立图书馆由浙大代办，架上看看尚不无几本书籍，中怀颇慰。但实验用具几乎一件都没有。校中原曾汇出美金五百元到美国给我，托我买仪器，钱未曾接到，人已动身到欧洲，汇函辗转又到了杭州。邵裴子院长叫我先交与他再说，当时校中经费问题开始拮据，巨款始终不曾兑现，至今犹感惋惜！到了翌年，获得庚款补助五千元，才买了一些仪器和旧期刊。

那时心理助教是陈子明先生，做人比我老成，经验比我丰富，对我很多指导。第一班同学是吴志尧等七人，我觉得第一班学生因地位特殊，所以心理态度也有不同。他们亲眼看见学校一切，筚路蓝缕，在那里从零点建设起来，凡事都是根据理想和实情，当时寻觅解决。他们和学校、教员完全打成一片，我自己又是刚刚脱离学生生活，自顾幼稚之至，所以和他们几个人，不像师生，只像朋友。我记得当时同学自己阅读期刊和新书，我们课外约定时间轮流报告，志尧报告的是 May and Hartshorne 的"儿童欺诈行为的研究"；谢涵报告的是 Ch. Buhler 的"儿童诳语的研究"，其余的不很记得了。这是后来几门讨论会式课程的雏形和沿起。第四学年有三四个心理学的实验研究，就中陆景模的"动作技艺之总合与分析"颇有价值，曾托商务印书馆印出，现在连一本单印本也没有了。这又是后来专题研究的滥觞。记得我曾问晓沧先生，他们是否花时间在心理学上太多。那里正有人谈起"修业旅行"的问题，晓沧先生不大赞成，他回答我说："与其叫他们去游览风景，我宁愿他们多花点时间在实验室里。"

俞子夷先生原在大学秘书处办事，也于十九年（1930）加入系中兼课，授"小学各科教授法"。这年年终，郭任远先生辞职，心理系停办，大部分仪器设备尽归生物系，教育系只分到一小点不大有用的东西。

自从有了教育系，便一再延聘沈有乾先生，沈先生自己也愿意来，只是不能离开上海。二十年（1931）暑假，我携眷回厦门，路过上海。某晚，沈先生到霞飞路一家旅馆来看我们，谈了半天，他答应回去考虑考虑，拿着帖子告别要走，到了门前，忽然停住了说："我看不必再考虑了，就这样决定了罢！"他放下帖子，向我讨一张纸，当场写信向原在上海兼课的学校辞职，二十年度（1931）就到了浙大。那时课务政策没有什么外来的束缚，心理学课程都是凭着自己的见识、同学的需要，以及彼此素日的兴趣，逐渐增添。时间支配不过来，就轮替两年开一次。

二十二年（1933）三月，郭任远先生回校做校长。廿二年度（1933）孟宪承先生到中央政治学校，庄泽宣先生来替代孟先生的功课。翌年又来了胡寄南先生，兼心理和动物心理。廿三年度（1934）教育系分教育及教育心理两组，课程规定略有不同。不过始终只有一位同学认定心理组毕了业，老师是邱璧光先生。不久又得了较好房屋为心理实验室大教室、小实验室和仪器室，布置得颇为合用。物理系工厂又正式负责替我们制造简单仪器，价廉物美，呼应颇灵，现在用的东西，多有那时自做的。我和沈先生颇觉满意，以为假以时日，定有相当的规模了。

　　廿四年度（1935），系中设了一所培育院，系中原有不少幼稚教育、儿童心理一类的课程，又常有四年级同学做儿童心理方面的专题实验研究，很需要有个附属学校以资观测实习。屡次提起办设附小，辄以经费不足，不愿草率从事；廿四年度（1935）就办了一班的培育院（Nursery School），先由沈先生指导筹备几个月，后来由我接着负责。走进文理学院，就可以看见大草场里一群二岁半至五岁活泼天真的幼童在那里活动。以后两年中，我的心思、时间颇有一部分花在培育院之上。关于培育院的理想和工作曾有一篇文字发表在《教育杂志》廿九卷四号，兹不赘述。

　　廿五年（1936）四月，竺校长来校，聘郑晓沧先生为教务长，都在杭州置备住宅，为久长之计。

　　廿六年（1937）战事爆发，杭市警报频仍，培育院幼童的安全甚难负责，暑假结束之后遂不复开学，这也便是浙大教育系在杭州历史中辍的先声。自大学开始播迁的生活，旧同事逐渐星散，以后另是一章历史，不在本文范围之内了。

　　至于浙大教育系在杭州九年的成绩和声誉，我也可算是局中人之一，不必自己估量，晓沧先生不但是个厚道的君子，而且识大心细、外圆内方，系中事务课务的措置，一以学术的理想和教育的观点为标准。我觉得晓沧先生好像是在背后从容布置一个舞台，让我们丝毫不受到人事的烦恼牵制，得以各认角色，自由尽材演唱。同事的配合，合作是理想的；师生的关系，有如家人父子。若问我为什么到了浙大便住一十几年，这种纯洁安定的精神环境，便是主要的解释。[①]

图 8-2-7　《国立浙江大学校刊》1941 年登载黄翼先生所撰《（全面）抗战前之浙大教育系》[②]

（二）学生在教师指导下所进行的研究性活动

　　相对于教师的科学研究工作，学生的相关工作还仅仅是初步，多是在老师的指导下，结合讨论课和毕业论文等，初步展开，同时，学生也按照学科组织学会，如化学会、物理学会、生物学会等。

---

① 黄翼：《（全面）抗战前之浙大教育系》，《国立浙江大学校刊》复第 101 期（1941 年 11 月 10 日）。转引自许高渝编：《从求是书院到新浙大——记述和回忆》，杭州：西泠印社出版社，2017 年，第 57-59 页。
② 引自《国立浙江大学校刊》复第 101 期（1941 年 11 月 10 日）。

1. 结合毕业论文进行研究

在一些实践性较强的系科中，学生在四年级开始做毕业论文时，即开始进行一些科学研究性工作，以化学系较为典型。从现有材料来看，化学系学生在四年级做毕业论文时，即与指导教师合作，进行一些科研活动，相关成果也公开发表（如 1932 年 7 月的毕业生何紫玉、斯芳、闵世型等，其与指导教师纪育沣先生合作的论文均发表在《国立浙江大学科学报告》1934 年出版的第一卷第二期中）。

Vol. I, No. 2　SCIENCE REPORTS, UNIVERSITY OF CHEKIANG　July, 1934

The Action of Potassium Cyanate upon 2-Ethyl-mercapto-5-Carbethoxy-6-Chloro-Pyrimidine[1]

BY YUOH FONG CHI (纪育沣) & SZE YUNG MING (闵世型)

Vol. I, No. 2　SCIENCE REPORTS, UNIVERSITY OF CHEKIANG　July, 1934

The Preparation of Ethyl 2-Ethylmercapto-6-Chloropyrimidine-5-Acetate[1]

BY YUOH FONG CHI (纪育沣) AND FONG SZE (斯芳)

Vol. I, No. 2　SCIENCE REPORTS, UNIVERSITY OF CHEKIANG　July, 1934

The Preparation of 2-Ethylmercapto-5-phenyl-6-thiocyanpyrimidine[1]

BY YUOH FONG CHI (纪育沣) AND TSE YUH HO (何紫玉)

Johnson and his co-workers had investigated the action of potassium thiocyanate upon the chloro-pyrimidines. They found that the action of potassium thiocyanate upon 2-ethylmercapto-6-chloropyrimidine in alcoholic solution would lead to the formation of 2-ethylmercapto-6-thiocyanpyrimidine.[2] Similarly, the action of potassium thiocyanate upon 2-ethylmercapto-5-methyl-6-chloropyrimidine gave 2-ethylmercapto-5-methyl-6-thiocyanpyrimidine;[3] that upon 2-ethylmercapto-5-ethoxy-6-chloropyrimidine, 2-ethylmercapto-5-ethoxy-6-thiocyanpyrimidine;[4] that upon 2-ethylmercapto-5-bromo-6-chloropyrimidine, 2-ethylmercapto-5-bromo-6-thiocyanpyrimidine;[5] that upon 2-o-tolyl-4-methyl-6-chloropyrimidine, 2-p-tolyl-4-methyl-6-thiocyanpyrimidine;[6] that upon 2-ethylmercapto-6-carbethoxy-6-chloro-pyrimidine, 2-ethylmercapto-5-carbethoxy-6-thiocyanpyrimidine;[7] and that upon 2-ethylmercapto-4-methyl-6-chloro-pyrimidine, 2-ethylmercapto-4-methyl-6-thiocyanpyrimidine.[8] Johnson and Chi[7] claimed that they had found a very interesting case about the behavior of 2-ethylmercapto-5-carbethoxy-6-thiocyan-pyrimidine upon heating under various conditions; and Chi & Chen[8] found very recently that 2-ethylmercapto-4-methyl-6-thiocyanpyrimidine showed similar interesting behavior upon heating under various conditions as 2-ethylmercapto-5-carbethoxy-6-thiocyanpyrimidine. Now, we have been able to prepare 2-ethylmercapto-5-phenyl-6-thiocyanpyrimidine, which can be used for our study of its properties. It is much desirable to study

(1) Constructed from a disertation presented by Tse Yuh Ho to the Faculty of the College of Arts and Sciences of the University of Chekiang in June, 1932, in partial fulfilment of the requirements for the B. S. degree.
(2) Johnson & Storey: Am. Ch. J. 40, 137, 1908.
(3) Johnson & Storey: Am. Ch. J. 40, 138, 1908.
(4) Johnson & McColleum: Am. Ch. J. 36, 141, 1906.
(5) Johnson & Storey: Am. Ch. J. 40, 139, 1908.
(6) Johnson & Storey: Am. Ch. J. 40, 144, 1908.
(7) Johnson & Chi: J. A. C. S. 52, 1580-4, 1930.
(8) Chi & Chen: J. A. C. S. 54, 2056, 1932.

图 8-2-8　《国立浙江大学科学报告》第一卷第二期所载化学系师生的论文 [1]

---

① 引自《国立浙江大学科学报告》第一卷第二期，1934 年 7 月，第 415-434 页。

2. 学生组织的学术性团体及其活动

学生自己也组织了一些学术性的团体（如物理学会、化学学会、生物学会等），组织活动，进行讲演，编辑期刊（如文理学院学生主持的《文理》杂志，里面也刊发一些研究性论文）等，亦有一定的研究成分。

比较突出的，如文理学院中，成立了若干学生的专业学会（学生自行组织，请老师参加活动），并邀请老师指导；现能找到记载的，有物理学会、化学会、生物学会等。

（1）文理学院化学学会（约 1931 年 10 月前后成立）

1932 年 10 月 22 日，文理学院化学学会在成立一周年之际（即成立于 1931 年 10 月前后），举行新会员的欢迎会，到会的有学校秘书长（校长代表）、邵裴子院长和化学系的纪育沣、陈之霖两位副教授[①]。12 月 9 日，化学学会举行该学期第一次学术演讲，邀请化工系李寿恒先生讲座，参加者除了学生之外，程瀛章、张绍忠、程伯商、郦堃厚、徐仁铣等亦参加[②]；12 月 23 日，化学学会举行二次学术讲演，邀请纪育沣先生做讲座[③]。

求是消息

△化學學會歡迎會盛況

化學學會成立甫及一載，而組織日臻健全，精神與時俱進，前途有厚望焉。該會業於十月二十二日晚，假秘書處俱樂部，開茶話會，歡迎新會員，到有會員卅餘人，及歐陽秘書（校長代表），邵院長，紀教授育灃與陳教授之霖諸先生。首由主席吳浩青報告該會經過情形，並致歡迎詞，大意謂：學生自治會曾開歡迎會，歡迎新會員，本會亦開會歡迎新會員，然其旨趣異於前者，蓋吾儕研究之對象相同，目的亦同；志同道合，意義殊爲重大云。次歐陽秘書訓詞，謂程校長因事不克到會，囑余代表，曷勝欣幸；夫現代科學，猛進不已，故智識應求新穎，今諸君在適宜之環境下，經教授之敎導，再加互相切磋，前途殊屬光明；以是尤切望諸君努力前程，以宏學術云云。邵院長訓詞，略謂：學會大都由於專家組織；惟今日之學生，卽來日之專家，况諸君住校不過數載，離校後卽自行研究，茲學會之成立，亦屬需要，望在良師敎導之下，努力探討，其勉之云。末紀教授演說：希望三點：（一）多請專家講演，（二）聯絡國外學術團體，探求有價值之材料，以便集會，公開探討（三）發行雜誌，記載切實之化學學識，使普及人民，同時因化學界之努力，貢獻予藥醫等界亦非尠也。席間各進豐美茶點，談笑融洽，頗極一時之盛云。（偶）

图 8-2-9 《国立浙江大学校刊》登载的化学学会的活动报道[④]

（2）文理学院物理学会（1931 年 11 月 20 日正式成立）

1931 年 11 月 20 日，文理学院物理学会成立，选举王谟显为主席，并邀请邵裴子、张绍忠等为名誉会员。[⑤]1932 年 12 月 26 日晚，物理学会邀请严济慈博士（时为北平研究院物理研究所所长）讲演，讲演后又与物理学系教师（如张绍忠、徐仁铣、束星北等）、学生座谈讨论。[⑥]

---

① 《国立浙江大学校刊》第 109 期（1932 年 10 月 29 日）。

② 《国立浙江大学校刊》第 116 期（1932 年 12 月 17 日）。

③ 《国立浙江大学校刊》第 118 期（1932 年 12 月 31 日）。

④ 引自《国立浙江大学校刊》第 109 期（1932 年 10 月 29 日）。

⑤ 《国立浙江大学校刊》第 76 期（1931 年 12 月 12 日）。

⑥ 《国立浙江大学校刊》第 118 期（1932 年 12 月 31 日）。

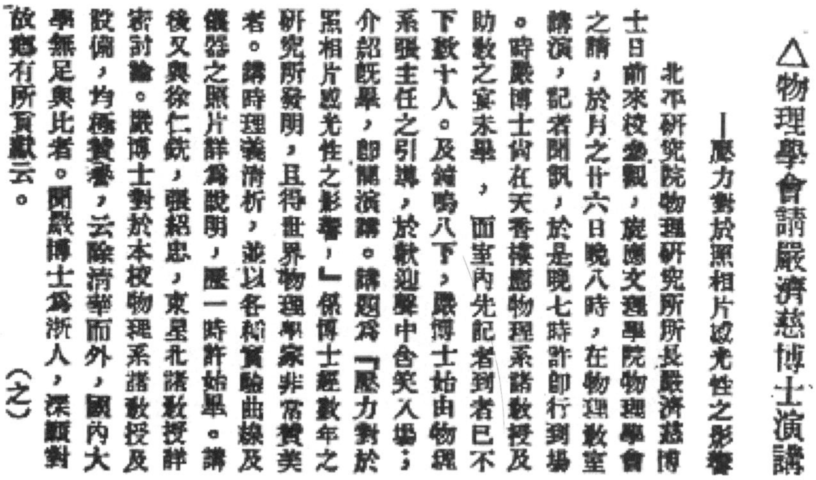

△物理學會請嚴濟慈博士演講
—壓力對於照相片感光性之影響

北平研究院物理研究所所長嚴濟慈博士日前來校參觀，旋應文理學院物理學會之請，於月之廿六日晚八時，在物理教室講演，記者聞訊，於是晚七時許即行到場。時嚴博士尚在天香樓赴物理系諸教授及助教之宴未畢，而室內先記者到者已不下數十人。及鐘鳴八下，嚴博士始由物理系張主任之引導，於歡迎聲中含笑入場；介紹既畢，即開演講。講題爲「壓力對於照相片感光性之影響」，係博士經數年之研究所發明，且得世界物理學家非常贊美者。講時理義清析，並以各種實驗曲線及儀器之照片詳爲說明，歷一時許始畢。講後又與徐仁銑，張紹忠，束星北諸教授詳密討論。嚴博士對於本校物理系諸教授及設備，均極贊譽，云除清華而外，國內大學無足與比者。聞嚴博士爲浙人，深願對故鄉有所貢獻云。（之）

图 8-2-10 《国立浙江大学校刊》登载的物理学会邀请严济慈先生演讲的情况报道[①]

（3）文理学院生物学会（1933 年 5 月 14 日正式成立）

1933 年 5 月 14 日，文理学院生物系同学经过一段时间的筹备，在刀茅巷生物实验室，举行生物学会成立大会（定名为“国立浙江大学生物学会”），选举郁永侁为主席，并拟请董聿茂先生主讲“考察西北经过”[②]。

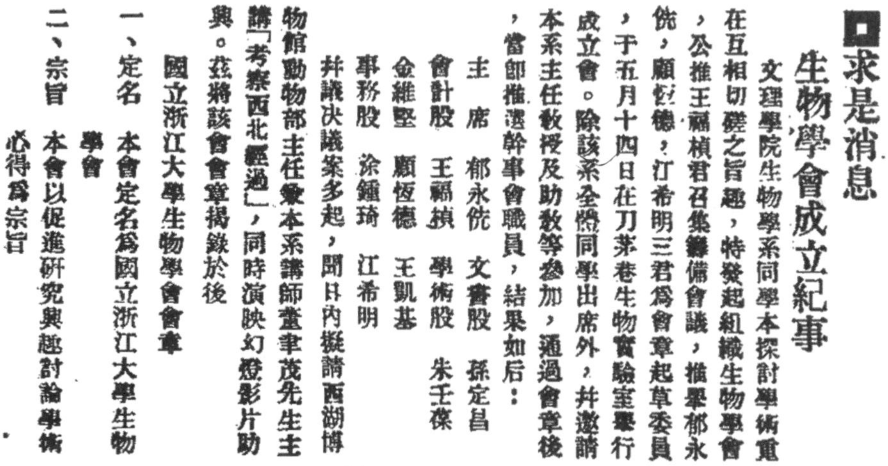

□求是消息

生物學會成立紀事

文理學院生物學系同學本探討學術冀在互相切磋之旨趣，特發起組織生物學會，公推王福楨君召集籌備會議，推舉郁永侁，顧恆德，江希明三君爲會章起草委員，于五月十四日在刀茅巷生物實驗室舉行成立會。除該系全體同學出席外，并邀請本系主任教授及助教等參加，通過會章後，當即推選幹事會職員，結果如后：

主席 郁永侁　文書股 孫定昌
會計股 王福楨　學術股 朱壬葆
金維堅 顧恆德 王凱基
事務股 涂鍾琦 江希明

并議決議案多起，聞日內擬請西湖博物館動物部主任兼本系講師董聿茂先生主講「考察西北經過」，同時演映幻燈影片助興。茲將該會會章揭錄於後

國立浙江大學生物學會會章

一、定名　本會定名爲國立浙江大學生物學會

二、宗旨　本會以促進研究與趣討論學術心得爲宗旨

图 8-2-11 《国立浙江大学校刊》登载的生物学会成立的情况报道[③]

生物学会成立后，多次举办讲座等活动，如 1933 年 11 月邀请学校医务主任汤铭新医师讲座，12 月又邀请化学系周厚复先生做了《生物体中之氯化作用》的讲座。[④]

① 引自《国立浙江大学校刊》第 118 期（1932 年 12 月 31 日）。
② 《国立浙江大学校刊》第 134 期（1933 年 5 月 20 日）。
③ 引自《国立浙江大学校刊》第 134 期（1933 年 5 月 20 日）。
④ 《国立浙江大学校刊》第 155 期（1933 年 12 月 9 日）。

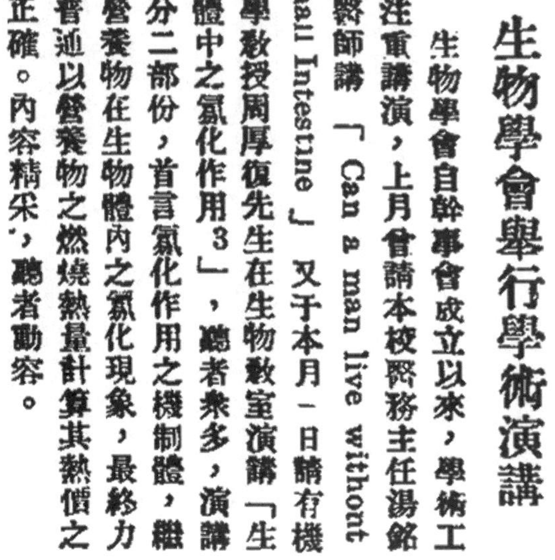

生物學會舉行學術演講

生物學會自幹事會成立以來，學術工作注重講演，上月曾講本校醫務主任湯銘新醫師講「Can a man live without small Intestine」，又于本月一日請有機化學教授周厚復先生在生物教室演講「生物體中之氮化作用3」，聽者衆多，演講詞分二部份，首言氮化作用之機制體，繼述營養物在生物體内之氮化現象，最終力陳普通以營養物之燃燒熱量計算其熱價之不正確。内容精采，聽者勘容。

图 8-2-12　《国立浙江大学校刊》登载的生物学会举行学术演讲的情况报道[①]

（三）招收研究助理员的举措

　　浙江大学在办学过程中,对科学研究方面的逐步重视,还可以从设立"研究助理员"制度看出来。1935 年 6 月 17 日,浙江大学正式制定并公布《招收研究助理员办法》[②],但该制度设立则应该早于此时。从现能够查考到的材料来看,至迟至 1934 年下半年,当时《校刊》所载"本大学男女教职员人数统计"表中,除了有"正教授""副教授""讲师""教员"(编者注:指在代办高工、代办高农、代办初农和培育院任教者)、"助教"外,另单列一类"助理",且注明仅数学系有 1 名[③],这就表明当时已经有"研究助理员"的存在。而该名"研究助理员",应该为方德植先生(见下熊全治先生的回忆材料)。再从方德植先生的经历来推测(1929-08—1933-07 在本校数学系就读,1933 年 8 月留校任教),则浙江大学大致应该是在 1933 年 8 月份后,开始实行"研究助理员"的制度。

---

①　引自《国立浙江大学校刊》第 155 期（1933 年 12 月 9 日）。

②　《国立浙江大学校刊》第 218 期（1935 年 6 月 22 日）。

③　《国立浙江大学校刊》第 192 期（1934 年 11 月 24 日）。

統計

註冊課發表

本大學男女教職員人數統計

◉全校教員統計表

類別	文理學院 外國文學系	文理學院 教育學系	文理學院 數學系	文理學院 物理系	文理學院 化學系	文理學院 生物系	文理學院 公共學程	文理學院 共計	工 電機系	工 化工系
正教授			2					2		
副教授	7	6	3	4	3	5	6	34	7	4
講師	2		1	1		2	3	9	1	
教員										
助教		4	4	7	8	6		29	5	6
助理			1					1		
共計	9	10	11	12	11	13	9		13	10
總計各院								75		
總計全校										

图 8-2-13 《国立浙江大学校刊》登载的 1934 年下半年学校教职员统计情况[①]

1935 年 6 月 17 日，浙江大学正式制定《招收研究助理员办法》，在本科毕业生中招考优秀学生，进入“研究助理员”序列，目的是“为便利各教授研究专门问题，并造就研究人才起见”，为此，“自二十四年度起，暂招收下列各系、组之研究助理员，每系、组以二名为限”。其中，可以招收研究助理员的理科系有数学系和化学系。这一制度，可以认为是浙江大学为开展正式的研究生阶段教育所做的准备。

国立浙江大学招收研究助理员办法

（二十四年六月十七日）

第一条 本大学为便利各教授研究专门问题，并造就研究人才起见，自二十四年度起，暂招收下列各系、组之研究助理员，每系、组以二名为限。

（甲）数学系；（乙）化学系；（丙）农业植物系植物病理组；（丁）农业植物系农业化学组；（戊）农业动物系昆虫组。

第二条 研究助理员之投考者，暂以本大学各学系毕业生为限。[②]

第三条 研究助理员之招考事宜，由各系、组分别拟定办法，自行处理之。

第四条 研究助理员经考试及格后，由各该系主任提交本大学组织之特种审查委员会，经审查认为合格后，再行转呈校长核准。

① 引自《国立浙江大学校刊》第 192 期（1934 年 11 月 24 日）。

② 编者按：1935 年 9 月 19 日，将第二条修正为：“研究助理员之投考者，暂以本大学各学系毕业生为限；但有余额时，得准其他公立或已立案之私立大学毕业生报名投考。”载《国立浙江大学校刊》第 221 期（1935 年 9 月 28 日）。

第五条　研究助理员之作业成绩，每年审查一次，由本大学组织之特种审查委员会办理之；但研究助理员之平时成绩不良者，得由各该系、组主任，随时提交审查委员会决定，呈请校长除退。成绩标准，由各该系、组别订之。

第六条　研究助理员酌给津贴，每名每月二十元。①

1932 年入学的数学系熊全治先生，在 1936 年 8 月毕业后，即留校作为"研究助理员"：

浙江大学是 1928 年成立的。那时数学系主任是陈建功先生，过了几年陈先生特请苏先生从日本回来接替他，后来数学系的主要课程都由苏、陈两位先生教，他们大都不用教本，而用适当速度口授，学生都可笔记下来。他们在黑板上写的字和符号及公式，都很整齐，同印的一样，学生也都可抄下来。那时他们即认为我国应在国内多培养研究人才，不应再专靠外国留学生。因之决定训练学生在毕业前有独立读书及论文写作之能力。每个学生四年级时在分析及几何两科中必须选一科做专科，再由专科导师选一本德文或一本法文的数学书，及一篇在国际杂志上最近发表的论文攻读。每周由学生轮流向全体教员报告，若此两报告不及格，不管其他成绩如何好，亦不能毕业。

在浙大，好的毕业生都留下做助教，苏、陈两位先生继续指导他们，希望他们能写出论文来。经过几年，第一个训练出来的是方德植先生，他几年内在日本及意大利杂志上发表了好几篇微分几何论文，因之浙大研究空气渐浓，以后能写论文之毕业生亦渐增多。

1935 年秋季起我是大学四年级学生，我选了苏先生做我的导师，他叫我读 F. Klein 之《高等几何》书。那书的德文确写得很好，非常文学化，因此不易读。关于论文之报告，苏先生选了一篇那时刚在美国数学会会报上发表的关于一三次欧氏空间内一二次曲线之一新射影特性的论文。到该年 12 月我不但将论文报告完毕，并且解决了原文作者不能用他的方法解决的三个特别情形，后来我的这篇论文刊登在 1936 年浙江大学科学报告上。一般该报告上登载的文章，都是浙大的教授用西方文字发表的研究论文。

1936 年我在浙大毕业，依我之志愿留校做研究助理，无其他任务，随苏先生研究射影微分几何。苏先生开了一门课，讲授他新编的关于射影微分几何的讲义。我除听那门课外，还读些论文，一年内写了一篇关于射影微分几何的论文，该论文后来登在 1940 年中国数学会年刊（西方文字版）上。②

二、理科学术刊物的编辑和出版

整个晚清阶段至民国时期，无论是新式专科学校、"改良书院"，还是新式的国立、省立大学，或者多级制学校中的高等教育部分，抑或是外国人创设的教会大学，都十分重视出版活动。教育家们往往是主动地将教育与出版有机结合起来，把出版工作视为教育工作的重要组成部分，专设机构，

---

① 《国立浙江大学校刊》第 218 期（1935 年 6 月 22 日）。
② 熊全治：《敬贺步青吾师期颐大寿》，载谷超豪等主编：《文章道德仰高风——庆贺苏步青教授百岁华诞文集》，上海：复旦大学出版社，2001 年，第 99-100 页。

编印教材教参，刊行学术论著，传播新学新知，创办各种报刊，使得大学教育与大学出版共生互融，相得益彰，相互促进。[①]

（一）浙江大学出版方面的总体情况

浙江大学对出版工作较为重视。在浙江大学正式建立之前的"工专""农专"时期，就办有刊物，"根据我们所收集的老浙大刊物的资料，发现迄今最早的一份科技类期刊，是创办于1919年的《报国工业会会刊》。《报国工业会会刊》系浙江省立甲种工业学校的教师校友发起成立的'报国工业会'的会刊，时任校长许炳堃为此撰写了发刊辞"；大学成立之后，继续办有相关刊物，如创办于1929年的《蚕声》是国立浙江大学农学院蚕桑系同学会出版的一本科学类刊物。[②]

1930年年初，在第六次校务会议上，学校对出版事务进行了统筹规划，决定了拟出版的各类刊物，并正式通过了《浙江大学印行刊物办法》：

浙江大学印行刊物办法

第六次校务会议拟定本大学刊物印行办法如下：

一、周刊，定名为《浙江大学校刊》，内容注重消息。

二、推广的，定名为《浙江大学推广集》；可分文学类、教育类、农业类、工业类……等等，印行小册。

三、季刊，定名为《浙江大学学报》；每期约八篇至十篇，约共十万字，定价每年二元，学生廉价对折，稿费每千字约四元，并印送单行本二十份，预计每年需款二千四百元。

四、学术的类刊，定名为《浙江大学学术类刊》；得抽季刊中有价值的专门著作印作单行本类刊，亦得专用外国文著作出版，英文名定：*Publications of University in Chekiang*。

五、丛书，定名为《浙江大学丛书》，与书店订约出版。[③]

其中，《国立浙江大学校刊》从1930年2月22日创刊，其间除1936—1937年和1947—1948年一度改为《日刊》，1937年7月后至1938年西迁之间一度停刊外，一直作为周刊延续到1949年，登载有大量学校的行政、教学、科研和师生活动等情况。在1930年2月22日的创刊号上，时任校长的蒋梦麟先生撰写了《发刊词》，阐明了办刊宗旨：

发刊词

浙江大学最初成立的时候（民国十八年八月。名称尚为国立第三中山大学），因为试行大学区制，就兼管了浙江省的教育行政。到去年七月底大学区制的结束，中间整整地经过了两年。在这个时期内，我们虽出版过一种教育周刊，但是性质重在行政方面政令的宣达和教学的指导，没

[①] 范军：《略论晚清时期的大学出版》，《中国出版史研究（第1辑）》，北京：中华书局，2015年，第36-63页。

[②] 许高渝、徐有智、马景娣等编著：《遗珍逸文——老浙大期刊集萃》，杭州：浙江大学出版社，2017年，第3-4页。

[③] 《国立浙江大学校刊》第7期（1930年4月12日）。

有把本大学内部的情形记载上去；此外，工学院和农学院虽各自有他们的半月刊和旬刊等等，可是记载的范围又只能限于本院；所以在这个校刊出版以前，本大学还没有一种记载整个内部的情形的刊物。上学期将近终了的时候，校务会议决定了一个本大学的出版计划。这个校刊，便是那个计划中的出版物之一种。

这个校刊，我们早已感觉到是必要的，因为，这两三年来，外间注意本大学的，不断的来询问我们内部的各种情况，有了这个校刊，自然比随时随事地说明要详备一点；就是本大学各学院的教职员和学生，因为三个学院分处在两个相离很远交通又不很便利的地方，平日又忙于各自的工作，除了本院的情形时时接触以外，对于其他各院的一切详细情形，不免也有不甚明了的地方，这个校刊出版以后，各方面的情形便可随时互相传达了。

这个校刊，现在还是一种周刊，我们希望在很短时期内，依于材料的充实，能够改为三日刊。将来要发表的材料愈多了，或许改为日刊也说不定。

在这个校刊里面，我们只是一些片段零星的记载，恐怕不会有甚么鸿篇大著，也不想拿甚么理想上的计划，作纸面上的宣传。本来，浙江大学怀抱的一点希望，就是不尚虚华，不装门面，切切实实地一步一步地做去，替中国的大学教育多立下一个实在的基础。我们的校刊，自然也本着这种精神，只有一些朴实的记述了。

我们希望在这个校刊里面，能够看得出一点本大学内部的逐渐充实，一点一滴地在那里进步，使得外间同情于本大学愿意赞助本大学发展的，看了这一点一滴进步的方向，充分地加以助力；全校的教职员和学生，都本着这个一点一滴进步的方向，共同朝着这个方向努力；使得本大学怀抱的一点希望，能够逐渐实现。那便是中国教育之幸，也便是我们发行这个校刊的本意了。[①]

---

① 《国立浙江大学校刊》第 1 期（1930 年 2 月 22 日）。

國立浙江大學校刊　蔣夢麟

編輯及發行者　國立浙江大學秘書處
定價　每期零售大洋一分，半年二角，全年四角
郵寄：外埠另加郵費一倍，本埠減半
出版期

國立浙江大學校刊　第一期

發刊詞

蔣夢麟

浙江大學最初成立的時候，名稱尙爲國立第三中山大學。（民國十六年八月。）因爲試行大學區制，就兼管了浙江省的教育行政。到去年七月底大學區制結束，中間整整地經過了兩年。在這個時期內，我們雖出版過一種教育週刊，但是性質重在行政方面政令的宣達和教學的指導，沒有把本大學內部的情形記載上去。

此外，工學院和農學院雖各自有他們的半月刊和旬刊等等，可是記載的範圍限於本院；所以在這個校刊出版以前，本大學還沒有一種紀載整個內部的情形的刊物。上學期將近終了的時候，校務會議決定了一個本大學的出版計畫、這個校刊，便是那個計畫中的出版物之一種。

要詳備一點；就是本大學各學院的敎職員和學生，因爲三個學院分處在兩個相離很遠交通又不很便利的地方，平日又忙於各自的工作，除了本院的情形時時接觸以外，對於其他各院的一切詳細情形，不免也有不甚明瞭的地方。這個校刊出版以後，各方面的情形便可隨時互相傳達了。

這個校刊，現在還是一種週刊，我們希望在很短時期內，依於材料的充實，能夠改爲三日刊，將來要發表的材料愈多了，或許改爲日刊也說不定。

這個校刊，我們早已感覺到是必要的，因爲，這兩三年來，外間注意本大學的，不斷的來詢問我們內部的各種情況，沒有這個校刊；有了這個校刊，自然比隨時隨事地說明。

图 8-2-14　《国立浙江大学校刊》第 1 期所载蒋梦麟的《发刊词》①

1931 年 2 月，校务会议第十三次常务会议，再次议定出版计划，包括：季刊、丛书、学术类刊和推广集。②

---

① 引自《国立浙江大学校刊》第 1 期（1930 年 2 月 22 日）。
② 《国立浙江大学校刊》第 40 期（1931 年 2 月 7 日）。

本校議定出版計畫

本校出版計劃，已經校務會議第十三次常會議決通過。該項計劃計分出版物四類：即季刊，叢書，學術類刊，推廣集等是。其中季刊編輯，額定設常務編輯一人，編輯六人，推舉方法：由三學院各就本院教職員中推定之「編輯六人，由三學院常會議決為」，陳報校長，由校長就秘書處職員中指定之。常務編輯一人，由校長推舉方法自定。至所議定之全部出版計畫，現正在推選中。至所議定之全部出版計畫，附載於左：

國立浙江大學出版計畫

甲　季刊

一、民國二十年春間開辦「國立浙江大學季刊」，預算支出每期稿費四百元，印刷費二百元，全年二千四百元。

二、季刊編輯部編輯六人，由三學院各就本院教職員中推定二人，陳報校長，推舉方法：由各學院自定。常務編輯一人，由校長就秘書處職員中指定之。經理部　由秘書處派員兼任。

乙　叢書

一、由大學負責向書局交涉訂立契約代印本大學叢書，各叢書付印時，由書局及著作人另訂詳細合同。

二、組織叢書委員會，主持一切關於叢書審查及接洽事宜。叢書性質、輝著均可。

丙　學術類刊

一、電機方面工學院已出九類，各院可以照辦。

二、以挑收集本大學刊精華及各教授在外發表各重要文字印複印本自印專刊。

三、重要論文得由各學系負責審查，各學系負責編訂及審查。

丁　推廣集

一、各學院負責出版。

二、各學系負責編訂及審查。

図 8-2-15　《国立浙江大学校刊》登载的学校出版计划 [①]

國立浙江大學校刊

本刊於每星期六出版，內容分特載、法規、公牘、校聞、學生生活、畢業消息、專載、論著、文藝、講演等欄。為浙大實際之記載，師生共同之發表機關。

定價全年大洋四角，另售每份大洋一分。

編輯兼發行者：國立浙江大學秘書處出版課。

國立浙江大學一覽

本書每年出版一次，內容分校曆、沿革概要、組織規程、組織系統、各學院概況及課程綱要、訓育概況、體育概況、法規、學則、教職員及學生名錄、各項統計表，並有校景插圖四十餘幅，洵為關心浙大近況者之良友，且為研究高等教育者之一種有價價之參考書。

定價每冊大洋五角

編輯兼發行者國立浙江大學秘書處出版課

浙大學報

本學報為專門學術研究之季刊，第一期為自然科學號，由李壽年、張薈諜、程瀛章、蘇步青、貝時璋諸教授負責主編，定於二十二年三月出版。

図 8-2-16　《文理》第 4 期登载的浙江大学出版物介绍 [②]

　　除了学校统一的出版计划外，师生均可自行组织各类学会等组织，亦可印行各类刊物等。如工学院学生会主办的《浙大周刊》杂志（1928 年创刊），文理学院学生自治会主办的《文理》杂志（详细介绍见第九章第三节相关内容）等，既登载文学性的散文、诗词，亦发表一定量的学术性文章。

---

① 引自《国立浙江大学校刊》第 40 期（1931 年 2 月 7 日）。
② 国立浙江大学文理学院学生自治会学艺股编辑：《文理》第四期，1933 年 3 月，插页。

图 8-2-17 《浙大周刊》第 2 期（1928 年 6 月）封面 ①

（二）学校的理学期刊——《国立浙江大学季刊》《国立浙江大学科学报告》

20 世纪 30 年代是浙江大学学术期刊蓬勃发展的重要时期，学校对期刊，尤其是学术类期刊的出版工作十分重视，大力鼓励师生创办刊物。其中创办于 1930 年的有两种刊物：《土木工程》和《文理》，1932 年有《国立浙江大学季刊》，1933 年又有《电机工程》和《化工》两种刊物问世，1934 年《国立浙江大学科学报告》出版，1935 年也有两种期刊创办，即《机械工程》和《工程季刊》，1937 年上半年创办的则有《史地杂志》《国立浙江大学季刊》（与 1932 年的《国立浙江大学季刊》同名）、《国立浙江大学农业季刊》3 种期刊。其中部分刊物，如《土木工程》《电机工程》《化工》《机械工程》《工程季刊》《国立浙江大学科学报告》等在中国大学科学期刊发展史著作里均有不同程度的介绍。②

在 1936 年年底之前，相对集中刊发理学类研究成果的期刊，主要是《国立浙江大学季刊》和《国立浙江大学科学报告》。

1.《国立浙江大学季刊》

1930 年初，学校就提出筹办季刊——《浙江大学学报》的构想，主要登载所谓"专门学术研究"的成果——学术论文。1931 年 10 月《校刊》曾刊登报道，预告"本校季刊"将于月底出版。③1932 年 1 月，该季刊以《国立浙江大学季刊》之名，正式出刊。

———————————

① 引自浙江大学工学院学生会出版股编：《浙大周刊》第二期，1928 年 6 月。

② 许高渝、徐有智、马景娣等编著：《遗珍逸文——老浙大期刊集萃》，杭州：浙江大学出版社，2017 年，第 5 页。

③ 《国立浙江大学校刊》第 66 期（1931 年 10 月 3 日）。

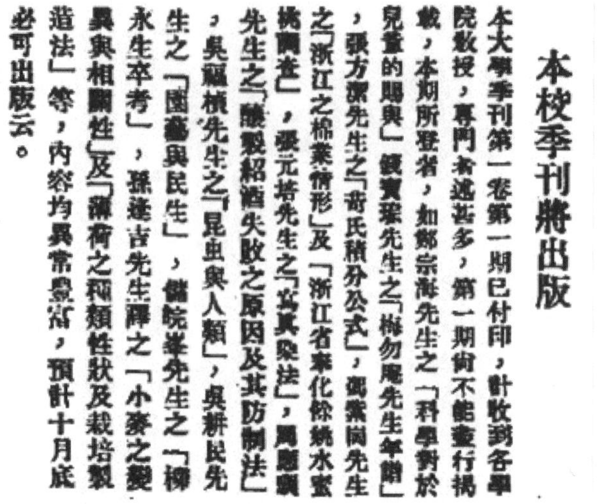

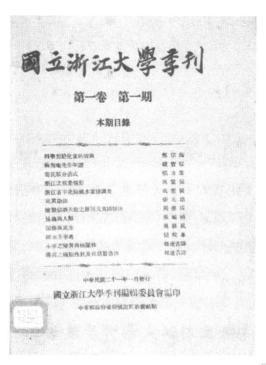

本校季刊將出版

本大學季刊第一卷第一期已付印，計收到各單院教授，專門者遠甚多，第一期尚不能盡行揭載，本期所登省，如鄭宗海先生之「科學對於兒童的賜與」錢寶琮先生之「梅勿庵先生年譜」，張方洁先生之「苛氏積分公式」及「浙江省奉化餘姚水蜜桃調查」，張元培先生之「寫真染法」，周應璜先生之「釀製紹酒失敗之原因及其防制法」，吳福楨先生之「昆虫與人類」，吳耕民先生之「園藝與民生」，儲皖峰先生之「柳永生卒考」，孫逢吉先生譯之「小麥之變異與相關性」及「薄荷之種類性狀及栽培製造法」等，內容均異常豐富，預計十月底必可出版云。

图 8-2-18　《国立浙江大学校刊》登载《浙大季刊》第 1 卷第 1 期即将出版的消息 [1]

该期收入的文章有：《科学对于儿童的赐与》（郑宗海）、《梅勿庵先生年谱》（钱宝琮）、《苛氏积分公式》（张方洁）、《浙江之棉业情形》（冯紫岗）、《浙江省奉化余姚水蜜桃调查》（冯紫岗）、《写真染法》（张元培）、《酿制绍酒失败之原因及其防制法》（周应璜）、《昆虫与人类》（吴福桢）、《园艺与民生》（吴耕民）、《柳永生卒考》（储皖峰）和孙逢吉翻译的《小麦之变异与相关性》《薄荷之种类性状及栽培制造法》等。

图 8-2-19　《国立浙江大学季刊》第一卷第一期封面 [2]

---

[1]　引自《国立浙江大学校刊》第 66 期（1931 年 10 月 3 日）。

[2]　引自许高渝、徐有智、马景娣等编著：《遗珍逸文——老浙大期刊集萃》，杭州：浙江大学出版社，2017 年，第 63 页。

科學對於兒童的賜與

鄭宗海

在沒有講到本題之先，有一事先要提請諸位注意的；便是從今年起，我們的日曆裏，又多了一個紀念日。這個紀念日，却不像怎麼五三，五九，五卅，六二三，八二九等等，使我們聽了增加一番刺激，使我們聽了不懌，這個紀念日，却能使我們高興，使我們歡樂。這個節是很有

梅勿庵先生年譜

錢寶琮編

序：吾國曆學算學，經宋元二代極盛之後，至明代而大衰。當時所謂儒者：高者談性天，撰語錄；卑者疲精死神於舉業間。一切實學，均鮮研究。治曆算學者尤所罕聞。明代曆法稱大統曆，實卽元之授時曆，參用回回曆術。至萬曆中，所推氣朔已漸差忒。臺官因循不事修正。算經十書及宋元諸家撰著，均漸歸湮沒。民間流行之珠算書，如吳信民九章比類算法（1450A.D.）程大位算法統宗（1593A.D.）等，尤屬膚淺可

图 8-2-20 《国立浙江大学季刊》第一卷第一期所刊郑晓沧、钱宝琮先生文（部分）[①]

按照最初的设想，《国立浙江大学季刊》应该每 3 个月出刊 1 期，即每年有 1 卷 4 期；但其后可能由于如经费等原因，季刊未能再顺利出刊。从《校刊》记载来看，第一卷第一期出版后，学校曾经多次讨论《季刊》的编辑出版事宜，但未能按照设想实现。例如，1932 年 11 月 2 日，程天放校长在校长公舍召集季刊编辑的谈话会，试图落实季刊的编辑出版事宜：

本大学季刊出版有期

十一月二日程校长在校长公舍召集季刊编辑第一次谈话会，到者有程校长，文理学院邵院长，张副院长，工学院李副院长，数学系苏步青主任，化学系程瀛章主任，生物学系贝时璋主任，及出版课胡昌骐主任。议定季刊第一期为自然科学号，推定李乔年、张荩谋、程瀛章、苏步青、贝时璋诸先生负征稿及编辑责任。于二月底集稿，三月底付印，其印刷校对发行等事，均由出版课负责办理。该刊名称或拟改为"浙大学报"云。[②]

2.《国立浙江大学科学报告》

1933 年 4 月，郭任远校长上任伊始，即在 4 月 15 日的"出版委员会"会议上，提议"将季刊改为科学报告，内容包括理（心理在内）、工、农之研究成绩，众均赞同"[③]。这样，从 1934 年起，季刊就改为"科学报告"。

---

① 引自国立浙江大学季刊编辑委员会编印：《国立浙江大学季刊》第一卷第一期，1932 年 1 月。
② 《国立浙江大学校刊》第 115 期（1932 年 12 月 10 日）。
③ 《国立浙江大学校刊》第 130 期（1933 年 4 月 22 日）。

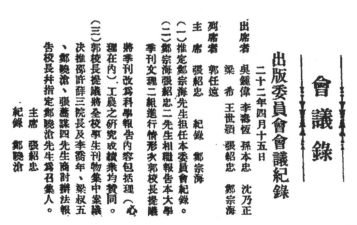

图 8-2-21　《国立浙江大学校刊》登载浙江大学出版委员会会议情况 [1]

自此以后，《国立浙江大学季刊》就演变为《国立浙江大学科学报告》（登载理学成果，1934年 1 月创刊）、《国立浙江大学工程季刊》（登载工学成果，1935 年 12 月创刊）和《国立浙江大学农学季刊》（登载农学成果，1937 年 3 月创刊）等。

《国立浙江大学科学报告》发表的论文更加偏向纯粹的理科，"由国立浙江大学出版委员会编辑，浙江大学秘书处发行，初定为半年刊。该刊系浙大以英文编印之数理学科研究刊物，用于与国内外学术机关交换，曾被不列颠博物院图书馆收藏。主要刊载数理科学最新的研究成果，由于均为诸教授的专门研究，不但材料丰富，且多真知灼见"。1934 年正式出刊 2 期（1934 年 1 月和 7 月各 1 期），1935 年不知何故未能出刊，至 1936 年 1 月出版第 2 卷第 1 期。[2]

从第一卷的两期来看，登载的完全是文理学院理学系科的成果，包括数学、物理学、化学和生物学，论文的作者均为各系的主要教师，如数学系的钱宝琮、苏步青、陈建功，物理学系的束星北、郦堃厚，化学系的陈之霖、纪育沣和四年级学生何紫玉、斯芳、闵世型，以及生物学系的贝时璋、董聿茂、王启汾、朱壬葆等。

表8-2-1　《国立浙江大学科学报告》第一卷第一、二期所登载的论文 [3]

题目	作者	出处
戴震算学天文著作考	钱宝琮	第一期，1-21
胶质银之光化学的生成	陈之霖	第一期，25-39
On the Relation Between Affine and Projective Differential Geometry	Su Bu-Chin（苏步青）	第一期，43-122
球形动力场内吸力论（中英文摘要）	束星北	第一期，123-124
Non-Statical Solution of Einstein's Law of Gravitation	Hsin P. Soh（束星北）	第一期，125-132
Theory of Gravitation and Electromagnetism（吸力及电磁合论）（中英文摘要，原文为英文）	Hsin P. Soh（束星北）	第一期，135-142

---

[1] 引自《国立浙江大学校刊》第 130 期（1933 年 4 月 22 日）。

[2] 许高渝、徐有智、马景娣等编著：《遗珍逸文——老浙大期刊集萃》，杭州：浙江大学出版社，2017 年，第 64-65 页。

[3] 资料来源：据《国立浙江大学科学报告》第一卷第二期所附的第一、二期总目录，1934 年 7 月。

续　表

题目	作者	出处
Studies in Infra-red Emission Spectral from Flames（火焰之红外发射光谱）（中文摘要，原文为英文）	Kun-Hou Lih（郦堃厚）	第一期，145-196
The Synthesis of Dipyrimidines Containing a Carbonyl-Diurea Nucleus	Yuoh Fong Chi（纪育沣）	第一期，199-244
Regenerationsversuche an Rotatorien	Sitsan Pai（贝时璋）	第一期，247-259
Das Problem der Zellkonstanz in Beziehung zur Regeneration	Sitsan Pai（贝时璋）	第一期，263-267
A List of Pisces，Amphibia and Reptilia in Hangchow	Yuh-Mou Tung（董聿茂）	第一期，271-272
The Reproduction，Life-span，Growth and Senescence of Brachionus Pala Ehrbg	Jen-Pao Chu（朱壬葆）	第一期，275-284
Experimental Studies on the Abnormal Development of Anura	Chifen Wang（王启汾）	第一期，287-299
水成泥之有机分析	吴锦铨	第二期，301-306
A Study on the Theory of the Series of Orthogonal Functions	Kien-Kwong Chen（陈建功）	第二期，307-413
The Preparation of 2-Ethylmercapto-5-phenyl-6-thiocyanpyrimidine	Yuoh Fong Chi（纪育沣）and Tse Yue Ho（何紫玉）	第二期，415-420
The Preparation of Ethyl 2-Ethylmercapto-6-Chloropyrimidine-5-Acetate	Yuoh Fong Chi（纪育沣）and Fong Sze（斯芳）	第二期，421-426
The Action of Potassium Cyanate upon 2-Ethyl-mercapto-5-Carbethoxy-6-Chloro-Pyrimidine	Yuoh Fong Chi（纪育沣）and Sze Yung Ming（闵世型）	第二期，427-434
Preparation of Uracil：A Modified Procedure	Yuoh Fong Chi（纪育沣）and Yun Hwang Chen（陈运煌）	第二期，435-436
Preparation of Tertiary Amyl Bromide：A Modified Procedure	Yuoh Fong Chi（纪育沣）and Che Hong Sze（施继鸿）	第二期，437-438
Preparation of Ethyl benzoyl-acetate：A Modified Procedure	Yuoh Fong Chi（纪育沣）and Yung Mao Lee（李永茂）	第二期，439-442

SCIENCE REPORTS
UNIVERSITY OF CHEKIANG
VOL. I

CONTENTS

图 8-2-22 《国立浙江大学科学报告》第一卷第一、二期总目录 [1]

① 引自《国立浙江大学科学报告》第一卷第二期所附的第一、二期总目录，1934 年 7 月。

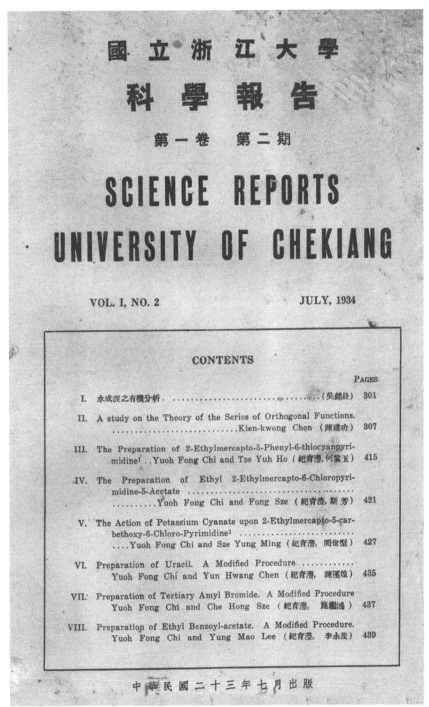

國 立 浙 江 大 學

科 學 報 告

第 一 卷 第 二 期

SCIENCE REPORTS
UNIVERSITY OF CHEKIANG

VOL. I, NO. 2   JULY, 1934

CONTENTS

PAGES

I. 永成泥之有机分析 .... (吳錦銓) 301

II. A study on the Theory of the Series of Orthogonal Functions.
.....................................Kien-kwong Chen（陳建功） 307

III. The Preparation of 2-Ethylmercapto-5-Phenyl-6-thiocyanpyri-
midine[1] ..Yuoh Fong Chi and Tse Yuh Ho（紀育灃,何紫玉） 415

IV. The Preparation of Ethyl 2-Ethylmercapto-6-Chloropyri-
midine-5-Acetate ....
..........Yuoh Fong Chi and Fong Sze（紀育灃,斯芳） 421

V. The Action of Potassium Cyanate upon 2-Ethylmercapto-5-car-
bethoxy-6-Chloro-Pyrimidine[1] ....
....Yuoh Fong Chi and Sze Yung Ming（紀育灃, 閻世懋） 427

VI. Preparation of Uracil. A Modified Procedure ....
Yuoh Fong Chi and Yun Hwang Chen（紀育灃, 陳運煌） 435

VII. Preparation of Tertiary Amyl Bromide. A Modified Procedure
Yuoh Fong Chi and Che Hong Sze（紀育灃, 施鸞鴻） 437

VIII. Preparation of Ethyl Benzoyl-acetate. A Modified Procedure.
Yuoh Fong Chi and Yung Mao Lee（紀育灃, 李永茂） 439

中華民國二十三年七月出版

图 8-2-23 《国立浙江大学科学报告》第一卷第二期封面[1]

第 2 卷第 1 期于 1936 年 1 月出版，收有钱宝琮、陈建功、苏步青、蔡堡、蒋天鹤撰写的文章 12 篇，其中苏步青 2 篇，蒋天鹤独自撰写 5 篇，与蔡堡合写 3 篇。第二卷第二期的稿件在 1936 年 3 月已经基本编稿完成，后因全面抗战开始，曾预告延至 1939 年出版，但后因故仍未能问世。[2]

---

① 引自《国立浙江大学科学报告》第一卷第二期封面，1934 年 7 月。

② 许高渝、徐有智、马景娣等编著：《遗珍逸文——老浙大期刊集萃》，杭州：浙江大学出版社，2017 年，第 65 页。

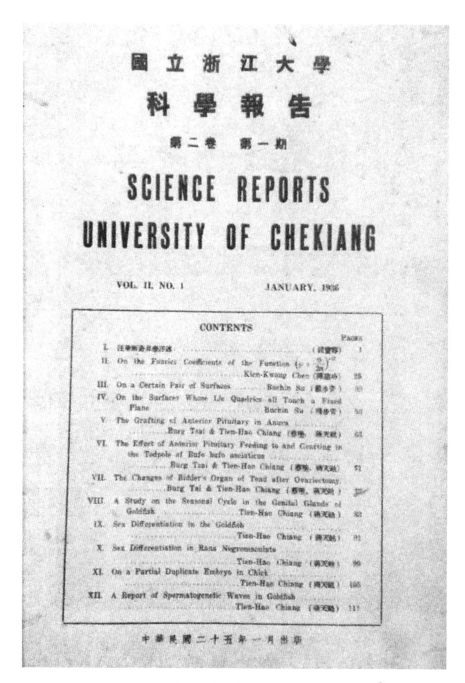

图 8-2-24　《国立浙江大学科学报告》第二卷第一期封面 [1]

（三）文理学院的学生自办刊物《文理》及其登载的学术性论文

学生自办的《文理》杂志，于 1930 年 6 月创刊，基本每年一期，现能够看到的有 4 期（1930，1931，1932，1933），由"文理学院学生自治会"主办，"学艺股"具体负责编辑、发行。其中也刊载一些学生、老师的学术性论文。

---

[1]　引自《国立浙江大学科学报告》第二卷第一期封面，1936 年 1 月。

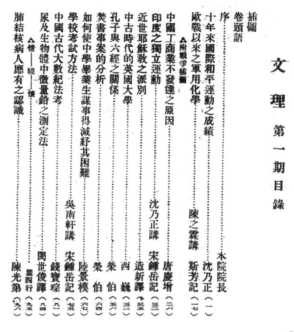

图 8-2-25　《文理》第一期目录（1930 年 7 月 1 日出版）①

关于该刊的办刊情况，详见下章介绍。这里仅将该刊第一至第四期所登载的若干学术性论文摘列如下。

表8-2-2　《文理》第一至第四期所登载的理科类的学术性文章②

题目	作者	出处
欧战以来之军用化学	陈之霖讲，斯芳记	《文理》第一期
中国古代大数纪法考	钱宝琮	《文理》第一期
尿及生物体中微量铅之测定法	闵世俊译	《文理》第一期
肺结核病人应有之认识	陈光第	《文理》第一期
镜片公式之讨论	王谟显	《文理》第二期
Chemistry of Prymidine	Y. F. Chi（纪育沣）	《文理》第二期
生物社会观的心理学	朱壬葆	《文理》第二期
气象歌谣的研究	宋钟岳	《文理》第三期
东北军事地理略述	宋钟岳	《文理》第三期
Chemistry of Pyrrole	Yuoh Fong Chi（纪育沣）	《文理》第三期
The Prepareration of Idophenols Through Mercury Derivatives	Yuoh Fong Chi（纪育沣）	《文理》第三期
声外波	吴学蔺记	《文理》第三期
圆孔散折	王谟显	《文理》第三期
中国之丝用肥皂	范敬平	《文理》第三期

---

① 引自《文理》第一期，1930 年 7 月，目录页。
② 资料来源：据《文理》第一至第四期整理。

续　表

题目	作者	出处
天为什么是蓝的	王子昌	《文理》第四期
组合有机化学上的一个新时代	浦同烈译	《文理》第四期
Preparervation of Uracil. Amodified Procedure	Yuoh Fong Chi & Yun Hwang Chen（纪育沣、陈运煌）	《文理》第四期（英文版）
Preparervation of Tertiary Amyl Bromide. Amodified Procedure	Yuoh Fong Chi & Yun Hwang Chen（纪育沣、陈运煌）	《文理》第四期（英文版）
Anotomy of Amphioxus	Wang Kai Chi（王凯基）	《文理》第四期（英文版）

三、师生参与的国内外学术活动及其理科学者的学术影响

（一）参与的国内学术社团及学术活动

除了校内活动之外，理学教师还广泛参加国内外的有关学术活动，除了参加演讲、讲学等外，还参与组织或参加各种自然科学类的学术社团（新式学会），有些还担任一定的领导职务。

1. 近代学术社团（新式学会）的兴起

近代学术社团（新式学会）是现代学术发展的重要标志。它是学术研究者根据兴趣、爱好及理想而与其他志同道合者组织的民间学术组织，同时也是学者们自行约定的一种制度化的学术共同体。新式学会、大学、研究机构，构成了现代学术体制的主要元素。与现代大学、研究院所相比，近代学会是一种相对自由、有着一定弹性的学术共同体，它不同于刚性的专业研究所和现代大学，因而具有更大的学术自由度和更为广阔的学术研究空间。[①]

洋务运动前，外国传教士在通商口岸创建了不少学会组织，较为活跃的有上海文理学会、上海益智会、广学会。它们都是以科学研究、学术交流为宗旨的团体，客观上为中国人创建科学社团起了一定的示范作用。由国人自发创建的科学社团发端于戊戌维新时期，但是戊戌学会"实乃传统与现代兼备之过渡型新式学会"，具有较为浓厚的政治色彩，忽略了学会的学术意义。近代科学社团在中华民国初期步入了蓬勃发展阶段，综合性的自然科学团体以1914年成立的"中国科学社"为代表，专业性的学会则如中国地学会（1910年）、中华林学会（1917年）、中华农学会（1917年）等；尤其是20世纪二三十年代，各类专门性科学社团如雨后春笋蓬勃兴起[②]，中国天文学会（1922年）、中国地质学会（1922年）、中国气象学会（1924年）、中国生理学会（1926年）、中国化学会（1932年）、中国物理学会（1932年）、中国植物学会（1933年）、中国动物学会（1934年）、中国地理学会（1934年）、中国数学会（1935年）等均在此时建立。

近代学术社团主要是为了交流学术成果，增进学术交流与联系而成立的。近代学会不仅召开自己的年会，以文会友，切磋学术，交流心得，而且发行自己的专业杂志，发表会员的学术论文，

[①]　左玉河：《移植与转化：中国现代学术机构的建立》，郑州：大象出版社，2008年，第256页。
[②]　吴翠萍：《中国物理学会研究（1932—1936）》，华中师范大学硕士学位论文，2015年，第1页。

推动本学科学术研究之发展。学会、期刊与年会，构成了"三位一体"的学术体制：有学会必有会刊，有会刊必有年会。创办会刊与举办年会，是近代学会最重要的事业和主要活动方式。[①]

表8-2-3　20世纪30年代各主要自然科学学会及其创办的期刊一览[②]

类别	学会名	创立时间	期刊名	内容性质	文种
综合学会	中华学艺社	1916	《学艺杂志》（1917）	通俗兼专业	中文
	中国科学化运动协会	1932	《科学的中国》（1933）	通俗	中文
			《中国科学化运动协会会报》	会务消息	中文
	中华自然科学社	1927	《科学世界》（1932）	通俗	中文
专业学会	中国地质学会	1922	《中国地质学会志》（*Bulletin of the Geological Society of China*）（1922）	专业	英文
			《地质论评》（1936）	专业兼通俗	中文
	中国天文学会	1922	《中国天文学会会报》	专业	中文
			《宇宙》	通俗	中文
	中国气象学会	1924	《气象杂志》（1925）	专业兼通俗	中文
	中国生理学会	1926	《中国生理学杂志》（*Chinese Journal of Physiology*）（1927）	专业	西文
			《营养杂志》（1935）	通俗兼专业	西文
	中国物理学会	1932	《中国物理学报》（*Chinese Journal of Physics*）（1933）	专业	西文
	中国化学会	1932	《中国化学会会志》（*Journal of the Chinese Chemical Society*）（1933）	专业	西文
			《化学》（1934）	专业兼通俗	中文
			《化学通讯》（1936）	会务消息	中文
	中国植物学会	1933	《中国植物学杂志》（1934）	通俗	中文
			《中国植物学汇报》（*Botanica Sinica*）（1935）	专业	西文
	中国动物学会	1934	《中国动物学报》（1935）	专业	西文
	中国生物科学学会	1926	《中国植物学报》	专业	西文
			《中国实验生物学杂志》（*Acta Biologiae Experimentalis Sinica*）	专业	西文
			《生物学杂志》	通俗	中文
	中国地理学会	1934	《地理学报》（1934）	专业	中文
	中国数学会	1935	《中国数学会学报》（*Journal of Chinese Mathematical Society*）（1936）	专业	西文
			《数学杂志》（1936）	通俗	中文

---

① 左玉河：《移植与转化：中国现代学术机构的建立》，郑州：大象出版社，2008年，第256页。

② 资料来源：据张剑《中国近代科学与科学体制化》（成都：四川人民出版社，2008年，第292-294页）和雷雁林《中国近代西文科技期刊存在的态式及原因》（载《西北大学学报（自然科学版）》第48卷第2期，2018年，第306-310页）等材料整理。

2. 浙江大学教师参加学会的情况

浙江大学理科教师积极参加了相关自然科学学会的组织和活动，有些还担任了重要职务。

（1）综合性的自然科学学会

在众多综合性学会中，以中国科学社对近代学术发展之影响最大。中国科学社是1914年留美学生发起组建的一个综合性学术团体，其最初目的是"刊行科学杂志以灌输科学智识"（《中国科学社总章》，载《科学》第2卷第1期），发起者有任鸿隽、胡达、赵元任、秉志、杨铨等。1915年1月《科学》正式发行后，社友们觉得"以杂志为主，以科学社为属，不免本末倒置之病者"，于是有人提出改组科学社为学会。董事会向社员发出改组通告，征求意见；科学社社员接到通告后，多表赞成。董事会派胡明复、邹秉文、任鸿隽负责起草新社总章。同年10月25日，新社章正式通过，中国科学社由股份公司形式正式改组为学会形式。作为民间学术研究团体，中国科学社仿自英国皇家学会。它以"联络同志，研究学术，以共图中国科学之发达"为宗旨，以"提倡科学，鼓吹实业，审定名词，传播知识"为活动指南，社员之间以研习"学问"为合作基础[①]。其社员多为科学界、教育界、工程界、医务界人士，以自然科学工作者为主。

中国科学社在各地成立分社和社友会，杭州社友会是较早成立的一个，有较多浙江大学教师参加。据有关文献记载：

中国科学社是我国第一个综合性科学学术团体，成立于民国四年（1915）10月。其前身为民国三年成立于美国的《科学》杂志社，系当时一部分爱国的留美学生，在世界形势风云变幻之时，为谋求中国科学的发达而组织的。民国七年（1918）迁回国内，设社于南京，后定址上海。会务发展很快，据民国十九年（1930）统计，有社员1005人，其社员多为科学界、教育界、工程界、医务界人士，以自然科学工作者为主，社会科学工作者为169人。到解放前夕，社员已达到3700余人。在各地成立分社和社友会，先后成立美洲分社（或美国分社）和上海、北京、南京、广州、沈阳、杭州、青岛、苏州等十余处社友会。杭州社友会是较早成立的一个。社友会的会务宗旨是办理各地社员之交际及学术讨论，并承办本社董事会理事会委托之件，以期联络感情，推广科学。杭州社友会先后由李熙谋（浙江大学工学院院长）、竺可桢（浙江大学校长）任理事长，张绍忠、钱宝琮（均为浙江大学文理学院教授）等任书记和会计。

中国科学社举行过26次年会。该社迁回国内后的第1次年会，及第4次（民国八年）和第8次（民国十二年）年会都是在杭州举行的。第4次年会，是五四爱国运动在全国蓬勃发展的时候召开的，会期5天（8月15日至19日），由竺可桢、胡明复、邹秉文、过探先、郑宗海轮流担任主席，会议强调研究科学、提倡科学是立国之本。大会的主要内容有科学讲演、论文报告、会务讨论等。胡明复作了《科学与教育》的讲演。论文报告有胡适（金邦正代读）、胡先骕等三人。在第8次年会召开前，社长任鸿隽特别推荐竺可桢担任年会筹备会委员长。任鸿隽在致杨杏佛信中说："在杭州举行年会人数多，非有得力委员长不可。藕舫如何？"竺可桢，字藕舫，当时是中国科学社理事。经过竺可桢的努力，年会如期于8月10日至14日在杭州举行。审定中译科学

---

① 左玉河：《移植与转化：中国现代学术机构的建立》，郑州：大象出版社，2008年，第289页。

名词，也是中国科学社的重要任务之一。由中国科学社与其他学术团体组织的科学名词审查会第11 次大会也是在杭州举行的。[①]

（2）专业性的自然科学学会

各专业性的学会在 20 世纪 30 年代普遍出现。此期与浙江大学理科有关的，按照成立顺序，依次为化学会、物理学会、动物学会、数学会等。

1）中国化学会

化学系教师陈之霖、程瀛章等参加中国化学会的创立及其活动。[②]1932 年 8 月 1 日，当时的教育部在南京召开化学讨论会，来自各地的化学学者丁嗣贤、王箴、王琎等 45 人决定成立全国统一的学会组织，定名为"中国化学会"。它以联络国内外化学家共图化学在中国之发达为宗旨。会员发展到 3000 余人，是当时理科学会中较大的学会之一。

中国化学会于民国二十一年（1932）8 月在南京成立后，于民国二十四年（1935）12 月 15 日成立杭州分会（浙江分会），"先由本会委托王箴、李寿恒、曹元宇负责筹备，1935 年 6 月开筹备会。首届理事会：王箴（理事长）、曹元宇（文书）、李寿恒（会计）、周厚复、储润科"[③]。以后如李寿恒（浙江大学化工系主任）、王琎（浙江大学化学系主任）等先后出任分会理事长。[④]

2）中国物理学会

物理学系教师张绍忠等参加了中国物理学会的创立及其管理工作，浙江大学物理学系也作为"机关会员"积极参加了有关活动。

1931 年下半年至 1932 年上半年，中国物理学界开始筹备物理学会的成立事宜。1932 年 8 月 22 日在北平清华大学召开中国物理学会成立大会及其年会的筹备委员会，由清华大学校长梅贻琦任委员长，分招待、会程、论文三组分头筹办成立大会相关事宜。1932 年 8 月 23 日上午八时在清华大学科学馆举行成立大会暨第一次年会。成立大会讨论通过了学会会章，并对会员的入会资格、会员义务与权利、学会的组织机构与今后工作等方面作了规定。会章规定中国物理学会会员分为"普通会员""机关会员""名誉会员""赞助会员"四种。凡愿赞助本会事业之机关由本会会员二人介绍经评议会通过者得为"机关会员"。对于缺乏政府支持的民间科学团体，"机关会员"实质上扮演着资金后援的重要角色。物理学会成立后的第一批机关会员有 14 个，分别是：国立中央研究院物理研究所、国立北平研究院物理研究所、国立北京大学物理系、国立清华大学物理系、国立中法大学物理系、国立师范大学物理系、南开大学、光华大学、国立中央大学物理系、国立编译馆、国立武汉大学物理系、华中大学物理系、国立四川大学物理系、国立浙江大学。

中国物理学会为处理相关会务，在会章中规定设立三大组织机构，即董事会、评议会、委员会，

---

① 楼子芳：《民国时期杭州的学术团体》，杭州市政协文史委编：《杭州文史丛编 5（文化艺术卷）》，杭州：杭州出版社，2002 年，第 536-537 页。

② 据中国化学会"庆祝中国化学会八十华诞"网页所登载"中国化学会第一次会议（1932 年 8 月）"照片下所附名单。见 http://www.chemsoc.org.cn/80year/photos.html。

③ 袁振东：《20 世纪 30 年代中国专门科学团体的崛起——以中国化学会为例》，《自然科学史研究》第 28 卷第 3 期，2009 年，第 341-362 页。

④ 楼子芳：《民国时期杭州的学术团体》，杭州市政协文史委编：《杭州文史丛编 5（文化艺术卷）》，杭州：杭州出版社，2002 年，第 536-546 页。

以及四大职员，即会长、副会长、书记、会计。①浙江大学教员中，张绍忠先生于 1935−1937 年两度出任会计一职，也是《物理学报》编辑委员会和物理教学委员会的委员；郑衍芬先生则于 1934年 8 月至 1935 年 7 月在物理学系任副教授时，亦为物理教学委员会委员。②

　　3）中国动物学会

　　1934 年 9 月 23 日，中国动物学会"在江西庐山莲花谷青年会宣告成立"；"本会自成立后即有编辑委员会之组织，推举秉志任总编辑，推举陈桢、朱洗、贝时璋、董聿茂、胡甫、寿振黄任编辑，卢于道任干事编辑，从事刊行《中国动物学杂志》。"③浙江大学的贝时璋、董聿茂和生物学系兼任教师薛德焴等参加了中国动物学会的活动，薛德焴为该学会发起人之一，贝时璋、董聿茂在初期参加了编辑委员会的工作。④

　　4）中国数学会

　　浙江大学的钱宝琮、束星北、苏步青等参加了中国数学会的活动。1935 年 7 月 25 日，"中国数学会在上海市开成立大会，胡敦复为会议主席。胡敦复、冯祖荀等 9 人组成董事会，熊庆来、朱言钧等 11 人组成理事会，钱宝琮、束星北等 21 人组成评议会"。"1936 年 8 月，中国数学会会刊《中国数学会学报》和普及性刊物《数学杂志》创刊。前者总编辑为苏步青，后者总编辑为顾澄"⑤。数学会创建时的组织机构设有董事会、理事会与评议会，理事会成员有胡敦复、冯祖荀、周美权、姜立夫、熊庆来、陈建功、苏步青等 11 人，评议会成员有钱宝琮、束星北等。创办有学术期刊《中国数学会学报》与普及性刊物《数学杂志》，其中，《中国数学会学报》总编辑为苏步青。

3. 各学会的学术活动及浙江大学师生的参与情况

　　从 1916 年起，中国科学社几乎每年举行一次学术年会，到 1948 年共举行了 26 次。20 世纪30 年代后，中国科学社改变了独立举办年会的固定模式，逐渐转变为与中国物理学会、中国化学会、中国数学会等专业学会联合举办学术年会。⑥

　　从 1932 年成立至 1937 年全面抗战前夕，中国物理学会 5 年总共举办 5 次年会。第 1 次于1932 年在北京召开，有论文 10 篇；第 2 次于 1933 年在上海召开，宣读论文 33 篇；第 3 次于 1934年在南京召开，宣读论文 39 篇；第 4 次于 1935 年在青岛召开，收到论文 47 篇，宣读论文 41 篇；第 5 次于 1936 年在北京召开，宣读论文 50 篇。为了与国内外同行进行学术交流，创办了《物理学报》，全面抗战前共发刊 3 卷 6 期。物理学会还审定了《物理学名词》，经教育部公布于 1934 年出版。在这一时期，物理学会就度量衡和大小数命名提出建议，其方案最终获政府通过。中国物理学会成立后，经过中国物理学工作者的努力，世界著名物理学家朗缪尔（Langmuir）、狄拉克和玻尔相继于 1934、1935、1937 年访问中国，加强了我国物理学界和国际物理学界的联系，启迪了国内物理学研究。

　　其中，1933 年 8 月 2—4 日在上海交通大学举行的第二次中国物理学会年会上，浙江大学的

① 吴翠萍：《中国物理学会研究（1932—1936）》，华中师范大学硕士学位论文，2015 年，第 29-30 页。
② 吴翠萍：《中国物理学会研究（1932—1936）》，华中师范大学硕士学位论文，2015 年，第 40-41 页。
③ 陈世骧：《中国动物学会》，《科学大众》第四卷第六期，1948 年，第 264-266 页。
④ 郑作新：《中国动物学会五十年》，《中国科技史料》第 6 卷第 3 期，1985 年，第 44-50 页。
⑤ 郭建荣主编：《中国科学技术年表（1852—1990）》，北京：同心出版社，1997 年，第 115 页。
⑥ 左玉河：《移植与转化：中国现代学术机构的建立》，郑州：大象出版社，2008 年，第 294-295 页。

张绍忠、束星北等参加，并提交 4 篇论文。张绍忠提交了 1 篇，题为《高压力下液体之比电容》；束星北则提交了 3 篇，即《牛顿第三定律之讨论》《爱因斯坦动力场解答》和《吸力及电磁理论》，主要是探索相引力场与电磁场的统一理论，"这是一个超越时代的课题"[1]，束星北的研究在当时极具启发意义[2]。

1933 年于重庆北碚成立的中国植物学会，次年发刊《中国植物学杂志》。1935 年联合中国科学社在广西南宁开会，宣读 23 篇论文；1936 年联合清华大学举行会议，宣读 32 篇论文[3]。

1934 年中国科学社、中国植物学会、中国动物学会、中国地理学会联合召开年会，学术论文分组讨论的规范化进程终于完成。论文宣读分理化地理组（竺可桢主持）、动物组（秉志主持）、植物组（钱崇澍主持）。102 篇论文中地理气象 10 篇（英文 3 篇）、理化 6 篇（英文 2 篇、法文 1 篇）、植物 22 篇（英文 12 篇）、动物 64 篇（英文 15 篇，法文 3 篇）。中国科学社年会论文交流系统从此已基本规范化、体制化，从先期交稿到论文宣读讨论时间的限定，从主持论文宣读的随意性到由各学科带头人主席分组讨论，从以社务为中心到以论文讨论为中心，近 20 年漫长的历史发展终成"正果"[4]。

1936 年 8 月 16—20 日，中国动物学会与中国科学社、中国植物学会、中国地理学会、中国物理学会、中国化学会及中国数学会 7 个学术团体联合发起，在北平清华大学生物学馆召开学术年会。该次会议规模空前，到会人数达 400 余人。[5]此次年会以学术交流为中心，安排了 3 天的上午宣读论文，共宣读论文 294 篇，其中数学 14 篇，物理 50 篇，化学 57 篇，植物 32 篇，动物 117 篇，地理 24 篇。[6]浙江大学亦有学者参会。

4. 其他学术活动及浙江大学师生的参与情况

此期，各类学术性活动已经广泛开展，学术会议、学术期刊、论文征集活动等如雨后春笋般出现，浙江大学师生也尽可能参与到各类学术活动之中。当然，虽仍以教师为主，但在学生方面，也有一些引人注目之处。

教师方面，如 1933 年 4 月，民国政府教育部天文数学物理讨论会在南京举行，这是一次极为重要的历史性会议。钱宝琮参加了这次会议。震旦大学校长胡文耀出席，并参与了数学组分组讨论会。他与冯祖荀、胡敦复、姜立夫、郑桐荪、黄际遇、胡浚济、顾澄、钱宝琮、曾昭安等各地大学的知名数学教授共议数学名词审查、大学数学课程确定、标准数学书目等当时最为关心且亟待解决的议程。[7]他们还就教育部提出的"算数命名分节标准案"进行了审议。曾昭安提出了"四位进名法"，胡文耀等数学名流经过讨论，最后议决："大数纪法为个、十、百、千、万，用十进法，万以上亿、兆、京、垓等用万进法。"该决议对教育部提出的大数命名分节标准作了修正，最终获

---

① 王士平、刘树勇、李艳平等：《近代物理学史》，长沙：湖南教育出版社，2012 年，第 77 页。
② 吴翠萍：《中国物理学会研究（1932—1936）》，华中师范大学硕士学位论文，2015 年，第 51 页。
③ 左玉河：《移植与转化：中国现代学术机构的建立》，郑州：大象出版社，2008 年，第 279 页。
④ 张剑：《中国科学社年会分析（1916—1936）》，《复旦学报（社会科学版）》1998 年第 6 期，第 128-135 页。
⑤ 左玉河：《移植与转化：中国现代学术机构的建立》，郑州：大象出版社，2008 年，第 280 页。
⑥ 吴翠萍：《中国物理学会研究（1932—1936）》，华中师范大学硕士学位论文，2015 年，第 61 页。
⑦ 钱永红：《一位鲜为人知的数学教育家——纪念胡文耀博士诞辰一百三十周年》，《高等数学研究》第 19 卷第 4 期，2016 年，第 101-106 页。

得讨论会大会的通过。[①]

学生方面，值得提出，且在当时也引起较大反响的，是文理学院化学系 1932 年入学的学生华国桢。他参加了 1935 年度中国科学社的"高女士纪念奖金"征文活动，以《重氢与重水》一文应征，并在众多参加者中脱颖而出，荣获"该社金质奖章一枚暨奖金法币一百元"。该文"详述重氢重水之发现、制取、性质，以及在理论化学上之重要"；"闻该社是项征文，参加者甚形踊跃，只限一名获选，以故颇不容易云"[②]。

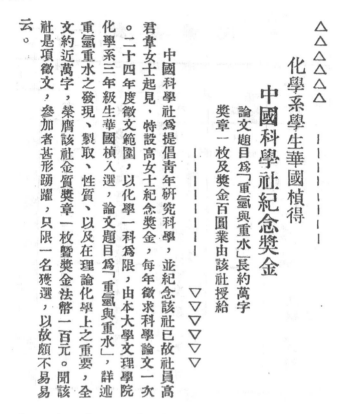

图 8-2-26　《国立浙江大学校刊》载"化学系学生华国桢得中国科学社纪念奖金"的报道[③]

（二）浙江大学理科学者的学术成就与影响

国立浙江大学理科各系（数学系、物理学系、化学系、心理学系、生物学系）均成立于 1928 年及之后；起初缺乏专业师资，各系在全国同类系科中实力相对弱小。自 20 世纪 30 年代初起逐渐发展，师资力量不断充实，研究成果不断涌现，至 1936 年之前，若干系科已经崛起为国内重要研究机构，诸多学者也在国内外具有了显著的影响，并为之后的发展奠定了基础。其中，1936 年之前，数学系学者群体取得成就最为突出，且持续时间最久；物理学系、化学系和生物学系（含心理学）的一些学者亦有相当的成就和影响。

---

① 郭金海：《民国时期的大数命名及争论》，《中国科技术语》2012 年第 2 期，第 44-51 页。
② 《国立浙江大学校刊》第 251 期（1936 年 5 月 30 日）。
③ 引自《国立浙江大学校刊》第 251 期（1936 年 5 月 30 日）。

1.数学

王元先生在《中国数学会史料》一书的序言中写道："中国现代数学研究是上世纪 30 年代才真正开始的。1929 年和 1931 年陈建功和苏步青先后到浙江大学任教，浙江大学数学系成为中国数学研究和教学的中心之一。那时虽人数寥寥，但以一当百，他们的艰苦创业精神足以永为后人之楷模"。[①] 对当时数学系学术成就的评价，其他学者也有类似的看法：

国立浙江大学数学系成立于 1928 年，起初缺乏专业数学师资，在全国大学数学系中实力弱小。但自 20 世纪 30 年代初起逐渐崛起，至 1937 年全面抗战西迁前成为国内重要大学数学系之一。该系的崛起是现代数学建制化在世界范围内推进的大背景下，大学数学系被引入中国现代教育体制后的一次成功实践，从侧面体现了南京国民政府前十年中国现代数学事业的快速发展。除外部因素的积极影响外，其崛起的关键是该系得选良才陈建功和苏步青；在他们领导下逐步增强师资阵容与完善课程体系，注重基本训练，以从日本引入的"数学研究"为桥梁，严格践行了"教学必须与科学研究相结合"的办学理念；陈建功与苏步青等教师致力于教学之余，醉心于科研，对该系青年教师产生示范性影响。这段历史反映了以陈建功、苏步青为代表的归国留学生为国家建设一流数学系所做的努力和尝试，揭示了数学家个体与大学数学系办学风格形成的密切关系。[②]

这其中，按照来校时间顺序，以钱宝琮、陈建功、苏步青、曾炯等最为著名。

（1）钱宝琮的数学史研究

自 1920 年起，钱宝琮开始研读中国古代数学、天文学著作，对难懂的天文、算学书籍进行考证、修订和整理工作，并用现代的数学符号、语言，阐述古代中国学者的数学理论，使国内外学者认识我国古代学者在数学、天文学方面的许多伟大成就和贡献；同时，也为中国数学史、中国天文学史的研究工作开辟了道路，奠定了基础。1928 年秋，他被浙江大学聘为第一任数学系主任，从此开始了在浙江大学长达 28 年的研究执教生涯。在这期间，发表了 20 多篇数学史、天文学史的论文，登载在《国立浙江大学季刊》《国立浙江大学科学报告》《思想与时代》，以及《燕京学报》《文澜学报》《数学杂志》等刊物上。钱宝琮曾任教育部数学名词审定委员会委员、中国数学会评议员、《数学杂志》编辑等职。主要著作有《中国数学史话》《算经十书》《中国数学史》《中国天文学史》，编成《宋元数学史论集》《中国古代科学家》等书。钱宝琮提出元代数学是中国筹算数学高峰的论断，得到国内外学术界的公认；他还初步探讨了中国数学到明代落后的原因。他的杰出工作得到学术界广泛赞誉。陈省身说："钱先生是有名的数学史家"，"专治中国算学史，在这方面是很有创见的"。华罗庚说："我们今天得以弄清中国古代数学的面貌，主要是依靠李俨先生和钱宝琮先生的著作。"苏步青说："宝琮先生擅长中国古代文学，造诣很深，每于教学余暇浏览古籍，包括数学、天文、历法等著作。早在二十年代的初期，就写出一批很有价值的中国古代数学史的论文……。"著名英国科学史家李约瑟认为："在中国数学史家中，李俨和钱宝琮是特别突出的。钱宝琮的著作虽然比

---

① 王元：《〈中国数学会史料〉序言》，任南衡、张友余编：《中国数学会史料》，南京：江苏教育出版社，1995 年，第 1 页。

② 郭金海：《抗战西迁前国立浙江大学数学系的崛起》，《科学文化评论》第 14 卷第 5 期，2017 年，第 17 页。

李俨少，但质量旗鼓相当。"①

近期，钱永红先生撰文介绍了钱宝琮的早期著作《古算考源》的成书过程，也介绍了钱宝琮先生从事中国数学史研究的经历和成就：

1908 年，祖父通过首批浙江省官费生考试，于 10 月进入英国伯明翰大学专修土木工程学，1912 年学成回国后，任教于苏州工业学校。他在苏州旧书肆偶然购得中国数学史书数种，阅后颇有兴趣，遂以整理中国数学史为己任，并决定将其教学、研究方向由土木工程学转向数学。1918 年，开始研读《畴人传》，认为："象数学专门，不绝仅如线。千古几传人，光芒星斗灿。"他在谈及中国数学史研究时说："顾头绪纷繁，会通匪易。乃先就分科探讨，稍有心得，辄复著书。"他给好友茅以升先生书信中，更多地介绍了自己研究思路："宝琮年二十后，略知西算，近读中国算学书籍，亦几七年矣，尝有编纂中国数学发达史之志愿，以端绪纷繁，书缺有间，几经作辍，未克如愿；爰姑就分科，记其源流，觉措手较易。"祖父的《九章问题源流考》《方程算法源流考》《百鸡术源流考》《求一术源流考》《记数法源流考》《朱世杰垛积术广义》六篇分科探讨源流论著发表在 1921 年和 1923 年的《学艺》杂志上，引起了国内外学术界的广泛关注。中华学艺社于 1927 年决定将此六篇作为该社第 15 期学术汇刊，以《古算考源》书名出版。祖父又撰写了《校正与增补》七条，附录于六篇之后。1930 年 6 月，《古算考源》由商务印书馆发行。1932 年 1 月 28 日，淞沪抗战爆发，商务印书馆的机器设备、书稿纸张及藏版等均付之一炬。商务馆只能在 1933 年和 1935 年两度再版《古算考源》国难后 1 版和 2 版，以满足读者的要求。因该书考证翔实，立论精深，很快就赢得国内外学术界的好评，成为了数学史研究的经典之作，不少结论经常被中外学者所引用。内蒙古师大的罗见今教授指出："正是钱宝琮先生 1923 年首次将朱世杰的一项重要成就（"茭草形段"第四题和"菓垛叠藏"第六题的推广）表述成现代组合卷积形式发表在《学艺》上，经乔治·萨顿、李约瑟的介绍，西方学者才对它有所了解。20 世纪 90 年代在现代数学界流传开来，命名为'朱世杰 – 范德蒙（Chu-Vandermonde）公式'，钱先生功不可没。"祖父历时 7 年精心编纂的《中国算学史》上卷也于 1932 年被中央研究院历史语言研究所作为学术专著丛刊单刊甲种之六在北平出版，商务印书馆发行，成为近代最早出版的中国数学史著作。

1928 年 8 月，祖父接受了浙江大学的聘书，组建起浙大文理学院数学系。他开设的数学史选修课程一直受到普遍欢迎，《古算考源》成为学生们学习、研究中国数学史的重要参考书籍。②

（2）陈建功的函数论研究

陈建功既是数学教育家，更是一位杰出的数学研究家，他是我国 20 世纪最杰出的函数论专家。早在大学一年级时，他就发表了第一篇具有重要意义的创造性论文《无穷大乘积的若干定理》（Some Theorems on Infinite Products)，1921 年刊载在日本《东北数学杂志》上，他因此成为我国最早在国外正式发表学术论文的数学家之一。陈建功教授著述丰富，自 1921 年起，在国内外共发表过 60

---

① 何亚平、郭汾阳、王诗宗编：《学术浙大》，杭州：浙江大学出版社，2007 年，第 161-162 页。

② 钱永红：《〈古算考源〉轶事》，《浙江大学报》2018 年 5 月 24 日，见 http://www.zju.edu.cn/2018/0524/c20108a813437/page.htm。

余篇数学论文，如《关于狄里克莱的泛函》（1927），《关于直交函数级数》（1928），《关于发散级数的理论》（1928），《关于就范直交函数系》（1929），《关于直交函数级数论中的一个齐革蒙特定理》（1929），《傅里叶级数中哈代－李特伍特的求和定理》（1930），《傅里叶级数的共轭级数的收敛性》（1942），《拉普拉斯函数级数的蔡查罗求和》（1928），《傅里叶级数的共轭级数的绝对收敛性》（1946），《傅里叶级数绝对收敛之函数类》（1928），《哈代定理的拓广及其在傅里叶级数绝对可和性中的应用》（1945），《关于傅里叶级数在定点处的负阶蔡查罗绝对求和性》（1944）。他在函数论，特别是三角级数方面取得了卓越的成就。早在 1928 年，他就研究了当时世界上许多第一流数学家致力研究的如何刻画一个函数能作绝对收敛的三角级数来表示的问题，证明了这类函数就是所谓的杨氏（Young）卷积函数，受到国际数学界的赞誉。对于直交函数级数的研究，证明了直交函数级数理论中的两个最基本的求和定理是相互等价的，在单叶函数理论方面，也有许多重要成果。[①]

1986 年张奠宙教授在题为《二十世纪的中国数学与世界数学的主流》的论文中，对陈建功先生的成就给予了高度评价：

[20 世纪] 二十年代至三十年代的十余年间，中国出现了一批有较高水平的现代数学论文。1928 年，陈建功在日本发表《傅里叶级数绝对收敛之函数类》，独立地得到了和英国著名数学家哈代（Hardy，1877－1947）相同的结果。这表明中国数学家的研究成果已达到国际水平，因而可以认为这是中国现代数学科学研究的真正开始。[②]

（3）苏步青的射影微分几何学研究

苏步青在射影微分几何学方面，用富有几何意味的构图来建立一般射影曲线的基本理论。他还研究了许多重要类型的曲面和共轭网，得出内容丰富的几何构图，特别在闭拉普拉斯序列和构图（T4）方面，研究了周期为 4 的拉普拉斯序列；研究一种有特殊意义的情况，要求它们的对角线构成一个可分层偶，这种序列在国际上被称为"苏链"。1928－1948 年所撰写的 41 篇仿射微分几何和射影微分几何方面的研究论文，陆续发表在日本、英国、美国、意大利的数学刊物上。苏步青教授先后发表论文达 150 余篇，有论著 10 多部。他无与伦比的成就享誉世界。德国数学大家布拉须盖，是苏步青导师洼田先生留学德国时的同学，在苏步青发表了创造性的"构造性微分几何"之后，他于 1934 年在汉堡对中国留学生曾炯说："苏步青是东方第一几何学家！"著名数学家陈省身最欣赏苏步青的工作是：利用几何图形奇点的特性来表现整个图形的不变量。陈省身为苏步青《微分几何五讲》英译本写序，一连用了 3 个褒词："一本优美的书，总结了优美的工作成果，而这工作的大部分是在一个美丽的城市（杭州）完成的。"[③]

苏步青参与发起组织的中国数学会，于 1935 年 7 月 25－27 日在上海交通大学图书馆举行了成立大会。会上他被选为理事，并被推定为《中国数学会学报》总编辑，华罗庚先生为助理编辑。当时定下方针："该会刊非创作不登，备与各国著名杂志相交换，为我国数学界在国际谋地位。"该

① 何亚平、郭汾阳、王诗宗编：《学术浙大》，杭州：浙江大学出版社，2007 年，第 276 页。
② 张奠宙：《二十世纪的中国数学与世界数学的主流》，《自然科学史研究》第 5 卷第 3 期，1986 年，第 274-280 页。
③ 何亚平、郭汾阳、王诗宗编：《学术浙大》，杭州：浙江大学出版社，2007 年，第 235-236 页。

学报于 1936 年正式出版发行。这是我国第一本向全世界公开发行的,刊载创造性数学论文的杂志。论文用英、法、德、意等文字写成(虽然规定可用中、英、法、德、意五种文字,但实际上发表的论文是用除中文外的四种文字之一写成)。杂志也刊载国外著名数学家的论文,如 MIT(美国麻省理工学院)的维纳(N.Wiener)教授、法国国家学院的阿达马(J. Hadamard)教授等。

对于《中国数学会学报》,王元先生有过评论:"《学报》的出版可以看作中国的数学走向独立与成熟的一块里程碑。中国数学会任命年富力强,当时被视为中国数学界的台柱之一的苏步青为总编辑。"[①]《学报》除登有陈建功、苏步青、江泽涵等教授的论文外,已露头角的青年数学家华罗庚、许宝騄、柯召、周炜良、胡世桢等先生皆发表了论文。

1936 年 8 月 16—21 日,在北京举行了我国 7 个学术团体(中国数学会、中国科学社、中国物理学会、中国化学学会、中国动物学会、中国植物学会、中国地理学会)联合的年会。据《科学》1936 年 10 月的年会专刊(中国科学社《科学》第二十卷第十期,1936 年 10 月)记载,苏先生于 8 月 17 日下午四时至五时在联合年会上作了公开演讲(地点:清华大学科学馆),题目是:射影微分几何之近代发展。当天同时间的另一公开演讲人是秉志(1886—1965)先生,地点是清华大学生物馆。秉志先生是我国近代生物学的主要奠基人。1915 年他与留美同仁组织了中国最早的群众性学术团体"中国科学社",1934 年与中国动物学家共同发起成立了中国动物学会,任第一届理事长。第一天的公开演讲就是我国近代数学和生物学的一代宗师所做的一小时报告。公开演讲人由各学会推出,其余的公开演讲人是任之恭(物理)、胡先骕(植物)、董时进(农业经济)、吴宪(化学)和胡焕庸(地理学)等先生。可见苏步青先生在当时就具有较高的影响力。[②]

(4)曾炯的抽象代数研究

1935 年,经陈建功推荐,曾炯到浙大数学系任副教授(1935-08—1937-07 任教于浙江大学数学系)。曾炯(1897-04-03—1940-11),字炯之,中国抽象代数研究的先驱。1926 年毕业于武昌大学数学系,在学期间得到老师陈建功赏识。1928 年考取江西省庚子赔款欧美公费留学生,赴德国柏林大学攻读数学。1929 年转入哥廷根大学,由代数学家诺特(A. E. Noether,1882—1935)指导,撰写博士论文《函数域上的代数》(Algebren über Funktionenkörpern)。因纳粹排犹,诺特于 1933 年 4 月被解职。曾炯最终在施密特(F. K. Schmidt)指导下,于 1934 年完成博士论文,获哥廷根大学哲学博士学位。1934 年下半年,曾炯获中华文化教育基金董事会的资助,到汉堡大学进修。他在留德期间已发表重要成果。1933 年他发表的论文证明了一个重要定理:设 Ω 为代数闭域,Ω(x) 表示 Ω 上

图 8-2-27　曾炯先生
(1897-04-03—1940-11)

关于未定元 x 的有理函数域,K 为 Ω(x) 上 n 次代数扩张,则不存在 K 上以 K 为中心的斜体,即 K 上以 K 为中心的可除代数是唯一的,且与 K 同构(Chiungtze C. Tsen. Divisionsalgebren über Funktionenkörpern)。该定理被称为"曾定理"。

曾炯因英年早逝,留世之作仅 3 篇。但数学家的贡献从不是以论文数量而论的。曾炯的 3 篇

① 王元:《华罗庚》,北京:开明出版社,1994 年,第 52 页。
② 华宣积:《苏步青在 1936》,《浙大校友》2017 年第 3 期,第 57-58 页。

论文皆为函数域上代数方面的基础性工作：

Ch．C．Tsen．Divisions algebren über Funktionenkorpern，Nachr．Ges．Wiss．Gottingen，1933：335-339．

Ch．C．Tsen．Algebrenüber Funktionenkorpern，Diss．Gottingen，1934．

Ch．C．Tsen．Zur Stufentheorie der quasi-a1gebraisch Abgeschlossen-heit Kommutativer Korper，Jour．Chinese Math．Soc．1936，1：81-92．

1986 年张奠宙教授在题为《二十世纪的中国数学与世界数学的主流》的论文中指出：

> 环顾中国三十年代的数学界，尽管成绩很大，但能进入以上三项（编者注：指代数、拓扑、泛涵分析）主流圈的人很少。这里值得提出的是曾炯之……他的好几项工作被人称为"曾定理"，列入许多抽象代数学的教科书。但是，曾炯之回国不久便逢全面抗日战争。他先在浙江大学教书，后辗转至西康省（今四川省西部）的西昌技术专科学校教数学。1943 年不幸病逝。曾炯之进入了主流数学圈，却未能为中国现代数学事业作出更大贡献，令人惋惜。[①]

当时中国研究抽象代数者凤毛麟角，而曾炯有成就，且师出名门，浙大数学系将聘到他作为一大幸事。1934 年苏步青在浙江省立杭州高级中学讲演时说："就说代数学，研究的人在中国是向来没有一个人。去年在德国 Göttingen 大学毕业了一位先生，那大学的 D. Hilbert 教授是公认为世界数学界的第一把交椅的。这位先生在那里专攻代数，现在浙大很荣幸将他请到了。"[②] 这里苏步青所讲的"现在浙大很荣幸将他请到了"的"这位先生"，就是指当时已经联系好、将于第二年（1935 年度）新学年开始来浙大数学系任教的曾炯。

2. 物理学

中国物理学界在 20 世纪二三十年代所从事的物理研究包括无线电、地磁测量、光谱学、放射性物质、金属学研究、相对论理论物理、粒子物理学等各个前沿领域，其成果获得国内外物理学界一致赞扬。如叶企孙于 1921 年"对普朗克常数 h 值的精确测定"，还有他"对高压下磁体磁导率的研究是当时磁学领域最先进的工作之一"。吴有训关于"康普顿效应"中 X 射线散射的研究，促进了物理学界对康普顿效应的广泛承认。王守竞因其量子力学的研究闻名于世。被加利福尼亚理工学院院长、诺贝尔奖获得者、著名物理学家密立根誉称为"加利福尼亚中国三杰"的 3 位物理学者 —— 周培源、赵忠尧、何增禄，也在物理研究中取得了可喜的成绩，如周培源对相对论和流体力学的研究，赵忠尧对正电子的发现，何增禄的"何氏粟"的发明等。这其中，王守竞、何增禄均曾经在物理学系任教。

王守竞是著名物理学家，1922 年考入清华大学，在美国康奈尔大学获物理硕士、哈佛大学获文学硕士,后转入哥伦比亚大学获物理学博士，与周培源、吴大猷是中国最早的 3 位理论物理学博士。

① 张奠宙：《二十世纪的中国数学与世界数学的主流》，《自然科学史研究》第 5 卷第 3 期，1986 年，第 274-280 页。

② 郭金海：《抗战西迁前国立浙江大学数学系的崛起》，《科学文化评论》第 14 卷第 5 期，2017 年，第 17-43 页。

担任过北京大学物理系主任，掌管过编写英汉对照的物理学名词大全，还是物理学名词审查委员会七委员之一。王守竞在量子力学方面取得很大成就，发现的多原子分子非对称转动谱能级公式，被后人称为"王氏公式"，至今被大学物理教科书所引用。有学者评价："王守竞于 1927－1928 年间在美国研究量子力学，他第一次把量子力学应用于分子现象，并以氢分子基能态的变分法计算不对称陀螺的转动能及二原子间的相互作用，取得了世界公认的成果。他被誉为'中国的物理俊才'。"[①]

在浙江大学任教期间（1929-08－1931-07），王守竞多次就量子论等在国内其他高校发表演讲，如 1930 年 1－2 月寒假期间，王守竞在北京、天津等地就"新量子论"发表演讲。[②] 离开浙大后，1934 年 10 月 2 日，王守竞还代表中国物理学会出席了在伦敦召开的国际物理学协会的会议。[③]

束星北 1932 年 9 月来浙江大学任教，此后，除了 1935-08－1936-07 离开浙大外，直至 1952 年 7 月，一直在物理学系。他是我国早期从事相对论研究的理论物理学家之一。爱因斯坦广义相对论的引力定律，开始时只得到球对称静力场的近似解，随后 K．史瓦西（Schwarzschild）得到球对称静力场的精确解。20 世纪 30 年代初，束星北曾试图推广到球对称的动力场，得到有质量辐射的近似解。

图 8-2-28　束星北先生（1907-10-01－1983-10-30）

统一场论是爱因斯坦终身追求的广义相对论的基本问题。爱因斯坦引力场几何化的成功，导致用类似的纯几何概念来描述电磁场的愿望。H. 韦尔（Weyl）、爱丁顿和爱因斯坦本人都曾经想通过对 B．黎曼（Riemann）几何的修正，把用于引力场的广义相对论推广于电磁场，但都没有成功。1930 年前后，束星北也试图探索引力场与电磁场的统一理论，考虑了引力场与电磁场的根本异同，他提出用质量密度 r 和虚数电荷密度 s 之和 $r+is$ 代替广义相对论中的能量—动量—张量中的质量密度 r，从而导出一级近似的复数黎曼线元，实数部分正好代表引力场，虚数部分正好代表电磁场，并由之进一步推导出麦克斯韦方程组和洛仑兹作用力方程。这样得到的理论特别简单，而且使电荷、电流密度和电磁势之间的关系立即变得清楚明了。[④]

何增禄于 1933 年 8 月来浙江大学任教，此后，除了 1935-08－1936-07 离开浙大外，直至 1955 年 7 月，一直在物理学系。何增禄是我国最早的国际上闻名的高真空技术专家。他在美国研究高

① 戴念祖：《中国物理学记事年表（1900–1949）》，《中国科技史料》1983 年第 4 期，第 71-92 页。
② 据《校刊》所载《王守竞先生寒假在平津演讲新量子论》的报道："文理学院副教授王守竞先生寒假期内在北平国立清华大学中国数理学会，及天津南开大学演讲新量子论，并经中央研究院聘任为名誉研究员"，并刊登了详细的讲演题目。详见《国立浙江大学校刊》第 1 期（1930 年 2 月 22 日）。
③ 郭建荣主编：《中国科学技术年表（1852—1990）》，北京：同心出版社，1997 年，第 140 页。
④ 束星北：《束星北学术论文选集》，北京：海洋出版社，2007 年，第 4 页。

真空技术期间，曾取得了一系列重要成就。自从 1915 年德国 W. 盖德（Gaede）提出高真空扩散泵原理的设想、次年美国朗谬尔（Langmuir）制成世界上第一台水银扩散泵之后，高真空技术及其相关的实验技术、工业生产技术便迅速发展起来。但不久发现，水银的蒸汽压过高，限制了真空度的提高，因而又产生了人造有机油的玻璃扩散泵，水银扩散泵渐被淘汰。进而人们又作出了种种改进油扩散泵抽气速率的尝试。正值此时，1932 年何增禄以高超实验技巧成功地制成了 4 喷嘴和 7 喷嘴扩散泵。泵体的多个喷嘴极大地增加了喷嘴缝的有效面积，扩大了箱体尺寸，并增加了狭缝上方的空间，使其阻力减至最小，从而使扩散泵的抽气速度达到恒定。当他的有关设计以"多喷嘴扩散泵"为题发表时，受到美国物理学界和技术界的广泛重视。

图 8-2-29　何增禄先生
（1898-08-13—1979-05-12）

同年，何增禄又进一步研究了扩散泵的设计理论问题。他不仅分析了泵体中诸元件各处尺寸、距离与抽速的关系，而且将泵的实际抽速与理想的最大抽速之比定义为"抽速系数"。这一概念的提出，为扩散泵的理论研究奠定了基础，对于高真空泵的设计、制造也具有重要意义，成为当时美国实验物理学界杰出的成就。从此之后，油扩散泵的设计制作不再是工艺技巧性的摸索，而是开始走上有理论指导的实际工作道路。何增禄设计制造的多喷嘴扩散泵被人称为"何氏泵"，他提出的"抽速系数"被称为"何氏系数"。

3. 化学

纪育沣先生于 1930-08－1933-07 在浙江大学化学系任教。纪育沣 1921 年毕业于上海沪江大学，毕业后即赴美国求学，先入芝加哥大学，与庄长恭、吴有训等先后同学。1923 年获得该校硕士学位。此后改入耶鲁大学继续深造，随导师 T. B. Johnson 作研究。Johnson 教授为当时国际上嘧啶化学研究领域的权威。纪的研究题目为"2- 乙巯基 -6- 硫氰基嘧啶重排为异硫氰酸基的研究"。1928 年获得该校哲学博士学位。毕业后即回国，历任武昌大学、东北大学、厦门大学、浙江大学、广西大学、上海医学院、西南联大有机化学教授，并兼做研究工作。他一生将主要精力投入于嘧啶化学领域的研究，学术上有较大贡献。[①] 在浙江大学期间，单独及指导学生进行了相关研究，亦取得一些成果。

图 8-2-30　纪育沣先生（1899-12-22—1982-05-18）

---

① 高怡生：《纪念我国有机化学家纪育沣先生》，《化学通报》1983 年第 12 期，第 59-63 页。

周厚复的贡献也很突出。后人评述周厚复先生此期的研究，认为具有国际水准：

先生在法国时研究曼尼希（Mannich）反应，曾发表论文 1 篇，甚有创见。在德国时则研究芥子气制造，希将来对国防有所贡献，惜其理想并未实现。自学成回国，献身教育与研究仅 10 年，而战乱期约占其半，但仍发表论文 12 篇和专书一册，极为难得。研究论文中包括曼尼希反应与他类缩合反应（Condensation）研究共 7 篇，其他有机化学研究 3 篇。另两篇则为有关物理有机化学之原创性论文。这 12 篇中有 7 篇在英文《中国化学会会志》（*Journal of the Chinese Chemical Society*）发表，另 3 篇在《法国化学会会志》（*Bulletin de la Societe Chimique de France*）发表，而其余 2 篇分别刊于《有机化学学志》（*Journal of Organic Chemistry*）及《美国化学会会志》（*Journal of the American Chemical Society*），知其成果已臻国际水准。

早期从事物理有机化学研究的人很少，探讨有机化学基本原理的专著更少。除了殷苟德（Christopher K. Ingold, 1893－1970）1934 年曾于 *Chemical Reviews* 发表一长 40 余页之文，胡开尔（Walter Hückel, 1895－?）1931 和 1934－1935 年两度写成 *Theoretische Grundlagen der Organischen Chemie* 一书，其他著名有机化学书，例如格利纳（Victor Grignard, 1871－1935）主编之 *Traite de Chimie Organique*（1935－1939 年，共 14 卷）及卡尔（Paul Karrer, 1889－1971）之 *Luhrbuch der Organischen Chemie*（1927－1941 年，共 7 版），均未言及。周厚复教授却在 1936 年的《中国化学会会志》中已发表了一篇 30 余页的论文，以电子学说解释有机化合物的反应机理并强调紧邻原子电子亲和性（electron affinity）之重要。随即他在 1937 年出版一本 223 页的英文专书 *A New Electronic Theory of Organic Reactions*（上海：United Book Co.），又以一些反常的乙醯乙酯合成反应为实例证明其学说之正确性。两年后，另在《美国化学会会志》发表论文，提出"有效电子密度"（Effective electron density）之观点，认为共价化合物中原子之性质依其价电子密度而定。虽然周教授的工作，因战事及罹病而未再有所发展，其说法也没得到后来化学界的认同，可是在那风气未开、设备简陋的环境中竟能作出水准很高的尖端研究，实在令人敬佩。[1]

4. 生物学

贝时璋留学德国时，德国是世界上最主要的生物学研究中心之一，他在这个环境中学习和工作了 9 个年头。从 20 世纪 20 年代起，贝时璋一直从事实验生物学的研究，对生物的细胞常数、再生性转变以及细胞的结构、分裂等作了研究。他最主要的工作——关于细胞重建的研究是从 30 年代开始的。1932 年，他从杭州郊区稻田采集到的丰年虫中发现了中间性个体，发现了它们在性转变过程中细胞的解体和重新构成现象。他随即做了详细周密的研究，果断地提出了崭新的观点：细胞不仅可以通过细胞分裂增殖，而且能以卵黄粒为基础，或者以细胞质为基地重建。不言而喻，这一观点是突破性的。但是大量的实验数据还没有来得及整理，全面抗战就爆发了。

在湄潭时，贝时璋是生物系主任、浙江大学研究院理科研究所生物学部主任。他一面担任行政管理工作，一面为本科生和研究生开课，自己还坚持生物学研究工作。贵州没有丰年虫，贝时璋便开始

① 刘广定：《我国第一位物理有机化学家——周厚复先生简传》，《中国科技史料》第 20 卷第 2 期，1999 年，第 145-147 页。

了别的课题研究，但他还是研究整理了丰年虫细胞重建的观察和实验材料，完成了2篇论文，分别于1942年、1943年由刚刚创刊的《科学记录》发表。这2篇文章篇幅不大，却极具开创性。

由于种种原因，细胞重建的研究工作后来停顿下来，直到20世纪70年代才重新开始。后来的细胞重建研究的一个重要收获是，在鸡胚卵黄粒内发现并提取了去氧核糖核酸（DNA）、组蛋白和染色质。染色质一直被认为是细胞核独有的。1983年贝时璋等在《中国科学》（英文版）连续发表5篇细胞重建方面的论文，得到国际上同行学者的重视，他的细胞重建研究也得到了很高的评价。卵黄颗粒内存在染色质的发现，在生物学史上是第一次，而这个第一次，某种意义上是贝时璋教授在浙大期间工作结出的硕果。贝时璋在浙大时期研究工作涉及面很广，但主题一直是生物个体发展史。他当时所写的一系列论文，发表于国外有关期刊和国内《浙江大学理科报告》《中国实验生物学杂志》《科学》《科学记录》等刊物上。1944年，李约瑟教授来访浙江大学，身为实验胚胎学家和生物化学家的李约瑟对贝时璋的工作极为赞赏，他还主动推荐贝时璋的学生去英国进修。[1]

5. 心理学

心理学领域以郭任远最具影响，且具有一定的国际声望。1921年发表《心理学应放弃"本能"说》（Giving up instincts in psychology），批评锋芒不仅直指心理学权威、哈佛大学心理学系主任麦独孤，而且也触及美国行为主义的创始人——华生，此文震惊美国心理学界。1928年，开明书店出版《郭任远心理学论丛》[2]。黄维荣在该书序言中阐明郭任远的学术观点时说："无论是提倡行为派的心理学，反对本能，反对心理学上的遗传，或攻击各种心理学上的神秘概念：总而言之，是在排斥反科学的心理学，不使非科学的谣言重污心理学之名；是在努力做一种清道的功夫，把心理学抬进自然科学——生物科学——之门，完全用严格的科学方法来研究它。"黄维荣坦率承认郭任远是"一个极端的机械论者"。尽管对其学说有争议，但郭任远对科学的心理学引进中国并建立起来，起到了重要的启蒙和组织作用。据有关研究，郭任远也是在国际上发表论文最多的中国早期学者之一。[3]

1935年6月20日，在南京的中央研究院总办事处选举了首届中研院评议员，时任浙江大学校长的郭任远当选为心理组评议员（任期：1935年7月3日至1940年7月2日）。中研院评议员可以认为是1948年中央研究院院士选举之前，代表中国学术界最高学术水平的一批学者。当时，浙江大学仅有郭任远一人入选。

巧合的是，竺可桢先生（为"当然评议员"，时任中央研究院气象研究所所长）和张其昀先生（为"聘任评议员"，时为中央大学地理学系教授）也是同期的评议员。可能当时他们怎么也不会想到，仅仅一年以后，竺可桢、张其昀会来到浙江大学，而郭任远则黯然离开。不过，他们虽擦身而过，但都在浙江大学留下了各自深深的印记。

---

[1] 何亚平、郭汾阳、王诗宗编：《学术浙大》，杭州：浙江大学出版社，2007年，第282-283页。

[2] 郭建荣主编：《中国科学技术年表（1852—1990）》，北京：同心出版社，1997年，第318页。

[3] 华薇娜：《20世纪上半叶走向世界的中国科学研究实况》，《科学学研究》第24卷第3期，2006年，第332-341页。

附表：浙江大学文理学院 1930 年度、1931 年度课程表

说明

（1）这里将《校刊》所载文理学院 1930 年度（即十九年度，1930-08—1931-07）和 1931 年度（即二十年度，1931-08—1932-07）的课程表，适当简化后重新排出。

（2）1930 年度（即十九年度，1930-08—1931-07）的课表中，因文理学院 1928 年 8 月第一届学生入校，所以在 1930 年 8 月时，仅有三个年级；1931 年度（即二十年度，1931-08—1932-07）的课表中，因在 1931 年 8 月时，文理学院四个年级已经完整，所以有四个年级。

（3）1930 年度上学期课表载《国立浙江大学校刊》第 26 期（1930 年 10 月 11 日），下学期课表载《国立浙江大学校刊》第 42 期（1931 年 2 月 21 日）；1931 年度上学期课表载《国立浙江大学校刊》第 65 期（1931 年 9 月 26 日），下学期课表载《国立浙江大学校刊》第 86 期（1932 年 4 月 2 日）。

表8-3-1　文理学院1930年度第一学期（1930-08—1931-01）每周上课时间表

一年级

星期六			星期五			星期四			星期三			星期二			星期一			钟点
三组	二组	一组	三组	二组	一组	三组	二组	一组	三组	二组	一组	三组	二组	一组	三组	二组	一组	组别
国文	英文	英文		数学	近世史		数学	英文		数学	近世史		数学	英文		物理学	近世史	第一课
化学	化学	数学		物理学		化学	化学物理学	数学		物理学		化学	化学	数学	党义	党义	党义	第二课
普通胚胎学	数学	化学物理学	英文	英文	国文	普通胚胎学		化学物理学	英文	英文	国文	国文	国文	化学物理学	英文	英文	国文	第三课
			国文	国文		军训	军训	军训		化学	化学	军训	军训	军训	纪念周	纪念周	纪念周	第四课
	物理实验	物理实验		论理学	论理学	化学实验	化学实验	化学实验		论理学	论理学					论理学	论理学	第五课
	物理实验	化学实验				化学实验	化学实验	物理实验	普通生物学实验						军训	军训	军训	第六课
	物理实验	化学实验	卫生	卫生	卫生	化学实验	化学实验	物理实验	普通生物学实验						体育	体育	体育	第七课
			女生体育	女生体育	体育	体育	体育音乐	体育音乐	女生体育	女生体育		体育	体育	体育		音乐	音乐	第八课

续　表

星期六			星期五			星期四			星期三			星期二			星期一			星期/组别/钟点
三组	二组	一组	三组	二组	一组	三组	二组	一组	三组	二组	一组	三组	二组	一组	三组	二组	一组	钟点
						普通生物学实验			普通生物学				女生体育	女生体育	普通生物学			第九课

二年级

星期六	星期五	星期四	星期三	星期二	星期一	星期/钟点
英美文学史 政治学原论 电磁学 初等有机化学实验	英文文学通论 近世史 经济学 定性分析	英美文学史 政治学原论 电磁学 初等有机化学实验	英文文学通论 近世史 经济学 定性分析	英美文学史 政治学原论 电磁学 初等有机化学实验	英文文学通论 近世史 经济学 物理学	第一课
哲学通论 教育概论 英国史 化学 定性分析实验	英文 解析投影 几何 物理学	哲学通论 教育概论 英国史 化学 物理学	英文 解析投影 几何 物理学	哲学通论 教育概论 英国史 化学 初等有机化学实验	英文 解析投影 几何	第二课
化学 物理学 高等微积学 普通胚胎学 定性分析实验		化学 物理学 高等微积学 普通胚胎学	中国文学史	化学 物理学 高等微积学 初等有机化学实验	中国文学史	第三课
日文 法文 德文	军训	日文 法文 教育社会学	中国史 初等有机化学 化学	日文 法文 德文 教育社会学	纪念周	第四课
化学实验 物理学实验	理论心理学	化学实验 定性分析实验 物理学实验	德文 理论心理学	普通生理学实验 中国史 定性分析实验	普通生理学 电磁学实验 定性分析	第五课
化学实验 物理学实验	力学理论	化学实验 定性分析实验 物理学实验	力学理论 普通生物学实验	普通生理学实验 力学理论 定性分析实验	普通生理学 电磁学实验 中国史	第六课
化学实验 物理学实验	党义	化学实验 定性分析实验 物理学实验	普通生理学实验	普通生理学实验 中国文学史 定性分析实验	电磁学实验	第七课
军训	体育 女生体育	音乐	体育 女生体育		体育 音乐	第八课
	普通生物学	普通生物学实验	普通生物学	军训 女生体育	普通生物学	第九课

三年级

星期六	星期五	星期四	星期三	星期二	星期一	星期\钟点
光学 电磁学 政治学原论 英美文学史	商业管理 经济学 近世史	光学 电磁学 政治学原论 英美文学史	商业管理 经济学 近世史	光学 电磁学 中国文学史 政治学原论 英美文学史	商业管理 经济学 近世史	第一课
化学 教育心理 教育概论 比较政体 哲学通论	有机化学 热力学 解析投影几何 法学通论 教育统计	化学 教育心理 比较政体 教育概论 哲学通论	热力学 几何解析 投影法学 通论教育统计	化学 教育心理学 比较政体 教育概论 哲学通论	有机化学 热力学 几何解析 投影法学 通论教育统计	第二课
德文 法文 日文	复变数函数论 普通教育法 物理化学 行政学	有机化学 法文 日文	复变数函数论 普通教育学法 中国文学史 物理化学 行政学	德文 法文 日文	复变数函数论 普通教学法 中国文学史 物理化学 行政学	第三课
级数概论 西洋学 德文 法文 日文	德文 经济史	级数概论 西洋学 教育社会学 法文 日文	化学 中国史 中国文学史 经济史	高等定量分析 级数概论 西洋学 教育社会学 德文 法文 日文	纪念周	第四课
有机化学 实验 中国史	光学实验 物理化学实验 理论心理学 美洲史	化学实验 经济学	高等定量 分析实验 德文 理论心理学 美洲史	有机化学 实验 普通生理学 经济学 中国史	物理化学实验 普通生理学 美洲史	第五课
有机化学 实验	光学实验 物理化学实验	化学实验 中国史 教育心理学	高等定量分析 实验 普通生物学 实验	有机实验 化学实验 普通生理学 实验 中国史学	物理化学实验 经济学史 普通生 理学 中国文学史 中国史	第六课
有机化学 实验	光学实验 物理化学实验 古今诗选	化学实验 教育心理学	高等定量分析 实验 普通生物学实验	中国文学史 有机化学实验 普通生理学 实验	物理化学实验 经济学	第七课
	女生体育	音乐	女生体育	有机化学实验 古今诗选	音乐 古今诗选	第八课
	普通生物学	普通生物学实验	普通生物学	女生体育	普通生物学	第九课

附表8-3-2　文理学院1930年度第二学期（1931-02—1931-07）每周上课时间表

一年级

星期六 三组	星期六 二组	星期六 一组	星期五 三组	星期五 二组	星期五 一组	星期四 三组	星期四 二组	星期四 一组	星期三 三组	星期三 二组	星期三 一组	星期二 三组	星期二 二组	星期二 一组	星期一 三组	星期一 二组	星期一 一组	时次	钟点
	物理学张	英文（甲）潘	化学程	化学程物理学张	普通心理学梁	比较解剖贝	物理学张	英文（甲）潘		物理学张	近世史沈			英文（甲）潘			普通心理学梁	第一	八至九
	物	1	化	化物	心	生	物	1		物	1						心	教室	
化学程	化学程	教育原理郑数学钱	普通生物学贝	数学钱	国文陈	化学程	化学程	教育原理郑数学钱		数学钱	国文陈	化学程	化学程物理学张	教育原理郑数学钱	党义朱	党义朱	党义朱	第二	九至十
化	化	4 1	生	2	1	化	化	4 1		2	1	化	化物	4 1	1	1	1	教室	
比较解剖贝	数学钱	化学陈物理学朱	比较解剖贝		化学程物理学张	英文潘	英文潘	英文（乙）潘	英文潘	英文潘	英文（乙）潘		数学钱	化学陈物理学朱	英文潘	英文潘	英文（乙）潘	第三	十至十一
生	2	化物	生		化物	1	1	1	1	1	1		2	化物	1	1	1	教室	
			国文陈	国文陈		普通生物学贝	数学钱	国文陈	普通生物学贝	化学				普通心理学梁	纪念周	纪念周	纪念周	第四	十一至十二
			2	2		生	2	1	生					心				教室	
比较解剖实验贝	物理学实验张	化学实验陈			近世史沈	化学实验程	化学实验程	物理学实验朱	普通生物学实验贝		普通心理学实验梁	国文陈	国文陈				近世史沈	第五	一至二
生	物	化			1	化	化	物	生		心	2	2				1	教室	
比较解剖实验贝	物理学实验张	化学实验陈			近代英文小说余	化学实验程	化学实验程	物理学实验朱	普通生物学实验贝			国文陈	国文陈	近代英文小说余	卫生朱	卫生朱	卫生朱	第六	二至三
生	物	化			1	化	化	物	生			2	2	1	1	1	1	教室	

续　表

星期六 三组	星期六 二组	星期六 一组	星期五 三组	星期五 二组	星期五 一组	星期四 三组	星期四 二组	星期四 一组	星期三 三组	星期三 二组	星期三 一组	星期二 三组	星期二 二组	星期二 一组	星期一 三组	星期一 二组	星期一 一组	时次及钟点
比较解剖实验贝	物理实验张	化学实验陈	军训田	军训田	军训田	化学实验程	化学实验程	物理实验朱			普通生物学实验贝	军训田	军训田	军训田	体育徐	体育徐	体育徐	第七 三至四
生	物	化				化	化	物										教室
比较解剖实验贝			军训田	军训田	军训田	体育徐	音乐毛体育徐	音乐毛体育徐		女生体育陈	女生体育陈	体育徐	体育徐	体育徐		音乐毛	音乐毛	第八 四至五
生							音	音										教室
				女生体育陈	女生体育陈								女生体育陈	女生体育陈				第九 五至六
																		教室

二年级

星期六	星期五	星期四	星期三	星期二	星期一	学程及时次教室	钟点
物理学（理科）张 论理学盛	物理学（理科）张	物理学（理科）张	物理学（理科）张	论理学盛	党义朱	第一	
电磁学徐 动物的行为郭 英美文学史佘	论英文文学通佘 化学（理科）程	论理学盛 比较解剖贝 英美文学史佘	近世史沈 英文	定量分析程 电磁学徐 动物的行为郭 英美文学史佘			八至九
物4 物动3	物3 化	物4 生3	物1 3	4化 物动3	1	教室	
法文梅 初等有机化学纪 化学（理科）程 教育原理郑	电磁学徐 普通生物学贝	法文梅 学初等有机化纪 化学（理科）程 教育原理郑	教育统计黄 立体解析几何陈 定量分析程	法文梅 物理学（理科）张 化学（理科）程 教育原理郑	立体解析几何陈 英文潘	第二	九至十
2化 化4	物 生	2化 化4	心6 化	2物 化4	6 3	教室	

续　表

星期六	星期五	星期四	星期三	星期二	星期一	星期次及教室	时钟点
高等微积学 陈　比较解剖 贝　文科物理学 朱　化学（文科）陈	高等微积学 陈　比较解剖 贝　物理学（文科）朱　化学（文科）陈	英文 余	英文文学通论 余	高等微积学 陈　理论心理学 郭　物理学（文科）朱　化学（文科）陈	中国文学史 储	第三	十至十一
6 生 物 化	6 生 物 化	3	3	6 动 物 化	5	教室	
立体解析几何 陈　教育统计 黄　德文 朱	立体解析几何 陈　教育统计 黄　德文 朱	立体解析几何 陈　普通生物学 贝	力学理论 王　普通生物学 贝	立体解析几何 陈　英文文学通论 余　德文 朱	纪念周	第四	十一至十二
6 心 1	6 心 1	6 生	物 生	6 3 1		教室	
物理学实验（理科）张　比较解剖实验 贝　化学实验（文科）陈　哲学史 盛	动物的行为 郭　近世史 沈　定量分析实验程	物理学实验（文科）朱　定量分析实验程　化学实验（理科）程	电磁学实验 张　哲学史 盛　实验普通生物学 贝	定量分析实验程　中国文学史 储　动物的行为实验 郭	初等有机化学实验 纪　近世史 沈　中国文学史 储　动物的行为实验 郭	第五	十一至十二
物 生 化 5	动 1 化	物 化 化	物 5 生	化 5 动	化 1 5 动	教室	
物理学实验（理科）张　比较解剖实验 贝　化学实验（文科）陈	理论心理学 郭　近代英文小说 余　定量分析实验程　中国史 叶	物理学实验（文科）朱　定量分析实验程　化学实验程	电磁学实验 张　普通生物学实验 贝	定量分析实验程　近代英文小说 余　力学理论 王　动物的行为实验 郭	初等有机化学实验 纪　力学理论 王　中国文学史 储　动物的行为实验 郭	第六	二至三
物 生 化	动 1 化 3	物 化 化	物 生	化 1 物 动	化 1 5 动	教室	

续　表

星期六	星期五	星期四	星期三	星期二	星期一	星期 \ 学程 及 教室 \ 时 次 钟点	
比较解剖实验 贝	定量分析实验程	物理学实验（文科）朱 定量分析实验程 化学实验（理科）程	电磁学实验 张 普通生物学实验 贝	定量分析实验程 中国史 叶 动物的行为实验 郭	初等有机化学实验 纪 哲学史 盛 动物的行为实验 郭	第七	三至四
生	化	物 化 化	物 生	化 3 动	化 5 动	教室	
	体验 徐	音乐 毛 军训 田	女生体育 陈 体育 徐	军训 田	音乐 毛 体育 徐	第八	四至五
		音			音	教室	
	女生体育 陈	军训 田		女生体育 陈		第九	五至六
						教室	

三年级

星期六	星期五	星期四	星期三	星期二	星期一	星期 \ 学程 及 教室 \ 时 次 钟点	
论理学 盛 电磁学 徐 动物的行为 郭 英美文学史 佘	化学实验（理科）程 有机化学 纪 经济学 徐 无线电学 王 普通心理学 梁	论理学 盛 英美文学史 佘 比较解剖 贝	经济学 徐 近世史 沈	论理学 盛 电磁学 徐 动物的行为 郭 英美文学史 佘	经济学 徐 普通心理学 梁	第一	八至九
4 物 动 3	化 化 2 物 心	4 3 生	2 1	4 物 动 3	2 心	教室	
美洲史 朱 （理科）化学 程 儿童心理 黄 教育原理 郑	论理学 盛 电磁学 徐 普通生物学 贝	美洲史 朱 （理科）化学程 儿童心理 黄 教育原理 郑	论理学 盛 无线电学 王 立体解析几何 陈 有机化学 纪 初等教育 俞	美洲史 朱 化学（理科）程 儿童心理 黄 教育原理 郑	论理学 盛 立体解析几何 陈 有机化学 纪 初等教育 俞	第二	九至十
3 化 心 4	5 物 生	5 化 心 4	5 物 6 化 4	3 化 心 4	5 6 化 4	教室	

续　表

星期六	星期五	星期四	星期三	星期二	星期一	星期 学程及教室	时 次 钟点
西洋史 朱 气体动力学 徐 比较解剖 贝 德文（二）朱 日文（二）漆	西洋史 朱 比较解剖 贝 德文（二）朱 气体动力学 徐	测验法 黄 日文（二）漆 复变数函数论 陈 物理化学 陈	测验法 黄 复变数函数论 陈 物理化学 陈	西洋史 朱 化学（理科）程 儿童心理 黄 教育原理 郑	测验法 黄 中国文学史（一）储 复变数函数论 陈 物理化学 陈	第三	十至十一
3 物 生 1 5	3 生 1 物	心 5 6 化	心 6 化	3 化 心 4	心 5 6 化	教室	
初等教育 俞 立体解析几何 陈 德文（一）朱 日文（一）漆	立体解析几何 陈 德文（一）朱	无线电学 王 立体解析几何 陈 普通生物学 贝 日文（一）漆	普通生物学 贝 高等定量分析 程	普通心理学 梁 立体解析几何 陈 德文（一）朱 日文（一）漆	纪念周	第四	十一至十二
4 6 1 5	6 1	6 生 5	生 化	心 6 1 5		教室	
比较解剖实验 贝 哲学史 盛 有机化学实验 纪	近世史 沈 动物的行为 郭 古今诗选 陈	化学实验（理科）程 有机化学实验 纪	哲学史 盛 普通生物学实验 贝 高等定量分析实验 程 普通心理学实验 梁	有机化学实验 纪 无线电学实验 王 中国文学史（二）储 动物的行为实验 郭	近世史 沈 中国文学史（一）储 动物的行为实验 郭	第五	一至二
生 5	1 动 2	化 化	5 生 化 心	化 物 5 动	1 5 动	教室	
比较解剖实验 贝 有机化学实验 纪	物理化学实验 陈 理论心理学 郭 中国史（一）叶 近代英文小说 佘	化学实验（理科）程 有机化学实验 纪	普通生物学实验 贝 高等定量分析实验 程 普通心理学实验 梁	有机化学实验 纪 无线电学实验 王 中国史文学史（二）储 近代英文小说 佘 动物的行为实验 郭	物理化学实验 陈 中国史（一）叶 中国文学史（二）储 动物的行为实验 郭	第六	二至三
生 化	化 动 3 1	化 化	生 化 心	化 物 5 1 动	化 3 5 动	教室	

续　表

星期六	星期五	星期四	星期三	星期二	星期一	星期	时次及钟点
比较解剖实验 贝 有机化学实验 纪	物理化学实验 陈 中国史（二）叶	化学实验（理科）程 有机化学实验 纪	普通生物学实验 贝 高等定量分析实验 程 普通心理学实验 梁	有机化学实验 纪 无线电学实验 王 中国史（一）叶 古今诗选 陈 动物的行为实验 郭	物理化学实验 陈 中国史（二）叶 哲学史 盛 动物的行为实验 郭	第七	三至四
生 化	3	化 化	生 化 心	化 物 ３ ２ 动	化 ３ ５ 动	教室	
比较解剖实验 贝	物理化学实验 陈		女生体育 陈 古今诗选 陈	中国史（二）叶 中国文学史（二）储	物理化学实验 陈	第八	四至五
生			2	3 5	化	教室	
	女生体育 陈			女生体育 陈		第九	五至六
						教室	

表8-3-3　文理学院1931年度第一学期（1931-08—1932-01）每周上课时间表

一年级

星期六			星期五			星期四			星期三			星期二			星期一			星期	时次及钟点
三组	二组	一组	三组	二组	一组	三组	二组	一组	三组	二组	一组	三组	二组	一组	三组	二组	一组	组别	
	物理学 张	数学 钱		物理学 张			物理学 张	数学 钱		物理学 张			物理学 张	数学 钱	党义 朱	党义 朱		第一	八至九
	物	1		物			物	1		物			物	1	工大	工大		教室	
国文 罗	国文 罗	英文（主系）潘	英文 马	英文 马潘	英文 佘	国文 罗	国文 罗	英文（主系）潘	英文 马	英文 马	英文 佘	国文 罗	国文 罗	英文（主系）潘	英文 马	英文 马潘	英文 佘	第二	九至十
4	4	1	4	4 1	5	4	4	1	4	4	5	4	4	1	4	4 1	5	教室	
化学 程	化学 程	近代自然科学	化学 程	化学 程	英文（主系）潘	化学 程	化学 程	近代自然科学			论理学 吴	党义 朱	化学 程	化学 程		近代自然科学	论理学 吴	第三	十至十一
工大	工大	物	工大	工大	1	工大	工大	物			4	工大	工大	工大		物	4	教室	

续　表

星期六			星期五			星期四			星期三			星期二			星期一			星期／时次钟点及教室
三组	二组	一组	三组	二组	一组	三组	二组	一组	三组	二组	一组	三组	二组	一组	三组	二组	一组	
文明史沈(4)	微积分钱(1)	文明史沈(4)	普通动物学董(生)	微积分钱(1)	文明史沈(4)	微积分钱(1)	文明史沈(4)		普通动物学董(生)	微积分钱(1)		文明史沈(4)	微积分钱(1)	文明史沈(4)	纪念周(礼)	纪念周(礼)	纪念周(礼)	第四教室 十一至十二
普通植物学石(生)			化学实验程(化工)	化学实验程物理实验张(化工 物)	近代自然科学(物)	普通植物学石(生)	论理学吴(4)		普通植物学实验石(物)		近代自然科学	普通植物学石(生)			军训赖(礼)	军训赖(礼)	军训赖(礼)	第五教室 一至二
普通动物学董(生)			化学实验程(化工)	化学实验程物理实验张(化工 物)	国文罗(1)		论理学沈(1)		普通植物学实验石(4)		国文罗(1)			论理学沈(1)		国文罗(1)		第六教室 二至三
普通动物学实验董(生)			化学实验程(化工)	化学实验程物理实验张(化工 物)	论理学沈(1)				军训赖	军训赖	军训赖							第七教室 三至四
普通动物学实验董(生)						体育徐	体育徐	体育徐	军训赖	军训赖	军训赖				体育徐	体育徐	体育徐	第八教室 四至五
							女生体育徐	女生体育徐								女生体育徐	女生体育徐	第九教室 五至六

二年级

星期六	星期五	星期四	星期三	星期二	星期一	星期及／教室	钟点
物理学 张／中国文艺论 罗／力学理论 徐	物理学 张／英文文学大纲 倪／高等代数 苏	物理学 张／电磁学 倪／中国文艺论 罗／综合几何 苏	物理学 张／电磁学 倪／英文文学大纲 倪／高等代数 苏	物理学 张／中国文艺论 罗／综合几何 苏	初等有机化学 纪／电磁学 倪／英文文学大纲 倪／高等代数 苏	第一	八至九
物 2 物	物 3 5	物 4 2 5	物 4 3 5	物 2 5	化 4 3 5	教室	
英文抒情诗 佘／定性分析 陈／高等微积分 陈	英文 徐／德文（一）周	英文抒情诗 佘／高等微积分 陈	英文 徐／德文（一）周	英文抒情诗 佘／定性分析 陈／高等微积分 陈	英文 徐／德文（一）周	第二	九至十
3 化 5	3 2	3 5	3 2	3 化 5	3 2	教室	
英文（主系）徐／政治原论 沈／化学定性 程	级数概论 陈／化学 程	英文（主系）徐／政治原论 沈／化学定性 程	教育社会学 孟	英文（主系）徐／政治原论 沈／化学定性 程	教育社会学 孟	第三	十至十一
3 1 大工	6 工大	3 1 工大	2	3 1 工大	2	教室	
中国史（一）苏／文明史 沈／法文（一）梅	力学理论 徐	中国史（一）苏／文明史 沈／法文（二）梅	英文（主系）佘／力学理论 徐	中国史（一）苏／文明史 沈／法文（一）梅	纪念周	第四	十一至十二
5 4 2	物	5 4 2	3 物	5 4 2	礼	教室	
实验分析 陈／日文（一）陈	化学实验 程／物理实验 张	日文（一）陈	党义 朱	军训 赖	电磁学实验 朱／日文（一）陈／实验分析 陈	第五	一至二
化 3	工化 物	3	工大	礼	物 3 化	教室	
定性分析实验 陈／教育概论 郑	化学实验 程／哲学通论 吴／物理实验 张	初等有机化学 纪／教育概论 郑	定性分析实验 陈／诗明著选 储	诗名著选 储／初等有机化学实验 纪／教育概论 郑	电磁学实验 朱／诗名著选 储／哲学通论 吴／定性分析实验 陈	第六	二至三
化 7	工化 2 物	化 7	化 3	3 化 7	物 3 2 化	教室	

续　表

星期六	星期五	星期四	星期三	星期二	星期一	星期次／教室	学程及钟点
定性分析实验 陈	化学实验 程 物理实验 张	军训 赖	定性分析实验 陈 中国文学史（一） 储	初等有机化学实验 储 中国文学史（一） 储	电磁学实验 朱 中国文学史（一） 储 定性分析实验 陈	第七	三至四
化	工化 物		物 3	化 3	物 3 化	教室	
	军训 赖 音乐 毛	军训 赖 音乐 毛	定性分析实验 陈 哲学通论 吴	初等有机化学实验 纪	体验 徐	第八	四至五
	4	4	化 2	化		教室	
		女生体育 徐			女生体育 徐	第九	五至六
						教室	

三年级

星期六	星期五	星期四	星期三	星期二	星期一	星期次／教室	学程及钟点
中国文艺论 罗 莎士乐府 佘	德文（二） 周 普通教学法 郑 高等代数 苏	变态心理学 沈 电磁学 倪 德文（二） 周 综合几何 苏 莎士乐府 佘 中国文艺论 罗	电磁学 倪 普通教学法 郑 高等代数 苏	中国文艺论 罗 变态心理 沈 德文（二） 周 综合几何 苏 莎士乐府 佘	初等有机化学 纪 电磁学 倪 普通教学法 郑 高等代数 苏	第一	八至九
2 3	6 7 5	心 4 6 5 3 2	4 7 5	2 心 6 5 3	化 4 7 5	教室	
近世物理学 徐 定性分析 陈	近世物理学 徐 德文（一） 周	动物生理学 贝 高等电磁学 张	动物组织学 贝 德文（一） 周	近世物理学 徐 定性分析 陈	动物组织学 贝 德文（一） 周	第二	九至十
测验 黄 物理化学 程	物理化学 程	测验 黄 有机化学 纪	物理化学 程	测验 黄 有机化学 纪	有机化学 纪		
物 化 心 工	物 2 工东楼	生物 心 化	物 2 工东楼	物 化 心 化	生 2 化	教室	

续　表

星期六	星期五	星期四	星期三	星期二	星期一	星期 / 教室	钟点
法文（二） 梅 政治原论 沈 热力学 程 教育心理 黄	动物生理学 贝 热力学 程 级数概论 陈	法文（二） 梅 政治原论 沈 热力学 程 教育心理 黄	复变数函数论 陈 英文作文 潘	法文（二） 梅 政治原论 沈 复变数函数论 陈 教育心理 黄	复变数函数论 陈 英文作文 潘	第三	十至十一
２１物心	生物６	２１物心	６３	２１６心	６３	教室	
英文小说史 倪 文明史 沈	普通动物学 董	英文小说史 倪 教育史 孟 文明史 沈	普通动物学 董	英文小说史 倪 教育史 孟 文明史 沈	纪念周	第四	十一至十二
４３	生	３７４	生	３７４	礼	教室	
普通植物学 石 定性分析实验 陈 日文（一） 陈	中国史（二） 苏 物理化学实验 程 哲学史 吴	普通植物学 石 日文（一） 陈	中国史（二） 苏 普通植物学 实验 石 有机化学实 验 纪 哲学史 吴	高等电磁学 张 普通植物学 石	定性分析实验 陈 高等电磁学 张 中国史（二） 苏 动物生理学实验 贝 哲学史 吴 日文（一） 陈 有机化学实验 纪	第五	一至二
生 化３	５化２	生３	５生 化２	物 生	化 物５动２３化	教室	
普通植物学 石 定性分析实验 陈 教育概论 郑	物理化学实验 程 哲学通论 吴	初等有机化学 实验 纪 教育概论 郑 教育心理实验 黄	定性分析实 验 陈 普通植物学 实验 石 有机化学实 验 纪 诗名著选 储	诗名著选 储 初等有机化 学实验 纪 教育概论 郑 动物组织学 实验 贝	诗名著选 储 定性分析实验 陈 动物生理学实验 贝 有机化学实验 纪 哲学通论 吴	第六	二至三
生 化７	化２	化７心	化生化３	３化７动	３化动化２	教室	

续　表

星期六	星期五	星期四	星期三	星期二	星期一	星期及教室	学程及次时钟点
定性分析实验 陈 普通动物学实验 董	物理化学实验 程	教育心理实验 黄 数学史 钱	定性分析实验 陈 有机化学实验 纪	初等有机化学实验 纪 数学史 钱 动物组织学实验 贝	定性分析实验 陈 动物生理学实验 贝 有机化学实验 纪	第七	三至四
化 生	化	心 5	化 化	化 5 动	化 动 化	教室	
普通动物学实验 董	音乐 毛 变态心理 沈	音乐 毛	中国文学史（二）储 定性分析实验 陈 哲学通论 吴	初等有机化学实验 纪 中国文学史（二）储 动物组织学实验 贝	动物生理学实验 贝 中国文学史（二）储	第八	四至五
生	4 心	4	3 化 2	化 3 动	动 3	教室	
		女生体育 徐			女生体育 徐	第九	五至六
						教室	

四年级

星期六	星期五	星期四	星期三	星期二	星期一	星期及教室	学程及次时钟点
工业化学 吴 中国文艺论 罗	高等测验法 沈	工业化学 吴 中国文艺论 罗 综合几何 苏 变态心理学 沈	高等测验法 沈 德文（三）周	工业化学 吴 中国文艺论 罗 综合几何 苏 变态心理学 沈	德文（三）周	第一	八至九
4 工 2	心	4 工 2 5 心	心 6	4 工 2 5 心	6	教室	
近世物理学 徐 德文（三）周	胶质化学 陈 近世物理学 徐 实变数函数论 陈 小学学科教学实习 俞	高等电磁学 张 中等教育 孟 动物生理学 贝	胶质化学 陈 实变数函数论 陈 教育学说 孟	近世物理学 徐 中等教育 孟	胶质化学 陈 实变数函数论 陈 教育学说 孟	第二	九至十
物 6	化 物 6 7	物 6 生	化 6 7	物 6	化 6 7	教室	

续　表

星期六	星期五	星期四	星期三	星期二	星期一	星期 学程及次 教室	时 钟点
热力学程 政治原论 沈	动物生理学 贝 热力学程 微分几何 苏 小学学科教学实习 俞	热力学程 政治原论 沈	教育社会学 孟 复变数函数论 陈 微分几何 苏 英文作文 潘	复变数函数论 陈 政治原论 沈	教育社会学 孟 复变数函数论 陈 微分几何 苏 英文作文 潘	第三	十至十一
物1	生物57	物1	2653	61	2653	教室	
英文小说史 倪 电工大意 曹	普通动物学 董 小学学科教学实习 俞	英文小说史 倪 教育史 孟 电工大意 曹	普通物理学 董 中等教育 孟	英文小说史 倪 教育史 孟 电工大意 曹	纪念周	第四	十一至十二
31工	生7	37工1	生6	37工1	礼	教室	
普通植物学 石（一） 日文（一） 陈	中国史（二） 陈 日文（一） 陈	普通植物学 石 日文（一） 陈	电工实习 数学研究 中国史（二） 苏	普通植物学 石 高等电磁学 张	高等电磁学 张 动物生理学实验 贝 中国史（二） 苏 日文（一） 陈	第五	一至二
生3	53	生3	电工5	生物	物动53	教室	
普通动物学 董	哲学通论 吴		电工实习 数学研究 诗名著选 储	诗名著选 储	动物生理学实验 贝 诗名著选 储 哲学通论 吴	第六	二至三
生	2		电工3	3	动32	教室	
普通动物学实验 董	小学学科教学法 俞	数学史 钱	电工实习 数学研究 小学学科教学法 俞	数学史 钱	动物生理学实验 贝 小学学科教学法 俞	第七	三至四
生	7	5	电工7	5	动7	教室	
普通动物学实验 董	变态心理学 沈		哲学通论 吴 中国文学史（二） 储	中国文学史（二） 储	动物生理学实验 贝 中国文学史（二） 储	第八	四至五
生	心		23	3	动3	教室	

续　表

星期六	星期五	星期四	星期三	星期二	星期一	教室	钟点
有机化学选论 纪	女生体育 徐		有机化学选论 纪 日文（二）陈	日文（二）陈	女生体育 徐	第九	五至六
	化		化 3	3		教室	

表8-3-4　文理学院1931年度第二学期（1932–02—1932–07）每周上课时间表

一年级

星期六			星期五			星期四			星期三			星期二			星期一			教室	钟点
三组	二组	一组	三组	二组	一组	三组	二组	一组	三组	二组	一组	三组	二组	一组	三组	二组	一组		
	物理学 朱	数学 钱	植物分类学 范	物理学 王	英文（主系）潘		物理学 王	数学 钱		物理学 王	英文（主系）潘		物理学 王	数学 钱			英文（主系）潘	第一	八至九
	物	1	生	物	5		物	1		物	5		物	1			5	教室	
英文 何	英文 何潘	英文 余	英文 何	英文 何潘	英文余 英文（主系）潘	英文 何	英文 何潘	英文余 英文（主系）倪	英文 何	英文 何潘	英文余 英文（主系）倪	英文 何	英文 何潘	英文余 英文（主系）倪	英文 何	英文 何潘	英文余 英文（主系）倪	第二	九至十
4	4 6	1	4	4 6	1 英	4	4 6	1 英	4	4 6	1 英	4	4 6	1 英	4	4 6	1 英	教室	
化学 程	化学 程	国文 罗	化学 程	化学 程		化学 程	化学 程	国文 罗	党义 朱	党义 朱	党义 朱	化学 程	化学 程	国文 罗	动物分类学 董		近代自然科学	第三	十至十一
工	工	1	工	工		工	工	1	4	4		工	工	1	生		生	教室	
文明史 沈	微积分 钱	文明史 沈	植物分类学 范	微积分 钱	近代自然科学	文明史 沈	微积分 钱	文明史 沈	动物分类学 董	微积分 钱	近代自然科学	文明史 沈	微积分 钱	文明史 沈	纪念周	纪念周	纪念周	第四	十一至十二
4	1	4	生	1	生	4	1	4	生	1	生	4	1	4	礼	礼	礼	教室	
植物分类学 范			化学实验程	化学实验程		动物分类学 董		近代自然科学		国文 罗	国文 罗	物理学实验 朱	近代自然科学			国文 罗	国文 罗	第五	一至二
生			工	工		生		生		1	1	物	生			1	1	教室	

续　表

星期六			星期五			星期四			星期三			星期二			星期一			星期 组别 教室	时次及钟点
三组	二组	一组	三组	二组	一组	三组	二组	一组	三组	二组	一组	三组	二组	一组	三组	二组	一组		钟点
植物分类学范			化学实验程	化学实验程		动物分类学董			国文罗	国文罗			物理学实验朱		军训赖	军训赖	军训赖	第六	二至三
生			工	工		生			1				物					教室	
植物分类学范			化学实验程	化学实验程		动物分类学董			体育徐	体育徐	体育徐		物理学实验		女生体育徐	女生体育徐	女生体育徐	第七	三至四
生			工	工		生							物					教室	
			女生体育徐	女生体育徐	军训赖	军训赖	军训赖		女生体育徐	女生体育徐	女生体育徐							第八	四至五
																		教室	
					军训赖	军训赖	军训赖											第九	五至六
																		教室	

二年级

星期六	星期五	星期四	星期三	星期二	星期一	星期 学程 教室	时次及钟点
物理学 朱 中国文艺论 罗 力学理论 徐	物理学 王 英文 徐 英文抒情诗 余 高等代数 苏	物理学 王 中国文艺论 罗 电磁学 张 综合几何 苏	物理学 王 英文 徐 电磁学 张 英文抒情诗 余 高等代数 苏	物理学 王 中国文艺论 罗 综合几何 苏	英文 徐 初等有机化学 纪 电磁学 张 英文抒情诗 余 高等代数 苏	第一	八至九
物 3 物	物 4 1 6	物 3 物 5	物 4 物 1 6	物 3 5	4 化 物 1 6	教室	
高等微积分 陈 儿童心理 黄	德文 周	高等微积分 陈 儿童心理 黄	德文 周	高等微积分 陈 儿童心理 黄	德文 周	第二	九至十
5 心	2	5 新	2	5 心	2	教室	

续　表

星期六	星期五	星期四	星期三	星期二	星期一	星期／学程及教室	时／钟点
英文（主系）徐 化学 程	级数概论 陈 化学 程 英文文学大纲 何	英文（主系）徐 化学 程	教育原理 郑 英文文学大纲 何	英文（主系）徐 化学 程	教育原理 郑 英文文学大纲 何	第三	十至十一
3 工	工 3	3 工	7 3	3 工	7 3	教室	
中国史（一）苏 法文（一）梅 论理学（二）吴 文明史 沈	英文（主系）何 中国政府 沈	中国史（一）苏 法文（一）梅 论理学（二）吴 文明史 沈	英文（主系）何 中国政府 沈	中国史（一）苏 法文（一）梅 论理学（二）吴 文明史 沈	纪念周	第四	十一至十二
5 2 3 4	3 4	5 2 3 4	3 4	5 2 3 4	礼	教室	
电磁学实验 朱 定量分析 陈 日文（一）陈	化学实验 程 物理学十一 朱	军用化学实验 纪 定量分析实验 陈 日文（一）陈	党义 朱	中国政府 沈 初等有机化学实验 纪 日文（一）陈	军训 赖	第五	一至二
物 化 2	工 物	化 化 2	4	4 化 2		教室	
电磁学实验 朱 定量分析实验 陈	化学实验 程 物理学实验 朱 教育原理 郑	军用化学实验 纪 定量分析实验 陈 教育统计 沈	教育统计 沈 初等有机化学 纪 诗名著选 储	教育统计 沈 初等有机化学实验 纪 诗名著选 储	定量分析实验 陈 诗名著选 储	第六	二至三
物 化	工 物 7	化 化 心	心 化 3	心 化 3	化 3	教室	
电磁学实验 朱 定量分析实验 陈	化学实验 程 物理学实验 朱 论理学 吴	军用化学实验 纪 定量分析实验 陈	论理学 吴 定量分析 陈 力学理论 徐 中国文学史（一）储	初等有机化学实验 纪 中国文学史（一）储	论理学 吴 力学理论 徐 定量分析实验 陈 中国文学史（一）储	第七	三至四
物 化	工 物 2	化 化	2 化 物 3	化 3	2 物 化 3	教室	
定量分析实验 陈	军用化学 纪 女生体育 徐	音乐 毛 体育 徐	军训 赖 女生体育 徐	音乐 毛 体育 徐	军用化学 纪 定量分析实验 陈	第八	四至五
化	化	4		4	化 化	教室	

续　表

星期六	星期五	星期四	星期三	星期二	星期一	星期及教室	学程次钟点时
			军训赖			第九	五至六
						教室	

三年级

星期六	星期五	星期四	星期三	星期二	星期一	星期及教室	学程次钟点时
莎氏乐府佘中国文艺论罗	植物分类学范英文小说史倪德文（二）周高等代数苏化学史罗	莎氏乐府佘中国文艺论罗电磁学张德文（二）周综合几何苏	英文小说史倪电磁学张高等代数苏	莎氏乐府佘中国文艺论罗德文（二）周综合几何苏	初等有机化学纪英文小说史倪电磁学张高等代数苏	第一	八至九
英 3	生 3 2 6 化	英 3 物 2 5	3 物 6	英 3 2 5	化 3 物 6	教室	
物理化学程高等电磁学张儿童心理黄	物理化学程德文（二）周近世物理学徐	动物生理学贝高等电磁学张儿童心理黄	物理化学程植物解剖与组织石德文（一）周近世物理学徐	有机化学纪动物生理学贝高等电磁学张儿童心理黄	有机化学程植物解剖与组织石德文（一）周近世物理学徐	第二	九至十
工 物 心	工 2 物	生 物 心	工 生 2 物	化 生 物 心	化 生 2 物	教室	
内分泌贝法文（二）梅复变数函数论陈有机化学纪	内分泌贝光学徐级数概论陈	法文（二）梅复变数函数论陈教育史孟	有机化学纪光学徐中国文学史（二）储	法文（二）梅复变数函数论陈教育史孟教育史孟	动物分类学董光学徐中国文学史（二）储	第三	十至十一
生 2 6 化	生 物 6	2 6 8	化 物 6	2 6 8	生 物 6	教室	
文明史沈	植物分类学范英文作文潘中国政府沈	英美教育书报孟文明史沈	动物分类学董英文作文潘中国政府沈	英美教育书报孟文明史沈	纪念周	第四	十一至十二
4	生 2 4	8 4	生 2 4	8 4	礼	教室	

续　表

星期六	星期五	星期四	星期三	星期二	星期一	星期及教室	时及钟点
植物分类学 范　有机化学实验 纪　定量分析 陈	物理化学程　中国史（二）苏	光学实验 徐　军用化学实验 纪　定量分析实验 陈　中国文学史（二）储　动物分类学 董	植物解剖与组织 石　中国史（二）苏	内分泌实验 贝　初等有机化学实验 纪　中国政府 沈	有机化学实验 纪　中国史（二）苏　动物生理学实验 贝	第五	一至二
生 化 化	化 5	物 化 化 6 生	生 5	生 化 4	化 5 生	教室	
植物分类学 范　有机化学实验 纪　定量分析实验 陈	物理化学实验程　哲学史 吴	光学实验 徐　军用化学实验 纪　定量分析实验 陈　动物分类学实验 董　教育统计 沈	教育统计 沈　植物解剖与组织实验 石　初等有机化学 纪　哲学史 吴　诗名著选 储	教育统计 沈　内分泌实验 贝　初等有机化学实验 纪　化学史程　诗名著选 储	哲学史 吴　诗名著选 储　有机化学实验 纪　定量分析实验 陈　近世物理学实验 徐　动物生理学实验 贝	第六	二至三
生 化 化	化 2	物 化 化 生 心	心 生 化 2 3	心 生 化 化 3	2 3 化 化 物 生	教室	
植物分类学 范　有机化学实验 纪　定量分析实验 陈	物理化学实验程　初等教育 俞	光学实验 徐　军用化学实验 纪　定量分析实验 陈　动物分类学实验 董	初等教育 俞　植物解剖与组织实验 石　定量分析 陈	内分泌实验 贝　初等有机化学实验 纪	初等教育 俞　有机化学实验 纪　定量分析实验 陈　近世物理学实验 徐　动物生理学实验 贝	第七	三至四
生 化 化	化 7	物 化 化 生	7 生 化	生 化	7 化 化 物 生	教室	
定量分析实验 陈	女生体育 徐　军用化学 纪	音乐 毛	女生体育 徐	音乐 毛	军用化学 纪　定量分析实验 陈　近世物理学实验 徐　动物生理学实验 贝	第八	四至五
化	化	4		4	化 化 物 生	教室	
		物理化学程				第九	五至六
		工				教室	

四年级

星期六	星期五	星期四	星期三	星期二	星期一	星期及教室	钟点/学程时次
工业化学 吴 中国文艺论 罗	中学学科教学法实验 郑 化学史 程	工业化学 吴 中国文艺论 罗 综合几何 苏	教育行政 孟 德文（三）周	工业化学 吴 中国文艺论 罗 综合几何 苏	教育行政 孟 德文（三）周	第一	八至九
工 3	7 化	工 3 5	8 2	工 3 5	8 2	教室	
高等电磁学 张 德文（三）周	中学学科教学法实验 郑 近世物理学 徐 实变数函数论 陈	阅读心理 沈 高等电磁学 张 动物生理学 贝	近世物理学 徐 实变数函数论 陈 比较教育 孟	阅读心理 沈 高等电磁学 张 动物生理学 贝	近世物理学 徐 实变数函数论 陈 比较教育 孟	第二	九至十
物 2	7 物 5	8 物 生	物 5 8	8 物 生	物 5 8	教室	
国际公法 沈 中学学科教学法 郑 复变数函数论 陈 内分泌 贝	内分泌 贝 中学学科教学法实验 郑 微分几何 苏	国际公法 沈 中学学科教学法 郑 复变数函数论 陈 教育史 孟	教育原理 郑 微分几何 苏	国际公法 沈 中学学科教学法 郑 复变数函数论 陈 教育史 孟	教育原理 郑 微分几何 苏	第三	十至十一
4 7 6 生	生 7 5	4 7 6 8	7 5	4 7 6 8	7 5	教室	
论理学（二）吴 现代心理学说 黄	英文作文 潘 中国政府 沈	伦理（二）吴 现代心理学说 黄	英文作文 潘 中国政府 沈	伦理（二）吴 现代心理学说 黄	纪念周	第四	十一至十二
3 心	2 4	3 心	2 4	3 心	礼	教室	
有机化学研究 纪 日文（一）陈	数学研究 胶质化学实验 陈 中国史（二）苏 日文（二）陈	数学教授法 钱 军用化学实验 纪 日文（一）陈	数学教授法 钱 有机化学研究 纪 中国史（二）苏 日文（二）陈	中国政府 沈 内分泌实验 贝 日文（一）陈	日文（二）陈 中国史（二）苏 动物生理学实验 贝	第五	一至二
化 2	化 5 2	3 化 2	3 化 5 2	4 生 3	2 5 生	教室	

续　表

星期六	星期五	星期四	星期三	星期二	星期一	星期／教室	学程次/时及钟点
有机化学研究 纪	数学研究 胶质化学实验 陈 教育原理 郑	教育统计 沈 军用化学实验 纪	教育统计 沈 有机化学研究 纪 诗名著选 储	化学史 程 教育统计 沈 内分泌实验 贝 诗名著选 储	近世物理学实验 徐 诗名著选 储 动物生理学实验 贝	第六	二至三
化	化 7	心 化	心 化 3	化 心 生 3	物 3 生	教室	
有机化学研究 纪	数学研究 胶质化学实验 陈 论理学 吴	军用化学实验 纪	有机化学研究 纪 论理学 吴	内分泌实验 贝 教育行政 孟	军事物理学实验 徐 论理学 吴 动物生理学实验 贝	第七	三至四
化	化 2	化	化 2	生 8	物 2 生	教室	
	女生体育 徐 军用化学实验 纪		女生体育 徐		近世物理学实验 徐 军事化学 纪 动物生理学实验 贝	第八	四至五
	化				物 化 生	教室	
						第九	五至六
						教室	

第九章

文理学院理科师生的课余活动与日常生活

总体而言，在这一所谓民国"黄金十年"（1927－1937）时期，尽管存在各种问题和矛盾，但相比于其后全面抗战开始后的战乱与动荡，这一时段的大学还是处于相对平静的时期。李华兴主编的《民国教育史》指出："从南京国民政府成立到全面抗日战争爆发前的十年间，是民国教育稳步发展、趋于定型的时期。……由于社会政局相对稳定，教育投入的逐年增加，教育管理的渐次完善，尤其是广大教育工作者的勤勉敬业，各级各类教育都取得了较大的发展。"[①]

当时，政府对教育较为重视，反映在教师的待遇上，1927 年公布的《大学教员资格条例》规定，大学教员的月薪，教授 400～600 元，副教授为 260～400 元，讲师为 160～260 元，助教为 100～160 元。教授最高月薪为 600 元，与国民政府简任级部长基本持平。在 20 世纪 30 年代初，大中小学教师的平均月薪分别为 220 元、120 元、30 元；而同期上海一般工人的月薪仅为 15 元左右。[②]

在这样的时代背景下，浙江大学情况与其他大学亦基本类似。教师收入较高，生活相对稳定（尤其 1933 年 8 月后），学校各项活动亦较为丰富。除了学校、文理学院和理学系科各自集体性、共同性的活动外，师、生亦各自组织有各种团体，举办大量活动，同时，师、生个人亦有丰富多彩的日常生活。

第一节　文理学院师生所参加的集体性活动

一、浙江大学各类活动的总体情况

总的来看，当时大学的各项活动较为丰富。就浙江大学、文理学院和各系科而言，共同性的活动和假日安排，可参见各年校历（主要年节和假日等历年差不多）。例如 1929 年度、1930 年度的校历：

---

① 李华兴主编：《民国教育史》，上海：上海教育出版社，1997 年，第 11 页。
② 李华兴主编：《民国教育史》，上海：上海教育出版社，1997 年，第 530 页。

表9-1-1　国立浙江大学十八年度下学期（1930-02—1930-07）校历①

月	日	星期	事项	仪式	休假
二月	一日	六	第二学期开始		
	十八日	二	国军底定浙江纪念	纪念式	放假
	二十日	四	寒假终止		
	二十一日	五	第二学期开学		
	二十二日	六	开课		
	二十九日	六	黄花岗七十二烈士殉国纪念	纪念式 讲演	放假
三月	十二日	三	总理逝世五周纪念	纪念式 讲演	放假
四月	三日	四	春假		放假
	四日	五	又		放假
	五日	六	又		放假
五月	一日	四	劳动节	纪念式	
	四日	日	"五四"运动纪念	纪念式	
	五日	一	总理就非常大总统职纪念	纪念式	
七月	一日	二	国民政府在广州成立五周纪念	纪念式	
	九日	三	国民革命军誓师纪念	纪念式	放假
	十日	四	暑假开始		
	三十一日	四	第二学期终了		

表9-1-2　国立浙江大学十九年度（1930-08—1931-07）校历②

（校务会议第八次常会通过。呈奉教育部第1018号指令准予备案）

年月日	星期	事项	仪式	休假
十九年八月一日	星期五	十九年度第一学期开始 本大学成立纪念日	纪念式	放假
十九年八月二十七日	星期三	孔子诞生纪念日	纪念式 演讲	放假
十九年八月三十一日	星期日	暑假终止		
十九年九月一日	星期一	第一学期开学		
十九年九月二日	星期二	开课		
十九年十月十日	星期五	国庆纪念	纪念式 演讲	放假
十九年十一月十二日	星期三	总理诞辰纪念日	纪念式 演讲	放假

---

① 资料来源：《国立浙江大学校刊》第 1 期（1930 年 2 月 22 日）。
② 资料来源：《国立浙江大学校刊》第 13 期（1930 年 5 月 24 日）。

续　表

年月日	星期	事项	仪式	休假
十九年十二月二十一日	星期日	年假开始		
二十年一月一日	星期四	中华民国成立纪念日	纪念式演讲	放假
二十年一月十日	星期六	年假终止		
二十年一月十二日	星期一	重行上课		
二十年一月三十一日	星期六	第一学期终了		
二十年二月一日	星期日	第二学期开始		
二十年二月二日	星期一	学期更始期		休课
二十年二月三日	星期二	学期更始期		休课
二十年二月四日	星期三	学期更始期		休课
二十年二月五日	星期四	学期更始期		休课
二十年二月六日	星期五	学期更始期		休课
二十年二月七日	星期六	学期更始期		休课
二十年二月八日	星期日	第二学期开学		
二十年二月九日	星期一	开课		
二十年二月十八日	星期三	国军底定浙江纪念日	纪念式演讲	放假
二十年三月十二日	星期四	总理逝世纪念日	纪念式演讲	放假
二十年三月二十九日	星期日	七十二烈士殉国纪念日	纪念式演讲	放假
二十年四月四日	星期六	春假		
二十年四月五日	星期日	春假		
二十年四月六日	星期一	春假		
二十年六月二十三日	星期二	暑假开始		
二十年七月九日	星期四	国民革命军誓师纪念日	纪念式演讲	放假
二十年七月三十一日	星期五	第二学期终了		

　　原附注：各项革命纪念日，除应行放假各日，已于表内分别载明外；其余各日及仪式，均遵照国民政府颁布之革命纪念日纪念式办理，不复胪列。

　　民国二十年（1931）6月2日，国民政府颁布《修正学校学年、学期及休假日期规程》，并定于1931年8月1日施行[①]。据此，学校也相应修改了校历有关活动的安排。例如，1932年校历：

---

① 《国立浙江大学校刊》第 58 期（1931 年 6 月 13 日）。

表9-1-3　国立浙江大学二十一年度（1932-08-01—1933-07-31）校历①

（二十一年六月七日教育部第四〇四二号指令准予备案）

年	月	日	星期	事项	仪式	休假
廿一年	八月	一日	一	学年开始 第一学期开始 本大学成立纪念日	举行纪念式	放假
		二十日	六	先烈廖仲恺先生纪念日	派代表参加高级党部纪念会	不放假
		廿七日	六	孔子诞生纪念日	举行纪念式	放假
		廿九日	一	第一学期注册开始	——	——
		卅一日	三	暑假终止	——	——
	九月	一日	四	开课	——	——
		九日	五	总理第一次起义纪念日	派代表参加高级党部纪念会	不放假
		廿一日	三	先烈朱执信先生纪念日	派代表参加高级党部纪念会	不放假
	十月	十日	一	国庆纪念日	集会庆祝并参加各界庆祝大会	放假
		十一日	二	总理伦敦蒙难纪念日	派代表参加高级党部纪念会	不放假
	十一月	五日	六	地方纪念日	举行纪念式	放假
		十二日	六	总理诞生纪念日	集会纪念并参加各界纪念大会	放假
	十二月	五日	一	肇和兵舰举义纪念日	派代表参加高级党部纪念会	不放假
		廿五日	日	云南起义纪念日	派代表参加高级党部纪念会	不放假
廿二年	一月	一日	日	中华民国成立纪念日 年假开始	集会庆祝并参加各界庆祝大会	放假
		三日	二	年假终止	——	——
		十八日	三	寒假开始	——	——
		廿九日	日	第二学期注册开始	——	——
		卅一日	二	第一学期终了 寒假终止	——	——
	二月	一日	三	第二学期开始 开课	——	——
		十八日	六	国民革命军底定浙江纪念日	集会纪念	放假
	三月	十二日	日	总理逝世纪念日	集会纪念并参加各界纪念大会	放假
		十八日	六	北平民众革命纪念日	派代表参加高级党部纪念会	不放假
		廿九日	三	革命先烈纪念日	参加各机关团体学校纪念大会	放假
	四月	一日	六	春假开始	——	——
		七日	五	春假终止	——	——
		十二日	三	清党纪念日	派代表参加高级党部纪念会	不放假

① 资料来源：国立浙江大学秘书处出版课编：《国立浙江大学一览（二十一年度）》，杭州：杭州正则印书馆，1932年12月，第1-3页。又见《国立浙江大学校刊》第100期（1932年7月9日）。

续　表

年	月	日	星期	事项	仪式	休假
廿二年	五月	五日	五	革命政府纪念日	集会并参加各界纪念大会	放假
		九日	二	国耻纪念日	集会纪念并参加民众大会	不放假
		十八日	四	先烈陈英士先生纪念日	派代表参加高级党部纪念会	不放假
	六月	三日	六	禁烟纪念日	派代表参加政府或禁烟机关召集之纪念会	不放假
		十六日	五	总理广州蒙难纪念日	派代表参加高级党部纪念会	不放假
		廿三日	五	暑假开始	——	——
	七月	九日	日	国民革命军誓师纪念日	集会纪念并参加各界纪念大会	放假
		三十一日	一	第二学期终了学年终了	——	——

二、若干较有特色和重要的集体性活动

（一）规律性的活动

在民国时期，与大学办学关系最为密切的活动，主要是开学礼（即新学年开始的 8 月 1 日，因尚处于暑假，有时延后至正式开学后举行）、纪念周（每周一举行）和毕业式（每年六月或七月举行）。此外，还有运动会等。每一届学生都会经历这些活动。

1. 开学礼及纪念式

开学礼及纪念式，即大学成立纪念典礼，往往与开学典礼同时举行。现能够从《国立浙江大学校刊》上看到详细记述"纪念式"情况的，是 1930 年学校成立三周年纪念。当时因国家统一规定大学新学年开始的日期为 8 月 1 日[①]，所以浙江大学也把学校成立纪念日（即校庆日）定在新学年开始的这一天，即每年的 8 月 1 日（直至 1945 年 6 月后，学校校务会议正式讨论决议，才将校庆日定在每年 4 月 1 日，即学校正式以"浙江大学"命名的日期[②]）。

1930 年 7 月，国民政府批准蒋梦麟先生辞去所兼浙江大学校长一职，由邵裴子先生接任；遂定于 9 月 15 日补行宣誓。正好，"8 月 1 日为本校成立纪念日，本年复值三周纪念，原拟于是日举行纪念典礼，因适值暑假期内，教职员学生大多离校，兼以各院处办理移交与招生事忙，遂决定展期至九月十五日举行。"具体安排是："兹定是日上午九时举行本校成立三周纪念，新校长及全体教职员同时补行宣誓。"

---

① 编者按：1912 年中华民国成立不久，当年 9 月 3 日教育部即公布《学校学年学期及休业日期规程》，确定"各学校以八月一日为学年之始，以翌年七月三十一日为学年之终"；1931 年 6 月 2 日，教育部公布《修正学校学年学期及休业日期规程》，同样规定"各级学校以每年八月一日为学年之始，翌年七月卅一日为学年之终"。

② 编者按：民国三十四年（1945）6 月 2 日国立浙江大学第四十六次校务会议决定浙江大学校庆纪念日为 4 月 1 日。参见该次校务会议记录："七、改订本校校庆纪念日案。决议：改以第三中山大学称浙江大学之日期四月一日为本大学校庆纪念日。"引自蓝蕾：《浙江大学校庆考述》，《浙江档案》2007 年第 3 期，第 53-55 页。

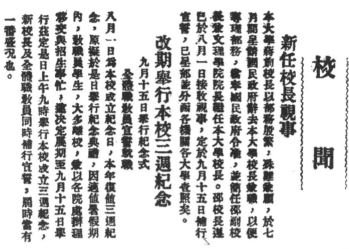

图 9-1-1　《国立浙江大学校刊》登载学校三周年纪念式安排情况①

1930 年 9 月 15 日上午 9 时，在大礼堂如期举行宣誓和纪念仪式。参加仪式的来宾，包括浙江省教育厅厅长陈布雷，国立杭州艺术专科学校校长林风眠，浙江省立高级中学校长林晓，浙江省会（编者注：即杭州市）公安局长关幼甫等。全校教职员及全体学生均参加。首先是校长，然后是文理、工、农三院，以及秘书处各教职员先后宣誓就职。之后，来宾致辞。因教育部长蒋梦麟先生有事无法前来，委托浙江省教育厅厅长陈布雷先生代致训词。再后，校长致辞，文理、工、农三院院长均有报告；"公安局关局长亦登台演说，极多风趣。"最后，奏乐、合影、散会。晚间，还有活动，"并有学生游艺，颇极一时之盛"。②

图 9-1-2　《国立浙江大学校刊》登载学校三周年纪念式活动情况③

类似地，1932 年 8 月 1 日上午 8 时，在大礼堂亦举行浙江大学成立五周年的纪念会，因校长程天放先生去复旦大学公干，文理学院院长邵裴子先生代表校长主持了纪念活动，介绍学校的办学历史和经费情况，以及程天放校长改革行政组织的情况。④

---

① 引自《国立浙江大学校刊》第 21 期（1930 年 9 月 7 日）。
② 《国立浙江大学校刊》第 23 期（1930 年 9 月 20 日）。
③ 引自《国立浙江大学校刊》第 23 期（1930 年 9 月 20 日）。
④ 《国立浙江大学校刊》第 101 期（1932 年 9 月 3 日）。

2.纪念周

从前一章所引课表中可以看出,每周一上午 11:00—12:00 点,在学校大礼堂举行纪念周。《国立浙江大学职员服务通则》的第三条中,亦明确规定:"每星期一纪念周,职员均须出席。"

纪念周是为了纪念孙中山先生而设立,大致按照如下仪式举行:(1)全体肃立,(2)唱国歌,(3)向总理遗像三鞠躬,(4)恭读总理遗嘱,(5)默哀三分钟,(6)默哀毕坐下,(7)校长训话或老师讲话。

现能查到《校刊》中最早记载的文理学院的纪念周,是1930年2月24日,当时文理学院与工学院、农学院各自举行纪念周活动。该日的纪念周由邵裴子院长主持并作报告:

文理学院纪念周报告
主席:邵院长　　日期:二月廿四日

寒假期内国事及院务方面可报告者,约述如下:

一、关于国事方面

1.新近我国与希腊、捷克两国,订立了完全平等的条约。此于废除不平等条约方面,又确实的进了一步。将来与其他各国续约或改约,有了这个先例,是不会再退回到不平等的路上去了。

2.又,上海临时法院改组协定已于本月十七日在京签字,俟司法部派定人员后,即照我国普通法院制度办理。这是收回领判权实行方面的一个确实进步。

3.最近外交方面稍有遗憾的,即为中俄交涉中的外交官有逾越权限的行动。现在中央已将负责人员分别惩处,并另定对俄交涉方针。

4.阎锡山的通电,或者是因为有人勾结播弄,或者是因为自己心虚,惟恐不能保持其封建势力,均说不定。其结果或尚可不用武力解决之,于三或竟非讨伐不可。但是新近由北平来杭的人说平浦路仍照常通行,沿路亦看不出什么变动。

5.还有一件重要事体,即金价的暴涨。这个问题影响我国财政甚大,但是很难解决。除商家卖买结账的关系有其当然之影响外,大概测自然的趋势,因为银贱之故,各处银矿停开,从前银本位国家已经废止的银币停止运华,或者银价不致再继续的大跌。各方提出解决此问题的方法中,都有主张推广国内银的用途,以抬高银价的一种方法。一方面外国不来,一方面国内需要增加,银价当然可以稍高。但是银价涨了之后,已停银矿又将重来,停止运华的废币又将重来,结果又要回到原样。这个问题,还是存在而不得解决。

二、关于校务方面

1.本学院每学期开始时,总有几位同学因成绩的关系而退学。本学期即有三位。此三位中至少有两位是英文、国文都不错的,还有一位也只是功课上稍欠注意,其余都没有什么缺点;现在都为规则所限,不能不与学校脱离关系,我们觉得很可惋惜。有一位还写信来说他已经觉悟平时的疏忽,往后要自己特别的注意,但是我只能复信好好慰藉他一番。因为学校方面认为既是学力发生问题,倘若敷衍下去,一定学校、学生双方均有不利,所以只能按照规则办理,这是没有法子的事情。

2.本学院成绩考察及学分办法均稍有变动,前已通告各同学并经揭示,兹再略提要点,请诸同学注意:

成绩考查——废绩点,用分数。

缺课考查——扣绩点一层虽因绩点之废止而取消，但最后不给学分之限制，依然存在，此层极应注意。

军训、党义、体育——虽均改给学分，而毕业学分同时亦照加为一百四十二学分。实际上应修学程的多少却无变更。

3. 上学期申请省款补助的公事于寒假前始行办出，这是因为再上一次得到补助的几位同学，以为只要及格，即可继续得到补助，不早准备申请，以致延迟。本学期希望愿得补助者及早依照补助办法，准备申请手续。

4. 本学期教育系新添教育书报阅读，每周三小时，算二学分。原有教育史，上学期为三小时，三学分；本学期改为二小时，一学分。

5. 补考照规定限于开学后一星期内举行，非重病不能参加，必须与考；错过这个时期，便没有第二个机会，此点尤望新同学注意。①

1930 年 4 月 21 日的纪念周，由郑晓沧先生代表邵裴子先生主持纪念周活动，并作纪念周报告②。

图 9-1-3　《国立浙江大学校刊》登载 1930 年 4 月 21 日文理学院纪念周郑晓沧报告的情况③

1931 年 9 月 7 日，文理学院和工学院在开学之初，联合举办纪念周。先由校长兼文理学院院长邵裴子先生致辞，再由工学院李熙谋院长报告。邵裴子校长介绍了新学期招生情况，并提及大学"学风"问题，将浙江大学的学风概括为"努力课业"，对新生寄予期望。④

1932 年 9 月 5 日，学校在 1932 年度新学期开学之初，举办本学期第一次纪念周。此时程天放先生长校，担任主席主持纪念周活动，出席者有"军事教官、体育教员、生活指导员、秘书处全体职员，及文理、工两学院全体教职员、学生（农学院因地处笕桥不克参加）"。首先由校长程天放作报告"浙大改组的意义及将来的希望"，继由文理学院院长邵裴子先生演说，末由工学院薛绍清院长演说。⑤

---

① 《国立浙江大学校刊》第 2 期（1930 年 3 月 1 日）。
② 《国立浙江大学校刊》第 9 期（1930 年 4 月 26 日）。
③ 引自《国立浙江大学校刊》第 9 期（1930 年 4 月 26 日）。
④ 《国立浙江大学校刊》第 63 期（1931 年 9 月 12 日）。
⑤ 《国立浙江大学校刊》第 102 期（1932 年 9 月 10 日）。

图 9-1-4 《国立浙江大学校刊》登载 1932 年 9 月 5 日文理学院和工学院纪念周情况①

　　1932 年 9 月 12 日，1932 年度新学期开学后的第二次纪念周活动，文理学院和工学院继续在校本部举行，由邵裴子院长主持；而程天放校长则专程到笕桥的农学院参加农学院 1932 年度新学期开学后的第二次纪念周活动。②

图 9-1-5 《国立浙江大学校刊》登载 1932 年 9 月 12 日文理学院和工学院纪念周情况③

　　1933 年 2 月 13 日，学校在新学期开学之初，举办纪念周。此时正是程天放校长转职未定之时，因程赴外地公干，由文理学院院长邵裴子先生主持，再由学校沈履（沈茀斋）秘书长报告。④

① 引自《国立浙江大学校刊》第 102 期（1932 年 9 月 10 日）。
② 《国立浙江大学校刊》第 103 期（1932 年 9 月 17 日）。
③ 引自《国立浙江大学校刊》第 103 期（1932 年 9 月 17 日）。
④ 《国立浙江大学校刊》第 122 期（1933 年 2 月 18 日）。

校聞

紀念週紀事

二月十三日上午十一時在大禮堂舉行本學期第一次紀念週校長因公赴贛由文理學院邵院長主席。行禮後，首由邵院長報告文理學院院務及學生選科情形。繼由沈秘書長演講紀念週之意義及本校行政概況將來發展計劃。(辭見演講欄)四下星期一(十九)紀念週中，將請本大學事務主任兼生物學講師薛良叔先生演講「健康與注意力」。薛先生係國內有數之生物學專家，對于動物學生理學等頗具研究，而於學校教育尤富經驗，最近出版之健康教育及人體解剖圖等，在科學上極有貢獻，此次演講定有極有價值之指示也。

全體學生懇切挽留程校長

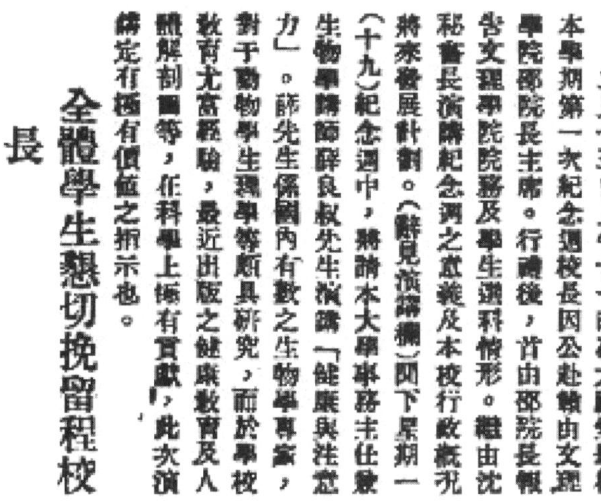

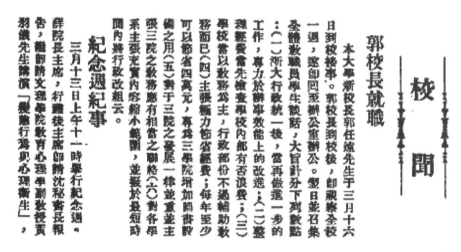

图 9-1-6 《国立浙江大学校刊》登载 1933 年 2 月 13 日文理学院和工学院纪念周情况[①]

1933 年 3 月 13 日的纪念周，由工学院薛绍清先生主持，再由学校沈履（沈茀斋）秘书长报告。[②]此时程天放校长卸任，郭任远尚未就职。

校聞

郭校長就職

本大學新校長郭任遠先生于三月十六日到校接事。郭校長到校後，即視察全校一週，遂即回至辦公室辦公。翌日並召集全體教職員學生談話，大旨計分下列數點：(一)浙大行政統一後，當再做進一步的工作，專力於辦事效能上的改進；(二)整理經費當先檢查學校內部有否浪費；(三)學校當以教務為主，行政部份不過輔助教務而已(四)主張極力節省經費；每年至少可以節省四萬元，專為三學院增加圖書設備之用(五)對于三院之發展一律並重並主張三院之教務應有相當之聯絡(六)對各學系主張充實內容縮小範圍，並擬於最短時間內將行政改組云。

紀念週紀事

三月十三日上午十一時舉行紀念週。薛院長主席，行禮後主席即請沈秘書長報告，繼即請文理學院教育心理學副教授黃羽儀先生講演「變態行為與心理衛生」，

图 9-1-7 《国立浙江大学校刊》登载 1933 年 3 月 18 日文理学院和工学院纪念周情况[③]

郭任远长校后，继续纪念周的活动。1933 年 9 月新学期开后，由学校统一规定了各院纪念周的时间、地点等安排。[④]

① 引自《国立浙江大学校刊》第 122 期（1933 年 2 月 18 日）。
② 《国立浙江大学校刊》第 126 期（1933 年 3 月 18 日）。
③ 引自《国立浙江大学校刊》第 126 期（1933 年 3 月 18 日）。
④ 《国立浙江大学校刊》第 142 期（1933 年 9 月 9 日）。

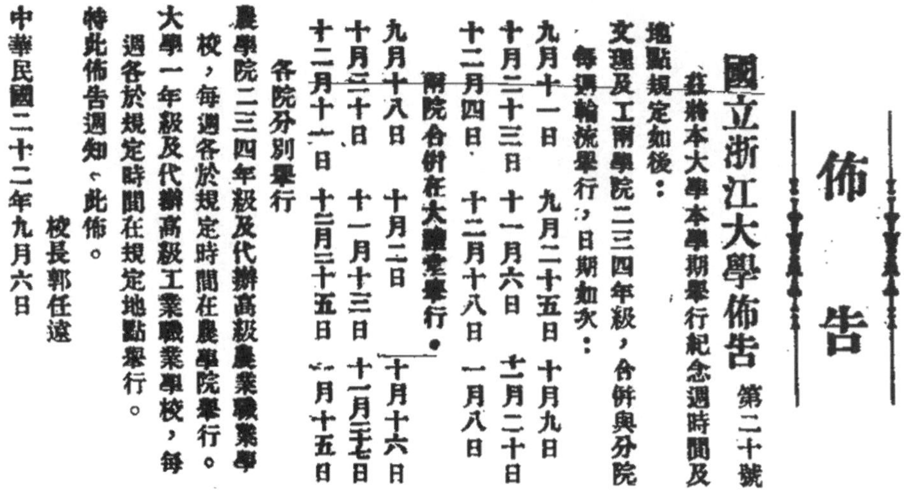

佈告

國立浙江大學佈告　第二十號

在將本大學本學期舉行紀念週時間及
地點規定如後：

交通及工兩學院二三四年級，合併與分院
每週輪流舉行；日期如次：

九月十一日　九月二十五日　十月九日
十月二十三日　十一月六日　十二月二十日
十二月四日　十二月十八日　一月八日

附院合併在大禮堂舉行。

各院分別舉行

九月十八日　十月二日　十月十六日
十月三十日　十一月十三日　十一月二十七日
十二月十一日　十二月二十五日　十五日

農學院二三四年級及代辦高級農業職業學
校，每週各於規定時間在農學院舉行。

大學一年級及代辦高級工業職業學校，每
週各於規定時間在規定地點舉行。

特此佈告週知。此佈。

　　　　　　　校長郭任遠

中華民國二十二年九月六日

图 9-1-8　《国立浙江大学校刊》登载 1933 年 9 月 6 日郭任远签发关于纪念周安排的布告[①]

3. 毕业式

在各项活动中，毕业典礼是最为隆重而热烈的，对学生意义非凡，学校也极为重视。对此，《校刊》多有浓墨重彩的报道。兹将《校刊》所载 1930 年至 1936 年 7 月之前的毕业典礼情况简述如下。

（1）第三届毕业典礼（1930 年 6 月 29 日）

当时浙江大学校长仍为蒋梦麟先生，但他兼任教育部长之职，无法前来参加，遂指派邵裴子副校长主持典礼。1930 年 6 月 29 日上午 9 时，毕业典礼开始。教育部派常务次长朱经农代表教育部致训词。此外，来宾还有中央研究院代表吴筱朋，浙江省党部代表朱家骅，委员许绍棣、叶溯中，候补委员叶凤虎，浙江省政府代表沈士远，浙江省教育厅长陈布雷，及各机关和学校代表等。浙江大学该年已经有三届毕业生，但前两届未举行仪式，故本届为第一次举行的较为隆重的典礼仪式。本年度工学院、农学院有毕业生，而文理学院尚无学生毕业。[②]

---

①　引自《国立浙江大学校刊》第 142 期（1933 年 9 月 9 日）。

②　《浙江大学校刊》第 19.20 期合刊（1930 年 7 月 5 日）。

畢業典禮紀詳

六月二十九日爲本大學舉行畢業典禮之期，先期柬請各機關觀禮，並呈部遴派代表訓話，已誌上期本刊。校長原擬請假返杭，親自主持此次畢業典禮，旋以京中不克分身，於廿六日電致祕書處託邵副校長代表，電文如下：

『雖不克來杭，一切由邵副校長主持。夢麟宥』

是日卽由邵副校長主席，教育部派常務次長朱經農代表致訓詞，此外來賓到者有中央研究院代表與筱朋，浙江省黨部代表朱家驊，委員許紹棣葉湖中，候補委員葉風虎，浙江省政府代表沈士遠，浙江敎育廳長陳布雷，及各機關各學校代表，本學職敎員學生等千餘人。會場在大禮堂。畢業儀式照預定秩序（見上期本刊）進行，自上午九時舉行直至十二時始畢。敎會後復參觀工學院展覽會，本大學並在俱樂部設宴招待與會來賓及敎職員云。

本大學畢業學生已有二屆，此次爲第三屆，但舉行儀式，此當爲第一次，故事前不能不稍事籌備。先期由祕書處請定各院處職敎員李喬恆、顧一橞、王均豪、陸佛農、劉懷淸、孫祥治、金公亮、施采韞、金宗齊、馬立峯、朱陶世、韋皓如、朱孔昭、戴少成、洪鐵琴、陳叔任任招待；並向保安處商借軍樂隊，於是日到校奏樂；向公路局租賃汽車數輛，分載農學院畢業生及全體職敎員學生進城。是日上午九時，來賓敎職員學生陸續到會，農院職敎員學生以邊處城外，到時稍遲。旋卽舉行畢業典禮，由邵副校長及秘書長陪同各代表入場就座，由樂隊奏樂，開會如儀。首由邵副校長致辭，次由工農兩院長報告畢業生成績；次教育部朱次長致訓詞；次中央研究院浙江省黨部浙江省政府各代表及浙江敎育廳長依次演說；復由主席致答詞；最後爲給發畢業文憑及獎品，畢業生魚貫登壇，由領隊者代表受領並攝影而散。茲將各人演說詞撮錄於下：......

图 9-1-9 《国立浙江大学校刊》登载 1930 年 6 月 29 日毕业典礼情况①

（2）第四届毕业典礼（1931 年 6 月 28 日）

1931 年 6 月 28 日，浙江大学举行第四届毕业式；根据《校刊》记载，毕业式定于 6 月 28 日上午 9 时在校大礼堂举行，其仪式程序如下：（一）开会，（二）奏乐，（三）全体肃立，（四）唱党歌，（五）向国旗、党旗及总理遗像行致敬礼（编者注：原文为"最敬礼"，恐误），（六）主席恭读总理遗嘱，（七）静默，（八）校长致辞，（九）院长报告，（十）来宾致辞，（十一）演说，（十二）发给毕业证书，（十三）奏乐，（十四）摄影，（十五）散会。②

---

① 引自《国立浙江大学校刊》第 19.20 期合刊（1930 年 7 月 5 日）。
② 《国立浙江大学校刊》第 59 期（1931 年 6 月 20 日）。

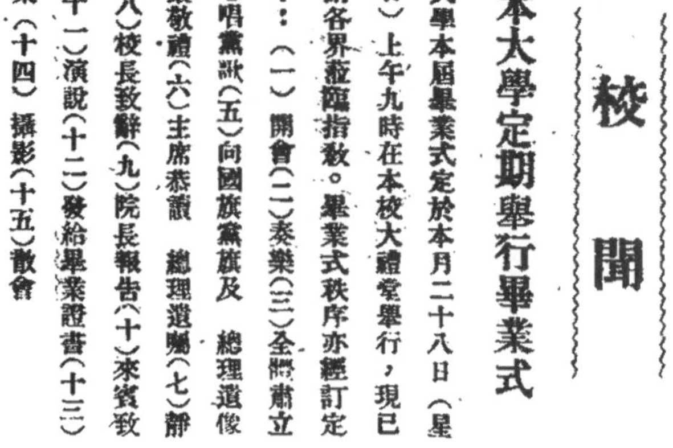
校聞

本大學定期舉行畢業式

本大學本屆畢業式定於本月二十八日（星期日）上午九時在本校大禮堂舉行，現已柬請各界蒞臨指教。畢業式秩序亦經訂定如下：（一）開會（二）奏樂（三）全體肅立（四）唱黨歌（五）向國旗黨旗及 總理遺像行最敬禮（六）主席恭讀 總理遺囑（七）靜默（八）校長致辭（九）院長報告（十）來賓致辭（十一）演說（十二）發給畢業證書（十三）奏樂（十四）攝影（十五）散會

图 9-1-10 《国立浙江大学校刊》登载 1931 年 6 月 28 日毕业式安排情况[①]

毕业典礼当天，参加者除本校全体员生外，来宾有浙江省党部执行委员陈希豪、许绍棣，浙江省政府主席张难先，浙江省建设厅厅长石瑛，教育厅秘书沈履、钱家治等，“济济一堂，颇极一时之盛。九时开会，行礼如仪后，首由校长致辞，继由各院院长报告，复由来宾陈希豪、石瑛及本校教师朱叔青等演说。复由校长发给毕业证书，同时并发给工学院体育奖品。及至十二时始告完毕，奏乐摄影散会”[②]。本年度尚无文理学院毕业生。

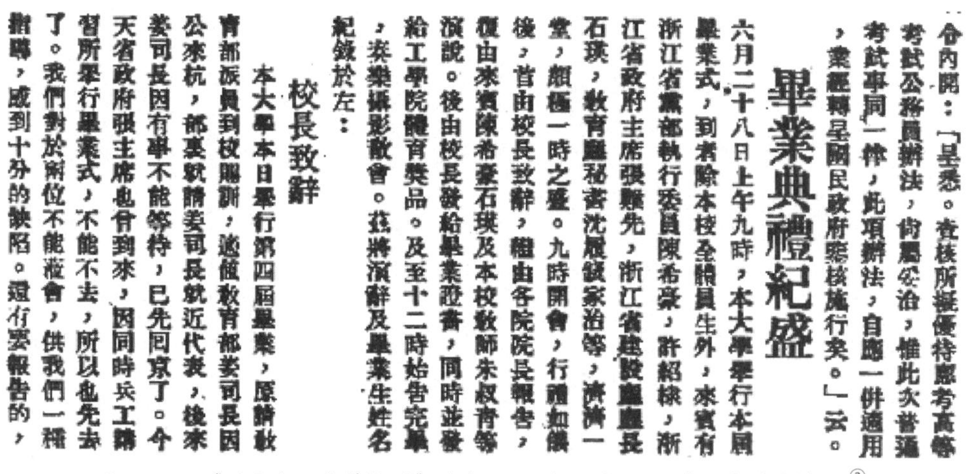
令內開：「呈悉。查核所擬優待應考高等考試公務員辦法，尚屬妥洽，惟此次普通考試事同一律，此項辦法，自應一併適用，業經轉呈國民政府察核施行矣。」云。

畢業典禮紀盛

六月二十八日上午九時，本大學舉行本屆畢業式，到者除本校全體員生外，來賓有浙江省黨部執行委員陳希豪，許紹棣，浙江省政府主席張難先，浙江省建設廳廳長石瑛，教育廳秘書沈履錢家治等，濟濟一堂，頗極一時之盛。九時開會，行禮如儀後，首由校長致辭，繼由各院院長報告，復由來賓陳希豪石瑛及本校教師朱叔青等演說。復由校長發給畢業證書，同時並發給工學院體育獎品。及至十二時始告完畢，奏樂攝影散會。茲將演辭及畢業生姓名紀錄於左：

校長致辭

本大學本日舉行第四屆畢業，原請教育部派員到校訓詞，適值教育部姜司長因公來杭，部裏就請姜司長就近代表，後來姜司長因有事不能等待，已先回京了。今天省政府張主席也曾到來，因同時兵工講習所舉行畢業式，不能不去，所以也先去了。我們對於兩位不能蒞會，供我們一種指導，感到十分的缺陷。這行要報告的，

图 9-1-11 《国立浙江大学校刊》登载 1931 年 6 月 28 日毕业式举办情况[③]

（3）第五届毕业典礼（1932 年 7 月 9 日）

1932 年 7 月 9 日，浙江大学举行第五届毕业式。本届毕业生是文理学院第一届毕业生，因此对文理学院格外具有意义。毕业典礼之前，程天放校长于 6 月 25 日下午 4 时，在大学俱乐部举行茶话会，欢送本届毕业同学。7 月 9 日的毕业典礼亦很早就开始准备，邀请教育部和省内官员参加；电请教育部届时派员莅校致词，教育部则安排浙江省教育厅厅长陈布雷代表教育部方面来校参加。[④]

① 引自《国立浙江大学校刊》第 59 期（1931 年 6 月 20 日）。
② 《国立浙江大学校刊》第 61 期（1931 年 7 月 4 日）。
③ 引自《国立浙江大学校刊》第 61 期（1931 年 7 月 4 日）。
④ 《国立浙江大学校刊》第 99 期（1932 年 7 月 2 日）。

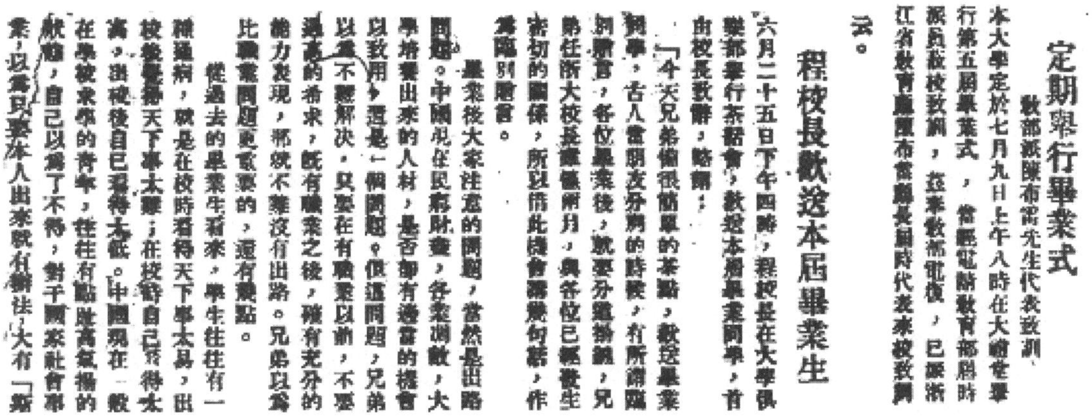

图 9-1-12　《国立浙江大学校刊》登载 1932 年 7 月 9 日毕业式安排情况 [1]

7 月 9 日上午 8 时，浙江大学第五届毕业式准时在大礼堂举行。教育部委派浙江省教育厅厅长陈布雷代表教育部致词，其他来宾有周骏彦、施调梅、吴竞清、朱重光、张行简、陈训慈、王冕毓、俞俊民、蔡绍牧等。"行礼如仪后，首由程校长致辞"，"继由各学院院长报告"，之后颁发文凭；然后由教育部代表陈布雷厅长致训词，"继由教职员代表致辞，语多勖勉，后由学生代表答辞表示谢忱"，"及至十时半遂摄影散会"。[2]

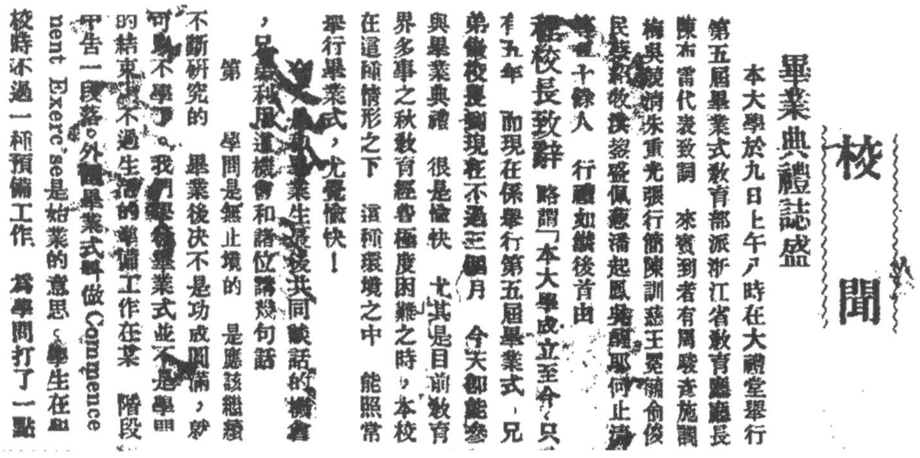

图 9-1-13　《国立浙江大学校刊》登载 1932 年 7 月 9 日毕业式举办情况 [3]

《校刊》报道中也详细介绍了毕业生的情况，将该届包括文理学院理科各系在内的毕业生名单一一列举：

数学系：周恒益；

物理学系：王谟显、蒋铭新、盛耕雨；

化学系：何紫玉、闵世型、斯芳；

---

① 引自《国立浙江大学校刊》第 99 期（1932 年 7 月 2 日）。
② 《国立浙江大学校刊》第 100 期（1932 年 7 月 9 日）。
③ 引自《国立浙江大学校刊》第 100 期（1932 年 7 月 9 日）。

并说明还有一些毕业生（包括心理学系朱壬葆）"因最后一部分时间在中央大学"及"北京大学借读"，"此两大学未能将各该生等成绩于举行毕业前报告学校，故九日不及发给毕业证书，应俟该项报告到后再行补给"[1]。

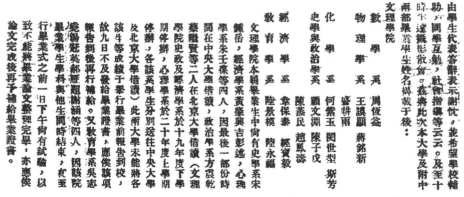

图 9-1-14 《国立浙江大学校刊》登载 1932 年 7 月的毕业生情况 [2]

之后，在当年 12 月的《校刊》上，则刊出了完整的文理学院 1932 年 7 月毕业的学生名单以及毕业后的去向（编者注：当时习惯以年度来称谓，一般称为"二十年度毕业生"；该年度时间段为 1931-08—1932-07，故该年度毕业生实际于二十一年即 1932 年 7 月毕业）。该名单中毕业生名字有所增加（如数学系增加了孙泽瀛等）。[3]

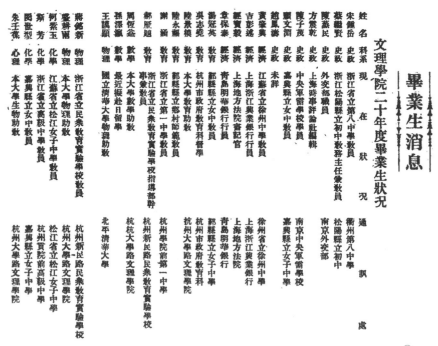

图 9-1-15 《国立浙江大学校刊》登载 1932 年 7 月的毕业生较完整的名单 [4]

---

① 《国立浙江大学校刊》第 100 期（1932 年 7 月 9 日）。
② 引自《国立浙江大学校刊》第 100 期（1932 年 7 月 9 日）。
③ 《国立浙江大学校刊》第 117 期（1932 年 12 月 24 日）。
④ 引自《国立浙江大学校刊》第 117 期（1932 年 12 月 24 日）。

从这份名单来看，1932 年 7 月的第一批文理学院理科毕业生共 9 位，除了数学系的孙泽瀛赴日留学，物理学系的蒋铭新和化学系的何紫玉、斯芳、闵世型在中学任教外，其余 4 位都在高校担任助教（其中，周恒益留数学系，盛耕雨留物理学系，朱壬葆留生物学系，王谟显则至清华大学物理学系）。

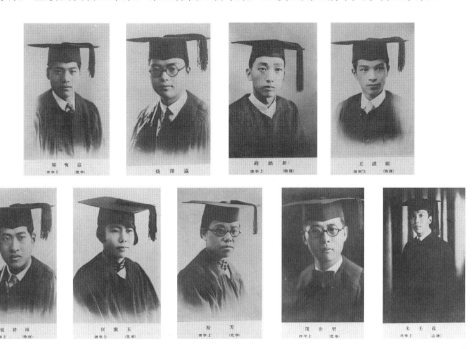

图 9-1-16 《国立浙江大学文理学院第一届毕业纪念刊》所载 1932 年 7 月理科各系的毕业生照片[①]

（4）第六届毕业典礼（1933 年 6 月 28 日）

1933 年 6 月 28 日，浙江大学举行第六届毕业典礼，该届是郭任远长校后的第一届毕业生，也是文理学院的第二届毕业生。教育部安排浙江省教育厅厅长陈布雷代表教育部方面来校参加。具体典礼程序与前一年大致相同。[②]

校聞

畢業典禮誌盛

本大學於六月二十八日上午八時在大禮堂舉行大學部第六屆暨代辦浙江省立高級工科農科中學第一屆畢業典禮，到者有教育部代表陳布雷廳長及來賓百餘人，本校全體教職員學生均出席。是日秩序一、開會，二、奏樂，三、全體肅立，四、唱黨歌，五、向國旗黨旗行最敬禮，六、主席恭讀 總理遺囑，七、校長致辭，八、院長報告，九、給憑，十、教育部代表訓辭，十一、浙江省教育廳長訓辭，十二、來賓惠辭，十三、教職員代表致辭，十四、畢業生答辭，十五奏樂，十六攝影，十七、散會。行禮如儀後，首由

校長致辭 其要旨爲各同學畢業後入社會做事，應改造環境，不可被環境所克服。次由院長報告成績，校長給憑後，即請教育部代表

陳廳長辭訓 大致計分三點：

一、努力社會工作 略謂當此國難嚴重之

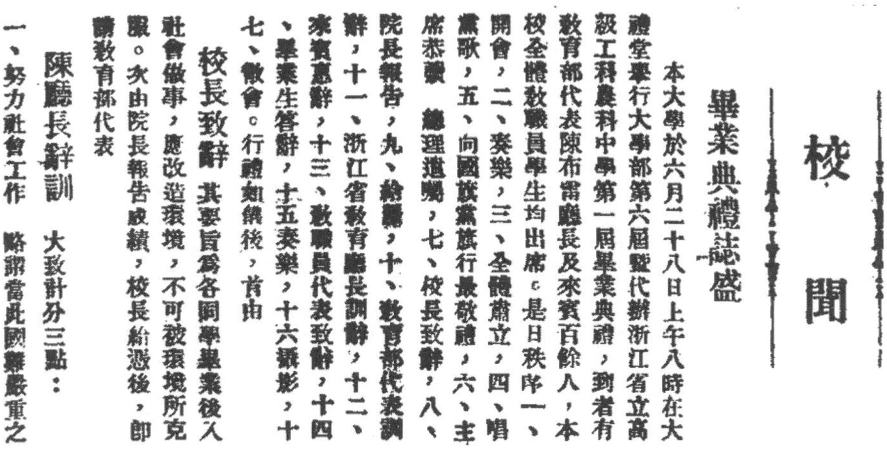

图 9-1-17 《国立浙江大学校刊》登载 1933 年 6 月 28 日的毕业典礼情况[③]

---

① 引自《国立浙江大学文理学院第一届毕业纪念刊》，1932 年 7 月，第 75-83 页。

② 《国立浙江大学校刊》第 140 期（1933 年 7 月 1 日）。

③ 引自《国立浙江大学校刊》第 140 期（1933 年 7 月 1 日）。

《校刊》也登载了该届毕业生的名单（即文理学院第二届毕业生），文理学院的理科毕业生包括：

数学系：冯乃谦、许国容、方德植；

物理学系：庄鸣山、孙承樑、张思僚、斯何晚、任树德、张有清；

化学系：闵世俊、王以德、王时才、缪纪生；

生物学系（实验生物组）：郁永侊。①

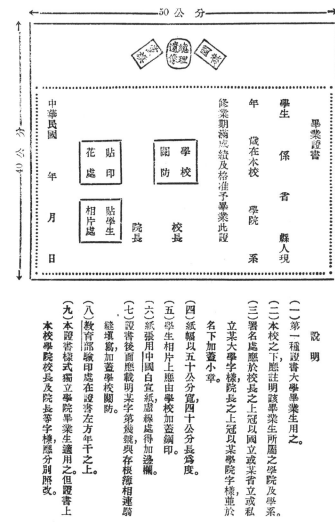

图 9-1-18　1933 年 6 月教育部公布的《学校毕业证书规程》中所附大学毕业证书样式②

（5）第七届毕业典礼（1934 年 6 月 28 日）

1934 年 6 月 28 日，浙江大学举行第七届毕业典礼，该届是文理学院的第三届毕业生。教育部安排浙江省教育厅厅长叶溯中代表教育部方面来校参加。③毕业典礼当天上午 9 时在秘书处大礼堂

---

① 《国立浙江大学校刊》第 140 期（1933 年 7 月 1 日）。

② 引自《第一次中国教育年鉴·乙编·教育法规》（教育部教育年鉴编辑委员会编，上海：开明书店，1934 年）第 89 页。

③ 《国立浙江大学校刊》第 178 期（1934 年 6 月 23 日）。

举行，郭任远主持。首先，校长郭任远致辞，报告毕业人数，计三学院共 96 人，其中，甲等 18 人，乙等 70 人，丙等 11 人。之后，由来宾、教师、学生等各方面代表致辞，依次为：教育部代表、浙江省教育厅厅长叶溯中先生，浙江省政府代表张衡先生，浙江省立图书馆馆长陈训慈先生，本校教师代表郑晓沧先生。最后，由毕业生代表黄祥懋（编者注：也作"黄祥枓"）致答辞。其中，浙江省政府代表张衡先生的致辞最为简短，但言简意赅，提及"道贺之际，照例应送礼物。我的礼物，就是以下三句话"：

（一）保持向上的精神；
（二）抱定积极的态度；
（三）存有服务的观念。

其后，奏乐、合影毕，礼成。①

图 9-1-19　《国立浙江大学校刊》登载 1934 年 6 月 28 日将要举行毕业典礼的消息②

《校刊》所载本届文理学院理科各系毕业学生如下：

数学系：黄祥懋（编者注：也作"黄祥枓"），夏守岱，金再鑫；
化学系：李世瑨，孙祥鹏；
物理学系：黄缘炘。③

（6）第八届毕业典礼（1935 年 6 月 22 日）

1935 年 6 月 22 日，浙江大学举行第八届毕业典礼④，该届是文理学院的第四届毕业生。因紧接着即放暑假，《校刊》休刊，所以未见详细报道。

---

① 《国立浙江大学校刊》第 180 期（1934 年 7 月 7 日）。
② 引自《国立浙江大学校刊》第 178 期（1934 年 6 月 23 日）。
③ 《国立浙江大学校刊》第 180 期（1934 年 7 月 7 日）。
④ 《国立浙江大学校刊》第 217 期（1935 年 6 月 15 日），第 218 期（1935 年 6 月 22 日）。

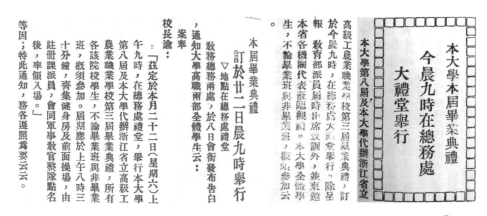

图 9-1-20　《国立浙江大学校刊》登载 1935 年 6 月 22 日举行毕业典礼的消息 ①

（7）第九届毕业典礼（1936 年 6 月 18 日）

1936 年 6 月 18 日，浙江大学在经历了上一学期的动荡之后，迎来了竺可桢先生长校后的第一个毕业典礼，也是浙江大学第九届毕业典礼。与此前的毕业典礼一样，先由学校呈请教育部派员参加致训词，教育部回复请校长竺可桢代表教育部致训。该日上午 9 时，在大礼堂隆重举行；浙江省政府主席黄绍竑，教育厅厅长许绍棣等参会致辞，之江大学校长李浩培等亦致贺。最后由学生代表江希明致答辞。②

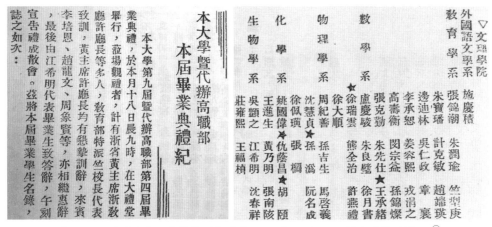

图 9-1-21　《国立浙江大学校刊》登载 1936 年 6 月 18 日毕业典礼的情况 ③

《校刊》所载本届文理学院理科各系毕业学生如下：

数学系：卢庆骏，朱良璧，徐月书，徐瑞云（优等），熊全治，许燕礼，徐大顺；
物理学系：周纪善，孙吉生，马启义，沈慧贞，孙沩（优等），阮名成，徐佩璜，张枫；
化学系：姚国伟，仇荫昌（优等），胡颐（优等），王进生，黄乃明，张南陔；
生物学系：吴颙之，江希明，沈春祥，庄雍熙，王福桢。④

---

① 引自《国立浙江大学校刊》第 217 期（1935 年 6 月 15 日）、第 218 期（1935 年 6 月 22 日）。
② 《国立浙江大学校刊》第 254 期（1936 年 6 月 20 日）。
③ 引自《国立浙江大学校刊》第 254 期（1936 年 6 月 20 日）。
④ 《国立浙江大学校刊》第 254 期（1936 年 6 月 20 日）。

4. 运动会

浙江大学正式举办运动会是在郭任远长校之后。1934 年 3 月，在秘书处体育课第三次课务会议上，决定浙江大学第一届运动会于 4 月 7 日举行。[①]

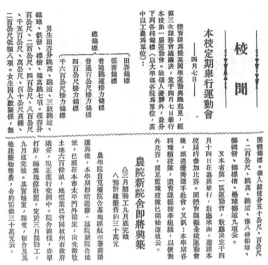

图 9-1-22 《国立浙江大学校刊》登载 1934 年 3 月体育课课务会议决定举行运动会的报道[②]

4 月 7 日，国立浙江大学第一届运动会如期举行。上午 8 时，在刀茅巷运动场举行开幕式，由会长郭任远致辞。运动会事先组成了组织机构，也制定了体育比赛的秩序。该届运动会为期一天。[③]

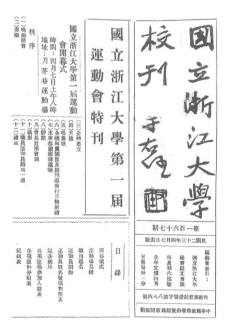

图 9-1-23 《国立浙江大学校刊》登载 1936 年 4 月 7 日第一届运动会情况[④]

[①]《国立浙江大学校刊》第 162 期（1934 年 3 月 3 日）。

[②] 引自《国立浙江大学校刊》第 162 期（1934 年 3 月 3 日）。

[③]《国立浙江大学校刊》第 167 期（1934 年 4 月 7 日）。

[④] 引自《国立浙江大学校刊》第 167 期（1934 年 4 月 7 日）。

此后，每年 4 月份，浙江大学均举行运动会，如第二届于 1935 年 4 月 27—28 日举行（郭任远校长主持）[1]，第三届于 1936 年 5 月 1—2 日举行（竺可桢校长主持）[2]。当时的《校刊》均有详细报道。

（二）其他临时性的活动

1. 校外——参加"第四届全国运动会"及浙江省运动会情况

20 世纪的 20 年代末与 30 年代初，杭州曾举办了两件轰动全国体坛的大事，即 1929 年 11 月在通江桥旧抚署举行的"全国武术擂台赛"及 1930 年 4 月于梅登高桥畔"大运动场"举行的"民国第四届全国运动会"。关于"第四届全国运动会"的情况，据有关记载：

民国以来，已开过三届"全运会"。但这三届"全运会"所有的组织、裁判等工作，均由外国人担任，国内体育界对此早有意见。1929 年 4 月，教育部公布《国民体育法》，决定是年下半年举办"民国第四届全运会"，各项组织工作均由国人自任。国民党要员戴季陶为此著文《由中国历史文化上见到的教育意义》指出：全运会"由中央政府发起、主持，这次第四届要算第一回"。中央政府又专门通电各省："奉中央政治会议 193 次决议，聘任蒋中正为大会名誉会长，戴传贤为正会长，张人杰、何应钦为副会长，朱家骅为筹备主任……"因浙江省 1929 年要在杭州举行盛大的"西湖博览会"，经力争把会址设在杭州，以期与"博览会"共办而相互增辉。只因首次由国人自己筹组大规模的全运会，各方面有相当难度，经商讨后把会期推迟半年，改在 1930 年 4 月举行。

1929 年 9 月，"第四届全运会筹备处"的牌子在马坡巷"省自治专校"门口挂出。杭市体育界著名人士舒鸿（编者注：时为之江大学体育主任）与市党政军警各界要员，均参加了筹备工作。大会经费原定 26 万元，后又减为 15.5 万元，其中浙江省出 10 万，中央及部分省、市赞助 5.5 万。运动场址选定梅登高桥东边原清军大营盘基地。该场东西长 380 米、南北宽 243 米，面积约 150 亩。前后费银 4.4 万元，建成田径场、足球场、排球场、网球场各一，各场间以竹篱相隔，均建有木质看台，共可容纳观众万余。游泳比赛场地一时不及赶建，商定借用之江大学游泳池。

1930 年 4 月 1 日，"民国第四届全运会"在杭州隆重开幕。与会者有 14 省、市及各地华侨的代表队共 22 个、1707 人（男 1209、女 498），规模远超前三届。其中浙江派出 125 人"大团"，人数居全国各省第四。

开幕典礼中，上空飞机翱翔散发传单，地面军乐声阵阵，杭市小学生集队齐唱欢迎歌，并表演了 5000 人的大型欢迎操。中央政府主席蒋中正，国民党中央代表邵元冲，中委吴稚晖，褚民谊，外长王正廷，财长宋子文，中央研究院总干长杨杏佛，海军次长陈绍宽，工商次长穆湘玥及大会会长戴传贤，副会长张人杰、朱家骅等登主席台就座。其间，蒋中正先后两次下主席台走到会场正中，于摄影台上作了即席讲话。当天下午 6 时，他偕夫人宋美龄在西湖蒋庄设茶点招待各地代

---

[1] 《国立浙江大学校刊》第 209 期（1935 年 4 月 20 日）。
[2] 《国立浙江大学校刊》第 247 期（1935 年 5 月 2 日）、第 248 期（1935 年 5 月 9 日）。

表 70 余人；7 时后，复在西湖大会堂举行欢迎会，运动员及工作人员 2000 余齐到场，蒋氏再致欢迎词。

国民党党政要人如林森、何应钦、陈果夫、蔡元培、蒋梦麟、于右任等，开幕式后也先后到会参观、讲话。蔡元培致词略云："运动有两种意义，一在人类身体健康，一是人类竞争状况。"他还鼓励运动员们胜不骄，败不馁，以"参与即为荣"，给运动员们留下深刻印象。

4 月 1 日下午 1 时，运动会各比赛项目分别展开，一扫前三届"全运会"上那种洋人到处颐指气使，国人深感屈辱的情况。裁判等工作全由国人井然有序地进行。比赛至 10 日结束。第四届全运会开得热烈、圆满、周到，获得前后来观赛的 13 万余人一致赞扬。

浙江省与杭州市先在 3 月份举办了"浙江首届省运会"，为本省选练"全四运"精兵，以期在"全四运"中占地利、抢得名次。岂知虽出"雄兵"125 人，参加了男女田径、篮、排、足、网球及游泳等多项竞赛，却未获一个名次，落个"全军覆没"。①

浙江大学师生积极参加了民国第四届全国运动会。当年 2 月份，即开始筹备，如在《校刊》上印发"全国运动大会运动项目"情况，同时，还制定了统一的学生制服帽章式样等。②

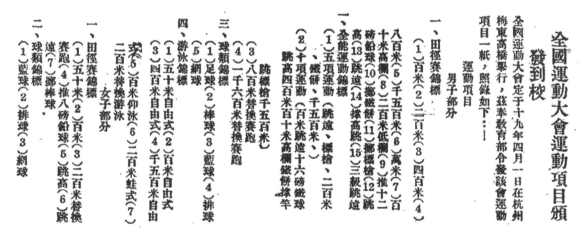

图 9-1-24　《国立浙江大学校刊》登载 1930 年的全国运动大会消息③

---

① 陈心平：《杭州体坛两盛事》，杭州市政协文史委编：《杭州文史丛编：5（文化艺术卷）》，杭州：杭州出版社，2002 年，第 490-492 页。

② 《国立浙江大学校刊》第 1 期（1930 年 2 月 22 日）。

③ 引自《国立浙江大学校刊》第 1 期（1930 年 2 月 22 日）。

國立浙江大學學生制服帽章式樣

蓝地白字

图 9-1-25　《国立浙江大学校刊》登载 1930 年的浙江大学学生制服帽章式样 [1]

当年 3 月 16 日，浙江大学组织学生参加了"浙江全省运动会"，为此，专门制定了《本大学参加浙江全省运动会办法》。[2] 文理学院学生于是日参观了全省运动会第一天的比赛情况，据《校刊》报道："本月十六日为全省运动会开会第一日，是日适值星期，文理学院学生团体于上午八时，穿着制服，佩戴徽章，整队赴梅东高桥大会场参观，至傍午返院。"[3]

本大學參加浙江全省運動會辦法

浙江全省運動會定於三月十六日在本市梅東高橋舉行，本大學已決定參加。經體育委員會第二次常會議決參加辦法十條，茲將辦法錄下：

1. 以本大學名義參加。

2. 足球隊以農學院選手爲基本，籃球隊以工學院選手爲基本，排球隊以文理學院選手爲基本，加入其他各學院選手組織之。

3. 各球隊選手，由各學院體育主任，按照體育隊規則初次選手，再由指導員決定最終參加之選手。

4. 足球隊推傅王福照先生爲指導員，籃球隊推傅五喬先生爲指導員，排球隊推徐英超先生爲指導員。

5. 文理學院、工學院、足球初次選手，於三月二日上午八時在本大學門午侯乘汽車各回本院。乘汽車赴農學院。農學院選手於三月九日上午八時起舉行比賽選手，於三月九日本院網球場。田徑、全能比賽地點假

6. 網球比賽地點，在文理學院、工學院網球場。田徑、全能比賽地點假定公衆運動場。

7. 網球比賽選手，即乘原車來文理學院，候指導員決定最終參加之選手。午騰由各學院供給，下

8. 網球與賽人數，每學院至多以十二人爲限，田徑、全能，自由報名。

9. 網球、田徑、全能與賽人報名期，於三月三日截止。

10. 關於網球比賽一切事項，推袁教禮先生主持；關於田徑、全能比賽一切事項，推張子常先生主持。

图 9-1-26　《国立浙江大学校刊》登载 1930 年的浙江省运动会消息 [4]

其后，又组织各学院参加了 4 月 1 日开始的第四届全国运动会。据《校刊》报道，学校专门休课两日，"俾教职员、学生赴会参观"。

---

① 引自《国立浙江大学校刊》第 1 期（1930 年 2 月 22 日）。
② 《国立浙江大学校刊》第 2 期（1930 年 3 月 1 日）。
③ 《国立浙江大学校刊》第 6 期（1930 年 3 月 29 日）。
④ 引自《国立浙江大学校刊》第 2 期（1930 年 3 月 1 日）。

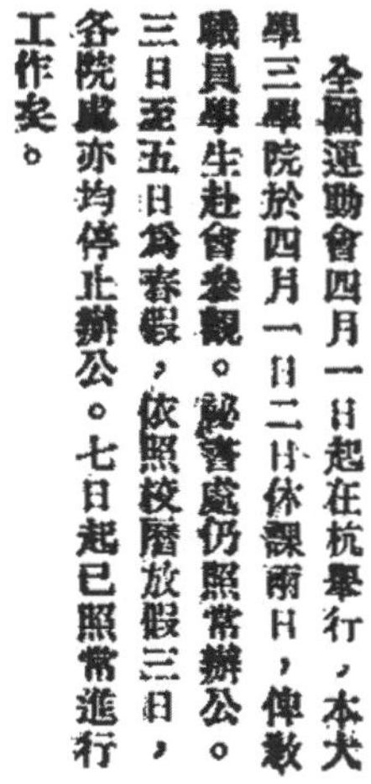

參觀運動會與放假

全國運動會四月一日起在杭舉行，本大學三學院於四月一日二日休課兩日，俾教職員學生赴會參觀。祕書處仍照常辦公。三日至五日為春假，依照校曆放假三日，各院處亦均停止辦公。七日起已照常進行工作矣。

图 9-1-27 《国立浙江大学校刊》登载 1930 年 4 月浙大师生参加全国运动会的报道[①]

4 月 7 日，在春假结束后文理学院的纪念周报告中，邵裴子院长专门提及浙江大学参加全运会的情况 ：“此次全国运动会的成绩，据一般观察，南部北部都好，而中部的浙江成绩最弱，此皆因平素缺少注意 ；这也是早在我们预料中的结果。但是此后自应当急起直追，以改变浙江从来在体育上的地位。” 并进而希望 ：“明年的全国运动会，预定在南京举行，我希望彼时我们可以去参加。”[②]

文理學院

紀念週報告

四月七日

主席 邵院長

開會如儀

報告

閻馮的軍隊，據報上所載，已有侵入曹縣一帶的。退出開封，是中央的預定策略，將來徐州附近，或許有重要的戰爭，這是中央的方略，引他們出來再聚而殲之。看蔣主席以如彼負責的地位，此次會有從寧來杭參加全國運動大會的餘暇，至少可以表示中央對于此次事變，不但是有成算，並且已有把握。又據說，閻馮對于黨的態度，甚不一致。此外，又有馮部密謀反側的消息。此種消息，雖尚待事實證明，未能遽信；但照閻馮二人平素性行看來，其不能真正合作，也是在情理之中的。

上海臨時法院業已正式改組，中國新辦法業亦已發布，也是兩件可以注意的事情。下次紀念週，擬請本學院經濟學副教授[illegible]先生報告金貴銀賤問題及對于新辦法意見。

此次全國運動會的成績，據一般觀察，南部北部都好，而中部的浙江成績最弱，此皆因平素缺少注意；這也是早在我們預料中的結果。但是此後自應當急起直追，以改變浙江從來在體育上的地位。明年的全國運動會，預定在南京舉行，我希望彼時我們可以去參加。

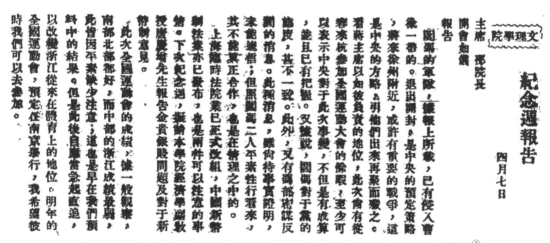

图 9-1-28 《国立浙江大学校刊》登载 1930 年 4 月纪念周邵裴子报告的情况[③]

2. 校内——文理学院师生交谊会及学生团体的各种活动

学校内部则各种活动更加多样，如师生交谊会，学生会及学生自治会（包括各分支机构），各种学会、级会等组织的活动等（学生团体的活动详见本章第三节）。

1932 年 12 月 10 日，文理学院师生于下午 7 时在秘书处大礼堂举行师生交谊会，到会者有师生 200 余人，“于辉煌灿烂之下，济济一堂，极一时之盛。开会时，首由主席庄鸣山，报告开会意义。

① 引自《国立浙江大学校刊》第 7 期（1930 年 4 月 5 日）。

② 《国立浙江大学校刊》第 7 期（1930 年 4 月 12 日）。

③ 引自《国立浙江大学校刊》第 7 期（1930 年 4 月 12 日）。

报告毕，由各同学奏演钢琴、口琴、京剧等类游艺，嗣即分散茶点，自由谈笑。旋请邵院长训词，词毕复继续游艺表演。是日奏演节目，计三十余种，直至十时始尽兴而散云"。①

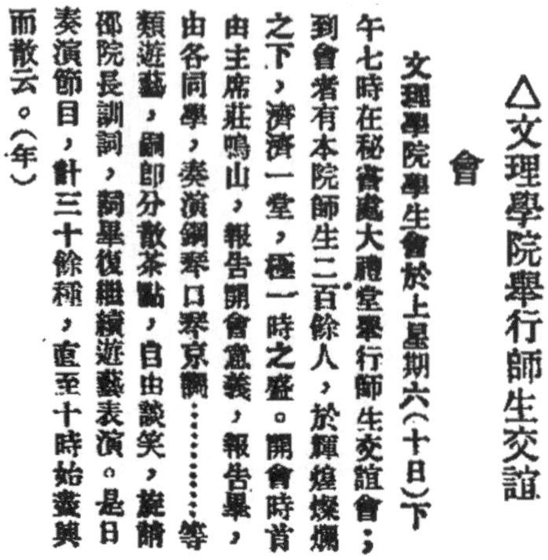

图 9-1-29 《国立浙江大学校刊》登载文理学院师生交谊会的报道 ②

物理学会、化学会等学生组织的学会，除了举行学术性活动外，也举办远足、郊游等活动。1932 年 10 月 9 日，物理学会组织了赴莫干山的旅行活动：

本月九日，适值星期，物理学会会员作莫干山之游。参加者为张绍忠、朱福炘、李立爱、郑一善、戴学炽诸先生，暨同学张有清、孙承梁（编者注：也作"孙承樑"）、黄缘炘、羊锡康、王善同、王惠熺、宋兆丰（编者注：原文为"立"，恐误）、姜朗、张枫、阮名成、孙沩、沈慧贞、王以德、卢庆骏、李曙等，合计二十人。事前曾向公路局租用大客车一辆，于是日晨七时，汽车停在本大学第一宿舍门口，参加者遂相继上车。车即向莫干山开行，约过一小时半，车至莫干山麓。下车后，自旧路步行上山，沿途丛林，风景殊为幽静。十二时，至菜根香旅馆，进茶略憩后，即循瀑布路面至山谷中，约二三里，忽闻水声；拾级下，为剑池，传系古时干将、莫邪夫妇磨剑之处。有泉水自山倾注湖中，所闻水声，即此也。过剑池，峰回路转，二峰之间，瀑布在焉。白练悬空，琼珠飞溅。阳光直射其上，幻成异彩。俗称之虹（Rainbow，亦反映岩上，此虹之位置，可随人目之高低而上下，不啻一绝佳之物理实验也）。瀑布游后，重返旅馆，进午膳。午后，又循山径而上，途过芦花荡，有贮水池一，铁管三，山中泉水自铁管注入池中，风景虽无可取，而水泉清澈，闻亦为名胜之一云。过芦花荡，行行重行行，至塔山，为莫干山之最高峰，上有亭，旁植花卉。在此俯瞰，群山尽在我下。且传太湖、钱江，亦顾盼可得。惟是日烟雾颇重，所谓太湖、钱江，仅可于渺茫中想象之耳。在此处浏览颇久，直待日已西斜，始相率下山。沿途曾游其他名胜，唯为时已晚，不敢久留。于此暮色苍茫中，闲行于山谷间，遥见半轮明月，出自东山，与将下之落日相映，别饶风趣。六时一刻，始至山麓之莫干山车站，急登原车返校，已万家灯光，钟敲八下矣。（韦希）③

---

① 《国立浙江大学校刊》第 116 期（1932 年 12 月 17 日）。

② 引自《国立浙江大学校刊》第 116 期（1932 年 12 月 17 日）。

③ 《国立浙江大学校刊》第 108 期（1932 年 10 月 22 日）。

△物理學會旅行莫干山

本月九日，適值星期，物理學會會員作莫干山之遊。參加者爲張紹忠，朱福炘諸先生，物理學會會員諸有涛，孫承諤，黃羣炘，李立葵，郎一華，王惠炘，宋兆立，姜　朗，張　楫，阮名成，孫　潙，沈慧貞，王以德，盧慶峻，李　璐等，合計二十八人。事前曾向公路局租用大客車一輛，于是日晨七時，參加者陸相聯上車。車却向莫干山開行，約過一小時半，車至莫干山麓。下車後，自舊路步行上山，沿途藂林，風景殊爲幽靜。十二時，至荼根香旅館，遵荼路慈後，即循溪布路面進山谷中，約二三里，忽聞水聲。拾級下，爲劍池。有泉水自山傾注池中，所謂水簾之處。過劍池，迤邐過無轉。二峯之間，瀑布在在焉。白練懸空，飛珠濺玉，陽光直射其上，幻成異彩。俗稱之虹（Rainbow）者是也。

亦反映岩上，不雪一絕佳之物理實驗也。高低而上下。且傅太湖錢江之面進後，重返旅館，進午膳。午後，又循山徑而上，迤過蘆花蕩，有貯水池一云。有泉水自山傾注池中，鐵管三，山中泉水自瀉管注入池中，風景殊無可取。行行重行行，至塔山。湖錢江，隱可平靜茫茫中想像之耳。在此處，一望無際，直待日已西斜，船相率下山。瀏覺頗久，雖將時已晚，不敢久留。於此畧省遊其他名勝，雖賽色蒼茫中，開行于山谷間，遙見牢輪明月，出自冀山，將下之落日相映，別饒風趣—六時一刻，始至山麓之莫干山車站，急駛原車返校，已萬家燈光。（草希）

图 9-1-30　《国立浙江大学校刊》登载文理学院物理学会活动的报道 [1]

第二节　文理学院教师的课余活动与日常生活

教师的课余时间，主要以参加国内外学术活动为主，已如前述。校内，也主要是指导学生学习和参加各种师生互动的活动，自身单独的活动相对学生群体而言，并不是非常丰富。但就教师个人而言，当然各有其自身多样的生活和活动。从能够看到的材料来看，大体可分为两个方面，一方面，教师群体有自己的社团等组织，另一方面，教师个人的日常生活也是丰富多彩的。

一、教师的团体组织及活动

教师的社团，除了学校正式组建的官方性的各种委员会外（体现教授治校精神），教师自身也组织有相关的学会、研究会，以及各种出于兴趣或爱好而结成的组织。浙江大学及文理学院的教师群体当然也是这样的情况，但这方面现存材料较少。现能够看到记载的，如 1929 年 12 月 26 日，文理学院部分公共课教师及负责训育工作的教师成立了"文理学院教职员党义研究会" [2]，制定了"文理学院教职员党义研究会暂行规程" [3]，选举了领导人员（"干事"），规定了活动方式等。

---

① 引自《国立浙江大学校刊》第 108 期（1932 年 10 月 22 日）。
② 《国立浙江大学校刊》第 5 期（1930 年 3 月 22 日）。
③ 《国立浙江大学校刊》第 6 期（1930 年 3 月 29 日）。

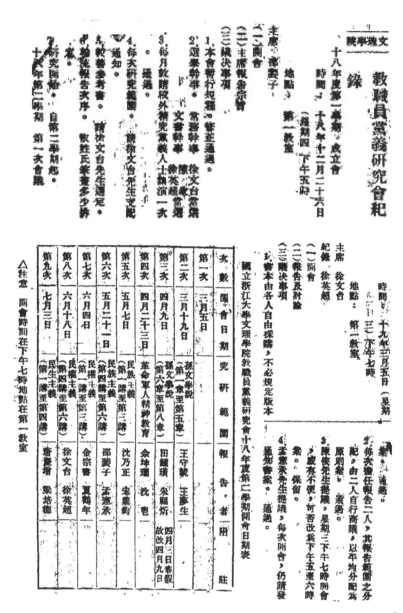

图 9-2-1　《国立浙江大学校刊》登载文理学院教职员党义研究会成立的报道[①]

此外，学校还举行教职员的茶叙、宴会等活动。例如，1933 年 2 月新学期开始后，学校定于 2 月 15 日起，"分期举行教职员茶叙"，安排校、院领导及有关行政部门负责人担任招待，分批招待各院及行政部门的教职员，并排定日程；其中，文理学院排在 2 月 15 日。[②]

---

① 引自《国立浙江大学校刊》第 5 期（1930 年 3 月 22 日）。

② 《国立浙江大学校刊》第 122 期（1933 年 2 月 18 日）。

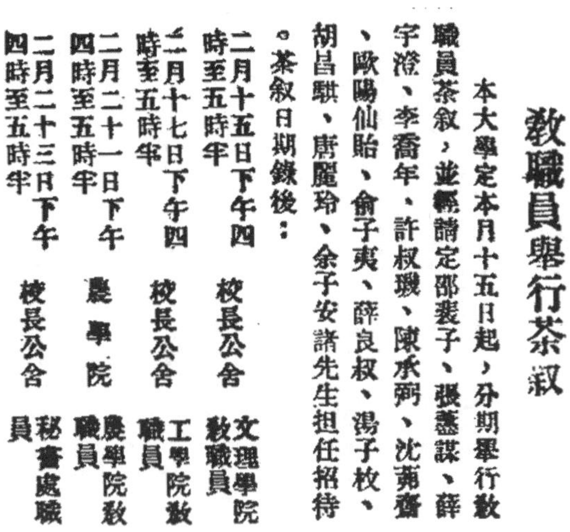

教職員舉行茶敘

本大學定本月十五日起，分期舉行教職員茶敘，並經訂定邵裴子、張蕙謀、薛宇澄、李喬年、許叔璣、陳承泗、沈荊齋、歐陽仙貽、俞子夷、薛良叔、湯子枚、胡昌職、唐麗玲、余子安諸先生擔任招待。茶敘日期錄後：

二月十五日下午四時至五時半　　校長公舍　　文理學院教職員

二月十七日下午四時至五時半　　校長公舍　　工學院教職員

二月二十一日下午四時至五時半　　農學院　　農學院教職員

二月二十三日下午四時至五時半　　校長公舍　　秘書處職員

图 9-2-2　《国立浙江大学校刊》登载浙江大学举行教职员茶叙的报道[1]

1934 年 4 月 6 日，"郭校长为联络感情、促进交谊起见"，特意于该日下午 6 时在秘书处大礼堂，"欢宴本大学全体教职员"，"并装无线电收音机一座，广播音乐，以娱来宾。本大学教职员几乎（编者注：原文为"于"，恐误）全体赴宴，济济一堂，盛况无两"，至晚上 10 时结束。[2]

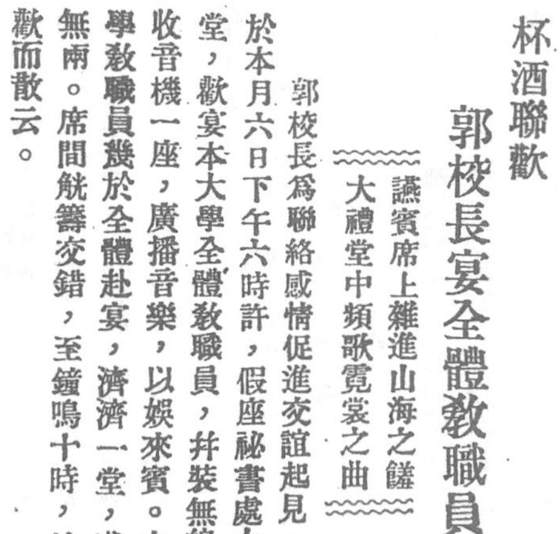

杯酒聯歡
郭校長宴全體教職員
　　謊賓席上雜進山海之饈
　　大禮堂中頻歌霓裳之曲

郭校長為聯絡感情促進交誼起見，特於本月六日下午六時許，假座秘書處大禮堂，歡宴本大學全體教職員，幷裝無線電收音機一座，廣播音樂，以娛來賓。本大學教職員幾於全體赴宴，濟濟一堂，盛況無兩。席間觥籌交錯，至鐘鳴十時，始盡歡而散云。

图 9-2-3　《国立浙江大学校刊》登载郭任远校长宴请全体教职员的报道[3]

文理学院自身也组织院内教师的交谊会等活动。1933 年 3 月 1 日下午 7 时，文理学院在校长公舍举行全体副教授和讲师参加的交谊会，出席者有：程寰西、钱琢如、孟宪承、苏叔岳、郑晓沧、张荩谋、吴士栋、沈有乾、苏步青、陈之霖、程伯商、郦堃厚、佘坤珊、周学善诸人和贝时璋夫妇，来宾主要是学校行政机构和公共课的教职员，如沈荊斋秘书长夫妇，薛良叔先生，唐丽玲、余子安、张克丽女士和陈洛西先生等。首先，由"主席程寰西先生报告慰劳东北义勇军牛肉，已经运送前方，

---

① 引自《国立浙江大学校刊》第 122 期（1933 年 2 月 18 日）。

② 《国立浙江大学校刊》第 168 期（1934 年 4 月 14 日）。

③ 引自《国立浙江大学校刊》第 168 期（1934 年 4 月 14 日）。

及关于国民政府航空捐情形与各项会务”，之后即游艺表演，许多老师表演了丰富多彩的节目，包括钱宝琮先生的“二十七卦探背图”，唐丽玲女士的“捉鼻穿耳”，以及许多老师讲的笑话等，“又有陈之霖先生之公子陈洛西君之跳舞唱歌，唐丽玲女士薛良叔先生之太极拳，表演精彩，观者无不赞美”。①

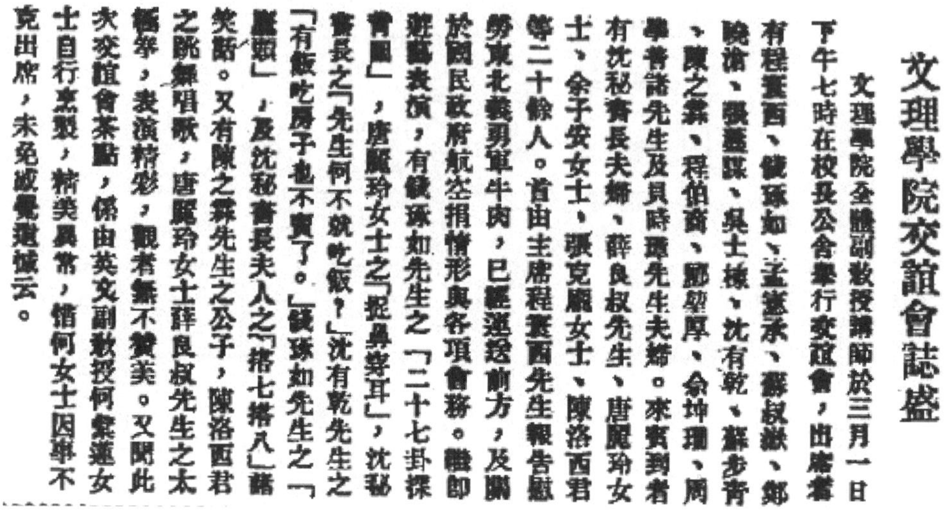

文理學院交誼會誌盛

文理學院全體副教授講師於三月一日下午七時在校長公舍舉行交誼會，出席者有程寰西、錢琢如、孟憲承、薛叔嶽、鄭曉滄、張蓋謀、吳士棟、沈有乾、蘇步青、陳之霖、程伯商、酈堃厚、佘坤珊、周學普諸先生及貝時璋先生夫婦。來賓到者有沈秘書長夫婦、薛良叔先生、唐麗玲女士、余子安女士、張克麗女士、陳洛西君等二十餘人。首由主席程寰西先生報告慰勞東北義勇軍牛肉，已經運送前方，及關於國民政府航空捐情形與各項會務。繼即遊藝表演，有錢琢如先生之「二十七卦探背圖」，唐麗玲女士之「捉鼻穿耳」，沈秘書長之「先生何不就吃飯？」沈有乾先生之「有飯吃房子也不賣了。」錢琢如先生之「[illegible]」，及沈秘書長夫人之「搭七搭八」諸笑話。又有陳之霖先生之公子，陳洛西君之跳舞唱歌，唐麗玲女士薛良叔先生之太極拳，表演精彩，觀者無不贊美。又聞此次交誼會茶點，係由英文副教授何紫蓮女士自行烹製，精美異常，惜何女士因事不克出席，未免減覺遺憾云。

图 9-2-4 《国立浙江大学校刊》登载文理学院举行教师交谊会的报道②

二、教师的日常生活情况

相对于群体活动的较为欠缺，教师的个人活动无疑是丰富多彩的。尽管各家均有自己的苦乐，但总体上，这一段时间（1937 年 7 月之前）对大学教师而言，生活是优裕而充实的，加之杭州的湖光山色和闲适气氛，故而，都留下诸多美好的记忆。在许多学者的回忆中，或有关当时教职员生平的记述中，留存有一些对当时生活情形的记录。兹举数例如下。

对苏步青、陈建功等先生及数学系师生而言：

在浙江大学的教书和科研生活虽然清苦，但中国知识分子的安贫乐道的传统性格，却也使清苦的生活充满了欢乐。有时，陈建功和苏步青两位先生会自掏腰包，请学生们一起到西湖胜景处打一次牙祭，小酌之余，大家最热烈的话题自然还是数学。苏先生微醺之际，还会用抑扬顿挫的闽南古音给大家吟诵两首自己得意的诗作。更能让苏步青感受到生活的快乐的，是夜深月明，自己科研工作告一段落的时候，听爱妻苏米子亲抚一曲古筝曲，“一曲寒潮明月夜，满江红雨落花天”。当幽雅的琴声在夜籁中荡漾开，苏先生的心也醉了。③

① 《国立浙江大学校刊》第 124 期（1933 年 3 月 4 日）。
② 引自《国立浙江大学校刊》第 124 期（1933 年 3 月 4 日）。
③ 李祥年：《卿云纠缦——苏步青画传》，上海：上海书店出版社，复旦大学出版社，2005 年，第 51 页。

图 9-2-5　苏步青先生与夫人松本米子合影（1930 年，日本 仙台）①

　　春秋假日，陈建功、苏步青会跟学生一起登山远游，南高峰、北高峰、玉皇山、黄龙洞……
杭州四郊的山山水水，都留下了他们的足迹。在送旧迎新的"吃酒会"上，酒酣耳热，陈建功放
开喉咙唱起绍兴家乡戏《龙虎斗》，苏步青用法语高唱《马赛曲》，师生之间亲密无间，既严肃，
又融洽。数学系每学期要举行一次聚餐会，费用基本上是由苏步青和陈建功负担的，而且成为惯
例。许多浙江大学老校友都有这样的说法，读老浙大数学系，如果不会喝酒是不得毕业的。②

　　钱宝琮先生的后人也有这样的追忆：

　　三姑母回忆道：你大爹钱宝琮英国留学，学成归国后，在苏州、天津、南京和杭州等地大学教书。
节假日回嘉兴休息时，他有时会约上几个亲朋好友，以 AA 制的形式，包租丝网船一天。他们游
南湖，品湖菜，高谈阔论，会文吟诗。我们小时候都向往着也能上船游湖，吃上一碗虾仁面。姑
妈感叹：由于船资筵费十分昂贵，那种当时最为时尚而奢侈的消费，她们也只享受过一两次而已。
最后，八姑母拿出了一张珍藏的老照片。

　　八姑母补充说："这就是那种丝网船的全貌。照片拍摄时间是 1933 年，你大爹怀抱的孩子就
是我。我们拍照是在船头，即其左端，右端是船尾。之所以要比船头高，是便于船工撑篙，划船，
以及烧饭菜。那时候在南湖上泛舟，可在舟上摆酒席，也可搓麻将。据你大爹讲还可摆上两桌呢。"③

①　引自苏步青：《苏步青文选》，杭州：浙江科学技术出版社，1991 年，插页。
②　王增藩：《苏步青传》，上海：复旦大学出版社，2005 年，第 58 页。
③　钱永红：《浙江之行的快乐（美篇之三：嘉兴寻根）》。引自"钱永红博客"：http://yonghong.qian.blog.163.
　　com/blog/static/225254802017315944452273/。

图 9-2-6　钱宝琮先生与家人（1933 年）①

贝时璋先生入职浙大生物学系后，相当长的一段时间内，生活都相当艰苦：

　　贝时璋和程亦明两个人都是教师，都认真敬业，又都是学生物学的，两人于 1931 年 11 月在杭州结婚。儿子成婚是再大不过的喜事，贝时璋的母亲终于了却了心愿，高兴至极。

　　婚后，妻子程亦明离开振华女子中学，来到杭州任教。贝时璋把家安在浙江大学里，住在大学路燕子弄 3 号钱雨峰老先生家的前五开间平房内。先是与物理系徐仁铣副教授、英文系主任佘坤珊做邻居，后来那两家人搬走，数学系苏步青教授搬来与贝时璋为邻。

　　贝时璋 1930 年入浙江大学后，8 月 1 日起薪。月薪先是 280 元，后来逐渐升至 660 元。第一个月的薪水是如数拿到的，但从第二个月起的一年内竟断断续续拖欠了半年薪水，部分薪水还是用公债来作抵。为了支付家庭的生活费用，就不得不以面值的 1/3 卖掉这些公债。妻子程亦明先在弘道女子中学、后在杭州女子中学任英语和生物学教师，工资也是屡屡拖欠。回国后，贝时璋在经济上的主要任务是要还清 5000 多元钱的"留学债务"。然而，在当时的经济状况下，前两年哪里还拿得出钱去还债呢。1931 年贝时璋结婚时，也是靠了父亲将乡间的一间半楼屋典给人家，才筹集到一些钱。

　　贝时璋回国之后，母亲的病时好时坏。1932 年 9 月间，母亲病情加重，贝时璋带着妻子和刚出生三个月的大女儿贝濂，急忙赶回镇海憩桥老家。母亲病得十分厉害，疼痛难忍。送去宁波的医院诊治，确诊为子宫癌，已经是晚期。配了许多止痛药后，他们将母亲送回了憩桥老家。母亲的一生，勤劳节俭，竭尽全力支持贝时璋留学读书，太苦、太累了。母亲现在重病在床，贝时璋是多么想陪在母亲身旁，尽心地服侍母亲，尽做儿子的孝心。然而，他们不能久住，学生们还在等着他们去上课。母亲吃上药，病情有所缓解，他们便带着牵挂回杭州上班了。到 12 月，接到了病危的消息。母亲病危，回去自然要带上一笔钱。虽然自 1932 年起，浙江大学没再发生过欠薪现象，但其间贝时璋还债的任务很重，经济上很是拮据，手上没有多少钱。贝时璋只好拿了

---

① 引自"钱永红博客"：http://yonghong.qian.blog.163.com/blog/static/2252548020173159445273/。

妻子陪嫁的银器和结婚时买的首饰，以及家里比较值钱的东西，去学校附近的庆春路老陈宝昌酒店旁的当铺，当了100多元钱。就在此时，校长邵裴子先生闻讯送来100元钱解了燃眉之急。当时大家的日子都极其困难，可想而知邵裴子先生弄来这些钱是多么不容易，贝时璋备受感动。

在此之前，邵裴子先生挽留苏步青教授一事也传为佳话。苏步青在日本完成学业后，与数学系主任陈建功相约，回国共同办好浙江大学数学系。苏步青来到浙江大学后，由于连续四个月没有发薪，难以维持生计，因此打算再回到他曾留学的日本去。消息传到了校长邵裴子耳中，他随即筹到1200块大洋，解了苏步青的燃眉之急。深受感动的苏步青，在浙江大学扎下了根。

奔丧回来时，学校已经发薪。贝时璋做的第一件事，是马上还了邵裴子先生的100元钱，并立即把押在当铺里妻子的首饰和陪嫁的一应物品赎了回来。

成家不是一件容易的事情，尤其是贝时璋还背负着一大笔留学期间欠下的债务。虽然家里有他和妻子两个人的薪水收入，但岳父母和父亲、姐姐都需要他们供给生活费用，母亲去世办丧事，又用去好几百块钱，而且陆续有了贝濂、贝丰、贝诚、贝德四个孩子，家庭开支很是庞大，1930年、1931年还无力还债。为着还债，他们过得十分节俭。1932—1936年，贝时璋先是陆续还清了在德国时借的中国同学方子勤的97马克、汪振威的120马克和德国同学魏尤的134马克，又分两次（一次630马克，另一次370马克）先后还清了向"德国大学生小额贷款处"借的1000马克回国路费，也分多次"肃清"了在乡间所欠下的5000余元债务。

贝时璋在德国留学六年半拿到了博士学位，回国后过了七个年头还清了"留学债务"，这应当说是贝时璋一生中记忆深刻的两件大事。[1]

图 9-2-7　贝时璋与长女贝濂、长子贝丰合影（1935年，杭州）[2]

朱壬葆在1934年任生物学系助教期间，紧张的科学研究之余，也有轻松、风趣、活泼、生动的日常活动：

① 王谷岩：《贝时璋传》，北京：科学出版社，2010年，第67-71页。
② 引自贝时璋：《贝时璋文选》，杭州：浙江科学技术出版社，1992年，插页。

　　杭州西湖旁边有个叫黄龙洞松木场的地方，环境优美，风景宜人。为了配合实验需要，朱壬葆与贝时璋教授等也曾到那里一起采集过一种叫作丰年虫的标本。

　　就在那次到松木场采集标本回来，大家仍然余兴未尽，于是，便有人提议一起聚餐娱乐一下。朱壬葆欣然参加了这次聚餐活动。席间，主持人建议大家轮流讲一个小故事助兴。当轮到朱壬葆时，他略思片刻，微笑着讲了一段话，说是个谜语，打一个字，请在座的各位揭谜。大家屏息静气地听朱壬葆似唱似吟地诵道："莺莺烧夜香，香头在香几上，我道是张秀才，原来是德聪和尚。"这段话出自于古典名著《西厢记》，自然是经过了朱壬葆的口头加工。但也从中表现出朱壬葆博学多识的才能。一桌人听后，立时绞尽脑汁左思右想起来。猜来猜去，一些人性急，便问他谜底，朱壬葆笑而不答。原来，那谜底竟是一个"禿"字，一桌人禁不住哄堂大笑。①

　　周厚复先生的女儿回忆过父亲在浙大化学系任教时期的生活情景：

　　父亲在杭州浙大任教期间，他的薪水有相当一部分被他用作印刷邮寄论文的费用，用作试制"怀中文具"、防毒面具的费用，有时也还用来资助穷困学生，剩下的钱很有限，母亲在支持父亲教学、科研、创造发明，以及资助贫困学生等方面所需费用，从不吝啬，慷慨大方，把她自己当初陪嫁的首饰全部都贴了进去。

　　这时奕妹、绪弟先后降生，家里大人小孩六口人的生活，开支不小。母亲勤俭持家，从饮食烹饪，到衣服缝制，都是亲手操持，家里的家具用品，都能省就省，尽量简单，处处精打细算，母亲把家里安排得井井有条。

　　慈爱而勤劳的母亲，给我们生命，给我们庇护，给我们温暖，她对我们的要求却很严格。平时母亲常用"一粥一饭当思来处不易，一丝一缕当念物力维艰"来教育我们，教我们背诵："锄禾日当午，汗滴禾下土，须知盘中餐，粒粒皆辛苦。"于是我们平时吃饭，都格外当心，饭碗里吃得干干净净，不剩一粒米。

　　母亲的言传身教使我们从小知道要勤劳节俭，生活上从来不挑别讲究，衣服破旧了，洗干净，打上补丁，仍旧高高兴兴地穿上。有一次全家人到"楼外楼"餐馆吃了一顿"一元钱和菜"，这是我记忆中在杭州的唯一一次"盛宴"。

　　母亲给我们讲孔融让梨、司马光砸缸救童子、苏武牧羊、花木兰从军的故事，启发我们从历史故事中学习做人的道理。

　　父亲平时一心专注于教学科研和创造发明，在家时，大部分时间都在读书，阅读各种科学文

图 9-2-8　周厚复先生一家
（1935 年前后）②

①　童村、王来国：《热血流向——著名生理学家朱壬葆院士传》，北京：解放军文艺出版社，2001 年，第29-31 页。

②　引自周蔚芸《怀念我的父亲周厚复和两个母亲》，见：http://zuaa.zju.edu.cn/aa_home/newsDetail?id=144&nid=5916。

献，写作科学论文，他还喜欢在走廊里来来回回踱步思索，一有心得，马上伏案疾书，常常辛勤工作到深更半夜。

父亲生活上也很随便，只要有书架可以放书，有桌椅可以看书写作，就满足了，他对吃饭穿衣毫不关心，还时常闹出笑话来。往往在吃饭时，他还在思考问题，就总是只在自己面前的一只碗里捡菜，至于吃的菜是什么味道，他浑然不知，碗里已空无一物，他也不会发现。有一次他深夜不眠写作，母亲特地做了点心，让他蘸着白糖吃，父亲竟错把墨汁当成了白糖，点心吃完，母亲拿镜子给他照，只见他满嘴漆黑，两人都禁不住大笑一场，母亲钦佩他的专注，对他的健康更是十分关怀，体贴入微地照顾。

我和绮妹进了杭州横河桥小学读书。很早父亲就给我们讲《礼记》《大同篇》，教我们跟着他吟唱："大道之行也，天下为公"，"选贤与能，讲信修睦，使人不独亲其亲，不独子其子"，"使老有所终，壮有所用，幼有所长"，"鳏寡孤独废疾者皆有所养"，"故外户而不闭"，"是为大同"。他给我们讲岳飞的故事，领着我们唱岳飞的《满江红》："怒发冲冠，凭栏处潇潇雨歇，抬望眼，仰天长啸，壮怀激烈"，"莫等闲，白了少年头，空悲切"。

父亲给我们讲讲牛顿、富兰克林、爱迪生等科学家的故事，还不止一次对我们谈到居里夫人的故事，父亲告诉我们小小的原子里包含了巨大的能量，要探求物质世界的秘密，以后更多的要用物理学的原理和方法，他鼓励我和绮妹要以居里夫人为榜样，他说化学和物理学是分不开的，你们以后长大了读物理学更好。

他常流露对国民党政府官员的不屑，说：这些都是政客，国家败在他们手里，国家应该由科学家来管理，人类进步，国家兴盛，都要靠科学。

受父亲影响，我和绮妹都曾选择科学救国的道路，喜欢物理学。对"天下为公""世界大同"的理想社会非常向往，这些使我们以后很容易就接受革命思想影响，参加革命活动。

父亲擅长写诗作赋，很早就教我们背诵唐诗，给我们讲作诗讲究平仄声，每教我们念一首诗，就讲解每一句的平仄声，要我们念："平平仄仄平平仄……"，可惜我一点也不用心，所以始终记不住，也没有学会。

从1933年到1937年，这四年在杭州的生活，给我留下了温馨的记忆。常常有父亲的学生到我们家来看望他，和他讨论问题，母亲对他们都热情接待，把他们当着亲人一样。父亲的这些学生对我和弟弟妹妹也很友好，好几次带我们到浙大校园里去玩，记得曾带我们到农学院去看过苗圃。有几个学生还合起来送过很可爱的文具给我做生日礼物。至今我还记得父亲一些学生的名字，以后我和其中有的人还曾保持过联系。[1]

刘广定在《我国第一位物理有机化学家——周厚复先生简传》中提及："周先生学识渊博，且教学认真、讲解明晰，甚受学生爱戴。又富文采、擅诗词，有《春云集》传世。"[2] 这里摘录周厚复先生当时所写《蝶恋花》词三首：

---

[1] 周蔚芸：《怀念我的父亲周厚复和两个母亲》（文题下注明本文由周厚复先生长女周蔚芸女士在化学系百年系庆时提供）。见：http://zuaa.zju.edu.cn/aa_home/newsDetail?id=144&nid=5916。

[2] 刘广定：《我国第一位物理有机化学家——周厚复先生简传》，《中国科技史料》第20卷第2期，1999年，第145-147页。

蝶恋花·声（三首）

作此词时余新声波说尚未发明。此篇盖据 Helmholtz 原说，戏取爱因斯坦谐语意。

其一　　鸟伴书窗琴劝酒，几叠阳关，吹黯长亭柳。永夜征人骚白首，谁家芦管频频奏。毕竟清踪何处有，访遍天涯，魂梦难迎觌。倾耳又闻传夜漏，虫吟唧唧风前透。

其二　　清迹不逢谁与度，却忆晶池，投石波纹露。构体疑同投石处，行行可似波纹布。浩气弥空犹水注，人住尘寰，何异鱼游浦。钟撞箫鸣皆激渚，耳宫直是堤前渡。

其三　　何事长空诸韵绕，谁逐波浪，常听慈颜笑。笑影渐随风影杳，梦魂寻入邯郸道。独有心音尘境少，振破心弦，一世都难晓。展转不传青鸟语，殷勤留与千秋表。①

当时，文理学院化学系 1930 级学生江芷也喜爱古典诗词，"她是父亲在浙大最喜爱的学生，得力的助教，红颜知己，相互间学术切磋，诗词唱和"；以后又在战乱和困难时期，与周厚复先生结婚，并帮助、照料患病的周厚复先生，也是一段佳话：

母亲去世后，父亲留在重庆，打电报给她："妻亡，子女五人，能入川相助否"，同时还汇给她一笔路费，接到父亲的求助电报，她即刻辞去工作起程，跋山涉水，赶到了重庆，父亲得到她的支持，当即和她结了婚。她的到来，给了父亲精神上的慰藉，也接替了母亲肩上的家庭生活重担。②

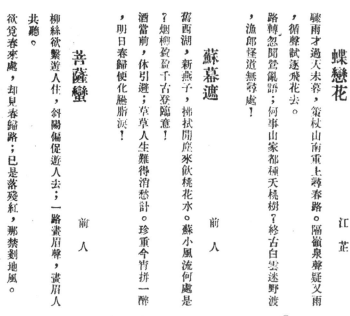

图 9-2-9　《文理》第二期刊载的江芷的词作③

当时教师们的生活状态，还可以从文理学院文科教师的生活以及各科教师的交往中约略体会。

---

① 李剑亮：《民国诗词中的爱因斯坦》，《浙江工业大学学报（社会科学版）》第 15 卷第 1 期，2016 年，第 51-57 页。

② 周蔚芸：《怀念我的父亲周厚复和两个母亲》（文题下注明本文由周厚复先生长女周蔚芸女士在化学系百年系庆时提供）。见：http://zuaa.zju.edu.cn/aa_home/newsDetail?id=144&nid=5916。

③ 引自《文理》第二期（国立浙江大学文理学院学生自治会学艺股编辑，1931 年 6 月 1 日出版），"词选"，第 1 页。

如记述外文系主任佘坤珊的材料中所呈现的教师生活及交往情况：

　　学成归国后，佘坤珊先在上海《中国评论周刊》杂志社担任编辑。两个月后，胡适介绍他去上海光华大学当英文教员。1928 年 8 月，国立浙江大学文理学院成立。院长邵裴子以"宁缺毋滥"为原则，大胆聘用年仅 24 岁的佘坤珊为副教授，并请他主持外国文学门（后改称为系）教务，佘坤珊便成为了浙大文理学院最年轻的系主任。

　　1928 年 10 月，浙大文理学院开学授课，文理两科学生不到 40 人，外语是他们的必修课程。刚从美国回来的佘坤珊，英文说得比国语还顺溜。他对刚入学的新生要求十分严格，既要阅读原版哈代小说，还要研习英文诗歌、散文。这让不少学生难以承受，却不敢与佘教授直说。邵裴子闻讯后，找来佘坤珊，反馈学生们的抱怨。邵院长以自己以往的教学经验，用商量的口吻，建议佘坤珊根据学生各自英文程度的不同，将他们分为 A、B、C 三个班。佘坤珊愉快地采纳了邵院长的建议，这样的因材施教，颇受学生们的欢迎。

　　两年后，学生自治会办起了《文理》杂志。佘坤珊认为刊物既能训练学生的动手能力，又可增加他们的学习兴趣。他主动资助刊物，还为刊物创作了多首英文诗歌。其中一首 Fall 的短诗，颇受学生们的喜爱：

"I love the birch-leaves' quiver,"
She said,"only in the fall,
when they turn to tinsels
of silver and gold."

"And the maples too, when they're old
and flare in the forest groves
in torches of scarlet…crimson…
Yes, I love them in their pain."

"You think I am heartless…may be,
But then,"she smiled,"you're young,
What do you know anyway
of beauty and of love?"

　　佘坤珊、贝时璋和钱宝琮都是文理学院初创时的教授，虽不同系科，却合租在一个院落。他们仁情同兄弟，常聚一起聊天，或侃侃而谈，或探究学问。节假日，钱宝琮邀佘坤珊、贝时璋去嘉兴老家槐树头小住，一起游南湖、吃螃蟹，最终促成了佘坤珊与堂妹钱超华的美满婚姻。贝时璋有了意中情人，因不在杭州，恋爱只能笔谈。擅长细胞、胚胎研究的他却不会写情书。研究莎士比亚诗歌的佘坤珊主动帮忙，条件是必须过目贝时璋恋人的回信。佘版情书才发出去几封，贝就不再出示回信了，佘心想一定已是水到渠成了。

　　不久，浙江大学遭遇了经费困难。由于政府积欠经费 3 个月，教职工欠薪数月。教授收入中断，使得这仨兄弟的舒适生活变化了。为此，钱宝琮风趣地说："我们三家已不能住一起了，因为我们三人的姓合起了读，是'赊钱'啊！"笔者2009年1月前去北京中关村12楼，拜见106岁高龄的贝时璋老先生。贝老又讲述了当年三兄弟的趣闻和"赊钱"之事，还在纸上亲笔写下"贝字和佘字合起来为赊字"十一个字。百岁老人笔迹已不那么苍劲有力，却充分表达了当年文理学院教授们的幽默与风趣。

因天津家中经济困难，佘坤珊决定北上，去北师大、北大、辅仁等学校教书，以增加收入，贴补家用。1937年"七七"事变后，佘坤珊随北平大学女子文理学院西迁，成为西北联大外文系教授。1939年8月，经浙大老同事钱宝琮介绍，佘坤珊接受竺可桢校长的邀请，第二次受聘于西迁至广西宜山的浙江大学，后随校前往贵州青岩和遵义。最后于1946年随校复员回到杭州，并再次担任外文系系主任。[①]

第三节 "最忆书窗灯火夜，城头欢度黄昏"[②]

——文理学院理科学生的课余活动与日常生活

与教师以教学、科研为主，且由于社会活动以及家事等繁多而课外活动较少相比，学生的课余活动与日常生活则是相当丰富多彩。1932年7月，文理学院第一届毕业生，在其《毕业纪念刊》的"级史"里，生动地记述了他们的学习、活动和课余生活景象：

浙江筹设大学之议，酝酿垂十载，而实现于民国十六年秋，除改组前浙江公立工业专门学校为工学院，前浙江公立农业专门学校为农学院外，复于十七年秋，创办文理学院。本级同学，乃文理学院首次入学者也。犹忆吾人来院之初，院中职教员，均系新聘，邂逅初逢，举欣然喜色而相告曰：此浙江大学文理学院生命之开端也，此浙江高等教育之发轫也。期荷备至，勖勉有加。本级同学，亦深知地位特殊，使命重大，战战兢兢，相励相勉，孜孜好学，勤恳服务，四载如一日，毋敢陨越，迄今吾院院风之优美，好学空气之浓厚，论者必以吾级居首功，宠饰之词，或非太过焉。

当吾人入学之始，院舍新修，同学新来，气象万新，精神百倍，雍穆恭让，相见如旧。不一月，深感团体之必要，乃着手组织学生会，于十月下旬开成立大会，蒋校长暨邵院长，均亲临训词，礼隆仪重，极盛一时，而本院全体同学之团体，乃呱呱堕地矣。是年课业綦（编者注：原文为"綦"，恐误）重，切磋研究，日不暇给，然于团体事业，努力不少懈，本院学生会迄今健全猛进，实于

---

① 钱永红：《佘坤珊与浙江大学》，《浙大校友》2013年第4期，第28-31页。

② 浙大史地系毕业生张学理1987年词《临江仙·浙大90周年校庆》："最忆书窗灯火夜，城头欢度黄昏。弦歌笑语记犹新。不看华鬓影，还是少年身。 踏遍千山经百折，永崇求是精神。相携赢得故园春。新株甘露润，老圃暖风薰。"自注："浙大老校舍在杭州庆春门大学路，紧邻城墙。当时部分城墙还存在。每日课余傍晚，大家都喜欢在城墙边的路上散步。"引自陈志明编著的《诗词浙大》，杭州：浙江大学出版社，2007年，第219页。

斯时奠其基也。韶光易逝，学年一载，不觉届满矣。散学之日，邵院长集吾人训词，有"一年来学风之优良，求学之奋勉，有出予意料之外……予以君子待诸同学，同学亦能以君子自持，甚欣慰也……此后新同学行动之引导，优良院风之保持，有赖于诸同学者多矣，幸各勉之……"本级级友，恭聆之余，敢不益自奋勉。

暑后，新同学来校，本级级友，对之殷殷引导，曾不稍懈，其尤要者，则在如何能继我已成善良习惯及优美学风焉。

十九年春，觉精研学术，联络感情，非团体不为功，爰有级会之组织，定章程，资信守，选职员，治庶事，举行研究、参观、讲演、同乐、远足等会，藉收观摩互资之效，情感恰协之果，每次集会，辄言论风生，庄谐杂作，一级之内，怡然如一家也。

吾级文科，原有中国语文学系，主任刘大白先生惨淡计划，本可为吾浙研求国学之中心，无奈我国文坛上享有盛名之士，学术上有所贡献之士，均不能来浙讲授，刘先生因有倦意，乃于十九年秋停办该系，同学朱君宗英，挥泪而别，转入清华大学肄业焉。

二十年一月，吾级史学与政治学系暨经济学系同学，感所习学程不多，请求学校当局添聘教授，增加学程，学校因新预算不能成立，势难允准，而为顾全二系同学学业计，暂借读于北京大学、中央大学，吾级同学，以此分散。惟消息常通，感情如旧，亦稍能自慰也。

是年夏，吾级级会，创办求是暑期学校，纯以服务社会，推行补习教育为宗旨，自初中一年级至高中一年级，学生约一百六十余人，而为校舍所限，向隅者尚不少也。是时，杭市暑校成立，惟学生之多，成绩之优，公许吾校焉。

二十年七月，心理学系又以教授离校而停办。该系吾级同学，朱君壬葆，亦借读中央大学。"一二八"上海事变，倭寇猖獗。中央大学，颇受影响，因有一部分借读中大同学重返本院肄业，别后重逢，情感当更密洽矣。

本级同学，入院之初，都四十余人，俟或以人事，或以因于疾病，转学或退学者，前后都十余人。逢兹时艰，学底于成者，只二十七人。此二十七人中，籍贯则浙江居十八，江苏居七，安徽居一，四川居一。学系则史学与政治学系七人，经济学系四人，教育学系七人，数学系二人，物理学系三人，化学系三人，心理学系一人。此二十七子中，大都以具有自任自重自律之精神，未尝以人寡而萎靡，雅能以学问道义相策励。四载相处，今也分离，依恋之心，不言而喻，草兹芜篇，藉留鸿爪云耳。[1]

---

[1]《国立浙江大学文理学院第一届毕业纪念刊》，1932 年 7 月，第 16-17 页。

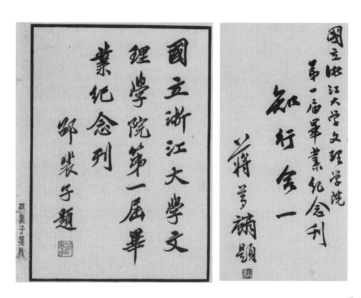

图 9-3-1　《国立浙江大学文理学院第一届毕业纪念刊》封面和题词 [1]

从这段叙述可以看出，当时的学生活动，亦可以分为两个方面，一个是组织各种社团，如学生会、级会，一个是各种社团所组织的活动，如校内的联欢、出版，以及校外的一些社会公益活动（如1931年7—8月的求是暑期学校），当然，也包括参与和组织学生运动（学生运动的情况详见下章）。除此之外，就学生个人而言，亦有自己的多样的生活。兹将学生社团活动与学生日常生活分述如下。

一、学生社团及其各种活动

1932年8月浙江大学各项规章制度健全之后，对学生组织及其活动有所规范，制定了《学生团体组织通则》。按照该《通则》规定，学生团体主要分为学生自治会、级会、各系学会等，也包括其他各种会社。

国立浙江大学学生团体组织通则

（1932年8月）

第一条　本大学各种学生团体之组织，除另有规定者外，概依本通则办理。

第二条　本大学学生团体分为：学生自治会、级会、各系学会，及其他各种会社等。

第三条　本大学各种学生团体，概须先向生活指导员声请登记，经生活指导员转陈校长核准后始得组织。

第四条　各种学生团体之活动，均应请生活指导员参加。

第五条　各种学生团体之活动，生活指导员认为有疑难时，得转陈校长作最后决定。

第六条　各系学会及其他学术团体组织时，应先得本系主任或院长之同意，开会时应请院长、系主任或其他教授参加，指导一切。

第七条　各种学生团体之组织规章，须报由生活指导员核转校长备案。

---

[1]　引自《国立浙江大学文理学院第一届毕业纪念刊》，1932年7月，封面和插页。

第八条 本通则由校长公布施行，如有未尽事宜，得随时修改之。①

1935 年 3 月 30 日，郭任远长校时期，重新制定颁布了《本大学学生团体组织规则》，要求更加严格，规定："除学生自治会应遵照中央规定办法办理外；其余各项团体，非经本大学之核准，一概不得组织。"②

图 9-3-2　《国立浙江大学校刊》所载 1935 年的《本大学学生团体组织规则》③

实际上，早在浙江大学成立伊始，学生们就已经成立有各类学生组织；1932 年、1935 年只是进一步加以规范，且加强了学校的指导和干预而已。其中，"学生自治会"（1930 年 4 月之前称为"学生会"）最为重要，组织最为完整，活动也最为丰富。

"学生会"（1930 年 4 月后，称为"学生自治会"）具有一定的正式和官方色彩。1932 年 7 月前，浙江大学 3 个学院各自组织各院的"学生会"（"学生自治会"），故文理学院先后有"文理学院学生会"和"文理学院学生自治会"。此外，还有"级会"（同级学生自发组织的团体），以及如某种专业性的以系为单位组织的"研究会""学会"（如"物理学会""化学会""生物学会"）等。

（一）学生会和学生自治会的建立和活动

1. 学生会和学生自治会有关组织的建立和演变

浙江大学及其文理学院的学生会、学生自治会组织，由于不同时期学校体制不同，以及当时主管部门的要求、规范在不同时期也有变化，故组织方式有所不同。大致上可分为 3 个阶段。

---

① 《国立浙江大学校刊》第 104 期（1932 年 9 月 23 日）。
② 《国立浙江大学校刊》第 208 期（1935 年 4 月 13 日）。
③ 引自《国立浙江大学校刊》第 208 期（1935 年 4 月 13 日）。

（1）文理学院学生会（1928-10—1930-04）

文理学院 1928 年第一批新生入学，即组织了"学生会"，具体成立时间为当年 10 月（即前所引述"级史"中的"当吾人入学之始，院舍新修，同学新来，气象万新，精神百倍，雍穆恭让，相见如旧。不一月，深感团体之必要，乃着手组织学生会，于十月下旬开成立大会，蒋校长暨邵院长，均亲临训词，礼隆仪重，极盛一时，而本院全体同学之团体，乃呱呱堕地矣"）。不过，由于当年新生刚刚入学，且课业繁重，即"是年课业綦重，切磋研究，日不暇给"，所以估计活动开展不多，限于资料缺乏，其最初的具体组织等情况也难以确考。不过，"然于团体事业，努力不少懈，本院学生会迄今健全猛进，实于斯时奠其基也"。

现能够查到的关于文理学院学生会的最早材料，记载的是 1930 年年初的情况。当时，新学期刚刚开始，"阴雨连续，加之院内功课繁重，一部分同学又在补考期间，故空气殊为沉闷。学生会有鉴于此，除将原有音乐会扩大组织，娱乐室、弈棋室、乒乓室即日开放外，并拟添置无线电及举行定期同乐会"等。此外，该会还于 3 月 11 日，召开了该学期第一次临时会，选举了新的领导人员，即：

主席：顾文渊；学艺股：黄肇兴；娱乐股：朱宗英；卫生股：何紫玉；社会服务股：蔡继贤；文书：陆景模；会计股：蒋铭新；庶务股：斯芳。

并选举了出席杭州市学联会的代表，决定了该学期需举办的一些活动，如春季旅行、出版刊物、膳食改良等。[①]

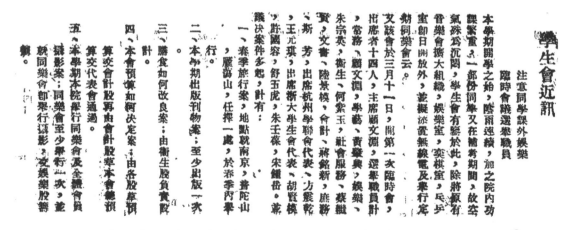

图 9-3-3　《国立浙江大学校刊》登载 1930 年 3 月 11 日文理学院学生会召开临时会的报道[②]

文理学院学生会成立 1 年多以后，至 1930 年 1 月 23 日，当时国民党中央下发《学生团体组织原则》和《学生自治会组织大纲》，规定学生组织名称为"学生自治会"，并要求原有学生会改组。[③]

---

① 《国立浙江大学校刊》第 5 期（1930 年 3 月 22 日）。
② 引自《国立浙江大学校刊》第 5 期（1930 年 3 月 22 日）。
③ 《国立浙江大学校刊》第 9 期（1930 年 4 月 26 日）。

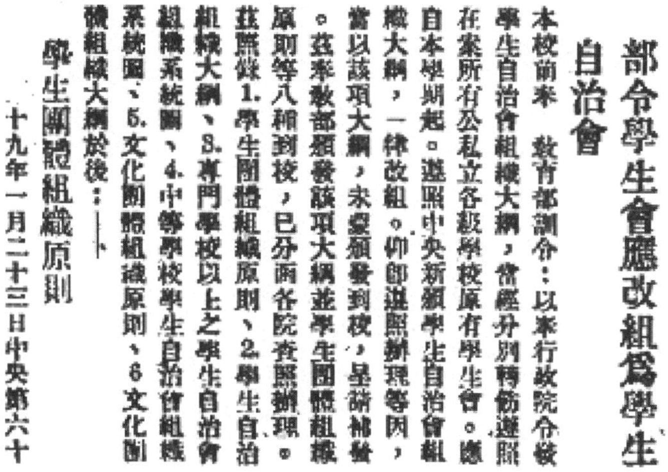

部令學生會應改組爲學生自治會

本校前奉　教育部訓令：以奉行政院令發學生自治會組織大綱，當經分別轉飭遵照在案。所有公私立各級學校原有學生會。應自本學期起。遵照中央新頒學生自治會組織大綱，一律改組。仰即遵照辦理等因，當以該項大綱，未奉頒發到校，呈請補發。茲奉教部頒發該項大綱並學生團體組織原則等八種到校，已分函各院查照辦理。茲照錄1.學生團體組織原則、2.學生自治組織大綱、3.專門學校以上之學生自治會組織系統圖、4.中等學校學生自治會組織系統圖、5.文化團體組織原則、6文化團體組織大綱於後：——

學生團體組織原則

十九年一月二十三日中央第六十

图 9-3-4 《国立浙江大学校刊》载 1930 年 1 月《部令学生会应改组为学生自治会》①

据此，新学期开学后，于 1930 年 4 月开始，浙江大学亦启动改组事宜。当时《校刊》记载，文理学院学生会在学期开学之初，因尚未接到“中央改组命令，故仍依照原有章程产生第四届执行委员会主持会务”（编者注：以此推算，则文理学院学生会应该是每学期产生一届，即第一届：1928-10—1929-01，第二届：1929-02—1929-07，第三届：1929-08—1930-01，第四届：1930-02—1930-04）；“近该会已正式接到该项命令，业于上周举行全体大会，并推原有代表会依照中央颁布学生自治会组织办法改组矣”。同时，学生会还鉴于“天气渐暖，膳食卫生亟应注意”，“特由卫生股组织膳食委员会”，一方面负责改良厨房环境，一方面各膳食委员轮值督查厨夫注意清洁。②

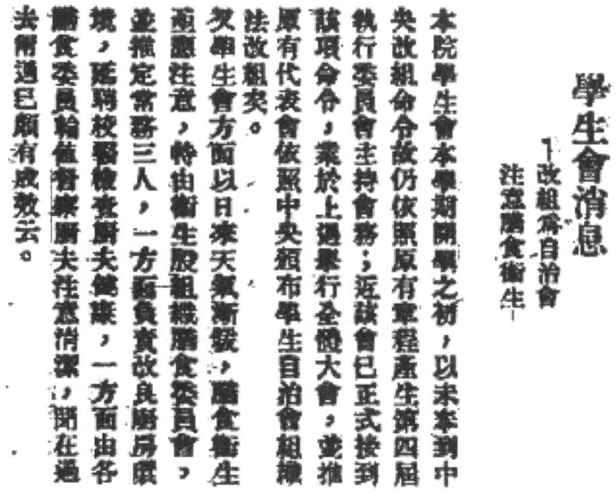

學生會消息
—改組爲自治會
注意膳食衛生—

本院學生會本學期開學之初，以未奉到中央改組命令故仍依照原有章程產生第四屆執行委員會主持會務；近該會已正式接到該項命令，業於上週舉行全體大會，並推原有代表會依照中央頒布學生自治會組織法改組矣。

又學生會方面以日來天氣漸暖，膳食衛生亟應注意，特由衛生股組織膳食委員會，並推定常務三人，一方面負責改良廚房環境，延聘校醫檢查廚夫健康，一方面由各膳食委員輪值督察廚夫注意清潔，聞在過去兩週已頗有成效云。

图 9-3-5 《国立浙江大学校刊》载 1930 年 4 月文理学院学生会改组为学生自治会的报道③

（2）文理学院学生自治会（1930-05—1933-07）

1930 年 4 月，经原来文理学院学生会举行全体大会，“并推原有代表会依照中央颁布学生自治

① 引自《国立浙江大学校刊》第 9 期（1930 年 4 月 26 日）。

② 《国立浙江大学校刊》第 7 期（1930 年 4 月 12 日）。

③ 引自《国立浙江大学校刊》第 7 期（1930 年 4 月 12 日）。

会组织办法改组"后，于 1930 年 5 月 4 日召开大会，文理学院学生会正式改组成立"文理学院学生自治会"，重新制定了《国立浙江大学文理学院学生自治会会章》，确定了组织架构：

国立浙江大学文理学院学生自治会会章
（1930年5月）

第一章　总纲

第一条　本会定名为国立浙江大学文理学院学生自治会。

第二条　本会以三民主义之精神，作成同学在本学院内之自治生活，并促进其智育、德育、体育、群育之发展为目的。

第三条　本会会址设于本学院内。

第二章　组织

第四条　本会以本学院全体同学组织之。

第五条　本会组织系统如下：

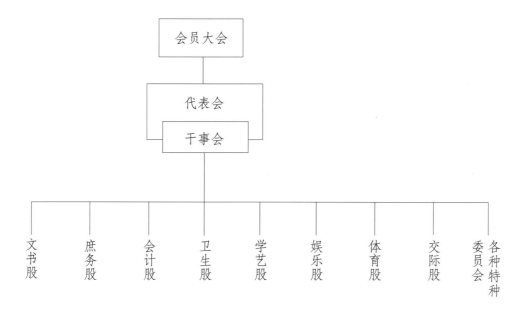

第六条　本会之最高权力机关为会员大会，在会员大会闭会期间为代表会，在代表会闭会期间为干事会。

第七条　代表会由各系代表组织之，每系人数在三人以下者产生代表一人，四人至六人者二人，七人至九人者三人，余类推。

第八条　代表会设主席一人，秘书二人，由各代表互选之。

第九条　代表会之代表，每学期改选一次。于第一次集会时，互选干事九人组织干事会，候补干事三人，并由干事互选常务干事一人。

第十条　干事会各股设 [股] 长一人，其职务由干事互选分掌之。

第十一条　干事会各股遇必要时，得聘股员若干人，由各该股股长提出人选，经干事 [会] 通过聘请之。

第十二条　本会于必要时，由会员大会或代表会之议决，均得设立特种委员会，隶属于干事会下。

第三章 职权

第十三条 代表会有议决本会进行工作大纲及审查预算、决算之权。

第十四条 代表会主席有召集代表会及会员大会之权。

第十五条 代表会秘书司纪录及保管印信等事项。

第十六条 干事会有执行委员大会及代表会之议决案之责。

第十七条 干事会常务干事有处理日常事务及召集干事会之权。

第十八条 干事会各股之职权如下：

  文书股：掌理会议记录、起草文电及保管印信等事项。

  庶务股：掌理购办、布景等事项。

  会计股：掌理收费、保款、收支、记账等事项。

  卫生股：掌理膳食、清洁及一切关于卫生等事项。

  学艺股：掌理出版刊物及一切学术研究等事项。

  娱乐股：掌理娱乐游艺等事项。

  体育股：掌理各运动及比赛事等事项。

  交际股：掌理一切对外交际等事项。

第十九条 本会职员除规定外，不得兼职，但特种委员会职员，不在此例。

第四章 会议

第二十条 会员大会每学期始末，各开一次，在开学后二周内及放假前二周内举行之。

第二十一条 会员大会主席及记录，由代表会主席及秘书兼任之。

第二十二条 会员大会须有会员二分之一以上出席方能开会。

第二十三条 临时会员大会遇必要时，得由会员五分之一以上连名之要求，成代表会之决议，由代表会主席召集之。

第二十四条 代表会每月开会一次，遇必要时经干事会之请求，或代表会代表三分之一，或会员五分之一以上建议，由主席召集临时会议。

第二十五条 干事会每二星期开会一次，遇必要时得开临时会，由常务干事召集之。

第五章 任期

第二十六条 本会职员任期以一学期为 [限]，连选得连任之。

第六章 经费

第二十七条 本会经常费每学期每会员缴会费银洋一元，遇必要时，得由会员大会议决，向会员另征临时费，或请求校中补助之。

第二十八条 附则

1. 本会职员遇被弹劾时，该员在会议上无表决权。

2. 本会章程遇有不妥处，得于学期开始时，在会员大会中修改之。

3. 本会章程经会员大会通过后施行。①

---

① 《国立浙江大学校刊》第 21 期（1930 年 9 月 7 日）。

文理学院学生自治会代表会会议细则
（1930年5月）

第一条　本会依学生自治会章程第七条规定组织之。

第二条　本会讨论范围，依学生自治会章程第十三条规定之。

第三条　本会常会，每月举行一次，由主席召集之，时间、地点，由主席先期酌定。临时会议，遇必要时，经干事会之请求，或代表三分之一以上或会员五分之一以上之建议，由主席召集之。

第四条　本会会议以全体代表二分之一以上为法定出席人数。以出席人数二分之一以上为法定表决人数。

第五条　本会主席因故缺席时暂由秘书代理。

第六条　本会主席之提议权与其他代表相同，惟自己提议时须离开主席地位。

第七条　本会开会以举手或投票为表决方式。

第八条　本会议案之次要者，得由主席用通函法征求各代表意见。

第九条　本会为改正草率之表决，得有复议之动议，凡代表均可提出，惟限于在本次或下次会议提出，主席当先将可否复议付表决，然后复议该案内容。

第十条　本会开会时同学得列席旁听，但须得主席之允许。

第十一条　本会议程由主席及秘书在开会前编定，通知各代表，重要者并须公布。但经出席人过半数之同意，得临时变更之。

第十二条　本会于需要时得设特种委员会，其组织法另定之。

第十三条　本会于需要时，得设临时审查会，由代表互选若干人组织之。

第十四条　本会之议决案，如未经本会之特别规定，其公布之方式及其时间得由主席酌定。

第十五条　本会议决事项交干事会执行之。

第十六条　本纲则有未尽善处，得随时由本会自行修正。[①]

同时，选举了负责人员，此即为第一届文理学院学生自治会领导机构（编者注：任期为1930-05－1930-08），该届负责人如下：

代表会：主席：顾文渊；秘书：朱壬葆，宋钟岳；

干事会：常务干事：顾文渊；文书股长：陆景模；庶务股长：斯芳；会计股长：蒋铭新；学艺股长：黄肇兴；娱乐股长：朱宗英；卫生股长：何紫玉；运动股长：方震乾；交际股长：韦保泰。[②]

并着手开始编辑、发行会刊（即1930年7月1日出版的《文理——国立浙江大学文理学院学生自治会会刊》）[③]。该届因选出较迟，事务在暑假前来不及结束，故当时设想缓期延至下学期开学后结束。[④]

[①] 《国立浙江大学校刊》第21期（1930年9月7日）。

[②] 《国立浙江大学校刊》第12期（1930年5月17日）。

[③] 《国立浙江大学校刊》第15期（1930年6月7日）载："会刊本月下旬出版"。

[④] 《国立浙江大学校刊》第18期（1930年6月28日）载："该会干事会，向例于暑假前两周结束，惟本届以事务纷繁，一经结束，负责无人，故由代表会议决，改于下学期开学后结束云。"

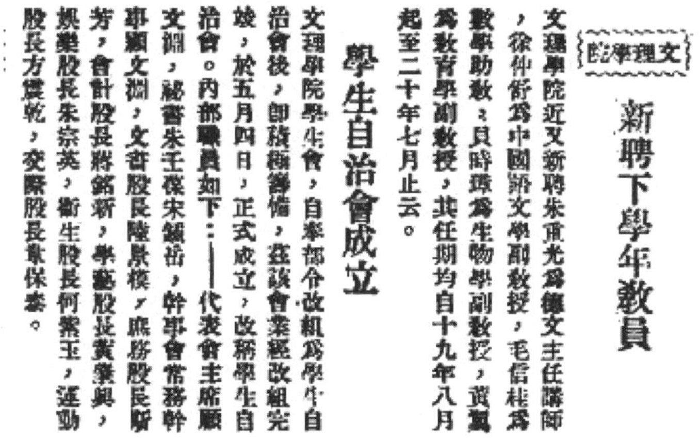
【文理學院】

新聘下學年教員

文理學院近又新聘朱甫光爲德文主任講師，徐仲舒爲中國語文學副教授，毛信桂爲數學助教，貝時璋爲生物學副教授，黃翼爲教育學副教授，其任期均自十九年八月起至二十年七月止云。

學生自治會成立

文理學院學生會，自奉部令改組爲學生自治會後，即積極籌備，茲該會業經改組完竣，於五月四日，正式成立，改稱學生自治會。內部職員如下：——代表會主席顧文淵，秘書朱壬葆宋鍾岳，幹事會常務幹事顧文淵，文書股長陸景模，庶務股長駱芳，會計股長蔣銘新，學藝股長黃肇興，娛樂股長朱宗英，衛生股長何紫玉，運動股長方樸乾，交際股長韋保泰。

图 9-3-6 《国立浙江大学校刊》登载 1930 年 5 月 4 日文理学院学生自治会成立的报道[①]

1930 年 9 月，即 1930 年度新学年第一学期开学后，按照章程召开大会，选举了新一届学生自治会领导机构，此即第二届文理学院学生自治会（编者注：任期为 1930-09—1931-01）：

代表会：主席：陆景模；秘书：郝雁题，吴志尧；

干事会：常务干事：盛耕雨；文书股长：朱壬葆，王谟显；交际股长：许国容；庶务股长：周恒益；会计股长：董永濂；学艺股长：庄鸣山；卫生股长：谢涵；体育股长：周昌寿；娱乐股长：宋钟岳；合作股长：黄缘炘。[②]

第二届学生自治会学艺股继续编辑、发行会刊（即 1931 年 6 月 1 日出版的《文理——国立浙江大学文理学院学生自治会会刊》第二期）。

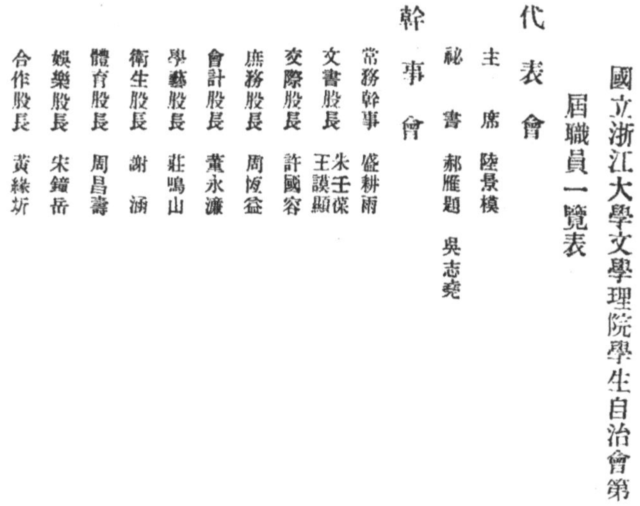
國立浙江大學文學理院學生自治會第屆職員一覽表

代表會
主席　陸景模
秘書　郝雁題　吳志堯

幹事會
常務幹事　盛耕雨
文書股長　朱壬葆　王謨顯
交際股長　許國容
庶務股長　周恆益
會計股長　董永濂
學藝股長　莊鳴山
衛生股長　謝　涵
體育股長　周昌壽
娛樂股長　宋鐘岳
合作股長　黃緣炘

图 9-3-7 《文理》第二期（1931 年 6 月）登载国立浙江大学文理学院学生自治会第二届职员一览表[③]

① 引自《国立浙江大学校刊》第 12 期（1930 年 5 月 17 日）。
② 《文理》第二期（国立浙江大学文理学院学生自治会学艺股编辑，1931 年 6 月 1 日出版），末页。
③ 引自《文理》第二期（国立浙江大学文理学院学生自治会学艺股编辑，1931 年 6 月 1 日出版），末页。

1931年3月，第三届文理学院学生自治会（编者注：任期为1931-02－1931-08）职员，又经大会选出，其职务及姓名如下：

代表会：主席：陆景模；秘书：沈荣伯，吴志尧；

干事会：常务干事：郝雁题；文书股：朱壬葆，王谟显；庶务股：周恒益；会计股：董永濂（编者注：原文为"董永廉"，恐误）；卫生股：蒋铭新；合作股：黄缘炘；学艺股：庄鸣山；娱乐股：何紫玉；交际股：吴丙吉。[①]

图9-3-8　《国立浙江大学校刊》登载1931年3月文理学院学生自治会第三届职员情况的报道[②]

第三届文理学院学生自治会期间，《校刊》曾经报道由卫生股负责的学生膳食委员会，进一步加强活动，认真"督查厨房及膳堂之清洁，并改进饭菜之质量"。[③]

1931年9月后，根据惯例，应该选举产生第四届文理学院学生自治会；但目前在《校刊》等中，未看到记载第四届文理学院学生自治会产生及活动情况的材料。从下文所述1932年9月后产生第五届文理学院学生自治会的情况来看，第四届大致应该活动于1931-09－1932-08，但为什么该届延续一年而没有在一个学期结束时正常换届，且未见到活动的记载，其原因尚待进一步追索。现仅能够从《文理》第三期中所附的"第四届学生自治会职员表"中，了解第四届的人员组成情况：

代表会：主席：庄鸣山；秘书：孙承樑，路倜；

干事会：常务干事：骆宝本；文书股长：王凯基，王善同；庶务股长：陈述方；会计股长：孙泽瀛；卫生股长：黄祥楸；合作股长：杨明洁；学艺股长：寿棣绩；娱乐股长：孙祥鹏；体育股长：金再鑫；交际股长：许国容。[④]

---

①　《国立浙江大学校刊》第44期（1931年3月27日）。
②　引自《国立浙江大学校刊》第44期（1931年3月27日）。
③　《国立浙江大学校刊》第53期（1931年5月9日）。
④　《文理》第三期（国立浙江大学文理学院学生自治会学艺股编辑，1932年出版），插页。

图9-3-9 《文理》第三期（1932年）登载国立浙江大学文理学院学生自治会第四届职员表[1]

1932年9月，学校拟将三院学生自治会合并，统一组织[2]，但由于各院学生意见不一，进展颇不顺利。[3]

图9-3-10 《国立浙江大学校刊》登载1932年9月校长程天放关于学生自治会应该统一组织的布告[4]

在这种情况下，文理学院学生自治会遂自行于1932年9月14日下午七时召开全体大会，结束上届事务，改选新代表，即仍自行组织。[5]此即第五届文理学院学生自治会（编者注：任期为1932-09—1933-01）。

---

① 引自《文理》第三期（国立浙江大学文理学院学生自治会学艺股编辑，1932年出版），插页。
② 《学生自治会筹备经过之另一报告》，载《国立浙江大学校刊》第103期（1932年9月17日）。
③ 《国立浙江大学校刊》第112期（1932年11月19日）。
④ 引自《国立浙江大学校刊》第103期（1932年9月17日）。
⑤ 《国立浙江大学校刊》第104期（1932年9月24日）。

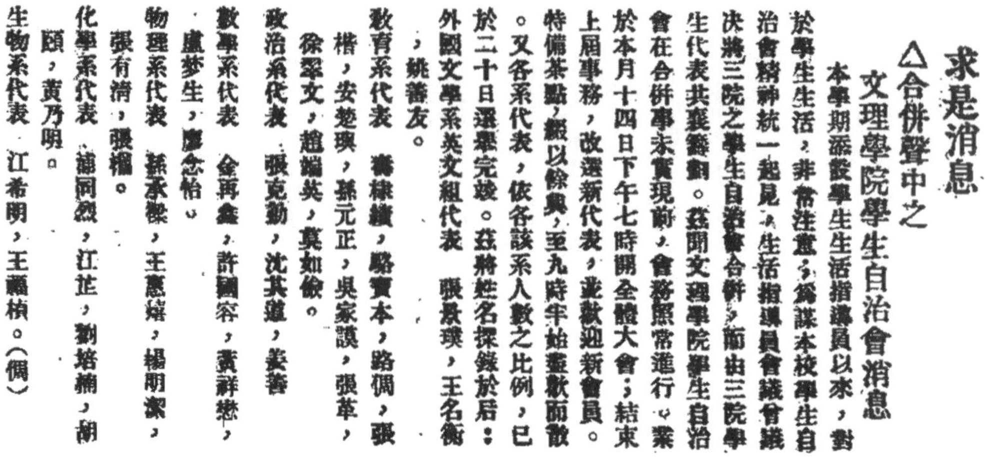

求是消息

△合併聲中之

文理學院學生自治會消息

本學期添設學生生活指導員以來，對於學生生活，非常注意，為謀本校學生自治會精神統一起見，生活指導員會議曾議決將三院之學生自治會合併，而由三院學生代表共襄籌劃。茲聞文理學院學生自治會在合併事未實現前，會務照常進行。業於本月十四日下午七時開全體大會，結束上屆事務，改選新代表，並歡迎新會員。特備茶點，藉以餘興，至九時半始盡歡而散。又各系代表，依各該系人數之比例，已於二十日選舉完竣。茲將姓名探錄於后：

外國文學系英文組代表　張景璞，王名衡，姚善友。

教育系代表　壽棣績，駱寶本，路偶，張楷，安楚璵，孫元正，吳家謨，張革，徐翠文，趙端英，莫如儉。

政治系代表　張克勤，沈其達，姜善

數學系代表　金再鑫，許國容，黃祥懋，盧梦生，廖念怡。

物理系代表　孫承樑，王惠熺，楊明潔，張有清，張榴。

化學系代表　浦同烈，江芷，劉培楠，胡頤，黃乃明。

生物系代表　江希明，王蘊楨。（偶）

图 9-3-11 《国立浙江大学校刊》登载 1932 年 9 月文理学院学生自治会换届情况的报道[1]

该次会上选出的代表于 9 月 23 日召开首次会议，首互选主席，孙承樑当选，即就位，并分配职务：路偶、寿棣绩两人被选为秘书，庄鸣山、金再鑫等 11 人被选为干事会干事。同时，在该次会议上，还确定王惠熺、黄祥懋等 5 人为“抗日救国会”起草委员。并议决：由本会迅即发起组织浙大学生自治会；组织膳食委员会；创设消费合作社等。

第五届学生自治会干事会则再于 25 日开会，正式组成，并分配职位：

常务干事：庄鸣山；文艺股股长：王凯基（正），浦同烈（副）；庶务股股长：张克勤；会计股股长：王惠熺；卫生股股长：骆宝本；合作股股长：杨明洁；学艺股股长：金再鑫；娱乐股股长：江芷；体育股股长：张景璞（编者注：后为胡颐）；交际股股长：许国容。[2]

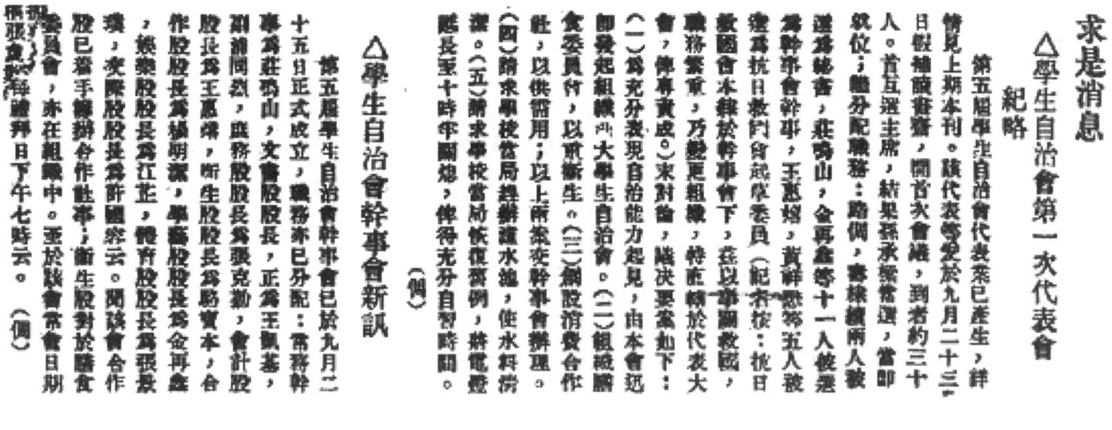

求是消息

△學生自治會第一次代表會紀略

第五屆學生自治會代表業已產生，詳情見上期本刊。該代表等爰於九月二十三日假補讀書齋，開首次會議，到者約三十人。首互選主席，結果孫承樑當選，當即就位，繼分配職務：路偶，壽棣績兩人被選為秘書，莊鳴山，金再鑫等十一人被選為幹事會幹事，王惠熺，黃祥懋等五人被推為抗日救國會起草委員（紀者按：抗日救國會本昔於幹事會下，茲以事關救國，職務繁重，乃變更組織，特直轄於代表大會，俾專責成。）末討論，議決要案如下：（一）為充分表現自治能力起見，由本會迅即發起組織浙大學生自治會。（二）組織膳食委員會，以重衛生。（三）創設消費合作社，以供借用；以上兩案交幹事會辦理。（四）請求學校當局昇辯蓋水池，使水料清潔。（五）請求學校當局恢復舊例，將電燈延長至十時半關熄，俾得充分自習時間。（偶）

△學生自治會幹事會新訊

第五屆學生自治會幹事會已於九月二十五日正式成立，職務亦已分配：常務幹事為莊鳴山，文書股股長，正為王凱基，副浦同烈，庶務股股長為張克勤，會計股股長為王惠熺，衛生股股長為駱寶本，合作股股長為楊明潔，學藝股股長為金再鑫，娛樂股股長為江芷，體育股股長為張景璞，交際股股長為許國容云。聞該會合作股已着手籌辦合作社事；衛生股對於膳食委員會，亦在組織中。至於該會常會日期[illegible]每禮拜日下午七時云。（偶）

图 9-3-12 《国立浙江大学校刊》登载 1932 年 9 月文理学院学生自治会第五届职员的报道[3]

---

① 引自《国立浙江大学校刊》第 104 期（1932 年 9 月 24 日）。

② 《国立浙江大学校刊》第 105 期（1932 年 10 月 1 日）。

③ 引自《国立浙江大学校刊》第 105 期（1932 年 10 月 1 日）。

第五屆學生自治會職員一覽表：

代表會

主席　孫承樑
秘書　壽棣績　路偶

幹事會

常務幹事　莊鳴山
文書股長　王凱基　浦同烈
庶務股長　張克勤
會計股長　王惠熺
衛生股長　駱賓本
合作股長　楊明潔
學藝股長　金再鑫
娛樂股長　汪莊
體育股長　胡頤
交際股長　許國容

图 9-3-13 《文理》第四期（1933 年 3 月）登载国立浙江大学文理学院学生自治会第五届职员一览表[①]

本届文理学院学生自治会任内，适逢抗战热潮兴起，故在自治会之下，组织抗日救国会；同时，也组织了膳食检查、演讲比赛等活动。为程天放校长去留事，亦在 1933 年 2 月 13 日下午 7 时，在秘书处大礼堂举行全体大会，议决："（1）以本院学生名义，即晚电请程校长完成发展浙大计划，（2）会同工、农二院以浙大学生名义，电请行政院准予程校长辞湖北省府委员兼教育厅长职，（3）会同工、农二院电请程校长早日回校，（4）将挽留校长情形通报各报馆。"[②]

學生生活

□求是消息

文理院學生會舉行挽留校長緊急大會

行政院前經決議調任本校校長程天放先生為湖北省政府委員兼教育廳長，當決議之初，程校長即行電辭，以冀完成其原定發展浙大計畫，惟截至最近，行政院對於校長辭電，尚無表示，文理學院全院學生，甚為惶惑，特於本月十三日下午七時假秘書處大禮堂舉行全體大會，除[illegible]職員出席外到會人數甚為踴躍，議決事項如下：(1)以本院學生名義即晚電請程校長完成發展浙大計畫，(2)會同工農二院以浙大學生名義電請行政院准予程校長辭湖北省府委員兼教育廳長職，(3)會同工農二院電請程校長早日回校，(4)將挽留校長情形通告各報館。現各院已一致分別電致行政院暨程校長辭留云。（彭年）

二五級會舉行第一次執行委員會

文理學院二五級級會於本月十日改選本學期第二屆執委會。結果江之[illegible]為主席

图 9-3-14 《国立浙江大学校刊》登载 1933 年 2 月文理学院学生自治会"举行挽留校长紧急大会"的报道[③]

1933 年 2 月新学期开学后，于 2 月 26 日召开该学期第一次干事会，推定职务，组成第六届文理学院学生自治会（编者注：任期为 1933-02—1933-07）：

① 引自《文理》第四期（国立浙江大学文理学院学生自治会学艺股编辑，1933 年 3 月出版），插页。
② 《国立浙江大学校刊》第 122 期（1933 年 2 月 18 日）。
③ 引自《国立浙江大学校刊》第 122 期（1933 年 2 月 18 日）。

常务 [干事]：黄祥懋；文书：浦同烈、李震同；交际：骆宝本；学艺：王惠熺；庶务：孙承樑；体育：江希明；娱乐：金再鑫；合作：杨明洁；会计：江芷；卫生：江之源。①

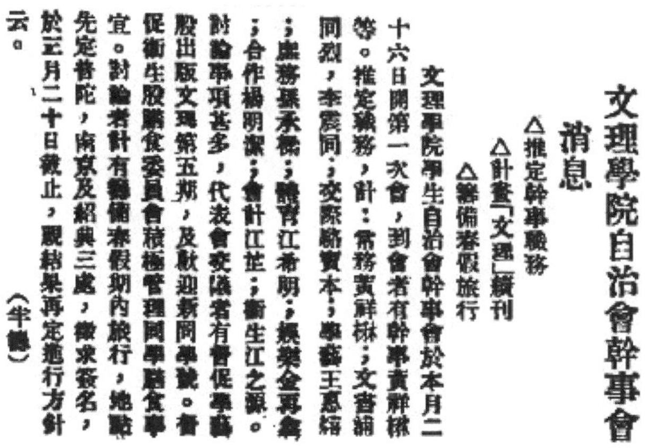

图 9-3-15　《国立浙江大学校刊》登载 1933 年 2 月文理学院学生自治会推定第六届职员的报道②

　　会上也讨论了该届文理学院学生自治会应做事项，如督促学艺股出版《文理》第五期，督促卫生股膳食委员会积极管理同学膳食事宜，并筹备春假旅行（地点初定普陀、南京、绍兴三处，先征求签名，视签名结果再定具体地点）等。③

（3）浙江大学统一的学生自治会（1933-09—1936-07）

　　1933 年 3 月郭任远长校，9 月新学期开学后，学校继续推进各院学生自治会合并之事，在各院推举代表的基础上，于 10 月 24 日晚 7 时半在校长公舍举行第一次筹备会议，通过了会章草案，确定了成立大会召开日期。郭任远校长列席了会议。④

　　1933 年 11 月 7 日上午 9 时，浙江大学学生自治会在秘书处大礼堂举行成立大会，国立浙江大学学生自治会正式成立；到会 367 人，推举屠达为临时主席主持大会，并通过了会章。⑤

---

① 《国立浙江大学校刊》第 124 期（1933 年 3 月 4 日）。
② 引自《国立浙江大学校刊》第 124 期（1933 年 3 月 4 日）。
③ 《国立浙江大学校刊》第 124 期（1933 年 3 月 4 日）。
④ 《国立浙江大学校刊》第 149 期（1933 年 10 月 28 日）。
⑤ 《国立浙江大学校刊》第 151 期（1933 年 11 月 11 日）。

校聞

學生自治會舉行籌備會

本大學學生自治會向係各院分立，本年度因各院同學感到生活上有聯絡之必要，最近籌備組織統一之浙大學生自治會，先由各院擬定代表進行籌備，其代表人選：文理學院為屠進馬鑫黃祥梯江芷王惠燽等五人；工學院為梓南趙琇孫朱世瑨華忠等五人；農學院為沈蕙英王先之王錫濤盧葭陳鍾亮等五人。業於十月二十四日晚七時半在校長公舍舉行第一次籌備會議，討論進行事宜，通過會章草案及決定大會成立日期。茲將該次會議紀錄錄載於後：

浙大學生自治會籌備會第一次會議記錄

日期　十月廿四日下午七時半
地點　校長公舍
出席者　金再鑫　喬棟楨　黃祥梯　屠進　王錫濤　朱世瑨　郭秀傑　江芷　華忠　王先之　王惠燽　盧琰　缺席者　沈蕙英　陳鍾亮　趙琇孫　列席者　郭校長

議

△討論進行事宜
△通過會章草案
△決定成立日期

臨時主席　屠　達　記錄　王錫濤

1. 行禮如儀
2. 主席報告
3. 農院代表報告
4. 討論事項

一、條改草章案
議決　照原案修改通過

二、規定本會成立日期案
議決　定十一月七日上午十時起在本大學秘書處大禮堂舉行之

三、應否設立秘書處以接收集各方提案
議決　應成立秘書處收集各方提案

四、秘書處應如何組織案
議決　由籌備會推定三人組織之

五、推選秘書
議決　推定　屠達　黃祥梯、王錫濤三人為成立大會秘書

六、同學對於修改草章應取何種方式案
議決　草章事前發出如有修改處須于十一月六日前送交秘書並需十八之連合簽名方為有效由秘書處集中之于大會時提出討論修改草章臨時動議概不接受

七、開大會時應否略備茶點案
議決　應略備茶點案　（完）

图 9-3-16　《国立浙江大学校刊》登载 1933 年 10 月浙江大学学生自治会筹备会的报道[1]

國立浙江大學學生自治會成立大會紀錄

學生自治會於十一月七日上午九時在秘書處大禮堂舉行成立大會，通過會章，表決提案，濟濟一堂，顏極一時之盛。茲將是日該會紀錄及通過會章錄誌於後：

日期　十一月七日上午九時
地點　本大學秘書處大禮堂
到會人數　三百六十七八
臨時主席　屠　達
臨時記錄　王錫濤

三、討論事項
二、主席報告籌備會經過情形
一、行禮如儀

1. A關於修改會章之書面提案
議決　草章第五　組織法內應取消部制案

2. 草章第五條　組織法應增設社會股案
議決　否決

3. 草章第五條　組織法內常務應增加案
議決　仍照草章通過

4. 草章第七條　及第九條內之代表及
議決　為三人每院一人

图 9-3-17　《国立浙江大学校刊》登载 1933 年 11 月浙江大学学生自治会成立的报道[2]

① 引自《国立浙江大学校刊》第 149 期（1933 年 10 月 28 日）。
② 引自《国立浙江大学校刊》第 151 期（1933 年 11 月 11 日）。

国立浙江大学学生自治会会章

（1933年11月）

第一章　总纲

第一条　本会定名为国立浙江大学学生自治会。

第二条　本会本三民主义之精神，作成同学在本大学内之自治生活，并促进其智育、体育、群育之发展为目的。

第三条　本会会址设于本大学内。

第二章　组织

第四条　本会以大学全体同学组织之。

第五条　本会组织系统如下：

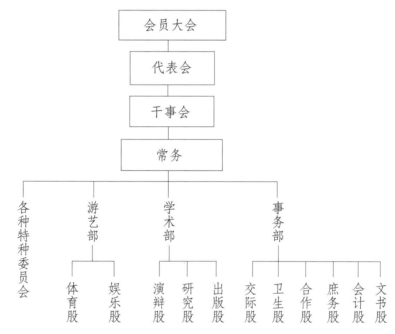

第六条　本会之最高权力机关为会员大会，在会员大会闭会期间为代表会，在代表会闭会期间为干事会。

第七条　代表会由各院代表组织之，每院人数在二百人以下者产生代表十五人，二百人以上者，每二十人增加一人。

第八条　代表会设主席一人，秘书二人，由各代表互选之。

第九条　代表会之代表，每学期改选一次。于第一次集会时，提出干事会候选干事三十人（其中每院至少须八人），再由全体会员总投票，产生干事十五人，组织干事会，但每院正式须有干事四人；候补每院各二人。

第十条　干事会设常务干事一人，各部设部长一人，各股设股长一人，其职务由干事互选分掌之。

第十一条　干事会各股遇必要时，得聘股员若干人，由各股股长提出人选，经干事会通过聘请之。

第十二条　本会于必要时，由会员大会或代表会之议决，均得设立特种委员会，隶属于干事会下。

第三章　职权

第十三条　代表会有议决本会进行工作大纲及审查预算之权。

第十四条　代表会主席有召集代表会及会员大会之权。

第十五条　代表会秘书司纪录及保管印信等事项。

第十六条　干事会有执行委员大会及代表会之议决案之责。

第十七条　干事会常务干事有处理日常事务及召集干事会之权。

第十八条　干事会各股之职权如左：

　　文书股：掌理会议记录、起草文电及保管印信等事项。

　　庶务股：掌理购办、布置等事项。

　　会计股：掌理收费、保款、收支、记账等事项。

　　卫生股：掌理膳食、清洁及一切关于卫生等事项。

　　合作股：掌理一切合作事项。

　　交际股：掌理一切对外交际等事项。

　　出版股：掌理出版刊物事项。

　　研究股：掌理学术研究等事项。

　　演辩股：掌理演说、辩论等事项。

　　娱乐股：掌理娱乐游艺等事项。

　　体育股：掌理各种运动及球类比赛等事项。

第十九条　本会职员除规定外，不得兼职，但特种委员会职员，不在此例。

第四章　会议

第二十条　会员大会每学期始末，各开一次，在开学后二周内及放假前二周内举行之。

第二十一条　会员大会主席及记录，由代表会主席及秘书兼任之。

第二十二条　会员大会须有会员二分之一以上出席为法定人数。

第二十三条　临时会员大会遇必要时，得由会员五分之一以上连名之要求，经代表会之议决，由代表会主席召集之。

第二十四条　代表会每月开会一次，遇必要时经干事会之请求，或代表会代表三分之一，或会员五分之一以上之建议，由主席召集临时会议。

第二十五条　干事会每二星期开会一次，遇必要时得开临时会，由常务干事召集之。

第五章　任期

第二十六条　本会职员任期以一学期为限，连选得连任之。

第六章　经费

第二十七条　本会经常费每学期每会员缴会费银一元，遇必要时，得由会员大会议决，向会员另征临时费，或请求学校补助之。

第二十八条　附则

1. 本会章程遇有不妥处，得于学期开始时，在会员大会中修改之。

2. 本会章程经会员大会通过后施行。[①]

1933 年 11 月 21 日，正式召开了国立浙江大学学生自治会第一届代表大会，选举屠达为学生自治会主席，赵以诏、黄祥懋为秘书，并推举干事会候选人事宜。[②]

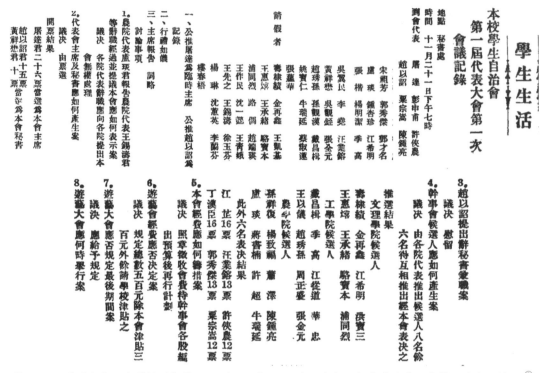

图 9-3-18 《国立浙江大学校刊》载 1933 年 11 月 21 日召开的浙江大学学生自治会第一次会议情况[③]

1933 年 12 月 1 日，选举产生的干事会（编者注：此即第一届国立浙江大学学生自治会干事会，任期为 1933-12－1934-02）在学校秘书处大礼堂召开第一次会议，分配职务：

常务干事：江芷；

事务部长：寿棣绩；文书：王承绪；会计：金再鑫；庶务：华忠；合作：萧泽；卫生：牛瑞延；交际：许超；

学术部长：张全元；出版：季高；研究：郭秀杰；演辩：王以仪；

游艺部长：江希明；体育：江从道；娱乐：卢琰。[④]

---

① 《国立浙江大学校刊》第 151 期（1933 年 11 月 11 日）。

② 《国立浙江大学校刊》第 154 期（1933 年 12 月 2 日）。

③ 引自《国立浙江大学校刊》第 154 期（1933 年 12 月 2 日）。

④ 《国立浙江大学校刊》第 156 期（1933 年 12 月 16 日）。

图 9-3-19　《国立浙江大学校刊》载 1933 年 12 月 1 日召开学生自治会第一次干事会的情况 ①

1933 年 12 月 9 日、19 日，第一届学生自治会举行第二次、第三次干事会，议决相关事项，如讨论经费使用及预算确定，出版股设立"出版委员会"，体育股设立"体育委员会"，组织"音乐社""剧社"，筹备 12 月 23 日的游艺大会等。②

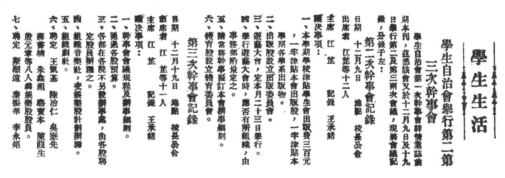

图 9-3-20　《国立浙江大学校刊》载 1933 年 12 月召开学生自治会第二、三次干事会的情况 ③

1933 年 12 月 23 日，第一届学生自治会举行第二次代表会，讨论并通过了干事会拟定的预算案，批准了《干事会议规程》和《干事会办事细则》，并议决相关事项。④

图 9-3-21　《国立浙江大学校刊》载 1933 年 12 月 23 日召开的学生自治会第二次代表会议的情况 ⑤

---

① 引自《国立浙江大学校刊》第 156 期（1933 年 12 月 16 日）。
② 《国立浙江大学校刊》第 157 期（1933 年 12 月 23 日）。
③ 引自《国立浙江大学校刊》第 157 期（1933 年 12 月 23 日）。
④ 《国立浙江大学校刊》第 158 期（1933 年 12 月 30 日）。
⑤ 引自《国立浙江大学校刊》第 158 期（1933 年 12 月 30 日）。

1934 年 3 月 26 日，学生自治会选举第二届干事会干事（编者注：任期为 1934-03－1934-07），文理学院当选者为：赵端英（编者注：也作"赵端瑛"）、杨明洁、王凯基、王承绪（编者注：原文误为"王永绪"）、何志行、浦同烈（候补）、王惠熺（候补；编者注：也作"王惠熹"）。[1]

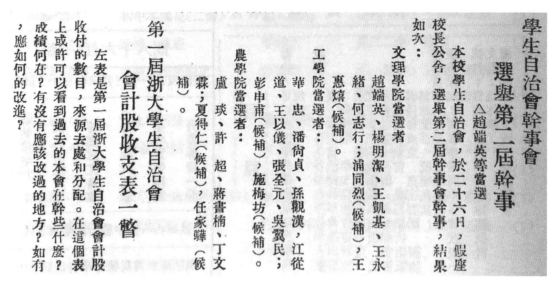

图 9-3-22　《国立浙江大学校刊》载 1934 年 3 月 26 日召开的学生自治会干事会的情况 [2]

第二届干事会后分配职务如下：

常务干事：华忠；

事务部长：孙观汉；学术部长：王以仪；游艺部长：卢琰；

文书股长：王承绪；会计股长：潘尚贞；庶务股长：吴翼民；合作股长：赵端瑛；卫生股长：杨明洁；交际股长：王凯基；膳食股长：许超；出版股长：张全元；研究股长：何志行；演辩股长：彭申甫；体育股长：丁文霖；娱乐股长：蒋书楠。[3]

1934 年 4 月 30 日，学生自治会第三次代表会议，同意屠达辞职，由江希明继任主席。[4]

1934 年 10 月，学生自治会筹备新一届会议，选举了各学院代表。文理学院代表（计 16 人）如下：江希明（62 票）、王承绪（53 票）、王凯基（43 票）、赵端英（42 票）、王惠熹（40 票）、杨明洁（37 票）、胡鼎新（33 票；编者注：即胡乔木）、王作民（33 票）、徐瑞云（32 票）、江芷（30 票）、任应淦（29 票）、吴作邦（29 票）、何志行（28 票）、周鸿本（24 票）、孙偁（22 票）、朱光仕（22 票）。另有"次多数"得票者（编者注：可能作为候补代表）4 人：张克勤（21 票）、姚国伟（21 票）、王友沄（21 票）、卢梦生（20 票）。[5]

---

[1] 《国立浙江大学校刊》第 166 期（1934 年 3 月 31 日）。
[2] 引自《国立浙江大学校刊》第 166 期（1934 年 3 月 31 日）。
[3] 《国立浙江大学校刊》第 168 期（1934 年 4 月 14 日）。
[4] 《国立浙江大学校刊》第 171 期（1934 年 5 月 5 日）。
[5] 《国立浙江大学校刊》第 188 期（1934 年 10 月 27 日）。

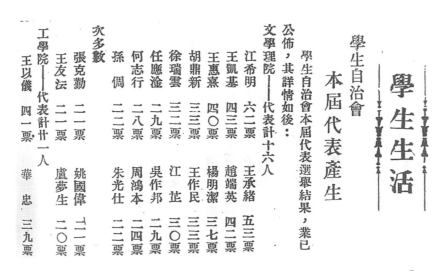

图 9-3-23　《国立浙江大学校刊》载 1934 年 10 月选举学生自治会代表的情况①

后在 1934 年 12 月前后，该届学生自治会干事会的人选亦得到确定（编者注：此即第三届浙江大学学生自治会干事会，任期为 1934-09－1935-02）：

常务：许邦友；

事务部：韩昌棋；学术部：张全元；游艺部：王作民；

文书股：王以仪；会计股：程松生；庶务股：李高；卫生股：解翼生；交际股：王名衡；膳食股：张克勤；出版股：汪乾；研究股：吴作邦；演讲股：姚慧英；体育股：钱英男；娱乐股：朱清和。②

1935 年 3 月 30 日，学校重新制定颁布了《本大学学生团体组织规则》，要求更加严格，如其第一条规定："本大学学生团体，除学生自治会应遵照中央规定办法办理外，其余各项团体，非经本大学之核准，一概不得组织。"③此后，《校刊》上极少刊登学生自治会的消息。不过，学生自治会及各种组织仍然存在，且在一些特殊时期，能够摆脱学校的控制，组成完全由学生自我管理的组织，并组织起较大规模的活动，如 1935 年 12 月至 1936 年 1 月期间，学生自己组织起全校学生自治会及学生代表会等，并领导了当时的学潮和"驱郭运动"（详见第十一章）。

2. 学生会和学生自治会组织的各种活动

学生会和学生自治会组织有丰富的活动。一般而言，学生会和学生自治会主要组织涉及全体同学的或较大规模的活动，同时，更多的活动则由干事会之下的各相关股负责组织，如文理学院学生自治会时期的学艺股主办学生自治会的刊物《文理》，基本上每年一期（详见下节），卫生股负责组建膳食委员会及监督膳食如何改良、膳堂卫生情况，娱乐股举行各种文化活动（如音乐会）和比赛（如象棋比赛），合作股负责消费合作社，等等。

---

① 引自《国立浙江大学校刊》第 188 期（1934 年 10 月 27 日）。
② 《国立浙江大学校刊》第 196 期（1934 年 12 月 22 日）。
③ 《国立浙江大学校刊》第 208 期（1935 年 4 月 13 日）。

1930 年 5 月，文理学院原学生会为庆祝改组成立新的学生自治会，并纪念五四运动，于 5 月 4 日晚，“在大礼堂举行同乐会。会场由同学自行设计布置”，“游艺节目有新剧、跳舞、丝竹、电影等，来宾都四百余人”，“至夜一时半，始行散会”。①

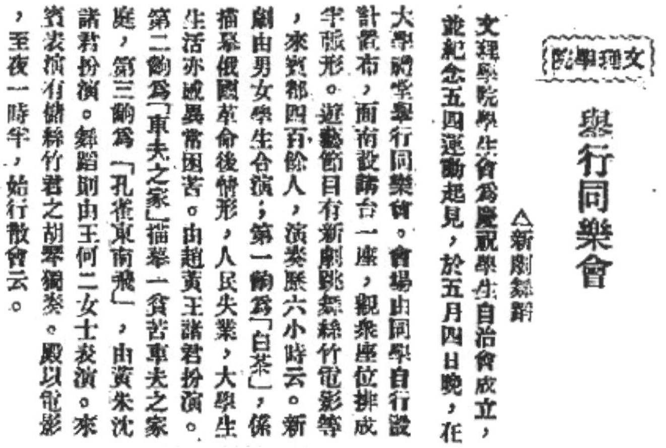
文理學院

舉行同樂會

△新劇舞蹈

文理學院學生會爲慶祝學生自治會成立，並紀念五四運動起見，於五月四日晚，在大學禮堂舉行同樂會。會場由同學自行設計佈置，而術設飾台一座，觀衆座位排成半弧形。遊藝節目有新劇跳舞絲竹電影等，來賓都四百餘人，演奏歷六小時云。新劇由男女學生合演；第一齣爲「白茶」，係描摹俄國革命後情形，人民失業，大學生生活亦感異常困苦。由趙黃王諸君扮演。第二齣爲「車夫之家」描摹一貧苦車夫之家庭，第三齣爲「孔雀東南飛」，由黃朱沈諸君扮演。舞蹈則由王何二女士表演。來賓表演有儲絲竹君之胡琴獨奏。殿以電影，至夜一時半，始行散會云。

图 9-3-24 《国立浙江大学校刊》载 1930 年 5 月文理学院举行同乐会的情况 ②

1931 年 3—6 月，文理学院学生自治会娱乐股曾先后举行同乐会和象棋比赛：“文理学院学生自治会娱乐股股长宋钟岳，对于公务颇称热心，前次春假前举行同乐会于大礼堂，亦由宋君筹备，成绩颇佳。最近复发起象棋比赛，谋增进本院娱乐之兴趣，报名者有十余人，连日比赛，颇称激烈。现已结束，冠军为方德植，亚军为廖念怡，二君皆为数学系同学。”③

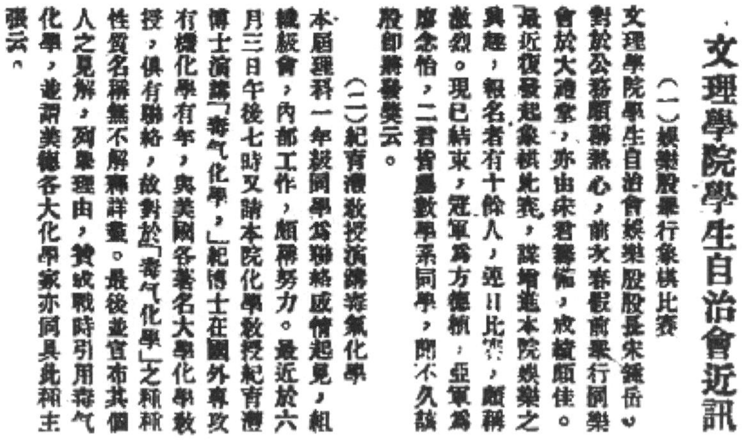
文理學院學生自治會近訊

（一）娛樂股舉行象棋比賽

文理學院學生自治會娛樂股股長宋鍾岳，對於公務頗稱熱心，前次春假前舉行同樂會於大禮堂，亦由宋君籌備，成績頗佳。最近復發起象棋比賽，謀增進本院娛樂之興趣，報名者有十餘人，連日比賽，頗稱激烈。現已結束，冠軍爲方德植，亞軍爲廖念怡，二君皆爲數學系同學，聞不久該股即將發獎云。

（二）紀育灃教授演講毒氣化學

本屆理科一年級同學爲聯絡感情起見，組織級會，內部工作，頗稱努力。最近於六月三日午後七時又請本院化學教授紀育灃博士演講「毒气化學」，紀博士在國外專攻有機化學有年，與美國各著名大學化學教授，俱有聯絡，故對於「毒气化學」之種種性質名稱無不解釋詳盡。最後並宣布其個人之見解，列舉理由，贊成戰時引用毒气化學，並謂美德各大化學家亦同具此種主張云。

图 9-3-25 《国立浙江大学校刊》载文理学院举行象棋比赛的情况 ④

1932 年 9—11 月，《校刊》也报道：“文理学院学生自治会干事会数月来，多方服务，不遗余力。兹闻娱乐股，在最近期内，将举行音乐会，由本院教职员与会员参加演奏，不另请外界云”；“学艺股拟于下月中旬举行演说竞赛会，已在积极筹备中，报名加入者尚踊跃，讲题闻系关于国难

① 《浙江大学校刊》第 11 期（1930 年 5 月 10 日）。

② 引自《浙江大学校刊》第 11 期（1930 年 5 月 10 日）。

③ 《国立浙江大学校刊》第 58 期（1931 年 6 月 13 日）。

④ 引自《国立浙江大学校刊》第 58 期（1931 年 6 月 13 日）。

方面者居多”；“又学生团体室将装设无线电收音机，俾会员课余，多一娱乐。此事正由该会派员向物理系接洽云”。①

关于学艺股拟进行的演说竞赛，后于 1932 年 12 月 16 日晚 7 时进行，“为使本院同学，注意国难问题起见，爰有国难问题演说比赛会之发起”；“事先报名参加者，计有张景璞君等七人。除一人因故不到外，参加比赛者，共计六人。由金再鑫君主席，分请邵院长、沈乃正先生、孟宪承先生、苏步青先生评判甲乙”。结果是，冠军：褚应瑞，题目为“解救国难的途径”；亚军：张景璞，题目为“抗日救国应有之基本认识”；殿军：萨师炯，题目为“什么是中华民国的出路”。其他参加者也各有所长，如江希明“国音之纯熟，态度之从容”，吴浩青“材料之动人与丰富”等，“虽因名额限制，未能列及前茅，亦颇有足取者”。②

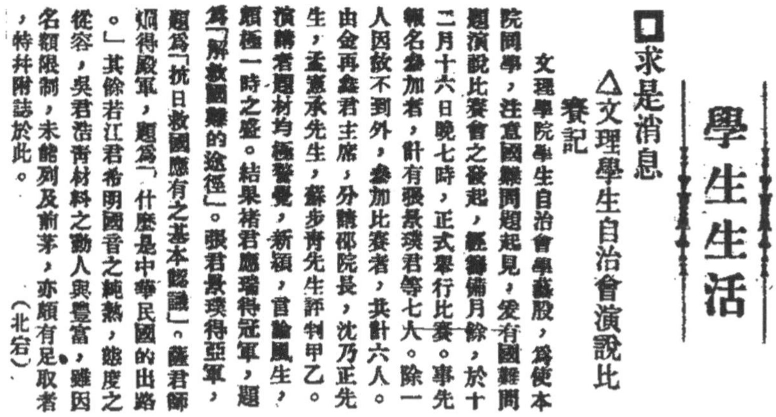
學生生活

□求是消息

△文理學生自治會演說比賽記

文理學院學生自治會學藝股，爲使本院同學，注意國難問題起見，爰有國難問題演說比賽會之發起，經籌備月餘，於十二月十六日晚七時，正式舉行比賽。事先報名參加者，計有張景璞君等七人。除一人因故不到外，參加比賽者，共計六人。由金再鑫君主席，分請邵院長，沈乃正先生，孟憲承先生，蘇步青先生評判甲乙。演講者題材均極警覺，新穎，言論風生，頗極一時之盛。結果褚君應瑞得冠軍，題爲「解救國難的途徑」。張君景璞得亞軍，題爲「抗日救國應有之基本認識」。薩君師炯得殿軍，題爲「什麼是中華民國的出路。」其餘若江君希明國音之純熟，態度之從容，吳君浩青材料之動人與豐富，雖因名額限制，未能列及前茅，亦頗有足取者，特并附誌於此。（北宕）

图 9-3-26 《国立浙江大学校刊》载文理学院举行演说比赛的情况③

1933 年 11 月 18 日晚 7 时，文理学院学生自治会在学校大礼堂举办了文理学院成立 5 周年的游艺大会，来宾到者约千余人，“济济一堂，颇极一时之盛”。④

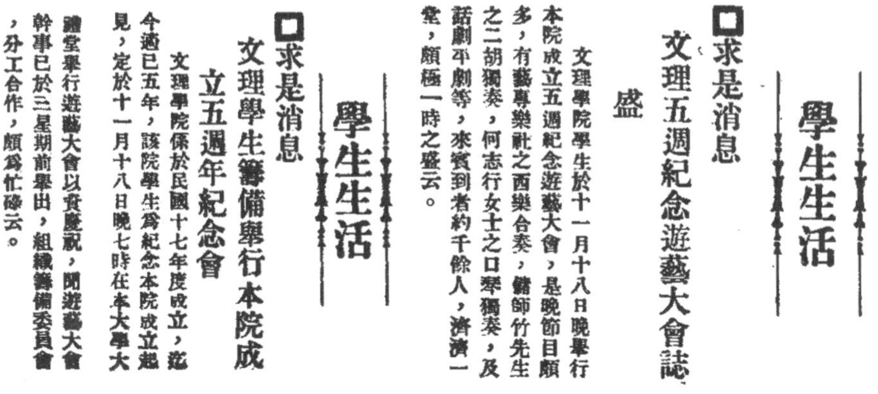
學生生活

□求是消息

文理五週紀念遊藝大會誌盛

文理學院學生於十一月十八日晚舉行本院成立五週紀念遊藝大會，是晚節目頗多，有藝專樂社之西樂合奏，儲師竹先生之二胡獨奏，何志行女士之口琴獨奏，及話劇平劇等，來賓到者約千餘人，濟濟一堂，頗極一時之盛云。

學生生活

□求是消息

文理學生籌備舉行本院成立五週年紀念會

文理學院係於民國十七年度成立，迄今適已五年，該院學生爲紀念本院成立起見，定於十一月十八日晚七時在本大學大禮堂舉行遊藝大會以資慶祝，聞遊藝大會幹事已於三星期前舉出，組織籌備委員會，分工合作，頗爲忙碌云。

图 9-3-27 《国立浙江大学校刊》载文理学院举行游艺大会的情况⑤

① 《国立浙江大学校刊》第 112 期（1932 年 11 月 19 日）。
② 《国立浙江大学校刊》第 117 期（1932 年 12 月 24 日）。
③ 引自《国立浙江大学校刊》第 117 期（1932 年 12 月 24 日）。
④ 《国立浙江大学校刊》第 153 期（1933 年 11 月 25 日）。
⑤ 引自《国立浙江大学校刊》第 152 期（1933 年 11 月 18 日）、第 153 期（1933 年 11 月 25 日）。

（二）学生会和学生自治会主办的《文理》杂志的编辑和出版

文理学院学生会（及后来的学生自治会）成立伊始，就有编辑会刊的想法。1930 年 3 月 11 日文理学院学生会召开临时会，议决各项事务中，第二项就是"本学期出版刊物案：至少出版一次"[①]；6 月 7 日，《校刊》报道"稿件大致就绪"，并介绍了编辑过程："聘经宝毅为广告主任，向各方征求广告，一面筹措经费，着手刊印。刊物内容，除同学作品外，尚有一部分教授作品，约于本月下旬出版。印刷费除由学院允与津贴一部分外，尚须向各方劝募云。"[②]6 月 28 日，《校刊》进一步报道："会刊现已全部编辑完竣，本月底当可出版云。"[③]说明编辑出版工作已经告竣。随即，第一期于 1930 年 7 月 1 日正式出刊。内容如下：

《文理》第一期目录

插图

卷头语

序 ……………………………………………… 本院院长

十年来国际和平运动之成绩 ………………………… 沈乃正（一）

欧战以来之军用化学 ………………………… 陈之霖讲　斯芳记（一七）

　　▲附战争插图

中国工商业不发达之原因 ………………………… 唐庆增（二六）

印度之独立运动 ………………………… 沈乃正讲　宋钟岳记（三二）

近世耶稣教之派别 ………………………… 造新译（三五）

中古时代的英国大学 ………………………… 西巍（五二）

孔子与六经之关系 ………………………… 荣伯（五六）

焚书事案的分析 ………………………… 荣伯（六四）

如何使中学毕业生谋事得减纾其困难 ………………… 陆景模（六七）

学校考试方法 ………………………… 吴南轩讲　宋钟岳记（七五）

中国古代大数纪考法 ………………………… 钱宝琮（八一）

尿及生物体中微量铅之测定法 ………………………… 闵世俊译（八四）

　　▲情—晓—怀 ………………………… 瞿四行（九五）

肺结核病人应有之认识 ………………………… 陈光第（九六）

平行的双声叠韵和重言 ………………………… 大白（九八）

谈西厢记 ………………………… 朱宗英（一〇〇）

　　▲拿破仑的情书

蓝珠 ………………………… 谢涵译（一〇六）

可爱的 ………………………… 委曲译（一一六）

[①]　《国立浙江大学校刊》第 5 期（1930 年 3 月 22 日）。

[②]　《国立浙江大学校刊》第 15 期（1930 年 6 月 7 日）。

[③]　《国立浙江大学校刊》第 18 期（1930 年 6 月 28 日）。

刊首的《卷头语》由该刊编辑撰写，揭示了编辑缘起：

卷头语

　　这两年来，我们惯是缄默着，然而长久地缄默，我们也深觉不安！正如有个游客，他是"一日湖上行，一日湖上住，一日湖上坐，一日湖上卧"，可是他对于湖上的风光，却没有只字半句的歌颂。那他能够安心吗？

　　古人说"因时起志，因物寓言，因志发咏，因言成诗"，我们自愧"发咏""成诗"的能力还差，但处此新文化潮流澎湃之时，在外界友好的期许之中，教师热诚的指导之下，我们何能"无志""无言"，甘心自弃？

　　不过，三日厨下的新嫁娘，毕竟还是个生手！哪能烹调出什么美味来，供读者欣赏？所以这次的出版竟不过是一杯"薄薄酒"罢了。欲待《文理》来日的丰美，还希外界批评，教师指导，和同学继续地努力呢。

《卷头语》后，请邵裴子院长作序，序言如下：

序

　　十七年的十月一日，国立浙江大学的文理学院才筹备粗具，开学授课。彼时，同学仅有一年级文理科合计约四十人之谱。他们的学校生活，除规定的讲堂、实验室工作外，还有在运动场的体育。如果加上极简单的一点学校规程，也算三育方面，都不致有什么重大的偏漏了。可是在这种生活中，同学们却都立在被动的地位，于训练上当然不能说是完全。那时候学校行政方面就想促进学生会的活动，叫同学们有一种自动的工作，来弥补这被动的——还没有完全的——训练。

筹备一种刊物，由同学们主干，由各教员辅导并帮助一点材料，就是当时想叫学生会去做的一件工作。

但是那时学生会的工作，却十分不容易进行。第一个原因，是同学们都是从各处来的，彼此都还没有很熟识，更说不到再深的相互了解。那么合作多么困难呢？第二个原因，是新生升到大学，不论他从前中学的成绩多么好，总觉得急急巴巴有点赶不上的样子。这在外国可算是一个通例。就是顶好的中学毕业生，也不见得在例外。像我们这样草创的、小规模的——一时还要迁就一点中学程度的"学院"，要同英美的"考里其"来比，可不是要"西坡比东坡"了？但是中学的程度——或者说是效率——拿来比外国也是一样。所以功课虽浅，新同学们还是觉得"日不暇给"，实在说，是没有功夫来办学生会的事。还有，学校方面，如院长一类的职员或教员，要是能够切实的——具体的——引导学生会的工作，那当然要好一点。不过这其中也有几点难处。我们当院长和教员的，不一定会做那种工作，这是一。我做院长，我决不愿要学生会完全跟着院长走——操纵或代办学生会。我要我们文理学院的学生会，是完全由学生主动的。那么，学生会的工作，才可算得一种的训练。因此我的促进也就有了相当的限度，这是二。再看到同学们对于功课都还有点料理不及，这"课外"的活动，我当不能把他认作比功课还要要紧，来唱这完成训练的高调，这是三。况且在大学一年生的文艺、学术作品，想来总还很幼稚，如果迟上一年，也总可以比较的成熟些。那么，"以待来年"，正是未为不可，何必要急于促进？这是四。末了，我们的同学，还是太少呵！迟上一年，至少有加倍的人数。那不是差不多要容易着一半了吗？何如率性再等一等？这是五。因为这几种缘故，虽然第一年的学生会职员，有极抱这种刊物观成的决心的，而这种刊物，还是终究没有成功，终究归于流产。

第二年开始了！我们这文理学院，一年是要过两个秋天的。这两个秋天，就在每学期的终了。但是成绩不合某种程度的，好比萎黄一点的树叶一样，都叫秋风吹离了这树身。剩下来的——当然还是很大的多数——经过一个学年的"淬历"，力量也坚强一点了；"日不暇给"的样子，也好了一点；作品的幼稚也应该减了一点。又加入了第二年新同学这几十个生力军——也是曾经一度秋风，没有吹掉，比较着坚强一点的——情况是比较的好了一点了。而第二年的学生会职员，更抱着一种决心，叫这种前一年流产的刊物，本年一定可以成熟的产出。请教员们协助一点小品，并且督促着同学们——新的旧的——一定要有点贡献，不管他好与不好！因为这几位职员的努力和新旧同学的合作，才有了这《文理》的第一期刊物。

这种刊物的目的，说来甚是简单——这里面绝对没有不知轻重，"班门弄斧"的夸耀——他的目的无非在使本院的同学们有一种练习、试验和发表他们学作或尝试创作机会，一种可以测定他们自己学力和成熟程度的鉴衡，并且也算是同学们各个和联合的办理一种事物——担当一种责任的实习，更不必说是推广同学们的兴会到正式课程以外的一种方法。如果说这种刊物不是"作为无益"，那么他可以存在的理由，大概就在这些地方罢。

这种无编制的"尝试集"式的刊物可以存在的理由，既如上述，他的主要撰述人，当然是学生，虽然在这第一期里面也有几多位教员的投稿。这好比人们初次成立一个家庭，亲友们都要赠送一点礼物，来帮衬帮衬这一个新家庭的组织者，也叫这初形成的不完备的家庭，可以比较的看着热闹一点。如认为亲友们的力量都在这里了，这可就成了一种误会。这些亲友们，他们自己的力量，是要向别处去看的！

所以《文理》这一种刊物，是浙大文理学院的同学们——现在尚不过六十人的光景——主干的一种刊物。那里边纵有一点教员的作品，不过是点帮衬的材料，现在因为人少，只好出一种年刊。将来呢？要是人多了，有了高年级生和毕业生，他的程度，当然可以较为成熟；他的内容，当然可以较为丰富。那么他的改成半年刊、季刊、月刊，甚至半月刊、周刊，都是不能预料的。他现在的内容，虽然还是没有成熟——要是一二年生的作品，就成熟了，那么，再进一步，到了三年级，就要"日中则昃"，呈衰老的现象了！有这个理吗？——可是谁也不能知道这一期和接继的各期里面，一定没有将来的学问家和文艺家的"少作"！所以我所希望于一般读者的，是对于这种青年期的试作，不要苛求；所希望于为这种试作主干的同学们的，是要一年，一年的进步，等到了第二期、第三期和第四期的时候，可以够得上算大学生刊物里的一种佳作，并且用不着再要同学以外人们的辅导、帮助！如果还有人怀疑到学校方面让这种刊物发行的智慧，我只有复述一句：学生自动的正当集合工作，是学校训练里面必不可少的一件。这"学生会刊"一类的编纂，是学生自动的正当集合工作中最有利的一种，虽然另外还有好多种有利的"学生自动的正当集合工作"。

十九年六月二十五日下午四时，

邵裴子于杭州浙大文理学院。①

一年后，1931年6月，《文理》第二期亦编辑完成，正式出版。此后，1932年、1933年春季，分别又出版2期，共计出版4期。

表9-3-1 《文理》第一至第四期编辑、出版情况一览②

期次	出刊时间	编辑者	发行者
1	1930-07-01	国立浙江大学文理学院学生自治会学艺股 学艺股股长：黄肇兴 编辑委员会：朱宗英，顾文渊，张儒秀（文书），黄肇兴（主席），张家钧，顾昌栋，蒋铭新 广告部主任：经宝毅	国立浙江大学文理学院学生自治会
2	1931-06-01	国立浙江大学文理学院学生自治会学艺股 学艺股股长：庄鸣山 编辑委员：庄鸣山（总编辑兼广告），朱壬葆（总务兼论著），孙承樑（文书兼发行），沈寿春（会计），张楷（论著），宋钟岳（文艺兼广告），徐彭龄（文艺），张有清（杂俎），孙祥鹏（广告） 顾问：沈乃正，佘坤珊，陈锡襄，郑晓沧，储皖峰	国立浙江大学文理学院学生自治会
3	1932-05	国立浙江大学文理学院学生自治会学艺股 学艺股股长：寿棣绩 出版委员：寿棣绩（编辑），谢涵（总务兼发行），张楷（广告兼论著），陈绍琳（发行），陆景模（文书），董永濂（会计），沈炳彪（论著），孙承樑（文艺），杨明洁（文艺），张有清（杂俎），孙祥鹏（广告） 顾问：郑晓沧，沈乃正，储皖峰，佘坤珊，罗膺中，纪育沣	国立浙江大学文理学院学生自治会
4	1933-03	国立浙江大学文理学院学生自治会学艺股 学艺股股长：金再鑫 出版委员：金再鑫（主席兼编辑），董永濂（总务），王元璋（文书），卢梦生（会计），陈鸿文（发行）、寿棣绩（论著），章彭年（论著），江芷（文艺），徐翠文（文艺），张景璞（杂俎），路偶（广告） 顾问：郑晓沧，林玉霖，沈乃正，钱宝琮，储皖峰，纪育沣	国立浙江大学文理学院学生自治会

① 《文理——国立浙江大学文理学院学生自治会会刊》第一期（国立浙江大学文理学院学生自治会学艺股编辑，1930年7月1日出版），第1-3页。

② 资料来源：编者据《文理》第一期、第二期、第三期和第四期相关内容整理。

在《文理》第四期于 1933 年 3 月出版后，同月，文理学院学生自治会干事会开会，讨论新学期事务，其中一项即督促学艺股开始准备第五期《文理》[1]。之后，即组成《文理》出版委员会，确定组成人员，制定出版计划。[2]

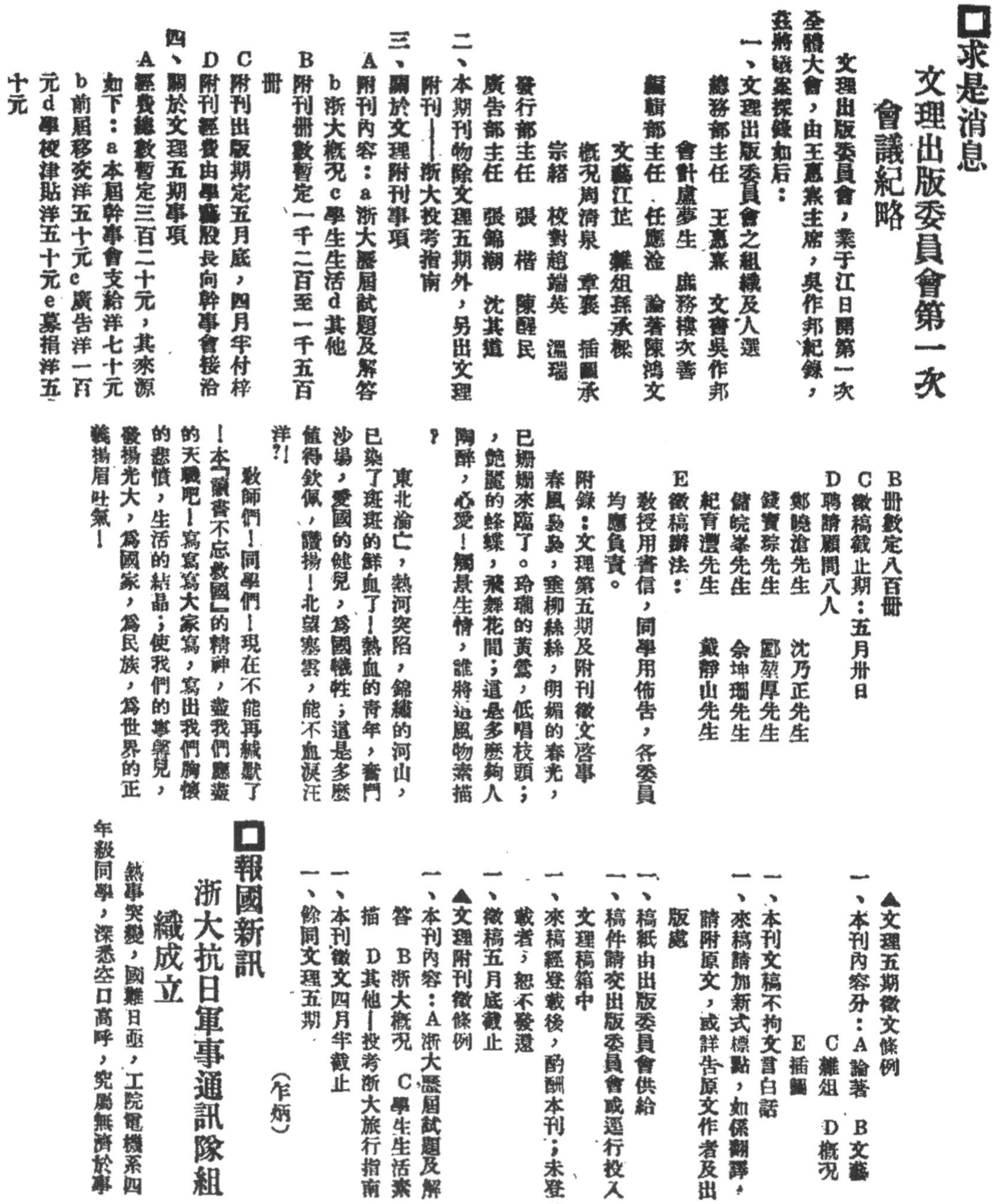

口求是消息

文理出版委員會第一次會議紀略

文理出版委員會，業于江日開第一次全體大會，由王嘉燕主席，吳作邦紀錄，茲將議案撮錄如后：

一、文理出版委員會之組織及人選

　總務部主任　王嘉燕　　文書吳作邦

　會計盧夢生　庶務樸次善

　編輯部主任　任應洽　　論著陳鴻文

　發行部主任　張　楷　　陳醒民

　廣告部主任　張錦潮　　沈其道

　概況周濟泉　章裏　　插圖承

　宗緒　　校對趙端英　溫瑞

　文藝江莊　　難組孫承樑

二、本期刊物除文理五期外，另出文理附刊——浙大投考指南

三、關於文理附刊事項

　A附刊內容：a浙大歷屆試題及解答　b浙大概況　c學生生活　d其他

　B附刊冊數暫定一千二百至一千五百册

　C附刊出版期定五月底，四月牛付梓

　D附刊經費由學藝股長向幹事會接洽

四、關於文理五期事項

　A經費總數暫定三百二十元，其來源如下：a本屆幹事會支給洋七十元　b前屆移交洋五十元　c廣告洋一百元　d學校津貼洋五十元　e募捐洋五十元

▲文理五期徵文條例

一、本刊內容分：A論著　B文藝　C難組　D概況　E插圖

一、本刊文稿不拘文言白話

一、來稿請加新式標點，如係翻譯，請附原文，或詳告原文作者及出版處

E徵稿辦法：教授用書信，同學用佈告，各委員均應負責

B冊數定八百冊

徵稿截止期：五月卅日

C　D　B　微稿顧問八八

　鄭曉滄先生　沈乃正先生

　健實琮先生　鄺蟄厚先生

　儲皖峯先生　佘坤珊先生

　紀育灃先生　戴靜山先生

附錄：文理第五期及附刊徵文啓事

　春風裊裊，垂柳絲絲，明媚的春光，已姍姍來臨了。玲瓏的黃鶯，低唱枝頭；飽醉的蜂蝶，蹁躚花間；這是多麼夠人陶醉，必愛！觸景生情，誰將迎風素描

　東北淪亡，熱河突陷，錦繡的河山，已染了斑斑的鮮血了！熱血的青年，奮鬥沙場，愛國的健兒，為國犧牲；道是多麼值得欽佩，體揚！北望燕雲，能不血淚汪洋?!

教師們！同學們！現在不能再緘默了！本「讀書不忘救國」的精神，盡我們應盡的天職吧！寫寫大家寫，寫出我們胸懷的悲憤，生活的結晶，使我們的筆蒼兒，發揚光大，為國家，為民族，為世界的正

一、餘同文理五期

一、本刊徵文四月牛截止

一、來稿經登載後，酌酬本刊；未登載者？恕不發還

一、徵稿五月底截止

▲文理附刊徵稿條例

一、本刊內容：A浙大歷屆試題及解答　B浙大概況　C學生生活來描　D其他—投考浙大旅行指南

一、稿件請交出版委員會或逕行投入文理稿箱中

口報國新訊

浙大抗日軍事通訊隊組織成立

（乍炳）

年級同學，深悉空口高呼，究屬無濟於事

图 9-3-28　《国立浙江大学校刊》载《文理》出版委员会会议情况[3]

---

[1] 《国立浙江大学校刊》第 124 期（1933 年 3 月 4 日）。

[2] 《国立浙江大学校刊》第 126 期（1933 年 3 月 18 日）。

[3] 引自《国立浙江大学校刊》第 126 期（1933 年 3 月 18 日）。

但 1933 年 9 月后，随着新的全校学生自治会的成立，出版工作纳入全校学生自治会统一的安排之中，学校也统一制定了学生刊物的印刷补助等办法。

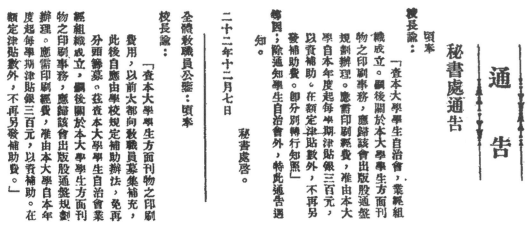

图 9-3-29 《国立浙江大学校刊》载学校对学生自治会出版印刷等方面的规定情况 [1]

因此，计划中的《文理》第五期，可能由于文理学院学生自治会已经合并于学校统一的学生自治会，没有再出版自己的会刊《文理》（第五期），而仅于 1933 年 6 月出版了《文理附刊——浙大投考指南》。[2]

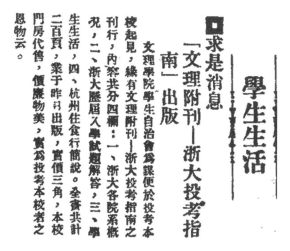

图 9-3-30 《国立浙江大学校刊》载《文理附刊——浙大投考指南》出版情况 [3]

1933 年 9 月后，统一的浙江大学学生自治会筹备并成立（12 月正式成立）。但此后该会有没有编辑和出版新的出版物，目前尚未查考到确切情况。

此外，从有关人士的回忆中，也能了解一些当时学生中编辑各类出版物的情况，如对胡乔木先生当时在校生活的情形进行记述的文字中，提及有壁报等编辑的情况：

① 引自《国立浙江大学校刊》第 155 期（1933 年 12 月 9 日）。
② 《国立浙江大学校刊》第 138 期（1933 年 6 月 17 日）。
③ 引自《国立浙江大学校刊》第 138 期（1933 年 6 月 17 日）。

当时浙江大学的校长是郭任远，他是一位著名的心理学家，然而那时却在"党化教育"的办学宗旨下，用法西斯式的一套办法来办学，一上任就公布了《学生团体组织规则》，规定"本大学学生团体，除学生自治会应遵照中央规定办法办理外，其余各项团体，非经本大学核准，一概不得组织。本大学学生团体经备案后，如有违背会章或逾越范围之行动，本大学得随时撤销备案"。他还成立了军事管理处，学生的一切活动都在"军管"范围之内，并任意给学生记过或开除处分。浙大师生渐渐都对郭校长的这种办学方法侧目以视，一场风暴正在酝酿之中。恰好，胡乔木在这里结识了浙大学生会主席施尔宜（后改名施平）。

施尔宜是中共地下党员，他让胡乔木办壁报，宣传抗日救国，并取名《沙泉》，意思是"沙漠里的一股清泉"，是指在浙大这片"沙漠"之中，还有可以涌出"清泉"的一方之地。有一次，胡乔木从英文报纸《中国论坛报》上剪下一幅插图，上面画的是一位苏联农民肩扛锄头，胡乔木把它作为《沙泉》的刊头画贴了出来，结果被校长郭任远看到了，郭迅即下令追查《沙泉》是谁主编的。结果一查，撰稿、编辑、抄写，全是外语系学生胡乔木一个人。郭任远于是找胡乔木"训话"，他单刀直入地指出：这幅画是从《中国论坛报》上剪下的，这报是共产党办的，并强令胡乔木交代是从哪里弄到这张报纸的。胡乔木装着大吃一惊的样子，忙说："我是从大街上拾到的。看这画画得不错，就剪下张贴了，我不知道它是共产党办的呀。"其实，这报是陈延庆从上海寄给胡乔木的。胡乔木的说辞让郭任远没能抓住证据，郭只好交代胡乔木壁报不准再办了。

胡乔木不能再办壁报，就在外文系组织读书会，利用同学都懂外文的有利条件，组织大家读马克思主义的德文原著。

不久，胡乔木就用"胡鼎新"为笔名，在当时的《国立浙江大学校刊》上发表了多篇诗作和译作，其中的诗风与陈遵极似。这些诗作和译作，有他翻译的英人西蒙士（A. Symons）的五首诗——《忧心》《思念》《渔孀》《秋暮》《情梦》，他还创作了多首古体诗，有《七律·无题》《歌行·甲戌中秋作》，诗意或是感怀身世，或是由怀念家乡而思及旧时儿歌等。一个大学英语系的学生，能创作出感情饱满、诗艺精纯的诗作，着实让人感慨不已，它不免让人想到当年浙大学生"胡鼎新"的风采，以及教师陈遵的沾溉之功。[①]

大概直到 1935 年年底的"驱郭风潮"之时，由于学校乏人主持，学生自行选举了学生自治会等，短期内接掌了部分学校权力（甚至《校刊》也自行主办了一期），才由当时的国立浙江大学学生自治会出版股主持编辑、发行了一期《浙大学生》（1936 年 1 月出版），正是学校最为动荡的时期。当然，随着学校秩序的恢复，也就无法继续编辑出版了。

---

① 　应向伟、郭汾阳编著：《名流浙大》，杭州：浙江大学出版社，2007 年，第 253-255 页。

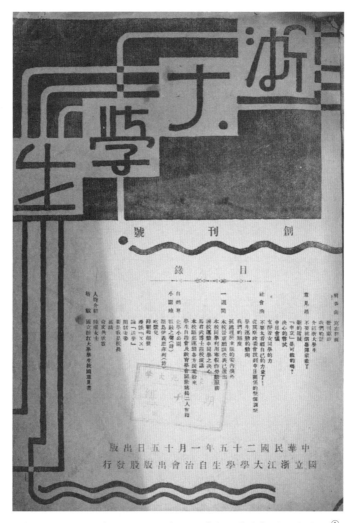

图 9-3-31　1936 年 1 月 15 日出版的《浙大学生》创刊号封面[1]

（三）其他各种学生组织及活动

1. 级会

级会为同一年级学生之组织，隶属于学生自治会。文理学院第一届学生，即 1928 级学生，于 1930 年春天（即 1930 年 2 月后）成立了该级级会，即"二一级级会"（编者注：当时一般以毕业之年来命名级会，故该级称为"二一级级会"，为民国二十一年，即 1932 年 7 月毕业的学生）；"二一级级会"执行委员会成员为：陆景模、赵凤涛、韦保泰、顾文渊、斯芳[2]。

级会组织有各类活动。以二一级级会（即 1928 级学生）为例：

十九年春（编者注：此即十九年度的春天，即 1931 年春天），觉精研学术，联络感情，非团

---

① 引自《浙大学生》创刊号（国立浙江大学学生自治会出版股编辑，1936 年 1 月 15 日出版），封面。

② 《国立浙江大学文理学院第一届毕业纪念刊》，1932 年 7 月，第 93 页。

体不为功，爰有级会之组织，定章程，资信守，选职员，治庶事，举行研究，参观，讲演，同乐，远足等会，藉收观摩互资之效，情感恰协之果，每次集会，辄言论风生，庄谐杂作，一级之内，怡然如一家也。[1]

图 9-3-32　国立浙江大学文理学院二一级级会执行委员合影[2]

（从左到右：陆景模、赵凤涛、韦保泰、顾文渊、斯芳）

其中，以某级的学生为主，主办所谓"求是暑期学校"较有特色。二一级级会首创了"求是暑期学校"（编者注：以后，文理学院的各届学生，几乎均于暑假期间，开办暑期学校）。1931 年暑期，以二一级级会为主，正式创办"求是暑期学校"：

是年夏，吾级级会，创办求是暑期学校，纯以服务社会，推行补习教育为宗旨，自初中一年级至高中一年级，学生约一百六十余人，而为校舍所限，向隅者尚不少也。是时，杭市暑校成立，惟学生之多，成绩之优，公许吾校焉。

求是暑期学校于 1931 年 7 月创校，后民二三级（编者注：也称"一九三四级级会"，即 1934 年毕业，1930 年入校）决定在 1933 年暑期继续开办。在《校刊》题为"民二三级筹办求是暑校"的报道中，专门介绍："求是暑期学校系于民国二十年创设，以利用暑假期间推行补习教育及指导升学为目的，向由文理学院高年级学生主办。本年暑期转瞬即届，文理民二三级决定继续开办，现在业已开始筹备，定于七月一日开学云。"[3] 筹备期间，该级会于 1933 年 4 月 19 日开会，通过修正后的《组织大纲》，确定了学校负责人[4]。

① 《国立浙江大学文理学院第一届毕业纪念刊》，1932 年 7 月，"级史"，第 16-17 页。
② 引自《国立浙江大学文理学院第一届毕业纪念刊》，1932 年 7 月，第 93 页。
③ 《国立浙江大学校刊》第 133 期（1933 年 5 月 13 日）。
④ 《国立浙江大学校刊》第 130 期（1933 年 4 月 22 日）。

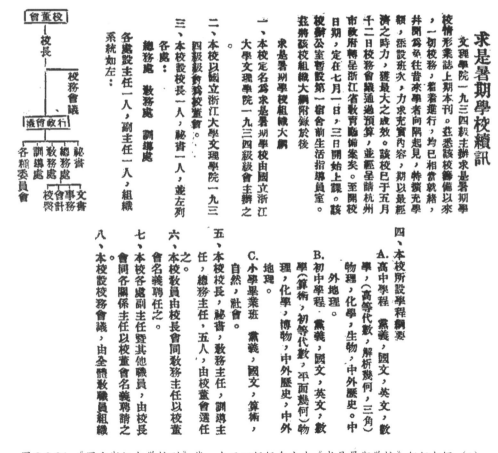

學生生活

□求是消息
文理學院一九三四級級會
開會記

▲通過暑校組織大綱
▲選舉暑校辦事人員

文理學院一九三四級級會，於十九日晚七時假座第一宿舍籌備委員會辦公室開會，由金再鑫君代表暑校籌備委員會報告籌備經過，並修正通過組織大綱，當場推定暑校校長暨各處主任。

校長　陳鴻文君
祕書　施　蕭君
總務處主任　黃祥群君
教務處主任　張　楷君
訓導處主任　駱賓本君

關於學程綱要，進行計劃，均有詳盡討論，散會時已十時餘矣。（牟聲）

图 9-3-33　《国立浙江大学校刊》载文理学院一九三四级级会开会情况①

1933 年 5 月经上报学校，且经学校校务会议通过预算，定于 7 月 1 日开学，3 日上课；该校办公室暂设第一宿舍。并正式颁布了《求是暑期学校组织大纲》②。

求是暑期學校續訊

文理學院一九三四級主辦求是暑期學校，情形業誌上期本刊。茲悉該校籌備以來，一切校務，着着進行，均已相當就緒，並聞為各任暑校學者向隅起見，特擴充學額，添設班次，力求充實內容，期以最經濟之時力，獲最大之成效。該校已於五月十二日校務會議通過預算，並經呈請杭州市政府轉呈浙江省教育廳備案矣。至開校日期，定在七月一日，三日開始上課。該校辦公室暫設第一宿舍前生活指導員室。茲將該校組織大綱附錄於後。

求是暑州學校組織大綱

一、本校定名為求是暑州學校由國立大學文理學院一九三四級級會辦之。

二、本校以國立浙江大學文理學院一九三四級級會為校董會。

三、本校設校長一人，祕書一人，並左列各處：
總務處　教務處　訓導處

四、本校所設學程綱要
A. 高中學程．黨義，國文，英文，數學，（高等代數，解析幾何，三角）物理，化學，生物，中外歷史。中
B. 初中學程．黨義，國文，英文，數學（算術，初等代數，平面幾何）物理，化學，博物，中外歷史，中外地理。
C. 小學畢業班．黨義，國文，算術，自然，社會。

五、本校校長，祕書，教務主任，訓導主任，總務主任，五人，由校董會選任之。

六、本校教員由校長會同教務主任以校董會名義聘之。

七、本校各處副主任暨其他職員，由校長會同各關係主任以校董會名義聘請之。

八、本校設校務會議，由全體教職員組織

图 9-3-34　《国立浙江大学校刊》载一九三四级级会主办《求是暑期学校》组织大纲（1）

---

① 引自《国立浙江大学校刊》第 130 期（1933 年 4 月 22 日）。
② 《国立浙江大学校刊》第 134 期（1933 年 5 月 20 日）。

九、校務會議之職權如左：
(1)決定本校預算 (2)審議本校各種規則 (3)議定本校進行計劃 (4)籌議本校課程 (5)校長交議事項
十、校務會議以校長為主席。
十一、校務會議規程由校長自定之。
十二、本校設行政會議由校長，秘書，教務主任，訓導主任，總務主任五人，及各種委員會主席組織之。
十三、行政會議職權如左：
(1)建議於校務會議事項 (2)校務會議交議事項 (3)處理較為重大之特種事項 (4)關於設備等事項 (5)其他
十四、行政會議以校長為主席。
十五、行政會議規程由該會自定之。
十六、校長之職權如左：
(1)監導並處理校內一切事項 (2)擬定本校進行計劃 (3)執行校務會議之議決案 (4)對外代表本校
十七、祕書襄助校長處理本校會務各種事項。
十八、總務處處理本校會計事務文牘等事項。
十九、教務處處理本校一切教務事項。
二十、訓導處處理本校一切訓導事項。
廿一、遇有特種事件得由行政會議組織特種委員會處理之。
廿二、本大綱由校憲會議決公布施行之。
廿三、本大綱如有未妥處由行政會議提出修正案經校憲會核准修正之。

图9-3-34 《国立浙江大学校刊》载一九三四级级会主办《求是暑期学校》组织大纲[1] (2)

此外，如文理学院二五级级会 [编者注：即于民国二十五年（1936）7月毕业，1932年8月入学；也可称一九三六级级会]，于1932年11月26日，举行同乐大会；同时民二五级级会的学艺股，组织象棋比赛，亦于11月25日举行决赛，江希明获得冠军。[2]

□求是消息
△民二五级举行同乐会及演说竞赛

民二五级在该院大礼堂举行同乐大会。该级同学全体出席，程院长、邵院长、邱指导员及沈乃正林玉霖诸教授亦为应请参加。主席江希明报告后，即由程按瓦上霜的心理，弄科图书馆无人过问，真替他家瓦上霜着急……（下略）……

△象棋比赛结果颇佳

文理学院民二五级学艺股主办之象棋说赛，于十一月廿五日举行决赛，参加者廿一人，得决赛权者为王莲生江希明二人，剧战结果，江君以三比二荣膺冠军。
（镇）

图9-3-35 《国立浙江大学校刊》载民二五级举行同乐会及演说竞赛等情况[3]

二五级级会于1933年2月10日改选本学期第二届执委会，选举江之源为主席，江希明等10人为委员，并"用投票法分配职务如下"：

文书股：徐大顺、沈其道；学艺股：周清泉、章彭年；体育股：江希明、萨师炯；会计股：徐瑞云、赵端瑛；庶务股：张景璞、姜善。[4]

---

① 引自《国立浙江大学校刊》第134期（1933年5月20日）。
② 《国立浙江大学校刊》第114期（1932年12月3日）。
③ 引自《国立浙江大学校刊》第114期（1932年12月3日）。
④ 《国立浙江大学校刊》第122期（1933年2月18日）。

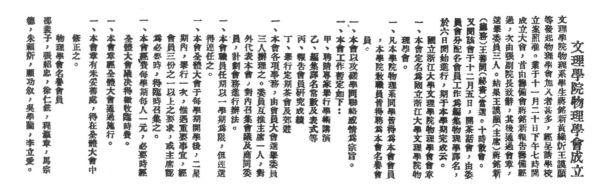

二五級會與行第一次執行委員會

文理學院二五級級會於本月十日改選結果江之源為主席江希明趙景瑗薩師炯姜譽沈其道徐瑞芸趙端英周清泉章彭年為委員。主席江之源原定十三日下午七時開第一次會議，因與全體委員時間衝突改於十五日下午七時舉行。除全體委員出席外，並請邱贊祖先生出席演講，嗣後各委員相繼演說後，乃用投票法分配職務如下：

文書股　徐大順　沈其道
學藝股　周清泉　章彭年
體育股　江希明　薩師炯
會計股　徐瑞芸　趙端英
庶務股　張景瑗　姜　善
　　　　　　職務分配後相繼討論一切進行計畫迄九句半鐘始散會云。（彭年）

图 9-3-36 《国立浙江大学校刊》载二五级级会改选第二届执委会的报道①

2. 学会

学会组织在浙江大学也较为多见，以各系为单位组织。文理学院理科各学系学生基本上都组织了各自的专业学会，如物理学会、化学学会、生物学会等。

（1）物理学会

1931 年 11 月 20 日，文理学院物理学会成立，制定会章，选举王谟显为主席，并邀请邵裴子、张绍忠等为名誉会员。②

文理學院物理學會成立

文理學院物理系學生蔣新黃祿炘王謨顧等發起物理學會加入者甚多，經呈請學校立案照准。乘於十一月二十日下午七時開成立大會，首由籌備會蔣紹新報告籌備經過，次由張副院長致辭，其後通過會章，選舉委員三人。結果王謨顯（主席）蔣紹新（繕務）王善開（繕書）當選。十時散會。又聞該會於十二月五日，開茶話會，由委員分配各會員工作為編製物理學譯名，於六日開始進行，期於本學期完成云。

一、本會定名為國立浙江大學文理學院物理學會。

一、凡本學院物理系同學願得自為本會會員，本學院教職員願得聘請者為本會名譽會員。

一、本會以攻礪學問聯絡感情為宗旨。

一、本會工作暫定如下：
甲、聘請專家舉行學術演講
乙、編集譯名及表式等
丙、報告會員研究成績
丁、舉行定期茶會及郊遊

一、本會職員任期以一學期為限，但連選得連任之。

一、本會各項事務，由會員大會選舉委員三人辦理之。委員互推主席一人，對外代表本會，對內召集會議及商同委員，計割會務進行辦法。

一、本會全體大會於每學期開學後，二星期內，舉行一次，惟遇重要事宜，經會員三份之一以上之要求，或主席認為必要時，得臨時召集之。

一、本會應徵每學期每人一元，必要時經全體大會議決得徵收臨時費。

一、本會章每學期開學後，二星期內，舉行一次。

一、本會章有未妥善處，得在全體大會中修正之。

物理學會名譽會員
邵裴子，張紹忠，徐仁銑，程瀛章，馬宗德，朱繩祈，顧功叙，吳孕蘭，李立受。

图 9-3-37 《国立浙江大学校刊》载文理学院物理学会成立的报道③

1933 年 2 月 18 日，物理学会在物理系楼上的电磁实验室，举行该学期常会；改选职员，并决定举办读书会，制定了《物理学会读书会细则》。④

①　引自《国立浙江大学校刊》第 122 期（1933 年 2 月 18 日）。
②　《国立浙江大学校刊》第 76 期（1931 年 12 月 12 日）。
③　引自《国立浙江大学校刊》第 76 期（1931 年 12 月 12 日）。
④　《国立浙江大学校刊》第 123 期（1933 年 2 月 25 日）。

學生生活

□求是消息

物理學會舉行常會

本月十八日晚七時，物理學會在物理系樓上電磁實驗室，舉行本學期常會。出席者除多數會員外，尚有本系教授講師及助教。濟濟一堂，頗極一時之盛。席上除備豐美之茶點及水菓外，并有無線電收音機之放音。妙婉聲音，繞線室中，更增逸興。首由前任主席孫承樑君致開會詞，後改選職員，結果王善同張捆王惠熔三君當選。末開始討論，其議決案之較重要者，爲舉辦讀書會，冀全體會員有一公開討論之機會。辦法間已擬就。茲採錄該會演講程序及細則于後。

讀書會演講程序

日期	講者	
二月廿六日	張有清	莊鳴山
三月五日	張思僚	斯何晚
三月十二日	任樹德	孫承樑
三月十九日	黃緣炘	王子昌
三月廿六日	王惠熔	魏鴻漸
四月九日	陳晢人	羊錫康
四月十六日	宋兆豐	姜朗
四月廿三日	忻賢德	楊明潔
四月三十日	陳卓如	徐馴寶
五月七日	王善同	徐佩璜
五月十四日	張捆	鄭浩
五月廿一日	阮名成	沈慧貞
五月廿八日	孫潙	

物理學會讀書會細則

一、本會定名爲浙江大學物理學會讀書會

二、本會會員每學期須作半小時之演講，報告平日讀書心得及實驗成績等，同時講者須自行聘請導師。

三、本會于每星期日下午七時舉行一次，全體會員均須出席。

四、本系教授講師及助教亦須出席，并負責指導一切。

五、每次講演規定二人，由會員輪流，其次序照年級之高下，即自四年級起至一年級止。講題及導師姓名須于三日前交與主席。

六、遇規定之講者因要事不克出席時，得在四日以前通知主席，由主席聘請教授講師或助教一位，担任該日之演講。

七、地點在物理系教室一，舉行時不再通知，亦不得遲延開會時間。（希）

第一宿舍選舉舍長

文理院第一宿舍二十一日下午七時，由生活指導員辦公室分別散發選舉舍長票，由各同學記名投票，結果孫承樑得十五票爲正舍長，莊鳴山得十三票爲副舍長云。（彭年）

图 9-3-38 《国立浙江大学校刊》载物理学会读书会有关情况[①]

（2）化学学会

化学学会也成立于1931年10月前后。1932年10月22日，文理学院化学学会在成立一周年之际，举行新会员的欢迎会，到会的有学校秘书欧阳仙贻（作为校长程天放的代表）、邵裴子院长和化学系的纪育沣、陈之霖两位副教授。当时的化学学会主席为吴浩青。[②]

□求是消息

△化學學會歡迎會盛況

化學學會成立甫及一載，而組織日臻健全，精神與時俱進，前途有厚望焉。該會業於十月二十二日晚，假秘書處俱樂部，開茶話會，歡迎新會員，到有會員卅餘人，及歐陽秘書（校長代表），邵院長，紀教授育澧與陳教授之霖諸先生。首由主席吳浩青報告該會經過情形，並致歡迎詞，大意謂：學生自治會曾開歡迎會，歡迎新會員，本會亦開會歡迎新會員，然其旨趣異於前者，蓋吾儕研究之對象相同，目的亦同；志同道合，意義殊爲重大云。次歐陽秘書訓詞，謂程校長因事不克到會，囑余代表，曷勝欣幸；夫現代科學，猛進不已，故智識應求新穎，今諸君在適宜之環境下，經教授之教導，再加互相切磋，前途殊屬光明；以是尤切望諸君努力前程，以宏學術云云。邵院長訓詞，略謂：學會大都由於專家組織；惟今日之學生，即來日之專家，況諸君住校不過數載，離校後即自行研究，茲學會之成立，亦屬需要，望在良師教導之下，努力探討，其勉之云。末紀教授演說：希望三點：(一)多請專家講演，(二)聯絡國外學術團體，採求有價值之材料，以便集會，公開探討(三)發行雜誌，記載切實之化學學識，使普及人民，同時因化學界之努力，貢獻予藥界等界亦非尠也。席間各進豐美茶點，談笑融洽，頗極一時之盛云。（偶）

图 9-3-39 《国立浙江大学校刊》登载的 1932 年 10 月化学学会的情况报道[③]

① 引自《国立浙江大学校刊》第 123 期（1933 年 2 月 25 日）。
② 《国立浙江大学校刊》第 109 期（1932 年 10 月 29 日）。
③ 引自《国立浙江大学校刊》第 109 期（1932 年 10 月 29 日）。

1935 年 9 月，新学期开学之初，化学学会在西悦来饭店，举行该学期第一次大会，并改选了干事，结果“沈仁湘、仇荫昌、姚国伟、胡颐、华国桢五君当选”，又修改了委员资格，最后议定本学期工作。会议结束后，并“欢宴新会员”：

本大学化学学会，为化学系教授及同学所组织，以往会务活动，有名人演讲、讨论会、工厂参观、国防化学表演，及展览、郊游、野宴、聚餐等。会员间感情，非常融洽，会务蒸蒸日上。本学期该会新到教授于文蕃、李相杰二先生，讲师张（编者注：张润庠）、陈（编者注：陈嗣虞）二先生，助教吴、倪、钱、温四先生（编者注：吴浩青、倪圣时、钱志道、温瑞），及一年级同学多人，气象一新。该会于上星期日晚，假座西悦来饭店，举行本学期第一次大会，改选干事，结果沈仁湘、仇荫昌、姚国伟、胡颐、华国桢五君当选。又修改委员资格：“凡本系同学均为普通会员，教授、讲师、助教、职员及毕业同学，均为特别会员。”最后议定本学期工作。至七时许方入席，济济一堂，觥筹交错，盛况一时无两。席间新旧委员敬酒频繁，笑话百出，尤以于、储二先生（编者注：于文蕃、储润科）之酒兴，令人捧腹不已，直至十时许方散。[①]

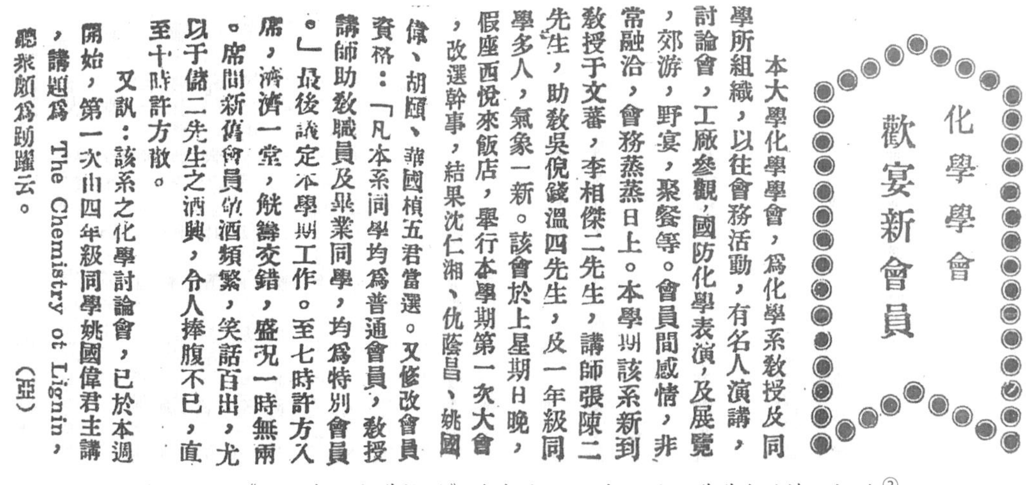
化學學會
歡宴新會員
本大學化學學會，爲化學系教授及同學所組織，以往會務活動，有名人演講，討論會，工廠參觀，國防化學表演，及展覽，郊游，野宴，聚餐等。會員間感情，非常融洽，會務蒸蒸日上。本學期該系新到教授于文蕃，李相傑二先生，講師張陳二先生，助教吳倪錢溫四先生，及一年級同學多人，氣象一新。該會於上星期日晚，假座西悅來飯店，舉行本學期第一次大會，改選幹事，結果沈仁湘，仇蔭昌，姚國偉，胡頤，華國楨五君當選。又修改會員資格：「凡本系同學均爲普通會員，教授講師助教職員及畢業同學，均爲特別會員。」最後議定本學期工作。至七時許方入席，濟濟一堂，觥籌交錯，盛況一時無兩。席間新舊會員敬酒頻繁，笑話百出，尤以于儲二先生之酒興，介人捧腹不已，直至十時許方散。
又訊：該系之化學討論會，已於本週開始，第一次由四年級同學姚國偉君主講，講題爲 The Chemistry of Lignin，聽衆頗爲踴躍云。（亞）

图 9-3-40 《国立浙江大学校刊》登载的 1935 年 9 月化学学会的情况报道[②]

（3）生物学会

生物学会成立于 1933 年 5 月。1933 年 5 月 14 日，文理学院生物系同学经过一段时间的筹备，在刀茅巷生物实验室，举行生物学会成立大会（定名为“国立浙江大学生物学会”），制定了《国立浙江大学生物学会会章》，选举郁永侁为主席。[③]

---

① 《国立浙江大学校刊》第 221 期（1935 年 9 月 28 日）。

② 引自《国立浙江大学校刊》第 221 期（1935 年 9 月 28 日）。

③ 《国立浙江大学校刊》第 134 期（1933 年 5 月 20 日）。

□求是消息

生物學會成立紀事

文理學院生物學系同學本探討學術寓在互相切磋之旨趣，特發起組織生物學會，公推王鼐楨君召集籌備會議，推舉郁永侁，顧恆德，江希明三君爲會章起草委員，于五月十四日在刀茅巷生物實驗室舉行成立會。除該系全體同學出席外，并邀請本系主任教授及助教等參加，通過會章後，當即推選幹事會職員，結果如后：

主　席　郁永侁　文書股　孫定昌

會計股　王鼐楨　學術股　朱壬葆

金維堅　顧恆德　王凱基

事務股　涂鍾琦　江希明

并議決議案多起，聞日內擬請西湖博物館動物部主任兼本系講師董聿茂先生主講「考察西北經過」，同時演映幻燈影片助興。茲將該會會章揭錄於後

國立浙江大學生物學會會章

一、定名　本會定名爲國立浙江大學生物學會

二、宗旨　本會以促進研究興趣討論學術必得爲宗旨

三、會員　凡浙江大學文理學院生物學系之教員及同學均爲本會會員

四、組織　本會組織表述如左

全體大會 — 幹事會（主席）— 文書股一人　會計股一人　學術股四人　事務股二人

本會職員於每學期第一次開大會時選舉之任期爲一學期連選得連任

五、會費　每學期每人納會費一元遇必要時得由全體大會議決徵收臨時費

六、會期　每學期舉行全體大會兩次如遇特別事故得由主席或三分之一以上會員之請求召集之幹事會每月舉行常會一次遇必要時得由主席或三分之一以上之幹事之請求召集之

七、附註　本會會章自公佈日起施行如有未盡善處得由全體大會之通過修改之

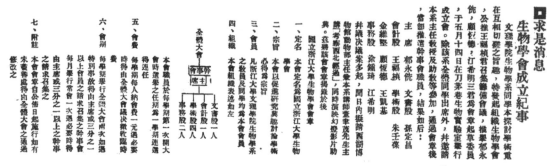

图 9-3-41 《国立浙江大学校刊》载文理学院生物学会成立的报道[①]

1933 年 9 月 30 日，生物学会举行欢迎新会员及全体会员大会，改选了负责人，并同贝时璋、许元龙两位先生共同拟定了举行学术讨论会计划，最后，并请许元龙、蒋天鹤两位先生演讲。[②]

□求是消息

生物學會近訊

生物學會自成立以來，迄已半載。該會章程，每當學期開始，例有召集全體大會改選幹事會之舉。本學期會員增加不少，該會爲謀新舊會員聯絡情誼，藉資切磋起見，於九月卅日下午七時在文理學院生物教室舉行歡迎新會員及全體大會。出席者有貝時璋許元龍諸教授暨新舊會員二十餘人，由郁永侁主席，茲將議決事項及改選結果臚列於左：

議決事項：

一、幹事會主席改稱常務幹事，學術股幹事改爲二人。

二、幹事會幹事被選舉權祗限于本系同學，教授助教例外。

三、由幹事會學術股會同貝時璋許元龍二先生合擬定期舉行學術討論會計劃。

四、本學期會費定一個月內收齊。

五、製訂學會徽章由幹事會負責辦理，並聘金維堅先生爲顧問，其價格最高不得超過一圓，在會費外，另行徵收。

六、定最近期間赴西溪舉行野餐，日期由幹事會決定。

改選結果：

常務　王鼐楨

文書　孫定昌

學術　陳述方　吳頴之

會計　陶秀良

事務　曹忠惠　涂鍾琦

選舉后，請許元龍蔣天鶴二先生相繼演講，殿以茶點，至十時始盡歡而散。

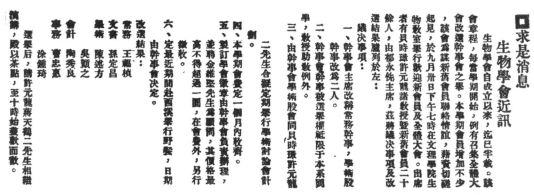

图 9-3-42 《国立浙江大学校刊》载生物学会举行欢迎新会员及全体会员大会情况[③]

生物学会在学期将终时，一般均召集全体大会。1934 年 1 月 6 日下午 7 时，在生物系教室，举行了联欢性质的全体大会，“到会人数甚多，虽在西湖博物馆之董馆长，亦于是晚赶来参加”。[④]

生物學會全體大會誌盛

生物學會在學期將終時，例須召集全體大會，今已于一月六日下午七時，在生物教室舉行。到會人數甚多，雖在西湖博物館之董館長，亦于是晚趕來參加。首由主席王鼐楨致開會辭，旋討論要案數起，後即進以極豐富之茶點，末殿以餘興；有王主席之紹興戲，金維堅朱壬葆二先生之豎曲，孫定昌君之魔術，王凱基朱凌雲二君之京戲，郁永侁金維堅朱壬葆諸先生及陳述方江希明呂家鳴等諸君之笑話，吳頴之君之洞簫獨奏，均各精采異常；最後之遊戲，由會員各寫人氏地名動作于三條紙上，收齊後再雜湊而成之語句，無不滑稽突梯，諸會員均捧腹大笑，十時半始興盡散會。

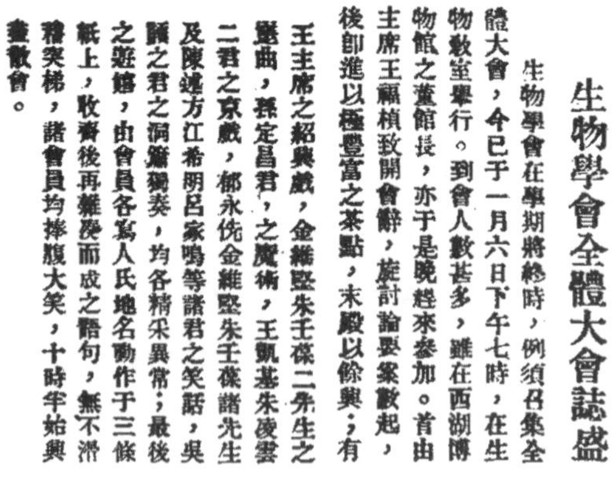

图 9-3-43 《国立浙江大学校刊》载 1934 年 1 月 6 日生物学会全体大会的情况[⑤]

① 引自《国立浙江大学校刊》第 134 期（1933 年 5 月 20 日）。

②《国立浙江大学校刊》第 146 期（1933 年 10 月 7 日）。

③ 引自《国立浙江大学校刊》146 期（1933 年 10 月 7 日）。

④《国立浙江大学校刊》第 160 期（1934 年 1 月 13 日）。

⑤ 引自《国立浙江大学校刊》第 160 期（1934 年 1 月 13 日）。

1935 年度新学期开始后，生物学会于 1935 年 9 月 27 日晚 7 时，在刀茅巷生物学系召开该届全体大会，欢迎新会员，同时改选了有关职员，其“新任干事如下”：

常务：蔡堡教授；文书：江希明君；会计：陈士怡君；学术：贝时璋教授，许骧教授；事务：朱壬葆先生，庄雍熙君，向壔君，应广鑫君。①

生物學會改選職員

生物學會本屆全體大會，暨歡迎新會員大會，業于九月廿七日晚七時，在刀茅巷生物學系中舉行。出席全體會員二十人，濟濟一堂，頗極一時之盛。會中除修改會章數則外，並規定本學期應於學術研究之精神外，極力從事師生娛樂；舉凡球藝，弈棋，音樂，詩詞等，均在提倡之列。以後擬每隔二三星期，即須集會一次。集會時，有娛樂之精神，而無會議之形式，庶免乾燥之味之弊，此亦爲本大學學會中之別開生面者。玆採錄該會本屆新任幹事如下：

常務　蔡　堡教授
文書　江希明君
會計　陳士怡君
學術　貝時璋教授　許　驤教授
事務　朱壬葆先生　莊雍熙君　向　壔君　應廣鑫君

图 9-3-44 《国立浙江大学校刊》载 1935 年 9 月 27 日生物学会改选职员的情况②

3. 毕业同学会

毕业同学会（全称为“国立浙江大学毕业同学会”）主要是毕业的同学所组织的团体，“以联络感情，交换知识，共图发展社会事业为宗旨”。“由国立浙江大学各学院及前专门部之历届本科毕业生组织之。”亦有会章等章程和组织机构。③

畢業同學會修改會章

本大學畢業同學會於十月十九日開全體大會出席者有孫潮洲、徐幼初、方巽山、裘桂元、陳毓麟、陳瑞炘、陳建啓、吳式梓、趙陳風、楊道鋐、鄭兆實、吳興生、陳昌華、倪鍾灝、錢高信、馮宗蔚、余瑞生、討論修改該會簡章茲將修正後簡章錄後：

國立浙江大學畢業同學會簡章

第一章　定名
第一條　本會定名爲國立浙江大學畢業同學會
第二章　宗旨
第二條　本會以聯絡感情，交換智識，共圖發展社會事業爲宗旨
第三章　組織
第三條　本會由國立浙江大學各學院及前專門部之歷屆本科畢業生組織之。
第四條　各界名碩及本大學教職員有贊助本會宗旨者，得聘爲名譽會員。
第四章　職員
第五條　本會採用代表制，由每級選出代

图 9-3-45 《国立浙江大学校刊》载国立浙江大学毕业同学会简章④

① 《国立浙江大学校刊》第 222 期（1935 年 10 月 5 日）。
② 引自《国立浙江大学校刊》第 222 期（1935 年 10 月 5 日）。
③ 《国立浙江大学校刊》第 29 期（1930 年 11 月 1 日）。
④ 引自《国立浙江大学校刊》第 29 期（1930 年 11 月 1 日）。

二、理科学生的日常生活情况

民国前期（1937年前）的大学生日常生活，曾经有学者比较过当时的国立大学和教会大学的情况，做过一些概略性的介绍。浙江大学作为国立大学，当时学生的日常生活情况，应该也与文中所说的国立大学情况类似：

大学生上学的费用不限于缴纳学杂费。许多学生在校期间大部分的开支用在服装、书籍、旅行以及课外活动。学生在这些方面的开支经常会超过单纯的食宿费用，这种选择性的消费往往反映了他们对文化价值的取舍和对生活内涵的营构。

20世纪30年代大学生活的一个主要特点，就是校园生活方式丰富多样，没有一种全国性的学生文化。民国时期高等教育理念的多元化最具体地表现在校园生活的实际差异之中。有些项目，比如宗教仪式、唱诗班演唱、音乐团体、体育团队、英语戏剧表演、社交聚会和舞会、学校年鉴、圣诞庆祝、新年及其他基督教节日，全部源于教会大学，然后传播到上海国人自办的私立高校。另一方面，其他如文人式的消遣、听京戏、读古典小说和泡茶馆等，则盛行于北京以及各省城，高校校园并不例外。一般而言，教会大学的管理者在组织学生的日常生活方面扮演了积极的角色，有意识地激发团队精神，把学生看成成长中的青少年，以大家长心态保护学生免受有害的外部影响。与此相反，本国的大学当局则对学生的生活采取一种放任态度，基本上继承了传统观念，认为高等学府是成熟而独立的学者的聚集地。这两种不同的风格建构了不同的校园文化，其中的不同无论在穿着或者在住宿方式上都有所表现。

民国时期几乎所有的高校都为学生提供住宿。这些住宿安排既决定价位，又决定品位，往往是构建校园文化的主要决定因素。一般说来，公立高校都为学生提供宿舍，只象征性收些费用。与此相反，私立高校在20世纪20年代中期平均每学年收取20元的住宿费，十年后这项费用上涨到40～60元不等。宿舍基本上都提供家具。然而，各学校的宿舍条件各有不同。上海的私立高校为了俭省，经常在一个房间里安置4～6名学生，而不是2名或3名。晚上很早就断电，每天热水供应只有几个小时。这些私立学校的学生手册上充斥各类提醒和规定，目的都是要学生减少浪费。手册对各种细节非常注意，比如严格规定学生书桌上的电灯泡至多不可超过若干瓦。

与燕京和圣约翰大学的生活相比，复旦、光华、大夏、沪江这些上海私立高校的宿舍生活十分逼仄郁闷。燕京的宿舍是两个人一间，其宿舍楼被誉为结构美观、先进舒适、实用方便的典范。另外有浴缸、淋浴，不间断供应冷热水，还有饮水器、电话、报纸阅览室、洗衣设备，每层都有小厨房，还有学校雇用的仆役供学生使唤。燕京大学占地200亩，校园风景如画，位于其中心地带的是未名湖，这些宿舍楼晚上灯火通明，在湖面上映出闪烁的倒影，象征着南京时期那些拥有特权的西化都市精英所享有的安逸宁静生活。

大学校园建筑设计和外观的差异突显了各学校之间的风格反差。燕京和圣约翰这类经费充足的教会大学，校园里有图书馆、实验室、社交厅、大会堂、运动场、游泳池、体育馆、宿舍楼、办公楼和教学楼。由美国庚子赔款保证财政支持的清华大学，有以花岗岩装饰、铺设木材地板、造价50万美元的图书馆，新古典风格的大礼堂里有钢琴和小提琴，体育馆、实验室、天文台里都配备有进口仪器设备，这些令人美慕。这些建筑里的所有建筑材料都是直接从美国运来的。

与此同时，大部分的本国大学则勉强将就，把从前的庙宇和王公府邸改造成办公室和教室。

北大就是如此。复旦的校舍则是以前的祠堂和衙门。很多地方的高校则利用科举考场和清朝的学堂。许多城市私立高校使用整修过的居民住宅，按需改造，因陋就简。本国公立和私立高校多半杂乱不整。与此形成鲜明对比的，是教会大学建筑风格的统一整饬，比如燕京和圣约翰，都是由美籍建筑师事务所墨菲与达纳（Murphy and Dana）专门设计的。

硬件方面明显可见的差异常常伴随着校园生活方式的整体差异。在一些校园里，学生作息规范统一；但在另一些校园里，每个人都有自己的安排。有些高校坚决主张校园要与所处的城市或郊区的外在环境分离；另一些则允许校园与街市打成一片。北大的生活展现了公立高校面对公众的开放性，而燕京的校园生活则在很多方面代表了完全以自身为中心来构建的学院。

为了供学生和家长参考，各高校定期公布校方估算的个人必要开支数。这些数字比实际开支要低，因为校方没有把生活格调的要求、城市娱乐的诱惑以及同辈的压力考虑在内。另有一些估算是外界独立做出的。有些杂志的评论者夸大了学校管理者所忽视的那些因素的影响力，强调学生在西式服装、奢侈饮食、旅行、近代交通、运动、娱乐、社交、谈恋爱等方面的开支。传记和个人回忆录显示，相当多的学生是承受着经济压力、在可贵的自律下完成大学教育的，特别是本国公立高校的学生。因此，这些关于大学开支的夸大说法所包含的敌意，不仅代表着对确实存在的奢侈浪费的攻击，也代表着对与特定生活方式相关的开支的攻击。自诩为"穷学者"的北大学生高声抱怨着那些俗人，抱怨他们的真才实学没有受到足够尊重。而那些在国民党创办的高校里学习、预备成为中层行政官员的穿制服的学生，当然也招致了一部分公众批评。然而下课时候等在圣约翰大学门口的有的是私家汽车和马车。沪江大学每年产生新的运动队和选美皇后。中西女中定期上演每场门票1元的莎士比亚戏剧表演。燕京大学有的是时髦西装和社交聚会。清华大学和交通大学的游泳池、体育馆和出国深造成为传统。其他本国私立大学对以上种种充满美慕，极力模仿。在动荡的20世纪30年代，以上林林总总都进入公众想象的领域。这些想象取决了（全面）抗战前夕一班大众对大学教育和学生文化的看法。[①]

关于浙江大学及文理学院学生的日常生活，除了前面记述各种活动的描述以外，还有一些个人化的回忆。但遗憾的是，现有材料中，较少看到文理学院，尤其是理科学生该时期亲身的、较为详细的回忆。目前，可读到工学院若干男生的描述（编者注：因当时工学院与文理学院学生均住在大学路校址，故可参看），有当时生活的一些细节;也有文理学院文科女生的回忆，亦较为细致。

工学院化学工程专业1936届毕业学生韦人骝，有这样的记述：

读了浙大校友通讯后，觉得很少写到杭州大学路的工学院。趁现在尚能记忆到的写出来给老学长们回忆一下。因为这是四十五年前的花絮，可能会有错误，还请校友们指正。

（一）考浙大

当时我们的老一辈，对于工科很少认识，只知道数理科很好，叫我去读上海大同大学。该学校在上海南市，当时有胡敦复、何在渊等有名数学教授。个人总觉到数理没有工程的实用，故决定转学。但从数理要转工程，只有化学工程较近，学分不致太吃亏。那时的化学工程，以浙大最

---

① ［美］叶文心：《民国时期大学校园文化：1919—1937》，冯夏根等译，北京：中国人民大学出版社，2012年，第142-156页。

为有名。所以在民二十二年（1933）夏天，就报名浙大化工系，考插班大三。名额只有一名。幸亏大同大学有数理专修科，读了二年，总算拿到了一张文凭，就离开了大同。当年浙大，在上海复旦大学招考。所以在复旦附近乡下租了一间房，搬去住在那里应考。因为从上海去江湾，很不方便，恐怕脱班。哪里知道乡下蚊子特别多，晚上无法读书，只好着长裤，把脚放在凳里。

那年浙大主考是潘承圻教授。考工科的数理科目，分二次考试。我考了一次，就离开了。等到发觉，已经太迟。只好向潘教授请求复试，当时他答应，假使第一次的成绩够好，可以给予复试机会。结果总算侥幸，接到通知到杭州复试，并作编级试验，因为我是考插班的。在当年秋，从老家嘉兴乘火车到杭州，住在城站旅馆，该旅馆是臭虫出名的。翌晨到浙大工学院去考试，总算考取了。编在大三、大二之间，有的课在大三上，有张全元、潘尚珍、宋廷干诸学长。有的课在大二上课，有姚玉林、孙观汉、刘馥英诸学长。有的课如打铁、翻砂木工等在大一上课。所以认识了不少同学，结果在民二十五年（1936）毕业。

（二）工学院生活

第一年住在仁斋底层，一个人住一间，后面是公共洗面间，对面住的是郑慎植学长（土木系）。当时我一个人也不认识，非常寂寞，上午在教室上课，下午在工场实习，晚上自修，都在院内。只有吃饭在院外，到省立图书馆路边上，付饭票吃，吃好吃坏，自己决定。后来改在文理学院膳堂，每天都吃肉丝炒蛋，既快又省钱。有一天在无意中发现很多鱼头堆在那里，乏人问津，我就点了一只炒鱼头一大盘，结果非常满意，既可口又省钱。后来同学们都跟上来，吃的人一多，盘子也缩小了，但是仍不失为一个好菜。当时校长是程天放先生。翌年由郭任远继任。郭校长乃心理学博士，对学校经费颇有办法，并有魄力。大兴土木，在文理学院里造了一座大教室。把工学院与文理学院上课并在一起，工学院女同学很少，同学们对于一起上课，兴趣非常好，大家都是很早就拥在大教室阳台上看文理学院女同学，姗姗而来，评头品足，笑话连篇。

郭校长到任后，加紧军训，并办了一个骑射班，从上海跑马厩买了五、六匹过气马，但仍是好马，跑得快。那时我们是毕业班，轮不到军训，但是在星期天早上，就去骑马。因为是毕业班，骑师对我们非常客气，让我们骑到旗下白堤去兜一圈子，横冲直撞，令交通警察头痛。幸亏那时车子、行人都很少，所以没有出过事。

每周星期一早上，我们排队到文理学院明伦堂去做周会，唱国歌、校歌，听郭校长讲话。同时可以看到文理学院女同学，所以很少有缺席的。……

（五）杂写

读化工的同学，大都是文弱书生，所以在工学院院级际球类比赛，总是殿军。篮球还可以对付一下，因为人数少。足球根本凑不上一队，我们的大将是江从道学长。

工学院宿舍分仁、义、礼、智、信五个斋，我们住在礼斋。照规定每间须住二个人。我欢喜静落，所以请顾传沂学长帮了一个忙：他出面，我付宿费，因为他是杭州人走读的，所以，我在工学院三年，总是一个人住一个房间。①

---

① 韦人骝：《大学路老浙大点滴》，浙江大学校友会编：《国立浙江大学（上册）》，台北：台北市浙江大学校友会，1985年，第556-559页。

另一位工学院学生施昭仁（梅坊），也有回忆：

十九年我在上海念完了中学，去杭州投考浙大时，住在城站旅馆，天气热得很，考试地点便是"秘书处大礼堂"，闷闷地等到发榜后，才回到家里去。……

大学一年级时，我住在礼斋三楼，工学院的宿舍共有五座，即是仁、义、礼、智、信斋，前三斋是大学部用的，后两斋归高工部所用，它们的楼下一部份是教室，大三、大四住义斋，大二住仁斋，大一住礼斋，清清楚楚，界限分明，两个人一个房间，两张木床，两张书桌，两个凳子，还有一个贮藏室，因为没有纱窗，所以各人自备蚊帐，这样一个供百人住的宿舍，竟没有一个厕所，因为是旧式的宿舍，根本没有所谓卫生设备，我们的 Restroom 隔得很远，还有一种便在楼下（读此文者当会明白我所指的），我们晚间要去，住三楼的便得要跑两条楼梯，不分冬夏，你得跑到门外去，一大早，清理厕所便成了每个宿舍校工的第一件任务。我们的盥洗室便在义斋后面，靠近运动场那里，我们大家便都在那里洗脸刷牙，各人忙做一团，有几桶热水由校工挑来放在那里，用水是没有限制的，洗完了向地上一泼，非常省事，我相信这制度一定沿用了几百年了，自来水还不是我们所能享受的。……

三、大学生活

把浙大的环境讲了后，我再回来讲讲我在那时的大学生活，我记得第一年我住在礼斋，同房是郭仲常，四川荣县人，他是学土木工程的，我们很谈得来，而且都是喜欢玩山游水的，后来他送我一张薛涛井的照片，说是靠近他的老家。郭仲常没有毕业便离开学校了，二年级时我和吴老本住在一房，隔房是李尧和黄题榜，后来我们搬到仁斋时，我仍和他住在一房，他是闽南人，长大在台湾，当然能讲流利的日语，他是口琴的能手，那时还有林丽川，也是嗜好音乐的，因为有这些同好，所以我们常常玩在一起了，等到我住到义斋时，我的同房是李剑青，他是苏北泰县人，他的中文底子很好，写得一手好字，他给我们的卧室起名为绿余轩，很雅，他在学生会上常发表言论，出过风头，那时常闹风潮，所以常常开学生会。

工学院除了那五座斋舍外，其他主要的建筑物是大教室、教室、图书馆、教员宿舍、消费合作社、图画教室、各系的实验室、各种工场、锅炉室、两座高耸入云的无线电塔和运动场。在大教室和仁斋中间是一块空地，那时我们有晨操，便在那里举行，因为还没有体育馆，冬季里刚从被窝里出来，便要出到寒风里上早操，真是一件苦事。后来在那空地上建了一座纪念碑（纪念工业教育），四面也栽了一些小矮树，只从没有过草坪和花树，因为那里交通频繁，花草是无法生长的。

教员宿舍是为便利外埠教员而设的，每人一个大房间，什么都在里面了，不像在外国时有卫生设备、暖气和弹簧床，一切都是那么简陋，同样要挂蚊帐，冷热水都要靠校工供给，冷天得自己生炭盆，若不小心，便有中炭气毒的危险。和教员宿舍很靠近的是消费社，凡是能跑消费社的人，都称得上天之骄子，因为大多数的学生都是穷光蛋，哪里有力量去问津消费社呀！可是我们也不时到那里买包花生米，一些"西点"，或几个人围着一笼小笼包大吃大嚼，也给平淡的苦读生活点缀了一些风采。

我们要洗澡那便难了，要走很远路，从斋舍出发，经过运动场，来到化学教室旁边一排小房子，那里有我们的浴室和厕所，因为靠近锅炉室，所以有热水来源；但凡是到那里洗过澡的，都尝过洗澡的滋味，因为水源不丰，调节不灵，常常洗了一半，忽然来了冷水浇身，因为那时无法脱身，亦只好忍受完事，但我想这也是锻炼身体的方法。如果在冷天，等你洗完回来，又是那么一段路，身体已经冷了半截，回到宿舍里，等于没有洗，所以冷天里去那里洗澡的是一些"卫生大家"。

记得我们第一次上物理课，地点在大教室楼上，各系都合在一起（上党义和军训学课也在那里），人数约有八九十人，教员名徐均立，相信刚从外国回来，西装是笔挺的，教授穿西装的不多，他的西装可算是最地道的。他第一次点名时很有趣，因为许多名字都是古里古怪的，等点到"石照湖""吴老本"时，便引起满堂大笑，因为他们的名字叫出来，令人家想到另一种事物去。也在第一次混合上课时，我们发现全班上只有两个女生，一叫徐瑾，一叫沈宜春。徐学化工，沈学电机，那时女子学工程的真是凤毛麟角，至今亦复如此，所以她们两位在我们班上可称为佼佼者，很受人注目。

我来谈谈我们的膳食，真是多采多姿，是令人不能遗忘的回忆。当我刚进学校的那一年，我记得我在校内厨房包饭，"膳厅"便在锅炉室过去那一排靠近城河的营房子里，地下是泥地，设备很简单，即以当时的生活标准来讲，也是不及格的，因为伙食费很低，商人再要从中谋利，那么我们便只好听人的赐给了。早餐是粥、黄豆和豆腐乳，永远不变的，你若要想吃花生米和油条，那得起个早，还得靠你的运气，一大桶的粥是够你吃个饱的。我说我们原是报国寺的和尚，真是没有错，我们的生活和享受和和尚没有两样，中晚两餐也差不多，吃的大锅菜，有时常因伙食问题和厨房老板发生冲突，甚至于动武，也是数见不鲜的，后来我们到校外去包饭，质料要比较好些，伙食费也较贵些，那些包饭作散布在庆春门大街到菜市桥一带，我常去的那家就在大学路转弯的那一家，老板和老板娘都是绍兴人，倒很和气，他们有一个女儿，是饭店里的"女招待"，还有一个伙计帮忙烧菜。后来等到正式的饭厅建造完成，那是座落在第一宿舍的土山边上，因为郭任远校长实行军事管理，凡是一年级的新生都住在第一宿舍里，因此饭厅也便靠近那里，我们也到那里去吃过，要买饭票，点菜有号码，一切都科学化了，卫生的管理也一定进步了，因为一个理想的伙食是要配合营养、卫生和经济三个条件。

我们都是吃包饭长大的，我们对命运似乎很满足了，我们也不太苛求，因为在周末，我们都会到西湖边去，在那里有无数的菜馆，不论南北、中西、奢俭，各种各样，也花不了多少钱，便可到天香楼、聚丰园、知味观、大来、国华、津津或是到全国出名的楼外楼去，享受我们的"牙祭"。

有人说，大学的生活是由"智""体""灵"三方面所组成的，所谓"智"者，就是读书生活，这包括教室、实验室、图书馆等，"体"当然是健身的生活，美国人是最注重教育的，所以大学生的生活也几乎是他们的体育生活，可是我们浙大便差得太多了，在郭任远任校长前，谁也不注重那一套，因为在那时的中学校就不注重，所以我们的底子都是文质彬彬，弱不禁风。我若回想起当年的浙大体育，便会想到我们的足球队长，他便是大名鼎鼎的刘始赞，新加坡来的，标准南洋华侨，他身材不高，却长得很棒，以前在暨大念过书，所以凡是上海话、国语都能讲，至于闽南话、马来土话、客家话、广东话更不要谈了。他不但建立了浙大足球队，英勃足球队，在杭州奠定了光荣的足球史，后来他在香港参加东方足球队与南华队，雄视港岛，他便是一切球迷所崇拜的"矮脚虎"。

浙大的体育，自从郭校长来后，着实整顿了一番，他请来了一位体坛闻名的舒鸿，体育馆、游泳池也相继地建造起来，一切球队也像样的组织起来，在"通讯"第五四期里我看到男女篮球队的照片，相信便是那时组织的，我们也曾举行田径赛运动会，浙大的男生已不是"文质彬彬"，女生也不是那么"弱不禁风"了。

我想到舒鸿，便联想到浙大基督教团契，因为他便是该团的发起人，他的太太更加热心。我记得第一次参加该团活动时，是在一个复活节的清晨，举行日出会，地点在工学院旁边的城墙上，当时团员的名字我记得的有寿宇、徐达道、吕高超、田丽菊等，等到（全面）抗战时，团契随校而行，没有停止活动，那时参加的人更多了，有叶楚贞、袁嗣良等，我还记得很清楚，当一九四七年我从美国回去到浙大访问时，他们立刻来接待我，不能遗忘的团契精神。

所谓"灵"的生活，那便是除了读书、运动外的一切课余活动，它包括日常生活、娱乐、社交、旅行、出版等，我相信美国大学生是极注意这一套的，他们有所谓"兄弟会"（Fraternity），凡是希腊字母可用的字他们都拿来做名字了，你若进了大学，便可参加他们的会社，那你的生活一切也便解决了，他们有宿舍，周末有活动，只怕你没有时间，否则你不必愁"寂寞"两个字。我们的浙大当然不会有那一套，事实上我们也没有这个需要，同时我们也实在太忙了，除了读书外，便再没有时间去注意我们的课余生活了。我在浙大的后半截时间，曾见到浙大歌咏社的组织，那也是在郭校长时代，他似乎带给浙大许多新的东西。那时外文系有两位教授，一位姓俞（女的），一位姓施，浙大也买来了第一架钢琴，浙大歌咏社便是他们创立的，它确也给一部份爱好音乐者一些生活上的情趣。后来浙大来了一位音乐教师，他便是杭州有名的钢琴家王政声，我们不但参加了浙大歌咏社，后来也参加王政声所组织的杭州歌咏团，公开演唱多次，那时的乐友有林丽川、卞华年、许邦友等，林君是一位天才音乐家，凡是口琴、曼特铃、小提琴都会玩，卞君可算是浙大唯一出了名的小提琴手，我们曾排演了多次的音乐晚会，但我也不能忘了我们的那位出风头的钢琴手——朱清和。

同学中有演剧天才的也很多，文理学院也一定有话剧社等文艺性的组织，在一次游艺会中，曾演出一出话剧，名为"喇叭太子"，男主角是江希明，女主角是"浙大皇后"江芷，听说江大姊现在仍很热心演昆曲，还不时在台北演出，只可惜我已没有这个眼福了。

四、西子湖的回忆

……我初到浙大的第一年，周末常和吴达机、杨焕明两君出去玩，他们都是学生会上的风云人物，人都潇洒豪爽，我们常去的地方是九溪十八涧、南北高峰、龙井虎跑、天竺灵隐等古刹。[1]

图 9-3-46　1932 年前后的文理学院男生宿舍[2]

① 梅坊：《回忆与怀念》，浙江大学校友会编：《国立浙江大学（上册）》，台北：台北市浙江大学校友会，1985年，第 564-585 页。
② 引自《国立浙江大学文理学院第一届毕业纪念刊》，1932 年 7 月，第 29 页。

　　当时的女生也有回忆，更加生动。文理学院教育学系的陆素心女士，曾经回忆起她求学时的情景：

　　杭州西子湖畔是我四十年来梦魂萦系之地，求是桥畔更是我无时或忘之所。四年黄金岁月，足够我终身回味。余年无几，不知旧地重游的美梦，能否早日实现。

　　民廿二年夏，我在上海投考母校，试场在江湾的复旦大学。秋后赴杭，住报国寺女生宿舍，由上海务本校友江芷、杨明洁、徐瑞云等三位学姐照应，略减初次离家之苦。级友郑烽、冯斐、朱玉珍、陶秀良、周赓和、严怡和、王青娥、陈道明、陈克宣等都成为好友。沈宛真、夏安瑾、刘导涝、余文琴、孙振堃、范文涛等更为亲密。如今皆已劳燕分飞，会少离多。我因出身海门农村，初抵杭垣，真如进入天堂，湖光山色美得"迷"人，良师益友多得"吓人"。眼花缭乱，真有些不知所措。因此游湖登山，应接不暇。好在我念的外文系，当然读书是多多益善，但放开书本，多欣赏大自然，也无伤大雅。于是和女同学相偕出游，男同学又争相邀约，甚至老师亦常带领游览莫干山、富春江等处名胜。记得有一年暮秋夜凉，引火取暖，不料风劲草干，险乎烧掉严子陵钓台，于是连夜逃回杭州，虽然后无追兵，校方亦未发觉，但心中忐忑不安者多日。次年重游，山上乡人告诫说去年学生玩火烧山，乡下人损失惨重，幸未为识破去年放火队中人也有我在。

　　在大学三年级时，校中大闹风潮。罪魁祸首轮不到我，但摇旗呐喊却也有份。此事已经有人写过，不再多述。（全面）抗战以前之大学生活，从某种角度看，似乎比抗战期间及胜利以后更为多彩多姿，或者会有人不同意，但至少我辈似较后期同学来得幸运，不致挨饿受冻，不能安心读书。我们常常三日一小叙，五日一大叙，楼外楼、杏花村、高长兴、王万兴、知味观、奎元馆，是常到之处，因为当时物价便宜，每人出二三角钱，便可以大吃一顿。

　　此外，西湖踏青，孤山寻梅，花港观鱼，西溪赏芦，虎跑品茗，九溪十八涧徜徉，我们常常挟着英诗以及世界名著小说等，流连忘返。这样说来，好像我们那时只知吃喝玩乐，则也未必尽然，至少，我们绝无越轨行动。当年军事管理极为严格，但我们始终未被抓到小辫子。

　　近来，我时常翻阅过去的纪念册。竺可桢校长写的是培根的话："读书能造就博学多能之人，谈话敏捷之人，笔记精确之人。"梅光迪老师写的是曾文正公的话："天下无易境，天下无难境，终身有乐处，终身有忧处。"这些勉励之辞，未能做到万一，实在愧对良师。

　　级友郑炜，曾遭遇无法弥补的终生憾事。她写在册上的是："春之花，秋之月，是异样的美艳皎洁，你给我的影像真是这样。"当年娇小玲珑的她，如今还在，也将是六十许的人了。①

---

① 陆素心：《苍狗白云》，浙江大学校友会编：《国立浙江大学（上册）》，台北：台北市浙江大学校友会，1985年，第627-629页。

第十章

救亡图存背景下的学校管理与学生诉求相冲突所导致的治校危机

  相对于 1937 年 7 月之后国难来临、辗转西迁、备极艰辛的 9 年异地办学，1927—1936 年的 10 年时间，于浙江大学而言，还算是一段相对平静的岁月，学校虽然经历过若干风波乃至动荡，但总体而言，仍不断发展。

  当然，这一时期只能算是"相对平静"，实际上，各种困难、矛盾也相互纠葛，导致学校屡次陷于危机的境地。除了体制、管理以及经费困难等内部因素外，外部对大学的影响也日益加深。1927 年后，一个是国共分裂，国民政府加强对高等教育和学校的控制，党化教育、三民主义思想教育深入学校，训育、军训等不断加强，但源自西方的自由主义、独立办学的传统与追求仍存；另一个是国际上日本侵华的威胁加剧，抵抗与妥协成为一个较为棘手的问题。二者又相互交织，导致学生活动、运动乃至学潮等在 1931 年"九一八事变"后此起彼落，不断增多。在此阶段的后期，特别是 1933 年 4 月至 1935 年 12 月郭任远任职期间，学校的主事者未能审时度势，处理手法简单粗暴，加之种种偶然因素，终于导致矛盾激化。

  浙江大学的学生运动中，在这一时段，以 1931 年"九一八"之后的大游行和赴南京请愿，以及 1935 年 12 月为配合北平学生"一二九运动"欲到南京请愿受阻而酿成严重学潮等最为著名；前者可能间接导致时任校长的邵裴子先生辞职，后者则直接导致时任校长的郭任远先生下台。作为文理学院以及理科诸系的学生，多多少少也参与了当时的各种运动，其中一些学生还发挥了较为重要的作用。

第一节　1935 年之前浙江大学及文理学院学生的抗日救亡活动

一、1931 年"九一八"后浙大学生的抗日救亡活动与赴南京请愿

  1931 年"九一八事变"爆发后，浙江大学师生群情激愤，学生立即组成了各院的学生抗日会，如 1931 年 10 月工学院抗日救国会的成立。[①] 同时联合在杭各校，发起成立了"浙江省杭州市各界反日救国联合会"，组织了全市学生抗日示威大会和游行。[②]

---

① 《国立浙江大学校刊》第 68 期（1931 年 10 月 18 日）。
② 《国立浙江大学校刊》第 72 期（1931 年 11 月 14 日）。

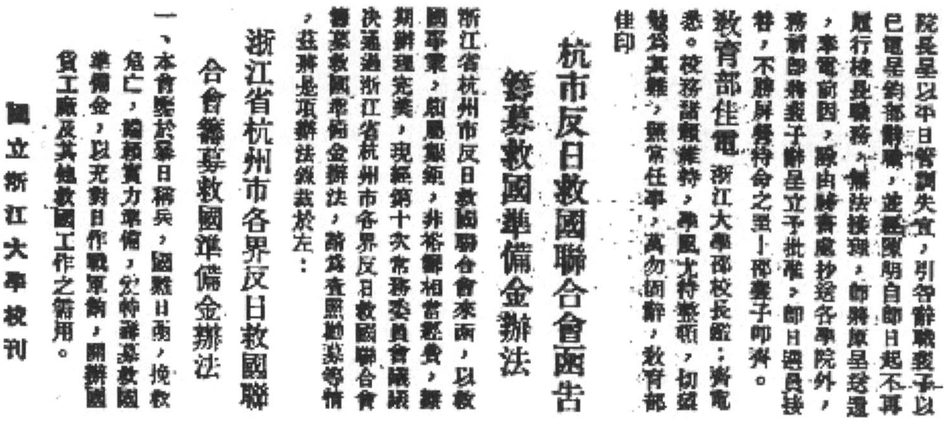
院長呈以平日管訓失宜，引咎辭職，懇予以已電呈鈞部辭職，並聲明自即日起不再履行校長職務，無法接辦，即將原呈發還，奉電前因，除由秘書處抄發各學院外，務祈鈞部將該予辭呈立予批准，即日遴員接替，不勝屏營待命之至！邵裴子叩齊。

教育部佳電　浙江大學邵校長鑒：齊電悉。校務諸賴維持，學風尤待整頓，切盼勉為其難，照常任事，萬勿固辭，教育部佳印

杭市反日救國聯合會函告
籌募救國準備金辦法

浙江省杭州市反日救國聯合會來函，以救國事業，頗屬艱鉅，非籍有相當經費，難期辦理完美，現經第十次常務委員會議議決通過浙江省杭州市各界反日救國聯合會籌募救國準備金辦法，請為查照勸募等情，茲將是項辦法錄載於左：

浙江省杭州市各界反日救國聯合會籌募救國準備金辦法

一、本會鑒於暴日稱兵，國難日亟，挽救危亡，端賴實力準備，爰特籌募救國準備金，以充對日作戰軍餉，開辦國貨工廠及其他救國工作之需用。

國立浙江大學校刊

图 10-1-1 《国立浙江大学校刊》登载杭州市有关学校组成抗日救国会的消息[①]

据当时参加活动的学生回忆：

民国二十年秋天，当我读大二的那一年，我们国家发生了一件大事，……那便是“九一八”东北事变。

那年九月廿日左右，有一天早晨，我在工学院布告牌那里遇到吴达机，见有许多人围集在那儿，他说日本人已经侵略了东北，因这事件所引起的全国怒潮，也泛滥了杭州，那时有杭州学生抗日联合会，还有抗日学生义勇军的组织，浙大都处于领导地位。于是开会呀，宣传呀，游行呀，请愿呀，抵制日货呀，种种行动，军事训练也加强了，正当那时，抗日时著名的第八十八师便驻在梅东高桥，浙大的学生便去到那里受特别训练，教官便是曾经百战的下级干部，大有克日出发前方杀敌的姿态。浙大学生军的大队长便是足球队队长刘始赞，参谋长是智多星庄汉开。

那时节杭州市的抵制日货运动正在雷霆厉行，凡是商店里存有日货的便倒了楣，正当那时，有人报告杭州著名绸缎庄高义泰有一批日货布料在夜间要从铺子里运出，这可给捉到了“奸行”，当晚浙大学生军紧急动员，在仁斋前广场集合，一队人马都是现在名为 Commando，每人全副武装，刺刀步枪齐全，就是没有子弹，一行人马急行军，穿过保佑坊、三元坊来到高义泰本店，实行监视，我们便在铺子内外驻防了一个整夜，到天亮时，工学院长李熙谋和另一些教授前来“劳军”，我相信，如果我们是正式军队，那便有领勋章的资格，这便是轰动一时的浙大学生军包围高义泰的盛举。[②]

另一位学生也有类似的回忆：

民国二十年“九一八”事变发生，日本帝国主义侵略野心暴露无遗。全国民情沸腾，自动抵制日货，表示反抗决心。尤其青年学生，基于爱国情操，激于义愤，纷纷游行示威，宣传抗日，

① 引自《国立浙江大学校刊》第 72 期（1931 年 11 月 14 日）。

② 梅坊：《回忆与怀念》，浙江大学校友会编：《国立浙江大学（上册）》，台北：台北市浙江大学校友会，1985 年，第 575-576 页。

甚至罢课请愿，展开了极为激昂壮阔的抗日爱国运动。当时我们浙大工学院的同学，自动按军制编组成大队，接受军训，选举足球健将刘始赞同学为大队长。每天清晨集会大操场，点名操练，情绪非常高昂。为了检肃奸商，抵制日货，组织了检查队分赴杭垣各大商店检查日货。记得有一天，获悉杭市"高义泰"绸布庄藏有大量日货待售，大家非常气愤，由大队长集合全体队员，一律军服布鞋，荷着枪支浩浩荡荡到了"高义泰"，先将该店包围，命店员集合一室，部分同学进入店堂和仓库搜查，起出大量日货，一律加以封存不得出售。有人主张焚毁，但大多数同学认为不妥，决定报请政府有关单位处置。记得那天由下午一直到翌日清晨，不眠不休。热血青年爱国情操表露无遗。①

图 10-1-2　1931 年"九一八"事变后杭州市有关学校师生举行抗日游行等活动的场景一 ②

图 10-1-3　1931 年"九一八"事变后杭州市有关学校师生举行抗日游行等活动的场景二

---

① 张农祥：《我的浙大生活》，浙江大学校友会编：《国立浙江大学（上册）》，台北：台北市浙江大学校友会，1985 年，第 592-597 页。

② 引自张淑锵、金灿灿、朱之平：《在曲折中发展的浙江大学——浙江大学的探求（1927 — 1936）》，《浙江档案》2011 年第 2 期，第 46 页。

1931 年 10 月初，杭州市中等以上学校师生在湖滨体育场集会，会后举行游行示威。最终，于 11 月下旬，杭州市各大专院校，由浙大领导，组织学生赴京请愿团，奔赴南京请愿。关于这一段历史，当时亲历的同学是这样记述的：

浙大素以校风好、功课好著称于全国，绝大多数学生读书用功，生活朴素，校园内充满着宁静和谐的气氛。但浙大学生历来读书不忘救国，"国家兴亡，匹夫有责"的古训时时记在心中，爱国民主思想和求是精神是浙大源远流长的优良传统。每当国家兴衰存亡的紧要关头，浙大学生必奋起斗争，如五四运动、五卅运动和大革命北伐时期，浙大前身工、农两专的学生均带头掀起了全市、全省的学生运动，起到了打击反动势力、唤起民众的作用。

1931 年"九一八"事变，浙大学生义愤填膺，立即组成了各院的学生抗日会，联合之江、艺专等中等以上学校，举行全市学生抗日示威大会和游行，继而组成 14 个院、校两千左右学生的请愿团，一个早晨冲上开赴南京的特快车，下午即抵南京下关。这是首批到京的请愿队伍，当局缺乏应付准备，而请愿团却得到市民报信，得悉国民党代表大会正在中央大学礼堂开会，即奔去中大，包围礼堂，高呼口号，要求政府立即对日宣战，蒋委员长立即北上指挥抗日，立即武装学生开赴前线。又要求：蒋介石亲自接见。蒋被迫允许学生进入礼堂听取"训话"，讲了一些抗战必须做好准备，对浙江子弟寄以厚望等应付之词，又派浙江教育厅厅长张道藩去学生住宿处进行欺骗，派军宪官兵进行威胁。由于当时部分学生对蒋存有幻想，请愿团组织又较弱，次日下午起队伍就陆续分散返杭。这次请愿行动的结果虽不理想，但起了带动作用，其他地方的学生也纷纷组织起请愿队伍，使当局震动。这次请愿团的领导骨干取得了经验教训，其中较杰出的施尔宜（以后改名施平），当时是浙大农学院一年级生，被选任农学院抗日会主席，请愿团的主席团成员。①

关于这一段赴南京请愿的历史，另有如下的记述（编者注：文中去南京请愿时间可能错记为 1932 年 11 月，应为 1931 年）：

民国二十一年一月二十八日，日本海军借口日侨五名被杀伤，于是日深夜进攻上海闸北，我守军奋起抵抗，战事扩大，延续至五月五日始由英美法诸国出面调停而结束，但仍迫使我国接受了无理条件，是为一二八淞沪事件。我同胞鉴于日阀步步进逼，必欲征服我国而后快，于是又掀起了激昂愤怒的抗日浪潮。尤其全国各地大专学生，游行示威、罢课请愿，要求政府积极备战，与日阀一拼。杭垣各大专院校，由浙大领导，组织学生赴京请愿团，于是年十一月间，在杭州城站，占坐了数列火车，首途北上，到了南京，汇合当地和平津一带学生，向政府请愿，出兵抗日。记得我们抵京那天，被安排住在中大体育馆，因为既无寝具又乏金钱，以致饥寒交逼，非常狼狈。幸而政府有关单位奉命借与许多军毯，并按时发给干粮充饥，才算解决问题。当时中国国民党正在举行第三届四中全会，先总统蒋公和其他党国要员都在开会，蒋公特别走出会场向请愿学生讲话，大意说：保国卫民政府绝对负责，你们大专青年是国家未来的栋梁，将来靠着你们救国救民。但是现在你们正在求学，应该以学业为重，赶快回去好好读书，将来对国家才能有所贡献。你们

---

① 张哲民汇编：《浙江大学"一二·九"运动大事记》，黄继武、张哲民编：《求是精神与浙江大学"一二九运动"——参加"一二九"运动的老校友回忆文章及有关史料集》（内部印行），1997 年，第 100-101 页。

中间如果有志投笔从戎的人，政府表示欢迎，可以留下来接受训练。我们聆听了一番恳切负责的训话，个个觉得非常感动，平静地登上政府事先安排好的列车，分别陆续回去了。[①]

当时农学院学生施尔宜（施平）既是参加者，也是领导者。他后来对这一段赴南京请愿的经过，有详实的回忆：

农学院坐落在杭州市北郊广阔无边的田野上。纵眼眺望，除了西北角七八里路外一座小山外，四周都是望不到头的田野。在九月阳光的照射下，一片生机勃勃。这里是蚕桑之乡，家家植桑，户户养蚕，高地上种桑树，平地上栽稻种麻，沟河纵横，构成水网，鱼跃水面，鸭嬉洼塘，好一派江南美好风光。中秋将至，农家养蚕大忙，从农户门前走过，可听见即将上架的秋蚕嚓嚓咀叶之声。青蛙声成片，此起彼落，稻穗飘香，令人陶醉，我一下子就爱上了这块地方。我愿意在此努力攻读，掌握林业知识和技术，将来投身祖国大西北的建设，到黄河上游去造林植树，为制止黄水泛滥作出努力。

我陶醉在理想的"桃花园"中仅仅十八天，突然传来"九一八"事变的消息。日本帝国主义进攻沈阳的炮声，霎时间打破了我和同学们的美好理想。

……同学们义愤填膺，议论纷纷，寻求救国之道。后来大家得出一致意见：掀起学生抗日救亡运动，迫使南京国民党中央政府宣布与日断交，对日宣战，收复失地。为了进行抗日救亡工作，首先要组织起来，冲破国民党不准学生有组织的禁令。很快，我们成立了两个全院性的组织："浙江大学农学院学生抗日会"和"浙江大学农学院学生会"，前者领导抗日救亡工作，后者领导抗日工作以外的其他工作。我当选为抗日会主席，同班女同学杨琳当选为学生会主席。接着到杭州各校联络，对抗日工作采取一致行动，全市同学人同此心，目标一致。以浙江大学工学院（浙大三个学院：文理、工、农，各自成立组织）为首，召开了中等以上学校学生代表会。决定举行全市学生游行示威大会，抗议日本帝国主义的侵略，要求国民政府立即与日绝交，对日宣战，收复失地。

十月初，天气阴沉。全市中等以上学校师生（还有闻声而来的小学师生）于下午一时集中到湖滨体育场，场内外挤满了人，中等以上学校各出一个代表组成大会主席团。我代表农学院参加主席团。大会在激昂的抗日情绪中宣布开会，通过了游行示威计划和口号。游行开始，浙大三院走在前头，游行示威的主要目标是国民党浙江省党部和日本驻杭州领事馆。主席团全体成员带头前进，队伍浩浩荡荡地在震天动地的救亡口号声中，有秩序地走上街道。街上的群众，不分男女老少，都和游行队伍一起呼喊救亡口号，并向队伍热烈鼓掌，学生的示威游行变成了全市人民的抗日行动。

当游行队伍抵达浙江省党部门口的时候，门前站着一些人员，为首的是省党部主要负责人项荣。他早已摆好对学生训话的姿态，声称他代表省党部对大家讲话，说什么抗日大计要由中央政府决定，现在就对日作战必定亡国等一套为不抗日辩解的官话。同学们一听，不由地怒火中烧，怒吼着："打倒卖国贼！""冲呀！"走在前面的浙大学生立即扑上去抓住项荣，把他打翻在地。

---

① 张农祥：《我的浙大生活》，浙江大学校友会编：《国立浙江大学（上册）》，台北：台北市浙江大学校友会，1985年，第596-597页。编者按：作者可能是把时间错记为1932年。

同时，游行队伍争先恐后，潮水般地冲进这个阴森可怕的杀人魔窟，把楼上楼下尽行捣毁。

捣毁省党部以后，主席团集合大队继续前进，游遍了各条大街。傍晚，队伍到达西湖宝石山脚下，包围了日本领事馆。平时这里闪耀一片傲慢的灯光，现在却灯火全灭，领事馆变成了一座灰黑色的坟冢。里面的日本人吓破了胆，没有一人敢露面……

游行示威以后，虽然恢复了上课，但东三省国土继续沦丧，中国军队仍不断后撤，张学良军队也撤进长城线内。国事日益严峻，老师无心讲课，学生无心听课。如何推动抗日救亡？在市学生代表会上决定实行"抵制日货"。这个主张得到了各界人民的拥护。各校组织队伍，有领导有秩序地到商店和市民中，一面宣传"抵制日货"，不卖、不买、不用日货的重大意义；一面到商店进行检查，封存日货。"抵制日货"的口号和行动，立即家喻户晓，普遍见之行动。这一运动，不仅保护了民族工业，尤其是纺织行业，深得民族资产阶级的拥护，更重大的意义在于唤起民众，对日寇同仇敌忾，也给国民党以强大的政治压力。

全市学生经过一个时期的检查日货之后，看到东北形势日益严峻，三千万同胞沦入沉重灾难中。他们为了逃避日寇的抢掠、奸淫、烧杀，大批大批地不断逃入关内，到处流浪。同学们目睹国家危在旦夕，万分焦虑、气愤，总想找出办法，冲破黑暗，推动国民党抗日。在一次各校学生领导人碰头会上一致决议：全市学生冲到南京去，直接向蒋委员长请愿。请愿内容有三点：一、要求政府立即对日宣战；二、要求蒋委员长立即北上指挥抗日；三、要求立即武装学生开赴前线作战。不达三项目的决不返校，要在欢送蒋委员长北上大会之后才返校。在我们作出决议之前，各地已有一些学生代表到京请愿，均无结果，我们认为代表只是几个人或几十人，压力不大，就动员全市学生赴京请愿。当时决定每校出一个代表组成"杭州市中等以上学校赴京请愿主席团"，作为领导机构。

一九三一年十一月下旬的一天早晨，天气阴沉，西北风吹来，已感到初冬寒意。全市十四个中等以上学校都提早半小时齐集到火车站的站台上，大约有两千人左右。令我们惊奇又兴奋的是有几个小学校由老师带着一批小学生也赶到了车站，要和大家一起赴京请愿。看到我们还在犹豫，他们就质问我们："救国难道还分大小？为什么不通知我们小学参加？"我们无话可说，只能欢迎，不能拒绝。小学生自发参加请愿的大行动，还要什么批准呢？这是多么激动人心的爱国热情！人民同仇敌忾，是多么伟大的力量！

各校队伍到达车站后，准备开赴南京的特别快车已停在站台上，有些旅客已经上车。我们一拥而上，向车厢中的乘客说明我们要占据这列火车去南京的目的，旅客们完全支持我们的行动，没有一人提出问题或表现迟疑，立即下车让位。他们还祝愿我们请愿成功，嘱托我们一定要中央政府出兵抗日，收复失地……

当天下午，车抵南京下关车站。下车后，有一位不知名的中年人匆匆告诉我们，国民党代表大会正在中央大学礼堂开会，蒋介石、张学良都在。快去！主席团决定，一律不吃、不喝、不休息，立即分乘小火车、公共汽车进城，在鼓楼集合，包围中央大学礼堂。决定迅速执行了。在鼓楼集中后，由主席团带头，向中央大学跑去。我们到达会场的时候（大概是出其不意吧），代表大会正在进行着。我们高呼要求见蒋委员长，要求抗日的口号。卫兵阻止我们冲进会场。接着出来几个官职大概不小的人，向我们答话；要求我们不要冲击会场，请我们把请愿要求提出来，由他们转达给大会和蒋委员长。我们是讲理的，停止了冲击，并提出了各校学生领导人碰头会上决议的三条要求。由于知道了蒋介石在会场上，临时增加了一条：要求蒋委员长立即亲自接见我们，向我们讲话，回答我们的要求。答话人同意转达，但要求我们停止呼喊口号，我们也同意了。过了一会儿，答话人出来告诉我们：蒋委员长要给大家训话，请我们进会场坐下。

我们进场时，在场内开会的人都退到后厅去了。后来听说，这次代表会大会上，除蒋介石、张学良外，李宗仁、冯玉祥、阎锡山等都到了。我们这次行动，必然给了他们深深的感受，虽感受各有不同……

我们坐了大约十分钟，蒋介石从后台走出来，开始向我们"训话"。他长达一小时左右的话，说的是：国防、外交这些国家大事是政府的事，政府会管的；学生的责任是把书读好，学好本事，报效国家，闹风潮是不好的。接着说到主题：你们都是我们浙江人（我听着好笑，我就不是浙江人），浙江是文化礼仪之邦，西湖有岳王庙，供着岳武穆，你们要好好学习岳武穆，学习他的"先安内，后攘外"的准则等等。自"九·一八"以来，这大概是他第一次公开宣布他的对日方针，在这次国民党代表大会上大概讨论决定的就是这个错误的重大方针。关于我们提出的三项要求，他没有正面答复（其实已经拒绝了我们的要求）。在讲话结束时，他说，你们的要求晚上我派人来给你们详细的回答。还加上：你们听完回答就回杭州去，不要再闹了，安心读书吧！说完就走出去了。

当蒋介石退出去以后，我们没有料到会有人从座位上迅步走上台去，说他代表全杭州市请愿学生，对蒋委员长的讲话完全满意！这显然是国民党特务使的花招，打了我们一个措手不及。由于主席团成员分散在各自学校席位上，大家还以为是执行主席指定的代表呢！这家伙讲完后，台上立即宣布散会，请学生退出会场。大家又饿又累，各校领导一出会场就带着队伍找吃、找睡的地方去了。

主席团成员各自吃过晚饭后，齐集到金陵大学开主席团会议，并等待蒋介石代表的到来……我们从八九点钟等到十点多，蒋介石的代表才来，这个人叫张道藩，国民党中央委员，浙江省的教育厅长。他坐下后神秘地说：中央给你们答复的一些话都是绝密的，你要保证不传出去。三条的答复是：第一，关于要求政府立即抗日的问题，中央已经决定马上对日宣战了。第二，关于要求委员长北上指挥抗日的问题，委员长已经作出决定，几天后就要北上指挥作战。我们立即追问什么日子，好准备开欢送大会。他说，具体日子告诉你们可以的，但是你们谁敢担保委员长的安全？日本航空母舰就停在长江口外，日本人的侦探和汉奸到处都是，谁敢担保？欢送大会绝不能开，目标大，日本飞机更容易轰炸了。我们说，这样的保证我们做不出。张道藩说，那么就不能告诉你们了，其实，谁也不可能作出这样保证的，你们要相信政府，相信委员长，对日绝交、抗战、收复失地，政府马上要实行了，情况紧急，你们明天就回去，中央给你们派火车。我和丘熹当即表示，不看到委员长北上我们不返杭，这是在杭州共同作出的决议，许多人对此没有表态。第三，关于立即武装学生开赴抗战前线的问题，张道藩回答得很干脆，你们的意见是好的，但是，由于就要作战，军火库里的枪支弹药，都发给军队了，还不够用，正在赶造中。首先要武装军队，然后才能考虑武装学生，所以现在不能发，以后会发的。这样的答复，我们无话可说，枪支当然要先供给军队使用，学生应该等一等。张道藩讲完后问我们还有什么意见。他说：要求都得到了圆满答复，大概不会有意见了，你们来一趟不容易，委员长说，明天上午派车送你们去中山陵玩玩，下午就回到杭州去，愿意上午走的也可以。现在是战争时期，首都外来人多，对治安有影响，你们若不走，宪兵就会来找你们麻烦的。我是管你们的教育厅长，你们要听我的话。话讲到后来，带威胁性了。他讲完后根本不让我们讲话，站起来就要走。我说，有什么意见等我们各校讨论后作答。他说，没有什么好讨论的了，就这么办！说他事情很忙，就走出大门上车去了。主席团商量决定，当天晚上回去就向同学传达，组织讨论，意见明天一早集中。这时有几个主席团成员说，已有圆满答复，不必讨论了，看到委员长北上是不可能的，快快返校为好。这个意见没有再讨论，已经深夜一点左右，就散会了。关于处理冒充学生代表的问题，只好等明天上午再讨论。

同学们睡在礼堂的长条木椅上，和衣而卧，没有铺盖的东西，大家没有埋怨和懊悔，都蜷缩着熟睡了。

第二天清晨，艺专和农学院同学集中在校园草地上作传达讨论，……晚上，我们四个学校的负责人正在商量怎么找到张道藩和第二天如何行动的时候，突然进来两个人，声称是中央党部派来通知我们的，说南京军情紧张，学生留在南京对治安不利，必须明天一早动身返杭，否则将不得不采取紧急行动，由宪兵来押走。这是命令，必须遵照执行。说完就走了。……第二天早晨，就有人带我们上了开往杭州的直达车，当夜回到了杭州。回杭州后才知道，在南京时，国民党用威胁收买的办法，已把我们的队伍分化瓦解，失败是必然的了。[①]

1933 年 4 月郭任远到校后，加强了管理和控制，学生抗日活动逐渐转向校内为主。

二、文理学院学生在校内的抗日救亡活动

1933 年 3 月出版的文理学院学生自治会主编的《文理》第四期，由黄祥懋执笔，写了一篇《抗日工作的追忆》，把文理学院几年来的与抗日有关的工作作了总结：

自从前年九一八起，学生的血，确是谁都沸腾了！本院同学自那时开始，也就把十之八九的课外活动移在抗日工作上；既已费了我们同学许多精神和时间，果然没有一点给我们可以看见的效果，也得要留住一些鸿爪。因之我不揣冒昧地，把三学期来工作大要，记载下来：

第一时期　全院合组抗日救国会。

1.组织义勇军，实施严格训练，计每日出操两小时。

2.出版节略增图后的田中奏章。

3.组织"杭州中等以上学校抗日救国联合会"，并担任该会主席。

4.参加学联会，赴京请愿。

第二时期　以事实上种种关系，组织以同学为会员之抗日会。

1.参加学联会，示威运动及第二次请愿。

2.募集救国基金，并负责保管。

3.慰劳淞沪抗日受伤将士。

4.参加淞沪抗日阵亡将士追悼会等。

第三时期　为避免重叠，隶属于学生自治会。

1.出版给一般民众看的《抗日》。

[①]　施平（施尔宜）：《"九一八"赴京请愿》（原载《六十春秋风和雨》第 4 节），黄继武、张哲民编：《求是精神与浙江大学"一二九运动"——参加"一二九"运动的老校友回忆文章及有关史料集》（内部印行），1997 年，第 140-147 页。

2. 募捐援助东北义勇军。①

当时《校刊》中的相关报道，也可印证该文中所提及的文理学院学生所参与的一些抗日救亡活动。例如，文理学院学生自治会于1932年11月28日召开编辑股股务会议，决议出版刊物《抗日》。②

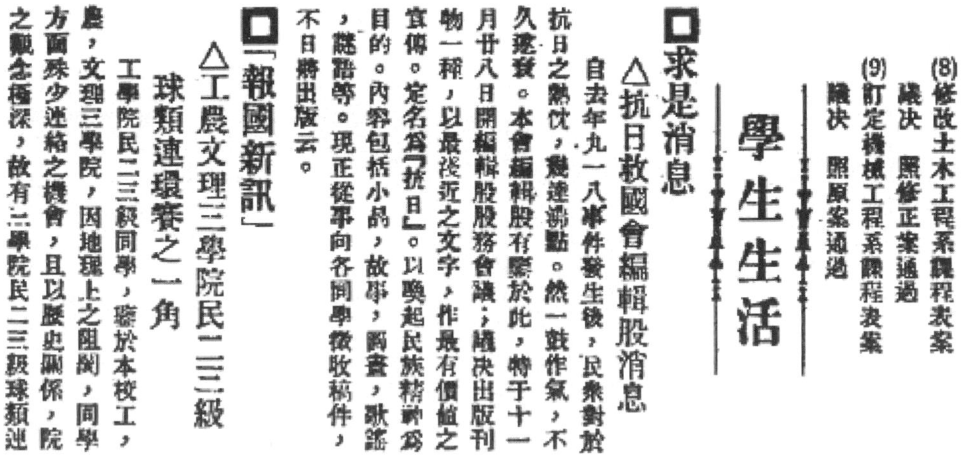

图 10-1-4 《国立浙江大学校刊》登载文理学院学生自治会编辑股拟编辑《抗日》杂志的报道③

再如，文理学院抗日救国执行委员会于1933年2月23日在第一宿舍召开第一次会议，决定通过募款援助东北义勇军。④

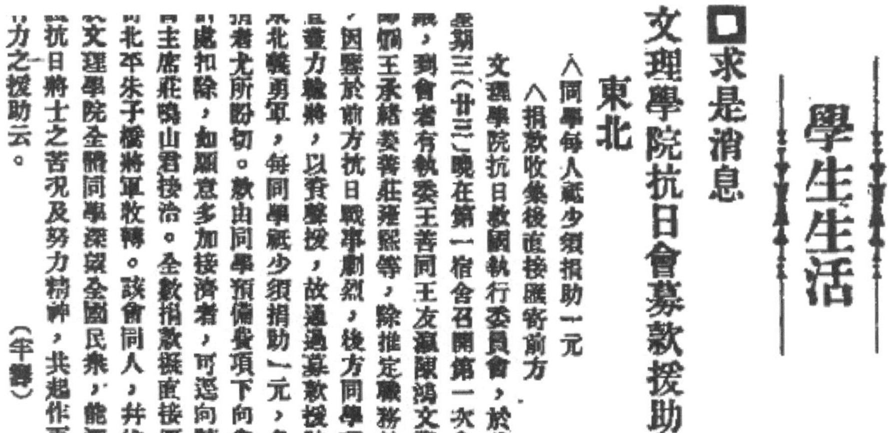

图 10-1-5 《国立浙江大学校刊》登载文理学院抗日会募款的报道⑤

---

① 《文理》第四期（国立浙江大学文理学院学生自治会学艺股编辑，1933年3月），第175页。
② 《国立浙江大学校刊》第115期（1932年12月10日）。
③ 引自《国立浙江大学校刊》第115期（1932年12月10日）。
④ 《国立浙江大学校刊》第124期（1933年3月4日）。
⑤ 引自《国立浙江大学校刊》第124期（1933年3月4日）。

第二节　1935 年年底的学生爱国运动及其"驱郭"风潮

如前所引，编于 1935 年下半年的《国立浙江大学要览（1935 年度）》，正是郭任远时期主持刊行的；其中的记载，亦显示出郭任远希望作为浙江大学校长有所作为的宏愿。但可惜的是，由于学校内外各种因素、矛盾交织，以及郭氏个人的理念、性格与处置失当等原因，导致学校在 1933 年 4 月郭氏长校以来，各方面渐渐出现各种不和谐的因素。郭任远治校缺乏民主精神，排挤不合己意的教师，导致教师集体离校；对学生管理则过于严苛，也致学生多有不满；直至 1935 年年底危机来临，师生的不满终如火山喷发而不可遏止，一致"拒郭长校"，郭氏只有黯然去职。

一、1935 年"一二九"后响应北平学生的示威、请愿行动及"驱郭运动"

1935 年日寇进兵华北，胁迫国民党政府签订了丧权辱国的"何梅协定"，致使汉奸殷汝耕组成了"冀东防共自治"伪政府，又有一批汉奸大肆鼓吹"华北自治运动"，国民党政府一再妥协，派何应钦到北平，组建"冀察政务会"，承认华北特殊化。北平学生眼见华北沦亡在即，忍无可忍，于 12 月 9 日奋起游行示威，向何当局请愿，遭到当局镇压。

在这种情况下，发生了浙大前期历史上最大规模的学运风潮，并演变为"驱郭运动"。兹将亲历者的回忆按照时间节点摘录如下（编者注：以下引文有省略之处，个别印刷误字直接改正，分段和序号也有若干调整）：

（1）消息传到浙大后的飞速行动

1935 年 12 月 10 日晨，电机系毕拱华首先看到当天《东南日报》上北平学生游行示威的消息，立即奔告各教室内的同学，许多同学拍案而起，提议立即组织起来用实际行动响应北平，于是各系级推举代表商定于当晚召开全校学生大会。郊外华家池的农学院学生同样奋起行动，当晚赶来校本部参加大会，农四学生施尔宜跳上讲台，作了慷慨激昂又具有具体行动主张的发言，即被大会推选为大会正式主席，通过了他的提议，即成立全校学生自治会（冲破当局禁令）及学生代表会，发出响应北平学生，反对华北伪自治，要求政府出兵抗日的通电，决定联合全市中等以上学校于次日下午举行大会及游行示威。学生代表名单（据吴俭农回忆）：

文理学院：姚国伟、徐大顺、应广鑫、王承绪、邱璧光、沈仁湘、周佐年等。

工学院：杨国华、毕拱华、王以仪、梁涛、潘家吉、曾继铎、周存国、邹元爔、刘纯淡、陈汝铨、黄钟华、孙士宏、李永炤等。

农学院：施尔宜、任家骅、钱英男、胡式仪、解翼生、邱午庭、吴俭农等。

高工、高农：沈以定等。

（2）全国首先响应北平的大会及游行示威

12 月 10 日晚全校学生大会后，学生会代表们即通宵紧张工作，做好全市学生大会和游行的各项准备工作，选派同学去各校联系。由于广大学生反日心切，行动迅速，当局来不及压制，11 日下午准时集聚上万学生于湖滨体育场举行大会，由施尔宜任主席，通过四项决议：

一、通电全国，反对华北伪自治；

二、要求政府对日宣战，收复失地；

三、通电全国学校学生奋起支持北平学生的爱国行动；

四、大会后立即组织全市学生联合会，领导全市学生的抗日救亡运动。

大会后即游行示威，经省党部、省政府和日本领事馆，高呼口号。这几处均紧闭门窗，无人敢露面出声。这次大会和游行，大大振奋了全市学生和市民的抗日救亡情绪。

（3）成立全市学生联合会遭到压制

游行的次日，各中等以上学校派出二名代表来浙大，而浙大校长下令封锁所有可开会的地方。当时当局规定，学生组织必须经省党部所属的"青年励志社"批准，施尔宜即率代表们冲去励志社会议室开会，不管励志社头头叫嚷反对，各校学生代表约30人，一致通过决议，成立全市学生联合会，选施尔宜为学联主席。但在学联成立后当局即封锁所有省属学校，住校学生不准外出。校际之间的电话被切断，浙大打出去的电话一律不通。又放出空气说浙大有共产党，游行示威是共产党鼓动的，并恐吓学生家长。因此学联工作困难重重。

（4）响应北平一二·一六示威行动，作出去南京请愿的决定

北平学生于12月16日举行比一二九更大规模的示威游行，遭到更残暴的镇压，许多学生被捕、被打伤，浙大学生会立即作出反应，决定联合全市各校于21日扩大队伍去南京请愿。但市学联由于多数学校代表受阻未能开会作出决定，只能号召各校参加请愿。而浙大学生坚决冲去南京，积极做好去京的准备工作。并派江希明、曹寅亮去上海，吴怡庭去北平，争取兄弟学校配合行动。有位四川同学致电家中伪称自己生病，收到100元，即交学生会用作派出人员的路费。

（5）12月20日深夜的大搜捕

校长郭任远勾结省、市军警当局于12月20日深夜大批军警进入校园，由学校训导员带到学生宿舍按名单和床号搜捕全部学生代表。同室、同楼同学在梦中惊醒，奋起与军警抢夺被捕同学，有一位同学奔上土山打起乱钟，全体同学都沸腾了起来。女生宿舍中立即组成了敢死队，拟住了省保安司令宣铁吾，宣狼狈逃脱。经过一场搏夺，军警退出校园，但校门被层层军警和机枪铁链封锁，被捕去代表12人。据吴俭农回忆，被捕代表十二人是：杨国华、姚国伟、王以仪、毕拱华、梁涛、徐大顺、邹元燨、应广鑫、周存国、张堂恒、黄钟华等，被捕的大四同学有：张韦令、庄雍熙。

（6）12月21日凌晨冲占火车站，取得斗争胜利

大搜捕激起了全校学生极大愤怒，决意冲去南京请愿。施尔宜因已换床换衣，幸未被捕。他立即组织校园中全体同学，一部分佯攻大门，大队声称去礼堂开会，实际从礼堂旁早已不用的小门奔出，经小巷到大路，又过桥奔去城外铁路轨道，沿轨道冲入了城站，其余同学及华家池农学院同学也相继赶到。浙大及高工、高农八九百学生占领车站后，所有列车均奉令不进城站，致使京杭甬线及浙赣线中断，震动了沿线各县市以至南京政府，浙杭当局调集大批士兵包围了学生。当日天气寒冷又有雨雪，学生们从深夜惊醒，未进饮食，饥寒交逼，但斗志昂扬，歌声、口号声不断，对包围置之不理，在铁轨上坚持不动。经郑晓沧等教授再三劝告，同学们已在雨中坚持近十小时，施尔宜与未捕去的代表紧急会议，提出了撤离轨道的三项条件。结果，被捕代表全部送回到车站，省府秘书长黄华表代表党政当局到车站向学生道歉，保证以后不再发生进校逮捕学生的事情；承认学生示威请愿和学联会是爱国行为；保证不再封锁抗日爱国新闻，如实报道今天的学生行动。至此，当局基本接受了这三项条件，学生们才整队回校。

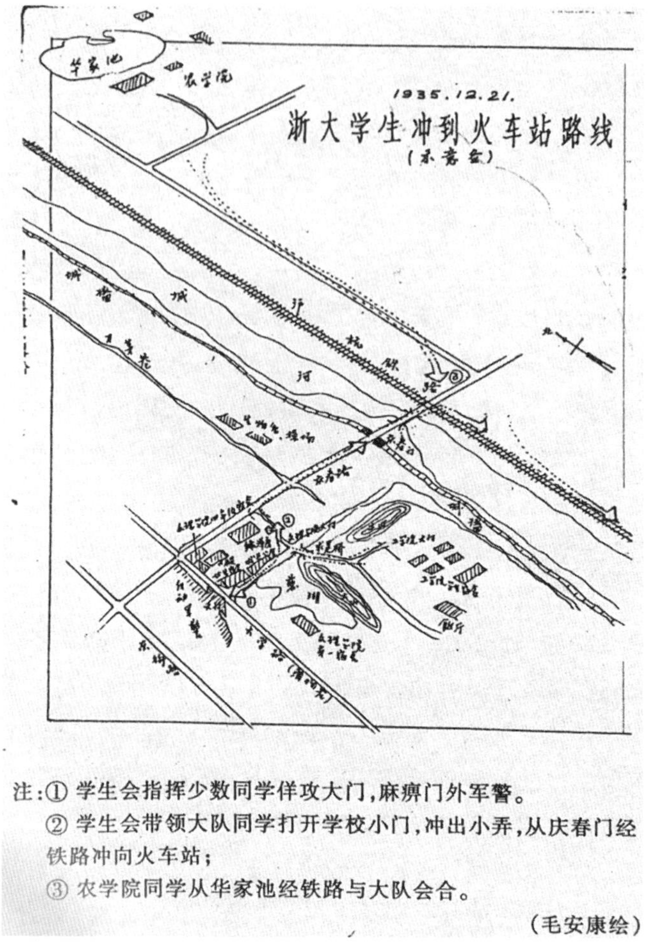
1935.12.21.
浙大学生冲到火车站路线
注：① 学生会指挥少数同学佯攻大门，麻痹门外军警。
② 学生会带领大队同学打开学校小门，冲出小弄，从庆春门经铁路冲向火车站；
③ 农学院同学从华家池经铁路与大队会合。
（毛安康绘）

图 10-2-1　1935 年 12 月 21 日学生冲出校门占领城站示意图[①]

（7）校长郭任远激起全校学生的极大愤怒

郭任远于 1933 年任浙大校长，还兼任文理学院院长、一年级主任、军管处处长等职，大权独揽，推行法西斯教育，对学生实行军事管理制度，作风专制，盛气凌人，任意处分学生。在他任校长的三年内先后被开除、勒令退学和其他处分的竟达百人之多。全校学生对他早已不满。爱国正义的教授也反对他的行为，许多知名教授许璇、梁希、吴耕民、金善宝、蔡邦华、张绍忠、何增禄、束星北等纷纷辞职离校（以后大多由竺校长请回）。他勾结军警当局 20 日深夜的大搜捕更激起了全校学生的极大愤怒。

① 引自黄继武、张哲民编：《求是精神与浙江大学“一二九运动”——参加“一二九”运动的老校友回忆文章及有关史料集》（内部印行），1997 年，插页。

（8）全体学生大会决议驱郭

请愿队伍返校后见到开除学生会正副主席施尔宜、杨国华学籍的校长布告[①]，大家更加愤怒。经学生代表会讨论后，立即召开全校（包括高工、高农）学生大会。大会通过了四项决议：

一、立即举行全校大罢课，反对开除学生会主席、副主席的学籍，他们照常执行学生会的领导工作；

二、即日起，不承认郭任远是浙江大学的校长，把他驱逐出校；

三、立即派代表赴各地联络，发起组织全国学联；

四、农学院同学们从城外华家池搬到校部来住，坚持斗争，团结不散。

（9）学生会的紧张工作

① 首先印发《驱郭宣言》，揭发郭在浙大的十大罪状报送教育部等领导机关，广送有关机关及全国各大专学校。

② 派出江希明、陈迟（陈布雷之子）等七位同学去南京，直接向教育部、行政院及其他有关人士陈述实情，要求另派校长，得到教育部长王世杰、行政院秘书长翁文灏接见。

③ 组织纠察队，设纠察岗位，24 小时轮班站岗与巡逻，并发放通行证，学生与教职员工均凭校徽与通行证出入，以保护校园安全。军训用的几十支步枪妥交纠察队使用。

④ 健全学生会领导机构，在学生代表中选出七名常委（施尔宜、杨国华、姚国伟、毕拱华、梁涛、王以仪、吴俭农），下设秘书及宣传、侦察、纠察、总务四股，监管学校后勤部门，保证学生生活。

⑤ 在代表大会讨论行动纲领，有人主张今后应以驱郭护校为主，不要再分散精力搞救亡活动了，经过激烈辩论，大家认清了郭任远压迫救亡运动，"驱郭"就是为了开展救亡运动，最后一致通过"对外抗日救亡，对内驱郭及其余党"的行动纲领。

（10）签名立誓

12 月 27 日全校（包括高工、高农）学生签名立誓于一张大纸上，拍成小照，交各人保存，誓曰："我今慎重签名盖章于下，负责表示：不达驱郭、驱李及其同党严、杨之目的不止。纵牺牲至最后一人，亦必坚持到底。此誓！"（原注：李系农学院院长李德毅，严系高工训育主任严济宽，杨系高农代主任）。

---

① 编者按：此处回忆中所提及的"请愿队伍返校后见到开除学生会正副主席施尔宜、杨国华学籍的校长布告"一事，恐有误。据当时的几份《国立浙江大学校刊》记载：1935 年 12 月 21 日"下午二时，本校全体学生因赴京请愿，经杭市当局自城站劝导返校后，即见郭校长已自动布告辞职"，其布告内容为："奉校长谕：'本人业经呈请教育部辞职，即日离校，在继任校长未到校以前，所有校务暂请农学院院长李德毅先生代理'等因。特此通告。校长办公室二十一日"，即学生所见的布告为郭任远辞职的布告；此外，从当时《校刊》所载材料来看，施尔宜仍正常行使学生自治会主席的职权，且当时的记载中没有一处报道提及施、杨二生或其他人有被开除一事；开除施、杨二生一事，从当时《校刊》记载所见最早提及，是 1936 年 1 月 21 日接教育部来电后，由当时主持校务的"校务会"布告公布的。

所以编者认为，"驱郭运动"的起因，不是学生看到开除施尔宜、杨国华两位学生自治会领导的布告而引发的，而是另有原因，即是看到郭氏辞职的布告而引发的；至于何以单单一纸辞职布告就使得学潮演变为"驱郭运动"，其实，原因也很简单，即主要是学生对郭任远长期积怨的结果，一年之前，浙江大学已经发生过"第一次驱郭运动"而没有成功，此时正好郭氏自己提出辞职，学生即借此再次"驱郭"，彻底断绝郭任远重新长校的可能。

相关材料可参见：学生自办《国立浙江大学校刊》第 234 期（1935 年 12 月 31 日），校方重新出刊的《国立浙江大学校刊》第 234 期（1936 年 1 月 11 日），《国立浙江大学校刊》第 236 期（1936 年 2 月 8 日）。

（11）打破国民党当局对浙大封锁邮电、停售粮煤等迫害

当时发出的函电均被扣压，学生会把通电、宣言等文件夹在贺年卡片内，派同学到远处及外地投邮。从华家池农学院运一批存粮来校部。号召同学节约用煤。女同学积极响应，决定不再用热水洗涤取暖。

（12）教育部令成立校务会

郭任远被迫辞职，12月26日教育部复电，准其休假，令农学院院长李德毅会同各系主任组织校务会议暂维校务。12月28日校务会在浙江省教育厅成立。李即席声明，暂不参加，乃公推郑宗海（晓沧）为主席，李寿恒为副主席。此会为学生会侦知，误以为该会专门对付学生运动的，曾由施尔宜带队去冲会场，未见到人。事后知道郑任主席，郑在学生中有较高声望，学生会与他建立了合情合理的工作关系。

（13）教育部高教司长黄建中来校"视察"

12月30日下午一时黄到校后说：罢课驱逐校长是少数极端分子鼓动起来的，并非绝大多数学生的意见，浙大应即恢复教学秩序。学生会即召开全校学生大会，请他目睹全体学生严肃地一致举手表示驱郭决心，黄乃表示将如实报告王部长。

（14）停止放寒假

1936年1月12日学生会决议自动停止放寒假，同学们留校参加救亡工作和护校斗争。

（15）教育部开除施尔宜、杨国华两生学籍

1936年1月20日教育部来电：开除施尔宜、杨国华两生学籍。

（16）蒋介石来浙大

1936年1月21日上午，蒋介石带宣铁吾、赵龙文和侍从警卫来校，由郑晓沧等迎入校长公舍，蒋先与苏步青、陈建功等一批教授谈话，然后召见施尔宜、杨国华训斥，胁迫他们下令学生复课，施以"这是全体同学的意见，下令复课我办不到"作答。蒋即召集全校学生"训话"，学生以沉默对待。第二天下午蒋又召见施、杨，说他派任校长，犹如父母为子女聘教师，浙大学生应听从他的决定，语气较缓和。施、杨返校后召开代表会，一致议决继续罢课，顶住威胁。过了一天，郑晓沧慌张地传达蒋命令，施、杨必须立即离校，否则浙大会被解散。施、杨为顾全大局，形式上辞去主席、副主席职务，住在校外，但仍参与校内工作。

（17）驱郭胜利

几天后学生会得到信息，蒋和教育部已在考虑改任著名学者为浙大校长，并可收回开除施、杨二人学籍的成命，学生会的工作就缓和下来。2月初，学校开始补课与补行考试，学运从高潮逐步转入救亡宣传教育工作和社团组织工作。

由于全校学生团结一致、坚决而又有理、有节地斗争，加以爱国正义教授郑晓沧、苏步青等向上公正反映情况，国民党当局终于免去郭任远校长职，1936年4月7日国民政府行政会议通过任命竺可桢为浙大校长，驱郭斗争取得了彻底胜利。其意义不仅是更换校长，而是蒋介石指使的法西斯教育试点的被推翻，迎来了爱国民主的著名学者竺可桢，实行民主办学，发扬求是精神。从此浙大面貌大变。在艰难的战争年代，浙大四迁校址，而学校规模从3个院发展到7个院，在校学生从500多人发展到2000多人，学术成就斐然，被誉为"东方剑桥"。学生爱国民主运动一

直走在全国前列。①

此外，该回忆还提及：

罢课期间，学生会宣传部工作十分活跃；组织小分队到校外进行抗日救亡宣传活动，在校内创办了壁报，内容一是摘录报刊的新闻与评论，大多取材于上海《立报》《世界知识》《大众生活》等进步报刊；二是同学们写的时事短评、杂文以及诗歌、漫画等文艺创作。壁报很受欢迎，有效地提高了广大同学对时事政治的关心和认识水平。复课以后壁报照常出版，每月二三期。

1936年2月，宣传部发起成立"时事研究会"，参加者四五十人。初期每周讨论一次，以后每月一二次。第一次讨论题是"中国抗日必败吗？"以后是"停止内战，团结抗日"等等。发言十分踊跃，讨论所得在壁报上发表。②

在这一运动中，文理学院学生，包括数、理、化、生各理科系的学生，均参与或卷入其中。这从1935年12月27日《浙大全体学生签名立誓》最后的签名中可以看出来。

当时的立誓全文为：

我今慎重签名盖章于下，负责表示：不达驱郭、驱李及其同党严、杨之目的不止。纵牺牲至最后一人，亦必坚持到底。此誓！

大中华民国二十四年十二月二十七日立誓

后附各系学生名单。兹将文理学院的学生名单摘录如下：

教育系：王承绪 邵瑞珍 计克敏 章 襄 李承恕 高寿衡 张锦潮 朱润瑜 潘凤韶 蒋廷黻 承宗绪 黄中宁 边迪林 朱宝璠 张克勤 朱庆年 华 巽 姜容熙 竺型更 吴祥骙 戎涓之 王百龄 王益良 谢武鹏 胡绳系 邱璧光 赵端瑛 周鸿本 姚方瀛 朱光仕 沈瑞和 陶秀良 何志行

英文系：陈怀白 朱清和 沈婉贞 杨霞华 唐淑昭 陆素心 姚询间 施庆积 冯 斐 郑 炜

数学系：祝修智 朱良璧 徐月书 赵保惠 熊全治 胡 鹏 郑锡兆 彭慧云 陈宗尧 周茂清 黄继武 徐绍唐 侯希忠 恽鸿昆 徐大顺 卢庆骏 颜家驹 徐瑞云 何章陆 程民德 张素诚 方淑妹 周仙英 周佐年 楼仁泰

生物系：应广鑫 董悯儿 周蕙生 吴宝华 傅育英 陈士怡 向 墒 吕家鸿 姚 鑫 胡步青 盛伯梁 华冰寒 沈春祥 李述明 庄雍熙

物理系：刘导涝 张 枫 朱鉴明 端木镇康 阮名成 洪宝三 刘晋燧 马启义 葛果行 沈慧贞 周纪善 孙吉生 孙 汸 夏登宗 林绍豪 朱光世 徐佩璜 施莲香

---

① 张哲民汇编：《浙江大学"一二·九"运动大事记》，黄继武、张哲民编：《求是精神与浙江大学"一二九运动"——参加"一二九"运动的老校友回忆文章及有关史料集》（内部印行），1997年，第100-109页。

② 张哲民汇编：《浙江大学"一二·九"运动大事记》，黄继武、张哲民编：《求是精神与浙江大学"一二九运动"——参加"一二九"运动的老校友回忆文章及有关史料集》（内部印行），1997年，第107页。

化学系：姚国伟　胡　媄　蒋慰芬　胡　颐　郭大智　蒋天骥　华国桢　李德埙　汪天民　仇荫昌　张南陔
朱谱章　李琼华　顾学民　钱人元　叶之蓁　胡毓庆　周志瑞　李建奎　于同隐　许孝同　袁善扬　沈仁湘　张复生
潘祖麟　王进生　沈静贞　姚佩瑁　汪　济　纪纫容　顾嗣康　姚慧英　朱鸿年①

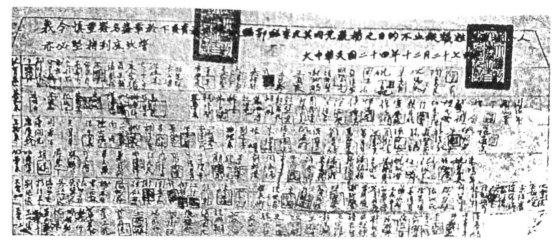

图 10-2-2　《浙大学生》第一期（1936年1月）所登载的学生立誓影印件（部分）②

这里面的诸多学生（包括理科各系的学生），日后在学术上、在各个方面，也都取得了突出的、杰出的成就。后来，有亲历者这样评价："现在回想起来那时代的青年，因为爱国所表现的热诚，以及其他无数的英雄事迹，真可以动天地而泣鬼神，中国民族就是要靠这种热血澎湃的青年来挽救的，其事迹可与黄花岗七十二烈士媲美，虽然作为不同，而其动机则是相仿的。"③

二、"驱郭运动"的深层原因与学潮结束

关于郭任远先生长校及其后来所通称的所谓"驱郭运动"，在1949年前后浙江大学校史及相关人士的记载或回忆中，是明显有别的。1949年之前的有关记述，对此或忽略未记，或简单带过，似有回避；1949年之后，相关记述逐渐增多，不过，在不同历史时期的论述中及不同人士的笔下，颇有不同。

编于二十世纪90年代之前的一些关于校史方面的记述，多数将郭任远及其有关举措作为学生运动的对立面，持简单否定的态度。《浙江大学简史》中记载：

1935年，国民政府签订卖国的《何梅协定》，出卖冀察（河北省和当时的察哈尔省），日寇的铁蹄践踏华北平原。北平学生在中国共产党地下组织领导下，于12月9日举行声势浩大的游

① 黄继武、张哲民编：《求是精神与浙江大学"一二九运动"——参加"一二九"运动的老校友回忆文章及有关史料集》（内部印行），1997年，第129-130页。
② 引自《浙大学生》第一期（国立浙江大学学生自治会出版股编辑，1936年1月15日），第15页。另见：黄继武、张哲民编：《求是精神与浙江大学"一二九运动"——参加"一二九"运动的老校友回忆文章及有关史料集》（内部印行），1997年，插页。
③ 梅坊：《回忆与怀念》，浙江大学校友会编：《国立浙江大学（上册）》，台北：台北市浙江大学校友会，1985年，第564-585页。

行示威，遭到国民政府的残酷镇压。12月10日消息传到浙大，全校学生群情激愤，当晚文理、工、农三院学生冲破阻力，在文理学院的大楼内召开学生大会，愤怒声讨国民政府的卖国罪行，控诉国民政府对学生进行残暴屠杀。他们吸取前次南京请愿的教训，决定成立由25位代表组成的统一的学生会，由农学院学生施尔宜任主席，并通过了六项决议：

一、通电响应北平学生爱国运动，坚决支持北平学生的爱国运动；

二、通电全国学校呼吁一致响应北平学生爱国运动；

三、组织宣传队向民众宣传；

四、联合全市中等以上学校的学生于12月11日举行示威大游行；

五、立即成立全校统一的学生会，领导全校抗日救亡工作；

六、发起组织杭州市中等以上学校学生联合会，把全市学生团结起来，掀起巨大的抗日救亡高潮。

第二天，杭州市学生举行示威游行大会。大会一致通过"（一）通电全国，反对华北伪自治；（二）要求政府立即讨伐汉奸殷汝耕，收复失地；（三）通电全国学校支援北平同学，要求当局释放被捕同学；（四）成立杭州市学生联合会，领导全市学生抗日救亡运动"等四项决议。大会后进行了声势浩大的游行。

12月20日清晨，北平学生"一二·一六"示威游行中许多学生受伤被捕的消息传到杭州后，浙大学生召开大会一致通过决议，建议市学联发动全市学生"冲到南京去"，到南京示威游行。正当市学联接受这一建议，决定12月21日组织全市学生赴京请愿时，20日晚，浙大校园被军警包围，便衣军警特务冲进学生宿舍，按照当时的浙大校长郭任远提供的名单逮捕学生会代表12人。当晚学生会立即召开紧急会议，决定仍按原计划冲到南京去，并决定派江希明（文理学院学生）等到上海各校去联络，要求采取一致行动。大批学生从文理学院一个不常开启的小门走出，绕开军警包围，抄近路走上铁轨，集中到城站。

由于车站里的火车早被调走，学生们自清晨直到下午三时，站在路轨上坚持斗争，要铁路局开车。学生们的爱国正义行动，得到社会的广泛同情和支持。浙江省当局眼看无计可施，只得提出与同学和学校代表三方谈判。学生会也考虑到冲进车站坚持斗争的学生不是很多，而包围车站的军警却有二三千人，孤军奋战，不利于保存实力，于是提出："（一）立即释放全体被捕同学，并将他们送到火车站来；（二）省党部、省政府向学生公开道歉，保证不再发生类似事件；（三）承认杭州市学生联合会为合法团体，立即取消对各校的封锁；（四）开放杭州市的新闻自由，不再封锁抗日爱国的新闻。"当局接受了上述四条件，当即释放被捕的12名学生，并送到火车站。省政府秘书长黄华表代表省党部和省政府向学生公开道歉，斗争取得了初步胜利。但是，学生刚回校，校长郭任远却贴出了开除学生会主席施尔宜（农学院学生）、副主席杨国华（工学院学生）学籍的布告。学生们再一次被激怒了，于是就展开了"驱郭"斗争。[①]

---

① 浙江大学校史编写组：《浙江大学简史（第一、二卷）》，杭州：浙江大学出版社，1996年，第31-33页。

《浙江大学简史》在随后的"驱郭斗争"一节中记叙：

郭任远于1933年4月来浙大担任校长，还兼任学校的军事管理处处长、教务长、文理学院院长、一年级主任。他上任后积极和国民党浙江省党部配合，在浙大推行法西斯统治（当时国际上正是墨索里尼和希特勒分别在意、德上台执政，疯狂实行法西斯统治的时候），对学生采用军事管理制度，依靠军训教官和训育管理人员侦查学生活动，任意处分学生。在他任校长的三年内，全校学生（包括代办高工、代办高农在内）先后受开除、勒令退学和其他处分的竟达百人之多（而当时全校在校学生总共只有几百人）。他斥退学生的"莫须有"罪名很多，有的仅以"衣冠不正"四字即"着令退学"，有的以外语发音不会卷舌也成退学理由。物理系学生王善同和数学系学生卢庆骏在网球场练球时与英语讲师施某发生口角，郭任远即布告开除王、卢两生。当晚文理学院学生开会决定罢课，要求"收回成命"。郭任远在众怒之下不得不收回成命（后卢庆骏成为著名学者），但一面又致电教育部以辞职相要挟。蒋介石亲笔写信安慰并打气。那时，后来成为中国共产党思想理论文化战线卓越领导人的地下党员胡乔木，"1933年下半年到1934年底在浙江大学学习，组织秘密读书会，传播进步的社会科学和马列主义知识，是学生运动的领导人之一"（原注：见《胡乔木同志生平》，《新华文摘》1992年第12期），也因遭到郭任远的迫害而离校。据当时浙大学生自治会负责人之一的江希明（原注：曾任杭州大学副校长、教授）回忆："胡乔木，那时候跟我是同级的，他是外语系学生，读了一半就走掉了。现在我才知道，那时候，他得到风声，郭任远要抓他，所以，他当夜就走了。"郭任远对教职员也往往盛气凌人，时有侮蔑凌辱。为了抗议郭任远的反动行径，农学院有68位教职工愤而离校；先后有许多教授，包括著名教授如许璇、梁希、吴耕民、金善宝、蔡邦华、张绍忠、何增禄、束星北等50多位辞职离校（以后大部分又由竺可桢校长请回浙大）。对于郭任远的这些行为，全校学生早已普遍反对；大多数教职员以至校外的杭州各界有识之士也极为反感。这次，郭任远又指使军警入校大肆抓捕学生，之后又布告开除施尔宜、杨国华两位学生自治会负责人的学籍，更激起了全校学生的愤怒和反抗。

1935年12月21日，学生会召开了全校学生大会，会上通过四项决议：

（一）立即举行全校大罢课，反对开除学生会主席、副主席的学籍，他们照常执行领导学生会的职务；

（二）自即日起，不承认郭任远是浙江大学的校长，把他驱逐出校；

（三）立即派代表赴各地联络，发起组织全国学联；

（四）农学院的同学从城外华家池搬到校部来住，坚持斗争，团结不散。

"驱郭"斗争发展迅猛，费巩教授等大部分教职工也都同情和支持学生的斗争，热情支持同学们的正义行动。学生们组织了纠察队，维持秩序，并自行编印浙大《校刊》。学生会还向社会各界发表《驱郭宣言》，向各界人士揭发郭任远在浙大的十大罪状。即日下午，郭任远从校长公舍后门溜走，从此就不再来学校。

学生会还派遣江希明等7人去南京，直接向教育、立法部门陈述郭任远的罪状，要求教育部另派人继任。同年12月28日，教育部电告浙大各学院院长、系主任，成立以教务长郑晓沧教授为首的临时校务委员会暂时维持校务。同学们开会讨论，一致通过不放寒假，坚持斗争。

1936年1月21日，教育部电令：（一）施尔宜、杨国华两生除名；（二）寒假期内留校学生一律离校（由于学生们团结一致，坚决斗争，后来蒋介石又不得不表示施尔宜、杨国华两生"如能悔过，可告教育部恢复学籍"）。

　　教育部根据当时情况，准备另行委派校长。但蒋介石认为"此风不可长"，不同意更换。驱郭罢课僵持一个月后，1936 年 1 月 22 日，蒋介石亲自带了大批宪兵特务来到浙大。他先召集教师训话，竟说："这次事件（指驱郭）教师对学生不加教导，要负责任。"接着召集学生代表训话，逼迫学生会负责人下令即日复课，施尔宜等以罢课是大家集体决定的事，个人不能改变为理由顶回。蒋介石又要全校学生集队，听他"训话"，最后他威胁说："你们必须立即停止'闹风潮'，不然就是犯法，就要绳之以法。"[原注：施平（尔宜）：《不平静的西湖》] 蒋介石走后，学生们并没有复课，继续进行斗争。1 月 28 日，国民政府行政院训令"凡以任何方式妨碍学校课业之学生，应立即严令离校……"。1 月 31 日，教育部训令"部分学校学生，行动越轨，以致校纪不克维持……本部职责所在，自必严遵院令……"。浙大学生对此毫不动摇，"驱郭运动"一直坚持下去，终于迫使行政院于第 257 次例会上免去了郭任远的浙江大学校长职务，驱郭斗争取得了胜利。1936 年 4 月 7 日，国民政府行政会议通过任命竺可桢为浙江大学校长。①

　　这样论述，从国家、民族大义的角度，自然有其合理性；且由于其后竺可桢先生的长校风格与之不同以及成就的辉煌，长期以来，对郭任远先生长校浙大 3 年余的成就较少论说，而是更多地与他压制学生运动结合在一起，持一种简单否定的态度。

　　当然，就 1935 年年底所发生的学生爱国运动本身而言，郭任远先生的处置的确是非常失当的。但其治校期间的一些举措和贡献，不应该全盘否定和抹杀。即使就当时的学生运动本身而言，也是在救亡图存的背景下，学生的爱国热情与学校的严格管理之间存在矛盾，以及与校长治理理念有别、师生关注角度不同等多种因素纠葛所致。当然，也有郭任远个人的因素。

　　归纳起来，大致可以把当时学校所面临的焦点和问题，概括为四个方面：抗战的热潮与学业修习的矛盾；依法、依规治校与人文关怀的矛盾；政治控制与大学独立的矛盾；以及个人的性格与偶然的冲突等所导致的校长与部分师生的矛盾等。

　　关于前三个方面的矛盾，前文已有叙述；而郭任远长校期间，与部分师生的矛盾也确实较为尖锐。据有关记载，郭任远来校不久，即以当地特产火腿应加强改进为由，要农学院设立"火腿系"，当时的农学院院长许璇未予置理，郭任远责其抗命，许璇愤而辞职，郭任远转而委派林学家梁希继任院长，偏偏梁希与许璇是至交好友，观点一致，梁希也拒不接受任命，以辞职抗议。同院教授金善宝、蔡邦华等 60 余人，群起支援，与许璇一起辞职离开浙大。②此即"火腿风波"。其后，1935 年上半年，郭任远又将中华基金会拨给文理学院物理学系的实验设备专款挪作了他用，导致物理系教师几乎全体离职。③

　　谢鲁渤在其《烛照的光焰——浙江大学前传》中，对郭任远长校情况有很细致的描述，揭示了郭任远与校内教员之间的紧张关系：

　　因"火腿风波"导致教授集体辞职的事件，在当年的农学界备受瞩目，算是给了新任浙大校

① 浙江大学校史编写组：《浙江大学简史（第一、二卷）》，杭州：浙江大学出版社，1996 年，第 33-36 页。
② 张建华：《我国近代农学界的先驱许璇研究》，南京农业大学硕士学位论文，2009 年，第 10-11 页。
③ 孙志辉主编：《胡杨之魂——束星北先生百年诞辰纪念文集》，北京：海洋出版社，2007 年，第 78 页。

长郭任远一个下马威，但并未使他有所收敛。一些与此相关的现存资料说，郭任远依旧是我行我素，在后来的执掌浙大期间，"强力推行军事化管理，随意开除学生、解聘教授"，据统计，"先后被开除、勒令退学和其他处分的学生竟达近百人之多，而当时全校学生总数也仅有几百人"。此外，在学校经费的使用上，郭任远也是目无章法、有恃无恐。最极端的一个例子，就是他把中华基金会拨给学校物理系的实验设备专款，挪作了他用。为此，时任物理系副教授的束星北先生拍案而起，第一个公开站了出来：

"束星北作为理工学院（编者注：应为"文理学院"）教授的代表到校方责问交涉，当他找到郭任远时，发现他正在酒店里设宴招待客人。束星北说，都什么时候了，你们还在这里交杯把盏，上去就掀翻了桌子，杯盘酒菜撒了一地。"（原注：李曙白、李燕南《束星北：学界"游侠"》）

这件事就发生在"驱郭运动"前夕。若在平时，郭任远作为校长，即便设宴请请客人，也没什么。问题是在那个时候，一则国难当头，二则郭挪用的又是教学经费，交杯把盏就令人愤慨了，束星北当场掀翻酒桌的举动，无疑表示了两者的水火不容。在随后的"驱郭运动"中，束星北不仅是学生们最有力的支持者，而且在全校教职员中也堪为先锋，第一个提出辞职以示决绝。受其带动和影响，一大批著名教授也纷纷辞去教职，成为继"火腿风波"之后的一次更大规模的教授集体辞职事件，对郭任远的最终下台起到了关键性的作用。[1]

当然，以上描述有演义、传说的成分，若干事实陈述也有不够准确或容易引起混淆之处。事实上，束星北1935年7月后就已经离开浙大，到上海任暨南大学教授兼数学系主任，并兼交通大学物理系教授。因此，这里所讲的"驱郭运动"，指的是发生于1934年11月的第一次"驱郭风潮"，而不可能是发生于1935年12月的第二次"驱郭风潮"；故云束星北的相关言行"对郭任远的下台起到了关键性的作用"，显然不太准确，当是与第二次"驱郭风潮"混淆了。

而另一方面，当时人士的看法，则有另外的评价。接替郭任远的竺可桢先生，在公开场合，并没有指责郭氏，而是曾经对学生有所劝诫。在其《日记》里，对此事评价也较为简单和客观，如"郭任远到校后颇思励精图治而过于超切（编者注：原文如此，可能为"操切"），开除学生太多，而与教职员又不能融洽，故不得不更换之云云"。[2]并将原因归之于国民党党部意图控制大学的失败："郭之失败，乃党部之失败……故此时余若不为浙大，谋明哲保身主义，则浙大又必陷于党部之手……。"[3]故为使浙大不"陷于党部之手"，才终于接受校长一职。

1949年后，一些居于台湾地区以及海外的浙大学生，对这一段历史也有回忆和评述。1975年，教育系1934级学生周洪本（编者注：比王承绪低一级，执笔了"驱郭宣言"）在《郭校长和几位教授》的回忆文章里，有对当时情景的记叙：

那时母校的校长是郭任远先生，矮个子，但非常强壮。脸色红润，高耸的鼻梁上挂着一副金丝边眼镜。

郭校长是一位国际知名的行为主义心理学者，他有他的想法，而且坚持要实行那个想法。

---

[1]　谢鲁渤著：《烛照的光焰——浙江大学前传》，杭州：浙江人民出版社，2011年，第52-53页。

[2]　《竺可桢日记》1936年2月21日，《竺可桢全集（第6卷）》，上海：上海科技教育出版社，2005年，第28页。

[3]　《竺可桢日记》1936年2月23日，《竺可桢全集（第6卷）》，上海：上海科技教育出版社，2005年，第29页。

由于郭校长执着的个性，由于当年各方面复杂的情势，由于青年人不定型的心理，由于郭校长对学生的管理训导方法并不十分完善，更由于他所用的那几位与学生们接触的人并不能给人以亲切之感，因此引发了一个大学潮。

那次学潮，最初是从抗日运动引发的，由于北上请愿，在火车站被阻，于是，同学们情绪激越，在群众心理的鼓荡下，转变为驱逐校长风潮。因此，很明显的，郭校长是遭遇了池鱼之殃。……

尤其是驱逐郭校长，我觉得实在没有充分的理由。但是驱逐郭校长的那篇宣言却是我执笔的，真是矛盾，荒唐的矛盾。

那篇宣言，当时原推举王承绪学长执笔，而王学长知道我能模仿梁启超的笔调写一点东西，因此便转叫我写。我居然答应下来，把各方面送来的资料，不加验证，全部纳入，添头加尾，铅印发布。以后我没有关心究竟有没有人看它，看了的反应如何。[①]

郭任远之所以如此作为，当然有各种各样的原因。一位当时的学生在 1972 年评述了当年的学潮以及郭任远先生的作为：

这里，我想对当时的校长郭任远先生简单地叙述一下，在距离学潮发生卅六年后的今天来对郭校长加以评述，我相信不会再有情感作用。

郭校长是一位行为主义派的心理学者，在当时，行为主义心理学是一个崭新的学派。而郭校长是这一学派的急先锋，他对当时其他学派的心理学都认为是不科学的，他这一态度非常坚决，毫不妥协，在辞色之间，决不留情，简直有对其他心理学派不屑一顾的神态。

他反对当时一般人所说的意识，他不承认有本能，他不赞成以内省法作为心理学的方法，他甚至不承认有遗传，他曾经在一个场合说，交给我一些儿童，我可以训练他们成为任何我想要他们成为的人。他的看法并不是没有根据的，他会观察鸡的胚胎与成长，他发现鸡的啄食并不是本能，而是后天环境中培育而成的。

他这种学说，在当时很难为人所接受，他的态度又是那样的决绝，他更想把这种想法在大学教育中实施，他没有想到人实在是非常复杂的。

他对浙大，平心而论，是有他相当的贡献的：第一，在他手中，建造了在当时颇为美轮美奂的华家池的农学院校舍，文理学院的教室也盖了新的大厦，他更建造了健身房。

第二，从民二十六级开始，全体新生不分学院系别，共同生活，文史方面的学生同样要读物理、化学与微积分，理工方面的学生也要读文史方面的课程。

第三，每周或若干周一晚，约集学生座谈，讨论问题。有一次，我记得有一位英文系的同学批评校方没有为英文系开一门高深的文艺课程。而郭校长却直截了当地说，在日常的口语还没有弄好之前，高深课程是没有意义的。

第四，实施军事生活管理，半夜里要紧急集合。

① 周洪本：《郭校长和几位教授》，浙江大学校友会编：《国立浙江大学（上册）》，台北：台北市浙江大学校友会，1985 年，第 165-171 页。

这些措施，今天回头看来，对浙大确实发生了一些新的冲击作用。①

1979 年，龚弸在回忆性文章《追怀母校的几位校长》一文中，也提及对郭任远先生的印象：

郭任远先生在来母校以前，曾担任过上海复旦大学的副校长。他的作风可称有抱负、有担当、有气魄。可惜操之过激，不知应变，在人和方面，未尽洽调，他自己干劲十足，终令旁人有缺少亲切的感觉。郭校长身材短壮结实，精神饱满，终年穿整齐的西装，且戴了一副夹在鼻梁上的眼镜。他是广东人，国语中带浓重的粤腔。他一心要把水准提高，严明风纪的办学作风，带到浙大来，而且决定在他任内招进来的第一批新生身上，开始实施。他规定一年级学生，须打破院系、科别的界限，一律集中住宿，统一训导教练，藉以提高并划一基本科学的水准，又规定学生须一律穿军装式的制服，以整饬仪容、风纪。一年级集训终了，即根据成绩，做一次严格的淘汰，凡不合标准的，一律勒令退学。自二年级开始，再分别科、系各归本院，接受专门学识的灌注。他又注重体育与军训，兴建健身房，聘请名教练，又从上海运来名驹十四，并购备弹械，供作学生们骑射的训练。在他的任内，又把农学院自笕桥原址搬到庆春门外的华家池畔，院舍房屋，全部新建，当时的温室规模和设备，被誉为全国第一，而植物园的收罗丰富，布置幽美，亦闻名国内。但当时同学身处此管训严格的环境下，积久生厌，终生反感，再看到许多一年级时代的同窗，因不合水准而被迫退学时，不免代为不平，且感人人自危，而在我们一年级以前的同学，则认为待遇不公，受到校长的冷落歧视，亦心存不快。不久因请愿抗日，学生代表被捕一事，发生学潮，全校同学，联合一致，直至先生去职为止，此实为母校发展史中不幸的一页。

在四十年后的今日，回思当年郭校长的作风，或亦有其促成的因素。他在接任母校校长以前，服务上海的教育界很久，可能他在当时看到一部分大学生，出身富裕家庭，生活糜烂，精神不振，又无心向学。而学校当局，过于迁就现实，不思纠正，故曾下了决心，在一旦掌权的时候，要设法挽回颓势，整顿学风。而那时九一八事变发生不久，东北沦陷，日本侵略者正进一步在长城内外，频生事端。有识之士，痛感国难方殷，准备在大学教育阶段，开始生聚教训，郭校长当年的作为，很可能得到当局的鼓励支持。不幸他一味激进，不知变通，而浙大的学风，向来善良诚朴，太严与过激，反易迫出变动……尚幸政府贤明，及时改聘竺校长前来接事，以他当时在国内科学界的领导地位，已足令人信服，再加接事之后，一向以谦和、诚信、开明的风度对人，加以一口绍兴官话，亲切易解，使全校同学有重归家长怀抱的感觉。同时，他又添聘了一批博学硕望的师长，充实了母校的师资，因此使学校在短期动荡之后，重归平静。二十六年，日寇发动七七事变，学校因战局而逐步西迁，一路艰苦倍尝，而弦歌不断，盖师生间爱护扶持，一无怨言，直到胜利后杭州复校为止。

最后，龚弸先生称：

母校领导人的事迹，可资叙述传扬的，实在太多，由于我个人接触和所知有限，本篇仅能就

---

① 走马客：《三十六年前母校的学潮》，浙江大学校友会编：《国立浙江大学（上册）》，台北：台北市浙江大学校友会，1985 年，第 621-627 页。

少数人的一二件事实加以描述，但母校的发展史是连贯而衔接的，五位校长，各在他的任期内发挥所长，努力培育，方造就母校后来在国内的名誉地位。我们就读斯校身沐教泽的人，对他们的恩赐，当一体的铭感怀念。[①]

今天来看，对当时的这场学生运动，当然应该承认，在学生方面，是存在一些过激之处的。但就此事件中下台的郭任远先生而言，无论当时有多少客观原因与历史的偶然性，也无论后世可以对其抱以更多同情之理解与公允之评价，但不得不承认，郭任远在以下两个方面是有疏失或欠缺的：

第一，对于学生所表达出来的对国家、民族命运之关切的热情，确有轻忽、违逆之处；

第二，对大学精神的体认、坚守，即学术本位、民主治校等原则的把握，确有欠缺。

郭任远作为一位学者，在这两个方面的疏失，的确是不可原谅的。

对此，竺可桢先生当时就指出，"郭之失败乃党部之失败"。他虽未详解，但究其实，即源自竺氏受教于美国期间所接受的对大学独立精神的认同和持守，再联系其后来拒绝加入国民党，竭力维护大学不受外来政治因素的干预和影响等，就更加清楚了。所以，他本人对郭任远未置一词臧否，仅指出其为党部之失败，内心不认同郭氏的治校思想；而为免于浙大沦于党部之手，他才冒万难而承担此职，直至最后不可为乃罢。

正是由于竺可桢先生对国家、民族命运之关切与对大学精神之坚持，在其长校后，浙江大学在他的引领下，终于走出阴霾，开始了崛起的征程。

---

① 龚弼：《追忆母校的几位校长》，浙江大学校友会编：《国立浙江大学（上册）》，台北：台北市浙江大学校友会，1985 年，第 153-160 页。

第十一章
竺可桢先生长校与浙江大学
新篇章的开启

1921 年 4 月，当时出版的《清华周刊》10 周年纪念号上，登载有一篇文章，提及一所大学校长的作用之重要："学校一个时代的精神如何，就看校长的态度怎样。我们不必细究周寄梅先生的履历，确实我们承认他是有宗旨、有计划、有理想、有希望的人。清华以前享有的盛誉以及现今学校所有的规模，层层发现的美果，莫不是他那时种下的善因。"[1]

这段话，用之于竺可桢先生对浙江大学的作用，实在是非常贴切。可以说，浙江大学崛起为国内一流大学以及具有一定的国际声誉，均与竺可桢先生长校 13 年有密切的关系。可以毫不夸张地说，学校"以前享有的盛誉以及现今学校所有的规模，层层发现的美果，莫不是他那时种下的善因"。

1935 年年底，浙江大学发生巨变。第二次"驱郭风潮"导致校长郭任远先生去职，竺可桢先生几经犹豫之后，开始长校，也由此开启了竺可桢先生 13 年长校浙大的历史，造就了浙大"文军长征"的壮举，也成就了浙大"东方剑桥"的美誉。

第一节　竺可桢先生长校始末[2]

竺可桢先生之所以因缘际会能够出任浙江大学的校长，由各种复杂因素促成；而其起因，则是时任校长的郭任远先生面临其长校以来的最大危机——1935 年年底的又一次学生运动。郭任远

图 11-1-1　竺可桢先生（1890-03-07—1974-02-07）

---

① 转引自谢鲁渤：《烛照的光焰——浙江大学前传》，杭州：浙江人民出版社，2011 年，第 221 页。
② 本节内容主要据杨达寿著《竺可桢》（杭州：浙江科学技术出版社，2009 年，第 73-76 页）摘编，特此说明。

处置失当，加之此前治校过于严苛等积怨，引发相当多数教师、学生的反对与抵制，从而演变为第二次"驱郭运动"，最终黯然离职。

竺可桢最早得知有人推荐他出任浙大校长的消息，是 1936 年 1 月 28 日从翁文灏那里听到的，并在当天将此事写进了日记。10 多天后，翁文灏又告诉竺可桢说陈布雷拟提议他为浙大校长，2 月 11 日竺可桢在日记中记道："晚八点，咏霓（编者注：翁文灏，字咏霓）来谈一小时，据谓陈布雷等拟提出以余为浙江大学校长。余谓在此时局，难保于三四月内不发生战争。京、杭兼顾，势所不能。故余不愿就。若能于浙大有裨益，余亦愿竭全力以赴之也。"2 月 16 日，竺可桢果真接到陈布雷的通知，要他于 2 月 21 日去见蒋介石。起初，竺可桢并不愿意接任；因此，他借第二天向上司蔡元培 70 大寿贺岁之便征求意见。蔡元培发表了"能不往浙大最好，但蒋处不能不去，婉言辞之可也"的高见。竺可桢认为蔡先生的意见很中肯。2 月 21 日，陈布雷偕竺可桢去相约的孔祥熙住宅见蒋介石。谈话时，蒋介石要竺可桢接任国立浙江大学的校长，而竺可桢推说要和蔡元培商量后再定。同月 23 日，竺可桢再去上海愚园路 884 号蔡元培家里面陈。听了竺可桢的陈述，蔡元培也颇感为难。竺可桢又面临一次郑重的抉择。他深知大学校长不仅事务繁杂，还要与官场人物打交道，更主要的是他放不下已从事 20 余年的地理、气象学科的教学与科研，特别在气象学方面已取得了不少开拓性进展，取得了一些国际水平的成就；在气象台站建设方面尚须形成全国网络，高空探测等，亦有待进一步开展；在培养人才上须进一步努力，选拔俊才尚待成熟；……不少事使他放心不下。但竺可桢又想到继任之事责任重大，如《竺可桢日记》所云："郭之失败，乃党部之失败……故此时余若不为浙大，谋明哲保身主义，则浙大又必陷于党部之手……"竺可桢的许多亲友、学生以及夫人张侠魂都劝他赴任。经反复考虑，他决定担任国立浙江大学校长，于 3 月 8 日请陈布雷将自己的决定转告蒋介石，并顺势向陈布雷提出 3 个条件：一是财政须源源接济，二是校长有用人全权，三是以出任半年为限。陈布雷接受了 2 个条件，第 3 条劝他暂不要提，到时再说。

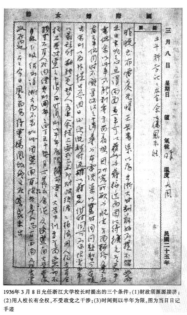

1936年3月8日允任浙江大学校长时提出的三个条件：(1)财政须源源接济；
(2)用人校长有全权，不受政党之干涉；(3)时间则以半年为限。图为当日日记
手迹

图 11-1-2　《竺可桢日记》1936 年 3 月 8 日日记原件 ①

---

① 引自竺可桢：《竺可桢日记（第 6 卷）》，上海：上海科技教育出版社，2005 年，插页。

　　1936 年 3 月 16 日，国民政府教育部王世杰部长访晤竺可桢，又谈及校长任期一事。至于上任日期，他答应与蔡元培商量后定。同月 25 日，竺可桢再次去见蔡元培时也谈及任期一事。蔡元培认为出任浙大校长半年太短，可延至 1 年。同年 4 月 7 日，国民政府行政会议通过竺可桢任国立浙江大学校长后，竺可桢于 4 月 22 日至杭州里西湖 22 号与郭任远会晤，决定于当月 25 日正式移交。25 日，郑晓沧、胡刚复陪同竺可桢到达浙大校长公舍，浙江省教育厅许绍棣代表教育部监盘。郭任远未到，由李伟超代理，交出大、小校印各 1 枚。至此，竺可桢正式接任国立浙江大学校长一职。下午，随即举行教职员茶话会。而后在体育馆第一次与学生见面，对 800 余名师生作了 40 多分钟有关办学思想的演讲。演讲词后经郑晓沧润饰，以《大学教育之主要方针》发表存世，这是竺可桢教育思想的代表作之一，至今仍有参考价值与借鉴意义。

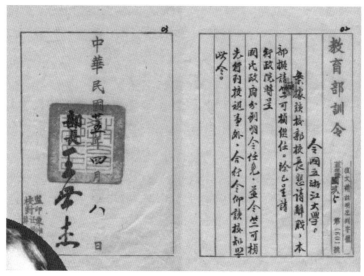

图 11-1-3　教育部同意郭任远辞职及拟任命竺可桢继任国立浙江大学校长的训令 [①]

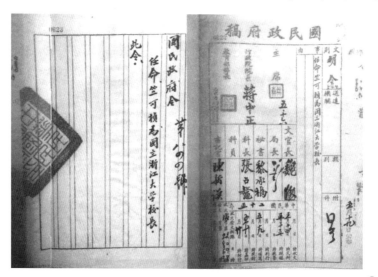

图 11-1-4　国民政府正式任命竺可桢为国立浙江大学校长的第 844 号令 [②]

[①]　引自张淑锵、金灿灿、朱之平：《在曲折中发展的浙江大学——浙江大学的探求（1927 — 1936）》，《浙江档案》2011 年第 2 期，第 49 页。

[②]　引自金德水、吴朝晖主编：《浙江大学图史》，杭州：浙江大学出版社，2017 年，第 41 页。

图 11-1-5 《国立浙江大学校刊》登载竺可桢来校视事的消息①

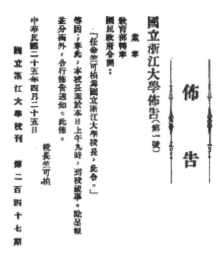

图 11-1-6 《国立浙江大学校刊》登载公布竺可桢被国民政府任命为浙江大学校长的布告②

竺可桢对当年的大学教育和浙大的现状作了一些调查研究后，在其《大学教育之主要方针》一文里，着重讲了三大部分。

第一部分，浙大的使命。

他强调，要办好教育事业，必须了解过去的历史和目前的环境。"我们应凭借本国的文化基础，吸收世界文化的精华，才能养成有用的专门人才，同时也必须根据本国的现势，审察世界的潮流，所养成的人才才能合乎今日的需要。"这是竺可桢几十年求索的精神成果与人生旅程的经验之谈。他从越王勾践雪耻、五代钱氏保浙、南宋浙人匡复捍卫、明代于谦定边抗倭，讲到明末黄梨洲、朱舜水留下的教训："……一方为学问而努力，一方为民族而奋斗。"讲到现状，他说："我们有知识、有血气的青年早已感到今日国家情势的危迫。近百年来列强侵略进行不息，中国不能发奋自强，以致近几年国家已到了最严重的危机。"他说出师生心中想说的话，大大拉近了校长与师生的距离。虽然只是初次相聚，但师生们就已经很信任自己的校长了。他希望大学生能够刻苦砥砺，"今后精研科学，充实国力，大学生固然应负极重大的责任，而尤其重要的是养成一种组织和系统的精神"，这样才无负于过去光荣的地位和今后的神圣使命。

第二部分，办好大学的要素。

竺可桢认为办好大学最重要的是延聘一批好教授，要有充分的图书、仪器和一定水平的校舍，其中以教授的充实最为重要。他说："教授是大学的灵魂，一个大学学风的优劣，全视教授人选为转移。假使大学里有许多教授，以研究学问为毕生事业，以教育后进为无上职责，自然会养成良好的学风，不断地培植出来博学敦行的学者。"同时，列举中外名贤为例证。在调研中，他发现浙大的图书、仪器和校舍都较少、较差，需要增添与扩建。

第三部分，重视家庭贫寒的优秀生入学和学风问题。

他说，从前科举制度及书院养士还出了一些贫寒子弟，近来国民经济低落及入学费用提高，

---

① 引自《国立浙江大学校刊》第 246 期（1936 年 4 月 25 日）。
② 引自《国立浙江大学校刊》第 247 期（1936 年 5 月 2 日）。

聪颖好学但经济不足人家的子弟没有同等入学机会，这种制度埋没人才，"所以如何选拔贫寒的优秀生使其能续学，实在是一国教育政策中之一种要图"。于是他制订了《在本校设置公费生的办法》。在学风与学习态度方面，他有许多意见，限于时间，他仅先指出："我们受过高等教育的人，必须有明辨是非、静观得失、缜密思虑、不肯盲从的习惯；然后在学时方不致害己累人，出而立身处世方能不负所学。大学所施的教育，本来不是供给传授现成的知识，而重在开辟基本的途径，提示获得知识的方法，并培养学生研究批判和反省的精神，以期学者有自动求智和不断研究的能力……"

　　竺可桢的纲领性演讲，表达了他长期以来形成的教育思想。这些思想继承融合了我国书院教育的优秀传统，吸收了以哈佛大学为代表的西方先进科学和教育思想以及蔡元培等倡导的教育思想的精华。限于时间，竺可桢未能更全面地阐明他的教育思想。但这次演讲已为他日后振兴学校、改革教育吹响了进军号，使广大师生大为振奋，看到了学校的希望。这些实事求是、富有哲学思想的话，像一服凝聚剂，把浙大师生奋发向上的心凝聚起来，为学校改革实践创造了良好的开端。

图 11-1-7 《国立浙江大学校刊》登载竺可桢与师生谈话的报道①

　　1936 年 5 月 18 日，竺可桢补行就职宣誓仪式，教育部委派蒋梦麟为监督员，到会师生近 500 人②。竺可桢以"十年生聚，十年教训"作答，自此正式开始了他长达 13 年的校长生涯。

---

①　引自《国立浙江大学校刊》第 247 期（1936 年 5 月 2 日）。
②　《国立浙江大学校刊》第 250 期（1936 年 5 月 23 日）。

图 11-1-8 《国立浙江大学校刊》登载竺可桢补行宣誓典礼的报道 [1]

第二节　竺可桢先生的办学思想、措施及成效

竺可桢先生长校浙大 13 年，经历艰难困苦而使浙大崛起为"东方剑桥"，其成功之原因，大致可以归纳为 4 个方面。

（1）制度空间。大学自治、教授治校之制度保障，即 1912—1927 年中华民国政府所颁布之关于高等教育和大学的法律，均秉持大学自治、教授治校之原则。1927 年后，如 1929 年颁布的《大学组织法》已经有了一定的政治对大学的干预，但总体而言，大学自治、教授治校之原则仍能大体维持，或有一定的存在空间。

（2）教育理念。即竺可桢先生及他的主要协助者等所认同的对大学的共同理念，如学术本位、通才教育、民主办学、科学精神等。

（3）学缘地缘。即竺可桢的浙江省籍（浙江人士）、庚款学生（留美及哈佛大学的同学）、中国科学社重要成员（中国科学社由中国近代主要的自然科学学者组成）、南高—东大教授（有一批原东南大学和中央大学的同事和学生）、中央研究院评议员和气象研究所所长（学术界高层及学术行政部门）等，对于竺可桢争取高层和浙江省地方当局支持（尤其是财政支持）、吸引学术人才、获得校内省内各方面支持等，均具有重要作用。

（4）人格魅力。即竺可桢个人的学术造诣和道德修养、人格魅力，对于各方面对其认同、接受和服从其领导，也具有重要作用。

一、教育理念与办学思想 [2]

留学美国长达 8 年之久的竺可桢对美国大学理念的实质有着更深刻的理解。1910—1913 年，竺可桢留学于美国伊利诺大学，主修农学。顺利获得学士学位后，考入哈佛大学研究生院地学系，经过 5 年时间的刻苦学习，于 1918 年夏获得博士学位，当年秋就返回国内，以实现他报效祖国的夙愿。

---

[1]　引自《国立浙江大学校刊》第 250 期（1936 年 5 月 23 日）。

[2]　本小节内容主要据周谷平、张雁、孙秀玲、郭晨虹著《中国近代大学的现代转型：移植、调适与发展》（杭州：浙江大学出版社，2012 年，第 66-70 页）摘编，特此说明。

竺可桢对美国现代大学理念的诠释很有见地，他认识到美国大学理念是在德国经典大学理念的现代转型中产生的。尽管表面看，美国大学理念更偏重于经济与社会的实用主义原则，但经典理念奉行的学术无功利性原则也是它的另一重要组成要素。这从以下例子中可见一斑。尽管威斯康星大学范海斯校长提出的服务理念名闻遐迩，开了美国大学社会服务并与之紧密联系的先河，但他依然坚持教师的研究，特别强调学术原创性研究的重要性，并为此制定相关政策。"在威斯康星，对于每一个教授而言，没有固定的需要从事教学活动的时间。这种工作量有着很大的差异。如果一名教师仅仅是一名教师而不是一位有创造力的学者，他就可能要承担相当重的教学工作。"[1] 在他看来，教书匠型教师的教学与研究型教授的研究和教学有着不同的意义。教授的研究尤其是创新型研究应该是大力提倡和鼓励的，因此，当斯坦福大学邀请当时任教于威斯康星的历史学家特纳（Frederick Jackson Turner）时，范海斯校长同意他抽出一半时间自由从事研究工作，并向全校宣布他的政策是需要任命和晋升有创造力的学者。因此，学术与服务经济社会并重成为美国大学的特色，尽管这两种力量不时发生冲突，但这种相互制衡和调适始终伴随着大学发展历程。

竺可桢主长浙江大学时，力图全面引入美国大学理念，既注重通才与专才教育共同发展，又重视大学服务社会、引领社会道德风尚及振兴科学的学术责任。在他尚未正式就任浙江大学校长之前，1936 年 3 月 9 日在南京时，阅《浙江大学概况》，评谓"办大学者不能不有哲学中心思想"，"余以为大学军队化之办法在现时世界形势之下确合乎潮流，但其失在于流入军国主义，事事惟以实用为依归，不特与中国古代四海之内皆兄弟之精神不合，即与英美各国大学精神在于重个人自由，亦完全不同"[2]。

他在就任浙江大学校长后的第一次演讲中就明确提出："大学所施的教育，本来不是供给传授现成的知识，而重在开辟基本的途径，提示获得知识的方法，并且培养学生研究批判和反省的精神，以期学者有主动求知和不断研究的能力。"[3] 并告诫学生："诸君到大学来，万勿存心只要懂了一点专门技术，以为日后谋生的地步就算满足。"[4]

在他眼中，大学应该培养的人不是片面发展的专家，而是既通又专的人才，具备非功利性学习研究精神且"知之甚广而在某一方面又知之甚深"的人才培养成为他办学的目标。在哈佛大学留学长达 5 年（1913－1918）之久的竺可桢，对该期间影响哈佛甚远的艾略特与劳威尔两位校长的办学理念了然于胸。

于 1909 年离开哈佛，担任校长长达 40 年之久的艾略特曾言："大学有三个主要的直接功能。首先是教学，其次是以书籍等形式大量汇集已获得的系统知识，第三是研究，或者说是把目前的知识疆界再向前推进一步，年复一年，日复一日地掌握一些新的真理。大学是教师的集合体，是知识的仓库，是真理的寻求者。"[5]

而在竺可桢求学期间执掌哈佛的劳威尔更重视教学职能。他认为："一所伟大的大学的作用决不会由于教学而受损。大学具有两个职能，二者都是不可或缺的，不能说一个比另一个更重要，一

① ［美］罗杰·L·盖格：《增进知识——美国研究型大学的发展（1900－1940）》，王海芳、魏书亮译，保定：河北大学出版社，2008 年，第 73-74 页。
② 李玉海编：《竺可桢年谱简编》，北京：气象出版社，2010 年，第 37 页。
③ 竺可桢：《大学教育之主要方针》，《国立浙江大学校刊》第 248 期（1936 年 5 月 9 日）。
④ 张彬：《倡言求实，培育英才——浙江大学校长竺可桢》，济南：山东教育出版社，2004 年，第 153 页。
⑤ 王英杰：《大学校长与大学的改革和发展——哈佛大学的经验》，《比较教育研究》1993 年第 5 期，第 2 页。

个是储存和传递已获得的知识，另一个是增加知识。……应不存在任何困难把保存旧的和好的真理与全力寻求新的真理结合起来。"①哈佛两位校长的办学理念对竺可桢影响甚深。

在他长校期间，浙江大学规定基础阶段各系打通，不分专业。竺可桢认为："大学一、二年级中，工学院自宜打定数理良好基础，文法等院自宜重视文学、经济以及中外历史，以备专精。虽然彼此不可偏废，仍宜互相切磋，不限学院，庶几智识广博，而兴趣亦可盎然。"②在就任校长后的第一次校务会议上，提出大学各院一年级不分系的议案，议决数学、物理、化学、英文、国文、生物、通史等课程为一年级基础课。正如竺可桢在日记中所提到的，"余之政策，数、理、化与国文、英文必须有第一等的教授"，各系、各学院纷纷派出一流师资授课。如苏步青曾教授过新生数学，王淦昌曾讲授过一年级物理课，周厚复教过新生化学，谭其骧给新生开过中国通史等。这些名教授所上的基础课程，给学子们打下厚实、宽广的学业基础，也激发了他们极大的学习热情，培养了一批日后的学术大家。我国核试验事业的开创者和组织者之一、被授予两弹一星元勋的程开甲，诺贝尔奖获得者李政道博士，理论核物理学家胡济民博士等人都是当时这种教学制度的受益者。

竺可桢执掌浙江大学后实行学分制，将课程分为公共必修、本系必修及选修三大类，规定学生在学好必修课的同时，跨系跨院自由选习课程，特别规定文科和理工科必须互选。于是，理工科学生选修唐诗宋词等文科类课程，文科类学生选习微积分、物理等理工类课程成为浙大的新气象。这就改变了以前"皆从专精及系别二点出发，学生往往感觉常识不足，又因所有课程全为规定，对于本门功课以外任何问题毫无兴趣"的现象。③

此外，还开设了图书馆学、声乐、音乐概论、钢琴、美术等全校性的选修课程，为学生的全面发展构建了扎实的平台。学校还建立了主辅修制度，以扩大学生的专业视野并获得更为广博的知识，成为通专结合的人才。以理学院为例，化学系学生如选物理系为辅系，二年级加选高等微积分和电磁学，三年级加选光学，四年级加选近代物理。物理系学生则可选数学系、化学系、生物系及工学院的课程，有了这些课程奠定的基础，为学生们的跨学科发展提供了路径与可能性，同时，也充分发挥了综合性大学的优势。

竺可桢理想中的大学是承担学术使命与社会使命于一体的，既包含学术化的价值取向，也内涵了服务社会的工具观。竺可桢认为：一个大学最主要的使命就在于能使每个毕业生孕育着一种潜力，可令其于离开校门以后，在他的学问、技术、品行、事业各方面发扬光大，既日新，日日新，又日新。这种潜力与内在精神必须在校求学时就已经形成。上述做法就是为培养这种能力而设置的。

在他看来，"大学侧重应用科学，而置纯粹科学、人文科学于不顾，这是谋食不谋道的办法"④，只教学生专门技术是不够的。因此，浙大学科设置，"应包涵形上的原则之学和形下的应用之学"⑤。这一思想也体现于浙大校歌中。起首的"大不自多，海纳江河，惟学无际，际于天地，形上谓道兮，形下谓器"就表明了竺可桢的大学办学理念，即大学学科应兼收并蓄，包罗万象。

① 王英杰：《大学校长与大学的改革和发展——哈佛大学的经验》，《比较教育研究》1993年，第5期，第5页。
② 浙江大学教育研究室编：《浙大教育文选》，杭州：浙江大学出版社，1987年，第59页。
③ 张彬：《倡言求实，培育英才——浙江大学校长竺可桢》，济南：山东教育出版社，2004年，第161页。
④ 竺可桢：《新生谈话会训辞》，《国立浙江大学日刊》1936年9月23日。
⑤ 浙江大学史编辑室：《浙江大学校史稿》（内部印行），1982年，第101页。

二、长校初期的主要措施与成效 ①

竺可桢第一次与师生见面就立下誓愿："本人愿以最大的诚意与专注的精神，来力谋浙江大学的进展，而要达到相当的成功，必然期待诸同学的合作和努力。"此后，竺可桢完全按自己的承诺——"竭诚尽力，豁然大公"地努力着，去实现一个又一个改革与兴学的目标。他首先着手办学方针、教授阵容等方面的改革。

图 11-2-1　《国立浙江大学校刊》登载竺可桢第一次对浙大学生的训词 ②

1936 年 3 月 16 日，竺可桢来浙大长校前向教育部长王世杰说："雪艇兄，你以为办学宜采取英、美学术自由的方法呢，还是采取德、日法西斯的独断行为？"王世杰没有明确答复。在竺可桢看来，这意味着教育部并没有要他执行"一切军事化"的办学方针，便按自己的设想着手改革。他在第一次主持纪念周时指出："中国现行训育制度实有改革之必要"，并赞同美国大学实行的导师制，由导师指导学生行为的做法。

于是，他在召开第一次校务会议时提出撤销大权独揽的"军事管理处"和"一年级主任室"，另行建立训育委员会，其下设立军训部和训育部，学校对学生处分必须经训育委员会集体讨论通过。经校务会议通过的这一改革，从方针和组织上清除了旧军事化的教育管理制度，使浙大逐步营造起民主化管理的良好氛围。

---

① 本小节内容主要据杨达寿著《竺可桢》（杭州：浙江科学技术出版社，2009 年，第 76-82 页）摘编，特此说明。
② 引自《国立浙江大学校刊》第 248 期（1936 年 5 月 9 日）。

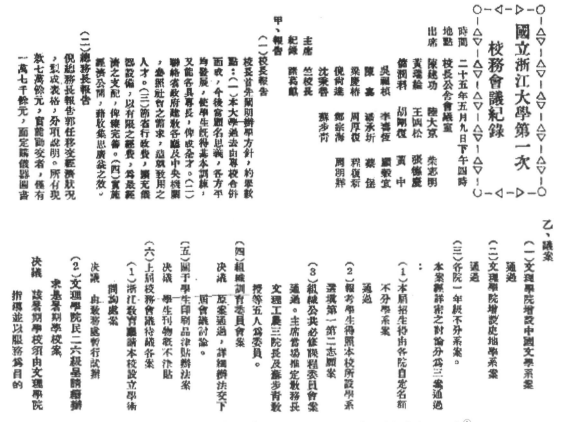

图 11-2-2　《国立浙江大学校刊》登载竺可桢长校后第一次校务会议记录 [1]

竺可桢在就职誓词中有"余决不妄费一钱，妄用一人，并决不营私舞弊，及接受贿赂"的话，他在学校机构改革、任人选才中坚持自己的承诺。

在到任前，他对浙大的组织机构、教授阵容等作过一番调查了解，得知浙大的教授阵容尚须加强，特别是文理学院力量较弱。来校就职，他途经上海，去上海交通大学说服交大理学院院长裘次丰，将物理学家、自己的老朋友胡刚复调来浙大，委以文理学院院长之重任；又请化工系教授李寿恒先代理后正式担任工学院院长；请吴福桢担任农学院院长；郑晓沧继续担任教务长。他又聘请山东大学物理系的王淦昌来浙大任教；请之前离校的张绍忠、束星北、何增禄等教授回校，并由张绍忠任物理系主任；请原东南大学外国语文系主任梅光迪任浙大外国语文系主任；又请化学家王琎、农学家卢守耕、机械工程学家周承佑等教授来校任教。在 1936 年度第一学期开学时，新聘的教授、讲师达 30 余人，大大加强了教师的阵容，初步彰显了竺可桢招贤纳士的才能及其凝聚力。对农学院院长一职，竺可桢先是聘请东大时的学生和同事吴福桢担任；经短期实践，竺可桢决定改聘与自己素无渊源的卢守耕担任，充分体现了他选贤任能的用人原则。自竺可桢任校长后，亲友来谋事者颇多。但他都不徇私情，坚持恪守的"惟以是非为前提，利害在所不顾"的原则，秉公用人。

竺可桢先生长校浙江大学 13 年，其主要协助者为郑晓沧先生和胡刚复先生（尤其对理科而言）。三人交往多年，彼此信任，有同学之情及同事之谊（竺可桢与郑晓沧为浙江同乡、同留学美国、东南大学同事，与胡刚复为哈佛大学研究院同学、科学社同人、东南大学同事）；更重要的是，

---

① 引自《国立浙江大学校刊》第 250 期（1936 年 5 月 23 日）。

三人均受教于美国，办学理念相似；因此，在以后的 13 年时间里，他们彼此信任，精诚合作，共担时艰，全力以赴，将共同的办学理念付之于浙江大学的实践，振衰起敝，为浙大注入清新之风，激发起师生向学向上之心。

同时，三人正好各有所长：竺可桢文、理兼擅，与政界、学界、地方渊源颇深，交往密切，故统筹全面；郑晓沧主攻教育，文思敏捷，与人为善，乐于同学生交流，又长期在浙江省和浙江大学任职，与校内及省内各方面关系密切，经常居中化解矛盾，调和鼎镬；胡刚复擅长理科，是中国近代的物理学开山大师之一，与自然科学界多有交往，又善于谋划和执行，故校内及学科发展多交付与他。三人相得益彰，合作无间。郑晓沧先生、胡刚复先生成为竺可桢长校 13 年中最为稳定与得力的协助者。

在教师聘任中，竺可桢坚持兼容并包、海纳百家、礼贤下士等做法。邵裴子和马一浮是杭州两位文化名人。邵裴子原是求是书院学生，曾任浙大副校长、校长数年，在他的任期内，浙大有了较大发展。邵裴子的学问与品格双佳，尊重、爱惜人才，他因政府拖欠教职员薪水，典当自己的皮袍让苏步青度过阴历年的难关，从而感动了苏步青继续留任浙大。竺可桢两次登门敬请，邵裴子都以体弱多病而作罢。闻名遐迩的国学大师马一浮，竺可桢曾两次亲临其寓所，又多次托人邀请，并答应马一浮提出的种种条件，仍未如愿。两年以后，浙大西迁泰和时，马一浮一行 10 余人因避战火遇到困难，主动驰函表示愿来浙大。竺校长不计前嫌，热情欢迎马一浮来泰和、宜山讲学，还亲临听课，关心生活，令人敬佩不已。此外，竺可桢还尽量争取社会名士来校讲学，如马寅初先生曾来浙大讲《非常时期中国之财政问题》。1936 年 6 月 23 日召开的特种教育委员会上，竺可桢曾提出请冯玉祥、马寅初、吴宪、俞大维、颜福庆、侯德榜等为讲演员。

为了给一年级学生打好宽厚坚实的基础，竺可桢认为不宜过早分系设课，并应由有学问、有经验的教师上一年级的基础课。为加强对基础课的指导，特成立公共科目课程分配委员会，聘请郑晓沧、胡刚复、李寿恒、苏步青、吴福桢 5 人为委员。总之，竺可桢长校后，很快聚集了一批第一流的教授，浙大从此声名鹊起，暑期招生骤然大增。1935 年只有沪、杭一带考生 680 余人，而 1936 年就有各地考生 2 200 人；1936 年招生 302 人，另有在校生 530 余人。竺可桢认为，如果校舍能扩建，在校生可增至 1 000 人。

办好大学除须有一批好教授外，还要有足够的图书、仪器和一定水平的校舍建筑。这是竺可桢与师生第一次见面时所提到的，也是他上任以后日夜操心、时时牵挂的一件大事。就职演说后，竺可桢连夜乘火车赶回南京参加 4 月 26 日召开的气象学会年会。火车徐徐驶出斜阳下的杭州站，在一等车厢内的竺可桢满脑子都是视察学校的情景：图书馆破败不堪、教育系的房屋风雨飘摇、物理实验室摇摇欲坠……27 日上午，他冒雨到国民政府教育部找王世杰请求建筑经费，陈明房子倒塌会伤害师生。经费尚未着落，他又去找翁文灏，请他出点子为浙大争取经费。在翁文灏的指点下，他一直找到了国民政府监察委员、国民参政会秘书长雷震。而后他赶回杭州，追加预算，在 2 年内争取到 80 万元建筑费。他又致函雷震，把浙大下年度临时费由 8 万元增加到 36 万元。1936 年 10 月 15 日，蒋介石来浙大视察，对竺可桢治校初见成效很满意。竺可桢乘机反映校舍狭小、破旧，应有所修建，又建议迁走军械局库房，以扩大校园，蒋介石额允。不久，行政院通过将军械局库房划拨浙大的议程，这样浙大不仅多了 200 亩土地以建校舍，而且还使师生远离了火药，人身安全得以保障。

竺可桢长校第一年，在人事机构、学系设置、教学管理和教授阵容等方面采取兴革措施的同时，还重视学生思想品德的教育和学生爱国活动的保护。

竺可桢到校之初，在文理学院大门内设置了一座标准钟台，并亲笔题字："勿谓长少年，光阴未转毂。"勉励学生们要十分珍惜时间，勤奋、刻苦地学习。他关爱毕业班的学生，用曾巩的"吃饭忌饱，住屋忌好，著书忌早，做官忌巧"的话来勉励他长校后的第一届毕业生。

1936 年 9 月，竺可桢对他长校后的第一批新生讲话，把浙大的优良校风归纳为"诚、勤"两字。他认为从 1897 年求是书院创办起，浙大及其前身的学生不浮夸，做事勤，待人诚，社会声誉好，希望诸位保持。而后，竺可桢又说："诸位在校，有两个问题应该自己问问：第一，到浙大来做什么？第二，将来毕业后做什么样的人？"他把这次讲话概括为两点："第一，诸位求学，应不仅在科目本身，而且要训练如何能正确地训练自己的思想；第二，我们人生的目的在能服务，而不在享受。"

1937 年 3 月 1 日，竺可桢自认浙大走上正轨，任期已到，于是向王世杰正式提出于月底离开浙大，并推荐老友任鸿隽接长浙大。他与王世杰谈不出结果，又去找陈布雷。陈布雷对他表示理解与同情，但对接长浙大的人选不以为然。次日，竺可桢又去找翁文灏，翁文灏说："当初曾请叔永（即任鸿隽）任四川省教育厅厅长，他不愿去，所以戴季陶很不喜欢。想调他去浙大，恐怕难成。"就这样，一周内竺可桢找了不少人，没有人支持他辞去浙大校长职务，相反有张其昀、陈训慈却劝他留任。陈训慈还送来了陈布雷的亲笔信，挽留他的态度十分诚恳，甚至还说："如果藕舫先生离开浙大，我今后也不再过问浙大的事。"此后，竺可桢又与朱家骅、胡先骕和胡适等谈辞职之事；大家众口一词，劝他不要辞职。竺可桢未能达到目的，心里虽不快，但又为浙大 12 万元建校费和扩建的校址而奔波去了。

1937 年 3 月 30 日上午，竺可桢去盛宣怀第四子的故居澄庐见蒋介石。在陈布雷的事先吹风下，蒋介石很爽快地答应为浙大解决校址和经费问题。于是竺可桢于下午就坐快车去南京，为中国气象学会第十二届年会、第三次全国气象会议、中国地理学会第四届年会和促请国民政府设立中央气象局而忙碌起来。

从 1936 年 4 月竺可桢接掌浙大至 1937 年夏抗日战争全面爆发前的 1 年多时间里，是他长校 13 年中较平和的时期。此时段，他因兼任中央研究院及气象研究所的工作，常在宁、杭之间穿梭，平均每月往返 1 次，可谓"一身二任，心挂两地"。

接任浙大校长时，竺可桢是一人来浙大的，他的家属都留在南京城珞珈路。那里有他新盖的住宅，环境幽雅，浓荫华盖，确是居家和做学问的好地方。这也是他心系气象科学、不想在西子湖畔久留的又一缘由。

竺可桢来到浙大求是园后，宿于校内，包膳于学生食堂。他常和学生一同参加清晨集体升旗仪式，对师生的生活体贴入微，遇见同事或学生找他，总是和颜悦色，以礼相待。这种亲切真诚、平易近人和简朴的生活作风，很快就获得了师生的爱戴和信任。这种无法用言语表达的爱戴和信任，随着时间的推移，将越来越浓烈、深沉地延续下去。[①]

由于学校内外矛盾累积，而时任校长的郭任远治校方略有误，加之又对学潮处置失当，引发学生驱逐校长的"驱郭运动"，郭任远被迫辞职，浙江大学面临重大危机。在此关键时刻，竺可

---

① 杨达寿：《竺可桢》，杭州：浙江科学技术出版社，2009 年，第 76-82 页。

桢临危受命，于1936年4月出任浙江大学校长。在各方面的认可、支持和配合下，竺可桢回归大学精神，贯彻民主治校原则，以治学为本，尽可能排除外界的各种干扰，以个人的人格魅力凝聚人心，充分利用自身的地缘、学缘等有利因素，吸引大批学者来校任教；在时任教务长的郑晓沧和新任文理学院院长的胡刚复等的倾力配合下，学校迅速恢复了正常的教学、科研秩序。

正当学校回归正常的发展轨道之际，抗日战争全面爆发。学校按照教育部安排，逐渐内迁，开始了为期9年的"西迁办学"历程。一迁天目、建德，二迁吉安、泰和，三迁广西宜山，四迁遵义、湄潭，颠沛流离，生死瞬间，而弦歌不辍，坚持办学，谱写了一曲激昂澎湃的"求是"乐章，浙江大学也在此过程中，凤凰涅槃，崛起为具有一定国际声誉的大学，获得"东方剑桥"的美誉。

而所有这些成就，这些学校"以前享有的盛誉以及现今学校所有的规模，层层发现的美果，莫不是"竺可桢先生长校开始所"种下的善因"。可以说，正是从竺可桢先生来到浙江大学那一刻起，浙江大学由此迈入了新的时代，开启了新的篇章。

 **本卷附录**

一、浙江大学理科发展大事记（1897—1936）

1897—1926

1897 年（清光绪二十三年，农历丁酉年）

本年，求是书院创办，育英义塾（Hangchow Presbyterian Boy's School）改制为育英书院（Hangchow Presbyterian College）。

【求是书院】

1897 年 2 月（农历丁酉年正月），在浙江巡抚廖寿丰和杭州知府林启的筹划下，办学之议，几经周折，奏报清廷获准，求是书院创立；同时制订《求是书院章程》并聘请教师。第一批招收学生共 30 名，于 1897 年 5 月 21 日（农历四月二十日）正式开学。院址设在杭州城内蒲场巷（今杭州市上城区大学路）的普慈寺。书院总办由林启兼任，陆懋勋任监院，贡生陈汉第任文牍斋务。另聘美国人王令赓牧师（Rev. E. L. Mattox）任总教习，卢保仁、陆康华任副教习。开设必修课与选修课两种，必修课有国文、英文、算学、历史、舆地、格致、化学、生物等，后增设体操课。学限 5 年。

"求是书院"创办之初即开设有算学、舆地、格致、化学、生物等理学课程，并将数学（当时称"算学"）、物理（当时称"格致"）、化学、生物和地学（当时称"舆地"）等列为必修课。另设有物理仪器室、化学实验室等。

【育英书院】

本年初，育英义塾（Hangchow Presbyterian Boy's School）改制为育英书院（Hangchow Presbyterian College），美国人裘德生牧师（Rev. J. H. Judson）任校长。育英书院分为两馆：备文馆，即中学部（预科），设中小学课程；汇文馆，即书院部（正科），设大学堂课程。正科相当于大学程度（即文理学院初级阶段的性质），设置英文、化学两个专科（相当于专业）。

"育英书院"早在"育英义塾"阶段的 1880 年后，就按照美国高中的标准，开设了算术、代数、几何、地理、生理学、化学等理学课程，并从美国进口了先进的实验室设备；1897 年年初，育英书院在原有高中课程之外，增设英文、化学两专科，其中的"化学科"，即可被认为是浙江省内最早的高等教育中的正式理学系科。

1898年（清光绪二十四年，农历戊戌年）

本年，求是书院、育英书院存。

【求是书院】

1898年7月，求是书院扩充学额，分设内、外两院。原30名学生为内院生，另招收60名为外院生。9月，求是书院选送后来任北京大学校长的何燮侯等四人赴日留学。

1899年（清光绪二十五年，农历己亥年）

本年，求是书院、育英书院存。

1900年（清光绪二十六年，农历庚子年）

本年，求是书院、育英书院存。

1901年（清光绪二十七年，农历辛丑年）

本年，求是书院改为求是大学堂，育英书院存。

[背景]本年，光绪帝诏谕各省督抚将本省所存书院于省城改为大学堂，各府及直隶州改设中学堂，并多设蒙养学堂，除教读四书五经外，主要学习中外政治、历史、艺学。

【求是书院－求是大学堂】

1901年9月，求是书院改称"求是大学堂"。11月，浙江巡抚廖寿丰上奏说明改浙江求是书院为求是大学堂及办学情况。

1902年（清光绪二十八年，农历壬寅年）

本年，求是大学堂改为浙江大学堂，育英书院存。

[背景]1902年1月10日，清政府正式下令恢复京师大学堂，并改各省城书院为高等学堂或大学堂（其程度相当于京师大学堂预备科），任命吏部尚书张百熙为管学大臣。8月15日，管学大臣张百熙主持拟定了一套学堂章程（即《钦定学堂章程》），进呈朝廷。因这一年是我国农历"壬寅"年，时称"壬寅学制"。它是我国第一次以政府名义颁布的完整学制，共分五类：京师大学堂章程、高等学堂章程、中学堂章程、小学堂章程、蒙养学堂章程。关于高等教育体制，确定分为大学预备科、大学专门分科、大学院三级。大学专门分科包括"格致科"，下分天文学、地质学、高等算学、化学、物理学、动植物学六目。

【求是大学堂 － 浙江大学堂】

1902年2月，求是大学堂改称"浙江大学堂"，学生增至120人。

【育英书院】

本年，育英书院进行了学制改革，正科由六年改为五年，预科由五年改为四年，并将预科部改称附属中学。

1903年（清光绪二十九年，农历癸卯年）

本年，浙江大学堂、育英书院存。

1904年（清光绪三十年，农历甲辰年）

本年，浙江大学堂改为浙江高等学堂，育英书院存。

[背景]1903年末1904年初，张之洞、荣庆、张百熙奉命重订学堂章程（即《奏定学堂章程》）。1904年1月13日，清政府颁布该学堂章程，次第推行。章程包括：初等小学堂、高等小学堂、中学堂、高等学堂、大学堂（附通儒院）、蒙养院及家庭教育法章程；初级师范学堂、优级师范学堂章程；初等农工商实业学堂（附实业补习普通学堂及艺徒学堂）、中等农工商实业学堂、高等农工商实业学堂及实业教员讲习所章程；译学馆、进士馆章程；另附有学务纲要、各学堂管理通则、各学堂考试章程、奖励章程等。此即"癸卯学制"。

【浙江大学堂 — 浙江高等学堂】

1904年1月，浙江大学堂遵《奏定学堂章程》，改名为浙江高等学堂。筹设高等学堂预备科，定期3年毕业。

【育英书院】

本年，育英书院举办了一系列关于科学和普通课程的演讲，一些著名的教会教育家如潘慎文（Dr. A. P. Parker）、李提摩太（Dr. Timothy Richard）、费佩德（Rev. Robert F. Fitch）等都曾应邀到校讲授西学知识。

1905年（清光绪三十一年，农历己巳年）

本年，浙江高等学堂、育英书院存。

【浙江高等学堂】

1905年2月，浙江高等学堂正式设立预科，"三年毕业，升入正科"；该年有预科学生140人。同时，设立"师范完全科"，学制3年，该年有学生60人；附设"师范传习所"（后改称"师范简易科"），招收年龄较大、中文程度较佳，但外文程度低者加以培养，1年毕业，该年有学生140人。

【育英书院】

本年秋，校长裘德生结束度假，自美国返回杭州，为学校添置了诸如X光机、无线电报机、发电机、显微镜、引擎、气压计等先进的实验仪器和设备。

1906年（清光绪三十二年，农历丙午年）

本年，浙江高等学堂、育英书院存。

[背景]1906年3月25日，清政府准学部奏，宣示以"忠君、尊孔、尚公、尚武、尚实"五端为全国教育宗旨。学部奉谕公布。

【育英书院】

1906 年 11 月，学校董事会召开第一次会议，裘德生当选为校长。

1907年（清光绪三十三年，农历丁未年）

本年，浙江高等学堂、育英书院存。

【育英书院】

本年，学校开始在钱塘江畔六和塔附近的秦望山二龙头购置山地 500 亩，筹建新校园。

1908年（清光绪三十四年，农历戊申年）

本年，浙江高等学堂、育英书院存。

【浙江高等学堂】

夏，浙江高等学堂预科第一班毕业。始设正科，分第一、二类两类。第一类为文科，第二类为理科，外文有英、法、德 3 种，英文为第一外国文，法文为文科第二外国文，德文为理科第二外国文。当时文、理两类各有美籍教员 1 人，另聘日籍教师 4 人。

【育英书院】

本年，书院改正科、预科学制均为 4 年。

1909年（清宣统元年，农历己酉年）

本年，浙江高等学堂、育英书院存。

【育英书院】

1909 年 11 月 6 日，新校董会召开了第一次会议，裘德生再次当选为校长。

1910年（清宣统二年，农历庚戌年）

本年，浙江高等学堂、育英书院存，官立浙江农业教员养成所（后改称浙江农业教员讲习所）成立。

【育英书院】

本年，董事会通过了"大学章程"，随即获得当地差会及其在美国的资助母会的批准。

【浙江农业教员养成所 — 浙江农业教员讲习所】

1910 年 2 月，浙江巡抚增韫奏报清廷请求设立高等农业学堂及农业教员养成所。因筹办高等农业学堂需款较多，一时难以实现，乃于同年 9 月成立官立浙江农业教员养成所（后改称浙江农业教员讲习所），学额 100 名。主要培养中等农业教育人才，所长陆家鼐。继任所长有任寿鹏、金兆棪、姚汉章等人。

1911年（清宣统三年，农历辛亥年）

本年，浙江高等学堂存，育英书院改称之江学堂（英文名称未变，仍为 Hangchow Presbyterian College），浙江农业教员讲习所改为浙江中等农业学堂，浙江中等工业学堂成立。

[背景]1911 年 10 月 10 日，武昌革命军起义。辛亥革命爆发。12 月 19 日，各省代表推举孙中山先生为中华民国临时总统。

【育英书院 — 之江学堂】

本年初，育英书院由王令赓任校长，裘德生成为学校自助部的监督。2 月，新校园的建设工程基本完成，育英书院从杭州城内大塔儿巷迁至郊区六和塔新建校舍办学（今浙江大学之江校区），改名为"之江学堂"（英文名称未变，仍为 Hangchow Presbyterian College）。

【浙江农业教员讲习所 — 浙江中等农业学堂】

1911 年 10 月，浙江农业教员养成所改名为浙江中等农业学堂，设农学科，修业年限为 3 年。

【浙江中等工业学堂】

浙江巡抚增韫于 1910 年 11 月 26 日上奏清廷获准，聘请许炳堃为监督（校长），在原铜元局旧址，筹办浙江中等工业学堂。1911 年 3 月 27 日，浙江中等工业学堂正式开学。设机械、染织二科，修业期限为 3 年。校址设在杭州蒲场巷报国寺铜元局内，聘请许炳堃为监督。为培养教师，又另设浙江省立中等工业教员养成所。

1912年（中华民国元年，农历壬子年）

本年，浙江高等学堂改称浙江高等学校，之江学堂存，浙江中等农业学堂改称浙江中等农业学校，浙江中等工业学堂改称浙江公立中等工业学校。

[背景]1912 年 1 月 1 日，中华民国宣告成立。孙中山在南京宣誓就任临时大总统。3 日，临时大总统孙中山在南京组成中华民国临时政府，任命蔡元培为教育总长，景耀月为教育次长。9 日，南京临时政府教育部成立。19 日，教育部公布《普通教育暂行办法》14 条，颁发《普通教育暂行课程标准》及课程表。"暂行办法"规定："从前各项学堂均改称学校"，"监督、堂长应一律通称校长"等。1912 年 9 月起，中华民国教育部颁布新的学制系统，即"壬子学制"（后有修订，合称"壬子癸丑学制"）。

【浙江高等学堂 — 浙江高等学校】

本年 1 月起，浙江高等学堂改称"浙江高等学校"，校长邵裴子（长光）、陈大齐。本年起不再招收新生，原有学生培养至 1914 年毕业。

【之江学堂】

1912 年 12 月 10 日，孙中山先生偕沪军都督陈其美、浙江省民政司司长屈映光来校视察，受到之江学堂全体师生的热烈欢迎。孙即席发表了热情洋溢的演讲，并在慎思堂前大草坪上和全校师生员工约 200 人合影留念。

【浙江中等农业学堂 — 浙江中等农业学校】

1912 年 1 月后，浙江中等农业学堂改称浙江中等农业学校，叶芸为代理校长，后校长为金兆模。

【浙江中等工业学堂 — 浙江公立中等工业学校】

1911 年 10 月，辛亥革命兴起，浙江受战事影响，浙江中等工业学堂经费断绝暂时停办。1912 年 3 月 15 日复课，改称浙江公立中等工业学校。

1913年（中华民国二年，农历癸丑年）

本年，浙江高等学校、之江学堂存，浙江中等农业学校改称浙江省立甲种农业学校，浙江公立中等工业学校改称浙江省立甲种工业学校。

[背景]1913 年 1 月 12 日，中华民国教育部公布《大学规程令》28 条，对大学分科、学习科目、修业年限及入学资格等均作出具体规定。"大学"分设文科、理科、法科、商科、医科、农科、工科等七科；各科分"学门"，其中"理科"分为数学、星学、理论物理学、实验物理学、化学、动物学、植物学、地质学、矿物学九门。取消各省高等学堂，改设为大学预科。改通儒院为大学院。16 日，公布《私立大学规程》14 条。

【浙江中等农业学校 — 浙江省立甲种农业学校】

1913 年 1 月，吴崦为浙江中等农业学校校长。校址设在杭州横河桥附近，同时在杭州近郊笕桥新建校舍。4 月 21 日，学校迁入笕桥新校舍，是日为学校纪念日。7 月，吴崦辞职，由陈嵘继任，添设森林科一班。本年冬，浙江中等农业学校改称浙江省立甲种农业学校，学校内部设置照旧。我国著名教育家蔡元培曾在浙江省立甲种农业学校发表演讲。

【浙江公立中等工业学校 — 浙江省立甲种工业学校】

本年起，浙江公立中等工业学校更名为浙江省立甲种工业学校，修业期限 4 年。校长：胡壮猷（愚若）。另设 1 年制预科。

1914年（中华民国三年，农历甲寅年）

本年，浙江高等学校停办，之江学堂改制为之江大学（英文校名为"Hangchow Christian College"），浙江省立甲种农业学校、浙江省立甲种工业学校存。

【浙江高等学校】

因学制改革，浙江高等学校至 1914 年 6 月完全停办。浙江高等学校最后一批学生毕业，学校停止。自创办求是书院至此，计办学 18 年。

【之江学堂 — 之江大学】

本年，之江学堂的中学部改为其附属中学，之江学堂俨然成为了一所高等教育机构，并易英文校名为"Hangchow Christian College"，中文校名则正式定为"之江大学"。学生增至 140 人。美国人王令赓牧师（Rev. E. L. Mattox）任校长。

【浙江省立甲种工业学校】

1914 年 7 月，浙江省立甲种工业学校第一届学生毕业，计染织科 15 人，机械科 9 人。

1915年（中华民国四年，农历乙卯年）

本年，之江大学、浙江省立甲种农业学校、浙江省立甲种工业学校存。

【浙江省立甲种农业学校】

本年，教育部令规定甲种农业学校修业期限为 4 年（预科 1 年，本科 3 年）。于是，学校特设研究科一班，为原有的农学、森林两科学生延长 1 年学习时间。1915 年 7 月，陈嵘辞职，黄勋为校长。后任的校长还有周清（1916—1922）、陆海望（1922—1923）、高维魏（1923—1924）。1924 年 1 月，高维魏辞职，由孙信代理校长，不久改派许璇任校长。

【浙江省立甲种工业学校】

1915 年 7 月，第二届学生修业期满，根据教育部的规定留校补习一年，于 1916 年 8 月与第三届学生同时毕业。

1916年（中华民国五年，农历丙辰年）

本年，之江大学、浙江省立甲种农业学校、浙江省立甲种工业学校存。

【之江大学】

本年，校长裘德生辞职，校董会推举司徒雷登的弟弟司徒华林代理校长职务。

1917年（中华民国六年，农历丁巳年）

本年，之江大学、浙江省立甲种农业学校、浙江省立甲种工业学校存。

【之江大学】

1917 年起学制改为预科 2 年、正科 3 年。

1918年（中华民国七年，农历戊午年）

本年，之江大学、浙江省立甲种农业学校、浙江省立甲种工业学校存。

【之江大学】

1918 年 3 月 11 日，在之江大学甘卜体育馆举行的华东教会大学生田径运动会上，之江大学代表队一举夺魁。5 月，《之江潮声》创刊号出版。

【浙江省立甲种工业学校】

本年，增设应用化学科。

1919年（中华民国八年，农历己未年）

本年，之江大学、浙江省立甲种农业学校、浙江省立甲种工业学校存。

【之江大学】

1919 年 3 月 27 日，在杭州举行首次教会大学辩论比赛，之江大学组队参加，由王令赓担任指导。

5月，五四运动爆发，除美籍教员外，之江大学广大师生纷纷投入反帝的爱国斗争中，他们不顾学校当局的阻挠，和浙江第一师范等杭州其他学校的师生一起，参加示威游行，并高呼"打倒帝国主义""打倒卖国贼"等口号。

【浙江省立甲种农业学校】

本年，浙江省立甲种农业学校在笕桥设二等测候所。每天分别于6、9、12、15、18、21时进行6次定时观测。

【浙江省立甲种工业学校】

1919年增设电机科。

1920年（中华民国九年，农历庚申年）

本年，之江大学、浙江省立甲种农业学校存，浙江省立甲种工业学校升格为浙江公立工业专门学校（简称"工专"）。

【之江大学】

1920年11月26日，之江大学获准在美国哥伦比亚特区立案，取得学士学位授予权。实际上正式具备完整的大学体制。此后，正式分为文、理两科，设立天文、生物、化学、数学、地理、生理、心理等理学系科。实行学分制，采用绩点制。

【浙江省立甲种工业学校 —— 浙江公立工业专门学校】

本年秋，浙江省立甲种工业学校升格为浙江公立工业专门学校（简称"工专"）。浙江公立工业专门学校设电气机械科和应用化学科（后改称电机工程科和化学工程科），学制定为4年，预科1年，本科3年。附设甲种、乙种工业讲习班；甲种讲习班分机械、电机、应用化学、染织4科；乙种讲习班分金工、木工、锻工、铸工、力织、染色、捻丝、纹工、原动、制纸、制革、油脂等12科。

1921年（中华民国十年，农历辛酉年）

本年，之江大学、浙江省立甲种农业学校、浙江公立工业专门学校存，浙江省议会建议筹办杭州大学。

[背景]1921年11月，浙江省议会建议筹办杭州大学，沈定一（玄庐）等起草筹办杭州大学大纲。12月30日，省议会推举蔡元培、陈榥、蒋梦麟、陈大齐、阮性存、马寅初、郑宗海（晓沧）、何炳松、应时、汤兆丰等10人为杭州大学董事。1922年12月30日，浙江省议会推举蔡元培、蒋梦麟、马寅初、何柄松等10人为杭州大学校董。1923年3月13日，浙江省省长张载阳开列杭州大学董事名单，有汤尔和、汪兆铭、马叙伦、朱希祖、范寿康、胡适、周作人等22人。并曾拨出开办费100万元。次年因爆发江浙齐卢战争，孙传芳窃踞浙江，筹建杭州大学一事终未实现。

1922年（中华民国十一年，农历壬戌年）

本年，之江大学、浙江省立甲种农业学校、浙江公立工业专门学校存。

[背景]1922年9月，教育部在济南召开全国学制会议，议决《学校系统改革案》。同年11月1日以中华民国大总统名义公布施行。此即"壬戌学制"，或"新学制"。大学修业年限为4～6年。大学招生资格为高中毕业或有同等学力者；入学后至少须学习2门外语；大学毕业后方有资格入大学院深造。取消大学预科，大学采用学分制与选科制，设课无男女区别。

【之江大学】

1922年2月，校董会通过争取之江大学成为一所完全大学的决议，并认为学校的课时只能增加，不能减少。此期，学校共开设9门国文课、7门生物学课、4门化学课、5门教育学课、13门英文课程、2门地理课程、8门数学课程、7门物理课程、5门其他西语课程（2门法语、2门德语、1门希腊语）、2门西方哲学课。

1922年6月17日，之江大学举行了首届毕业生典礼。典礼仪式上，学校首次引进了西式学位帽和礼服，司徒华林校长第一次为毕业生顾敦鍒和周志新颁发了文学士学位。

本年秋，司徒华林辞职，由费佩德任校长。

【浙江公立工业专门学校】

本年春，校长许炳堃赴欧美考察教育和实业，回校后更改学制，将专门部本科修业年限改为4年，预科1年，本科毕业生优等的授予学士学位。

1923年（中华民国十二年，农历癸亥年）

本年，之江大学、浙江省立甲种农业学校、浙江公立工业专门学校存。

【之江大学】

1923年12月8日，在校内举办了首场教会大学之间的辩论会。本年，之大附中队不仅在杭州附属中学间的比赛中获得冠军，而且也在1923年浙江省的田径运动会上夺得了冠军。

本年，由于学校建设规模巨大，经费依然紧缺，校长费佩德不得不再次回到美国，继续筹集学校建设基金。在费佩德赴美募捐期间，由王令赓代理校长职务，吴维德任教务主任。

1924年（中华民国十三年，农历甲子年）

本年，之江大学、浙江公立工业专门学校存，浙江省立甲种农业学校升格为浙江公立农业专门学校（简称"农专"）。

【浙江省立甲种农业学校 — 浙江公立农业专门学校】

1924年秋，浙江省议会决议改组浙江省立甲种农业学校，升格为浙江公立农业专门学校（简称"农专"），同时将位于建德的省立甲种森林学校并入该校。原甲种农业学校校长许璇担任第一任校长，浙江省农业高等教育由是开始。设农学、森林两科。浙江公立农业专门学校先后由许璇（1924年1—11月）、高维魏（1925年1—12月）、钱天鹤（1925年12月—1927年5月）、谭熙鸿（1927年5—7月）担任校长。1924年11月许璇辞职后，至1925年1月高维魏继任前，杨靖孚、李崇敏曾相继代理校务。

【浙江公立工业专门学校】

本年初,许炳堃因健康关系,辞去校长职务,徐守桢继任。1924年7月,工专有了第一届毕业学生,其中,电机科19人,化工科10人。

1925年（中华民国十四年,农历乙丑年）

本年,之江大学、浙江公立农业专门学校、浙江公立工业专门学校存。

【之江大学】

1925年6月3日,"五卅"惨案发生后,之江大学师生冲破学校当局的阻挠,与杭州市大中学校师生一起上街游行示威。

1926年（中华民国十五年,农历丙寅年）

本年,之江大学、浙江公立农业专门学校、浙江公立工业专门学校存。

【之江大学】

1926年3月12日,蔡元培来杭访问,向之江大学师生讲话。临别前,他为之大1926年的年刊题了四个字——"思潮发展"。5月15日,费佩德回到杭州,继任校长职务。华东地区各基督教学校校长和其他社会名流200人出席了费佩德的这次任职典礼。

1927—1936年

1927年（中华民国十六年,农历丁卯年）

本年,之江大学存,第三中山大学（后称国立第三中山大学）成立,浙江公立工业专门学校、浙江公立农业专门学校撤销,由浙江公立工业专门学校改组为国立第三中山大学工学院,由浙江公立农业专门学校改组为国立第三中山大学劳农学院。

[背景]1927年4月18日,国民政府成立,定都南京。南京国民政府成立后,重订私立学校立案条例,敦促各私立学校包括教会学校向政府立案。12月,国民政府公布《私立大学及专门学校立案条例》,次年又公布了《私立大学条例》和《私立大学校董会条例》,这些法规对教会大学的开办标准和立案程序都作出了详细的规定。

【浙江公立工业专门学校、浙江公立农业专门学校—第三中山大学—国立第三中山大学】

1927年7月,按照"大学区组织条例",浙江试行大学区制。第三中山大学成立,并行使浙江省教育行政职权。7月15日,任命蒋梦麟为第三中山大学校长,于25日宣誓就职。8月1日,改组前浙江公立工业专门学校为第三中山大学工学院,前浙江公立农业专门学校为第三中山大学劳农学院,聘任李熙谋为工学院院长,谭熙鸿为劳农学院院长。同时筹建文理学院。校本部及文理学院设在杭州庆春门内的求是书院旧址。

试行大学区时，浙江大学除大学各学院外，设秘书处及普通教育管理处。工学院设电机工程、化学工程、土木工程 3 科，劳农学院设农艺、森林、园艺、蚕桑、农业社会 5 学系。

【之江大学】

1927 年 2 月 17 日，北伐军进入杭州。之江大学师生组织临时红十字会队，救护伤病员。6 月 29 日，浙江省教育厅厅长蒋梦麟会见了费佩德、阿诺德（驻上海商务参赞）、达耶（国会议员，正在远东访问）等代表之江大学及其背后差会的人士。蒋梦麟坚持所有教育机构都应置于中国政府行政管理之下，宗教课必须改为选修课。8 月 25 日召开的校董会会议上，费佩德提出辞职。

1928年（中华民国十七年，农历戊辰年）

本年，国立第三中山大学改称浙江大学，又定名国立浙江大学，之江大学暂时停办。

[背景]1928 年 5 月，大学院举行第 1 次全国教育会议，通过了《整理中华民国学校系统案》，即"戊辰学制"。它以 1922 年的学制为基础，大学方面的主要变化是：大学采用多院制，取消单科大学。

【国立第三中山大学—浙江大学—国立浙江大学】

1928 年 4 月 1 日，"国立第三中山大学"改称"浙江大学"。当时为划清系统起见，称为"中华民国大学院浙江大学"（简称"浙江大学"）。7 月 1 日，定名为"国立浙江大学"。

1928 年 8 月，浙江大学正式成立文理学院。邵裴子任文理学院院长。文理学院 1928 年 8 月成立之初，正式设立的理学类学科有数学门、物理学门、化学门，并设有医药预备科。数学门主任为钱宝琮，物理学门主任为张绍忠，化学门主任为张准（张子高）。10 月，文理学院第一批新生入学，并成立"文理学院学生会"（文理学院学生会每学期产生一届，即第一届：1928-10－1929-01，第二届：1929-02－1929-07，第三届：1929-08－1930-01，第四届：1930-02－1930-04）。

1928 年 10 月，实行五院制之国民政府成立，改大学院为教育部，蒋梦麟就任教育部长，仍兼浙江大学校长。11 月，蒋梦麟以校务频繁，一人不及兼顾，聘邵裴子为浙江大学副校长（邵裴子仍兼文理学院院长）。

【之江大学】

1928 年 6 月 7 日，之江大学校董事会为配合立案，提名委员会一致同意选举朱经农为校长，会议还决定费佩德改任副校长，吴维德当选为教务长，得到了董事会的批准。

校董会还同意在差会及母会董事会在向南京政府立案问题上的政策明朗之前，朱经农暂不就职。在这一过渡时期，上海商务印书馆的英文编辑兼监事会主席李培恩应邀参与之江大学的行政管理工作。会后，之江大学向浙江省政府教育厅提交了立案申请。在立案申请书送到教育部后，浙江省教育厅严格执行南京国民政府制定的立案条例，要求所有教会学校都要由中国董事管理。这种做法，进一步增加了之江大学获得其母会差会同意申请立案许可的难度。

6 月 18 日，美国长老会托事部复电称："执行委员会不同意之大立案及其计划。" 21 日，监事会执行委员会决议，在直到差会经费和向政府立案问题得以解决之前，一致同意关闭学校。于是，执行委员会发电给美国董事会，要求在 6 月 26 日前对上述两问题作出答复。7 月 5 日，监事会全体会议一致表决："鉴于董事会不同意立案，同时考虑到学校严重的财政问题，为重新组织之江大学，暂时关闭学校。"

1929年（中华民国十八年，农历己巳年）

本年，国立浙江大学存，之江大学复校。

[背景]1929 年 4 月，国民政府通令公布《中华民国教育宗旨及其实施方针》，规定："大学及专门教育，必须注重实用科学，充实学科内容，养成专门知识技能，并切实陶融为国家社会服务之健全品格。"7、8 月间，先后公布了《大学组织法》《专科学校组织法》《大学规程》《专科学校规程》，对大学及专科学校的修业年限及招生对象作了明确的规定。8 月 14 日公布的《大学规程》，正式确立大学的理科体制和所包含的学科门类，"大学分文、理、法、农、工、商、医各学院"（第 4 条），"大学各学院或独立学院各科，得分若干学系"，"大学理学院或独立学院理科，分数学、物理学、化学、生物学、生理学、心理学、地理学、地质学及其他各学系，并得附设药科"（第 6 条），"大学各学院及独立学院得附设专修科"（第 7 条），"大学得设研究院"（第 8 条）等。

【国立浙江大学】

1929 年 1 月，改原为扩充教育之劳农学院为大学本科之农学院。

1929 年 8 月 1 日，停止试行大学区制，恢复浙江省教育厅。浙江大学将全省教育行政职权移交给省教育厅，而大学以后遂专司大学教育本身事业。将普通教育管理处及其所属各部，一律裁撤；秘书处亦缩小范围。

1929 年 8 月起，文理学院的中文、外文、史学与政治、数学、物理、化学六主科学门改称学系，并增设心理、经济、教育三学系。其中，理科的各系负责人如下：数学系主任钱宝琮，物理学系主任张绍忠，化学系主任程延庆，心理学系主任郭任远。

1929 年 10 月 26 日，文理学院召开第一次院务会议。主席：邵裴子，出席者：郭任远、王守竞、佘坤珊、陈之霖、孟宪承、张绍忠、陈建功、袁敦礼、沈乃正、邵裴子，列席者：钟敬文。讨论院务会议规则草案。文理学院的各种委员会设立。11 月 7 日，通过《国立浙江大学文理学院院务会议规则》（第四次校务会议通过）。

【之江大学】

是年秋，校董事会同意复校，聘请朱经农任校长，朱未到任前，由李培恩代理校长（1931 年朱辞职，即由李任校长）。自此以后，由中国人自己主持校务行政，但大事仍由美国长老会差会决定。同年 12 月，校董事会向教育部申请成立之江文理学院。

1930年（中华民国十九年，农历庚午年）

本年，国立浙江大学、之江大学存。

【国立浙江大学】

本年春（即 1930 年 2 月后），文理学院第一届学生（即 1928 级学生），成立该级级会（称为"二一级级会"，即民国二十一年 7 月毕业学生，也即 1932 年 7 月毕业的学生）。

1930 年 5 月 4 日，"文理学院学生会"正式改组，成立"文理学院学生自治会"，重新制定了《国立浙江大学文理学院学生自治会会章》。第一届文理学院学生自治会（任期：1930-05－1930-08）选举产生领导机构，编辑会刊（即 1930 年 7 月 1 日出版的《文理 —— 国立浙江大学文理学院学生自治会会刊》）。

1930 年 6 月 29 日，上午九时，举行国立浙江大学第三届毕业典礼。因 1928 年、1929 年的两届未举行典礼仪式，故本届为第一次正式举行的典礼仪式。浙江大学校长仍为蒋梦麟先生，因兼任教育部部长之职，无法前来参加，遂指派邵裴子副校长主持典礼。本年度工学院、农学院有毕业生，而文理学院尚无学生毕业。

1930 年 8 月，文理学院正式设立生物学系。贝时璋任系主任。

1930 年 7 月，蒋梦麟因为教育部部务繁忙，对于大学校务，无暇兼顾，提请辞职。国民政府任命邵裴子副校长继任。8 月 1 日，邵裴子正式就任浙江大学校长。

1931年（中华民国二十年，农历辛未年）

本年，国立浙江大学存，之江大学经教育部批准立案，改为私立"之江文理学院"。

【国立浙江大学】

1931 年 1 月底，聘请张绍忠为文理学院副院长。

1931 年 2 月，陈建功担任数学系主任。

1931 年 6 月 28 日，浙江大学举行第四届毕业典礼，校长邵裴子主持。本年度尚无文理学院毕业生。

至 1931 年 7 月，文理学院的心理学系停办，医药预备科停办。

1931 年 10 月，文理学院化学学会成立。11 月 20 日，文理学院物理学会成立，制定会章，选举王谟显为主席，并聘请邵裴子、张绍忠等为名誉会员。

1931 年 "九·一八" 事变后，10 月初，在 "杭州市大中学校学生联合会" 发动下，浙大、之江和西湖艺专等校学生千余人举行游行示威，到国民党省党部请愿，要求建立学生反日联合会。11 月下旬，浙江学生乘火车到南京请愿，要求政府出兵抗日。

1931 年 11 月初，邵裴子向教育部请辞校长职务，仍担任文理学院院长。国民政府于 1932 年 3 月 18 日照准，同时任命程天放为浙江大学校长。

【之江大学－之江文理学院】

1931 年 7 月，经教育部批准立案，私立 "之江文理学院" 成立。校董事会通过之江文理学院组织大纲。设国文、英文、政治、经济、教育、哲学、化学、生物、物理、土木等 10 个学系。

1932年（中华民国二十一年，农历壬申年）

本年，国立浙江大学、私立之江文理学院存。

【国立浙江大学】

1932 年 1 月，《国立浙江大学季刊》正式出刊，登载自然科学、工学、农学等方面的科学论文。

1932 年 3 月 18 日，国民政府任命程天放为国立浙江大学校长。4 月 21 日，程天放正式就任。

1932 年 7 月 9 日，浙江大学举行第五届毕业典礼。本届毕业生是文理学院第一届毕业生，理科学系共 9 位。数学系：周恒益、孙泽瀛；物理学系：王谟显、蒋铭新、盛耕雨；化学系：何紫玉、闵世型、斯芳；心理学系：朱壬葆。

1932 年 7 月 23 日，行政谈话会第二十七次会议议决，正式通过《国立浙江大学组织规程》，于 8 月 1 日起依照组织规程实行改组。在程天放以前，浙大由于历史原因，3 个学院各保持其半独立的状态，全校行政组织不统一。1932 年 8 月 1 日起，程天放统一了行政组织，在秘书处下设立文书、注册、事务、会计、图书、出版等 6 个课，并在校长直接领导下设立军训部、体育部、学生生活指导员、校医等。

1932 年 8 月，程瀛章（程寰西）担任化学系主任。

1932 年 10 月 21 日，通过《国立浙江大学各学院院务会议通则》（第十八次校务会议议决通过）。

1932 年 11 月，数学系主任由苏步青担任。

1932 年 8 月 1 日，浙江大学的陈之霖、程瀛章参加"中国化学会"成立大会。

1932 年 8 月 23 日，中国物理学会成立。国立浙江大学为机关会员。张绍忠先生于 1935－1937 年两度出任会计一职，也是教学委员会的成员。

1933 年（中华民国二十二年，农历癸酉年）

本年，国立浙江大学、私立之江文理学院存。

【国立浙江大学】

1933 年 3 月，程天放校长离开浙大，出任湖北省教育厅厅长。3 月 8 日，国民政府任命郭任远为校长，于 3 月 16 日到校。3 月 18 日，郭任远改组大学行政组织，设秘书处及总务处。秘书处取消秘书长，仅设秘书一人（原有秘书二人），下分文书、注册、图书、军训、体育五课。总务处设总务主任一人，下分事务、会计、医务三课。

1933 年 5 月 14 日，"国立浙江大学生物学会"成立，选举郁永偲为主席。

1933 年 6 月 28 日，浙江大学举行第六届毕业典礼，这是郭任远长校后的第一届毕业生，也是文理学院的第二届毕业生。

1933 年 8 月，郭任远为求提高并划一程度，及便利教导起见，特将一年级生集中一处，合并训练，并设一年级主任。郭任远兼一年级主任。

1933 年 8 月，郦堃厚（郦敏树）担任化学系主任。

1933 年 11 月 7 日，浙江大学学生自治会在秘书处大礼堂举行成立大会，统一的"国立浙江大学学生自治会"正式成立。

1934 年（中华民国二十三年，农历甲戌年）

本年，国立浙江大学、私立之江文理学院存。

【国立浙江大学】

1934 年 2 月，邵裴子请辞文理学院院长职务，由郭任远校长兼任院长一职（任期：1934.02－1936-01）。

1934 年 4 月 7 日，浙江大学第一届运动会举行。在刀茅巷运动场举行开幕式，由会长郭任远致辞。

1934 年 4 月，《国立浙江大学科学报告》第一期出版，登载理科研究论文，该期发表苏步青、贝时璋等的论文 12 篇。

1934 年 6 月 28 日，浙江大学举行第七届毕业典礼，也是文理学院的第三届毕业生。

1934 年 8 月起，教育学系分设教育组和教育心理组。

1934 年 8 月，周厚复（周载之）担任化学系主任；生物学系主任由校长郭任远兼任。

1934 年 8 月至 1935 年 7 月，吴健雄于中央大学物理系毕业后，被推荐到浙江大学物理系任助教。

1934 年 8 月 23 日，中国动物学会成立，浙江大学贝时璋、董聿茂等参与《中国动物学杂志》编辑工作。

1934 年 10 月 22 日，郭任远改组大学行政组织，于校长之下，设秘书长一人；下分设教务、总务两处；教务处设教务长一人，下设体育、军训两部，及图书馆、注册课；总务处设总务长一人，下设文书、会计、事务、医务四课。

1934 年 11 月，由于校长郭任远布告开除学生而引发第一次"驱郭风潮"。

1935年（中华民国二十四年，农历乙亥年）

本年，国立浙江大学、私立之江文理学院存。

【国立浙江大学】

1935 年 2 月，蔡堡受聘担任生物学系主任。

1935 年 3 月 30 日，学校重新制定颁布了《本大学学生团体组织规则》，要求更加严格。

1935 年 4 月 27、28 日，国立浙江大学第二届运动会举行（郭任远校长主持）。

1935 年 6 月 22 日，浙江大学举行第八届毕业典礼，也是文理学院的第四届毕业生。

1935 年 7 月 25 日，"中国数学会"成立，浙江大学的钱宝琮、束星北、苏步青等参加了中国数学会的活动。1936 年 8 月，中国数学会会刊《中国数学会学报》和普及性刊物《数学杂志》创刊，前者总编辑为苏步青，后者总编辑为顾澄。

本年春，在得知校长郭任远擅自将中华文化教育基金董事会拨给物理系购置仪器设备的外汇专款挪作他用之后，物理系全系教师在春假时通知校长，从暑期起拒绝受聘，以示抗议。1935 年 8 月，闻诗担任物理学系代主任。

1935 年 8 月，郭任远再次改组学校组织，取消秘书长一职，设立军事管理处。该处设处长一人，由校长兼任；下设训导、教练两部。教务处设教务长一人，下设图书馆、注册课；总务处设总务长一人，下设文书、会计、事务三课。

1935 年 12 月，浙江大学爆发学潮和第二次"驱郭风潮"（即一般所谓的"驱郭运动"），直至次年 1 月结束。1935 年 12 月 21 日，郭任远布告全校："本人业经呈请教育部辞职，即日离校，在继任校长未到校以前，所有校务暂请农学院院长李德毅先生代理。"12 月 28 日，相关院系负责人和教授代表等，接教育部令组成新的"校务会"集体负责学校管理（1935-12-28－1936-01-29），郑晓沧主持。

1936年（中华民国二十五年，农历丙子年）

本年，国立浙江大学、私立之江文理学院存。

【国立浙江大学】

1936 年 1 月 21 日，教育部电令浙江大学，将组织学潮的学生会主席施尔宜（农学院学生）和副主席杨国华（工学院学生）除名。22 日，蒋介石带宪兵到浙大，召集教师谈话，接着又给全校学生"训话"。

1936 年 1 月 25 日，校长郭任远销假复职，29 日恢复正常的"校务会议"。1 月 27 日，在郭任远辞去校长尚未获批之时，正式聘请郑晓沧为教务处教务长、蔡堡为文理学院院长。

1936 年 2 月 19 日，新学期开学后，新的校务会议正式成立。郭任远出席并主持第一次校务会议，重点讨论了《校务会议规则》和《校务会议议事细则》。

1936 年 4 月 25 日，竺可桢就任浙江大学校长。5 月 18 日，竺可桢补行就职宣誓仪式，教育部委派蒋梦麟为监誓员，到会师生近 500 人。

1936 年 5 月，校长竺可桢聘请物理学家胡刚复为文理学院院长。

1936 年 5 月 1-2 日，国立浙江大学第三届运动会举行（竺可桢校长主持）。

1936 年 5 月 9 日，竺可桢长校后的第一次校务会议议决，拟在文理学院设立中国文学系和史地学系；建立"训育委员会"，"计划及办理本大学生一切训导事宜，并辅助军训教官，推行军事训练与军事管理"。5 月 24 日，教育部批复，同意设立史地学系，8 月，史地学系正式成立（包括"历史组"和"地理组"，一般简称"史组"和"地组"），张其昀任史地学系主任。

1936 年 6 月 18 日，浙江大学举行第九届毕业典礼，也是文理学院的第五届毕业生。

大纪事主要据《浙江大学图史》《浙江大学简史（第一、二卷）》《国立浙江大学》《杭州大学校史：1897-1997》（修改本）《之江大学史》和《浙江大学教育学院院史》《浙江大学中文系系史（总论卷）》《浙江大学农业及生物技术学院院史》等以及正文相关内容编写，各条史料来源详见正文。

二、浙江大学理科人物名录（1927—1936）

说明：

本"人物名录"收录 1927 年 8 月至 1936 年 7 月期间国立浙江大学的校、院主要领导及理科院系的师生员工名录。其中，理科院系的教职员为 1936 年 7 月之前入职，学生为 1936 年 7 月之前入学（即 1935 年 8 月后入学、1939 年 7 月前毕业的那一届之前的各届理科学系学生）；考虑到表述的连贯，校级、院级及主要行政部门负责人的任职情况，适当延续至后期。

为表述清晰，本"人物名录"分为如下几类：

（一）校级负责人；

（二）院级及主要行政部门负责人；

（三）职员（文理学院中的职员）；

（四）系级负责人（文理学院理科学系的系主任）；

（五）教师（在文理学院中的理科学系及文科学系中的理科学组中任教及从事相关辅助工作的人员）；

（六）学生（文理学院中的理科学系毕业学生）。

各表中有关人物及任职等情况，主要据《浙江大学图史》《浙江大学简史（第一、二卷）》《杭州大学校史：1897—1997（修改本）》，以及《国立浙江大学一览（1932 年）》《国立浙江大学要览（1935年)》《国立浙江大学同学会第二次会员通讯录（1948 年)》《国立浙江大学校刊》、《国立浙江大学日刊》等整理，一般不再注明出处；个别有争议或模糊之处，在说明栏酌附相关史料和资料来源。

（一）校级负责人

附表1-1 第三中山大学至国立浙江大学时期校长一览（1927-07—1952-10）

校长	任职时间	说明
蒋梦麟 （1886-01-20—1964-06-19）	校长：蒋梦麟（1927-07—1930-07） 副校长、代理校长：邵裴子（1928-11—1930-07）	"1928年11月，聘邵裴子为本大学副校长，仍兼文理学院院长。" 1928年10月，校长蒋梦麟赴南京出任国民政府教育部部长。此后，邵裴子即以副校长、代理校长身份执掌校务。1930年7月，蒋梦麟辞去校长职务，"国民政府任命邵副校长继任，于八月一日就职"，即1930年8月1日，邵裴子先生正式就任国立浙江大学校长
邵裴子 （1884—1968）	校长：邵裴子（1930-07—1932-03）	"至二十年十一月（1931年11月），邵校长因校中经费困难，本人心力交瘁，辞校长职。国民政府于二十一年三月十八日（1932-03-18）照准，同时任命程天放为本大学校长，于四月二十一日（1932-04-21）就职"
程天放 （1899-02-25—1967-11.29）	校长：程天放（1932-03—1933-03）	"二十二年三月十五日，程校长出长鄂教厅。同年三月八日（1933-03-08），国民政府任命郭任远为本大学校长，于同月十六日到校（1933-03-16）"
郭任远 （1898—1970-08-14）	校长：郭任远（1933-03—1936-04）（其间，1935-12-28—1936-01-25，郭任远请辞请假，校政由"校务会"负责，郑晓沧为主席）	1935-12-21，郭任远请辞、离校；12-28，教育部同意郭任远校长请假，电令成立"校务会"，校务会成立，郑晓沧为主席。1936-01-25后，郭任远销假复职，1月29日，正式主持召开"校务会议"；2月19日，新学期开学后，经选举产生新一届校务会议组成人员，郭任远出席并主持第一次校务会议。3月初离职 "1936年2月，行政院第257次例会，决定免去郭任远的浙江大学校长职务" 4月14日，国民政府主席、行政院院长、教育部部长签发郭任远辞职准免令（台湾"国史馆"典藏号001-032320-0010-0605）[引自李杭春：《竺可桢国立浙江大学年谱（1936—1949）》，第9页]
竺可桢 （1890-03-07—1974-02-07）	校长：竺可桢（1936-04—1949-05） 1949-05—1949-08： 1949年5月4日至6月6日，成立临时校务会，蔡邦华以最高得票被推举为主任委员，主持校务 1949年6月6日，杭州市军管会派军事代表林乎加、副军代表刘亦夫接管浙大，并成立九人接管小组。 7月下旬，杭州市军管会指定由刘潇然、蔡邦华等18人组成浙大校务委员会。 7月26日，新校务委员会与临时校务会举行联席会议，宣布各项事务"均由校务委员会议办，其临时校务会及接管小组均即结束"	1936-04-07任命竺可桢为校长，04.25交接 5月16日，国民政府主席、行政院院长、教育部部长签署国民政府浙大校长任命令，5月19日公布（台湾"国史馆"典藏号001-032320-0010-0622.0623）（引自李杭春：《竺可桢国立浙江大学年谱（1936—1949）》，第14页） 1946-10—1947-06，竺可桢出国，王琎、郑晓沧先后代理校长 1949-04-24，竺可桢主持浙大应变执行会成立会，25人组成，7人组成浙大应变执行会主席团，严仁赓任主席，苏步青任副主席。4月28日，教育部长杭立武电催竺可桢赴沪，竺认为"因杭既来电，嘱余赴沪，则表示余已可离校不负责，亦等于准余辞职矣"（《竺可桢年谱简编》第83页）。4月29日离校赴沪 1949年5月4日，成立临时校务会，同日下午，临时校务会召开第一次会议，郑晓沧任临时主席，蔡邦华等14人出席会议。经过投票表决，蔡邦华、王国松、谭天锡三人被推选为临时校务会常务委员，蔡邦华以最高得票被推举为主任委员，主持校务 1949年6月6日，杭州市军管会派出军事代表林乎加、副军代表刘亦夫到浙大进行接管，并成立九人接管小组。7月下旬，杭州军管会指定由刘潇然、蔡邦华等18人组成浙大校务委员会委员。7月26日，新校务委员会与临时校务会举行联席会议，宣布各项事务"均由校务委员会议办，其临时校务会及接管小组均即结束"

校长	任职时间	说明
马寅初（1882-06-24—1982-05-10）	校长：马寅初（1949-08—1951-05） 副校长：王国松（1950-06—1951-05） 副校长、代理校长：王国松（1951-06—1952-10） 校长：沙文汉（1952-10—1953-01）、霍士廉（1953-04—1958-04） 第一副校长：刘　丹（1952-10—1966-06） 第二副校长：王国松（1952-10—1957-07）	1949年8月，浙江省人民政府委任马寅初教授为浙江大学校长兼校务委员会主任委员。第一届校务委员会由马寅初等19人组成，马寅初、刘潇然为正、副主任委员。1951年5月，马寅初奉命调任北京大学校长，第二届校务委员会决定，由王国松副校长暂代校长职务

（二）院级及主要行政部门负责人

1. 文理学院及文学院、理学院负责人

附表2-1　国立浙江大学文理学院院长一览（1928-08—1939-07）

时间	负责人（院长）	说明
1928-08—1934-02	院长： 邵裴子（1928-08—1934-02） 副院长： 张绍忠（1931-02—1934-02）	张绍忠1931年2月起兼任浙大文理学院副院长。[《国立浙江大学校刊》第38期（1931年1月24日）记载："本大学自十九年度第二学期起，聘定张荩谋先生为文理学院副院长"]
1934-02—1936-01	院长：郭任远（兼）	《国立浙江大学校刊》第236期（1936年2月8日）
1936-01—1936-05	院长：蔡堡	《国立浙江大学校刊》第248期（1936年5月9日）
1936-05—1939-07	院长：胡刚复 （1936-05—1939-07） 副院长：梅光迪 （1936-10—1939-07）	1936年10月12日，梅光迪放弃了美国大学的教职回国，就任浙江大学外文系主任兼文理学院副院长 1939年8月起，文学院和理学院分立，10月，梅光迪任文学院院长，胡刚复任理学院院长

附表2-2　国立浙江大学文学院院长一览（1939-08—1952-01）

时间	负责人（院长）	说明
1939-10—1945-12	梅光迪	《国立浙江大学校刊》复刊第41期（1939年10月13日） 梅光迪1945年12月27日去世，后由郭斌龢暂代
1946-01—1949-04	张其昀	《竺可桢日记》1946年1月14日（《竺可桢全集》第10卷，第14页）
1949-06—1951-07	孟宪承	《杭州大学校史》第249页
1951-08—1952-01	陈立	《浙江大学中文系系史（总论卷）》第13页

附表2-3　国立浙江大学理学院院长一览（1939-08—1952-08）

时间	负责人（院长）	说明
1939-10—1949-04	胡刚复	《国立浙江大学校刊》复刊第41期（1939年10月13日）。 1946年胡刚复被委派率学生前往英国学习雷达技术，1948年11月回到杭州。其间，由王琎等代理学院院长职务
1949-06—1950-05	贝时璋	《浙江大学简史（第一、二卷）》第304页；《杭州大学校史》第249页
1950-05—1952-08	谈家桢	《贝时璋传》第127页；《谈家桢与大学科研》第57页

2. 其他院级机构和主要行政部门负责人

附表2-4　国立浙江大学工学院院长一览（1927-08—1952-08）

时间	负责人（院长）	说明
1927-08—1932-06	院长：李熙谋	1927 年 8 月 1 日改组前浙江公立工业专门学校为本大学工学院，聘任李熙谋为工学院院长
1932-06—1932-07	院长：程天放（暂代）	李熙谋 1932 年 6 月辞职，程天放暂代，7 月聘薛绍清为院长（《国立浙江大学一览（1932 年）》第 19 页）
1932-08—1934-07	院长：薛绍清 副院长：李寿恒	《国立浙江大学校刊》第 102 期（1932 年 9 月 10 日）
1934-08—1936-04	院长：朱一成 （1935 年 2 月到校接事） 副院长：李寿恒	《国立浙江大学校刊》第 234 期（1935 年 12 月 31 日）
1936-05—1939-10	院长：李寿恒（1936-05-02—1936-06-13 为副院长兼代理院长，其后为院长）	1936 年 5 月校长竺可桢聘李寿恒兼工学院代院长 [《国立浙江大学校刊》第 248 期（1936 年 5 月 9 日）] 6 月 13 日，聘请李乔年为工学院院长 [引自李杭春：《竺可桢国立浙江大学年谱（1936—1949）》，第 19 页]
1939-10—1942-07	院长：李熙谋 副院长：李寿恒	《国立浙江大学校刊》复刊第 41 期（1939 年 10 月 13 日）
1942-08—1950-10	代理院长：王国松 （1942-08—1944-07） 院长：王国松 （1944-08—1950-10）	《怀念王国松先生文集》第 224 页、225 页、228 页
1950-10—1952-08	院长：李寿恒	《化工教育先驱——李寿恒教授专集》第 21 页

附表2-5　国立浙江大学劳农学院（1927-08—1929-01）—农学院（1929-02—1952-08）院长一览

时间	负责人（院长）	说明
1927-08—1929-01	谭熙鸿（劳农学院院长）	1927 年 8 月 1 日改组前浙江公立农业专门学校为本大学劳农学院，聘任谭熙鸿为劳农学院院长
1929-01—1931-10	谭熙鸿（农学院院长）	1929 年 1 月，改原为扩充教育之劳农学院为大学本科之农学院
1931-11—1933-06	许璇（农学院院长）	1931 年 10 月，谭熙鸿辞职（《国立浙江大学一览（1932 年）》第 21 页）
1933-08—1936-05	李德毅（农学院院长）	《国立浙江大学农学院报告》序（李德毅）
1936-05—1936-08	吴福桢（农学院院长）	《国立浙江大学校刊》第 248 期（1936 年 5 月 9 日）
1936-08—1939-10	卢守耕（农学院院长）	《国立浙江大学日刊》第 1 号（1936 年 9 月 1 日）（8 月 26 日布告）
1939-10—1952-08	蔡邦华（农学院院长）	《国立浙江大学校刊》复刊第 41 期（1939 年 10 月 13 日）

附表2-6　国立浙江大学主要行政系统负责人一览（1927-08—1952-08）

时期	机构及负责人	说明
1927-08－1929-07	秘书处： 秘书长：刘大白（1928-01－1929-07） 普通教育管理处（初等教育处）： 处长：邵裴子（1927-08－1928-07）， 俞子夷（1928-08－1929-07）	刘大白1928年任国立第三中山大学秘书长，后任中国语文学系主任，至1929年7月 1928年1月，刘大白辞去复旦大学的职务，随即赴杭州任国立浙江大学秘书长之职。1929年8月15日，新任教育部长蒋梦麟请刘大白任教育部常任次长，离开浙大
1929-08－1932-07	秘书长：陈伯君	
1932-08－1933-03	秘书长：黄华表（1932-08－1932-12）、沈履（沈茀斋）（1932-12－1933-03） 秘书处：秘书处分设文书、注册、会计、事务、图书、出版六课，每课设主任一人 军事训练部：置主任一人 主任：赖蓄久 体育部：置主任一人 主任：徐英超	大学设秘书一人或二人，秉承校长、秘书长襄理全校事务
1933-03－1934-10	[不设秘书长] 秘书处：秘书处取消秘书长，仅设秘书一人（原有秘书二人），下分文书、注册、图书、军训、体育五课 总务处：总务处设总务主任一人，下分事务、会计、医务三课 主任：章鼎峙（1933-04－1935-07） 一年级主任：郭任远（兼）（1933-08－1936-04）	
1934-10－1935-07	秘书长：王世颖 教务处：教务处设教务长一人，下设体育、军训两部，及图书馆、注册课 教务长：郭任远（兼）（1934-10－1936-01） 总务处：总务处设总务长一人，下设文书、会计、事务、医务四课 总务长：章鼎峙（1933-04－1935-07） 一年级主任：郭任远（兼）（1933-08－1936-04）；副主任：胡寄南（1933-08－1935-07）	1934年10月22日起，校长之下，设秘书长一人，下分设教务、总务两处[《国立浙江大学校刊》第188期（1934年10月27日）] 《国立浙江大学校刊》第219期（1935年9月14日）

续　表

时期	机构及负责人	说明
1935-08－1936-04	[不设秘书长] 教务处：教务长：郭任远（1934-10－1936-01）、郑晓沧（1936-01－1939-10） 总务处：总务长：李伟超（1935-08－1936-04） 一年级主任：郭任远（兼）（1933-08－1936-04）；副主任：林一民（1935-08 起） 军事管理处（1935-08-15 成立，1936-05 之前"无形星散"）： 处长：郭任远（兼）（1935-08－1936-04） 下设：军事训练总队 [总队长：郭任远（兼）；副总队长：朱一成，李熙谋，林一民，苏步青] 体育部（主任：舒鸿） 大学部训导委员会（主席:苏步青;委员:朱一成，李德毅，林一民，陈嘉，郑晓沧，闻诗，周厚复，蔡堡，李寿恒，黄中，柴志明，汪国舆，梁庆椿）	《国立浙江大学校刊》第 136 期（1933 年 6 月 3 日） 《国立浙江大学校刊》第 219 期（1935 年 9 月 14 日） 《国立浙江大学校刊》第 220 期（1935 年 9 月 21 日） 《国立浙江大学校刊》第 222 期（1935 年 10 月 5 日）
1936-05－1939-10	[不设秘书长] 校长办公室：秘书：诸葛麒 教务处：教务长：郑晓沧（1936-01－1939-10），其中胡刚复（代理，1939-02－1939-10） 总务处：总务长：倪尚达、沈思屿（1936-04－1939-10） 训育委员会 [1936-05－1939-05，下辖训育处或训育部（1936-06－1939-05）]，训导处（训导处于 1939-05 成立） 训育委员会主任：竺可桢（兼）（1936-05－1939-05）；训育主任：蒋振、雷沛鸿（雷宾南） 训导长：雷沛鸿（雷宾南）（1939-05－1939-10）	郑晓沧、陈训慈赴浙江省，教务长由胡刚复代理，师范学院院长由王琎代理 [《国立浙江大学校刊》复刊第 11 期（1939 年 2 月 13 日）] 《本校增设训育处》载："训育处分训导部、军事管理部" [《国立浙江大学日刊》第 5 号（1936 年 9 月 5 日）]

续　表

时期	机构及负责人	说明
1939-10－1952-08	校长办公室：主任秘书：诸葛麒 教务处：教务长：张绍忠（张荩谋）（其后：李寿恒、王葆仁、严仁赓、苏步青等） 总务处：总务长：贺熙（贺壮予）（其后：谢家玉、储润科、王伊曾、胡家健、朱庭祜、范绪箕等） 训导处：训导长：姜琦（姜伯涵）（其后：费巩、张其昀、郭斌龢、黄尊生、顾毂宜、李浩培、苏步青等） 文学院院长：梅光迪（1939-10－1945-12）、张其昀（1946-01－1949-04）、孟宪承（1949-06－1951-07）、陈立（1951-08－1952-01） 理学院院长：胡刚复（1939-10－1949-04）、贝时璋（1949-06－1950-05）、谈家桢（1950-05－1952-08） 工学院院长：李熙谋（1939-10－1942-07）、王国松（1942-08－1944-07代理，1944-08－1950-10）、李寿恒（1950-10－1952-08） 农学院院长：蔡邦华（1939-10－1952-08） 师范学院院长：郑晓沧（1938-08－1939-09），王琎（1939-02代理，1939-09－1947-07），郑晓沧（1947-08－1949-06） 法学院院长：李浩培（1945-08－1949-08） 医学院院长：王季午（1946-08－1952-08） 浙东分校-龙泉分校主任：陈训慈（1939-08－1940-04）、郑晓沧（1940-04－1943-07）、路季讷（1943-08－1946-07） 永兴分校（一年级分校）主任：储润科（1940-08－1942-07）、樊平章（1942-08－1943-01）、钱宝琮（1943-02－1943-07）、储润科（1943-08－1946-06） 研究院院长：竺可桢（兼）（1942-08－1943-07）、郑晓沧（1943-08－1946-12）	《国立浙江大学布告》（第34号、35号）： 　　兹敦聘：张绍忠先生为本大学教务长，姜琦先生为训导长，贺熙先生为总务长。此布。 　　兹敦聘：梅光迪先生为本大学文学院院长，胡刚复先生为理学院院长，李熙谋先生为工学院院长，蔡邦华先生为农学院院长。此布。 　　载《国立浙江大学校刊》复刊第41期（1939年10月13日） 　　1941-02-01王伊曾（土木系副教授）任总务长；之前，诸葛麒代理总务长[《国立浙江大学校刊》复刊第79期（1941年2月1日）] 　　同期，载：2月1日起，张其昀、李熙谋、诸葛麒为训导委员会，张其昀为训导长 　　《国立浙江大学校刊》复刊第101期（1941年11月10日）载：胡家健任总务长 　　1939年1月，王琎代理师范学院院长；1939年9月，奉教育部令电聘王琎教授为本院院长 　　1949年6月，杭州市军管会对浙大实行军管，撤销师范学院（《浙江大学教育学院院史》第201页） 　　1940年4月2日至4日，龙泉分校第二学期开学没多久即发生了一次风潮。陈训慈被学生围困，被迫辞职，竺可桢即决定，由当时在分校任特约讲师的郑晓沧继任分校主任 　　《国立浙江大学校刊》复刊第64期（1940年10月19日）：该学年10月18日新生赴永兴场上课，该学年聘请储润科为一年级主任

（三）职员（文理学院中的职员）

说明：文献对职员情况记载很少，且材料分散，变化较大，故仅就有材料记载的年份，将相关情况进行罗列。

附表3-1　国立浙江大学文理学院职员情况（1927-08—1936-07）

时期	职位与人员	说明
1929年度 （1929-08－1930-07）	（职位不详）袁瘦僧、马家骧、金志澄、陈叔任、沈书绅、马宗裕、刘云叔、宋陶世、范允兹、冯汉骥、陆子桐、陈仲瑜	左列名单为1930年上半年《国立浙江大学校刊》所载文理学院事务会议参加者名单汇总 说明：与下面所列1930年下半年的详细任职情况对照，大体可以回推出左列人员本年度相应的职位（括号中有？者，为整理者推测情况）： 会计员：袁瘦僧； 图书室管理员：马家骧； 教务员：金宗书（金志澄）； 教务员：沈邕（沈书绅）； 宿舍管理员：马宗裕； 文牍员：刘锦仁（刘云叔？）； 注册员：宋鼎钧（宋陶世？）； 注册兼教务员：范允兹； 图书室主任：冯汉骥； 事务员：陆灵祯（陆子桐）； 院长秘书：陈政（陈仲瑜？）
1930年度 （1930-08－1931-07）	院长秘书：陈 政； 文牍主任：戴克让； 文牍员：刘锦仁； 注册兼教务员：范允兹； 注册员：宋鼎钧； 教务员：金宗书； 教务员：沈 邕； 主任事务员：杨景桢； 事务员：陆灵祯； 会计员：袁瘦僧； 会计助理员：王梦生； 图书室主任：冯汉骥； 图书室主任编目员：孙述万； 图书室管理员：马家骧； 图书室助理员：曹礼奎； 图书室助理员：夏鹤年； 宿舍管理员：马宗裕； 事务员：王懋赓； 校医：桑沛恩； 事务处书记：钟惠康； 书记：钟健； 书记：章玢演； 军事教官：田钟璜； 心理学系技手：陈信达； 生物、心理学绘图员：陈愈美； 生物、心理学实验助理员：周志平	本时期（1932年8月之前）文理学院与工学院、农学院相对独立，故行政机构复杂，职员人数较多

续 表

时期	职位与人员	说明
1932 年度 （1932-08－1933-07）	教务员：金宗书； 助理教务员：周藻春； 物理学系技术员：金学煊； 化学系助理员：陈崇伊； 生物学系助理员：陈翰鹏、张澹泉	1932 年 8 月程天放校长统一校政之后，许多管理事项由学校统一负责，文理学院行政机构简单，职员人数亦较少

（四）系级负责人（文理学院理科学门、学系的主任）

1. 数学门、数学系

附表4-1　国立浙江大学文理学院数学门、数学系主任名录（1939年7月之前）

时间	负责人	说明
1928-08－1931-01	钱宝琮	据《一代学人钱宝琮》载：是年秋，钱宝琮主动辞去文理学院数学系主任一职，以便让校长邵裴子聘请陈建功归国来浙大，接任系主任（该书第158 页）。但《国立浙江大学校刊》第 28 期（1930 年 10 月 25 日）仍记载可参加校务会议人员，为数学系钱宝琮，则系主任或迟至 1931.01 另据《国立浙江大学校刊》第 44 期（1931 年 3 月 7 日）载校务会议参加者变化情况，专门"报告"：文理学院数学主任本学期改请陈建功先生担任
1931-02－1932-10	陈建功	《国立浙江大学校刊》第 102 期（1932 年 9 月 10 日）曾经附《国立浙江大学二十一年度职员一览》，其中记载，数学系主任：陈建功
1932-10－1939-07	苏步青	《校刊》第 115 期（1932 年 12 月 10 日）载："十一月二日程校长在校长公舍召集季刊编辑第一次谈话会，到者有……数学系苏步青主任。"

2. 物理学门、物理学系

附表4-2　国立浙江大学文理学院物理学门、物理学系主任名录（1939年7月之前）

时间	负责人	说明
1928-08－1935-07	张绍忠	《国立浙江大学校刊》第 2 期（1930 年 3 月 1 日）关于文理学院1929 年 10 月 26 日第一次院务会议的会议记录中载，下列各学门主任：（物理）张绍忠 《国立浙江大学校刊》第 28 期（1930 年 10 月 25 日）载：各学系主任，物理学系为张绍忠；王守竞为教授、副教授代表 另：还有说法为王守竞先生担任过浙江大学物理学系的主任。编者按：如果担任的话，应该在 1931-02－1931-07（1931 年 8 月王守竞离校去北大），即张绍忠就任文理学院副院长后，王守竞可能为物理学系主任。但据多数材料，王守竞先生更可能的情况是没有担任系主任一职 1931 年 1 月底聘请张绍忠为文理学院副院长。《国立浙江大学校刊》第 38 期（1931 年 1 月 24 日） 《国立浙江大学校刊》第 102 期（1932 年 9 月 10 日）附《国立浙江大学二十一年度职员一览》载：物理学系主任 张绍忠（兼） 说明：现无直接材料确定王守竞担任过物理学系主任职务，但相关文献提及王守竞曾经担任系主任一职，如《中国机械工业的拓荒者王守竞》一书提及：1929 年夏，"王守竞回家不几天，国立浙江大学的聘书就送上门来，诚聘守竞先生为物理系教授兼系主任。……于是王守竞就接受了浙大的聘书，时年 25 岁"。（余少川：《中国机械工业的拓荒者王守竞》，昆明：云南大学出版社，1999 年，第 41 页）但该说可能不确；王守竞若担任系主任，则时间也只能在张绍忠就任文理学院副院长后
1935-08－1936-07	闻诗（代理）	《国立浙江大学校刊》第 219 期（1935 年 9 月 14 日）附《廿四年度上学期本大学教职员题名》载："物理学系副教授兼代理系主任闻诗"
1936-08－1939-07	张绍忠	张绍忠先生于 1936 年 8 月由竺可桢重新聘回浙大，担任文理学院物理学系主任

3. 化学门、化学系

附表4-3　国立浙江大学文理学院化学门、化学系主任名录（1939年7月之前）

时间	负责人	说明
1928-08－1929-07	张准（张子高）	张子高回国后，1916 年 9 月到 1929 年 7 月，先后在南京高等师范学校（后改称东南大学）、金陵大学、浙江大学等校担任化学教授
1929-08－1932-07	程延庆（程伯商）	《1930 年度校务会议出席、列席人员名单一览表》，载《国立浙江大学校刊》第 28 期（1930 年 10 月 25 日）
1932-08－1933-07	程瀛章（程寰西）	《国立浙江大学校刊》第 102 期（1932 年 9 月 10 日）曾经附《国立浙江大学二十一年度职员一览》载，化学系主任：程瀛章
1933-08－1934-07	郦堃厚（郦敏树）	《国立浙江大学（上册）》，第 285 页，第 312 页
1934-08－1939-07	周厚复（周载之）	《国立浙江大学（上册）》，第 285 页

4. 心理学系

附表4-4　国立浙江大学文理学院心理学系主任名录（1939年7月之前）

时间	负责人	说明
1929-08－1931-07	郭任远	十八年至十九年，曾设有心理学系；均于十九年因经费缺乏停止（"年"为"年度"之意） 十九年度中国语文学系改为学门（即不为主系），是年下学期后因历年预算不能实现，各学系不能于四年期内一律充实，将心理学系、史学与政治学系及经济学系三系停止[《国立浙江大学一览（1932年度）》]

5. 生物学系

附表4-5　国立浙江大学文理学院生物学系主任名录（1939年7月之前）

时间	负责人	说明
1930-08－1934-07	贝时璋	1930-08－1933-07，严格来说，应为"生物学系实验生物组"主任，直到1933年1月后，为生物学系主任[《国立浙江大学一览（1932年度）》载：贝时璋为生物学系主任，时为1933年初] 《国立浙江大学校刊》第102期（1932年9月10日）附《国立浙江大学二十一年度职员一览》载：生物学系实验生物组主任贝时璋
1934-08－1935-01	郭任远（兼）	《国立浙江大学校刊》第182期（1934年9月15日）
1935-02－1939-07	蔡堡	《国立浙江大学校刊》第201期 1936年5月，蔡堡辞去文理学院院长，但仍任生物学系主任[《国立浙江大学校刊》第248期（1936年5月9日）]

（五）教师（在文理学院理科学系及文科学系的理科学组中任教及从事相关辅助工作的人员）

说明：这里将 1936 年之前（即 1928-08－1936-07）文理学院理科各系及文科学系中的理科学组教师名单汇总如下（限于资料的欠缺，可能会有遗漏）。表中，"年度"时段为当年 8 月起至第二年 7 月止，如"1928 年度"，其时段为 1928-08－1929-07，其他年度同此；"无"表示本年度无本系的设置，"——"表示本年度该人未在本系任教，"？"表示该年度是否在职暂不确定（或有其他疑问）。

1. 数学系

附表5-1　1936年之前（即1928-08—1936-07）文理学院数学系教师一览

姓名	入校时间	1928年度	1929年度	1930年度	1931年度	1932年度	1933年度	1934年度	1935年度	说明
钱宝琮（钱琢如）	1928-08	副教授系主任	副教授系主任	副教授系主任（1931.01止）	副教授	副教授	副教授	副教授	副教授	1933 年度可能由工学院聘任
杨景才	1928-08	助教	助教	助教	助教	——	——	——	——	
陈建功（陈业成）	1929-08	——	副教授	副教授系主任（1931.02起）	副教授系主任	副教授系主任（1932.10止）	教授	教授	教授	
毛路真（毛信桂）	1930-09	——	——	助教	助教	助教	讲师	讲师	讲师	
苏步青	1931-04	——	——	副教授（1931.04起）	副教授	副教授系主任（1932.11起）	教授系主任	教授系主任	教授系主任	
朱叔麟（朱乙懋）	1927工学院，1931-08数学系	——	——	——	副教授	副教授	副教授	副教授	副教授	1933 年度可能由工学院聘任
顾学曾	1931-09	——	——	——	助教	助教	——	——	——	
姜渭民	1932-08	——	——	——	——	助教	助教	助教	助教	
周恒益（周君谦）	1932-08	——	——	——	——	助教	——	——	——	
鞠恩澍（鞠霖三）	1932-08	——	——	——	——	助教	——	——	——	

续　表

姓名	入校时间	1928年度	1929年度	1930年度	1931年度	1932年度	1933年度	1934年度	1935年度	说明
方德植	1933-08	——	——	——	——	——	助教	助教	助教	正式职务是"助理研究员"，一般等同于"助教"。1936年8月升为讲师。1940年8月福建大学副教授
冯乃谦	1933-08	——	——	——	——	——	助教	助教	助教	
许国容	1933-08	——	——	——	——	——	助教	助教	助教	
曾炯（曾炯之）	1934-08	——	——	——	——	——	——	副教授	副教授	
夏守岱	1934-08	——	——	——	——	——	——	助教	助教	
金再鑫	1934-08	——	——	——	——	——	——	助教	——	

2. 物理学系

附表5-2　1936年之前（即1928-08—1936-07）文理学院物理学系教师一览

姓名	入校时间	1928年度	1929年度	1930年度	1931年度	1932年度	1933年度	1934年度	1935年度	说明
张绍忠（张荩谋）	1928-08	副教授系主任	副教授系主任	副教授系主任	副教授系主任	副教授系主任	副教授系主任	副教授系主任	——	1935年8月起，张绍忠离开浙大，任南开大学物理系教授、系主任。1936年8月后，应竺可桢邀请，重回浙江大学任物理系主任
朱福炘（朱家毅）	1928-09	助教	助教	助教	助教	讲师	讲师	讲师	——	1936年8月后，重回浙江大学物理学系
金学煊	1928-08	技工	技工	技工	技工	技工	技工	技工	——	1936年8月后，重回浙江大学物理学系
王守竞	1929-08	——	副教授	副教授	——	——	——	——	——	

续　表

姓名	入校时间	1928年度	1929年度	1930年度	1931年度	1932年度	1933年度	1934年度	1935年度	说明
顾功叙	1929-08	——	助教	助教	助教	助教	——	——	——	1929年（民国十八年），在上海大同大学物理系毕业后，到杭州浙江大学物理系任助教 1933年（民国二十二年），清华大学向全国招收公费留学生，顾功叙通过考试被录取，指定去美国学习地球物理勘探
任仲英	1929-08	——	仪器保管员	仪器保管员	仪器保管员	仪器保管员	仪器保管员	仪器保管员	——	1936年8月后，重回浙江大学物理学系
吴学蔺	1930-08	——	——	助教	助教	——	——	——	——	1930年毕业于上海大同大学物理专业，到浙江大学物理系任助教，1932年8月去北平研究院物理研究所任助理研究员
徐仁铣	1930-08（之前为工学院副教授）	——	——	副教授	副教授	副教授	——	——	——	工学院物理学副教授徐仁铣先生将于下学期转任文理学院物理学副教授
李立爱（又名：李博）	1931-09	——	——	——	助教	助教	助教	——	——	
郦堃厚（郦敏树）	1932-10（物理学系）1933-08（化学系）	——	——	——	——	副教授（1932.10）	——	——	——	
束星北	1932-09	——	——	——	——	副教授	副教授	副教授	——	1936年8月后，重回浙江大学物理学系
魏海寿	1932-08	——	——	——	——	副教授	——	——	——	
郑昌时（郑师杏）	1932-08	——	——	——	——	助教	——	——	——	
郑一善（郑子贞）	1932-08	——	——	——	——	助教	助教	——	——	
盛耕雨（盛砚农）	1932-08	——	——	——	——	助教	——	——	——	

续　表

姓名	入校时间	1928年度	1929年度	1930年度	1931年度	1932年度	1933年度	1934年度	1935年度	说明
戴学炽（戴敎之）	1932-08	——	——	——	——	助教	——	——	——	
周昌寿	1932-09	——	——	——	——	助教	助教	？	——	
何增禄	1933-09	——	——	——	——	——	副教授	副教授	——	1936年8月后，重回浙江大学物理学系
斯何晚	1933-08	——	——	——	——	——	助教	助教	——	1936年8月后，重回浙江大学物理学系
沈寿春	1933-09	——	——	——	——	——	助教	——	——	
郑衍芬	1934-08	——	——	——	——	——	——	副教授	——	1934年7月郑衍芬回国，到浙江大学物理系任副教授。一年后到上海大同大学物理系任中英庚款讲座教授兼物理系主任，同时兼任同济大学物理系教授，直至1938年夏
吴健雄	1934-08	——	——	——	——	——	——	助教	——	
殷大钧	1934-08	——	——	——	——	——	——	助教	——	
闻诗	1935-08	——	——	——	——	——	——	——	副教授代理系主任	
张藕舫	1935-08	——	——	——	——	——	——	——	副教授	
谢子梅	1935-08	——	——	——	——	——	——	——	副教授	
徐昌权	1935-08	——	——	——	——	——	——	——	助教	
任树德	1935-08	——	——	——	——	——	——	——	助教	
杨明洁	1935-08	——	——	——	——	——	——	——	助教	
羊锡康	1935-08	——	——	——	——	——	——	——	助教	
孙德铨	1935-08	——	——	——	——	——	——	——	助教	

3. 化学系

附表5-3　1936年之前（即1928-08—1936-07）文理学院化学系教师一览

姓名	入校时间	1928年度	1929年度	1930年度	1931年度	1932年度	1933年度	1934年度	1935年度	说明
张准（张子高）	1928-08	副教授系主任	—	—	—	—	—	—	—	1929年应清华大学之聘，任化学系教授兼系主任，并担任教务长
程延庆（程伯商）	1928-08	副教授	副教授系主任	副教授系主任	副教授系主任	副教授	副教授	——	——	
陈之霖	1929-08	——	副教授	副教授	副教授	副教授	——			
纪育沣	1930-08	——	——	副教授	副教授	副教授	——			十九年度拟增聘教员多人，已聘定者有化学系副教授纪育沣先生，现任东北大学教授，自十九年度起来院任教
陈运煌（陈康白）	1930-08	——	——	助教	——	——	——	——	——	1930年6月7日《校刊》载，"文理学院下学年新聘陈运煌为化学助教"
汤兆裕	1930-08	——	——	助教	？	——	——			
裘桂元	1930-08	——	——	助教	？					
马集铭（马新三）	1931-08	——	——	——	助教	助教	——			
田遇霖（田昭非）	1931.08	——	——	——	助教	助教				
程瀛章（程寰西）	1932-08	——	——	——	——	副教授系主任	——			
朱昊飞	1932-08	——	——	——	——	副教授				
黄德溥（黄博泉）	1932-08	——	——	——	——	助教	？	？	——	
宋廷恺（宋仲彬）	1932-08	——	——	——	——	助教	助教	？		
陈毓麟（陈同素）	1932-08	——	——	——	——	助教（化学助教兼高农化学教员）	——			

续　表

姓名	入校时间	1928年度	1929年度	1930年度	1931年度	1932年度	1933年度	1934年度	1935年度	说明
陈崇伊	1932-08	——	——	——	——	化学系助理员	？	？	？	
郦堃厚（郦敏树）	1932-10（物理学系）1933-08（化学系）	——	——	——	——	——	副教授系主任	——	——	廿一年十月，应国立浙江大学之聘，返国担任普通物理学与近代物理学讲座……次年夏，学校改组，任化学系主任，并讲授物理化学……廿三年夏……先严乃辞教职
周厚复（周载之）	1933-08	——	——	——	——	——	副教授	副教授系主任	副教授系主任	1933年应浙江大学化学系系主任郦堃厚邀请，在浙大教授有机化学。1934年起任浙大化学系系主任。1940年任贵州农工学院筹备委员会委员
朱洪祖	1933-08	——	——	——	——	——	助教	？	——	
王以德	1933-08	——	——	——	——	——	助教	助教	助教	
王时才	1933-09	——	——	——	——	——	助教	助教	——	
储润科	1934-08	——	——	——	——	——	——	副教授	副教授	
于文蕃	1935-08	——	——	——	——	——	——	——	副教授	
李相杰	1935-08	——	——	——	——	——	——	——	副教授	
张润庠	1935-08	——	——	——	——	——	——	——	讲师	说明：张润庠1932年度为化学工程系助教（据《国立浙江大学一览（1932年）》）

续　表

姓名	入校时间	1928年度	1929年度	1930年度	1931年度	1932年度	1933年度	1934年度	1935年度	说明
陈嗣虞（陈绳武）	1927-08（浙江大学工学院）1935-08（化学系）	——	——	——	——	——	——	——	讲师	说明：陈嗣虞1927年8月起即在浙江大学，一般表述为化学系，但据《国立浙江大学一览（1932年）》载：陈嗣虞1932年度为化学工程系助教；直至1935年8月为化学系讲师
张启元	1935-08	——	——	——	——	——	——	——	助教	
李世瑨	1935-08	——	——	——	——	——	——	——	助教	
董若芬	1935-08	——	——	——	——	——	——	——	助教	
吴浩青	1935-08	——	——	——	——	——	——	——	助教	1935年毕业于浙江大学化学系，获理学学士学位1935－1936任浙江大学化学系助教1938-8－1939-8复任浙江大学助教。1939-09－1941年任浙江大学助教、讲师
钱志道	1935-08	——	——	——	——	——	——	——	助教	
倪圣时	1935-08	——	——	——	——	——	——	——	助教	
温　瑞	1935-08	——	——	——	——	——	——	——	助教	

4. 心理学系

附表5-4　1936年之前（即1928-08—1936-07）文理学院心理学系教师一览

姓名	入校时间	1928年度	1929年度	1930年度	1931年度	1932年度	1933年度	1934年度	1935年度	说明
郭任远	1929-08	无	副教授系主任	副教授系主任	无	无	无	无	无	浙江大学心理学系1931年7月后停办。1933年3月郭任远出任浙江大学校长。1933年8月起，郭任远兼生物学系主任
沈霁春	1929-08	无	助教	助教	无	无	无	无	无	沈霁春于1933年8月起亦随郭任远至浙大，在生物学系任助教，至1936年7月
梁培德	1929-08	无	助教	助教	无	无	无	无	无	文理学院十九年度（1930-08—1931-07）教职员名单[据《国立浙江大学校刊》第24期（1930年9月27日）]
陈信达	1929-08	无	心理学系技手	心理学系技手	无	无	无	无	无	
陈愈美	1929-08	无	生物、心理学绘图员	生物、心理学绘图员	无	无	无	无	无	
周志平	1929-08	无	生物、心理学绘图员	生物、心理学绘图员	无	无	无	无	无	

5. 生物学系

附表5-5　1936年之前（即1928-08—1936-07）文理学院生物学系教师一览

姓名	入系时间	1928年度	1929年度	1930年度	1931年度	1932年度	1933年度	1934年度	1935年度	说明
贝时璋	1930-08	无	无	副教授系主任	副教授系主任	副教授系主任	副教授系主任	副教授	副教授	
董聿茂	1931-09（兼任）	无	无	—	兼任讲师	兼任讲师	兼任讲师	兼任讲师	兼任讲师	1930年7月，董聿茂从日本回国，受浙江省立西湖博物馆首任馆长陈屺怀的邀请，担任该馆自然科学部主任兼技师；1933年起，董聿茂任西湖博物馆馆长　1931年9月，任文理学院生物学系讲师，仍兼西湖博物馆职务
范赉（范肖岩）	1932-04（仍兼农学院园艺副教授）	无	无	—	副教授（1932.04起）	副教授	副教授	副教授	副教授	1932年4月16日校刊载，生物学系新聘植物分类学副教授范赉（仍兼农学院园艺副教授），生物学系助理员张澹泉等　1927年前的"农专"时期，即在农专任教
朱凤美	1932-08（仍兼农学院副教授）	无	无	—	—	副教授	—	—	—	1927年前的"农专"时期，即在农专任教
蔡邦华	1932-08	无	无	—	—	副教授	—	—	—	1927年前的"农专"时期，即在农专任教
朱壬葆	1932-08	无	无	—	—	助教	助教	助教	助教	浙大心理系毕业生朱壬葆，1931年8月后随郭任远至中央大学借读一年。1932年8月毕业后，成为浙江大学生物学系的助教，直至1936年7月（8月后至英国留学）
王启汾（王景旸）	1932-08	无	无	—	—	助教	—	—	—	
金维坚	1932-08	无	无	—	—	助教	助教	?	—	

续 表

姓名	入系时间	1928年度	1929年度	1930年度	1931年度	1932年度	1933年度	1934年度	1935年度	说明
杨行良	1932-08	无	无	——	——	助教	——	——	——	
陈翰鹏	1932-08	无	无	——	——	生物学系助理员	?	?	?	
张澹泉	1932-08	无	无	——	——	生物学系助理员	?	?	?	
许骧	1933-08	无	无	——	——	——	副教授	副教授	副教授	
蒋天鹤	1933-08	无	无	——	——	——	讲师	讲师	讲师	
沈霁春	1933-07	无	无	——	——	——	助教	助教	助教	沈霁春于1933年8月起随郭任远至浙大，在生物学系任助教
郁永佚	1933-08	无	无	——	——	——	助教	助教	——	
陈炳相	1934-08	无	无	——	——	——	——	副教授	——	
郭任远	1934-08	无	无	——	——	——	——	兼系主任(1934-08—1935-01)	——	至1934年9月，《校刊》明确记载：生物学系：主任郭任远(兼)，副教授贝时璋、许骧、范赓、陈炳相，讲师蒋天鹤，兼任讲师董聿茂
蔡堡（蔡作屏）	1934-08	无	无	——	——	——	——	副教授系主任（1935年2月起）	副教授系主任	1934年8月蔡堡先生来浙江大学后，于1935年2月以副教授身份被聘为生物学系主任（《国立浙江大学校刊》第201期（1935年2月16日）），一直到1939年蔡堡离任
王曰玮	1935-08	无	无	——	——	——	——	——	助教	
吴长春	1935-08	无	无	——	——	——	——	——	助教	
许承诗	1935-08	无	无	——	——	——	——	——	助教	

6. 教育学系教育心理学组

附表5-6　1936年之前文理学院（即1928-08—1936-07）教育学系（1929年8月起）教育心理学组（1934年8月起）教师一览

姓名	入校时间	1928年度	1929年度	1930年度	1931年度	1932年度	1933年度	1934年度	1935年度	说明
黄翼（黄羽仪）	1930-08	无	——	副教授	副教授	副教授	副教授	副教授	副教授	文理学院近又新聘朱重光为德文主任讲师，徐仲舒为中国语文学副教授，毛信桂为数学助教，贝时璋为生物学副教授，黄翼为教育学副教授，其任期均自十九年八月起至二十年七月止云
沈有乾（沈公健）	1932-08	无	——	——	——	副教授	副教授	副教授	副教授	
陆景模（陆范九）	1932-08	无	——	——	——	助教	助教	助教	助教	

（六）学生（文理学院中的理科学系毕业学生）

附表6-1　1932—1939年（即1928—1935年期间入学）文理学院理科各系毕业生一览

毕业时间	数学系	物理学系	化学系	生物学系	心理学系
1932年7月 民二十年度（1931年度） （1928-08—1932-07） [称"民二一级"]	孙泽瀛 [1012B] 周恒益 [1013B]	蒋铭新 [1014B] 王谟显 [1015B] 盛耕雨 [1016B]	何紫玉（女）[1017B] 斯芳（女）[1018B] 闵世型 [1019B]	——	朱壬葆 [1010B]
1933年7月 民二十一年度（1932年度） （1929-08—1933-07） [称"民二二级"]	方德植 [87] 许国容 [88] 冯乃谦 [89]	张思僚 [110] 任树德 [111] 张有清 [112?] 庄鸣山 [113] 孙承樑 [114] 斯何晚 [116]	王以德 [135] 缪纪生 [136] 王时才 [137] 闵世俊 [138]	郁永伕 [159]	无
1934年7月 民二十二年度（1933年度） （1930-08—1934-07） [称"民二三级"]	黄祥楸 [懋][91？] 金再鑫 [92] 夏守岱 [93]	王子昌 [117] 黄缘炘 [欣][118？]	孙祥鹏 [139] 江芷（女）[140] 李世瑨 [141]	——	无

续 表

毕业时间	数学系	物理学系	化学系	生物学系	心理学系
1935 年 7 月 民二十三年度（1934 年度） （1931-08－1935-07） [称"民二四级"]	王懋椿 [90] 虞介藩 [95] 卢梦生 [97] 廖念怡 [98] 陈洪炽 [99]	羊锡康 [119] 徐驯宝（女）[120] 杨明洁（女）[121] 宋兆丰 [122] 姜 朗 [123] 魏鸿渐 [124] 陈哲人 [125] 陈卓如（女）[126] 王惠熺 [熹][127] 忻贤德 [128]	庞文煦 [143] 温 瑞 [144] 浦同烈 [145] 钱志道 [146] 刘培楠 [147] 倪圣时 [148] 吴浩青 [149]	王凯基 [160] 陈述方 [614]	无
1936 年 7 月 民二十四年度（1935 年度） （1932-08－1936-07） [称"民二五级"]	卢庆骏 [96] 朱良璧（女）[100] 徐月书（女）[101] 徐瑞云（女）[102] 熊全治 [103] 许燕礼 [108] 徐大顺 [109]	周纪善 [104] 孙吉生 [105] 马启义 [107?] 沈慧贞（女）[129] 孙 泇（女）[130] 阮名成（女）[132] 徐佩璜 [133] 张 枫 [134?]	姚国伟 [150] 仇荫昌 [151] 胡 颐 [153] 王进生 [154] 黄乃明 [157] 张南陔 [158]	吴颙之 [161] 江希明 [162] 沈春祥 [163] 庄雍熙 [164] 王福桢 [祯] [165]	无
1937 年 7 月 民二十五年度（1936 年度）（1933-08－1937-07） （称"民二六级"）	张云枢 [94] 陈宗尧 [106] 何章陆 [656] 黄继武 [670]	黄授书 [663] 洪宝三 [664] 端木镇康 [671]	张复生（女）[17] 杨昌俊 [679] 汪 济 [683] 华国桢 [684] 朱鸿年 [685] 潘祖麟 [686] 姚佩瑨（女）[691] 沈仁湘 [900] 周志瑞 [902] 蒋天骥 [932] 朱谱章 [933]	吕家鸿 [681] 向 墙 [692] 姚 鑫 [694] 陈士怡 [907]	无
1938 年 7 月 民二十六年度（1937 年度）（1934-08－1938-07） （称"民二七级"）	侯希忠 [957] 恽鸿昆 [960] 彭慧云（女）[967]	朱鉴明 [666] 赵保惠 [958] 朱光世 [968] 余文琴（女）[970]	叶之蓁 [秦][156] 李德埙 [979] 于同隐 [982] 李琼华（女）[983] 沈静贞（女）[1114] 姚慧英（女）[1138]	吴宝华（女） [693] 傅育英（女） [989] 周蕙生（女） [993] 另外，应广鑫 [987] 于1934 年 8 月入学	无

续　表

毕业时间	数学系	物理学系	化学系	生物学系	心理学系
1939 年 7 月 民二十七年度（1938 年度）（1935-08－1939-07） （称"民二八级"）	楼仁泰 [963] 周茂清 [1121] 方淑姝（女）[1162] 张素诚 [1167]	刘导洚 [芳]（女）[969]	胡　娱（女）[976] 顾学民（女）[977] 许孝同（女）[1185] 钱人元 [1186] 裘善扬 [1187] 纪纫容（女）[1189] 顾嗣康 [1190] 张道南 [1324] 1940.02 毕业： 丁普生 [28152][编者注：学号恐有误，或 1939 年转学而来] 李建奎 [1191] 胡毓庆 [1192]	胡步青 [991] 华冰寒（女）[1196] 李述明 [1198] 1940.02 毕业： 华　巽（女）[1160] 盛伯梁 [1195] 董悯儿（女）[1197]	无

补遗：

沈寿春 [退 90]，1929-08－1931-07 在物理学系就读，后转入北京大学物理系，1933 年 9 月毕业。

胡宁 [966]，于 1934-08－1935-07 在物理学系就读，1935 年 8 月后转入清华大学物理学系，1938 年 7 月于西南联大毕业。

杨从仁 [1213]，于 1935-08－1936-07 在电机工程学系就读，1936-08－1937-07 在数学系就读。1937 年 8 月后转入四川大学数学系，1939 年 7 月毕业。

说明：人名后括注学号（学号据浙江大学档案馆"校友名录查询"系统获得：http：//www.acv.zju.edu.cn/page.html?m=fwdtx&id=502。但该系统所著录名字、学号等个别有误，需要核对。未查询到的括注 [?]）

资料来源：主要据 1948 年 6 月编《国立浙江大学同学会第二次会员通讯录》整理，同时，编者据浙江大学档案馆"校友名录查询"系统和其他不同出处资料校核、汇总。

主要参考文献及资料来源

著　作

《科学家传记大辞典》编辑组 . 中国现代科学家传记（第二集）[M]. 北京：科学出版社，1991.

《科学家传记大辞典》编辑组 . 中国现代科学家传记（第五集）[M]. 北京：科学出版社，1994.

北京大学校史研究室 . 北京大学史料（第一卷）[M]. 北京：北京大学出版社，1993.

贝时璋 . 贝时璋文选 [M]. 杭州：浙江科学技术出版社，1992.

蔡铁权，陈丽华 . 渐摄与融构：中西文化交流中的中国近现代科学教育之滥觞与演进 [M]. 杭州：浙江大学出版社，2010.

常河 . 现代大学校长文丛·蒋梦麟卷 [M]. 合肥：安徽教育出版社，2015.

陈布雷 . 陈布雷回忆录 [M]. 北京：东方出版社，2009.

陈谷嘉，邓洪波 . 中国书院史资料（下册）[M]. 杭州：浙江教育出版社，1998.

陈学恂 . 中国近代教育大事记 [M]. 上海：上海教育出版社，1981.

陈元晖 . 中国近代教育史资料汇编（高等教育）[M]. 上海：上海教育出版社，2007.

陈元晖 . 中国近代教育史资料汇编（学制演变）[M]. 上海：上海教育出版社，2007.

陈元晖 . 中国近代教育史资料汇编（戊戌时期教育）[M]. 上海：上海教育出版社，2007.

陈远 . 逝去的大学 [M]. 北京：同心出版社，2005.

陈志明 . 诗词浙大 [M]. 杭州：浙江大学出版社，2007.

樊艳艳 . 双重起源与制度生成——中国现代大学制度起源研究 [M]. 武汉：华中科技大学出版社，2011.

高时良 . 中国教会教育史 [M]. 长沙：湖南教育出版社，1994.

贵州省遵义地区地方志编纂委员会 . 浙江大学在遵义 [M]. 杭州：浙江大学出版社，1990.

郭建荣 . 中国科学技术年表（1852－1990）[M]. 北京：同心出版社，1997.

台湾浙江大学校友会 . 国立浙江大学（上、下册）[M]. 台北：台北市浙江大学校友会，1985.

杭州大学校史编辑委员会 . 杭州大学校史：1897－1997（修改本）（内部印行）[Z]. 杭州：浙江大学，1997.

杭州市教育委员会 . 杭州教育志（1028－1949）[M]. 杭州：浙江教育出版社，1994.

何亚平，郭汾阳，王诗宗 . 学术浙大 [M]. 杭州：浙江大学出版社，2007.

何亚平，朱惠珏，胡岚 . 惊鸿浙大》，杭州：浙江大学出版社，2007.

黄继武，张哲民 . 求是精神与浙江大学"一二九运动"——参加"一二九"运动的老校友回忆文章及有关史料集（内部印行）[Z]. 杭州：浙江大学，1997.

蒋梦麟 . 西潮·新潮 [M]. 北京：中国工人出版社，2015.

教育部教育年鉴编辑委员 . 第二次中国教育年鉴·第五编·高等教育 [M]. 上海：商务印书馆，

1948.

金以林.近代中国大学研究：1895－1949[M].北京：中央文献出版社，2000.

李楚材.帝国主义侵华教育史资料：教会教育 [M].北京：教育科学出版社，1979.

李国钧，王炳照.中国教育制度通史（第七卷）：民国时期（公元 1912－1949 年）[M].济南：山东教育出版社，2000.

李杭春.竺可桢国立浙江大学年谱（1936－1949）[M].杭州：浙江大学出版社，2017.

李华兴.民国教育史 [M].上海：上海教育出版社，1997.

李佳.近代中国大学通识教育课程研究 [M].杭州：浙江大学出版社，2010.

李寿恒文献室.化工教育先驱——李寿恒教授专集 [M].杭州：浙江大学出版社，1992.

李曙白，李燕南.西迁浙大 [M].杭州：浙江大学出版社，2007.

李祥年.卿云乣缦——苏步青画传 [M].上海：上海书店出版社，复旦大学出版社，2005.

李玉海.竺可桢年谱简编 [M].北京：气象出版社，2010.

林吕建.浙江民国人物大辞典 [M].杭州：浙江大学出版社，2013.

马勇.蒋梦麟传 [M].北京：红旗出版社，2009.

潘懋元.中国高等教育百年 [M].广州：广东高等教育出版社，2003.

潘懋元.高等教育 [M].福州：福建教育出版社，1995.

陈佳洱.20 世纪中国知名科学家学术成就概览·物理学卷（第一分册）[M].北京：科学出版社，2014.

梁栋材.20 世纪中国知名科学家学术成就概览·生物学卷（第二分册）[M].北京：科学出版社，2013.

钱永红.一代学人钱宝琮 [M].杭州：浙江大学出版社，2008.

曲士培.蒋梦麟教育论著选 [M].北京：人民教育出版社，1995.

曲铁华，李娟.中国近代科学教育史 [M].北京：人民教育出版社，2010.

阙维民.史地新论——浙江大学（国际）历史地理学术研讨会论文集 [M].杭州:浙江大学出版社，2002.

任鸿隽.科学救国之梦——任鸿隽文存 [M].上海:上海科技教育出版社，上海科学技术出版社，2002.

任南衡，张友余.中国数学会史料 [M].南京：江苏教育出版社，1995.

史静寰，王立新.基督教教育与中国知识分子 [M].福州：福建教育出版社，1998.

舒新城.中国近代教育史资料（中册）[M].北京：人民教育出版社，1985.

束星北.束星北学术论文选集 [M].北京：海洋出版社，2007.

宋恩荣，章咸.中华民国教育法规选编（修订版）[M].南京：江苏教育出版社，2005.

苏步青.苏步青文选 [M].杭州：浙江科学技术出版社，1991.

孙志辉.胡杨之魂——束星北先生百年诞辰纪念文集 [M].北京：海洋出版社，2007.

谈向东.谈家桢与大学科研 [M].上海：复旦大学出版社 / 杭州：浙江大学出版社，2013.

陶水木.沈定一集（下册）[M].北京：国家图书馆出版社，2010.

童村，王来国.热血流向——著名生理学家朱壬葆院士传 [M].北京：解放军文艺出版社，2001.

王承绪，赵端瑛 . 郑晓沧教育论著选 [M]. 北京：人民教育出版社，1993.

王谷岩 . 贝时璋传 [M]. 北京：科学出版社，2010.

王士平，刘树勇，李艳平等 . 近代物理学史 [M]. 长沙：湖南教育出版社，2012.

王玉芝 . 求是之光——浙江大学文化研究 [M]. 北京：高等教育出版社，2011.

王增藩 . 苏步青传 [M]. 上海：复旦大学出版社，2005.

吴水清 . 追求卓越——王淦昌年表 [M]. 北京：经济科学出版社，1999.

吴笛，陶然，黄健 . 浙江大学中文系系史（总论卷、教师卷、校友卷）[M]. 杭州：浙江大学出版社，2011.

西溪 . 吴健雄 [M]. 郑州：河南文艺出版社，2012.

夏衍 . 懒寻旧梦录（增补本）[M]. 北京：生活·读书·新知三联书店，2000.

谢鲁渤 . 烛照的光焰——浙江大学前传 [M]. 杭州：浙江人民出版社，2011.

谢竹艳 . 中国近代基督教大学外籍校长办学活动研究：1892-1947[M]. 福州：福建教育出版社，2015.

许高渝，徐有智，马景娣，等 . 遗珍逸文——老浙大期刊集萃 [M]. 杭州：浙江大学出版社，2017.

许高渝 . 从求是书院到新浙大——记述和回忆 [M]. 杭州：西泠印社出版社，2017.

杨达寿 . 竺可桢 [M]. 杭州：浙江科学技术出版社，2009.

么其璋，么其琮 . 民国老试卷 [M]. 北京：新星出版社，2016.

应向伟，郭汾阳 . 名流浙大 [M]. 杭州：浙江大学出版社，2007.

张彬等 . 浙江教育发展史 [M]. 杭州：杭州出版社，2008.

张彬 . 倡言求实，培育英才——浙江大学校长竺可桢 [M]. 济南：山东教育出版社，2004.

张立程，汪林茂 . 之江大学史 [M]. 杭州：杭州出版社，2015.

张鹏程 . 之大往事 [M]. 杭州：浙江人民出版社，2010.

张淑锵，蓝蕾 . 浙大史料：选编一（1897－1949）[M]. 杭州：浙江大学出版社，2017.

张研，孙燕京 . 民国史料丛刊（第 1087 册）[M]. 郑州：大象出版社，2009.

浙江大学校史编写组 . 浙江大学简史（第一、二卷）[M]. 杭州：浙江大学出版社，1996.

浙江医科大学 . 蔡堡教授诞辰 100 周年纪念文集（内部印行）[Z]. 杭州：浙江大学，1997.

中国第二历史档案馆 . 中华民国史档案资料汇编（第三辑"教育"）[M]. 南京：江苏古籍出版社，1991.

中国第二历史档案馆 . 中华民国史档案资料汇编（第五辑第一编）·教育（二）[M]. 南京：江苏古籍出版社，1994.

中国人民政治协商会议浙江省委员会文史资料研究委员会 . 天涯赤子情——港台和海外学人忆浙大（《浙江文史资料选辑（第 34 辑)》）[M]. 杭州：浙江人民出版社，1987.

中国学前教育史编写组 . 中国学前教育史资料选 [M]. 北京：人民教育出版社，1989.

周谷平，许迈进，张彬 . 浙江大学教育学院院史 [M]. 杭州：浙江大学出版社，2012.

周谷平，张雁，孙秀玲，等 . 中国近代大学的现代转型：移植、调适与发展 [M]. 杭州：浙江大学出版社，2012.

朱有瓛 . 中国近代学制史料（第 1 辑）（上册）[M]. 上海：华东师范大学出版社，1983.

朱有瓛.中国近代学制史料（第1辑）（下册）[M].上海：华东师范大学出版社，1986.

竺可桢.竺可桢全集（第6卷）[M].上海：上海科技教育出版社，2005.

竺可桢.竺可桢全集（第7卷）[M].上海：上海科技教育出版社，2005.

竺可桢.竺可桢全集（第8卷）[M].上海：上海科技教育出版社，2006.

竺可桢.竺可桢全集（第9卷）[M].上海：上海科技教育出版社，2006.

竺可桢.竺可桢全集（第10卷）[M].上海：上海科技教育出版社，2006.

竺可桢.竺可桢全集（第11卷）[M].上海：上海科技教育出版社，2006.

邹先定.浙江大学农业与生物技术学院院史[M].杭州：浙江大学出版社，2010.

左玉河.移植与转化：中国现代学术机构的建立[M].郑州：大象出版社，2008.

[美]芳卫廉.基督教高等教育在变革中的中国：1880－1950[M].刘家峰译.珠海：珠海出版社，2005.

[美]队克勋.之江大学[M].刘家峰，译.珠海：珠海出版社，2005.

[美]叶文心.民国时期大学校园文化：1919－1937[M].冯夏根，等，译.北京：中国人民大学出版社，2012.

论文及析出文献

贝时璋.学习和工作的一些回忆[J].生理科学进展，1994，25（3）：193-198.

陈心平.杭州体坛两盛事[C]//杭州市政协文史委.杭州文史丛编：5（文化艺术卷），杭州：杭州出版社，2002：490-492.

戴念祖.中国物理学记事年表（1900－1949）[J].中国科技史料，1983（4）：71-92.

邓小林.民初至（全面）抗战前夕国立大学教师的聘任问题[J].史学月刊，2004（10）：47-54.

范军.略论晚清时期的大学出版[C]//中国出版史研究（第1辑）.北京：中华书局，2015：36-63.

高怡生.纪念我国有机化学家纪育沣先生[J].化学通报，1983（12）：59-63.

龚缨晏，田力.崇信义塾:浙江大学的间接源头[J].浙江大学学报（人文社会科学版），2012（2）：139.

郭大利.世界著名心理学家郭任远[J].潮商，2015（2）：68-69.

郭金海.抗战西迁前国立浙江大学数学系的崛起[J].科学文化评论，2017，14（5）:17-43.

郭金海.民国时期的大数命名及争论[J].中国科技术语，2012（2）:44-51.

洪震寰.精勤研学艺,艰辛育英才——朱福炘教授回忆原浙江大学物理系[J].物理，1984，13（9）：582-584.

华薇娜.20世纪上半叶走向世界的中国科学研究实况[J].科学学研究，2006，24（3）：332-341.

李剑亮.民国诗词中的爱因斯坦[J].浙江工业大学学报（社会科学版），2016，15（1）：51-57.

刘广定.我国第一位物理有机化学家——周厚复先生简传[J].中国科技史料，1999，20（2）：145-147.

刘明.论民国时期的大学教员聘任[J].资料通讯，2004（6）：24-34.

马前锋.中国行为主义心理学家郭任远——"超华生"行为主义者 [J].大众心理学，2006（1）：46.

钱永红.一位鲜为人知的数学教育家——纪念胡文耀博士诞辰一百三十周年 [J].高等数学研究，2016，19（4）：101-106.

任杭璐，刘剑虹.立案前之江大学的课程设置及其特点 [J].宁波大学学报（教育科学版），2011，3（6）：27-31.

沈弘."求是"岂能忘"育英"？——兼论杭州育英书院的文化遗址保护 [J].文化艺术研究，2011（2）：124-125.

王国松.浙江公立工业专门学校校史纪要 [C].浙江文史资料选辑（第 10 辑），1978：1-8.

吴襄.回忆沈霁春教授 [J].生理科学进展，1982，13（1）：95-96.

肖朗.中国近代大学学科体系的形成——从"四部之学"到"七科之学"的转型 [J].高等教育研究，2001，22（6）：99-103.

徐立望.1914－1927 年浙江大学筹建运动 [J].浙江学刊，2016（4）：76-84.

许炳堃.浙江省立中等工业学堂创办经过及其影响（附机织传习所）[C].浙江文史资料选辑（第 1 辑）（内部印行），1962：120-124.

姚群民.试论二三十年代南京高校教授的选聘及其特点——以中央大学、金陵大学为中心的考察 [J].南京社会科学，2008（12）：132-137.

岳爱武，葛苏放，邱新法.清末学位与研究生教育的内容考证及其评价 [J].高教探索，2008，（6）：81-85.

岳爱武.中国最早开展研究生教育的教会大学考辨 [J].高教探索，2010，（4）：87-91.

张奠宙.二十世纪的中国数学与世界数学的主流 [J].自然科学史研究，1986，5（3）：274-280.

张剑.中国科学社年会分析 1916－1936[J].复旦学报（社会科学版），1998（6）：128-135.

张淑锵，金灿灿，朱之平，在曲折中发展的浙江大学——浙江大学的探求（1927－1936）[J].浙江档案，2011（2）：46-49.

长利.从崇信义塾到之江大学 [J].教育评论，1993（1）：28-32.

周程，纪秀芳.究竟谁在中国最先使用了"科学"一词 [J].自然辩证法通讯，2009，31（4）：93-98.

浙江大学相关出版物

1949年之前

《国立浙江大学校刊》

《国立浙江大学文理学院第一届毕业纪念刊》（1932 年 7 月）

《国立浙江大学一览（二十一年度）》（1932 年 12 月）

《国立浙江大学要览（二十四年度）》（1935 年 12 月）

《国立浙江大学季刊》

《国立浙江大学科学报告》

《文理》

《浙大学生》

1949年之后

《浙江大学馆藏档案》

《浙江大学校史研究》

《浙大校友》

档　案

浙江大学档案馆、浙江省档案馆有关档案及材料。

后　记

　　2018 年是国立浙江大学"文理学院"正式建立 90 周年，2019 年则是国立浙江大学"理学院"正式建立 80 周年。1928 年文理学院及其理学主要学科的学门、学系的建立，标志着高等教育层次的浙江大学理科的正式出现，1939 年理学院的建立则进一步凸显了理科的独立地位。理科院系的建立和发展，对浙江大学的人才培养、学术研究、社会服务等诸多方面均有卓著贡献，也对学校声誉的提升具有重要意义。虽然由于 1952 年的院系调整，理学院被撤销及理科各系迁出，但其所奠定的基础和蕴含的精神，则是后来浙大理科各系重建与发展的源泉，也是一代代浙大理学人求索、奋进的不竭的动力。

　　值此富有纪念意义的时点，我们将"浙江大学理科发展史（1897—1936）"整理、付梓，作为后来者对前辈的致敬，是理所应当，也是非常迫切的。这些浙大理科的开创者和先行者，无论是硕学鸿儒、名师大家，还是莘莘学子、晚辈后学，抑或是普通的教职员工乃至勤杂人员，他们都以各自的方式为浙大理科的发展做出了贡献，都值得、也应该在浙大理科发展史中有他们的位置，为后人所铭记！因此，虽然本稿还有很多不足之处，但我们仍愿意将它呈现出来，献给浙大理科的开创者和先行者们，也献上后辈学人的崇敬之心和缅怀之情！

　　"浙江大学理科发展史"的编纂是在浙江大学理学部的主持下进行的。浙江大学理学部一直重视理学文化建设，并将浙大理学史的整理和编纂作为其中的重要内容；经过较长时期的酝酿、准备，于 2016 年年初正式启动，委托我负责具体的编写事宜。由于我之前没有系统接触过校史研究的工作，既缺乏积累和经验，又因为仍然承担教学、科研等工作而无法全身心投入其中，同时院、系层面也没有现成的较为系统的成果可资利用，所以，虽然经过两年多时间的资料收集与阅读、整理和写作，初步编写出来这部稿子，但其中肯定会有许多错误和疏漏之处，相关表述和论断既会有诸多不准确、不允妥的地方，而详略失当、编排失宜等更可能存在。这里谨请各界方家教正。

　　考虑到写作和行文的便利等因素，本卷主要由我执笔。在编写过程中，得到理学部领导和编写组成员的大力支持和协助，也得到了学校有关方面和许多人士的热情指导和帮助。因此，在本卷编写告一段落的此刻，当然要对各有关方面及相关人士表达诚挚的谢意。

　　理学部领导一直重视和支持编纂工作，学部主任麻生明院士、副主任李浩然教授、陈汉林教授等多次关心、指导编纂事宜，时任学部副主任的翟国庆教授直接领导、统筹负责编纂工作，学部的吴剑老师在前期准备阶段做了很多工作，在相关资料的收集和整理以及具体事务方面付出很多心力，编写组各位成员也在资料收集和文字处理等方面协助我做了大量繁琐的事情。值此卷成稿之际，这里谨对理学部各位领导及编写组全体成员表示衷心的感谢。

校档案馆及校史研究会对理学史的研究一直予以关心和帮助，在课题立项、资料提供和咨询研讨等各个方面给予了支持、便利和指导。张淑锵老师从编写组刚开始工作即来理学部对编写工作提出诸多宝贵的建议，其后多次参加有关的论证、咨询和评议等会议，不辞辛苦，不厌其烦，真诚希望我们能编写出一部体现浙大理科特征和理学精神的史稿。这些关心、帮助、鼓励和希望，对我们是很大的鞭策，我们也谨此对校档案馆和校史研究会的领导、工作人员和相关人士等深致谢忱。

此外，还有很多校史研究方面的专家、理学部及相关理科院系的老领导和学校有关职能部门的领导等对编写工作给予了指导；尤其是德高望重的何亚平老师数次来到理学部大楼参加有关的讨论和评议，对我们的工作给予肯定和鼓励，让我们深受感动。对于他们的大力支持和无私帮助，我们也在此致以深切的谢意。

浙江大学出版社为全书的出版给予了很大支持。由于全书篇幅较长，图、表及相关史料等较多，在文字整理、内容取舍和版面编排等方面，校稿过程中多有修改、调整和反复，给编辑人员增添了很大的麻烦；责任编辑寿彩丽女士和其他编校人员耐心细致，认真严谨，为全书的面世付出大量心血。对此，我们亦深表感谢。

当然，理科发展史的研究与校史研究一样，浩瀚如海，横无际涯，可以说没有止境。我们的研究和撰写工作还没有结束，现有的成果尚不成熟，还有很多可以补充、修正、深化和完善的地方。同时，限于时间和条件，目前所呈现的本稿仅是一家之言，相关论述多为个人见解；其中所存在的问题，也应由我个人负责。我们会继续努力，争取将"浙江大学理科发展史（1936—1952）"等早日编成，并不断深化和推进理科发展史的研究。

范今朝　谨记

2018 年 12 月 8 日，初稿完成于浙大玉泉设备楼 202 室，西溪河飞雪之中
2019 年 6 月 28 日，终稿改定于浙大玉泉教十一楼 435 室，老和山丽日之下

图书在版编目（CIP）数据

国庠浙江 理学之光：浙江大学理科发展史：1897-1936 / 范今朝编著. — 杭州 ：浙江大学出版社，2020.5

ISBN 978-7-308-19357-3

Ⅰ．①国… Ⅱ．①范… Ⅲ．①浙江大学—理科（教育）—教育史—1987-1936 Ⅳ．①G649.285.51

中国版本图书馆CIP数据核字（2019）第147792号

国庠浙江 理学之光 —— 浙江大学理科发展史（1897—1936）

范今朝 编著

责任编辑	寿彩丽
责任校对	杨利军 张利伟
封面设计	十木米
出版发行	浙江大学出版社
	（杭州市天目山路148号 邮政编码 310007）
	（网址：http://www.zjupress.com）
排 版	杭州林智广告有限公司
印 刷	浙江省邮电印刷股份有限公司
开 本	880mm×1230mm 1/16
印 张	37
插 页	12
字 数	974千
版 印 次	2020年5月第1版 2020年5月第1次印刷
书 号	ISBN 978-7-308-19357-3
定 价	198.00元
